高速铁路新技术系列教材——机车车辆

高速动车组总体及转向架

第 2 版

王伯铭　编著
罗世辉　主审

本书得到西南交通大学出版基金资助

西南交通大学出版社
·成都·

图书在版编目（CIP）数据

高速动车组总体及转向架 / 王伯铭编著. —2 版.
—成都：西南交通大学出版社，2014.1（2022.8 重印）
高速铁路新技术系列教材. 机车车辆
ISBN 978-7-5643-2761-3

Ⅰ.①高… Ⅱ.①王… Ⅲ.①高速动车－车体结构－
高等学校－教材②高速动车－转向架－高等学校－教材
Ⅳ.①U266

中国版本图书馆CIP 数据核字（2013）第 274762 号

高速动车组总体及转向架
高速铁路新技术系列教材——机车车辆
（第 2 版）

王伯铭　编著

责 任 编 辑	孟苏成
封 面 设 计	本格设计
	西南交通大学出版社
出 版 发 行	（四川省成都市金牛区二环路北一段 111 号 西南交通大学创新大厦 21 楼）
发行部电话	028-87600564　028-87600533
邮 政 编 码	610031
网　　　　址	http://www.xnjdcbs.com
印　　　刷	四川五洲彩印有限责任公司
成 品 尺 寸	185 mm × 260 mm
印　　　张	31.75
字　　　数	794 千字
版　　　次	2014 年 1 月第 2 版
印　　　次	2022 年 8 月第 6 次
书　　　号	ISBN 978-7-5643-2761-3
定　　　价	62.00 元

图书如有印装质量问题　本社负责退换
版权所有　盗版必究　举报电话：028-87600562

再版前言

自从世界上第一条高速铁路于1964年在日本东海道建成运行以来，尽管经历了曲折的发展过程，但由于高速铁路本身具有不可替代的优点，使其在世界许多国家得到了快速蓬勃的发展。经济的飞速发展对铁路的发展提出了更高的要求，为适应中国铁路跨越式发展要求，根据中国铁路中长期发展规划，到2020年，我国将建成以"四纵四横"（北京—上海、北京—广州、北京—哈尔滨、兰州—西安—徐州、上海—杭州—长沙、太原—青岛、上海—武汉—成都、上海—宁波—厦门—深圳）为主的高速铁路网，包括总里程达12 000多千米的高速铁路客运专线和快速客运通道。从2007年4月18日第六次大提速以来至2012年底，已建成的高速客运线路有京沪、京广、广深、哈大、沪杭、杭甬、胶济、石太、郑西、沪宁、合蚌等，运营里程总计约8 800 km。在这些线路上共运营着897列动车组，其中运营速度为200～250 km/h的动车组为530列，250 km/h以上367列。随着经济发展对铁路客运的需求，会有越来越多的高速动车组运营在我国大江南北的铁路线上。这些动车组包括早期我国引进技术合作生产的运营时速为200 km和250 km的CRH_1系列、CRH_2系列、CRH_3系列、CRH_5系列，也包括具有我国自主知识产权的运营时速为350 km以上的CRH380系列。为了管好、用好和维护好这些高科技的高速动车组，必须要有一大批具有相关专业知识的工程技术人员和管理人员。这些科技人员目前迫切需要一本适合他们需求，同时具有一定理论深度的教材或技术参考书。

作者正是在上述背景下，在广泛收集国内外有关高速动车组技术资料和对实际机型的考察、调研的基础上，经过消化吸收和系统归纳整理，结合本科教学特点，编写了《高速动车组总体及转向架》一书。

本书从高速动车组的发展概况出发，简要叙述了动车组的基本组成、主要技术参数和黏着问题，结合我国引进并合作生产的4种系列时速为200 km和300 km的动车组（CRH_1系列、CRH_2系列、CRH_3系列、CRH_5系列）的特点，重点论述了动车组转向架的详细构造和工作原理，并对动车组的车体结构和车端连接装置进行了详细阐述。作者通过总结多年教学实践经验，结合本科教学特点，创造性地绘制了大量形象生动的工作原理图，使本书图文并茂，生动易读。

本书作为大学本科教材，一方面能满足大学本科教学的需要，另一方面也可作为从事动车组设计、制造、运用和维修的广大科技人员的参考书。

本书编著过程中得到多位资深铁路机车车辆方面专家的指教和鼓励，特别是西南交通大学机车车辆工程系胡汉春教授和王月明教授，他们在本书的成稿过程中提出了许多宝贵建议。

西南交通大学机车车辆研究所所长罗世辉教授在百忙之中全文审阅了本书,他所提出的许多很好的修改建议在本书中都得到了充分的体现。

本书得到了西南交通大学著名机车车辆领域资深博士生导师严隽耄教授和南车集团戚墅堰机车车辆厂著名专家葛莱薰教授级高工的鼎力推荐。本书还得到了西南交通大学出版基金资助。

本书第二版得到了西南交通大学机械工程学院机车车辆系李天一、曹恺和张德乾等同学的鼎力协助,他们对第一版中出现的错别字、遗漏和语法等错误进行了详细更正。

在此,对所有为本书的编写提供过支持和帮助的人们致以崇高的谢意!

编　者

2013 年 6 月

目 录

绪 论 ·· 1

第 1 章 动车组总体综述 ·· 7
1.1 世界各国动车组简介 ·· 7
1.2 我国客运专线规划概况和引进动车组简介 ·· 14
1.3 动力集中式和动力分散式高速动车组特点比较 ·································· 17
1.4 动车组限界 ·· 23

第 2 章 动车组总体及主要技术参数 ·· 28
2.1 动车组基本组成和分类 ··· 28
2.2 动车组的主要技术参数 ··· 31
2.3 动车组黏着问题 ··· 34
2.4 动车组轻量化技术 ·· 46
2.5 CRH 系列动车组总体综述 ·· 60

第 3 章 转 向 架 ·· 143
3.1 概 述 ·· 143
3.2 转向架的任务、组成和分类 ··· 143
3.3 CRH 系列动车组转向架简介 ··· 147
3.4 转向架构架 ··· 162
3.5 弹簧装置及减振器 ··· 177
3.6 轮对轴箱装置 ·· 198
3.7 驱动装置 ·· 229
3.8 车体与转向架间的连接装置 ··· 253
3.9 基础制动装置 ·· 292

第 4 章 动车组车体结构 ·· 328
4.1 动车组车体结构特点和轻量化措施 ·· 328
4.2 车体的气密性、强度和流线型 ·· 331
4.3 我国传统铁路客车车体结构 ··· 345

4.4	动车组车体结构综述	355
4.5	三种引进并合作生产的动车组的车体结构	377

第5章　动车组车端连接装置 ··· 432

5.1	车端连接装置的作用、组成及分类	432
5.2	我国传统铁路机车车辆用车钩缓冲器	433
5.3	引进动车组使用的典型车端连接装置	439

参考文献 ··· 502

绪　论

1. 世界各国高速铁路发展概况

近半个多世纪以来，世界各国都在努力进行铁路技术装备和现代化管理的研究，努力推进铁路运输技术的进步，在很多方面取得了突破性的进展。与此同时，随着世界各国经济的发展和人民生活的提高，人们对于出行条件、旅行环境的要求越来越高。高速铁路的出现，无疑对铁路复兴产生了积极影响。

铁路高速技术在20世纪60年代开始进入实用阶段。1964年10月1日，日本率先建成世界上第一条高速铁路——东海道新干线，在东京—大阪铁路线上，高速列车运行时速达到210 km，年运送旅客1.3亿人次，相当于10条高速公路的运量。东海道新干线的成功运营，产生了轰动效应，也为铁路的复兴带来了积极的影响。1983年9月，法国巴黎—里昂的TGV东南高速线（全长398 km）通车运营，列车速度进一步提高到270 km/h。在短短的20年内，铁路高速运输的发展已经遍及欧、亚、北美等许多国家和地区，在世界范围内引发了一场深刻的"交通革命"。

高速铁路之所以得到快速发展并受到世人的青睐，其主要优点在于能够满足旅客对缩短旅行时间、舒适方便且节省票价等方面的需求。与航空和高速公路相比，它还具有节约能源和减少环境污染的优势，有利于改善生态环境和实现可持续发展。日本和法国自高速铁路开通运营以来，从没有发生过因高速技术本身造成的行车事故，增强了旅客乘车旅行的安全感。

高速铁路的兴起和发展是社会经济发展的必然结果，也是不断采用现代科技成果并从低水平逐渐向高级阶段发展的必然产物。世界各国经过第二次世界大战结束后的10年经济复苏，从20世纪50年代中期开始进入发展期。由于经济和科技发展较快，对交通运输提出了高效、快速的要求。这时，铁路开始引入现代科技新成果，以改变列车运行速度较低的被动局面。首先将航空工业的新技术、新材料移植到机车车辆的结构之中，使车辆的自重大幅度减轻；电气化铁路的崛起，为高速运行提供了牵引动力的保证；电子和计算机信息技术的发展，又为列车牵引采用先进的交-直-交传动装置和实现列车自动化控制开辟了广阔的前景。

最早致力于铁路高速运行的国家是法国，早在20世纪60年代初，其客运列车最高运行速度已达到160 km/h。但是，善于引用别国技术为己所用的日本，在交通运输极端紧张压力的推动下，经过较短时间的努力，于1964年10月开出了世界上第一列运行速度超过200 km/h的高速列车，这给一些铁路发达国家很大的启示。从那以后许多国家迅速展开了铁路高速化的研究工作，除日、法、德、英起步较早外，先后又有美国、前苏联、意大利、西班牙、瑞典、比利时等国投入了人、财、物力改善本国的铁路，以提高运行速度。到目前为止，已有十几个国家的铁路旅客列车的最高运行速度达200 km/h以上，其中有些国家修建了高速客运专用线，列车最高运行速度已超过300 km/h。在高速铁路运营的40多年中，已经显示出其具有强大的生命力，产生了巨大的经济效益和社会效益。目前，不仅发达国家继续扩大高速铁路，而且一些铁路不甚发达的国家和地区也迫不及待地邀请日、法、德专家共谋高速铁路和机车车辆的发展规划。

　　高速铁路之所以获得成功，是因为与其他交通工具比较具有独特的优点。其一是运量大，一列车可载运近千人；二是能耗低，运送每位旅客消耗的能源，飞机比铁路多 4~5 倍，汽车比铁路多 1 倍以上；三是安全，日本东海道新干线运营 40 多年未发生重大行车事故；四是乘坐舒适；五是节省时间，对于中等运程（600~700 km）的旅客，乘坐高速列车与乘坐飞机所花费的时间相当（因乘飞机需先乘车到远离市中心的机场）。

　　世界已进入高科技发展时代，社会生活节奏进一步加快，高速铁路运输将继续发展。在世界范围内已形成若干个高速铁路网，不仅出现了时速 300 km 以上的超高速列车（包括磁悬浮列车），而且普通特快列车的运行速度也会普遍达到 200 km/h。

　　世界各国发展高速铁路大致有两种途径：一是新建高速客运专线（如日本、法国等）或客货混运的高速线（如德国、意大利等）；二是对既有线路和运输设备进行现代化改造，以适应高速列车运行的要求（如英国、北欧一些国家）。

　　高速铁路是铁路科技进步的重要标志之一。铁路高速技术包括了新型列车牵引方式、轻型高速车辆、运行控制指挥自动化以及高性能的线路结构等先进技术。列车整体呈流线型，可最大限度地减少高速运行时的阻力。高速列车的动力，采用电动车组或电力机车牵引。电动车组具有重心低、结构轻、轮轨间作用力小和舒适性好等特点。

　　高速线路多为全线封闭、立体交叉，铺设经过优化设计并适应高速行车要求的轨道、路基、道床、桥隧，提高了高速铁路的技术可靠性和经济性。高速列车的驾驶均由电子计算机控制，能及时、准确地进行运行调整和操纵。

　　从人的需求出发对铁路运输应实现的最高速度分析来看，在相同距离的情况下，在时间节省方面，如果铁路的平均速度低于 100 km/h 就竞争不过公路；在 500~600 km 距离内，铁路的平均速度若不超过 250 km/h 则竞争不过航空。

　　欧洲一些国家和日本均认为，实用的最高速度在高速新线上应以 250~300 km/h 为宜，在改造的既有线上则以 200 km/h 为宜。

　　法国高速铁路以速度高、结构简便实用、造价低等特点闻名于世，东南线 10 年内即偿还了工程贷款本息。大西洋线 13 年可收回全部投资，它的单方向输送能力是航空运输的 10 倍、高速公路的 5 倍，而能耗仅为公路的 1/3、航空的 1/5，单位运量占地仅为高速公路的 5%。

　　德国 20 世纪 70 年代后期才将大量投资转向高速铁路，在改造后的既有线上开行 ICE 高速列车。1991 年 6 月，汉诺威—维尔茨堡、曼海姆—斯图加特全长 426 km 的高速铁路建成通车，采用客货混用方式，最高速度 250 km/h。

　　意大利在 1987 年 10 月，建成了罗马—佛罗伦萨的 262 km 客货混用高速线路，最高速度为 250 km/h。

　　西班牙于 1992 年 4 月 21 日建成了马德里—塞维利亚的 471 km 客货混用高速铁路，最高速度为 250 km/h。

　　旅客列车速度达到 200 km/h 以上的高速技术已日臻成熟。近年来，英国、美国、瑞典、俄罗斯、澳大利亚、芬兰、比利时、荷兰等国也开行了高速列车，而且运行速度的纪录被不断刷新。1990 年 5 月 18 日，法国新一代 TGV（Trains a Grande Vittesse）高速列车在运行试验中创造的 515.3 km/h 的速度，是当时世界铁路最高试验速度纪录，改变了人们对轮轨系统工况下牵引工具最高速度限界的传统概念。2007 年 4 月 3 日，法国 TGV 高速列车在运行试验中又创造了 574.8 km/h 的速度，再次刷新世界铁路最高试验速度纪录。

除了客运以外，快捷的货运也正在发展起来。1987 年 5 月 31 日，法国在里尔—马赛 1 100 km 线路上开行了速度 160 km/h 的世界上第一列特快货物列车。德国从 2000 年 1 月开行了行包、邮件专列，夜间定点开行，速度达 160 km/h。日、法、德等国高速铁路在安全、运能、效益、节能、环境、舒适等方面显示出的优越性和与航空、公路运输竞争的实力，促进了各国高速铁路的发展。

世界已建成投入运营的高速铁路总长度已超过 5 000 km。预计到 21 世纪 20 年代，高速新线有可能增加到 1.8 万～2 万 km。可以认为，世界各国铁路正在步入新的兴盛时期，必将会出现一个历史性的大发展。应该强调的是在大交通的环境中，交通运输结构可能还会发生一些调整变化，但铁路的骨干作用将会得到进一步的加强和巩固。

国外已建成高速铁路主要参数见表 0.1。

表 0.1 世界已建成高速铁路主要参数

名称\项目	日本东海道新干线	日本东北新干线	法国 TGV 东南线	法国 TGV 大西洋线	德国 ICE 高速线	意大利高速铁路线	西班牙高速铁路线
区间	东京—大阪	大宫—新潟	巴黎—里昂	巴黎—勒芒、图尔	汉诺威—维尔茨堡、曼海姆—斯图加特	罗马—佛罗伦萨	马德里—塞维利亚
长度（km）	515.4	269.5	426（其中新线 398）	280	426	262（其中新线 231）	471
修建起止时间	1959—1964 年	1971—1982 年	1976—1983 年	1985—1990 年	1983—1991 年	1970—1987 年	1987—1992 年
最小曲线半径（m）	2 500	4 000	4 000（部分 3 200）	6 000（部分 4 000）	7 000（部分 5 100）	3 000	4 000
线间距（m）	4.2	4.3	4.2	4.2	4.7	4.0	4.3

2. 高速铁路定义

高速铁路技术集中反映了当今世界铁路机车车辆、通信信号、工务工程、运输管理等方面的技术进步，它涉及机械、电子、信息、航空航天、材料、能源、环境保护等多种学科和技术领域，体现了国家科学技术和工业发展的水平，也是衡量铁路技术水平的重要标志之一。

自 1825 年世界上修建第一条铁路开始，不断提高列车运行速度，缩短旅客和货物的在途时间，一直是铁路人研究铁路技术、改进运输生产的一个神圣使命。

高速铁路具有国际性和时代性的含义，随时代的发展而更新。目前普遍认为最高运行速度达到或超过 200 km/h 的铁路即为高速铁路。1985 年 5 月 31 日联合国欧洲经济委员会（ECE）在日内瓦签署了欧洲国际铁路干线协议（AGC），对高速铁路制定了共同的国际定义。规定国际重要铁路新线的最高运行速度或额定最低速度（两者同义，英文分别为 Maximum service speed 和 Nominal minimum speed），在专用客运线（B_1 型）和客货公用线（B_2 型）上分别为 300 km/h 和 250 km/h。

应该指出的是，根据国外经验，额定的最低速度比额定速度要低 10%，也就是说，规定的最高运行速度按可以实现的最高运行速度保留10%的富余量。例如，法国巴黎东南线可以实现的最高速度为295 km/h，实际规定的最高运行速度只允许270 km/h；法国大西洋线高速铁路可以实现的最高速度为330 km/h，而实际规定只允许300 km/h。日本几条新干线也是同样的情况，最高试验速度较可以实现的最高运行速度更快。各国高速铁路规定的最高运行速度列于表0.2。

表0.2 各国高速铁路实际的最高运行速度

时间（年）	国别	线路名、起止点	线路长度（km）	最高运行速度（km/h）
1964	日本	东海道新干线（东京—新大阪）	515.4	开业初210/现在270
1975	日本	山阳新干线（新大阪—博多）	554	开业初240/现在300
1976	英国	伦敦—布里斯托尔	189	200
1982	日本	东北新干线（东京—盛冈）	493	开业初240/现在275
1982	日本	上越新干线（东京—新潟）	270	开业初240/现在275
1983	法国	TGV东南线（巴黎—里昂）	427	270
1984	苏联	莫斯科—列宁格勒（圣彼得堡）	650	200
1986	联邦德国	汉诺威—维尔茨堡	327	250
1987	意大利	罗马—佛罗伦萨	259	250
1990	法国	TGV大西洋线（巴黎—勒芒、图尔）	280	300
1991	德国	曼海姆—斯图加特	107	250
1992	西班牙	马德里—塞维利亚	471	250

3. 高速铁路牵引动力

实现高速运行的关键问题之一是高速铁路的牵引动力问题，它包含牵引动力的类型和具体实现形式。有关牵引动力的类型实际上分两种，即内燃牵引和电力牵引。毫无疑问，由于内燃牵引能提供的功率受各种条件限制远远不能满足250 km/h以上高速列车的运行要求，因此，高速列车的牵引动力一定只能采用电力牵引。

而采用电力牵引的高速列车究竟采用何种具体实现形式，即究竟采用动力分散式还是动力集中式，世界各国的铁路技术部门结合各自国家的具体实践，进行了长期的理论论证和现场试验，并发展出了以日本为代表的动力分散式和以法、德为代表的动力集中式两种成功模式。

事实上这两种牵引动力形式很难比较出绝对的优劣，它们都经过了长期的试验和运营考验，技术上都取得了很大的成功。

1）动力分散式

动力分散式是将列车的动力分散置于各节车辆或大部分车辆上，由若干动车和拖车组成一个单元，再由若干单元组成列车。牵引动力分散在各动车上，不再配有专司牵引的机车。动力分散式的特点是动轴数量多而轴重轻。

其主要优点是：

（1）牵引黏着质量大，黏着性能好，易于发挥牵引力以适应高速运行需要。
（2）动车组易于加长或缩短，运用较灵活。
（3）每台转向架的牵引装置功率小，体积质量较小，有利于实现转向架轻量化和低轴重。

其主要缺点是：
每辆动车都装有全套牵引电器和电机，增加了动车组的制造成本和维修费用。

2）动力集中式

动力集中就是将列车的动力集中在列车两端的头车和邻近头车的车辆上，动力车之间为数量不等的拖车，也就是无动力的客车，形成推挽式牵引。

其主要优点是：

（1）牵引动力集中在两台动车上，牵引电机和电器数量少，列车制造和维护费用低。
（2）受电弓数量少，全列车最多只需2组受电弓（每动车1组受电弓），甚至可仅用1台动车上的1组受电弓受电，高压电缆贯穿列车顶部将两动车相连，有利于列车高速行驶，并减轻接触网导线的磨损（该优点已经不复存在，因为现在的动力分散式动车组无论编组多少，均只采用2组受电弓，且正常运行时仅需使用其中的一组，另一组备用）。
（3）容易变更动车车型以适应不同路况的需要。

其主要缺点是：

（1）列车编组调整较困难，不易适应运量变化，运用灵活性较差。
（2）黏着利用等指标不如动力分散式。
（3）列车总功率受到限制，难以满足运行速度超过300 km/h的超高速列车的运行要求。

动力分散式电动车组以日本为代表，动力集中式以法国和德国为代表。国外电动车组的牵引动力相关指标见表0.3。

表0.3 国外高速列车牵引动力相关指标

项目参数	国 别	联邦德国	法 国	日 本
	车 型	ICE1列车（1989年）	TGV-A列车（1988年）	300系列车（1992年）
	构造速度（km/h）	250	300	270
	列车长度（m）	332.38	240.0	402.10
	车辆宽度（m）	3.02	2.904	3.38
	列车自重（t）	789.6	500	630
	列车座席数	600	485	1 323
	牵引总功率（kW）	9 600	8 800	12 000
	列车总重（t）	849.6	584.5	710
	单位质量功率（kW/t）	11.30	15.06	16.90
	轴重（t）	动车19.8/拖车12.2	动车17.3/拖车9.5	11.3

必须指出的是，随着高速动车组最高运行速度的进一步提高，尤其是当最高运行速度超过300 km/h时，世界各国的高速动车组有向动力分散式方向发展的趋势，例如，最高速度达到330 km/h的德国的ICE3和法国的AGV均采用了动力分散式结构模式。

4. 高速铁路技术比较

无论乘坐何种交通工具，旅客最关心的是缩短旅行时间，而并不是最高速度。因此，提高铁路的运输能力、解决旅客所关心的快速到达问题通常应涉及硬件和软件能力两个部分。硬件能力包括最高速度、曲线通过速度、加减速度、道岔通过速度等机车车辆、地上设备性能水平；软件能力包括停车站的设定、联运、列车的速度差、待避、列车出入库等营业政策，以及运转设备能力。表0.4是世界最具代表性高速铁路的主要技术比较。

表0.4　高速铁路主要技术比较

技术指标 \ 车型	德国 ICE	法国 TGV	日本新干线
轨道	轨道强度、路基强度	轨道整备技术支撑方法	相应的轨道管理方法容许超高冲击力影响
机车车辆	减小空气阻力；制动；感应电动机；转向架；弹性车轮	减小阻力；铰接式转向架；增大功率；减轻牵引电机质量	轻型化；断面小型化；减小阻力；增大功率；制动
运行稳定性与安全	运行稳定性；机车车辆与轨道相互作用	转向架走行稳定性；车轮踏面形状	运行稳定性；振动控制
信号保安	运转控制系统；设备安全性	高密度运转系统	图案控制
受流	供电方式；受电弓特征	接触网结构；受电弓；离线	振动和离线；耐磨性；离线空气动力学特征
空气噪声振动	噪声；头车及中间车形状	隧道问题	微气压波；车内压力变化

从表中可见，日、法、德三国对高速技术的认识大致相同，法国偏重于隧道问题、高密度运转用信号系统，德国则重视转向架和弹性车轮的研究，而日本更注重运行舒适性和环境相关性等问题。

第 1 章　动车组总体综述

1.1　世界各国动车组简介

截止到 2002 年，全世界高速铁路里程已达到 5 236 km，其中：日本新干线 2 049 km，法国 TGV 1 567 km，德国 ICE 815 km，意大利 ETR 237 km，西班牙 AVE 471 km，比利时 88 km。

还有正在建设的高速铁路：法国 460 km、德国 266 km、日本 396 km、意大利 464 km、西班牙 855 km、比利时 100 km、荷兰 96 km、韩国 412 km。

最具代表性的高速铁路是日本的新干线、法国的 TGV 和德国的 ICE，见表 1.1～表 1.3。表 1.4 列出了几种典型高速动车组的载客量等参数的比较。

表 1.1　德国 ICE 动车组主要技术参数

车　型	ICE/V	ICE1	ICE2	ICE3	ICEM
编　组	2L3T	2L12T	1L7T	4M4T	4M4T
车长（m）	114	357.92 14T：410.70	205.40	200.00	200.00
车重（t）	300	782 14T：826	410	410	436
定员（人）	87	669 14T：759	391	415（441）	404（431）
最高运行速度（km/h）	300	280	280	330	330（220）
总功率（kW/列）	8 400	9 600	4 800	8 000	8 000（交） 4 300（直）
电机型式	感应电机	感应电机	感应电机	感应电机	感应电机

表 1.2　法国 TGV 动车组主要技术参数

车　型	TGV-PSE	TGV-A	TGV-R	TGV-TMST	AVE	TGV-PBKA	TGV-K（韩国）	TGV-2N
编　组	L+8T+L	L+10T+L	L+8T+L	L+9T+9T+L	L+8T+L	L+8T+L	L+18T+L	L+8T+L
车长（m）	200.12	237.59	200.20	393.72	200	200	387.43	200.19
车重（t）	418	479	416	787	420	418	774	424
定员（人）	368	485	377	794	329	377	1 000	545
最高运行速度（km/h）	270	300	300	300	300	300	300	300
额定轮周功率（kW）	6 800	8 800	8 800	12 200	8 800	8 800	13 200	8 800
电机型式	直流电机	交流同步电机	交流同步电机	交流异步电机	交流同步电机	交流同步电机	交流同步电机	交流同步电机

表 1.3　日本新干线动车组主要技术参数

车型	0系	100系	300系	500系	700系	E1系	E2系	E3系	E4系
编组	16M	12M4T	10M6T	16M	12M4T	6M6T	6M2T	4M1T	4M4T
车长（m）	400.3	402.1	402.1	404	404.7	302.1	201.4	107.65	201.4
空车重（t）	896	857	630	620	628	692.5	365.9	219.7	424
定员（人）	1398	1321	1323	1324	1323	1235	629	270	1634
最高运行速度（km/h）	220	230	270	300	270	240	275	275	240
总功率（kW）	11 840	11 040	12 000	18 240	13 200	9 840	7 200	4 800	6 720
电机型式	直流串激电动机	直流串激电动机	三相鼠笼式异步电动机	VVVF逆变三相异步电动机	三相鼠笼式异步电动机	VVVF逆变三相异步电动机	VVVF逆变三相异步电动机	VVVF逆变三相异步电动机	VVVF逆变三相异步电动机

表 1.4　几种典型高速动车组的载客量等比较

车型	100	300	500	700	E1	E2	E3	TGVA	TGVD	ICE1	ICE3
辆数	16	16	16	16	12	8	5	2+10	2+8	2+14	8
列车长（m）	400	400	400	400	300	200	105	238	200	410	200
座位数	1 321	1 323	1 324	1 323	1 235	630	270	485	545	693	418
每米座位数	3.3	3.3	3.3	3.3	4.1	3.2	2.6	2.0	2.7	1.7	2.1
座位间距	1 040	1 040	1 020	1 040	980	980	940	851	930	1 025	900
空车重（t）	857	630	620	628	692.5	365.9	219.7	435	380	790	410
总功率（kW）	11 040	12 000	18 240	13 200	9 840	7 200	4 800	8 800	8 800	9 600	8 000
最高速度（km/h）	230	270	300	270	240	275	275	300	300	280	330

为了综合比较世界各国高速动车组的技术特点，我们将国外典型高速动车组的详细技术参数汇总列于表 1.5 中，供大家参考。

表1.5 典型高速动车组详细技术参数比较

	日本						法国			西班牙	(各国)	韩国	德国			意大利		瑞典
车辆型式	100系	300系	500系	700系	E1系	E2系	400系	E3系	TGV-A	TGV-R	TGV-D	AVE	欧洲之星	TGV-Korea	ICE 1	ICE 2	ICE 3	ETR 460	ETR 500	X 2000
运行线路		东海道·山阳			东北·上越	(北陆)	(山形)	(秋田)	大西洋线	北欧线	北欧线	NAFA线	(海峡线)							
制造年份	1984~1985	1990~1992	1996	1997~1998	1994	1995~(1997)	1991~1995	1995~(1997)	1989~1992	1992~1993	1995~1996	1991~1996	1993~1995	1998~(2002)	1991~1993	1996~(1997)	1998~(1998)	1995~1995	1995~(1996)	1990~1990
开始运营时间	1985	1992	(1996)	1998	1994	(1997)	1992	(1997)	1989	1993	1996	1992	1994	(2002)	1991	(1997)	(1998)	1995	(1996)	1990
运营速度 (km/h)	230	270	300	285	240	275	240	275	300	300	300	300	300	300	280	280	330	250	300	200
试验最高速度 (km/h)	277.2	325.7					345		515.3						406.9				319	275.7
编组	12M4T	10M4T	16M	12M4T	6M6T	6M2T	6M1T	4M1T	2L10T	2L8T	2L8T	2L8T	2L18T	2L18T	2L12T	1L7T	4M4T	6M3T	2L11T	1L5T
动力配置方式	2M分散	2M1T分散	4M分散	4M1T分散	2M2T分散	2M分散	2M分散	2M分散	两端集中	两端集中	两端集中	两端集中	两端集中	两端集中	两端集中	单端集中	2M2T分散	2M1T分散	两端集中	单端集中
转向架 M/T 构成	24M/8T	20M/12T	32M	24M/8T	12M/12T	12M/4T	12M/2T	8M/2T	4M/11T	4M/9T	4M/9T	4M/9T	6M/18T	6M/17T	4M/24T	2M/14T	8M/8T	12M/6T	4M/22T	2M/10T
车轴 M/T 构成	28M/16T	40M/24T	64M	48M/16T	24M/24T	24M/8T	24M/4T	16M/4T	8M/22T	8M/18T	8M/18T	8M/18T	12M/36T	12M/34T	8M/48T	4M/28T	16M/16T	12M/24T	8M/44T	4M/20T
车辆合计数	64	64	64	64	48	32	28	20	30	26	26	26	48	46	56	32	32	36	52	24
车间联接方式	车钩式	车钩式	车钩式	车钩式	车钩式	车钩式	车钩式	车钩式	铰接式	铰接式	铰接式	铰接式	铰接式	铰接式	车钩式	车钩式	车钩式	车钩式	车钩式	车钩式
车体倾斜机构	无	无	无	无	无	无	无	无	无	无	无	无	无	无	无	无	无	有	无	有
组合运用	不可	不可	不可	不可	(准备)	一部可	可	可	无	可	可	可	不可	不可	不可	可	可	不可	不可	可
气密构造	有	有	有	有	有	有	有	有	无	有	有	有	无	有	有	有	有	有	有	无
其他特点	双层2T				全车双层		与既有线直通	与既有线直通			T车双层		1/2可分离		最大2L14T				最大2L14T~8T	
其他编组等	双层4T			6M2T																
编组长 (m)	402.10	402.10	404.00	404.70	302.10	201.40	148.65	107.65	237.95	200.19	200.19	200.144	393.72	387.43	357.92	205.40	200.00	236.60	327.60	140.00

续表 1.5

车辆型式	日本 100系	日本 300系	日本 500系	日本 700系	日本 E1系	日本 E2系	日本 400系	日本 E3系	法国 TGV-A	法国 TGV-R	法国 TGV-D	西班牙 AVE	欧洲之星(各国)	韩国 TGV-Korea	德国 ICE 1	德国 ICE 2	德国 ICE 3	意大利 ETR460	意大利 ETR500	瑞典 X 2000
编组合计定员(人)	1321	1323	1324	1323	1235	630	399	270	485	377	545	329	794	935	669 14T:759	393	425	458	594	288只 1st:198
1st(人)	168	200	200	200	102	51	20	23	116	120	197	116	210	127	192	105	146	115+2M	186	51
2nd(人)	1153	1123	1124	1123	1133	579	379	247	369	257	348	213	584	808	441	265	255	341	408	237
Bar,Rest(人)															36	23	24	(23)	(30)	(10)
定员编组长(人/m)	3.29	3.29	3.28	3.3	4.09	3.13	2.68	2.51	2.04	1.88	2.72	1.64	2.02	2.41	1.87	1.91	2.13	1.94	1.81	2.06
编组质量(空车)(t)	857	630	620	628	692.5	365.9	318.0	219.7	435	383	380	392	752	699	790	420	365	(416.5)	598	321
编组质量(定员)(t)	925	710	700	708	760.4	404.7	343.3	237.3	479	416	424	421	816	774	845	453	400	433.5	635	343
定员质量(t/人)	0.70	0.54	0.53	0.54	0.62	0.64	0.86	0.88	0.99	1.10	0.78	1.28	1.03	0.83	1.26	1.15	0.94	0.95	1.07	1.19
轴重(最大定员)(t)	15.0	11.3	11.1	11.3	17.0	13.0	13.0	13.0	17.0	17.0	17.0	17.2	17.0	17.0	19.5	19.5	14.0	12.0	17.0	17.5
轴重(平均定员)(t)	14.5	11.1	10.9	11.1	15.8	12.6	12.3	11.9	16.0	16.0	16.3	16.2	17.0	16.8	15.1	14.2	12.5	—	12.2	14.3
车体结构(机车)	—	—	—	—	—	—	—	—	钢	钢	钢	钢	钢	钢	钢	钢	铝合金	—	钢	不锈钢
车体结构(其他)	钢	铝合金	铝合金	铝合金	钢	铝合金	钢	铝合金	钢	钢	铝合金	钢	钢	钢	铝合金	铝合金	铝合金	铝合金	铝合金	不锈钢
气密耐压(kPa)	5.35	7.35	10.08	9.10	5.35	8.04	5.35	7.65	—	6.0	6.0	6.0	—		5.5	5.5		6.0	6.0	—
头车断面面积比率(*注4)	(1.90)	(1.00)	(0.9)	(0.97)	(1.25)	(1.01)	(0.92)	(0.92)	(0.90)	(0.92)	(0.92)	(0.92)	(0.88)		(0.91)	(0.91)	0.88			—
隧道内运行换气方式	连续	连续	连续	连续	连续	连续	连续	连续	头车断面面积按图验算,300系作为1.0表示的比率	连续	关闭	关闭	关闭	关闭	关闭	关闭	关闭	关闭	关闭	—

第 1 章　动车组总体综述

续表 1.5

		日本								法国			西班牙	(各国)	韩国	德国			意大利		瑞典
	车辆型式	100系	300系	500系	700系	E1系	E2系	400系	E3系	TGV-A	TGV-R	TGV-D	AVE	欧洲之星	TGV-Korea	ICE 1	ICE 2	ICE 3	ETR 460	ETR 500	X2000
头车尺寸	长度(m)	26.050	26.050	27.000	27.35	26.050	25.700	23.075	23.075	22.150	↓	↓	22.127	22.150	↓	20.560	↓	25.675	27.650	20.250	17.255
	高度(mm)	4000	3650	3690	3650	4485	3700	4070	4080	4100	↓	↓	↓	↓	↓	3840	↓	↓	3700	4000	(3900)
	宽度(mm)	3380	↓	↓	↓	↓	↓	2947	2945	2814	2904	2896	2904	2814	↓	3070	↓	2950	2800	3020	3080
	转向架中心距(m)	17.5	—	↓	↓	↓	↓	14.15	↓	14.0	↓	↓	↓	↓	↓	11.46	↓	17.375	19.0	11.45	9.5
	(半连接长)(m)	—	—	—	—	—	—	—	—	21.845	—	—	—	—	—	—	—	—	—	—	—
中间车尺寸	(一般车)长(m)	25.000	25.000	25.000	25.000	25.000	25.000	20.500	20.500	18.700	↓	↓	↓	↓	↓	26.400	Tc:同	24.775	25.900	26.100	24.950 Tc:22.255
	(一般车)高(mm)	4000	3650	3690	3650	—	3700	3970	4080	3480	3480	—	3480	3480	↓	3840	↓	3840	3460	3800	(3900)
	宽(mm)	4490	—	—	—	4485	↓	↓	↓	↓	↓	4300	↓	↓	↓	(餐车 4295)	↓	↓	↓	↓	↓
	(双层高)(mm)	3380	↓	↓	↓	3380	3380	2947	2945	2904	2904	2896	2904	2814	↓	3020	↓	2950	2800	2860	3080
	转向架中心距(m)	17.5	↓	↓	↓	17.5	17.5	14.15	14.15	18.7	↓	↓	↓	↓	↓	19.0	19.0 Tc:18.1	17.375	19.0	19.0	17.7 Tc:14.5
	供电方式	A	A	A	A	B	AB	BC	BC	BF	BF、BEF	BF	BE	BEG	A	D	D	D BDF BDEF	E EF	BE	D
额定输出(编组)(kW)		1140	12000	18240	13200	9840	7200	5040	4800	8800	8800	8800	8800	12200	13200	9600	4800	8000	6000	8800	3260
输出/定员(kW/人)		8.36	9.07	13.78	9.97	7.97	11.43	12.63	17.78	18.14	23.34	16.15	26.75	15.37	14.12	14.35	12.21	18.82	13.10	14.81	11.32
输出/定员质量(kW/t)		11.94	16.90	26.06	18.64	12.94	17.79	14.68	20.23	18.37	21.15	20.75	20.90	14.95	17.05	11.36	10.60	20.00	13.84	13.86	9.50
主回路控制方式		可控硅	GTO	GTO	可控硅	GTO	GTO	可控硅	GTO	可控硅	可控硅	可控硅	可控硅	GTO	可控硅	GTO	GTO	GTO	GTO	GTO	GTO
(主要表示AC车引时)		相位控制	VVVF-IV	VVVF-IV	相位控制	VVVF-IV	VVVF-IV	相位控制	VVVF-IV	他励IV	他励IV	他励IV	他励IV	VVVF/DC	他励IV	VVVF-IV	VVVF-IV	VVVF-IV	斩波	VVVF-IV	VVVF-IV

(*注1)　供电方式符号　A:25kV/60Hz；B:25kV/50Hz；C:20kV/50Hz；D:15kV/16 2/3Hz；E:3kV/DC；F:1.5kV/DC；G:750V/DC

续表 1.5

		日本						法国			西班牙	(各国)	韩国	德国			意大利		瑞典
	车辆型式	100系	300系	500系	700系	E1系	E2系	400系	E3系	TGV-A	TGV-R	TGV-D	AVE	欧洲之星	TGV-Korea	ICE 1	ICE 2	ICE3	ETR460	ETR500	X2000
主电动机	方式	直流机	感应机	感应机	感应机	感应机	感应机	直流机	感应机	同步机	同步机	同步机	同步机	感应机	同步机	感应机	感应机	感应机	感应机	感应机	感应机
	额定功率(kW/台)	230	300	285	275	410	300	210	300	1100	1100	1100	1100	1020	1100	1200	1200	500	500	1100	815
	质量(kg/台)	825	397	375	350	487	450	690	450	1430	↓	↓	↓			1865				2200	
	功率质量比(kW/kg)	0.28	0.76	0.76	0.79	0.84	0.67	0.30	0.67	0.77						0.64				0.50	
主电动机数缓动(台)		48	40	64	48	24	24	24	16	8	8	8	8	12	12	8	4	16	12	8	4
主电动机数变速单元		4	4	4	4	4	4	4	4	1	1	1		1	1	1	1	4	4	2	2
制动方式	再生	48轴	40轴	64轴	48轴	24轴	—	24轴	16轴	8轴	8轴	8轴	8轴	12轴	12轴	8轴	4轴	16轴	12轴	8轴	4轴
	电阻	—	—	—	—	—	24轴	—	—	—	—	—	—	—	—	—	—	—	—	8轴	4轴
	空气-踏面	2组轮轴	2组轮轴	—	2组轮轴	—	—	2组轮轴	—	—	2组轮轴	—	2组轮轴	2组轮轴	2组轮轴	—	2组轮轴	—	2组轮轴	—	2组轮轴
	空气-踏面	—	2组轴	—	2组轴	2组轮轴	—	—	—	—	—	—	—	—	—	2组轮轴	—	—	—	2组轮轴	2组轮轴
	ECB-盘形	2组轴	—	—	—	—	—	—	—	—	—	—	—	—	—	—	—	—	—	—	—
	ECB-碗轮	—	—	—	—	—	—	—	—	—	—	—	—	—	—	—	—	(2组台车)	(2组台车)	—	—
	电磁钢轨	—	—	—	—	—	—	—	—	—	—	—	—	—	—	2组台车	2组台车	—	2组台车	—	—
	空气-盘形	2组轮轴	2组轮轴	—	2组轮轴	4组轮轴	4组轮轴	4组轮轴	4组轮轴	4组轮轴	4组轮轴	4组轮轴	4组轮轴	4组轮轴	4组轮轴	4组轮轴	4组轮轴	4组轮轴	3组轮轴	3组轮轴	2组轮轴
转向架	方式	有摇枕	无摇枕	无摇枕	无摇枕	无摇枕				无摇枕						无摇枕			强制6.5°	无摇枕	强制6.5°
	车体悬挂控制机构	—	—	偏转控制	—	—	—	—	—	—	—	—	—	—	—	—	—	—	单元控制		人字线式
	一系弹簧与轴箱支承方式	螺旋弹簧 IS板弹簧	螺旋弹簧 圆筒橡胶	螺旋弹簧 转臂式	螺旋弹簧 圆筒橡胶	螺旋弹簧 板弹簧				M:圆筒叠层橡胶 T:螺旋弹簧+拉杆						M:螺旋连杆式 T:单 长臂	M:螺旋 T:螺旋	螺旋弹簧+ 圆筒橡胶	螺旋 拉杆	螺旋 连杆	橡胶
	两系弹簧	空气弹簧	空气弹簧	空气弹簧	空气弹簧	空气弹簧	↓	↓	↓	空气弹簧				T:单弹簧				空气弹簧	体悬式	螺簧	螺簧
	主电动机悬挂	架悬式	架悬式	偏转控制	—	架悬式	↓	↓	↓	体悬式 MM齿轮一体						半体悬式 架(1/3)	空心式中空轴驱动 带中空轴	架悬式	体悬式 MM齿轮一体	体悬式 连杆	架悬式
	驱动方式	平行万向节 齿轮联轴节 1级减速	平行万向节 2级减速	平行万向节 2级减速		平行万向节 4级板弹簧 无摇枕				平行万向节 3孔联轴节 2级减速						MM齿轮一体 1级减速	平行万向节或1级减速 带中空齿轮1级减速		平行万向节 中空齿轮 1级	平行万向节 中空齿轮 1级	平行万向节 MM中空轴 1级减速

第1章 动车组总体综述

续表 1.5

车辆型式		日本								法国			西班牙	(各国)	韩国	德国			意大利		瑞典
		100系	300系	500系	700系	E1系	E2系	400系	E3系	TGV-A	TGV-R	TGV-D	AVE	欧洲之星	TGV-Korea	ICE 1	ICE 2	ICE 3	ETR 460	ETR 500	X2000
动力转向架	固定轴距(mm)	2500	↓	↓	↓	↓	↓	2250	↓	3000	↓	↓	↓	↓	↓	3000	↓	2500	2450	3000	2900
	车轮直径(mm)	910	860	↓	860	↓	860	↓	↓	920	↓	↓	920	↓	↓	1000	↓	920	890	1100	1100
	全质量(t)	9.8	6.6	6.5	6.6	8.5	7.1	7.4	7.1	7.2						9.6				10.0	
	簧下质量(t)	4.4	3.4	3.4	3.4	4.3	3.7	3.5	3.7	4.3						3.8					
从动转向架	固定轴距(mm)	2500	↓	—	2500	↓	↓	2250	↓	3000	↓	910	920	↓	↓	2500	↓	↓	2450	3000	2900
	车轮直径(mm)	910	860	—	860	↓	860	↓	↓	920	↓	↓	↓	↓	↓	920	↓	↓	890	890	880
	全质量(t)	9.2	7.1	—	6.6	8.0	6.5	6.5	6.5											6.5	
	簧下质量(t)	4.4	3.6	—	3.6	4.8	4.0	4.0	4.0												
室内尺寸(mm)	宽 1st	625	625	625	625	650	650	560	560	650	650	650	650	650		710	710		625		
	前后 1st	1160	1160	1160	1160	1160	1160	1160	1160	950	950	940	950	950		1144	1144		950	1071	
	宽 2nd	508	506	508	507	494	494	530	525	525	525	525	540	525		580	580		525	530	
	前后 2nd	1040	1040	1020	1040	980	980	980	980	850	(900)	940	900	850		1025	1025		950	1071	
通道宽度(mm)		600 (12nd 485)	600	600	600	500	600	550	460	550	550	550	550	550		610	610		580		
乘客占有面积(m²/人)	1st	0.73	0.73	0.73	0.73	0.75	0.75	0.75	0.65	0.62	0.62	0.61	0.62	0.62		0.81	0.81		0.59		
	2nd	0.53	0.53	0.52	0.53	0.48	0.48	0.52	0.51	0.45	(0.47)	0.49	0.49	0.45		0.59	0.59		0.50	0.57	
客室利用可能长度(m)		316	303	297	303	263	134	103	67	117	104	160		221				150.6		211.0	
客室长利用率(%)		78.5	75.3	73.5	74.9	87.1	66.5	69.5	62.0	49.2	52.0	79.9		56.1						64.4	

(*注2) 座席宽度是包括扶手在内的平均每人的值

(*注3) 客室利用可能长度:室内南侧作为客室、假定可能使用的客室同合计长度。(计算值:现行客室+Bar/Restaurant+行李同的客室同合计。除去现有的通过台、盥洗室、机器间等部分。

| 车外噪声(25m峰值) dB(A) | ≤75/230 | ≤75/270 | ≤75/300 | ≤75/285 | ≤75/240 | ≤75/275 | 75/240 | 75/275 | ≤95/300 | ≤91/300 | | | | | ≤92/300 | | | | | |

1.2 我国客运专线规划概况和引进动车组简介

1.2.1 我国客运专线规划概况

我国中长期规划建设的高速铁路客运专线至 2020 年将达到 7 530 km（共 6 条），再加上两条快速通道，总里程将超过 10 000 km。至 2020 年，我国铁路快速客运专线规划可用四纵四横来概括。

四纵：
（1）北京至上海高速铁路，贯通京津至长江三角洲东部沿海经济发达地区；
（2）北京至广州客运专线，连接华北和华南地区；
（3）北京至哈尔滨客运专线，连接东北和关内地区；
（4）沪、甬、厦、深快速通道，连接长江、珠江三角洲和东南沿海地区。

四横：
（1）太原至青岛客运专线，连接华北和华东地区；
（2）兰州、西安至徐州客运专线，连接西北和华东地区；
（3）上海至杭州—长沙—贵阳—昆明客运专线，连接西南、华中和华东地区；
（4）上海至武汉—成都、重庆客运专线（快速通道），连接西南和华东地区。
各条客运专线的具体长度见表 1.6。

表 1.6 我国规划建设中的各条客运专线的长度

序号	规 划 线 路 名	规划长度（km）
1	北京至上海高速铁路	1 320
2	北京至广州客运专线	2 270
3	北京至哈尔滨客运专线	1 200
4	西安至徐州客运专线（西延至兰州）	810（1 400）
5	上海至杭州、长沙客运专线	1 040
6	太原至青岛客运专线	890
小 计		7 530（8 120）
7	上海至武汉、成都快速通道	1 600
8	沪、甬、厦、深快速通道	1 550
合 计		10 680（11 270）

另外，我国将重点建设以下三个城际区域轨道交通网：
（1）长三角：以上海、南京、杭州为中心，形成"Z"字形主骨架，形成连接沪、宁、杭周边重要城镇的城际客运铁路网络。
（2）珠三角：以广深、广珠两条客运专线为主轴，形成"A"字形线网，辐射广州、深圳、珠海等 9 个大中城市，构建包括港澳在内的城市 1 小时经济圈。现已开工建设的广深客运专线约 105 km 线路，从新广州站到深圳约 30 min 时程；广珠城际轨道交通，自广州新客站，经番禺、顺德、中山至拱北口岸，含江门支线约 143 km。运输模式以站停小编组列车为主，直达列车为辅。

（3）环渤海：以北京、天津为中心，北京－天津为主轴进行建设，形成对外辐射通路。已于 2008 年 8 月建成并通车的京津城际轨道交通，全长约 115 km，最高运行速度为 350 km/h。

1.2.2 我国引进并合作生产高速动车组的情况

（1）2004 年 10 月铁道部组织完成了 140 列时速 200 km 动车组的采购项目合同签订，成功引进了川崎重工、庞巴迪、阿尔斯通的动车组先进技术。

其中：川崎重工＋四方机车车辆股份有限公司（简称四方股份）合作生产 60 列——CRH_2 型；阿尔斯通＋长春轨道客车股份公司（简称长客股份）合作生产 60 列——CRH_5 型；青岛 BSP（庞巴迪）股份公司生产 20 列（后来又增加 20 列）——CRH_1 型。

（2）2005 年 11 月铁道部又组织完成了 60 列时速 300 km 动车组的采购项目合同签订，成功引进了西门子（与唐山机车车辆厂合作）的高速动车组先进技术。同时，四方股份在 2004 年引进技术的基础上，也进行了动车组向时速 300 km 的提升。

1.2.3 引进动车组主要技术参数比较

时速 200 km 动车组分别由四方股份、长客股份和 BSP 公司制造生产，其总体技术条件基本一致，但在个别之处仍存在一定差异。

对比各厂提供的技术参数，三种动车组比较显著的差异主要表现在四个方面：

（1）速度。四方动车组的时速可以提升至 300 km；长客动车组的最高时速可以达到 250 km；BSP 动车组的时速是 200～220 km。

（2）适应站台高度。四方动车组没有设置脚蹬，只能适应 1 100～1 200 mm 高度的站台；其他两种动车组可以适应 500～1 200 mm 高度的站台。

（3）适应环境温度。四方动车组运用的最低环境温度为 －20°C，不适合在东北高寒地区使用，其他两种动车组可以在最低 －40°C 的环境下使用。

（4）地面检修电源。四方动车组检修用地面电源是单相 400 V/50 Hz 交流电，在现有条件下需要进行转换。其他两种动车组检修用地面电源可以直接采用 3 相 380 V/50 Hz 交流动力电。

1.2.4 动车组配属使用的主要线路和区域

动车组的配属由铁道部统一管理。动车组在既有线上使用时，配属给担当的铁路局；动车组在客运专线使用时，配属给担当的客运专线公司。

1. 长客动车组——CRH_5

适用于短途与中长途运输，速度等级为 200 km/h，最高可提升至 250 km/h。动车组将主要配置于北京、沈阳和哈尔滨铁路局范围内，用于京哈线，也可部分开行至济南和郑州、武昌方向。

2. 四方动车组——CRH_2

适用于短途与中长途运输，速度等级为 200 km/h，最高可提升至 300 km/h 以上。动车组将主要配置于郑州、济南、上海、南昌铁路局和广铁集团公司范围内。主要用于京广线，京沪线和杭州—宁波—深圳间的沿海客运专线，辐射陇海线。

3. BSP 动车组——CRH_1

适用于短途运输，速度等级为 200～220 km/h，动车组将主要用于城际间的短途运输，配属根据使用情况确定。

4. 唐山动车组——CRH_3

适用于速度等级为 300~350 km/h 的高速客运专线和城际客运专线，主要运用于京津城际客运、京沪高速和京广（港）高速等。

1.2.5 动车组需求数量的测算

根据铁路中长期发展规划和东部铁路率先实现装备现代化的战略部署，到 2015 年将在哈尔滨、沈阳、北京、济南、上海、郑州、南昌铁路局和广铁集团公司投入大约 1 000 列动车组，与此同时，东部铁路局的既有客车同步向中西部转移。

图 1.1 显示了从 2006 年至 2015 年我国高速动车组需求数量的测算。

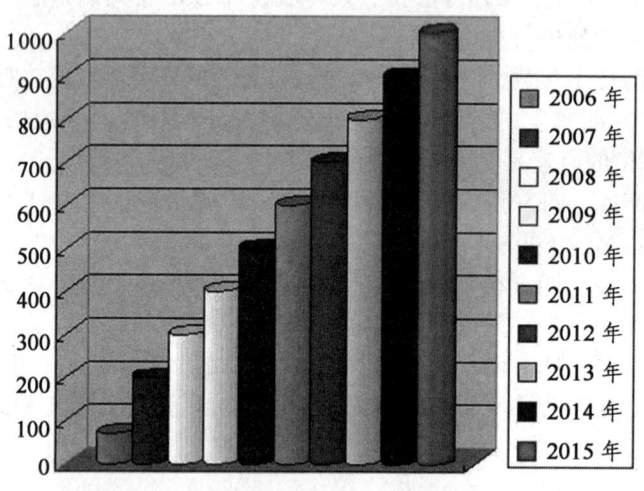

图 1.1 高速动车组需求数量预测

1.2.6 四大动车基地检修动车组数量的测算

结合客运专线建设进度和既有干线电气化及提速改造进度，同时兼顾开行方案的预测，到 2015 年底四个检修基地负责检修的动车组数量将分别达到：北京基地 300 列，占总量的 30%；武汉基地 400 列，占总量的 40%；上海基地 150 列，占总量的 15%；广州基地 150 列，占总量的 15%。

另外，根据我国高速客运专线的发展情况，为了更好地适应高速动车组的运用与检修，铁道部又于 2010 年重新调整了动车组检修基地的数量和布局，分别增加了成都、西安和沈阳等三个动车组检修基地，由此，动车组运用和配属数量也将发生相应变化。

1.3 动力集中式和动力分散式高速动车组特点比较

实现高速运行的关键问题之一是高速铁路的动力问题，它包含牵引动力的形式和具体实现方法。

从国外经验来看，高速动车组的牵引动力形式可分为动力分散式和动力集中式两大类。

事实上这两种牵引动力形式很难比较出绝对的优势，它们都经过了长期的试验和运营考验，技术上都取得了很大的成功。

但当高速动车组运行速度超过 300 km/h 时，由于受轮轨黏着和功率等因素限制，动力集中式的缺点暴露无遗，而动力分散式的优点更加突出，因此世界各国时速超过 300 km 的高速动车组都趋向于采用动力分散式，例如 ICE3 和 AGV。

动力分散式动车组又可以分为独立式和铰接式两种，同样动力集中式动车组也可以分为独立式和铰接式两种，它们的具体结构示意如图 1.2 所示。

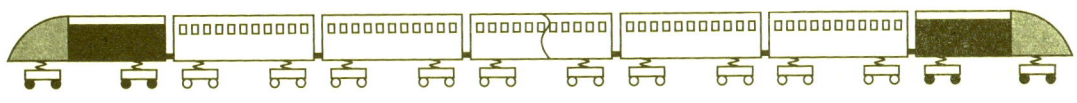

（a）独立式动力集中型（ICE1）

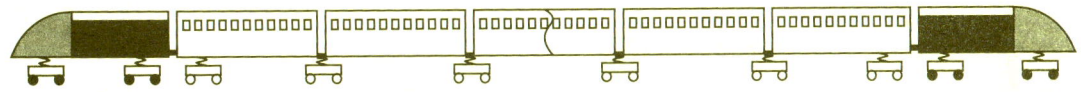

（b）铰接式动力集中型（TGV-A）

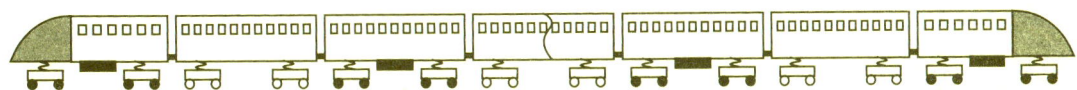

（c）独立式动力分散型（300 系，ICE3）

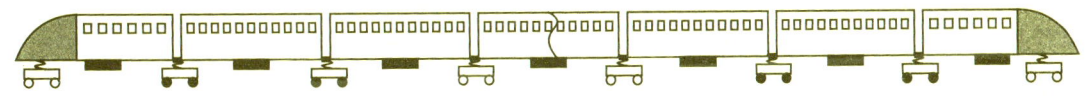

（d）铰接式动力分散型（AVG）

图 1.2 动力分散式和动力集中式动车组具体结构示意

● 动力轮对，○ 非动力轮对，■ 动力设备，▰ 司机室

1.3.1 动力集中式

动力集中就是将列车的动力集中在列车两端的头车和与头车邻近的车辆上，动力车之间为数量不等的拖车，也就是无动力的客车，形成推挽式牵引。与常规意义上的机车

牵引若干车辆的列车相似。

典型代表有德国的 ICE1 和 ICE2、法国的 TGV-PSE 和 TGV-A 等。

其主要优点是：

(1) 制造和维护费用低。牵引动力集中在两台动车上，牵引电机和电器数量少，列车制造和维护费用低。

(2) 客室内舒适性较好。由于拖车不设置牵引电气、动力机械设备，故客室内的噪声和振动小。

(3) 适应不同路况能力强。容易变更动车车型以适应不同路况的需要。

其主要缺点是：

(1) 运用灵活性较差。列车编组调整较困难，不易适应运量变化。

(2) 载客量相对较少。由于动力车不载客，所以使整列车相对载客量较少。

(3) 轮轨动作用力大。由于动力集中布置使动车轴重较大，高速运行时的轮轨动作用力明显增大。

(4) 黏着利用差。黏着利用等指标不如动力分散式。

(5) 制动性能欠佳。动力制动只能由头部的动车实施，制动能力受限，机械制动使用比率很高，闸瓦或闸片磨耗严重，需频繁更换。

1.3.2 动力分散式

动力分散式是将列车的动力分散置于各节车辆或大部分车辆上，由若干动车和拖车组成一个单元，再由若干单元组成列车。且整车的主要电气和机械设备几乎全部吊挂在车底架的下部，列车所有车辆均可以载客。牵引动力分散在各动车上，不再配有专司牵引的机车。典型代表有日本的新干线动车组、德国的 ICE3、法国的 AGV 等。动力分散式的最基本特点是动轴数量多且轴重轻。

其主要优点是：

(1) 载客量大。可以充分利用所有车厢载客。

(2) 轮轨黏着状态易保证。牵引黏着质量大，需要黏着系数较小，易于发挥牵引力以适应高速需要。

(3) 运用灵活。动力车组易于加长或缩短，运用较灵活。

(4) 易实现轻量化和低轴重。每台转向架的牵引装置功率小，体积质量较小，有利于实现转向架轻量化和低轴重。

(5) 制动性能明显改善。能充分发挥动车的再生制动能力，改善制动性能，大大减少制动闸瓦的消耗。

其主要缺点是：

(1) 制造成本和维修费用较大。每辆动车都装有全套牵引用电器和电机，增加了动车组的制造成本和维修费用。

(2) 车内噪声和振动较大。每辆动车车底架下面吊装有动力设备，对车内乘客的舒适性有一定影响。

有关动力分散方式和动力集中方式详细的特点比较参见表 1.7。

表 1.7　动力分散方式和动力集中方式的特点比较与评价

（评价：优◎→○→△→×劣）

主要比较项目		动力分散方式 （新干线 300、500、700 系）	动力集中方式 （TGV、ICE1）
运行状况	风土、沿线条件	高温、多湿、多雨、台风（强风、大雨）、路基松软、多发地震、城市连续、接近沿线居民、工厂	气候干燥、稳定（雨天少）、路基稳定、地震少、城市分散，沿线人家、工厂非常少
	每日平均输送人员	多：东海道 37 万人/日，山阳 18 万人/日（京沪约 22 万人/日）	少：TGV 南东线 6 万人/日，ICE 全线 7 万人/日
	每小时最大发车列数	多：东海道（东京）12 列（京沪约 10 列）	中、少：TGV 南东线 6 列，ICE-HW 线 3 列
	站间距离	短：东海道、山阳：平均约 32 km（京沪约 33 km）	长：TGV 高速线约 90 km，ICE 高速线约 60 km
系统结构上的差异	编组构成（例）	300 系：2M1T×5+1T，500 系：4M×4，700 系：3M1T×4	TGV-PSE、-R、-D（双层）：2L8T（推挽）（×2），ICE1：2L12T（推挽）
	主要动力机器安装	配置在包括前头车的地板下	配置在机车车架上
	定员 在构成方面定员增加方法	◎ 包含先头车的全列车上有客室，定员多 ○ 采用宽车体增加定员，而且轴重和牵引力有余裕	× 动车上没有客室，定员减少。 △ TGV-D（双层）轴重 17 t，限界也充满，ICE1 牵引力受限制，定员和质量增加困难
	定员 客室长/列车长（平均约 400 m），定员	○ 300、700 系：75%，1 323 人 ○ E4 系（双层）：90%，1 634 人	△ ICE1 2L12T：64%，669 人 TGV-R：52%，754 人 △ TGV-D（双层）78%，1 090 人
	列车质量 空车质量/列车长度	○ 由于车体铝合金化，机器大容量化等彻底轻量化（300、500、700 系约 630 t/400 m，E4 系 850 t/400 m）	◎ 机车质量大，客车的轻量化也不充分（TGV-R、-D：约 380 t/200 m。ICE1：790 t/358 m）
	列车质量 平均乘客质量（额定质量/定员）	◎ 列车定员多，0.5~0.6 t/人，很轻（300、500、700 系约 0.54 t/人，E4 系 0.51 t/人）	◎ 列车定员少，相当于新干线车辆 1.5~2.5 倍的人均质量（TGV-R：1.1 t/人，TGV-D：0.78 t/人，ICE1：1.26 t/人）
	轴重减轻	◎ 由于机器分散配置，轴重轻，能够平均化	× 机车轴重大，为确保牵引力而使轻量化困难

续表 1.7

主要比较项目		动力分散方式 （新干线 300、500、700 系）	动力集中方式 （TGV、ICE1）
列车质量	最大轴重对轨道的影响	○ 对轨道、建筑物的影响少，轨道保养费可以抑制，建设费也可能降低。 新干线环境措施与多数列车适应，最大轴重彻底减轻（约 11 t/轴）	△ 对轨道影响大，欧洲内国际高速列车把轴重限制在 17 t 以下，TGV 最大轴重遵守在 17 t。 ICE1 机车轴重 19.5 t，为此德国开发了动车分散式的 ICE3
	重心高度	○ 机器安装在地板下，重心低对侧向风安全，对平稳性影响好	△ 机车在地板上安装机器，客车在地板下机器少，重心高，客车如轻量化，对横向风不安全，导致平稳性降低
	进一步轻量化	◎ 由于 Power Electronics 的发展，有可能使轻量化效果在全编组上灵活运用	△ Power Electronics 的发展主要与机车有关，机车为确保牵引力不能轻量化
系统结构上的差异	转向架簧下质量	○ 较轻，运行稳定性好，对轨道的影响小 （300、500 系：3.4 t/转向架）	△ 较重，对运行稳定性不利，对轨道影响大。 （TGV：4.3 t/转向架，ICE1：3.8 t/转向架）
	车轮直径/钢轨	○ 因为轴重轻，与钢轨的接触面压力低，有可能采用小直径车轮并由此带来轻量化	△ 因为轴重大，与钢轨的接触面压力大，牵引力也大，车轮直径缩小会增加踏面的疲劳龟裂
	轴距/轮缘磨耗	○ 轴距短（2 500 mm），曲线通过性能好，轮缘磨耗少	△ 轴距大（3 000 mm），曲线通过性能不良，因轮缘磨耗大而使用涂油器（滑行时撒砂）
	动力装置构成	○ 由于电动机小型、轻量，可以悬挂于转向架上（即架悬式），驱动装置也小型，构造简单	△ 由于电动机大型、大质量，在高速时有必要安装在车体上（即体悬式），驱动装置也大，构造复杂
	转向架回转惯性矩	○ 转向架轻量、小型，即使电动机安装在转向架上，其惯性质量也较小，对运行稳定性和轨道影响有利	△ 转向架大而重，即使电动机安装在车体上，其惯性质量也较大，对运行稳定性和轨道影响不利
黏着和稳定运行	黏着性能	◎ 动轴数较多，需要的黏着系数小，即使雨天也能保证良好的黏着。牵引制动性能稳定，运行准时性高	△ 仅动车是动轴，希望相当高的黏着特性，但在雨天时黏着不良，列车容易晚点
	机器故障时	◎ 一部机器故障时，余下的性能也能稳定地运行，影响小	△ 一部机器故障时，余下的性能不能稳定地运行，影响大

续表 1.7

主要比较项目			动力分散方式 （新干线 300、500、700 系）	动力集中方式 （TGV、ICE1）
系统结构上的差异	黏着和稳定运行	编组黏着特性利用（动轴数比例）（最大利用黏着系数）	◎ 可以调整牵引力、制动力的配置，适应容易打滑的前头车的特性（0 系、500 系：100%，300 系：63%）[牵引/制动：0.06～0.10/（常用 0.08，非常 0.12）]	× 容易打滑的前头车需要大的牵引和制动力，因为容易发生空转、滑行（TGV 2L8T：31%，ICE 2L12T：14%）（牵引/制动：TGV：0.16/0.14，ICE：0.26/0.21）
		确保黏着的方法	○ 空转、滑行检测和再黏着控制 ○ 全部车轮安装踏面清扫装置、安装增黏着研磨瓦，制动时动作没有噪声影响 ○ 在编组的 2 个地方少量喷射陶瓷粉（提高了在高速度区的减速度，仅 500、700 系），没有噪声影响	○ 空转、滑行检测和再黏着控制 △ TGV 机车上使用铸铁踏面闸瓦，但对踏面损伤和噪声的影响大，从 TGV-D 开始废止 △ 在 TGV 和 ICE 机车上都设置撒砂装置，通常砂子大量散布，有噪声影响
	制动方式	耐久性	◎ 多数的动轴，除了在低速时，再生制动负担常用制动到最大值，从动轴部分也容易分担。从动轴使用 ECB 制动或机械制动（M 车分担一部分，减低负担），因此，即使在短区间，高频度停车，机械制动部件的寿命也长	△ TGV 动车电阻制动为主（ICE 动车是再生制动），机械制动也负担使用一部分。 多数的客车从动轴只有机械制动（ICE 仅在非常、停车时并用磁轨制动），因此，机械制动部件的磨耗大，检查更换频繁，在高频度停车的运用中，保养困难
		常用制动	○ 通常使用 ATC 的常用最大制动，减速度大，减速状态一定	△ 客车经常使用机械制动，手动控制的情况下减速度低，波动大
		持续性	◎ 机械制动可能负担到非常制动时，双重系统	△ 动力、机械各制动独立，单重系统
		非常制动	○ 再生制动也能代替机械制动，稳定	△ 动力制动故障时不能代替，制动距离延长
	最大坡度		○ 动轴多基本上是有利的，黏着特性容易提高。在大坡道电动机容量和效率可适用（在长野新干线上最大 30‰，连续长度 20 km）。在下坡道使用再生制动来调速	△ 动轴少基本是不利的，要求高的黏着系数，适用于 TGV 东南线 35‰，此后的新线 25‰ 上。下坡时靠机械制动来调速，损耗增大。现行的 ICE1 适用到 25‰
	车体强度要求（车端压缩强度）		○ 牵引力分散，车体压缩强度可以减低（新干线车架限压 100 t）	△ 为适应动车的大牵引力，需要高的强度（TGV 车架限压 100 t，车体中央 200 t，ICE 车架 150 t）

续表 1.7

主要比较项目		动力分散方式 （新干线 300、500、700 系）	动力集中方式 （TGV、ICE1）
系统结构上的差异	受电弓 数量	○ 使用 2 组受电弓，以高压联通母线连接，减少离线，抑制电磁波的危害	○ TGV 在高速交流区间使用后方的一组受电弓，用高压联通母线与前方联通，ICE1 是前后单个使用
	受电弓 装设位置	○ 可配置在噪声影响的适当位置（一般装设在中间车辆上）	△ 配置在噪声影响大的前头车上
	接触网寿命	○ 通过受电弓数调整使寿命相等	○ 通过受电弓数调整使寿命相等
	隧道气密措施	○ 地形上隧道多，为了控制工程费用，将断面减小，而在车辆方面采取气密压力和连续换气措施	○ TGV、ICE 线路隧道少，隧道断面大，车辆方面的措施可以少（某种程度需要）
	车辆寿命（设计上）	○ 考虑到保养技术的陈旧化设定 15 年。车体由于隧道压力变动作疲劳寿命设计，若用 ICE 线路条件进行寿命试算时相当于使用 107 年	○ 详情不明，目标 30 年。隧道少，不考虑车体疲劳寿命
环境适应	节省资源	○ 用多数的动轴使用再生制动，再生率大	△ TGV 没有再生，ICE1 动轴少再生率小
	噪声	○ 对应噪声峰值 75 dB（A）（包括地面上的措施）	△ TGV、ICE 的噪声峰值 80~90 dB（A）左右
	振动	○ 由于轴重轻，可抑制路基振动	△ 由于大轴重，路基振动大，对路基要求高
运用效率	运行可靠性	○ 冗余性好、一部机器故障时影响小，在雨天也运行稳定，准确性高	△ 动车故障时影响大，在雨天黏着性能不稳定，列车会发生晚点
	对应列车类型	◎ 快速直达类型和各站都停的列车都可以适用	△ 短区间站都停的列车机械制动保养困难
	运用效率：车站折返日常检查	○ 可以车站折返运用（仅车内清扫即可） ○ 短时间（检查主体）	△ 长距离运行后必须进行制动部件检查等 △ 长时间（制动部件、车轮等检查、保养）
费用方面的差异	动力费	○ 定员多，每人动力费少 ○ 由于多用动力再生制动，可明显节约电力	△ 定员少，每人动力费高 △ 用动力再生制动的情况比例少，节约电力不明显
	车辆费：每位乘客（编组价/定员）	◎ 列车定员多，每位乘客价格低（300 系约 40 亿日元/1 323 人）	△ 定员少，每位乘客价格高（TGV-R：18 亿日元/337 人，TGV-D：23 亿日元/545 人）

续表 1.7

主要比较项目		动力分散方式 （新干线 300、500、700 系）	动力集中方式 （TGV、ICE1）
费用方面的差异	车辆保养费 转向架	◎ 制动部件磨耗小，日常不用更换	△ 制动部件磨耗大，材料费、保养作业量大
	轮轴	○ 车轮踏面的磨耗、损伤少，轮缘磨耗少	△ 由于高黏着、大轴重、大轴距，使车轮的损伤大
	电气件	○ 静态机器、感应电动机保养量少，非解体化（检修）	○ 电气设备集中在动车上，装置数少
	转向架、全面检查（整体）	○ 集中做有效的保养，每日、每月的检查轻微	○ 机器分类分期保养，每日、每月的检查量大
		○ 感应电动机化，保养周期长，保养作业量比 0、200、100 系大幅度减少	△ ICE1 一年时间的平均作业量与新干线 200 系（直流电动机全电动车）大致相同（DBAG 的报告）
	线路保养费用	○ 由于轴重轻，对线路影响小，但列车列数多，适当保养在夜间作业	△ 轴重大，运行列车数量多时保养作业量增大
	土木建筑物建设费	○ 轻轴重专用线路的条件下建设费用减低	△ 必须有适应于大轴重的土木建筑设施

1.4 动车组限界

铁路限界都是由机车车辆限界（简称"车限"）和建筑限界（简称"建限"）两者共同组成的，两者间相互制约与依存。铁路限界是铁路安全行车的基本保证之一。为了使机车车辆能在一定范围的铁路网内通行无阻，不会因为机车、车辆外形尺寸设计不当，货物装载位置不当，或建筑物、地面设备的位置不当而引起不安全的行车事故，必须用限界分别对机车、车辆及建筑物等地面设备的外形尺寸加以制约。因此，限界是铁路各个业务部门都必须遵循的基础技术规程。限界制订得是否合理、先进，既关系到行车安全，也关系到铁路运输总的经济效益。

建筑限界和机车车辆限界均指在平直铁路线上两者中心线重合时的一组尺寸约束所构成的极限轮廓，如图 1.3 所示。机车车辆限界是限制机车车辆横断面的最大尺寸用的。机车车辆无论是空车或重车，无论是具有最大标准公差的新车或是具有最大标准公差和磨耗限度的旧车，当其停放在水平直线上且在无侧向倾斜及偏移时，除电力机车升起的受电弓外，其他任何部分均应

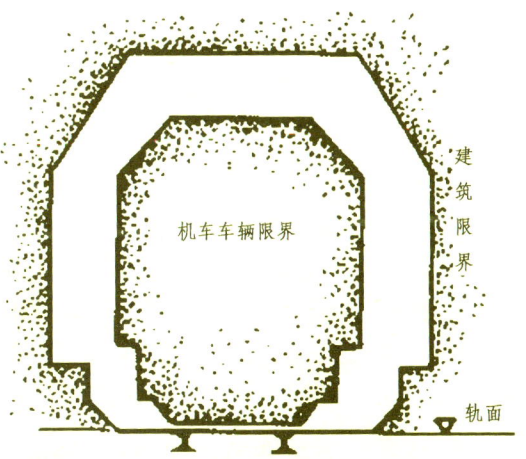

图 1.3 机车车辆限界和建筑限界及其相互关系示意图

容纳在限界轮廓之内不得超越，即其横断面的最大尺寸均不得超过机车车辆限界。这一点在机车

车辆的设计和制造时必须得到保证。

建筑限界则是每一铁道线路必须保证留有的最小空间的横断面尺寸。凡靠近铁道线路的建筑物及其他设备的任何部分在任何情况下都不得侵入建筑限界，与机车车辆有直接作用的设备在使用中也不得超过规定的侵入范围。

本书以 CRH$_2$ 动车组为例来分析有关车辆限界的问题。

E2-1000 动车组的车体横断面见图 1.4，最大宽度尺寸是 3 380 mm，地板面距离轨面为 1 300 mm，设备舱底罩距离轨面为 200 mm，车体横断面对角线允许公差是 ±5 mm。在技术引进过程中，由于 E2-1000 轻量化车体设计的先进性和特殊性，CRH$_2$ 沿用了 E2-1000 的车体结构和尺寸。由于我国的客车宽度一般在 3 105 mm 左右，E2-1000 较我国客车车体宽得多，这就存在一个车辆限界问题。为此，对于我国铁路的车辆限界·建筑限界，应就 E2-1000 系新干线列车的适应性进行调查。尤其要研究在发生车轮磨损时对下部限界有无影响，以及对侧部下方有无影响。

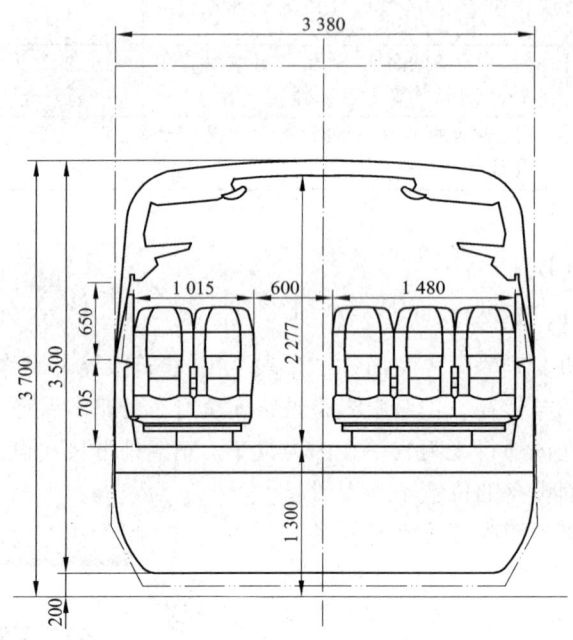

图 1.4　E2-1000 动车组车体断面图

将《高速铁路机车车辆限界-暂行规定》(2003 年 6 月) 及我国国家标准 GB 146.1~146.2－83《标准轨距铁路机车车辆限界和建筑限界》作为讨论对象。我国和日本的各限界图总体的比较如图 1.5 所示。可以看到，日本标准和我国标准在上部基本一致，日本限界还稍许严格，差别主要是在站台以下的下部。我国国家标准 GB 146 限界与 E2-1000 系外形下部的比较如图 1.6 所示。通过分析主要得到以下结论：

1. 关于转向架非悬挂部分与下部限界有无干涉问题

关于转向架非悬挂部分的车辆下部限界尺寸，各种限界均相同，为自轨顶面起 60 mm。作为 E2-1000 系的变速装置下部的高度，当车轮直径达到磨损极限的 790 mm 时为自轨顶面起 64.5 mm，制动盘下部的高度为自轨顶面起 60 mm，不影响中国标准的下部限界。

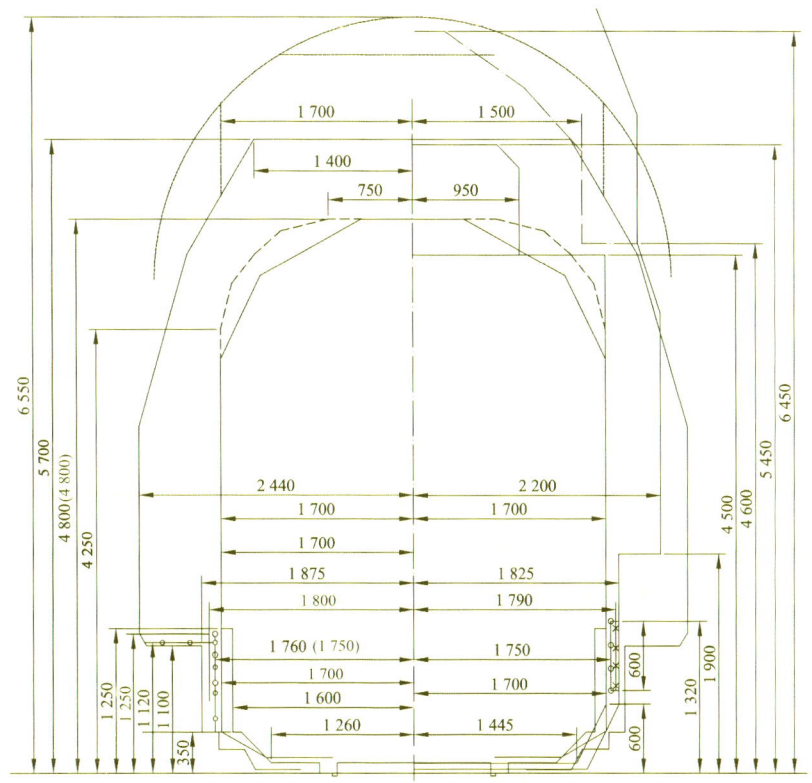

图 1.5 建筑限界/车辆限界总体的比较：中国既有线、高速铁路（暂行规定）与日本新干线限界的比较
（左：中国，右：日本）

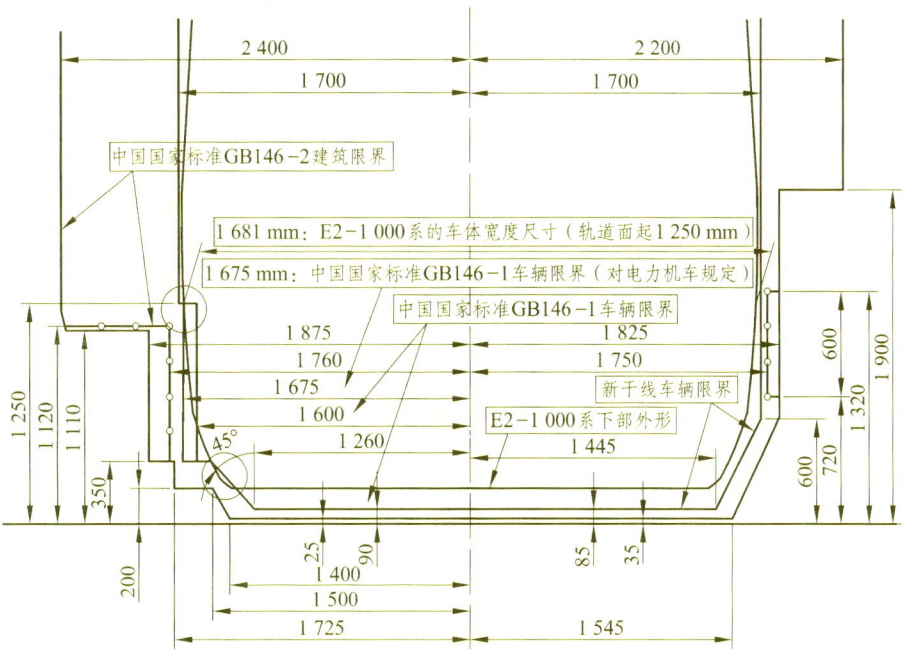

图 1.6 中国国家标准 GB 146 限界与 E2-1000 系外形下部的比较

2. 关于车体转向架的悬挂部分与下部限界有无干涉问题

对于悬挂部分的各标准的下部限界尺寸如下表 1.8 所示。

表 1.8 下部限界比较

	对于转向架悬挂部分的下部限界	对于车体悬挂部分的下部限界
中国国家标准 GB 146.1	70 mm	90 mm
高速铁路机车车辆限界——暂行规定	80 mm	110 mm
新干线车辆限界	85 mm	

作为新干线限界的车体悬挂部分的下部限界高度，虽然低于我国标准，但是新干线车辆是按照车体下部高度自轨顶面起 200 mm 以上的标准设计，因此对于实际车体没有影响。

另外，车头排障装置的下部高度为自轨顶面起 150 mm，因此没有问题。

3. 关于车体下部两角部分与车辆限界侧下部分的角部有干涉问题

对于 GB 146.1 侧面下部与下部限界的角部限界，E2-1000 系的车体裙板部分略有影响。因此，对 CRH$_2$ 的裙板部分形状进行改动，使之不超出限界，如图 1.7 所示的 CRH$_2$ 车体外形与限界的比较。

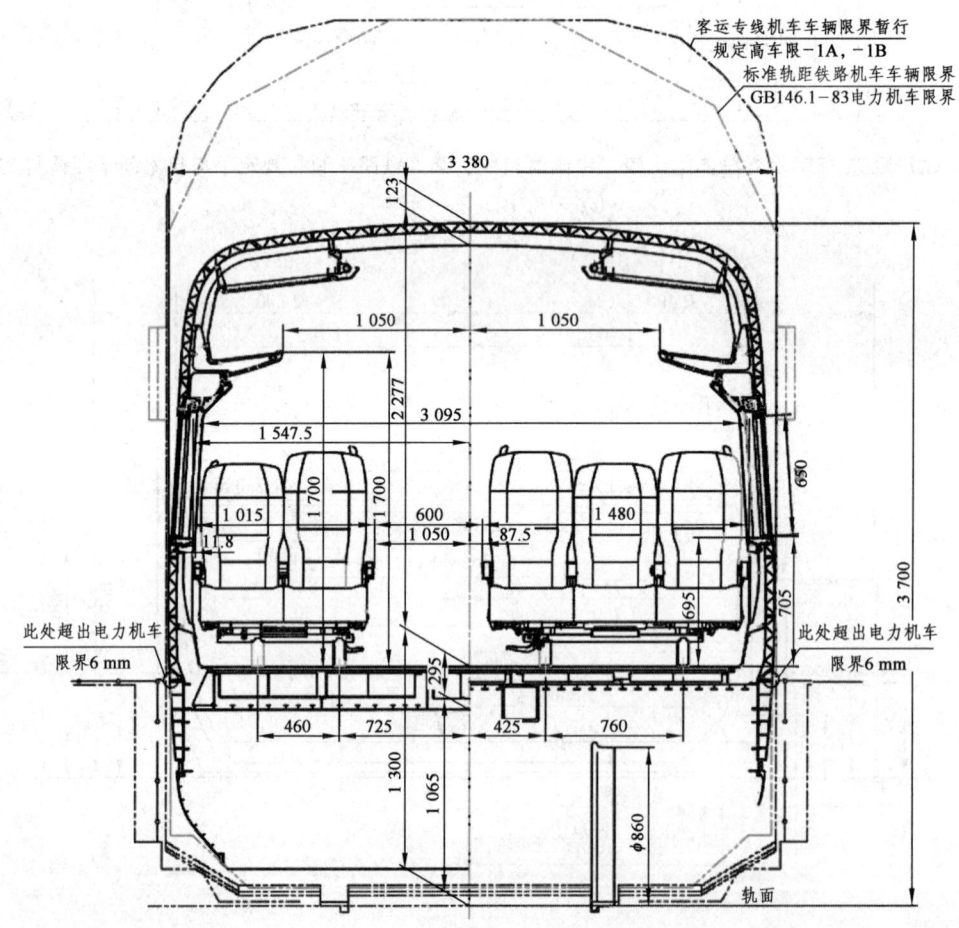

图 1.7 CRH$_2$ 车体外形与限界的比较

4. 关于车体侧面下部与我国限界的侧向有无干涉问题

《高速铁路机车车辆限界——暂行规定》中,侧面下部的限界尺寸改进为与新干线相同,没有问题。

GB 146.1 的侧面下部限界宽度基本尺寸为 1 600 mm,比新干线的 1 700 mm 小。但是在 GB 146-1 的备注中,对电力机车规定了 1 675 mm 的尺寸,如果采用该规定,则 E2-1000 系的车体宽度 1 681 mm 的尺寸超出 6 mm。另外,即使对于新干线限界 1 700 mm 的车体宽度,作为对应的建筑限界,中国标准较宽,在实际中没有问题。

第 2 章　动车组总体及主要技术参数

2.1　动车组基本组成和分类

2.1.1　动车组的定义

由若干带动力的车辆（动车）和不带动力的车辆（拖车）组成的，在正常使用寿命周期内始终以固定编组运行、不能随意更改编组的一组列车。

2.1.2　分　类

1. 按动力类型分

内燃动车组（DMU—Diesel Multiple Unit）——由柴油机提供动力；

电力动车组（EMU—Electric Multiple Unit）——由牵引接触网提供动力。

2. 按动力配置分

动力集中式，就是指将整车动力集中在动车组一端或两端的车辆上，其余中间车辆不带动力（即为拖车），与常规意义上的机车牵引若干车辆的列车相似。例如 ICE1、TGV-A 等。

动力分散式，就是指将整车动力分散到动车组的若干车辆上，中间车辆有带动力的（即动车），也有不带动力的（即拖车），也可以全部车辆都带动力。例如 300 系、500 系、ICE3、AGV 等。

我国引进（或合作生产）的动车组包括 200 km/h 速度级和 300 km/h 速度级两种，均属于动力分散式交流传动电动车组。

其中 200 km/h 速度级的动车组能适应在中国铁路既有线上运营，并在中国铁路既有线指定区段及新建的客运专线上以 200 km/h 速度级正常运行。已经生产的动车组包括三种类型：CRH_1、CRH_2 和 CRH_5。而 300 km/h 速度级的动车组主要是为京沪高速客运专线准备的，将有 CRH_3 和 CRH_2-300 两种类型。

2.1.3　基本组成

一般动车组有动车（M 车）、拖车（T 车）、带司机室车和不带司机室车等多种形式。但通常动车组由以下八部分组成，如图 2.1 所示。

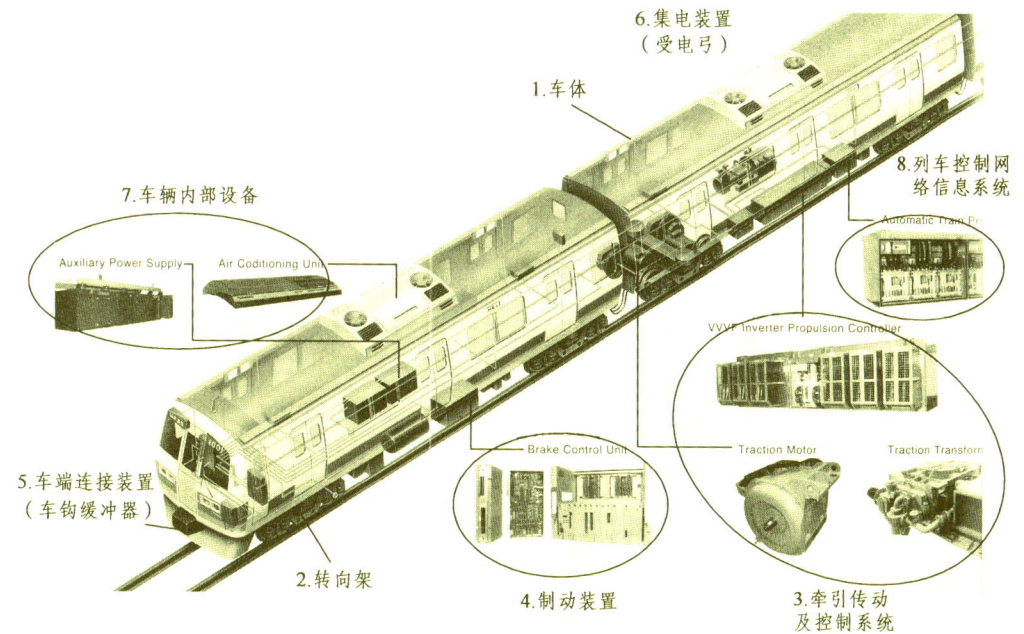

图 2.1　一般动车组基本组成图

1. 车　体

车体分有司机室车体和无司机室车体两种。其作用是：安装基础＋承载骨架。

车体是容纳乘客和司机驾驶（对于有司机室的车辆）的地方，又是安装与连接其他设备和部件的基础和骨架。通常车体由底架、端墙、侧墙和车顶等组成。

近代动车组车体均采用整体承载的钢结构或轻金属结构，以实现在最轻的自重条件下满足强度和刚度要求。

2. 转向架

转向架有动力转向架和非动力转向架之分。其作用是：承载＋转向＋平稳（减振）＋制动，而动力转向架还有驱动（牵引）。

转向架位于车辆的最下部，车体与轨道之间。它牵引和引导车辆沿着轨道行驶，并承受和传递来自车体及线路的各种载荷，同时缓和其动力作用，它是保证车辆运行品质的关键部件。

转向架一般由构架、弹簧悬挂装置、轮对轴箱装置和基础制动装置等组成。而对于动力转向架还装设有驱动装置（包括牵引电动机和传动齿轮）。

3. 牵引传动及控制系统

牵引传动及控制系统的作用是：实现电能有效传递和转换＋控制列车正常运行。

动车组的牵引传动及控制系统主要是指动车电气设备，包括动车（或拖车）上的各种电气设备及其控制电路。按其作用和功能又可分为主传动电路系统、辅助电路系统和电子与控制电路系统三部分。

而主传动电路系统主要包括主变压器、变流装置和牵引电机等；辅助电路系统主要包括各种通风冷却装置；电子与控制电路系统主要包括与牵引传动系统有关的各种控制装置。

4. 制动装置

该装置包括机械部分、空气管路部分和电气控制部分。其作用是：产生一定的制动力，使列车在规定的距离或时间内减速或停车。

制动装置是保证列车安全运行必不可少的装置。不仅在动车上设制动装置，而且在拖车上也要设制动装置，这样才能使运行中的车辆按需要减速或在规定的距离内停车。现代动车组通常以再生制动为首选制动方式。

5. 车端连接装置

该装置包括各种车钩缓冲装置、铰接装置和风挡等。其作用是：连接车辆成列及缓和纵向冲击。

一般车辆编组成列必须借助于连接装置，即所谓车钩。当然铰接式动车组通常采用铰接装置来代替车钩。

为了改善列车纵向平稳性，一般在车钩的后部装设缓冲装置，以缓和列车冲动。另外还必须借助简便且可靠的连接头将车辆之间的电气和空气管路很好连通。

牵引缓冲连接装置有如下几种形式：

（1）全自动车钩和缓冲器。
（2）半自动车钩和缓冲器。
（3）半永久牵引杆。
（4）各种形式的铰接装置。

6. 受流装置

该装置的作用是：将电流（能）顺利导入动车。

从接触导线（接触网）或导电轨（第三轨）将电流引入动车的装置称为受流装置或受流器。

受流装置按其受流方式有多种形式，但高速动车组通常采用受电弓受流器，属上部受流，受电弓可根据需要进行升降。

在受流制式上，目前世界各国高速铁路既有采用直流供电（1 500 V、3 000 V），也有采用交流供电（$16\frac{2}{3}$ Hz、15 kV；50 Hz、25 kV）。

我国客运专线全部采用单相交流 50 Hz，25 kV，有如下优点：

（1）可提高牵引电网的供电质量，降低迷流数值；
（2）增加牵引供电距离，从而减少牵引变电所数量。

7. 车辆内部设备和驾驶室设备

车辆内部设备和驾驶室设备的作用是：保证乘客乘坐安全舒适 + 车辆运行平稳。车辆内部设备包括服务于乘客的车体内的固定附属装置和服务于车辆运行的辅助设备。

属于前者的有：车电、通风、取暖、空调、座椅和拉手，以及旅客信息系统等。

属于后者的有：蓄电池（箱）、继电器（箱）、主控制（箱）、空气压缩机、总风缸、电源变压器、各种电气开关和接触器（箱）等。

8. 列车控制网络信息系统

该系统的作用是对整个列车的牵引、制动和车内所有设备进行控制、监测和诊断。其主要由列车信息中央装置、列车信息终端装置、列车信息显示器（IC 卡架）、各种列车和车辆总线、网关以及车内各种设备的监控、诊断和显示装置等组成。

2.2 动车组的主要技术参数

动车组主要技术参数是概括地说明车辆技术规格的某些指标，是从总体上表征车辆性能及结构的一些参数。一般分性能参数与主要尺寸两大类。

2.2.1 车辆性能参数

1. 自重、载重和容积

自重是车辆本身的全部质量，以吨（t）为单位，现代动车组每辆车的自重通常为 45～55 t；载重即车辆允许的正常最大装载质量，以吨（t）为单位；容积即表示装载空间，以立方米（m^3）为单位。

2. 构造速度

指车辆设计时，按安全及结构强度等条件所允许的车辆最高行驶速度。车辆实际运行速度一般不允许超过构造速度。

一般中速动车组的构造速度 v_g=100～160 km/h；准高速动车组 v_g = 200～250 km/h；高速动车组 v_g = 250～350 km/h。

3. 轴　重

轴重是指按车轴形式及在某个运行速度范围内该轴允许负担的并包括轮对本身质量在内的最大总质量。轴重的选择与线路、桥梁及车辆走行部的设计标准有关。

欧洲铁路联盟规定：对于运行速度超过 250 km/h 的高速动车组，其轴重必须≤17 t；而德国 ICE1 动车轴重达 19.5 t，日本 E2-1000 轴重仅为 14 t。［一般，地铁车辆的轴重为 12～16 t，轻轨车辆的轴重为 10～12 t（这实际上是"轻轨"的来历）。］

4. 每延米轨道载重

每延米轨道载重是车辆设计中与桥梁、线路强度密切相关的一个参数，同时又是能否充分利用站线长度、提高运输能力的一个指标，其数值是车辆总质量与车辆全长之比。

对动车组而言，该参数按设计任务书规定。

5. 能通过的最小曲线半径

指装备某种型式转向架的车辆在站场或厂、段内调车作业时所能安全通过的最小曲线半径。当车辆在此曲线区段上行驶时不得出现脱轨、倾覆等危及行车安全的事故，也不允许转向架与车体底架或与车下其他悬挂部件相碰。

6. 轴配置（一般用轴列式表示）

轴配置表示动轴与非动轴等排列情况。而所谓轴列式是指用英文字母或数字来表示车辆走行部结构特点的一种简单方法。

通常，英文字母表示动轴数（A——一根动轴，B—两根动轴，C—三根动轴等）；

数字表示从轴数（1——一根从轴，2—两根从轴，3—三根从轴等）。

通常高速动车有前后两台转向架，则其轴列式可表示为 B-B；而拖车的轴列式可表示为 2-2。

7. 最大起动加速度、平均起动加速度和平均制动减速度

（1）最大起动加速度是指列车在起动过程（正常定员、直线和平道）中所能够达到的最大加速度。一般要求 ≥ 0.4 m/s^2。

（2）剩余加速度是指列车速度达最大时的加速度。一般要求 ≥ 0.1 m/s^2。

（3）平均起动加速度是指列车速度从 0 增至某一速度（一般为 120～150 km/h）之间的平均加速度。

（4）最大制动减速度是指列车在额定载荷下，在空气制动和再生制动共同作用下所能达到的减速度之最大值。一般情况下：最大制动减速度 ≥ 1.0 m/s^2。

（5）平均制动减速度是指列车在额定载荷下，自最大运行速度制动减速直至停车过程中的平均减速度。

8. 单位自重功率指标

指整车总功率与整车自重之比，一般为 10～15 kW/t。

9. 供电电压、最大网电流和牵引电机功率

目前世界各国高速铁路既有采用直流供电的，电压为 1 500 V 或 3 000 V，也有采用交流供电的，且有两种情况：①当频率为 $16\frac{2}{3}$ Hz 时，电压为 15 kV；②当频率为 50 Hz 时，电压为 25 kV。我国电气化铁路（包括客运专线）全部采用单相交流 50 Hz，25 kV 供电。最大网电流是指供电电网的最大允许电流。

牵引电机功率由列车运行工况决定，单电机功率通常为：

动力集中式动车组为 1 200～1 400 kW，动力分散式动车组为 200～300 kW。

10. 制动形式

动车组的制动形式有多种，通常有：摩擦制动，包括踏面制动和盘形制动；再生制动（即反馈制动）；电阻制动；涡流制动和磁轨制动等。

11. 座席数及单位地板面积站立人数

座席数根据车内布置情况确定。一般情况下，普通车的座席布置为 2+3，头等车的座席布置为 2+2。单辆车座席数最多约 100 人，最少约 50 人。德国 ICE1 总座席数为 835 人；法国 TGV-A 总座席数为 485 人；日本 300 系总座席数为 1 323 人。

12. 紧急制动距离

从司机实施紧急制动的瞬间起，到列车速度降为零的瞬间止，列车所驶过的距离，称为列车"紧急制动距离"。

我国《铁路技术管理规程》规定：

制动初速度为 200 km/h 时，列车紧急制动距离限值为 2 000 m。200～250 km/h CRH 型动车组，制动初速度为 250 km/h 时，紧急制动距离限值为 3 200 m。

制动初速度为 300 km/h 时，CRH 型动车组紧急制动距离限值为 3 800 m。制动初速度为 350 km/h 时，CRH 型动车组紧急制动距离限值为 6 500 m。

2.2.2 车辆主要尺寸

1. 车辆外形尺寸

车辆外形尺寸包括车辆全长、最大宽度和最大高度等。其中：车辆全长有车钩中心线连接长度和车体长度之分；车辆宽度是指车体最宽部分的尺寸；而车辆最大高度是指车辆顶部最高点到钢轨水平面的距离。车辆最大宽度和最大高度必须符合车辆限界的要求，通常：

法国TGV-A
- 车宽：动车/拖车　2 804/2 904 mm
- 车高：动车/拖车　4 100/3 480 mm
- 车长：动车/拖车　22 150/21 845 mm，总长237.59 m

德国ICE1
- 车宽：动车/拖车　3 070/3 020 mm
- 车高：动车/拖车　3 840/3 840 mm
- 车长：动车/拖车　20 560/26 400 mm，总长410.7 m

日本300系
- 车宽：头车/中间车　3 380/3 380 mm
- 车高：头车/中间车　3 650/3 650 mm
- 车长：头车/中间车　26 050/25 000 mm，总长 402.1 m

2. 车体内部的长、宽、高

车体内部的尺寸必须满足大部分旅客的乘坐要求，通常车内净空高度为 2 200～2 300 mm。

3. 车钩高（即车钩中心线距轨面高度）

车钩高指车钩钩舌的水平中心线至轨面的高度。

我国现行铁路规定新造或修竣后的空车标准车钩高度为 880 mm，而我国高速动车组和城市轨道交通车辆的车钩高度无统一标准。

日本川崎动车组为 1 000 m，上海地铁车辆定为 720 mm，北京地铁车辆定为 670 mm。

4. 地板面高度

地板面高度指新造或修竣后空车的地板面距轨面的高度。它受两个方面的制约：一方面，受车辆本身某些结构高度限制，如车钩和转向架；另一方面，又与站台高度的标准有关。

日本川崎动车组地板面高度为 1.30 m；法国 TGV-A 为 1.069 m；德国 ICE1 为 1.226 m。上海/北京地铁车辆地板面高度为 1.13 m/1.053 m。

5. 车辆定距

车辆定距指车辆两相邻转向架中心之间的距离。

日本 E2-1000 动车组车辆定距为 17.5 m，德国 ICE1 动车组车辆定距为 19 m，法国 TGV-A 动车组车辆定距为 18.7 m。国产 CRH$_2$ 动车组车辆定距为 17.5m；CRH$_1$ 为 19m,；CRH$_3$ 为 17.375m；CRH$_5$ 为 19m。

6. 转向架固定轴距（简称轴距）

轴距指转向架内部两轴之间的距离。一般：日本动车组转向架轴距均为 2 500 mm；德国 ICE1 和 ICE2 动车组转向架轴距均为 3 000 mm，而 ICE3 动车组转向架轴距为 2 500 mm；法国 TGV 动车组转向架轴距为 2 600 ~ 3 000 mm；地铁车辆的轴距为 ≤ 2 500 mm；而轻轨车辆的轴距为 1 800 ~ 2 100 mm。国产 CRH$_2$ 和 CRH$_3$ 动车组转向架固定轴距为 2 500 mm，而国产 CRH$_1$ 和 CRH$_5$ 均为 2 700 mm。

2.3 动车组黏着问题

2.3.1 牵引力的产生

任何电动车组的能量传递过程，也就是动车牵引力产生的过程，基本按照如下路线进行：接触网电能→受电弓→变压器→传动装置→牵引电动机→牵引齿轮→使动轮获得扭矩 M。若整车被吊离钢轨，则该扭矩作为内力，只能使动轮发生旋转运动，而不能使车辆前进，即发生平移运动。

但是，当车辆（动车）在钢轨上车轮和钢轨成为有压力的接触时，就产生车轮作用于钢轨的、可控制的力 F''，而 F'' 所引起的钢轨作用于车轮的反作用力 F' 就是使车辆发生平移的外力——这种由钢轨沿车辆运行方向施加于各动轮轮周上的切向外力之和 $\sum F'$ 就称为该车辆（动车）的轮周牵引力。

以一个动轴为隔离体进行受力分析，如图 2.2 所示。设动轴轴重为 Q''，动轮半径为 R，该动轴获得的扭矩为 M，当忽略其他内摩擦力时，可列出如下方程

$$M - (F' \cdot R) = J \cdot \varepsilon$$

式中 J——轮对的转动惯量；
ε——轮对的角加速度。

当动车作变速运动时，$\varepsilon \neq 0$；而当动车作匀速运动时，$\varepsilon = 0$。

若 $\varepsilon = 0$，则有

$$M - (F' \cdot R) = 0$$

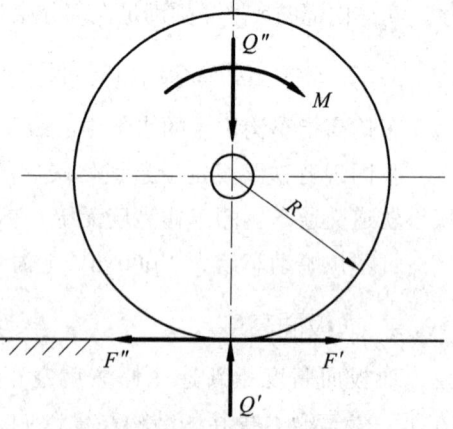

图 2.2 牵引力产生示意图

故有 $F' = \dfrac{M}{R}$（一个动轴的轮周牵引力）

可见，整个一辆动车的轮周牵引力为

$$\sum F = nF'$$（n 为整车动轴总数）

2.3.2 牵引力的限制（黏着定律）

这里的驱动扭矩 M 由司机主控制手柄来控制：

司机主控制手柄↑→动轴获得的扭矩 M↑→动轴的轮周牵引力 F'↑

但 F' 不能无限制地增大，即 F' 受轮轨间最大静摩擦力的限制，该最大静摩擦力又称为轮轨间的最大黏着力，用 $F_{黏\max}$ 表示。

$$F_{黏\max} = \mu_{\max} Q$$

式中 $\mu_{\max}$——轮轨间的最大物理黏着系数（与静摩擦系数接近）。

当 $F' > F_{黏\max}$ 时，动轮空转，使轮轨的摩擦力由静摩擦力变为动摩擦力，且摩擦力急剧下降，导制动轴加速空转，使传动装置和走行部损坏，同时轮轨接触面严重擦伤。故必须尽量避免空转。

注意：一旦发生空转，必须先将司机主控制手柄下调，待空转停止后再行撒砂。

由此可见，动车牵引力最大值在任何时候都不得超过该动车各动轮与钢轨间黏着力的最大值的总和——黏着定律。可表示为

$$F_{\max} = \sum F'_{\max} \leqslant F_\mu = \mu_{\max} \cdot P_\mu$$

式中 $F_{\max}$——动车动轮的最大轮周牵引力；

$\mu_{\max}$——动车轮轨间的最大物理黏着系数；

P_μ——动车黏着质量（$P_\mu = nQ$，n 为动轴数）。

2.3.3 黏着系数（μ）

黏着系数是表征轮轨间黏着状态好坏的一个系数。

该系数 μ 是一个由多种因数（车轮荷重、线路刚度、动车传动装置和走行部的结构、轮箍和钢轨的材质及其表面状态、车速等）决定的变数。当车轮在轨道上纯滚动时，其最大值 $\mu_{\max}$ 接近轮轨间的静摩擦系数。在干钢轨上撒上一层细石英砂时，$\mu_{\max}$ 可达 0.6；在一般干燥钢轨上，$\mu_{\max}$ 为 0.3～0.5；当轨面上有一层薄油膜时，$\mu_{\max}$ 甚至可能小到 0.15 以下。可见 $\mu_{\max}$ 具有随机性，其变化范围很大，影响因数很多，很难准确计算。因此，一般用计算黏着系数 μ_j 来作为计算依据。

根据大量试验，将试验结果用统计方法整理成经验公式用作计算的依据，由该公式计算求得的黏着系数称为计算黏着系数。

我国内燃机车的计算黏着系数公式为

$$\mu_j = 0.248 + 5.9/(75 + 20v)$$

我国电力机车的计算黏着系数公式为

$$\mu_j = 0.24 + 12/(100 + 8v)$$

欧洲铁路常用的机车计算黏着系数公式为

$$\mu_j = 0.161 + 7.5/(44 + v)$$

日本既有线机车车辆计算黏着系数公式为

$$\mu_j = 32.74/(187 + v)$$

日本新干线动车组计算黏着系数公式为

$$\mu_j = 13.6/(85 + v)$$

按计算黏着系数 μ_j 来计算的黏着牵引力，称为计算黏着牵引力

$$F_\mu = \mu_j P_\mu$$

计算黏着牵引力 F_μ 非常重要，有时它可能是限制机车或动车最大牵引力发挥的主要因素。

2.3.4 动车组黏着问题

日本铁路部门对黏着系数进行了非常详细的试验研究，得到如下结论：

（1）在干燥钢轨上运行时，黏着系数通常在 0.2~0.4 的范围内波动，即使超过 300 km/h 也不会降低（见图 2.3）。

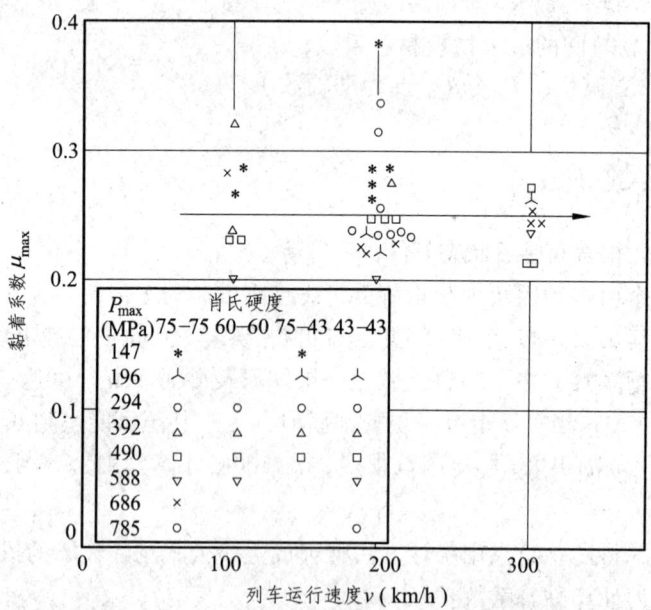

图 2.3 在钢轨表面干燥时的轮轨黏着系数实测结果

（2）在车轮与钢轨的接触面有水存在的情况下，黏着系数随着速度的上升而急剧地下降。且

在这种情况下,表面粗糙度对黏着系数的影响很大,即表面粗糙度越小,黏着系数越小(见图2.4)。

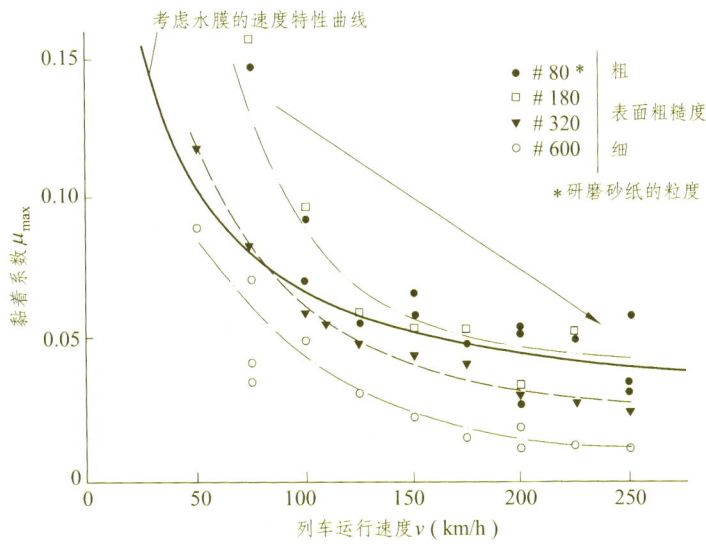

图 2.4　在钢轨表面有水润滑时的轮轨黏着系数实测结果

(3)日本新干线高速动车组的计算黏着系数公式为

$$u_j = 13.6/(v+85)$$

注:该公式偏于保守(见图2.5和图2.6)。

(4)在雨天时新干线高速动车组总是前、后头车比较容易打滑和空转,实际黏着系数较低,而中间车预期黏着能够充分确保,很少空转和打滑(见图2.7)。

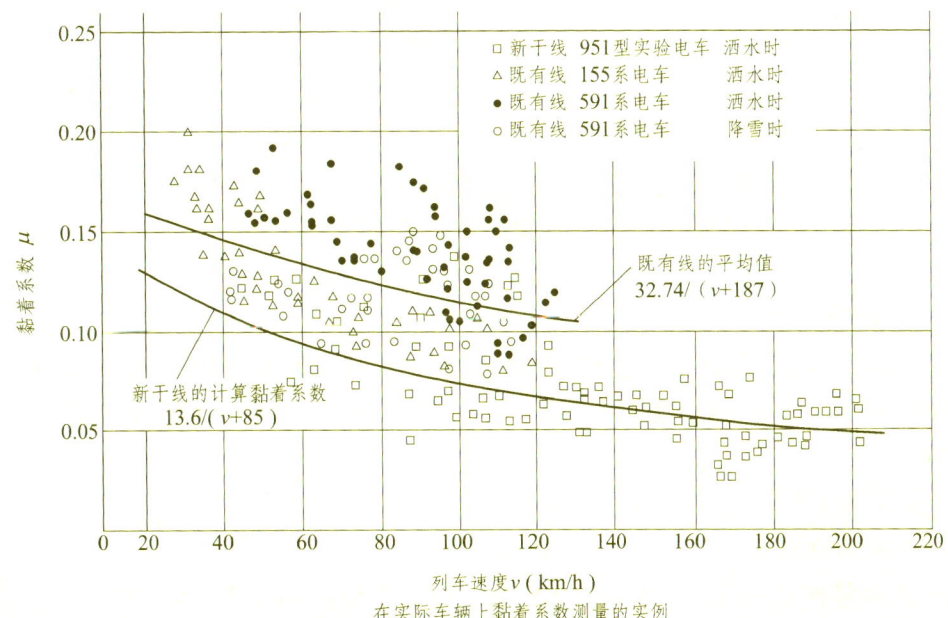

图 2.5　在轨面上洒水和降雪时,实际车辆黏着系数测量结果

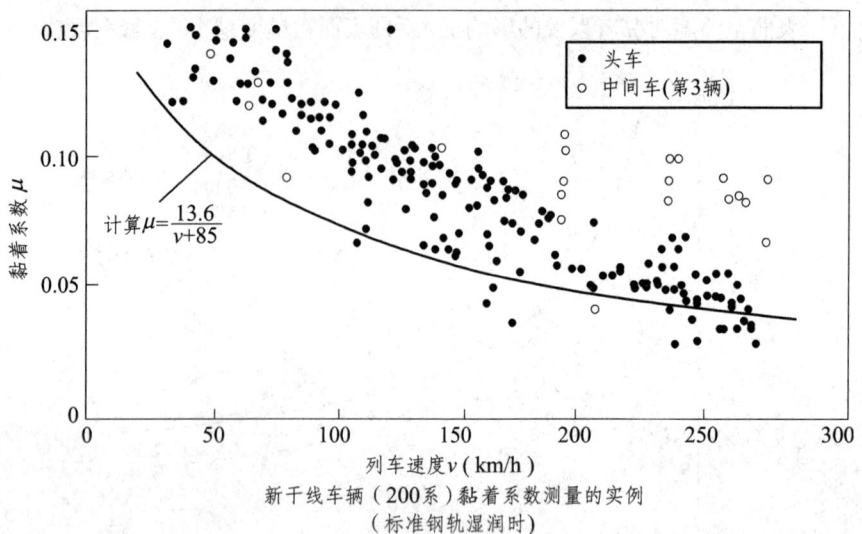

新干线车辆（200系）黏着系数测量的实例
（标准钢轨湿润时）

图 2.6　在钢轨湿润时新干线 200 系车辆黏着系数实测结果

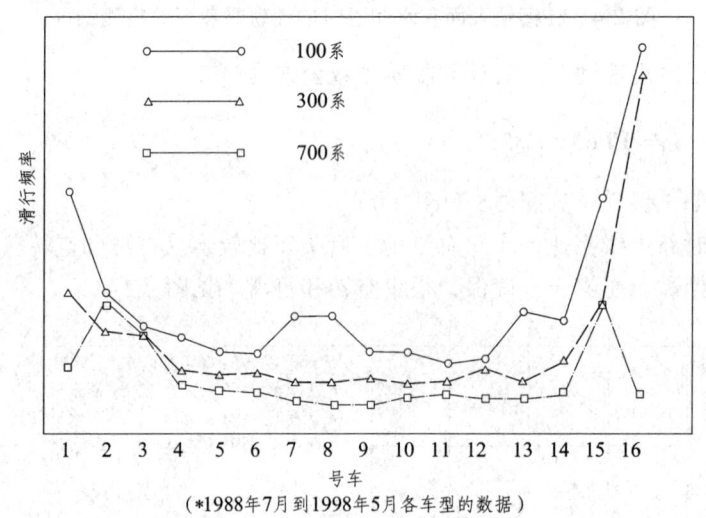

(*1988年7月到1998年5月各车型的数据)

图 2.7　日本新干线高速动车组编组内各车的空转和打滑频率统计结果

注：1988 年 7 月到 1998 年 5 月各车型的数据

1. 黏着系数对牵引的影响

（1）与动力集中式相比，动力分散式动车组所期望的（即所需要的）黏着系数可以降低大约 1/2 以上，能明显改善轮轨黏着状况，防止空转和打滑（见图 2.8），同时还可以大大降低动车轴重。

（2）为了避免头尾两车容易出现空转的情况，动力分散式动车组可以将动力车（或动轴）设置在整列车的中部。

（3）应尽量使动车组的黏着系数实际利用值始终保持在计算黏着系数范围内（见图 2.9）。

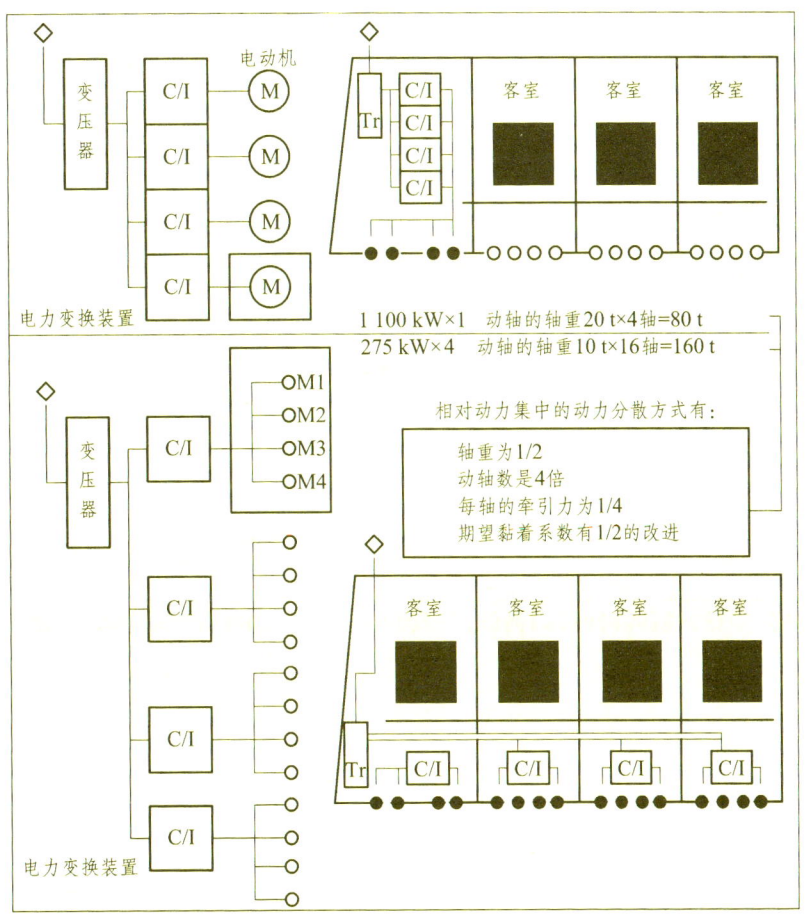

图 2.8 动力集中式和动力分散式高速动车组牵引模式分析

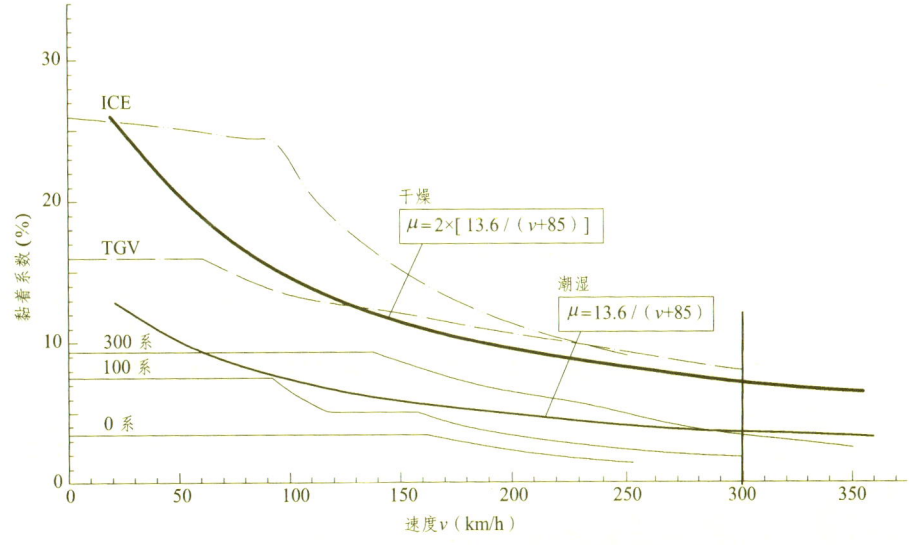

图 2.9 典型高速动车组牵引工况的黏着系数实际利用情况

由图 2.9 知：0 系和 100 系的黏着系数实际利用值始终在 $13.6/(v+85)$ 以下，基本不会空转（据 JR 东海道公司统计，0 系空转率大约为 1/1 600 万 km）。300 系和 TGV 几乎处于 $13.6/(v+85)$ 和 $2\times 13.6/(v+85)$ 之间，也很少产生空转。而 ICE1 全面超过 $2\times 13.6/(v+85)$，空转难以避免。

2. 黏着系数对制动的影响

（1）为了避免头尾两车容易出现打滑的情况，动力分散式动车组可以将头尾部车辆的制动力人为设置得小一些，而中部车辆的制动力增大，即将头尾部车辆轮轨间的黏着系数实际利用值降低约 60%，而中间车辆增大 50%（见图 2.10）。

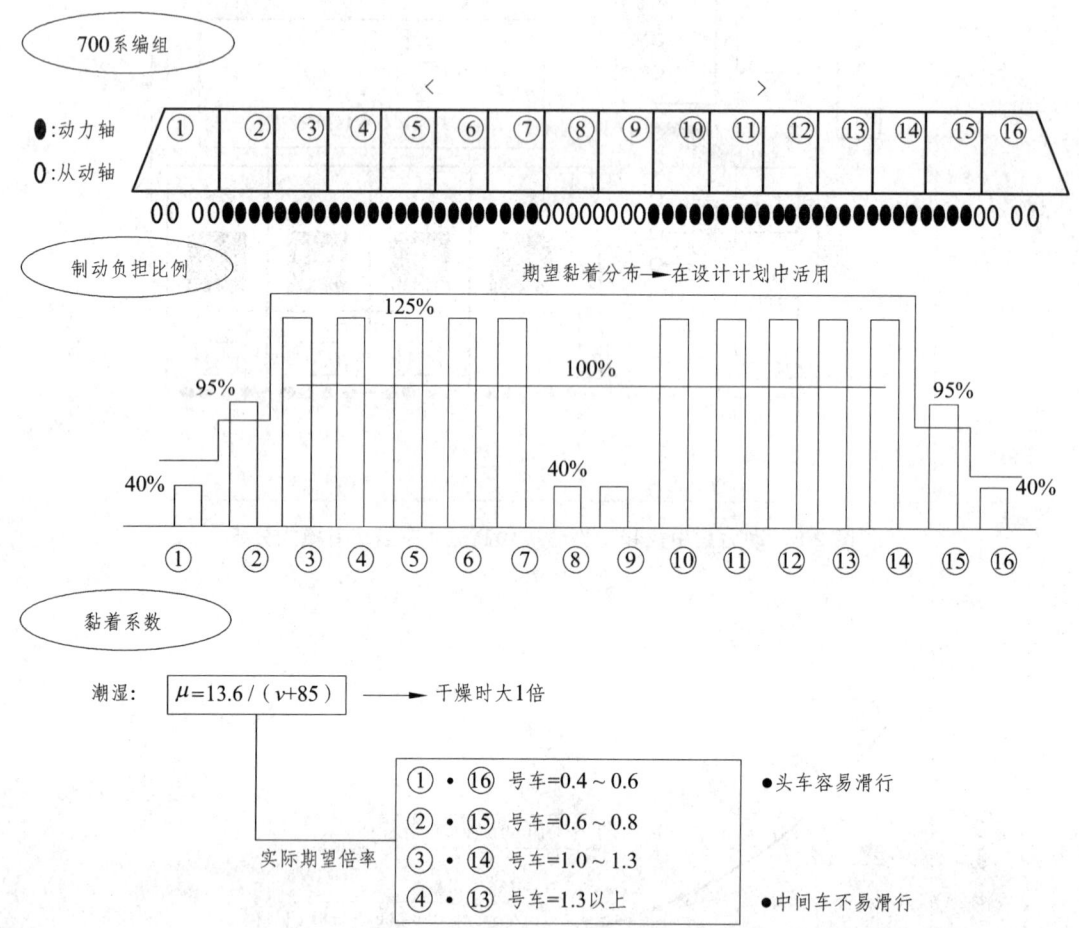

图 2.10 700 系高速动车组制动工况下的各车不同黏着系数利用情况

（2）应尽量使动车组制动时的黏着系数实际利用值始终保持在计算黏着系数范围内（见图 2.11）。

图中：0 系、100 系、200 系和 300 系的黏着系数实际利用值始终在 $13.6/(v+85)$ 以下，基本不会打滑。而 ICE1 的黏着系数实际利用值已经超过 $2\times 13.6/(v+85)$，打滑的概率将增大，为此将 ICE3 的黏着系数实际利用值控制在 $13.6/(v+85)$ 和 $2\times 13.6/(v+85)$ 之间，以避免产生打滑（见图 2.12）。但 TGV-A 无论是在盘型制动还是在电阻制动工况下，其黏着系数实际利用值均有可能超过 $2\times 13.6/(v+85)$，因此打滑现象时有发生（见图 2.13）。

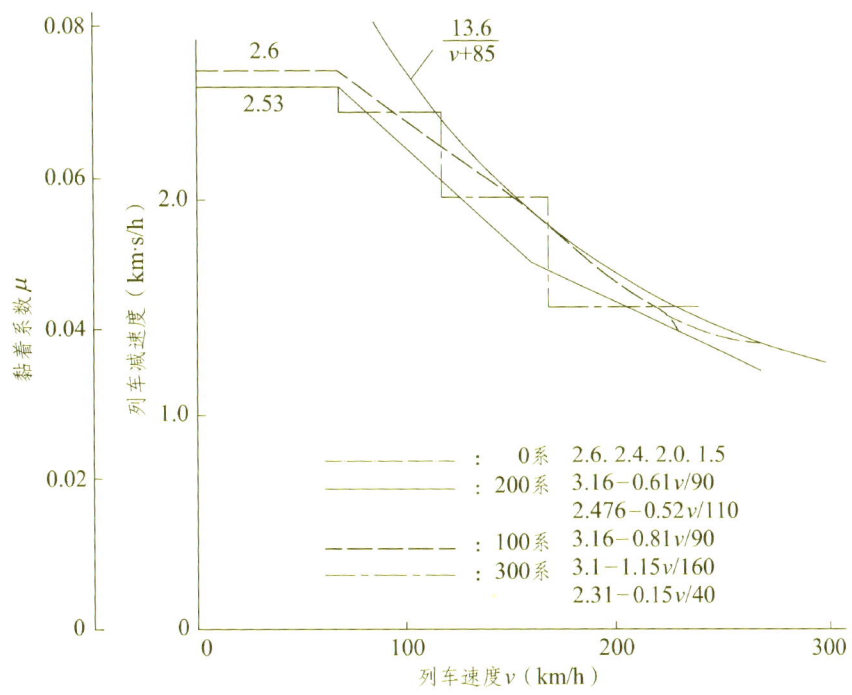

图 2.11 新干线高速动车组制动工况的黏着系数实际利用情况

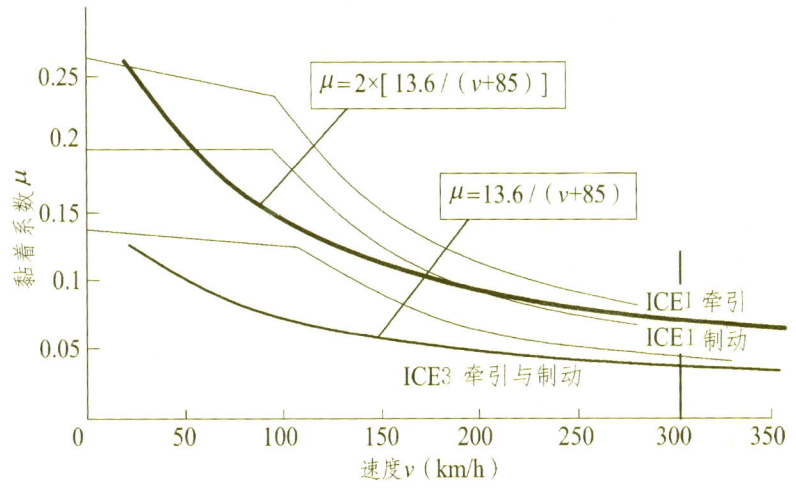

图 2.12 ICE 动车组的黏着系数利用情况

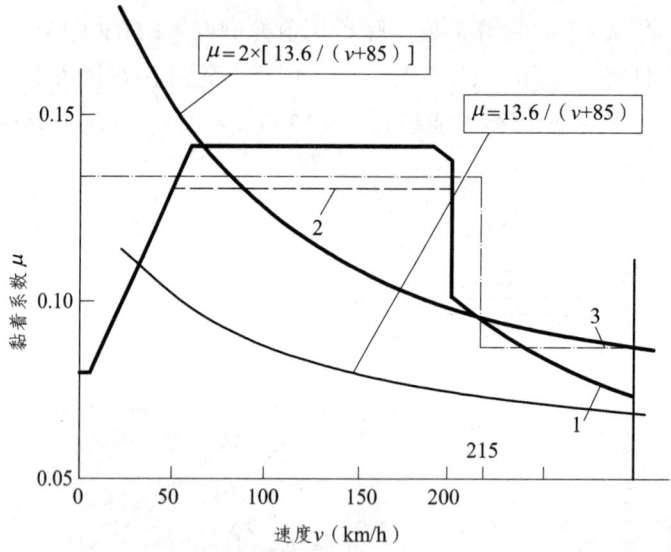

图 2.13 TGV-A 动车组的黏着系数利用情况

1—由电网励磁的电阻制动；2—由蓄电池励磁的电阻制动；3—拖车盘型制动

2.3.5 动车组的阻力

用来牵引列车前进的动力称为牵引力，它在牵引列车时必须克服列车阻力。按照阻力产生的原因，可将列车阻力分为基本阻力和附加阻力。基本阻力在列车运行过程中始终存在，它主要来源于列车内部运动部件间的摩擦、车轮与钢轨间的摩擦和振动以及列车在空气中运动引起的空气阻力。理论与试验表明，列车的运行基本阻力可由下列公式表示

$$\omega = A + Bv + Cv^2$$

式中　ω——列车运行基本阻力，N；

　　　v——列车运行速度，km/h；

　　　A、B、C——阻力系数，不同的列车有不同的阻力系数，一般由实际试验数据经统计整理而得。

由上式可知，列车的阻力与其运行速度是二次函数关系，即随着列车速度的提高，高速列车的阻力将急剧增大。因此，为了克服极大的阻力，必须具备大功率的牵引动力，而且功率与列车最高速度是三次函数关系。

这里列举国内外一些高速列车的单位运行基本阻力公式，见表 2.1。

表 2.1　国内外一些高速列车的单位运行基本阻力公式　　　　　　　N/kN

序号	国家	列车型号	单位运行基本阻力公式
1	德国	ICE1：	$1.16 + 0.005\,34v + 0.000\,133\,5v^2$
2	法国	TGV-A：	$0.62 + 0.008\,2v + 0.000\,14v^2$
3	日本	0 系：	$1.200 + 0.015\,5v + 0.000\,146v^2$
4		100 系：	$1.272 + 0.001\,63v + 0.000\,148v^2$

续表 2.1

5	日本	200 系：	$1.174 + 0.015\,4v + 0.000\,09v^2$
6		300 系：	$1.289 + 0.004\,9v + 0.000\,148v^2$
7		E2-1000	$(8.63 + 0.072\,95v + 0.001\,22v^2)/9.81$
8	英国	ATP：	$2.1 + 0.009\,8v + 0.000\,17v^2$
9	意大利	ETR500：	$0.61 + 0.010\,2v + 0.000\,113\,2v^2$
10	中国	CRH_1	$(5.2 + 0.025\,2v + 0.000\,677v^2)/9.81$
11		CRH_2	$(8.63 + 0.07295v + 0.00112v^2)/9.81$
12		CRH_3	$0.42 + 0.0016v + 0.000132v^2$
13		CRH_5	$1.65 + 0.0001v + 0.000179v^2$

2.3.6 动车组的功率

对于高速列车的牵引传递系统设计，首先应对列车牵引功率进行设计；其次根据牵引功率、黏着牵引力、起动加速度、平均加速度、列车运行最高速度等进行列车牵引特性设计；最后根据列车的动拖比计算牵引电动机的容量、牵引变流器的容量及牵引变压器的容量。

1. 列车牵引功率设计

列车牵引功率主要与列车最高运行速度、列车质量、最高速度时的列车运行阻力和剩余加速度密切相关，其计算公式

$$P_k = \frac{[M \cdot w_0 + (1+\gamma)M \cdot 10^3 \cdot \Delta a] \cdot (v_{max} + \Delta v) \cdot 10^{-3}}{3.6}$$

式中　P_k——列车牵引功率（kW）；

　　　M——列车质量（t）；

　　　w_0——列车运行最高速度时的单位基本阻力（N/t）；

　　　γ——质量系数（常数），一般取 0.06～0.07；

　　　Δa——列车运行最高速度时的剩余加速度（m/s²）；

　　　Δv——逆风速度（km/h），一般取 15m/s（即 $\Delta v = 15 \times 3.6 = 54$ km/h）；

　　　v_{max}——列车最高运行速度（km/h）。

根据列车牵引功率、齿轮传动效率、牵引电动机效率，可以计算出牵引电动机的总功率

$$P_M = \frac{P_k}{\eta_{Gear}\eta_{MM}}$$

式中　P_M——牵引电动机的总功率；

　　　η_{Gear}——齿轮传动效率；

　　　η_{MM}——牵引电动机效率。

根据牵引电动机总功率设计列车的动拖比，计算出动轴数或电动机台数 N，每台电动机的功率为

$$P_{MM} = P_M / N$$

式中　　P_{MM}——每台电动机的功率；

　　　　N——电动机台数。

为保障列车安全运行必须满足上述技术条件的要求。在确定牵引功率时还必须考虑传动效率、最大坡道上的最低运行速度、故障运行时的要求等多种因素的综合影响，在确定牵引功率时一般要略高于上述技术条件的规定。

2. 列车牵引特性设计

牵引特性的计算是设计列车牵引/制动性能的基础，是进行列车设计必须进行的最基础的工作，是进行列车运输组织、确定列车运输时间间隔和运输时刻表的重要基础依据，也是列车运用部门和列车乘务员操纵列车的指导依据。计算牵引特性一般分为以下几个步骤：

1）确定最高速度时的列车牵引力

将确定后的列车牵引功率、最高运行速度代入牵引功率计算公式，即可求出最高运行速度时的牵引力

$$F_k(v_{max}) = \frac{P_k \cdot 3.6}{v_{max}} \quad (kN)$$

2）确定列车起动牵引力

根据列车起动最大加速度和起动平均加速度的要求确定起动牵引力。

3）确定恒牵引力、恒功率运行的转折点

根据起动牵引力与恒功率曲线，求出其相交点即为恒牵引力、恒功率运行的转折点。

4）牵引特性仿真计算

根据初步计算出的牵引特性，针对相应的线路，根据列车运行方程式进行列车运行模拟仿真，得到运行区段的列车速度-距离曲线、运营时间、加速度/减速度-时间曲线、能耗曲线、牵引力曲线、坡道最低运行速度、不同线路坡度的加速距离和制动距离、故障模拟运行结果等牵引计算要求的所有参数与曲线。

5）牵引特性实验

将计算结果与列车牵引运行的技术要求进行对比分析，并进行必要的修正直至完全满足牵引需求，最终设计出列车的牵引/制动特性曲线。

需要验证的主要技术参数包括：

① 满功率平直轨道最高速度运行时的剩余加速度验算；

② 起动时的加速度和平均加速度验算；

③ 不同坡道上的爬坡能力验算；

④ 故障运行时的牵引能力验算；

⑤ 最大坡度运行满功率运行时的最低速度验算；

⑥ 加速距离与制动距离的验算。

列车动力制动特性的计算与牵引特性的相仿。

综上所述，高速列车牵引特性的特点可归纳为以下几点：

① 低速区牵引力恒定或随速度升高而略有下降，应与高速列车的黏着特性随速度的变化趋势相适应。

② 由于高速列车大都采用轻量化技术，牵引力比大功率机车的牵引力明显减小。

③ 高速区为恒功率曲线，牵引力随速度升高而呈双曲线下降。这一点与普通内燃、电力机车的恒功率牵引特性曲线是相似的，但恒功率范围略小，一般是恒功率范围起始点速度的 2~3 倍，且向高速区移动；对于最高运行速度 350 km/h 的动车组，恒功率范围起始点多在 100 km/h 以上。

④ 应采用动力分散牵引模式，在正常轨面状态下，起动时及低速范围的牵引力低于黏着限制曲线较多，因此，在动车组的牵引特性曲线图中，黏着特性曲线通常是不画出来的。

⑤ 在动车组的牵引特性曲线上通常不标注最低持续速度，因为在全功率下，即便在 20‰ 以上其至接近 30‰ 的坡道上，列车的运行速度仍然在恒功区范围内，牵引电动机的散热能力在允许范围以内，换言之，在正线运行时（坡道 12‰）不会出现全功率低速持续运行的工况。

5 种典型动车组的牵引特性如图 2.14 所示。

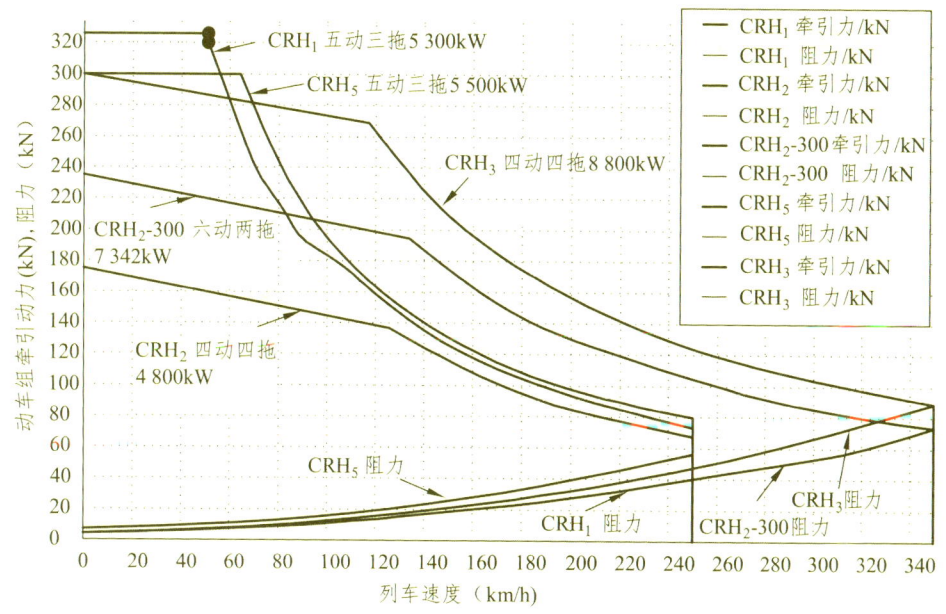

图 2.14 5 种典型动车组的牵引特性曲线

以 300 km/h 速度等级的高速列车为例，将国外几种高速列车的功率列于表 2.2 中，供参考。

表 2.2 国外几种 300 km/h 速度等级的高速列车的功率值

列车型号	最高运行速度（km/h）	列车总重（t）	列车定员（人）	额定输出功率（kW）	单位质量功率（kW/t）
300 系	270	710	1323	12 000	16.90
500 系	300	700	1324	18 240	26.06
700 系	270	713.4	1323	13 200	18.50
E2-1000	275	488	814	9 600	19.67
TGV-A	300	479	485	8 800	18.37
TGV-2N	300	424	545	8 800	20.75
TGV-K	300	774	1 000	13 200	17.05
ICE3	330	410	415（441）	8 000	19.51

由表 2.2 可见，额定输出功率最高的是日本 500 系高速动车组，达 18 240 kW，其单位质量功率也属最大，为 26.06 kW/t，当然其载客量也最多，达 1 324 人。而额定输出功率最小的是德国的 ICE3 高速动车组，仅为 8 000 kW，但其单位质量功率也不小，达 19.51 kW/t，当然其载客量也最少，仅 415 人。实际上，单位质量功率最小的是日本的 300 系高速动车组，仅为 16.90 kW/t。这几种 300 km/h 速度等级的高速列车的单位质量功率平均值为 19.60 kW/t。

2.4 动车组轻量化技术

轻量化对高速动车组具有很大的意义，但其必要性因评价条件的优先度而异。

线路条件不同的话对于车辆的评价条件也随之而异，选择余地以大为好。当路基强固和环境问题较缓和时，选择的范围也可得到扩大。从运输能力、最高速度、制造成本、维修费用、维修方便等多方面进行考察，设计"与环境适应的最佳动车组"确实是最重要的。

四方动车组的车辆轻量化措施包含了多方面的内容，体现了动车组整体的轻量化理念。除了在车体结构轻量化方面的考虑之外，在转向架的小型化、轻量化、无摇枕方式以及牵引系统的轻量化方面也体现出了独特的技术特点。四方动车组在车辆轻量化方面的考虑是十分细致的，除主体结构外，在车内装饰材料乃至车辆地板上的电线和地板上下的屏蔽线都采用了轻量化电线，以利于车辆的轻量化。

车体结构不仅能够满足轻量化和密封耐压性的要求，铝合金焊接结构还能够满足结构强度、刚度以及良好的抗疲劳强度设计要求。此外，对于结构隔音、防振等材料也进行了合理的采用。

考虑东海道新干线 270 km/h 速度的 300 系电动车组"希望号"，由于沿线的路基不太牢固，有必要限制对密集居民住宅区的振动传播，因此实施了大幅度的轻量化。作为轨道结构，虽然允许轴重是 16 t，但实施轻量化后仅为 11 t。由于轻量化技术的迅速发展，其效果已经在多方面得到了体现。因此，本节以日本东海道新干线 300 系动车组为蓝本，叙述与动车组轻量化有关的问题。

2.4.1 与动车组轻量化有关的研究因素

为了研究高速动车组轻量化，必须首先考虑以下因素：
（1）设定的运输能力；
（2）最高速度（到达时间）；
（3）轴重限制（取决于和轨道结构的关系）；
（4）线路条件（曲线和隧道等，由此影响车辆的性能设计）。

最重要的是根据上述多方面条件，考虑旅客服务的质量和经济性，以寻求最适宜的车辆结构。特别在高速范围内，对于运行阻力增大、运行稳定性下降、黏着系数降低以及在隧道内运行时的压力变化增大等问题应采取措施，并确保受流性能，同时要适应今后社会要求更高的环境保护问题与高速动车组轻型化有关的研究因素，如图 2.15 所示。

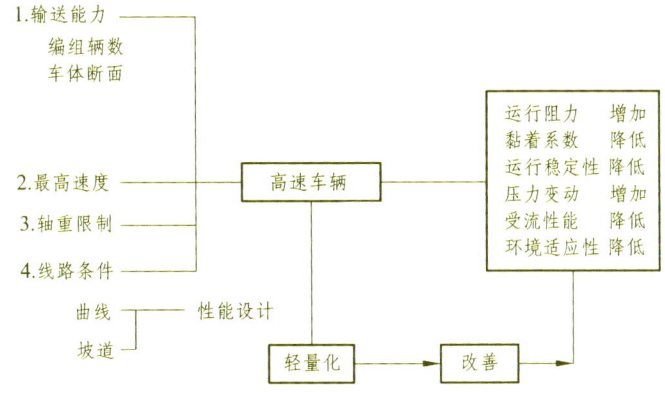

图 2.15　与高速动车组轻型化有关的研究因素

作为解决这些几乎全部课题的有效措施之一，是本文叙述的轻量化问题。特别是高速意味着车辆运动能量的进一步增加，在加速时要产生高动能，制动时再消除该能量而使之停车，如此反复作用，随之会发生各种问题。为了使这些问题最小化，首先从能量的观点来看，轻量化是会有益的。

轻量化的第二个优点是可以扩大车辆结构的选择余地。在特定目标的场合下，便于实现该目标，即可以在特别的重点部位附加质量。例如，通过轻量化，可以增加定员、提高舒适性和加强客室内的隔声措施，从而有效地利用轻量化节余下来的质量。

因此，轻量化技术对实现车辆结构的优化有重要作用。

2.4.2　轻量化的意义

高速动车组的轻量化能带来多方面的重大效果，其意义概述如下：
（1）直接效果：
① 减小列车阻力；
② 节约能源；
③ 减少制动能耗；
④ 保护环境；

⑤ 其他轻量化的效果（如运行稳定性提高，轨道维修量减少）。

（2）设计任务的容易化。

通过优化质量分配，使车辆的设计最佳化，扩大选择车辆结构的余地。

1. 减小列车的阻力

减小列车的阻力，主要是运行阻力。运行阻力一般表达为 $(a+b\times v)\times W+c\times v^2$（其中 a，b，c 是对应于车辆的常数，v 为速度，W 是车辆质量），故轻量化能使运行阻力下降。在车辆高速化时，其黏着特性随速度的提高而下降；而与之相反，运行阻力则随速度的提高而增加。重要的是要尽可能减少该阻力。在高速时虽然空气阻力的比例增加了，轻量化的重要性仍然不变。轻量化可以抑制牵引力的增加和驱动系统的增大。

此外，因为加减速的加速力直接和质量成比例，所以轻量化对车站间隔短、加减速次数多的情况特别有效。图2.16表示300系动车组运行中阻力随速度的变化关系，由图可见，随着车速的提高，空气阻力所占的比重将迅速提高，而机械阻力所占比重将减小。

动力分散方式由于要求的黏着较低，可能实现包含动车在内的全列车的轻量化。即使是动力集中方式也可通过客车的轻量化来提高动力车性能，取得减轻最大轴重和减低黏着的效果。

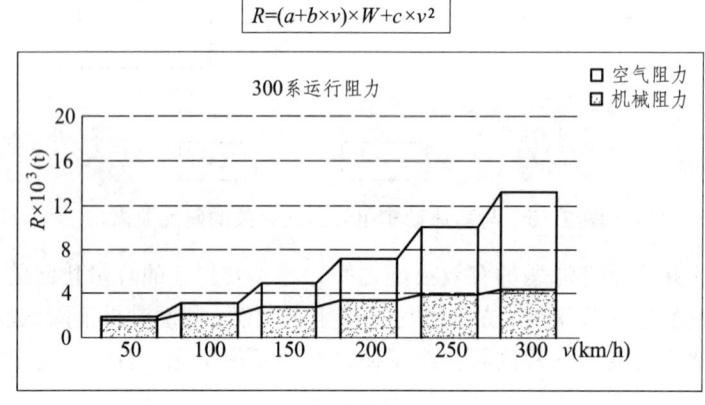

图 2.16 列车阻力（运行阻力）

2. 节　能

能量的节约主要是由于减小了列车阻力，使加减速及高速运行时所需的牵引力减小的效果，如图2.17所示。300系的动车组总的编组质量比100系减少了大约260 t，质量降低达20%以上，所以在起动加速时所需要的牵引力也可减少20%以上，但与此同时，加速度几乎保持不变。

当车站间隔长时，在高速区能耗主要和空气阻力影响有关，轻量化的效果较小，但当间隔短和加减速次数增加时，其效果较大。此外，在动力制动采用再生方式时，由于制动能量直接向接触网反馈，更能节能。图2.18所示为在停站区间较短、需要频繁加减速的东海道新干线上运行的100系和300系动车组的能耗曲线。由图可见，在同样的运行速度下，质量较轻的300系动车组的能耗明显低于质量较重的100系动车组。另外，同一种动车组在不使用再生制动时，其能耗也将显著增大。

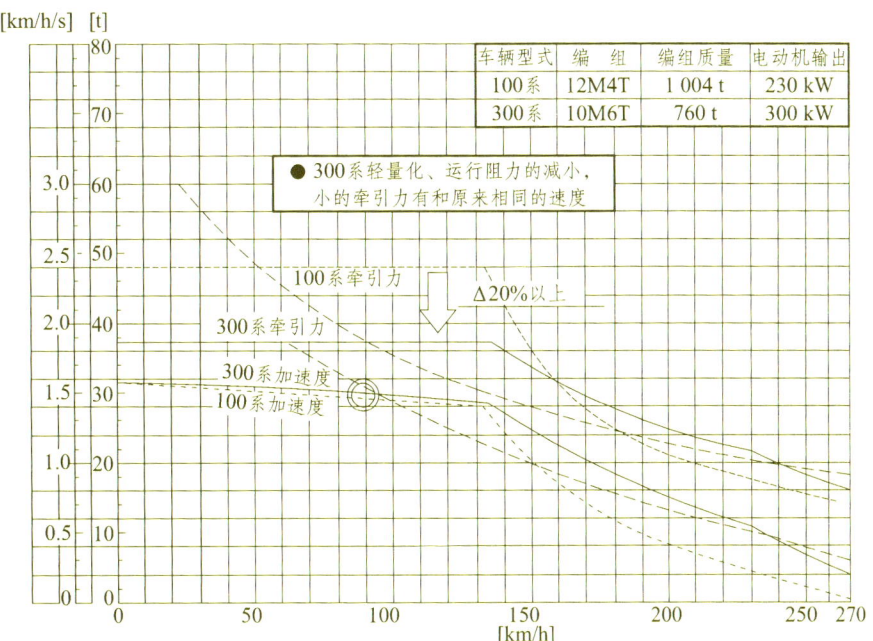

图 2.17 牵引特性曲线

注:◎——表示两种动车组的加速度在起动加速过程中几乎相等。

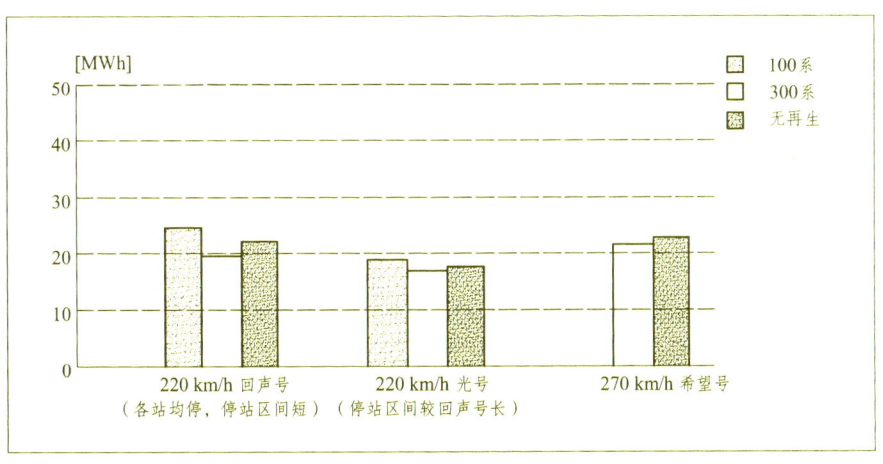

图 2.18 节能效果

3. 制动能量的减轻

东海道新干线全长 515 km,回声号停各站(包括起终点共 15 站);(下行)光号、希望号停东京、名古屋、京都和新大阪站。100 系、300 系编组/辆数及编组质量见表 2.3。

表 2.3

型　式	编组辆数	编组质量	注
100 系电车	16 辆	986 t	
300 系电车	16 辆	768 t	有和无再生制动

高速列车制动时吸收的能量和速度的平方成正比,如图 2.19 所示。为此,轻量化对减轻

制动的负担有很大的效果。再生制动的采用可以取消车辆本身耗能的电阻等硬件装置,并向接触网反馈能量,因此能缩小制动系统的规模,使车辆轻量化。同时能使机械制动的制动盘和闸片的负荷减小,磨损降低。

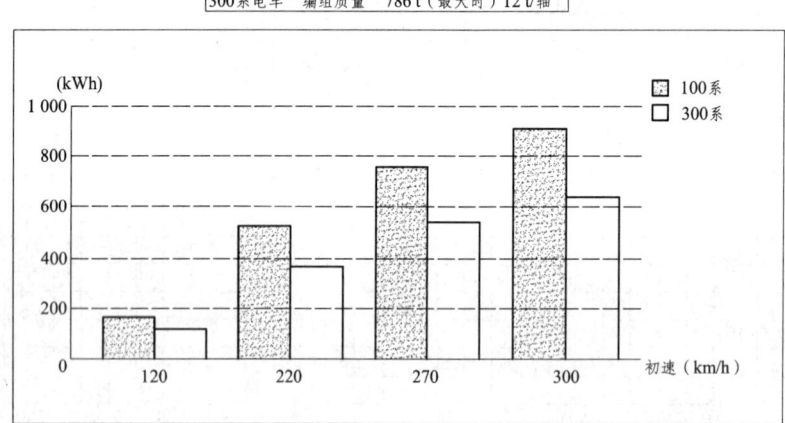

图 2.19 轴重、速度和制动能量

由图 2.19 可见,在相同的制动初速的情况下,质量较轻的 300 系动车组所需的制动能量明显小于 100 系动车组。

此外,根据各国高速动车组使用不同驱动方式的经验,客车用机械制动闸片、制动盘的磨耗是增加日常维修量的一个主要因素。不仅是轻量化,引入增加动力制动比率的制动系统以及车辆系统被认为是一个非常重要的问题。

在日本的新干线上,即使是拖车也装备有动力制动,即在东海道新干线 100 系和 300 系上采用的涡流制动。新干线通常使用动力制动,仅在停车时使用机械制动。当然仅使用机械制动也能停车,即动力-机械式的二重制动系统是新干线的显著特征(见图 2.20)。

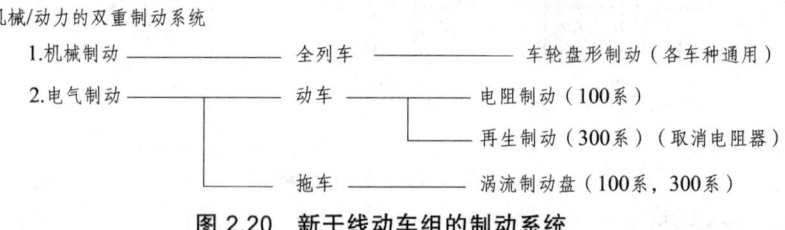

图 2.20 新干线动车组的制动系统

4. 环境保护——减轻噪声和振动

在 300 系新干线动车组的开发过程中,在同一列车内装备了轴重从 16 t 到 11 t 的不同质量的多种车辆,测量路基的振动情况,掌握了"质量-振动-速度"的关系。即使在东海道的松软路基上,将轴重从 16 t 减轻到 11.3 t,就能抑制由于速度提高(从 220 km/h 提高至 270 km/h,增加 50 km/h)引起的振动增加。这可以说是解决东海道路基问题的良策。

轻量化还具有减少轮轨作用噪声(转动声)的效果。另外,受电弓部分产生的车辆噪声也占有较大的比例，虽尚未达到严重的程度，但仍然是一个实际存在的问题。仍有必要研究轨道建筑等地面条件有重大改变或大轴重时的情况（见图2.21）。

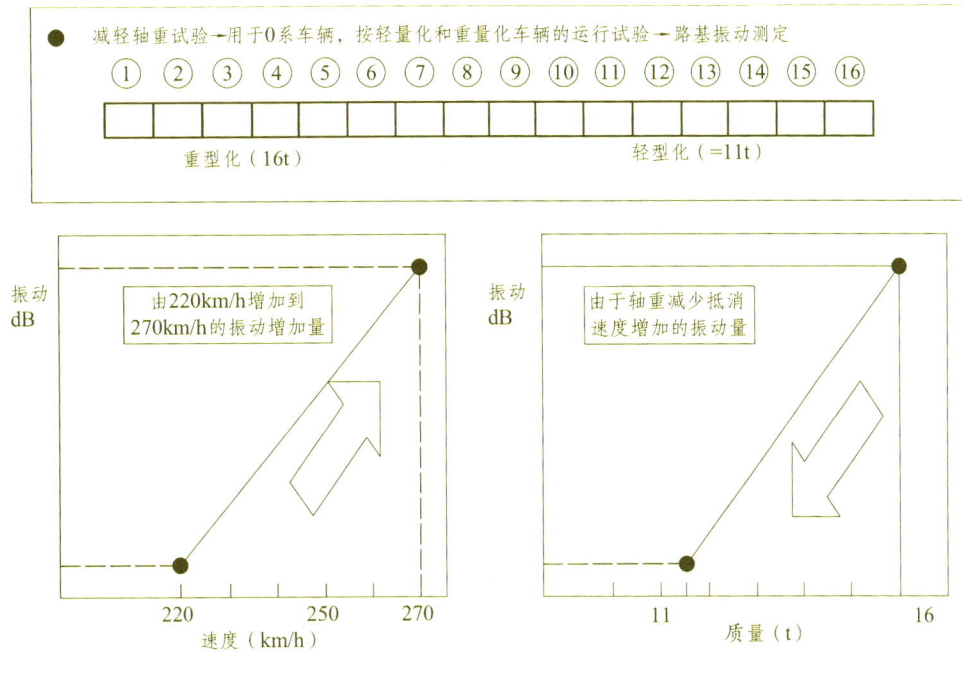

图2.21　对路基振动的效果（16 t减少至11.3 t）

5. 轻量化的其他效果

由于轻量化对运行稳定性指标的轮重、横压有所减轻，使轴重变化范围小以及横压减少，从而改善了高速时的运行稳定性。同时还使轨道维修量和维修费用减少。

此外，对于车辆结构也有利，例如车体的轻量化可使车辆重心下降。

2.4.3　轻量化的措施及其具体效果

在此以300系介绍有关轻量化采用的措施，同时和其他车种进行比较，以叙述轻量化的具体效果。

1. 轻量化的措施（方法）

1）300系的轻量化

300系动车组整体包括车体、驱动系统、转向架和车内设备等的轻量化，和过去的100系动车组（满员时轴重15 t）相比，可将轴重减轻到11 t。其中铝合金车体的效果为减轻约1 t/轴，转向架减轻1.5 t/轴，电气系统约减轻0.8 t/轴，车内设备约减轻0.2 t/轴（见图2.22）。

另外，300系的车辆质量按每名乘客换算为540 kg左右，旧型的100系则为700 kg，TGV、ICE的在1 t以上；为了增加定员，TGV-Duplex（双层车）的为800 kg（见图2.23）。

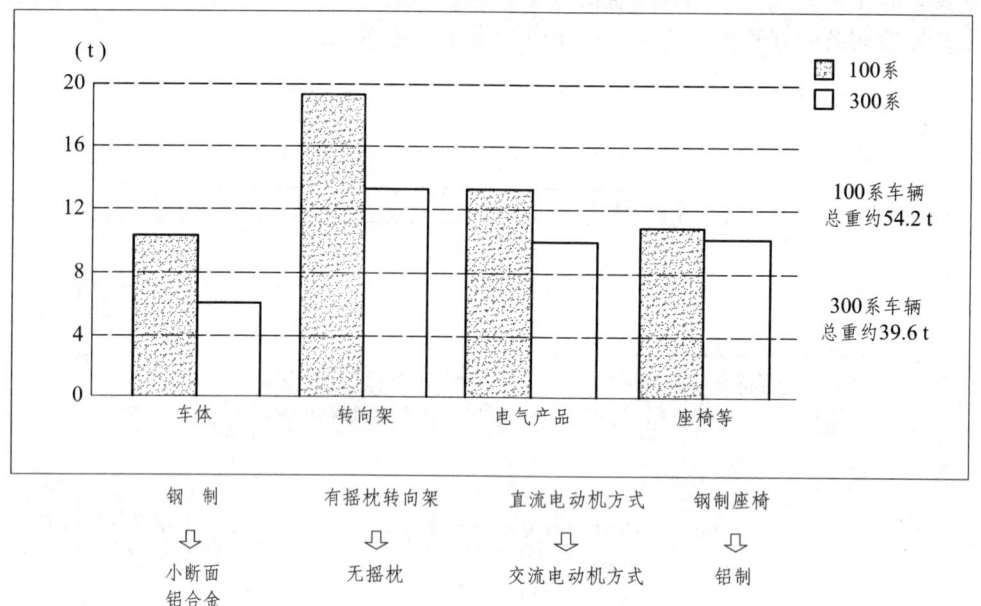

图 2.22 300 系电动车组轻量化

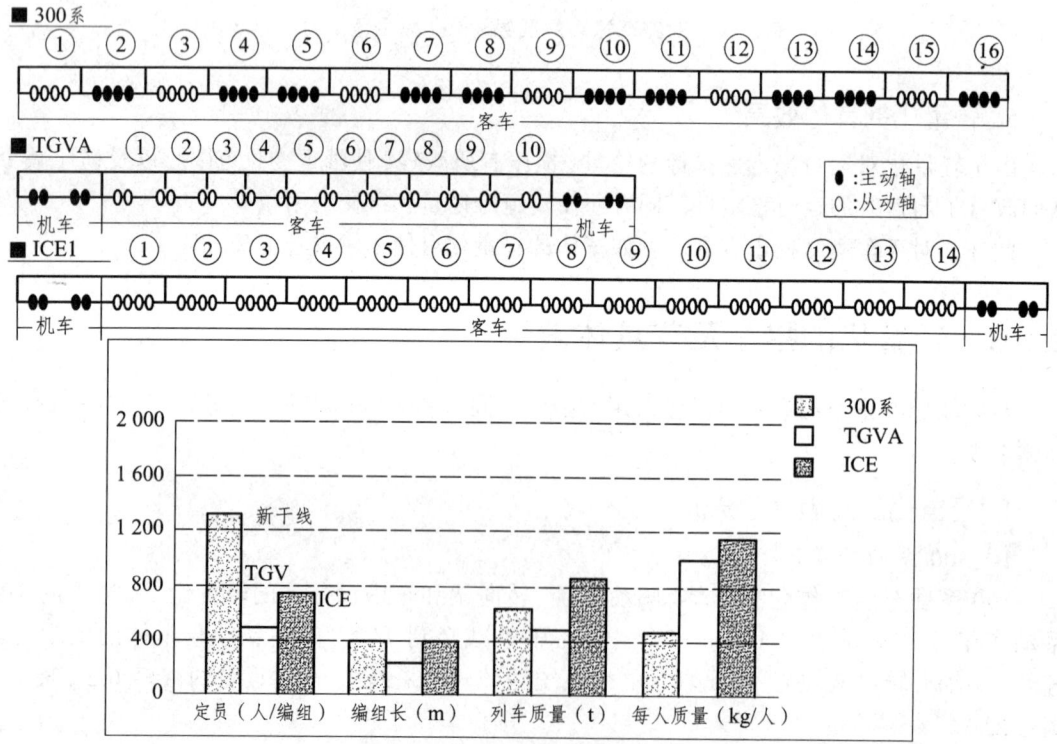

图 2.23 各种列车的编组和质量

2）车体铝合金化的轻量化

为防止进入隧道的压力变动在车内引起乘客的不快感，新干线的车体采用气密结构，并充分考虑反复进入隧道时的压力负荷和耐久性。一般车体结构要求的特性有弯曲刚度和车端压缩强度等若干特性，对新干线车体最重要的则是气密强度。300 系的耐压标准为 7.35 kPa。以采用铝合金型材的断面优化为目标，300 系车体使用长度方向无接缝的、和车体等长的型材，以尽可能采用大型型材，减少焊接点。车体高度从原来的 4 m 下降至 3.65 m，以适应轻量化和降低重心的要求。

新干线车体的材质及每辆车体的质量比较如下：

（1）0 系钢结构车体重约 10.5 t。

（2）100 系钢制车体重约 10.3 t，双层车约 13 t。

（3）300 系铝制车体重 6 t。

以铝代钢后质量减轻到原来的 60%～70%，因此双层客车可减轻 5 t 左右的质量（见图 2.24）。虽然铝制车体的费用较高，但由于采用了中空材料，使施工量减少而降低了价格。

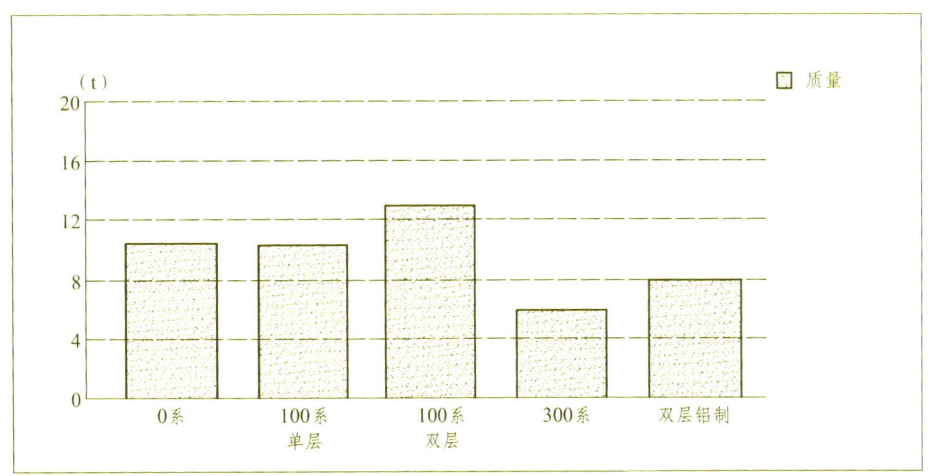

图 2.24　新干线各型车的车体质量

此外，对于 100 系车辆，其双层客车的垂向弯曲刚度是一般平顶车辆的 3 倍，该特性有利于改善乘坐舒适性。双层客车车内的安静性也得到了好评。

3）由于采用交流感应电机驱动方式实现的轻量化

交流感应电机驱动方式和直流电机驱动方式相比，其电机可大幅度地小型轻量化，并取消了电刷，所以能大量减少维修工作。在回路组成方面，由于便于采用再生制动方式，取消制动电阻器而更有利于轻量化。在受电弓方面的优点是功率因数可达到 1.0，从而能抑制接触网电流等。

相对于 100 系直流电动机的 825 kg/台质量（230 kW），300 系减少到 390 kg（300 kW），实现了大幅度的轻量化（见图 2.25）。

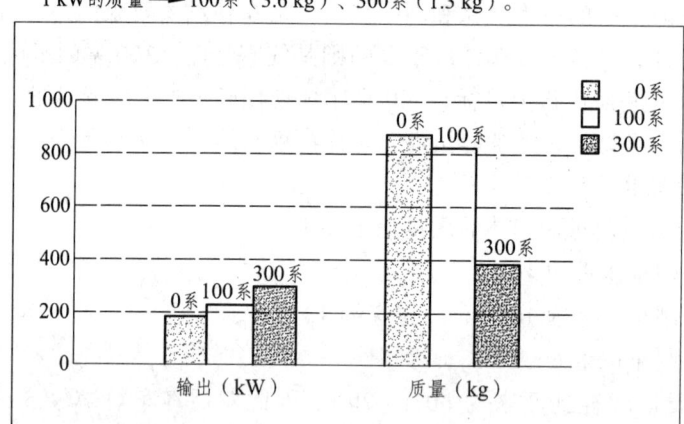

图 2.25 牵引电机功率和质量比较

4）采用无摇枕式转向架的轻量化

在转向架的轻量化方面采用的措施主要有：无摇枕方式、车轮的小型化、车轴的空心化、轴箱和齿轮箱的铝合金化等，加上构架本身结构的优化（车体负荷质量减轻可使构架用钢板厚度减小），每个转向架的质量从 9.8 t 减轻为 6.7 t。每轴簧下质量也从过去的 2 t 以上减轻为 300 系的约 1.7 t（见图 2.26、2.27）。

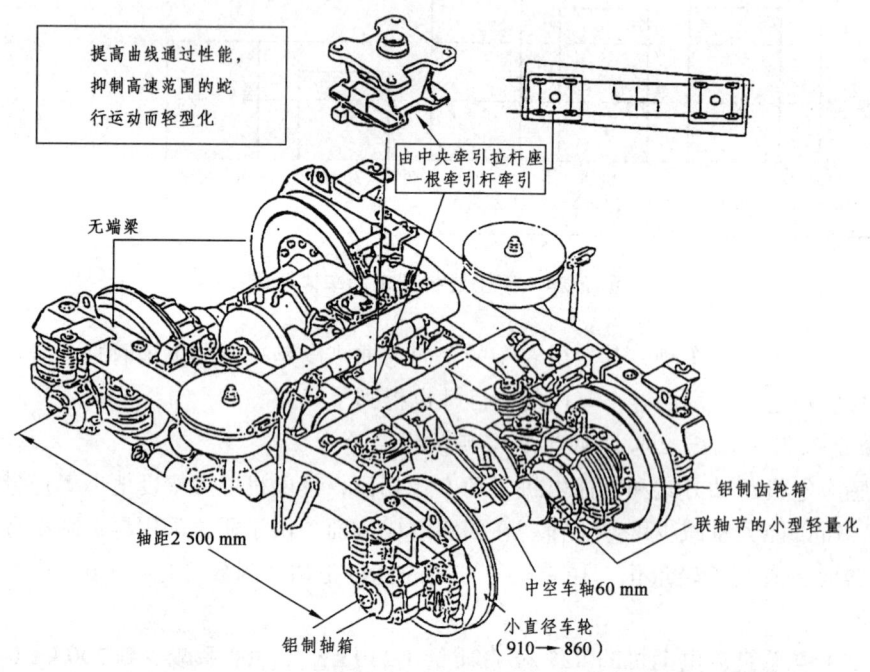

图 2.26 300 系新干线电车用转向架的改进内容

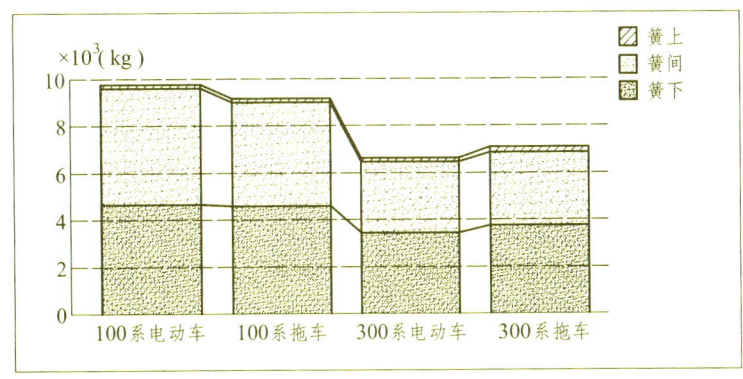

图 2.27 走行装置质量

2. 轻量化的具体效果

1)运行阻力的减少

新干线的运行阻力由 0 系到 100 系、300 系是逐渐减少的。100 系采用的措施是：地板下的布置平滑化；牵引电机的冷却方式由自冷式变为依靠通风机的他冷式，降低了运行阻力。300 系则通过大幅度的轻量化和车体断面的小型化，进一步减少了运行阻力。与 TGV-A 相比，300 系相当于每名乘客的运行阻力减少为 60%～70%（见图 2.28）。

交流感应电机方式的电动车转向架质量较轻，拖车转向架（安装涡流制动盘和线圈）的质量大于动车转向架（安装电机）。

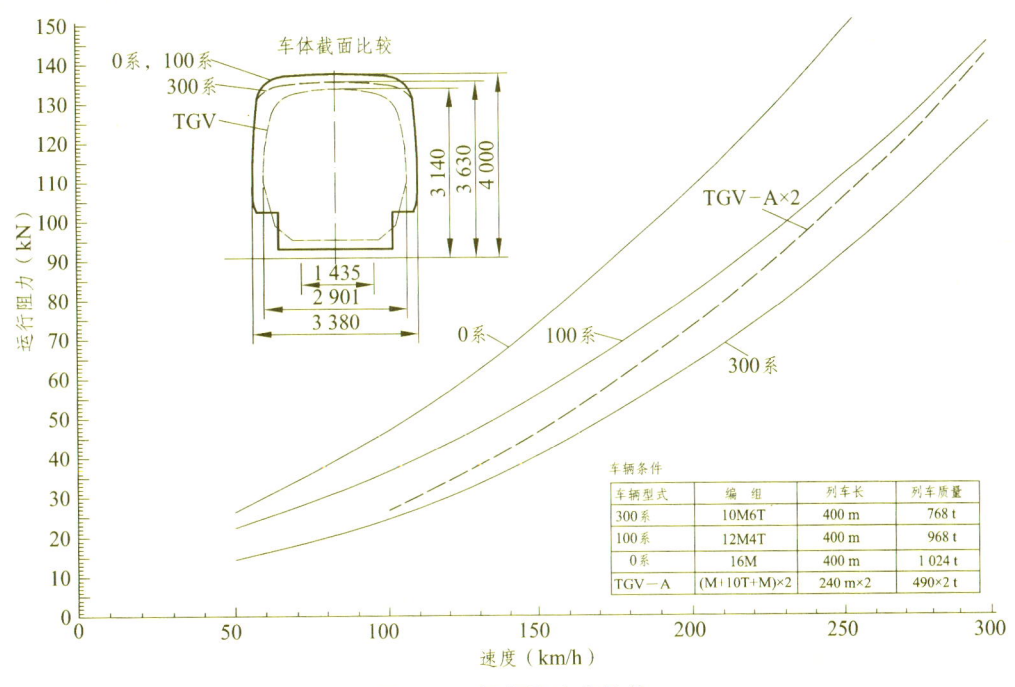

图 2.28 运行阻力之比较

2)消费能量的减少

高速动车组随着速度的提高，其能耗显著增大。300 系和 100 系相比，在 220 km/h 运行时的能耗减少为：比"光"号减少约 10%，比"回声"号减少约 20%。这主要是轻量化的效果。此外，300 系和 TGV-A 相比较，按每名乘客换算，300 系的能耗是 TGV-A 的 60%~70%。TGV-Duplex（双层车 8 辆）由于增加了定员，其效率应有所改善（见图 2.29）。

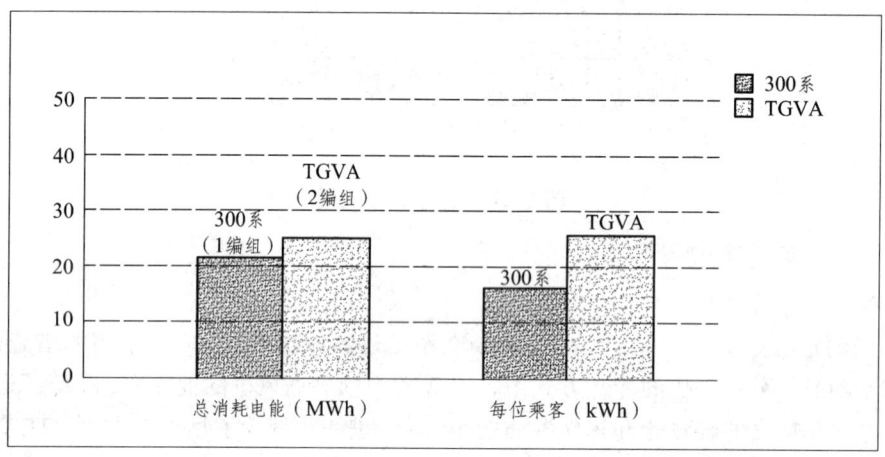

图 2.29　消耗电能比较（新干线 300 系和 TGV-A）

3）制动能量的减少

关于轻量化对减少制动能耗的效果如下：300 系和 100 系的制动能量相比，和质量减少成比例，其能耗也减少为 80% 左右。由于制动能量随速度剧增（速度平方关系），除轻量化以外，制动方式选用动力制动，尤其是再生制动方式。

此外，新干线动车组以动力制动为主，300 系动车组的机械制动仅占 3%，再生制动占 60% 左右。TGV 由于仅动车有动力制动，机械制动的比率设定为 70%~80%（见图 2.30）。

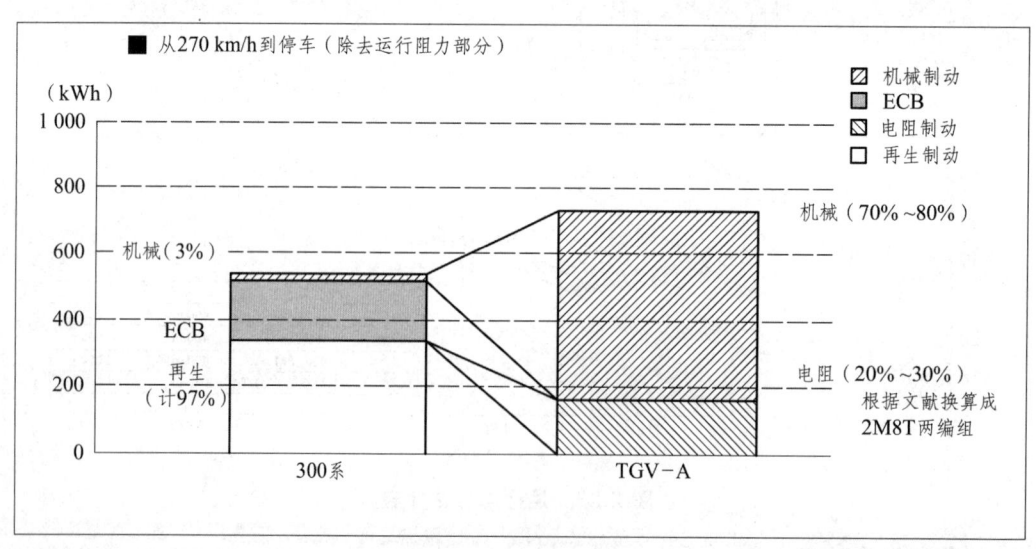

图 2.30　制动能耗比较

假如新干线动车组全部采用机械制动的话，其闸片磨耗的更换周期将由 45 万~60 万 km

缩短到数万 km（均匀磨耗时），从而使维修工作量显著增加。

4）环境保护——路基振动的抑制

轻量化可以抵消速度从 220 km/h 提高至 270 km/h 时导致的振动增加，有利于环保。

2.4.4 轻量化与驱动系统的关系

将各车辆轴重可轻量化的动力分散方式和具有牵引用大轴重动车的动力集中方式进行比较，分析高速动车组黏着力特性和驱动轴牵引力的关系，可以得出下述结论：日本新干线动车组的现状并非全部动车方式（开发有拖车用的动力制动），TGV 动车组也不是完全的动力集中方式。这是因为，已经从最高速度 100～200 km/h 的时代进入了以 300 km/h 左右为标准的高速列车时代，是根据黏着下降和运行阻力增加的高速列车特性得到的必然结果（见图 2.31）。

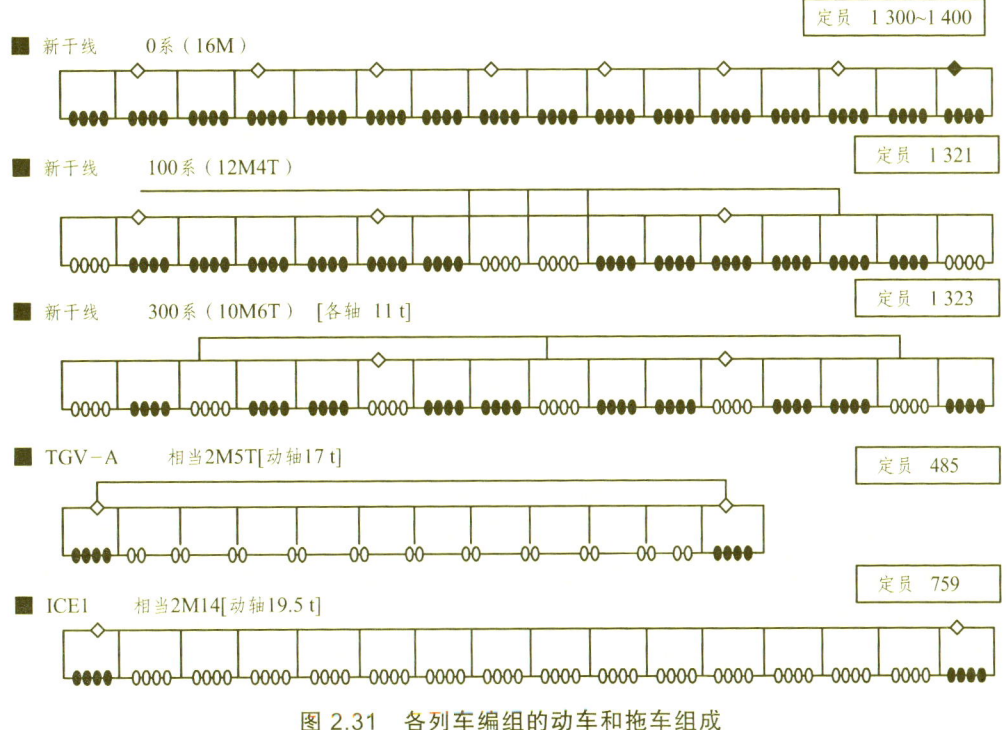

图 2.31　各列车编组的动车和拖车组成

在交流感应电动机应用越来越广泛的今天，由于驱动系统小型轻量和大功率化的技术进步，即使有多个驱动轴，也可能将电机以外的变压器和控制装置集中装载在 2～4 辆左右的车辆上，即所谓"能量集中＋动力分散"的形态。这种形态不是过去那样单纯的动力分散方式或动力集中方式，而是在两者之中寻求最佳点的方式，从车辆性能和经济性（制造费用、维修费用和运行费用等）考虑来进行设计，可具有较多的选择余地。

1. 各种典型列车的黏着利用率

各国高速列车要求的黏着系数，以新干线为最低，ICE1 为较大。这是一个非常重要的因素,在以高密度的列车运行作为前提条件时,必须对此予以充分的注意。为稳定地运行起见,应该对动力进行适当的分散(见图2.32)。由图可见,在整个运行速度范围内,ICE1和TGV列车对黏着系数的实际需求均明显大于新干线列车。在起动时,ICE1的黏着利用率为0.26,远高于300系的0.092,也高于TGV的0.16;而在运行速度达270 km/h时,ICE1的黏着利用率仍达0.08,是300系0.04的两倍。因此,ICE1和TGV在高速运行时空转的概率要远高于300系动车组,特别是在雨天或钢轨表面状态不良的情况下。

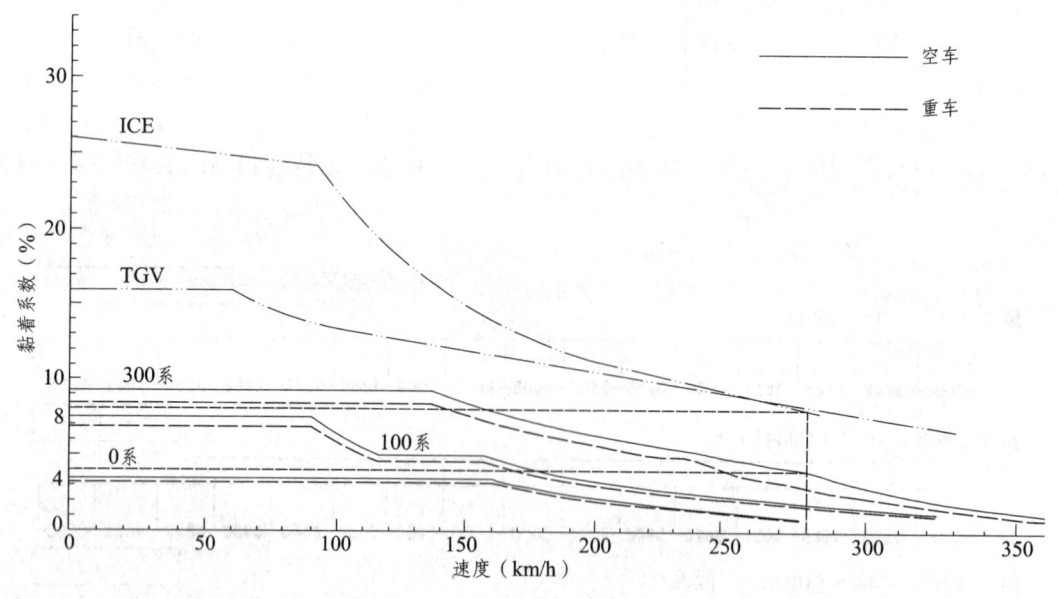

图2.32 高速列车的黏着系数

2. 基于300系的动力集中化模式和轴重、黏着系数要求

300系编组为10M6T(总重640 t)。动车重400 t,编组输出功率12 000 kW(300 kW/电机);编组牵引力在100 km/h时为37 t,270 km/h时为16 t。因此,要求的黏着系数分别为0.09、0.04。在此,试设一列同样输出功率的动力集中模式,例如,轴重为20 t(相等于ICE1的机车)黏着利用为0.04(实际上动力集中方式的黏着利用不能这样低),则在270 km/h时每根动轴的牵引力为20×0.04=0.8 t,需要动轴数为16 t/0.8 t=20(电机功率600 kW),即需要5辆电动车。当假设起动加速度也相同时,由于动车轴重增加后每编组的质量增加为200 t。另外,由于将原来的动车变为拖车后,可以每辆减重4~6 t,所以将40 t重的拖车减少4辆后成为5M7T的编组,即使忽略不计由于辆数减少对运行阻力变化等性能的影响,不管怎样这相当于定员的减少。实际上,ICE1两辆机车的质量相当于300系的4辆车辆,相当于减少350~400人的定员(见图2.33)。

实际动力集中方式的黏着利用,TGV(270 km/h)和ICE(250 km/h)均为0.08左右。这样的话,动车的输出功率可以提高,从而提高动力集中的程度。当轴重为20 t时,可以设定的牵引力是上述例子的2倍,使动轴减半,10根动轴即2.5辆动车。和原动力分散方式同样编组质量时相比,约减少一辆客车,编组定员为1 100人左右。

此外,假设轴重和TGV相同(17 t),则成为3M13T的列车编组。和2台动车、定员485人(客车10辆)的TGV-A相比,3辆动车、13辆拖车的客运能力为1 100人左右。由此可见轻量化对提高客运能力的效果。

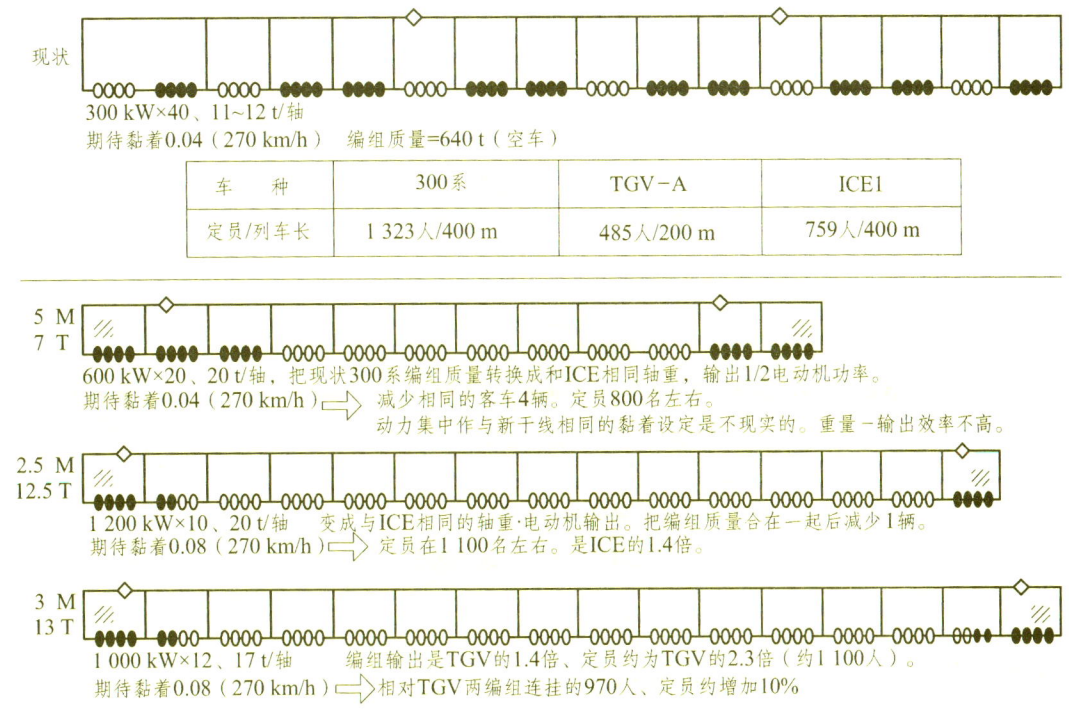

图 2.33 300 系的动力集中模式

由上述可见，动力集中化在同样编组质量时的定员较少，轻量化的程度越高，其差别越大。特别是随着主回路设备轻量化的发展，动力集中过去的倾向"最大轴重大但列车质量小"也发生了变化，也得不到期望的黏着利用，而系统的小型化则符合地板下设备的配置。

另外，考虑将动车变为客车化的效果。由于地板下设备的减少、双层车辆空间的扩大和轻量化的发展等，也有可能产生动力分散没有的优点。因此，有必要对动力的集中和分散方式重新进行研究。

3. 动力的集中分散状况和牵引动力单元方式（驱动系统的模式）

动力集中化的程度和减轻最大轴重具有相反倾向。关于动力集中和分散的选择，要考虑"容许轴重"和"轻量化"的可能性，这由若干条件所决定。以下以牵引动力单元（车组）的组成为例，即使是动力分散方式，也可以将机器集中化，尽可能扩大集中化的优点（价格、维修）。

对于 300 系，以 M-T-M 的 3 辆编组作为一个牵引动力单元，采用将主变压器装载在拖车（T 车）上的方法。例如，在 M 车 4 辆的情况下，以 2 辆 M 车作为一组时，也可将 4 辆 M 车作为一组，采用由一辆车集中装载变压器和变流器，电动机分散在 4 辆车上的方法，则 16 辆编组列车的供电车辆是 4 辆（见图 2.34）。

如上所述，由于轻量化技术和交流感应电机系统的小型大功率化的特性，在考虑牵引力、最大轴重、MT 比率、黏着利用、运行阻力等计划列车编组辆数时就有了更大的自由度，或者说是拓宽了设备布置的自由度。所以对动力系统值得进行广泛的分析研究。

① 300系的系统（3辆1单元）

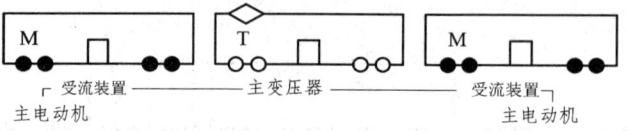

② 4辆1单元时

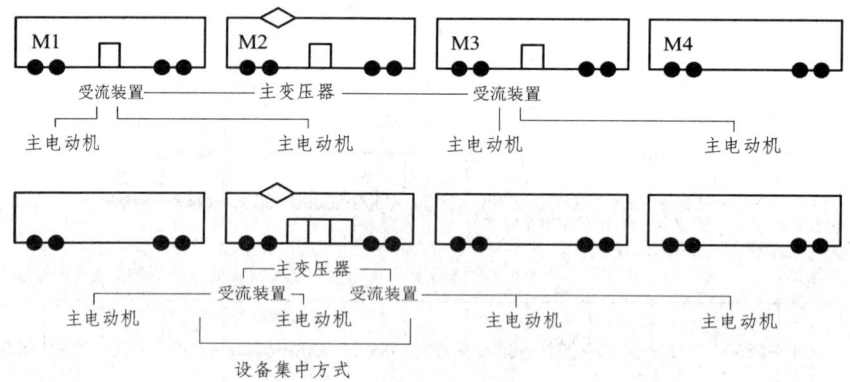

图 2.34　驱动系统的模式

2.5 CRH 系列动车组总体综述

2.5.1　四方/川崎 CRH$_2$ 动车组

CRH$_2$ 动车组由南车四方机车车辆股份有限公司与国外合作伙伴川崎重工提供，数量 60 列。四方 CRH$_2$ 动车组是以日本新干线 E2-1000 型动车组为原型车经改变设计而成的。

1. 原型车（E2-1000）概况

E2-1000 型动力分散动车组是川崎重工等各车辆工厂同时制造的动车组，10 辆编组：8M2T，牵引总功率 9 600 kW，设计速度 315 km/h，运营速度 275 km/h。它与 500 系、700 系和 800 系等均属于第三代的新干线高速动车组。该动车组自 2002 年投入正式运营以来，主要运行于 JR 东日本铁路公司所管辖的东北新干线、长野新干线和上越新干线。原型车外形及车内效果如图 2.35 所示。

(a)

（b）

图 2.35　CRH$_2$ 原型车 E2-1000 外形及车内效果

1）E2-1000 主要技术参数

（1）设计时间：2001 年；

（2）编组：10 辆（8M2T）；

（3）定员：814 人；

（4）牵引总功率：9 600 kW；

（5）设计速度：315 km/h；

（6）运营速度：275 km/h；

（7）数量：目前已经批量生产了 15 列；

（8）运行线路：东北新干线（盛冈—八户 96.6 km 延长新线）、长野新干线和上越新干线（大宫至新潟）。

2）E2-1000 型动车组主要特点

（1）车体采用大型中空铝合金挤压型材双面焊接结构（作为高速车辆轻量、刚性、工艺性等优良的最佳构造）；

（2）动车采用再生制动+空气制动，拖车采用空气制动＋M 车承担一部分（为了降低成本，不使用涡流制动）；

（3）两端头车和一等座车采用全主动悬挂控制，其他车采用半主动悬挂控制，提高了乘坐舒适度。

3）E2-1000 原型车编组

E2-1000 原型车采用 10 辆编组，8 动 2 拖，由两个动力单元组成，每个动力单元由 4 个动车和 1 个拖车（T-M-M- M-M）组成。具体编组情况如图 2.36 所示。

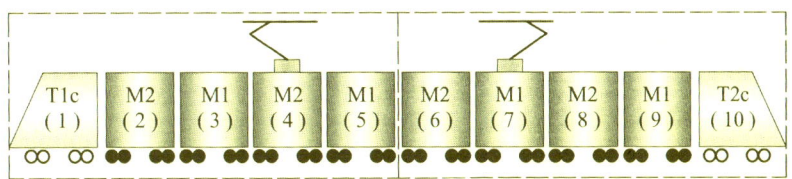

T1c,T2c — Driving Trailer Coach
M1,M2 — Motor Coach

图 2.36　E2-1000 原型车的编组

四方 CRH₂ 动车组在原型车基础上主要改动如下：

（1）编组结构从原型车 10 辆 8M2T 变更为 8 辆 4M4T；

（2）相应地对动力配置进行了调整，牵引总功率降为 4 800 kW；

（3）通过增加供热设备容量、设置防冻结加热器等以适应环境 −25℃ 的要求；

（4）通过更改侧面下部两侧的车体断面形状，以适应中国限界的下部要求；

（5）受电弓改用 DSA250 型；

（6）不安装原型车上使用的主动式控制防摇控制装置、半主动式控制防摇控制装置和车体间减振器，但具备不需改造即可安装的条件；

（7）调整轮轨关系以适应在中国轨道上的运行。

2. CRH₂（四方）动车组总体组成及主要性能参数

1）动车组总体组成

CRH₂ 动车组采用 8 辆编组，4 动 4 拖，由两个动力单元组成。每个动力单元由 2 个动车和 2 个拖车（T-M-M-T）组成。CRH₂ 动车组的编组如图 2.37 所示，该动车组编组代号意义见表 2.4。

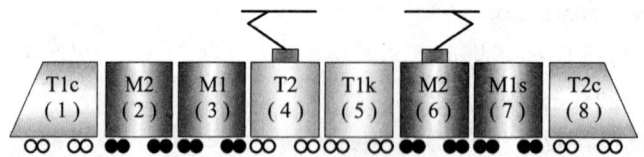

T1c,T2c —— Driving Trailer Coach
M1,M2,M1s —— Motor Coach
T1k,T2c —— Trailer Coach

图 2.37 CRH₂ 动车组的编组

表 2.4 CRH₂ 动车组编组代号含义表

车辆代号	类型	符号意义及说明
T	T1c, T1k	Trailer Coach —— 拖车
M	M1, M2, M1s	Motor Coach —— 动车
c	T1c, T2c	Driving Trailer Coach —— 带驾驶室的拖车（c-cabin）
k	T1k	Stand corner Coach —— 带餐车的拖车（k-kitchen）
s	M1s	First Class Coach —— 头等车（s-special）

2）整辆列车的主要特点

主电源：25 kV，50 Hz，单相交流；

最高车速：运营 200 km/h，试验 250 km/h；

车体：采用大型中空铝合金挤压型材双面焊接结构；

电动机：每个动轴有 1 台、每节 M 车都有 4 台悬挂在转向架上的交流异步牵引电动机（架悬式）；

制动系统：动车采用再生反馈制动/空气盘型摩擦制动；拖车采用空气盘型摩擦制动 + M 车承担一部分；

紧急制动：紧急空气制动回路；

转向架和悬挂：无摇枕式转向架/空气弹簧型；

运行方式：Automatic Train Protection (ATP) mode 自动列车保护模式。

3) 动车组性能

该动车组最高运营速度为 200 km/h，最高试验速度为 250 km/h，动车组牵引总功率 4 800 kW。定员载荷的动车组在平直道上的起动加速度为 0.406 m/s²；200 km/h 运行时，其剩余加速度不小于 0.1 m/s²。动车组损失 25% 的动力时，平直道上的平衡速度可大于 200 km/h。动车组在风速 15 m/s 逆风下也可进行正常的运行。

(1) 主要技术参数。CRH$_2$ 动车组的动力配置如表 2.5 所示。

(2) 线路参数。区间最大坡度：12‰（在困难条件下为 20‰），站区联络线坡度：< 30‰。

(3) 电源。

额定电压：25 kV，50 Hz（单相交流）；

最高电压：31 kV；

最低电压：17.5 kV。

表 2.5 CRH$_2$ 整列车（8 辆）的车辆构成

车 号	1	2	3	4	5	6	7	8	备 注
形式代号	T1c	M2	M1	T2	T1k	M2	M1s	T2c	
整备质量（t）	42.8	48	46.5	42	44.1	48	46.8	41.5	编组整备质量359.7 t
定员（人）	55	100	85	100	55	100	51	64	合计 610 人
乘客质量（t）	4.4	8.0	6.8	8.0	4.4	8.0	4.1	5.1	80 kg/人
定员质量（t）	47.2	56.0	53.3	50.0	48.5	56.0	50.9	46.6	编组定员质量408.5 t

注：T 为拖车，M 为动车，c 带司机台，k 带车内小卖部，s 为一等车。

(4) 驱动/制动方式。

驱动：感应电动机 VVVF 逆变器控制方式；

制动：电力再生制动方式，带空转滑行控制。

(5) 行驶阻力。CRH$_2$ 的行驶阻力依照原型车的实测阻力公式计算：

开放区间：$\omega = 8.63 + 0.072\,95v + 0.001\,12v^2$（N/t）

(6) 起动加速度。正常定员乘车、直线、平坦区间时，起动加速度为 0.406 m/s²。

(7) 制动减速度。

常用（7 挡）	70 km/h	0.747 m/s²
	118 km/h	0.619 m/s²
	200 km/h	0.492 m/s²
快速	70 km/h	1.12 m/s²
	118 km/h	0.931 m/s²
	200 km/h	0.758 m/s²

(8) 速度。

营业运行速度：200 km/h；

最高试验速度：250 km/h 以下。

(9) 剩余加速度。200 km/h 行驶时，剩余加速度 > 0.1 m/s²。

(10) 牵引性能曲线。具体牵引/制动特性曲线如图 2.38 ~ 图 2.40 所示。其中，正常时牵引性能曲线参见图 2.38；牵引力降低 25% 时，牵引性能曲线参见图 2.39；制动特性曲线参见图 2.40。

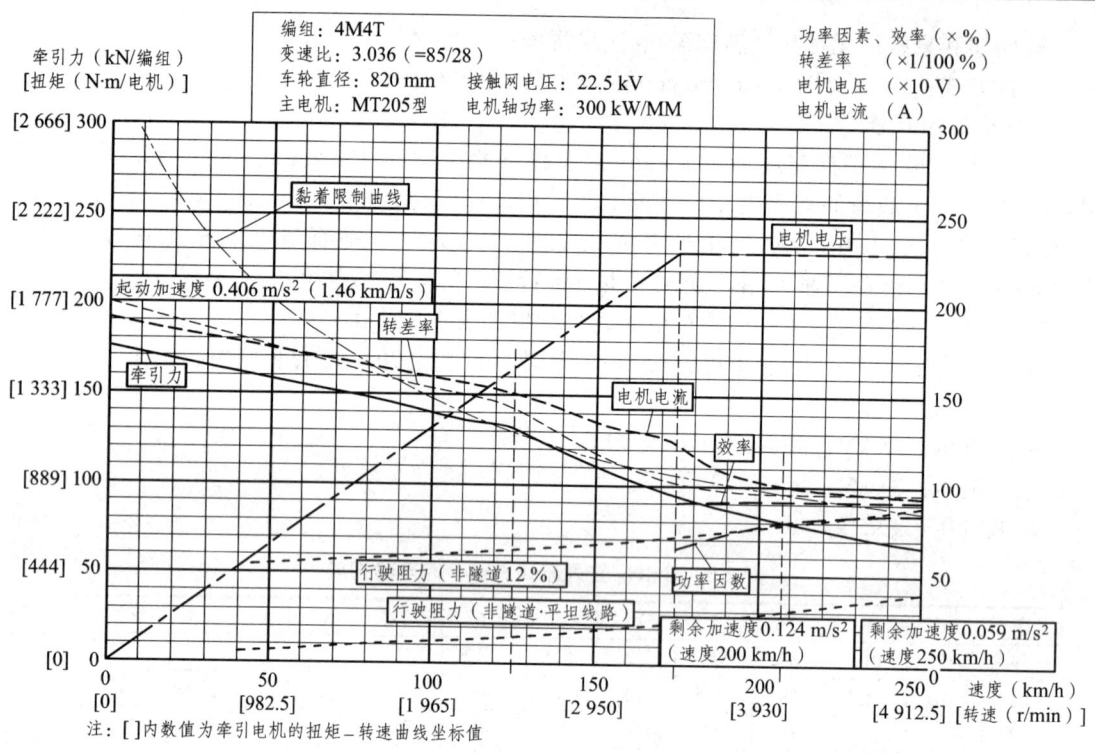

图 2.38　CRH$_2$ 牵引性能曲线（正常时）

注：[ ] 内数值为牵引电机的扭矩—转速曲线坐标值

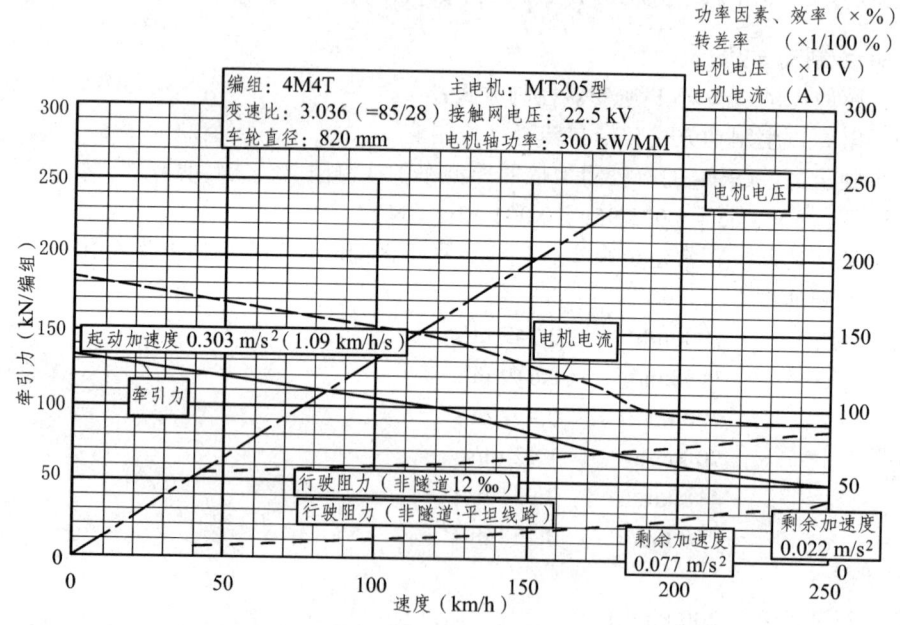

图 2.39　CRH$_2$ 牵引性能曲线（牵引力降低 25% 时）

由图 2.39 可见，该动车组在平直道上以 200 km/h 行驶时，剩余加速度可达 0.124 m/s^2，即使速度达到 250 km/h 时，剩余加速度仍有 0.059 m/s^2；而在 12‰ 的坡道上运行时的均衡速度可达 207 km/h。

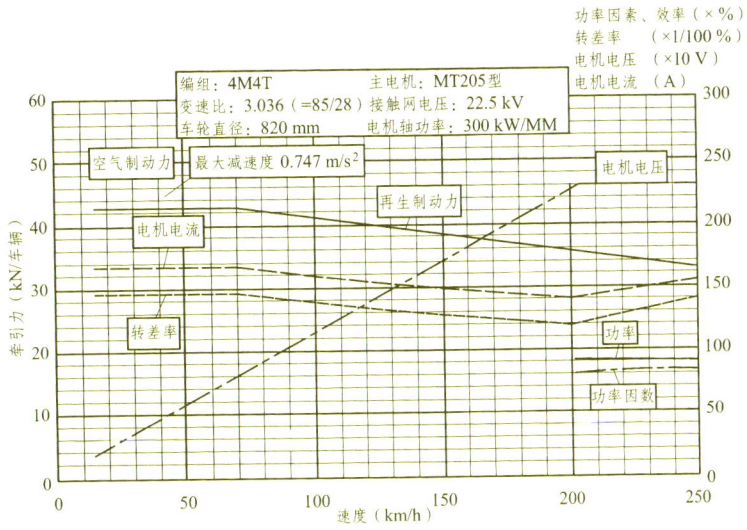

图 2.40 CRH₂ 再生制动、空气制动性能曲线

另外，由图 2.39 可见，当该动车组损失掉 1/4 动力时（即有一辆动车发生故障），在平直道上以 200 km/h 行驶时，剩余加速度可达 0.077 m/s²，即使速度达到 250 km/h 时，剩余加速度仍有 0.022 m/s²；但在 12‰ 的坡道上运行时的均衡速度只能达到 175 km/h 左右。

4）具体编组结构

CRH₂ 动车组断面布置图参见图 2.41，具体编组结构参见图 2.42。

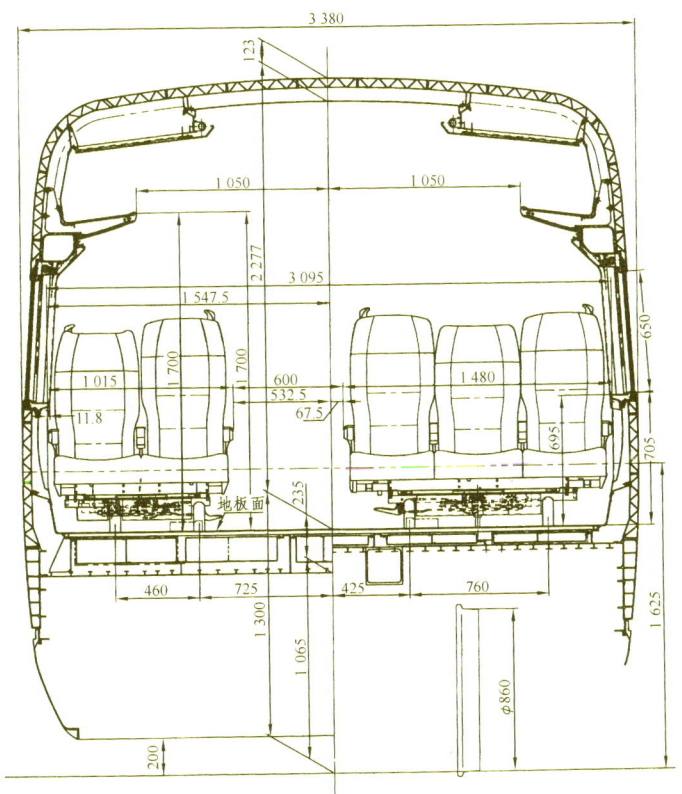

图 2.41 CRH₂ 断面布置图

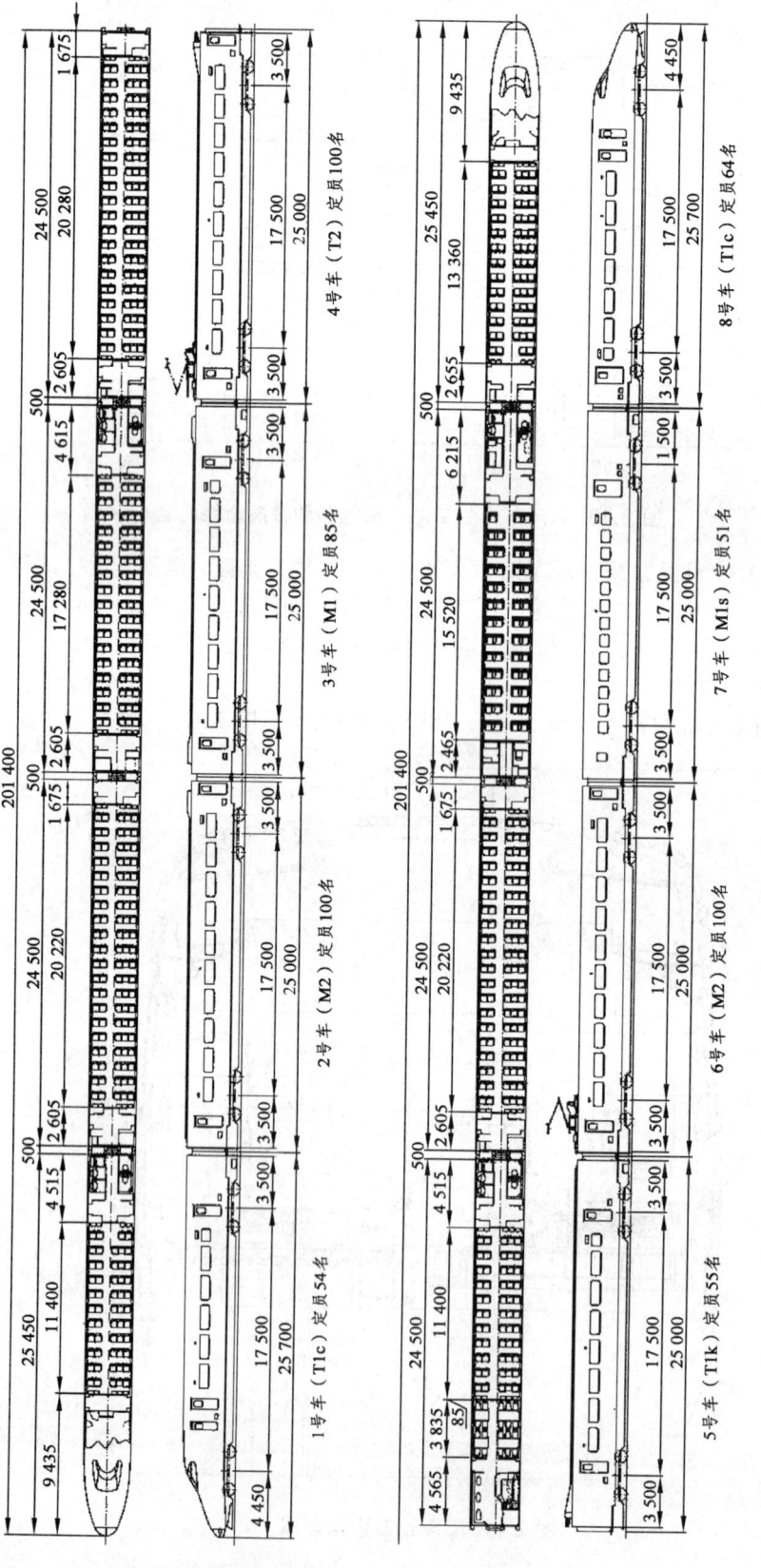

图 2.42 CRH$_2$ 动车组具体编组结构

（1）车内设备。各车厢内主要设备如表2.6所示。

表2.6 CRH$_2$各车厢内主要设备

车号	代号	定员	主要设备	其 他
1	T1c	55	二等车、司机室 坐式厕所、洗脸间、小便间、饮水机*	禁烟车厢
2	M2	100	二等车、饮水机	禁烟车厢
3	M1	85	二等车、自动售货机、备品室 坐式厕所、洗脸间、小便间、饮水机	
4	T2	100	二等车、饮水机	安装受电弓，禁烟车厢
5	T1k	55	二等车、酒吧餐饮区、电话间 坐式厕所、洗脸间、小便间、饮水机	禁烟车厢
6	M2	100	二等车、饮水机	安装受电弓
7	M1s	51	一等车、多功能室、乘务员室、备品室 坐式厕所、洗脸间、小便间、饮水机	适应残疾人使用的车厢，禁烟车厢
8	T2c	64	二等车、司机室、饮水机	禁烟车厢

注：① *：国产化第18列开始采用中式冷热饮水机。
② 一等车座椅布置为2+2形式，二等车座椅布置为2+3形式，座席为旋转式可调靠背座席。
③ 5号车（T1k）为餐、座合造车，设置有咖啡机、微波炉、冰箱、饮食用简易餐桌、椅子、广播、联络电话等。
④ 各车设有广播系统，一等车和酒吧餐饮区在国产化第18列开始设有视频系统。

① 厕所、盥洗室。奇数号车厢设置有带滑门的坐式厕所、洗面室及带折叠门结构的小便室，在厕所设置有节水型清水冲洗式污物处理装置的便器设备、洗手器、紧急呼叫按钮、厕所纸支架（带备用厕所纸盒）、镜子、垃圾桶、便坐垫支架、物品架及排气装置。

7号M1s车（头等车）坐式厕所还设置有用于更换尿布的折叠床及带温水冲洗下身装置的便座。各厕所装有带检测传感器的臭氧发生除臭器。另外还有为残疾人专设的坐式厕所。

水箱容积：700 L（两车一个）。

污物箱容积：700 L（两车一个）。

② 车内设备布置概况。

a. 1号车（T1c）：车内设备布置概况见图2.43。

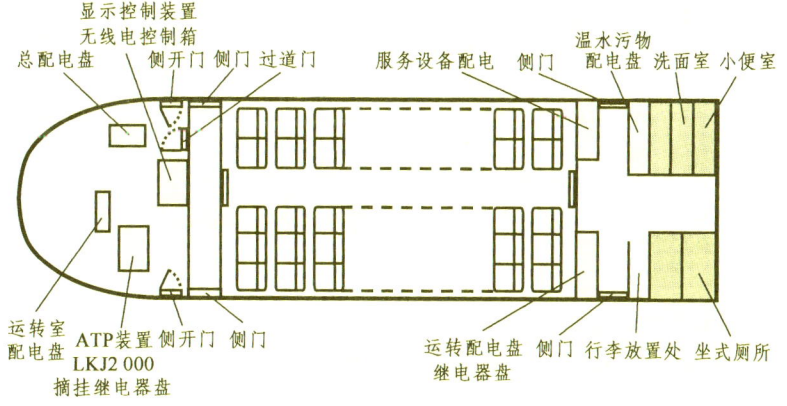

图2.43 1号车（T1c）车内设备布置概况

b. 2号和6号车（M2）：车内设备布置概况见图2.44。

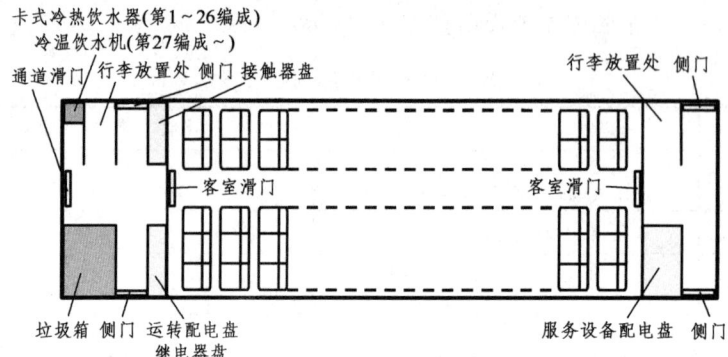

图 2.44　2 号车（M2）车内设备布置概况

c. 3 号车（M1）：车内设备布置概况见图 2.45。

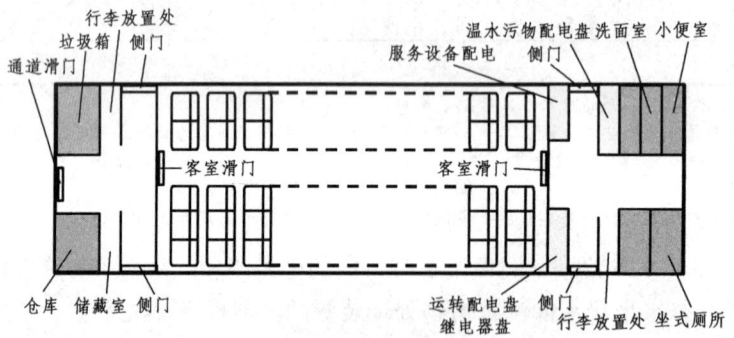

图 2.45　3 号车（M1）车内设备布置概况

d. 4 号车（T2）：车内设备布置概况见图 2.46。

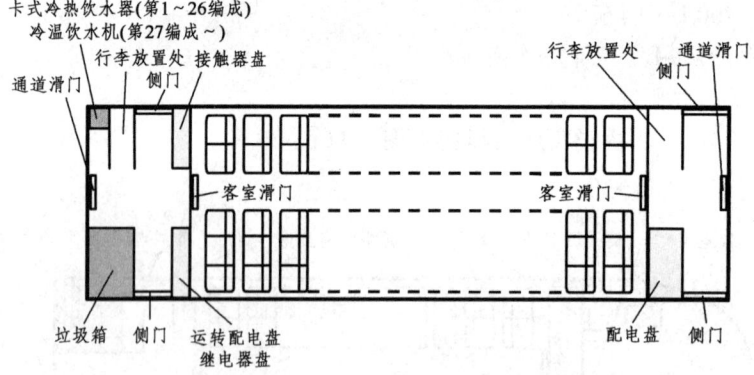

图 2.46　4 号车（T2）车内设备布置概况

e. 5 号车（T1k）：车内设备布置概况见图 2.47。

f. 7 号车（M1s）：车内设备布置概况见图 2.48。

g. 8 号车（T2c）：车内设备布置概况见图 2.49。

（2）车下悬挂设备概况。

CRH$_2$ 动车组车下悬挂设备可大致概括如下：

① 每辆车下有两套空调机组、一套换气装置。

第 2 章　动车组总体及主要技术参数

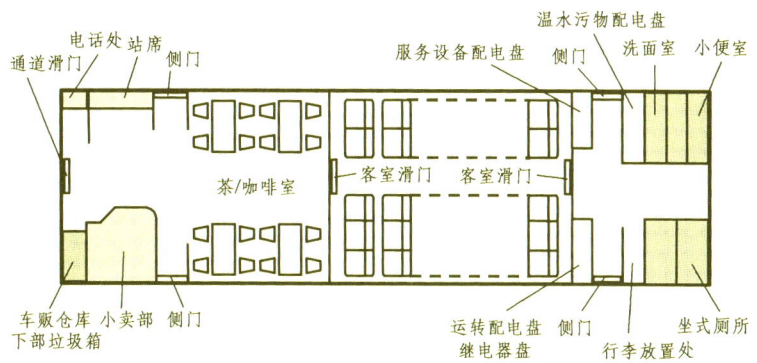

图 2.47　5 号车（T1k）车内设备布置概况

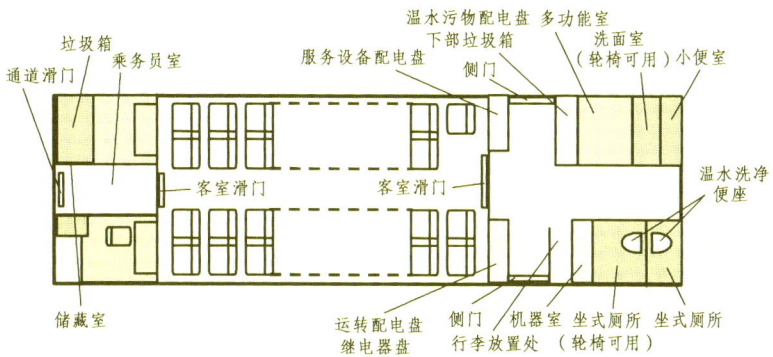

图 2.48　7 号车（M1s）车内设备布置概况

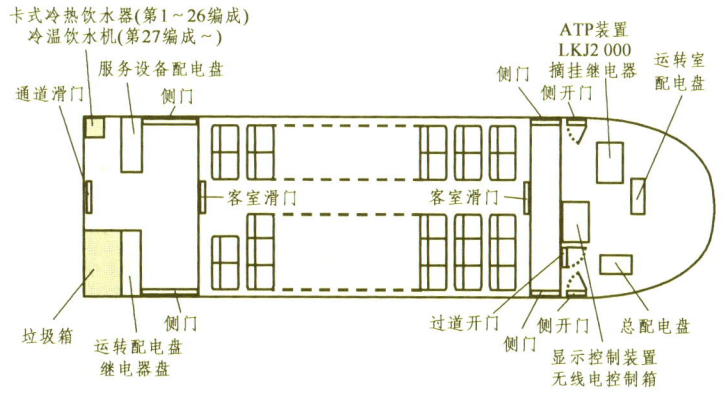

图 2.49　8 号车（T1c）车内设备布置概况

② 每辆车下都有一套制动控制装置。
③ 第 2、3、6 号和 7 号车下有牵引变流器（CI）。
④ 第 2、6 号车下有牵引变压器（MTr）和高压设备箱。
⑤ 第 1 号、8 号车设置有辅助电源装置（APU）。
⑥ 第 2、4、6 号车上设有蓄电池箱。
⑦ 第 3、5、7 号车上设有电动空气压缩机。
⑧ 在单号车下有污物箱及水箱。
一般动车组的车下悬挂设备概况参见图 2.50。

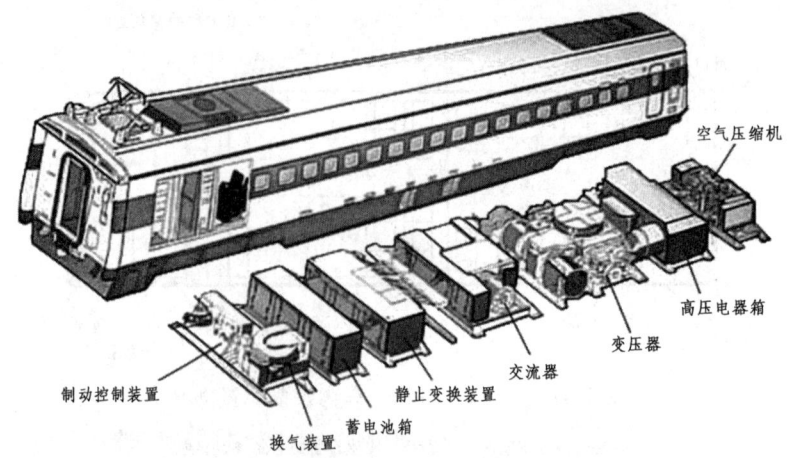

图 2.50　一般动车组的车下悬挂设备概况

① 1号车(T1c)：车下悬挂设备概况参见图 2.51,1号车下悬挂设备具体布置参见图 2.53。

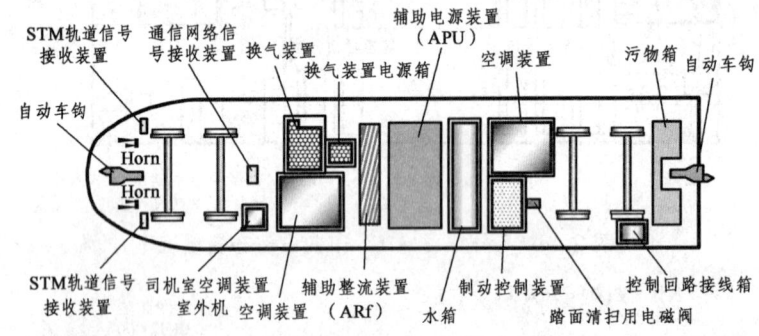

图 2.51　1号车（T1c）车下悬挂设备概况

② 2号车和6号车（M2）：车下悬挂设备概况参见图 2.52,2号车和6号车车下悬挂设备具体布置参见图 2.54。

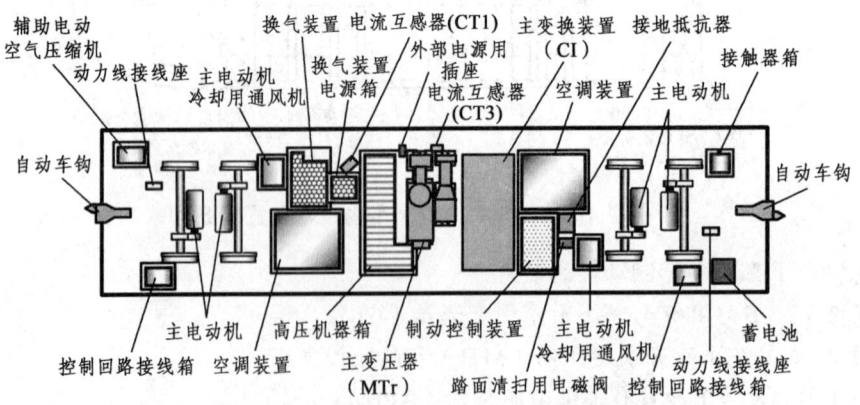

图 2.52　2号车（M2）车下悬挂设备概况

③ 3号车（M1）：车下悬挂设备概况参见图 2.55（a）。
④ 4号车（T2）：车下悬挂设备概况参见图 2.55（b）。
⑤ 5号车（T1k）：车下悬挂设备概况参见图 2.56。

第 2 章 动车组总体及主要技术参数

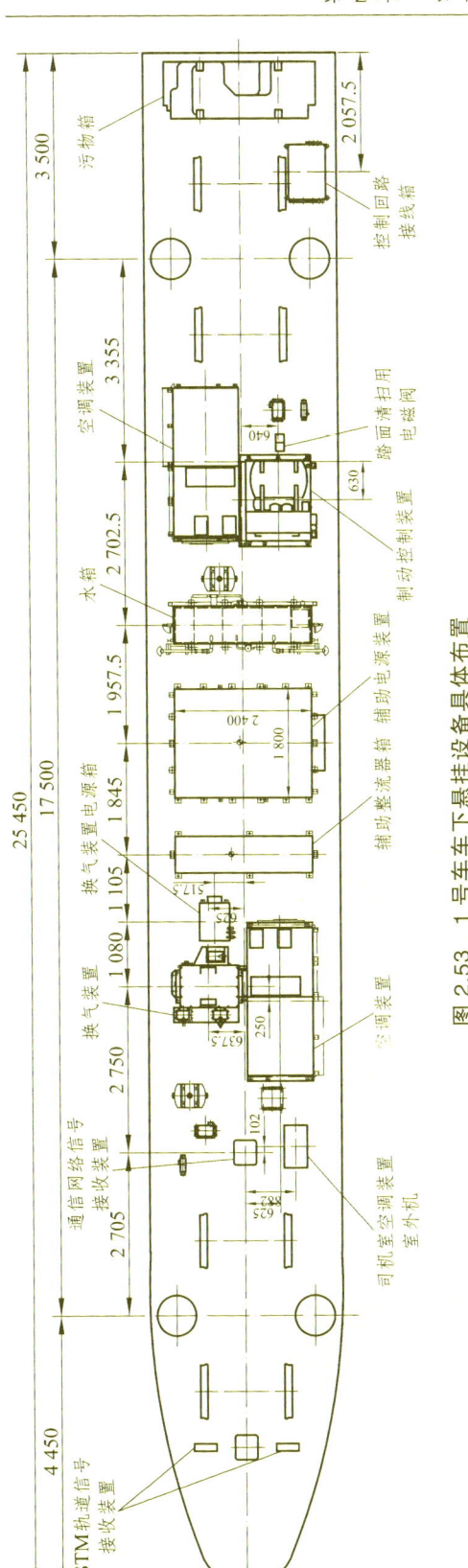

图 2.53 1号车车下悬挂设备具体布置

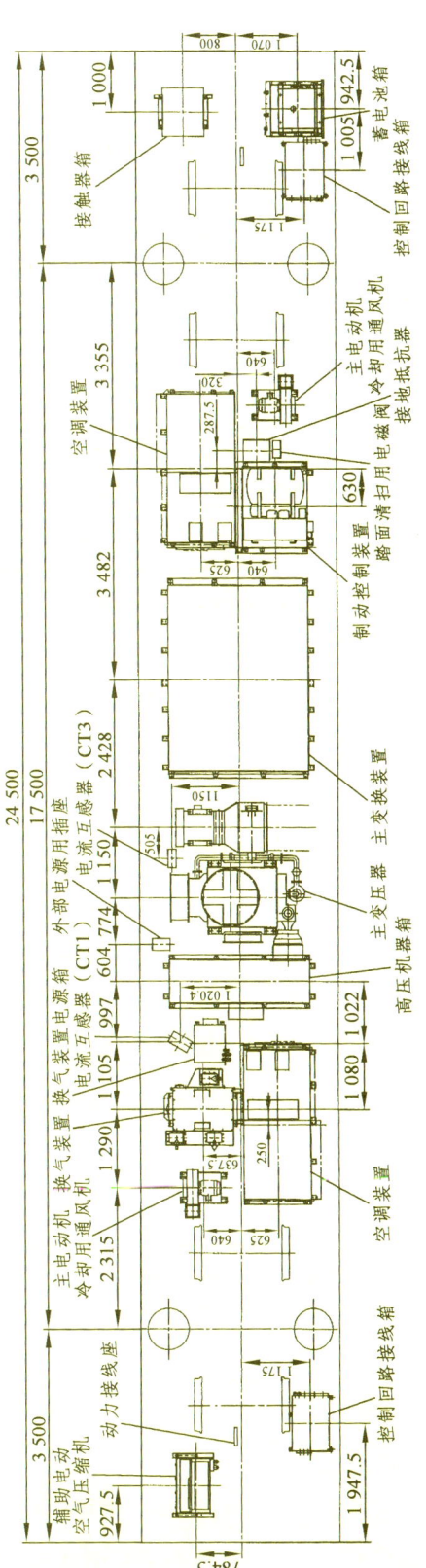

图 2.54 2号和6号车车下悬挂设备具体布置

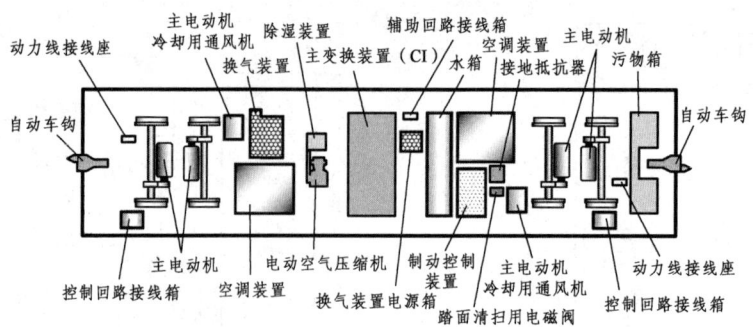

（a）3号车（M1）车下悬挂设备概况

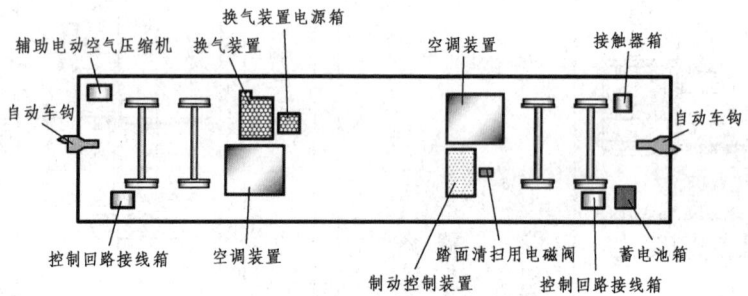

（b）4号车（T2）车下悬挂设备概况

图2.55　3、4号车车下悬挂设备概况

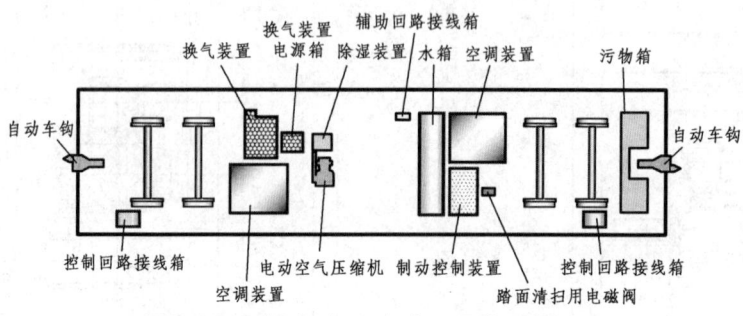

图2.56　5号车（T1k）车下悬挂设备概况

⑥ 7号车（M1s）：车下悬挂设备概况参见图2.57。

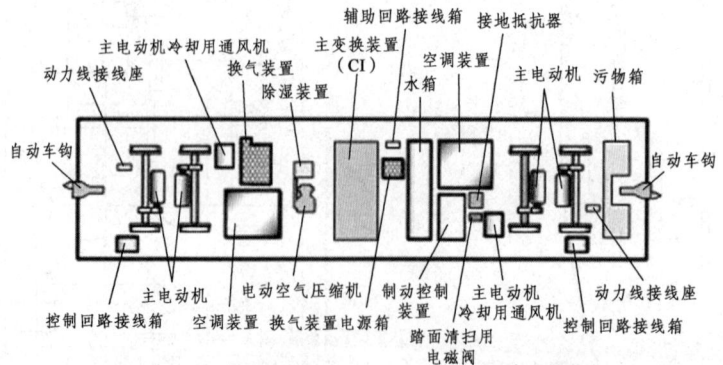

图2.57　7号车（M1s）车下悬挂设备概况

5号车车下悬挂设备具体布置见图2.58，7号车车下悬挂设备具体布置见图2.59。

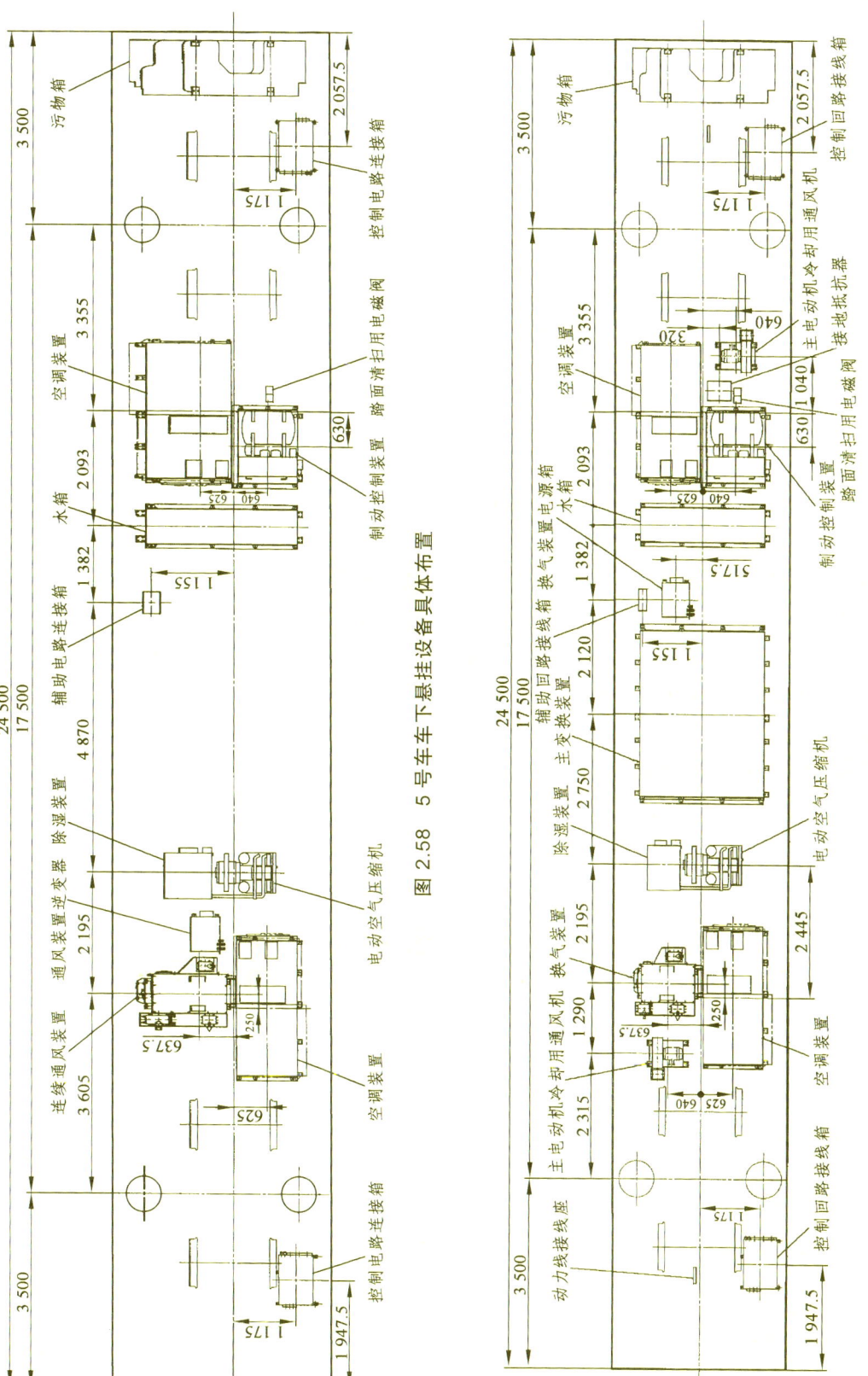

图 2.58　5 号车车下悬挂设备具体布置

图 2.59　7 号车车下悬挂设备具体布置

⑦ 8号车（T2c）：车下悬挂设备概况参见图2.60。

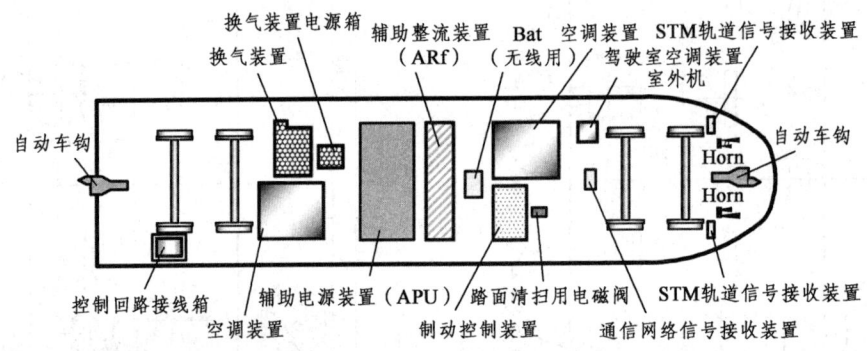

图2.60　8号车（T2c）车下悬挂设备概况

5）门　窗

（1）CRH_2动车组适应站台高度：1 100～1 200 mm，侧门采用电控气动液压压紧式内拉滑门，不设脚蹬。

（2）客室分隔门设置使用光电开关检测的自动开关电动式分隔滑门。

（3）通道滑门，对于8辆编组，在2～8号车的通道车端部的1处或2处设置具备防火性能的不锈钢材质的手动开关门（采用1 mm的不锈钢板），门在全开、全闭时可锁闭。

（4）客室车窗使用钢化玻璃等材料，设置与外板平滑（高度差小于8 mm）的多层固定车窗，采用防止产生噪音的结构。

（5）客室四角设逃生窗。

3. CRH_2动车组主要组成部分

1）车体结构

CRH_2动车组车体结构采用车体全长的大型中空铝合金挤压型材双面组焊成筒型整体承载结构。车体材料使用JIS H4000（铝及铝合金的板、条）、JIS H4100（铝及铝合金挤压型材）的不燃性材料。车下的导流罩与侧墙圆滑过渡，设备罩下面距轨面高度为200 mm。

头车前端设有能在司机室中操作的自动开闭机构，打开头车鼻部进行两列动车组连挂。司机室前端的下方设置排障器，排障器中央的底部能承受137 kN的静压力。其距离轨面的高度在车辆正常位置下为150 mm，为固定式。

2）转向架

（1）转向架结构概要。CRH_2动车组转向架分为动车转向架和拖车转向架，其主要部分采用基本一致的结构形式。转向架为两轴无摇枕转向架，一系悬挂为钢弹簧转臂式定位，二系悬挂采用空气弹簧，单连杆牵引方式。车轮踏面采用磨耗型外形。CRH_2动车组转向架如图2.61、图2.62所示。

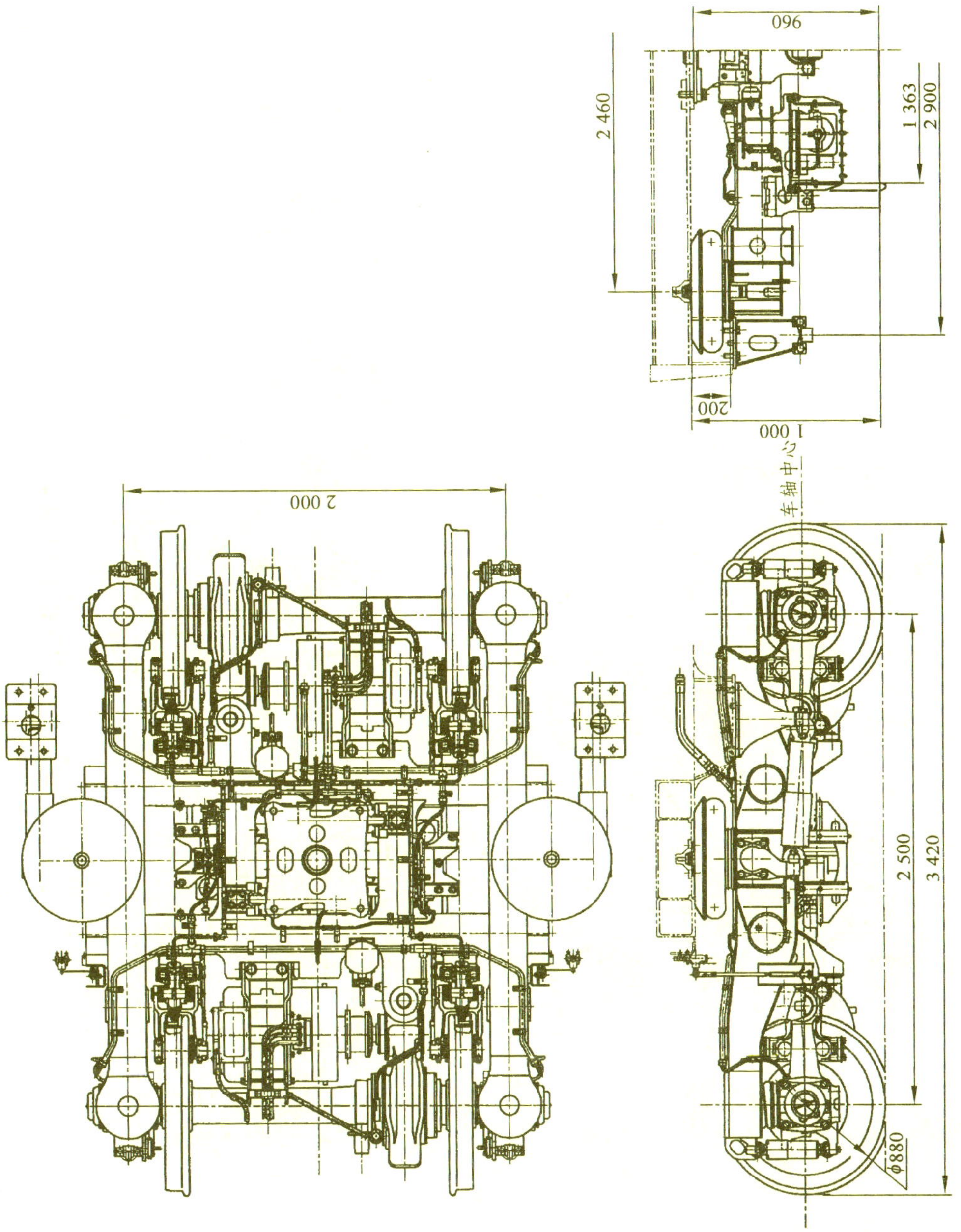

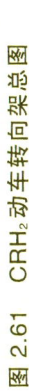

图 2.61 CRH$_2$ 动车转向架总图

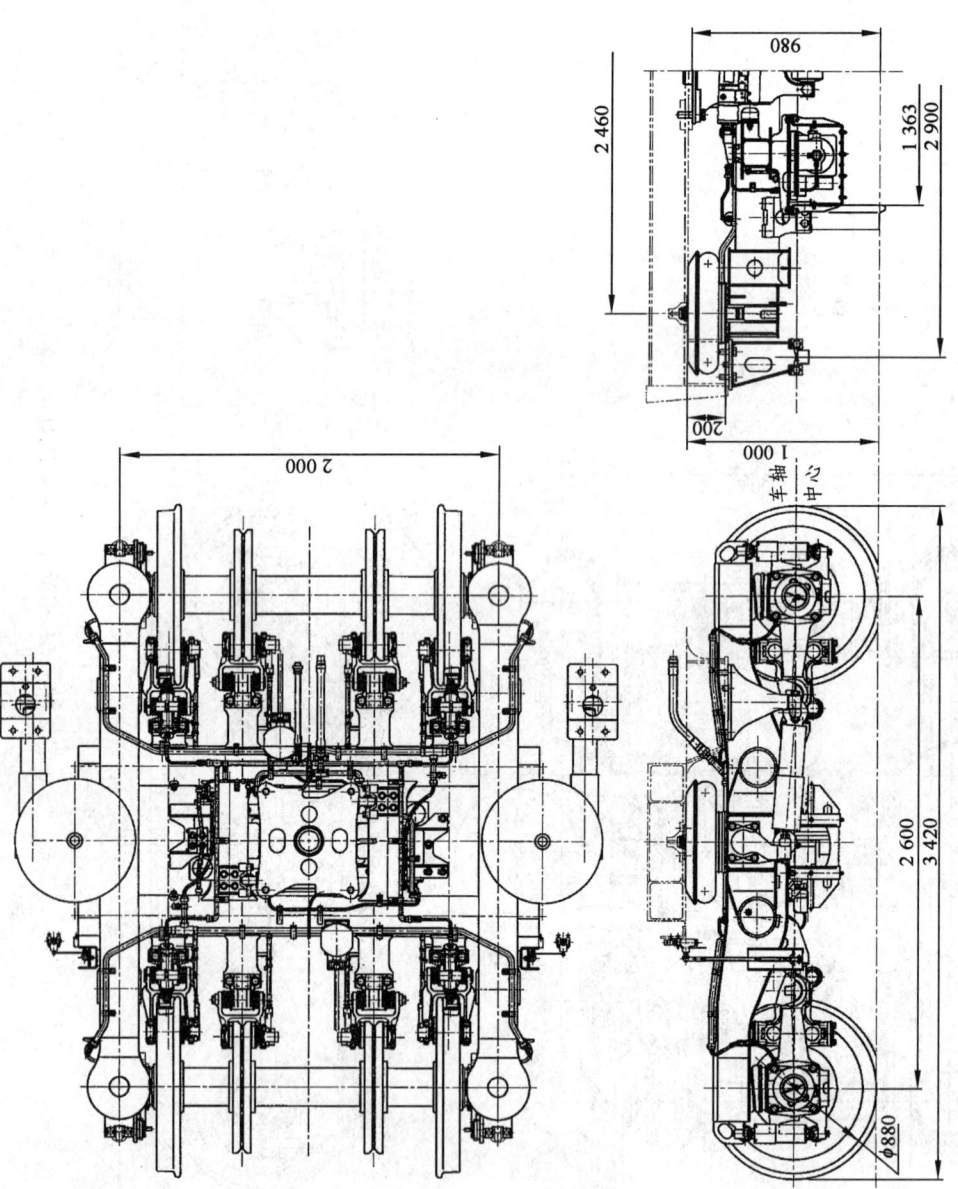

图 2.62 CRH₂拖车转向架总图

（2）CRH_2 动车组转向架主要技术参数（见表 2.7）。

表 2.7　CRH_2 动车组转向架主要技术参数

项　目		参　数
转向架最大运行速度		250 km/h（定员最大轴重以下时）
寿命		20 年
定员最大轴重		14 t 以下（按照乘客 80 kg/人换算）
质量	动力转向架	7.5 t 以下
	拖车转向架	7.0 t 以下
簧下质量	动力转向架	2.0 t 以下
	拖车转向架	2.0 t 以下
固定轴距		2 500 mm
车轮直径		ϕ860 mm（磨耗到限 ϕ790 mm）

（3）主要部件。转向架构架采用 H 形构架，侧梁采用耐候钢板和铸钢件的组合焊接结构，横梁采用管材（耐候钢）（材质：SMA490BW JIS G3114）。

轴箱定位装置采用转臂式。轴箱体为铸钢结构，轴箱前后盖为铝合金结构。轴承采用圆锥滚动轴承（润滑脂润滑），设计计算寿命 500 万 km 以上。

轮对车轴采用空心车轴，材料为 S38C，轴颈直径 ϕ125 mm。整体轧制车轮直径 ϕ860 mm、宽度 135 mm，车轮材质为 SSW-Q3R，中国规格 LMA 磨耗型踏面。制动盘为锻钢材质。动车为轮盘，每轮对 2 组；拖车为轮盘制动（2 组/轮对）+轴盘制动（2 组/轮对）。

基础制动装置采用液压卡钳式制动单元，制动效率 95% 以上。采用粉末冶金闸片，平均摩擦系数为 0.25。

驱动装置采用挠性浮动齿型联轴节牵引电机架悬式驱动装置，利用联轴节将牵引电机输出轴和小齿轮输入轴连接在一起传递牵引扭矩，齿轮箱采用铝合金制造，飞溅润滑方式，传动比为 3.036。

3）牵引传动系统

（1）牵引传动系统组成。CRH_2 动力组以 2 动 2 拖为一个基本动力单元。一个基本动力单元的牵引传动系统主要由网侧高压电气设备、1 个牵引变压器、2 个牵引变流器、8 台三相交流异步牵引电动机等组成。

全列共计 2 个受电弓、2 个牵引变压器、4 个牵引变流器、16 台牵引电动机，列车正常时是单弓运行，另一个受电弓备用。

（2）牵引传动系统组成原理。牵引传动系统组成原理如图 2.63 所示，牵引动力分布如图 2.64 所示。

（3）网侧高压电气设备。主要包括受电弓、主断路器、避雷器、电流互感器、接地保护开关等。

① 受电弓（DSA250 型）。一个基本动力单元有 1 个，全列共计 2 个。单臂型，额定电流为 1 000 A，接触压力为（70±5）N，弓头宽度为 1 950 mm，具有自动降弓功能，适应接触网的高度为 5 300～6 500 mm，列车运营速度为 200 km/h。

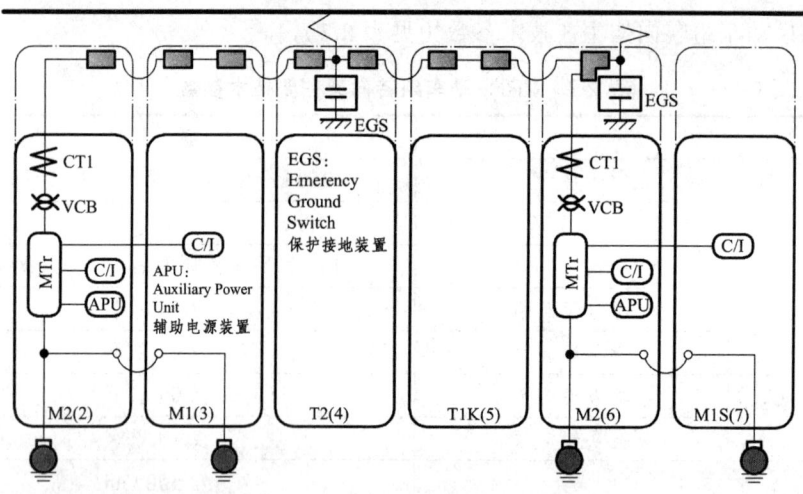

图 2.63　牵引传动系统组成原理

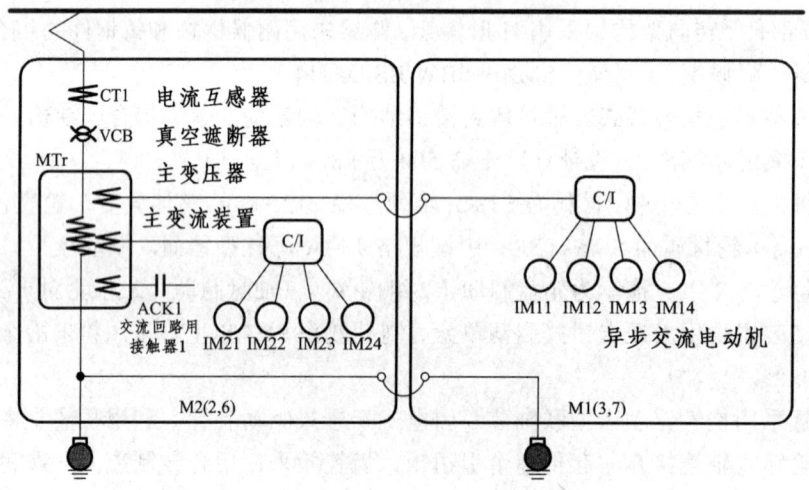

图 2.64　牵引动力分布

② 主断路器（CB201C-G3 型）。一个基本动力单元有 1 个，全列共计 2 个。主断路器为真空型，额定开断容量为 100 MVA，额定电流为 200 A，额定断路电流为 3 400 A，额定开断时间小于 0.06 s，电磁控制空气操作。

③ 高压电流互感器。一个基本动力单元有 1 个，全列共计 2 个。变流比为 200/5 A，用于检测牵引变压器原边电流值。

④ 避雷器（LA204 或 LA205 型）。一个基本动力单元有 1 个，全列共计 2 个。额定电压为 42 kV（RMS），动作电压为 57 kV 以下（V1mA，DC），限制电压为 107 kV。由氧化锌（ZnO）为主体的金属氧化物构成，是非线性高电阻的无间隙避雷器。

⑤ 接地保护开关（SH1052C 型）。一个基本动力单元有 1 个，全列共计 2 个。额定瞬时电流为 6 000 A（15 周），电磁控制空气操作，具有安全联锁。

（4）牵引变压器（ATM9 型）。一个基本动力单元有 1 个，全列共计 2 个。采用壳式结构、车体下吊挂、油循环强迫风冷方式。具有 1 个原边绕组（25 kV、3 060 kVA）、2 个牵引绕组

（1 500 V，2×1 285 kVA）、1个辅助绕组（400 V，490 kVA）。采用铝线圈、轻量耐热材料和环保型硅油，实现了小型化、轻量化；外形尺寸（$L×W×H$）为 2 570 mm×2 300 mm×835 mm，仅重 2 910 kg，效率大于 95%。该牵引变压器的参数参见表 2.8。

表 2.8 ATM9 型牵引变压器额定值

额定绕组	容量（kVA）	电压（V）	电流（A）
原边	3 060	25 000	122
牵引	2 570	1 500	857×2
辅助	490	400	1 225

（5）牵引变流器（CI11 型）。一个基本动力单元有 2 个，全列共计 4 个。采用车下吊挂、液体沸腾冷却方式。

主电路结构为电压型 3 电平式，由脉冲整流器、中间直流电路、中间整流电路、逆变器构成，不设谐振滤波装置和网侧谐波滤波器，采用 PWM 方式控制；中间直流电压为 2 600～3 000 V（随牵引电机输出功率进行调整），1 个牵引变流器采用矢量控制原理控制 4 台并联的牵引电机。

采用 3 300 V/1 200 A 等组 IGBT 或 IPM 元器件，冷却介质采用环保的氟化碳（FX3250）。模块具有各类故障诊断与保护功能。牵引变流器输入为 1 285 kVA（AC1500 V，857 A，50 Hz），中间直流电路为 1 296 kW（DC3 000 V，432 A），牵引变流器输出为 1 475 kVA（3×AC2 300 V，424 A，0～220 Hz）。外形尺寸（$L×W×H$）为 3 240 mm×2 400 mm×650 mm，效率大于 96%，功率因数大于 97%。

CRH$_2$ 牵引变流器（CI）工作原理如图 2.65 所示。

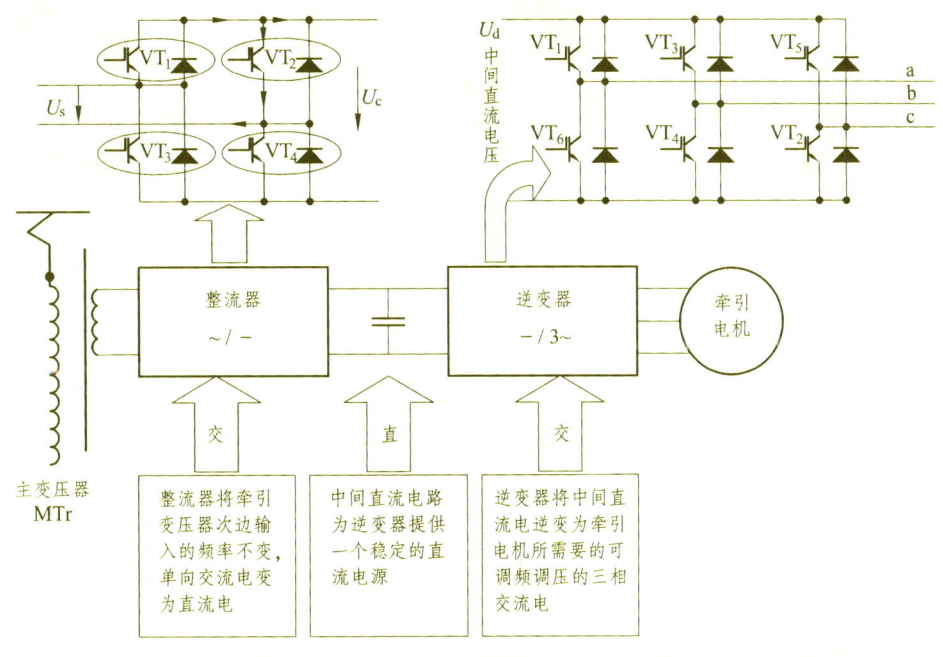

图 2.65 CRH$_2$ 牵引变流器（CI）工作原理

（6）牵引电动机（MT205 型）。每节动力车有 4 个（并联）牵引电动机，一个基本动力单元有 8 个,全列共计 16 个。

牵引电动机为 4 极三相鼠笼式异步电动机,采用架悬、强迫风冷方式,通过挠性浮动齿型联轴节连接传动齿轮。牵引电动机额定参数参见表 2.9。MT205 型牵引电机结构如图 2.66 所示。

表 2.9 MT205 型牵引电机额定参数表

项 目	额定值	说 明
输出功率(kW)	300	
线电压(V)	2000	
相电流(A)	106	
转速(r/min)	4140	最高使用转速 6 120(r/min)
频率(Hz)	140	
转差率(%)	1.4	最大 2.0%
效率(%)	94.0	
功率因数(%)	87.0	
冷却风量(m^3/min)	20	
质量(kg)	440	

图 2.66 MT205 型牵引电机结构

4)制动系统

(1)制动系统组成。CRH_2 动车组采用电气指令式微机控制直通式电空制动,其主要技术特点为:

① 制动力由动车的再生制动和各车的电气指令式空气制动组成。
② 具有速度-黏着的模式控制。
③ 具有随负重自动调整制动力的控制。
④ 具有防止车轮滑行的保护控制。
⑤ 具有以一辆动车、一辆拖车为单元的充分利用动车再生制动力,减少拖车空气制动力的延迟控制,并当在再生制动力不足时由空气制动力补充。
⑥ 具有与车载列车运行速度控制系统的接口,实施安全制动。
⑦ 具有故障诊断及相关信息保存功能。

制动系统工作原理示意图如图 2.67 所示。

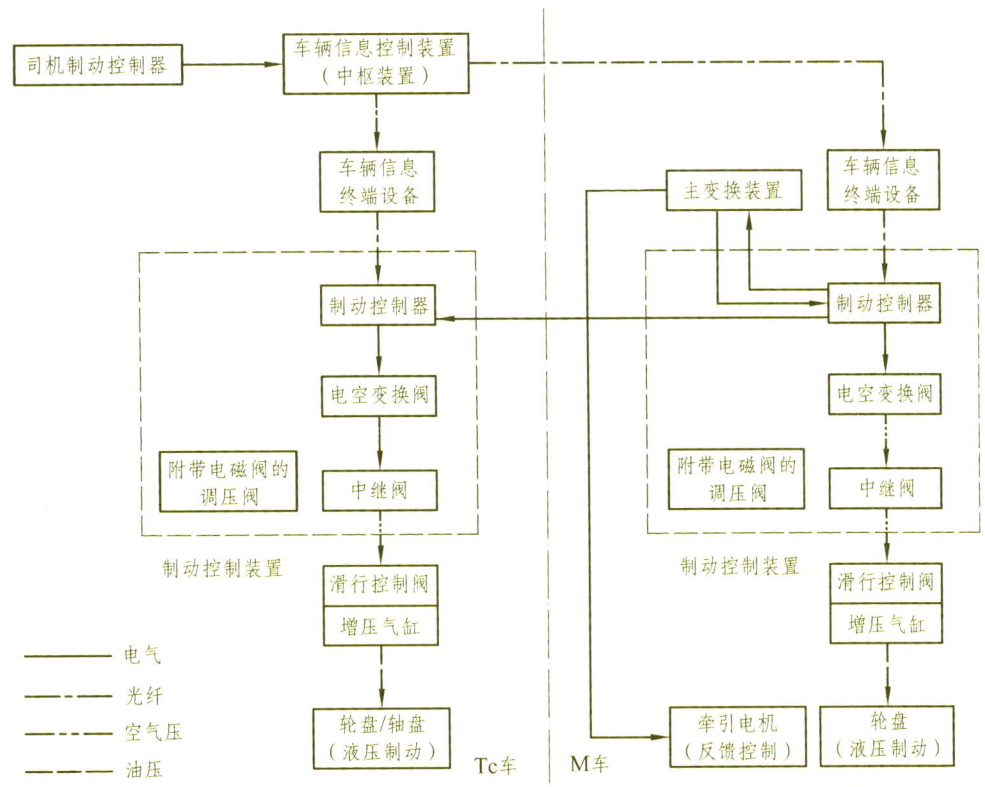

图 2.67　CRH$_2$ 动车组制动系统工作原理示意图

（2）制动方式。

① 手动操作。

a. 常用制动。设 1～7 级，在制动初速度为 75 km/h 以上时，实施混合制动，由动车的再生制动负担拖车的部分空气制动；在 65 km/h 以下时切换成各车制动力的独立控制。

b. 快速制动。采用混合制动模式，并具备最大常用制动 1.5 倍的制动力。

c. 紧急制动。按安全回路失电制动的模式来建立，下列任何一种原因均可引起紧急制动指令的产生：

- 总风压力下降至规定值以下；
- 列车分离；
- 检测到制动力不足；
- 操作紧急按钮，使紧急电磁阀失电；
- 换端操作，取出操作手柄。

以上的紧急制动使各车产生按速度进行两级调整的纯空气制动作用：160～200 km/h 速度区段为低压（约 0.6 m/s^2 减速度）；160 km/h 以下速度区段为高压（约 0.778 m/s^2 减速度）。

但是，紧急制动指令和快速制动指令是同时输出的，并以紧急制动热备份方式进行响应，即：只有制动装置发生故障的车辆，实际上才产生上述减速度的紧急制动，而其他制动装置正常的车辆，产生的是快速制动模式下的减速度。

② 辅助制动。它是以在制动装置异常、制动指令线路断线时，以使用为目的而设置的电气指令式的辅助制动装置。它产生相当于 3 级、5 级、7 级常用制动及紧急制动的空气制动。

（3）救援/回送的需求。在动车组两端的控制车上设气/电转换装置，将实施救援的机车制动管压力控制信号转换成相应的电指令信号，再利用上述的辅助制动装置产生相应的制动作用。

5）车端连接装置

（1）车钩缓冲装置。CRH_2 动车组车钩采用带总风管的密接式自动车钩和双向 W 形橡胶缓冲器。

车钩中心高度：轨道面上 $1\,000^{+10}_{-15}$ mm

车钩强度：　　拉伸载荷约 160 t（约 1 570 kN），压缩载荷约 310 t（约 3 040 kN）

缓冲器容量：　拉伸 7 810 J，压缩 9 800 J

（2）车间连接风挡。

CRH_2 动车组内风挡为气密式风挡。外风挡采用压缩型外侧风挡，使得车厢之间的连接部位平滑，同时具有一定的减衰性能［衰减系数 50 kN/（m/s）左右］。

（3）其他电器连接。CRH_2 动车组列车内部连接还包括高压电缆、直流供电母线、控制和通信线以及列车空气管路。

6）受流装置及车顶其他设备

CRH_2 动车组车顶设备包括：受电弓、接地保护开关、绝缘子、高压母线、连接式电缆头、各种无线天线等。其中受电弓、主断路器、避雷器、电流互感器、接地保护开关等属于受流装置，亦即网侧高压电气设备。

（1）受电弓主要参数：

结构：单臂受电弓，如图 2.68 所示；

图 2.68　DSA250 受电弓结构

型号：DSA250；

运行速度：250 km/h；

额定电压：25 kV；

额定电流：1 000 A；

质量：约 115 kg；

环境温度：−40 ~ +60℃；

放空升起高度：$3\,000^{+100}_{-25}$ mm（包括绝缘子）；

最高作用高度：2 800 mm（包括绝缘子）；

最低作用高度：888 mm（包括绝缘子）；

折叠后高度：588^{+5}_{-25} mm（包括绝缘子）；

接触压力：（70±5）N；

操作空气压力：400 ~ 1 000 kPa；

设置破损检测和紧急降弓装置。

运行中受电弓最大电流计算值：275.4 A（网压 25 kV 时），305.9 A（网压 22.5 kV 时）；

列车停车时的受电弓最大电流计算值：44.5 A（网压 25 kV 时），49.4 A（网压 22.5 kV 时）。

在各车辆间，网侧电路采用高压电缆和高压电缆连接器通过车顶高压母线连接端子（绝缘子）连接起来。

动车组在 2 号车后部、3 号车前后部、4 号车前部、5 号车后部、6 号车后部的车顶上设置特高压电缆连接器，4 号车后部、5 号车前部的各车顶上，为了方便摘挂，设置了特高压电缆和倾斜型高压电缆连接器，通过此高压电缆连接器接通特高压电缆。

在 4 号车和 6 号车前部车顶安装受电弓和紧急接地开关（EGS）。

（2）车顶其他设备。在两端的头车上还安装有各种无线天线用以实现与地面控制中心等的通信联系，这些天线包括：450 MHz for CIR、GPS for CIR、GSM for TSC-1、WLAN/GPRS for TSC-1、GSM-R1 for CIR、800 MHz for CIR、GSM-R2 for CIR、GSM-R1 for CTCS 和 GSM-R2 for CTCS，等等，如图 2.69 所示。

7）车辆内部设备及驾驶室设备

（1）辅助供电系统（APU 装置）。

CRH_2 动车组辅助供电系统采用干线供电方式，按各电源系统贯穿全列车。系统由牵引变压器辅助绕组提供电源，其供电的设备有空调装置、换气装置以及 ATP 主控电源。

该系统的电源电压为 400 V，它为以下五个系统提供电源：非稳压单相 AC 100 V 系统、稳压单相 AC 100 V 系统、稳压单相 AC 220 V 系统、稳压三相 AC 400 V 系统、稳压 DC 100 V 系统。

CRH_2 动车组辅助供电系统工作原理示意图如图 2.70 所示。

非稳压单相 AC 100 V 系统由辅助变压器（ATr）仅将牵引变压器辅助绕组的 AC 400 V 电压直接降压至 AC 100 V，向热水器的加热器等容许电压变动的负荷供电。稳压 AC 100 V、AC 220 V 系统和稳压 DC 100 V 系统，使用辅助电源装置与 AC 400 V 实现隔离，并且降压和稳压。稳压三相 AC 400 V 与牵引系统相关的辅助设备（牵引变压器、牵引变流器、牵引电机用各送风机等）连接。稳压 DC 100 V 系统向车辆的控制电源、车厢照明、蓄电池等供电。

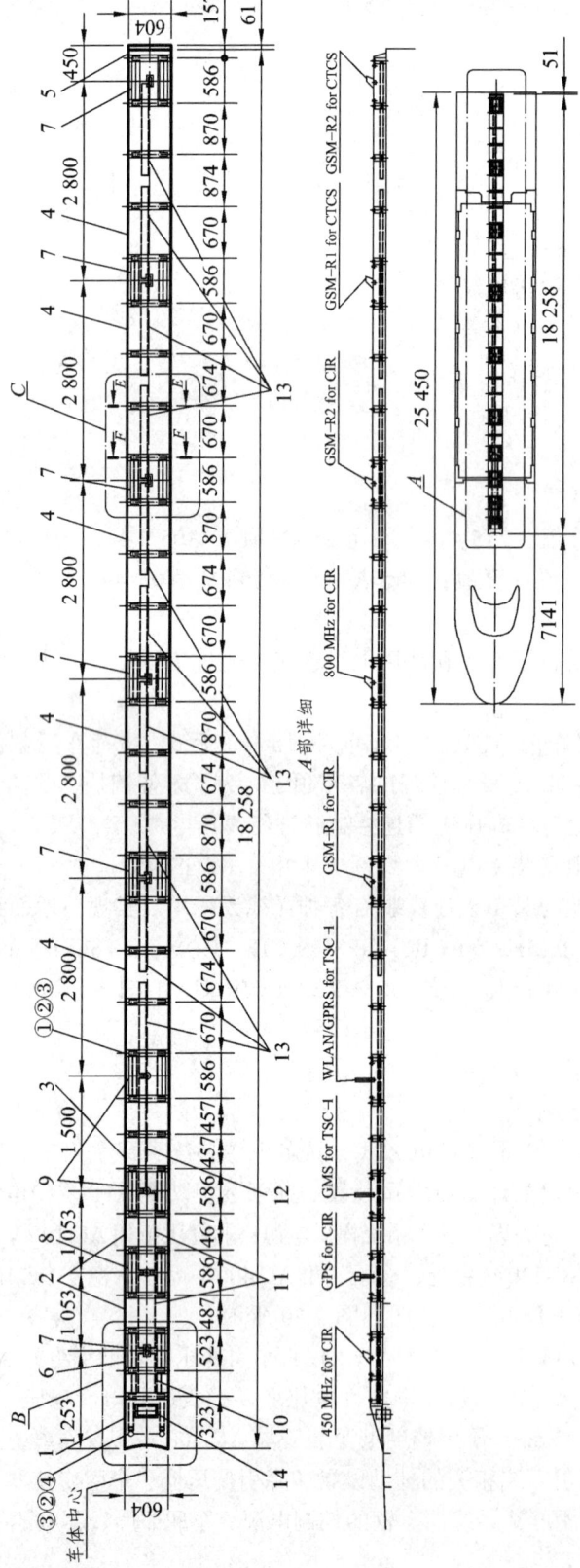

图 2.69 CRH₂ 头车顶部安装的各种天线

1—车头罩；2—罩子；3—罩子；4—罩子；5—端部罩；6—安装垫片；7—天线垫片；8—天线安装台；9—天线安装台；10—电线槽；11—电线槽；12—电线槽；13—电线槽；14—车顶连接表板；①—六角螺栓（普通，M10×35）；②—弹簧垫（M10）；③—平垫圈（M10）；④—六角螺栓（普通，M10×30）

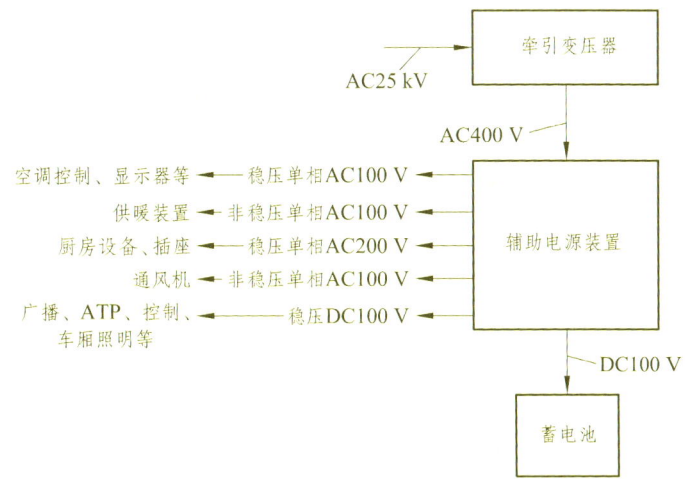

图 2.70　CRH₂ 动车组辅助供电系统工作原理示意图

每列车设置 2 台辅助电源装置 APU，分别向 4 辆车提供辅助电源。当一台辅助电源装置发生故障时，可通过另一台辅助电源装置向全列车提供辅助电源。辅助电源装置的输入为 AC 400 V，输出 1 为：DC 100（1±10%）V，58 kW；输出 2 为：单相 AC 100（1±10%）V，50 Hz，12 kVA；输出 3 为：单相 AC 220（1±10%）V，50 Hz，11.3 kVA；输出 4 为：三相 AC 400（1±10%）V，50 Hz，123 kVA；输出 5 为：单相 AC 100^{+26}_{-41} V，50 Hz，22 kVA；APU 由 APU 输入辅助整流器、PWM 三相输出逆变器、逆变器输出变压器、CVCF 输出变压器、辅助变压器等构成。辅助整流器柜由整流器变压器、辅助整流器构成。APU 的输入电源是牵引变压器辅助绕组输出的 AC 400 V，通过可控硅混合电桥变换成为直流电。该直流电通过 PWM 三相逆变器变换成为交流电，通过逆变器输出变压器提供 AC 400 V 三相 50 Hz 电源。CVCF 输出变压器将 AC 400V 三相电源变换成单相 AC 220 V、AC 100 V 的稳压电源。辅助变压器将牵引变压器辅助绕组的 AC 400 变换成另一单相 AC 100 V 电源。辅助整流器箱使用整流器变压器将 APU 的 400 V 三相电压输出变压后，通过三相全波整流器，输出 DC 100 V。输入整流器部分使用大电流、高电压器件，实现了小型、轻量化。逆变器单元使用可高速开关的 IGBT，通过高频 PWM 控制，实现了滤波电抗器的小型、轻量化。辅助整流装置采用自冷式，由整流器变压器、整流二极管单元、用于实现输出电压下降特性的电阻等构成。动车组上设 AC 220 V 电源插座，不设 DC 24 V 及 DC 36 V 的插座。辅助电源装置的输出满足 JIS E 6402。全列共设 5 组控制蓄电池（整列进口、散件组装和国产化阶段前 17 列车共设 3 组控制蓄电池），蓄电池组容量可维持应急用电量 2 h。运行过程中，蓄电池组可在线路上充电。

辅助系统采用冗余设计，在动车组上安装两台牵引变压器，其辅助绕组输出至辅助电源装置的 AC 400 V 电压分别供电给 4 节车厢。当一台牵引变压器出现故障时，为了使另一台正常运转，牵引变压器能够通过辅助绕组向 8 节车厢供电，设置了用于切换的辅助绕组电源感应回路。当辅助绕组电源切换后，空调装置半功率运行。相邻单元的相互支援功能。在动车组上安装两台辅助电源装置，当一台辅助电流装置发生故障时，为了使另一台正常运转，能够向 8 节车厢供电，设置了用于切换的扩展供电回路。辅助电源装置的输出容量的设计就是能够在一台辅助电流装置出现故障时，用一台正常运转的辅助电源装置向整列车供电。因此，当一台辅助电源装置故障时无需减少负荷。辅助系统设有完善的安全接地措施以及自诊断功能和故障保护功能。在列车信息控制系统和辅助电源装置之间设置自诊断功能接口,由列车信息控制系统实施。

动车组车外车体侧面装有连接外部电源的插座(AC 400 V、单相、50 Hz),M2 车(2 号车及 6 号车)上各有一处。车辆检修基地设置有外部电源,可供辅助电路工作。

(2)EU651 型空调装置。

① 空调系统组成。CRH_2 车辆地板下设两台小型、轻量化的空调装置。空调装置的送风口与设在客室地板下部的送风道连通,并与顶板位置处的送风口连通;回风口与吸入车内空气的回风道连接。冷气输送时,从回风道吸入的客室内空气与从供气装置通过供气风道送入的新鲜外气相混合,通过设置在空调装置回风口的车厢过滤网,在客室热交换器进行热交换,冷却为冷气。该冷气从车体两侧风道出风口吹入客室,向乘客提供冷风。暖气输送时,从回风道吸入空气,同样与新鲜外气混合,通过设置在空调装置回风口的过滤网,由电热器加热,通过相同路径,向乘客提供暖风。

空调和换气装置的工作原理如图 2.71 所示,空调装置的实物照片如图 2.72 所示。

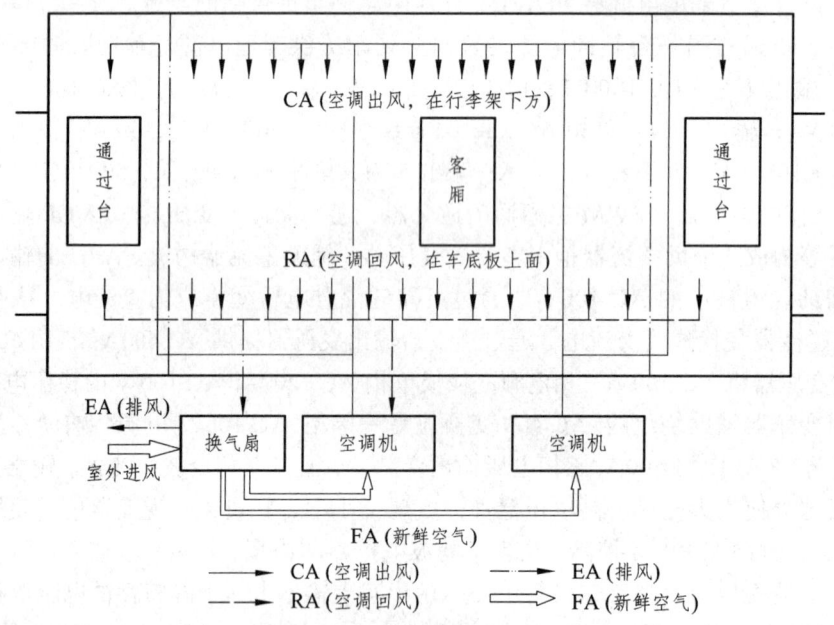

图 2.71 空调和换气装置的工作原理

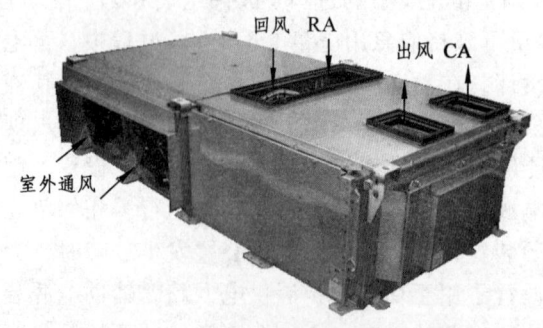

图 2.72 空调装置实物照片

为提高维护性和简化室内热交换器以及便于排水盘、排水泵的清洁工作，扩大了空调下部检查孔，并将检查孔盖和排水盘一体化设计。另外，安装了室外过滤网以防止热交换器受损。室内外过滤网均采用无纺布材料的过滤网。运行和容量控制由空调器自备逆变器进行。

② 空调装置规格。

a. 型号：EU651。

b. 电源。

主电路：单相，50 Hz，400 V [+24%/－37%]（变频器输入、电加热器输入）。

变频器1（VVVF）输出：3相，40 Hz/125 V～70 Hz/200 V（压缩机用）。

变频器2（CVCF）输出：3相，60 Hz/200 V，65 Hz/217 V（送风机用）。

控制电路：单相，50 Hz，100 V，DC 100 V。

c. 制冷能力：37.21 kW。

d. 制热能力：24.0 kW。

e. 标准输入：制冷时：约20.0 kW，制热时：约26.0 kW。

f. 循环风量：65 m³/min（以65 Hz运行时）。

　　　　　　60 m³/min（机外静压490 Pa，以60 Hz运行时）。

g. 冷媒：R22。

h. 质量：约730 kg。

③ 换气装置。为防止车外压力变化向车内传递，在车下安装了用于车内换气的给排风一体的连续换气扇。换气扇采用逆变器进行风扇运行的变频控制。由于提高了风扇的静压性能，从而有效地抑制了车内的压力变化，并且具有能够确保换气量的特点。另外，由于巧妙地采用一台电机同时驱动两台换气扇，所以能够很好地保证进气量和排气量始终相等。

换气装置的结构如图2.73所示，换气装置的实物照片如图2.74所示。

④ 驾驶室设备。CRH₂动车组两头车各设一个司机室，室内设有司机席、助手席和两组弹簧升降式座椅，设有完备的操控设备，整个动车组的所有操纵、控制功能几乎都可以在司机室内完成，同时对整个动车组的监视、故障诊断和信息显示等也全部集中在司机操纵台上。另外，司机座位的左边有两台电话：一台向列车广播，另一台与调度直接联系。

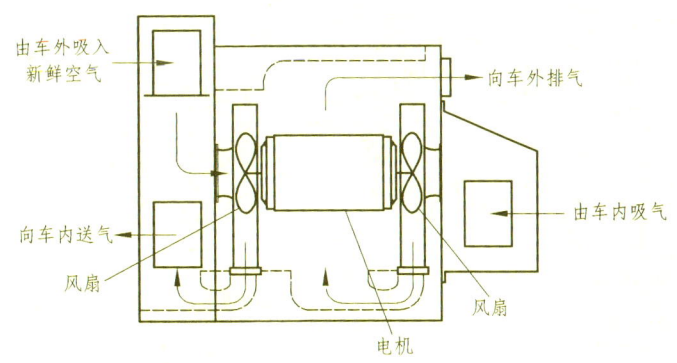

图2.73 换气装置的结构示意图

图 2.74 换气装置实物照片

司机室的具体结构如图 2.75 所示。司机操纵台正面、下面和左侧面各种仪器设备和操控按钮等具体布置如图 2.76~图 2.78 所示。有关司机室内的详细内容请参考专门章节。

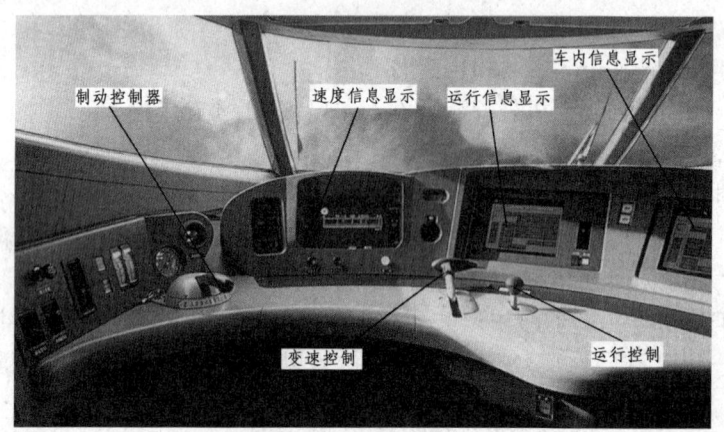

图 2.75 司机室的具体结构

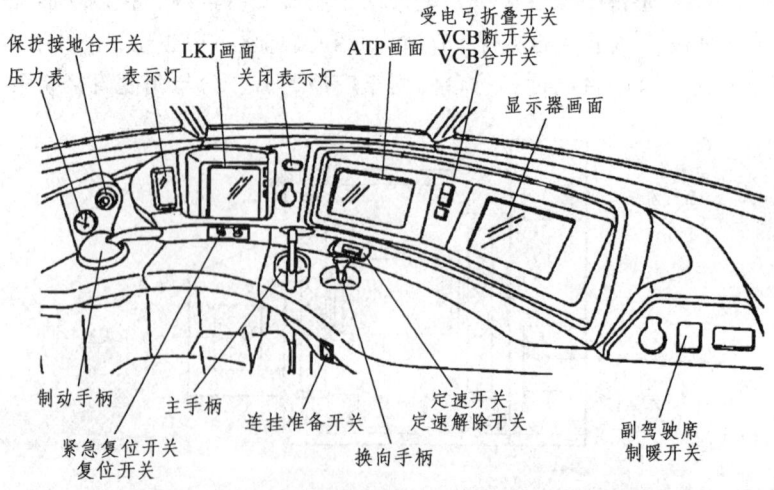

图 2.76 司机室操纵台正面各种仪器设备和操控按钮（正面驾驶台）

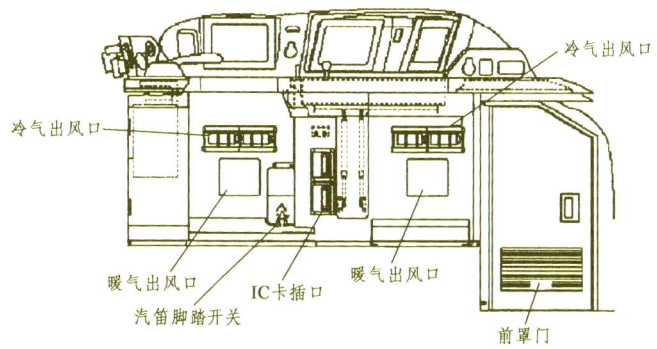

图 2.77　司机室操纵台下面各种仪器设备和操控按钮（正面驾驶台下侧）

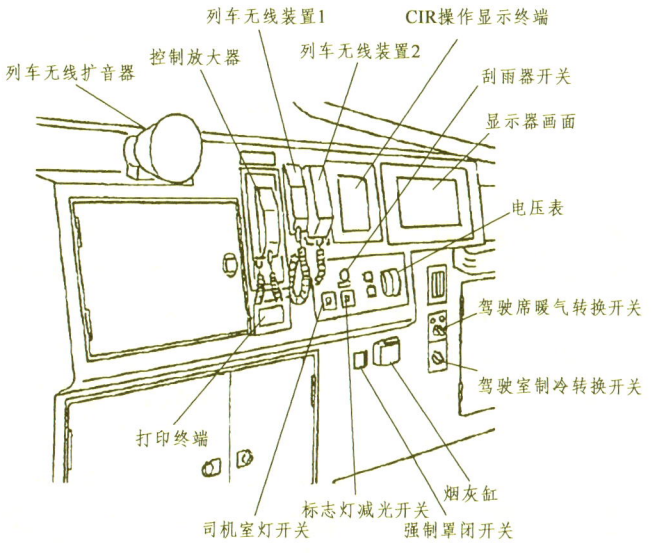

图 2.78　司机室操纵台左侧面各种仪器设备和操控按钮（左侧操作面板）

8）列车控制网络信息系统

CRH_2 动车组的控制网络信息系统包括控制、监测和诊断三个系统。主要由监控器和控制传输部分组成。硬件为一体化装置，但各自独立构成网络，系统为自律分散型。控制传输部为双重系统设计，以确保系统冗余性。通信采用 ANSI878.1（ARCNET）标准。该列车信息网络控制系统的基本结构如图 2.79 所示。

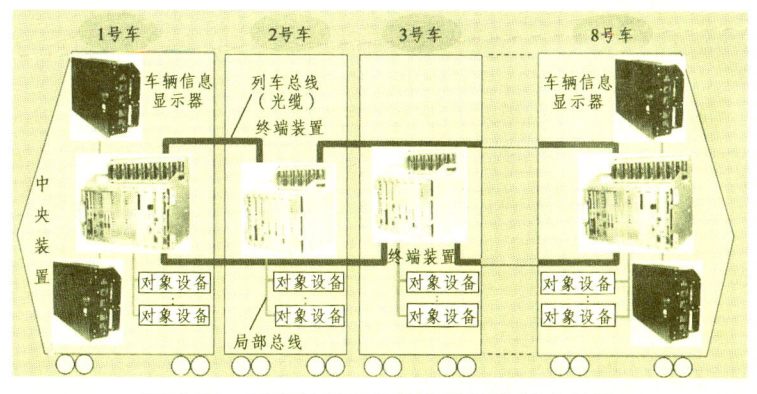

图 2.79　列车控制网络信息系统的基本结构

头车设置的中央装置由双重系统构成,可确保其可靠性。前后中央控制单元间采用母线仲裁。列车控制网络系统的中央装置为双重系统设计,具有冗余性,一套发生故障时,自动切换到另一套。列车利用自身诊断传输线对整个系统进行监测,发生异常情况时保存故障信息,故障信息可以无线方式传送至地面。车辆信息控制装置检测出设备发生故障,具有记录故障情况的功能。列车控制网络系统可以区分重大故障和轻故障,关于重大故障且需要处置时,会将故障内容及处置引导通知给乘务员。列车控制网络系统对列车上设置的设备进行自动检查,检查时设备一端具有判断功能,列车控制网络系统只收集对各个设备发出的检查指令及检查结果。

系统的主要诊断项目有牵引变流器、辅助电源装置、制动控制装置、安全设施、车门开关时间测定、车辆信息控制装置等的自我诊断。其中,制动和车门的检测结果由检查员判定其好坏。由于部件故障导致检查结果出现问题的时候,将数据结果通知检查员。针对问题所采取的对策由检查员根据数据结果的内容判断是否进行更换、修理等。对于部件的偶发性故障的识别,由检查员依据自动检查结果进行判断。列车自我诊断系统主要是对列车运行中各部件状态的监控及处理,它还具有在车辆基地检修中自动检查功能。自动检查的结果可以写入到 IC 内存卡中,并且可以通过地面系统将检查结果打印输出,对于故障的分析由检查员进行。行车中的设备状态的监视结果在进入列车基地后,可以通过 IC 内存卡进行写入、读出,并且行车中各个设备的状态数据可以即时地写入到 IC 内存卡中。但是这些信息只是信息的记录,与列车的控制无关。行车中或者维修时,诊断结果将输送到列车状态数据存储装置或者其他数据库,为维修提供状态依据等的主要信息则显示在司机台上的显示屏上。

CRH_2 列车控制网络系统是以通过贯穿列车的总线来传送信息的,从而减轻了列车的质量。并且,通过对列车运行以及与车载设备动作的相关信息进行集中管理,可有效地实现对司机和乘务员的辅助作用、加强对设备的保养和提高对乘客的服务质量。列车控制网络系统具有三大功能:控制指令传送功能,通过减少列车贯穿线实现列车轻量化;监视器功能,将列车信息显示在司机台的显示器上,使乘务员了解列车运行状态;车上检查功能,使检查自动化,通过车上操作减轻保养工作。

系统主要由列车信息中央装置、列车信息终端装置、列车信息显示器(IC 卡架)以及车内信息显示器等组成。系统的主要功能有:牵引/制动的指令系统、牵引指令系统和制动指令系统的串行传输、救援连接时的制动指令的串行传输、设备的开启/复位、牵引变流器/辅助电源装置/向配电盘传送的复位指令、设备远程开启指令的传送、辅助绕组电源感应电路的控制、AC 100 V 电源感应的控制、空调温度控制器的复位、显示灯/蜂鸣器控制、司机台故障显示灯的显示输出、司机台单元显示灯的显示输出、司机台蜂鸣器的鸣动输出、各车配电盘显示灯的显示输出、空挡亮灯、乘务员支持、发生故障或者异常时司机台的警报生成和内容显示及引导显示。司机及列车长辅助用的各种列车信息/设备信息的显示、安全设施故障记录的显示、最新故障记录的显示、服务设备控制、数据记录、车上试验,等等。

系统控制方式通过环形连接的光纤双重环路传送及多股绞合传送线。列车编组时也可保持环形结构的可信度高的传送系统。控制指令传送系统采用独立于监视器部分的双重 CPU 方式,具有故障导向安全和备份。司机台中设置显示装置两台。编组连挂时的接近状态及故障时的信息显示可以在司机台上且可以进行确认。远程开启指令电路中的监视显示器接触面板和监视器中央装置之间,通过多股绞合线以串联方式传送。

传送线有列车信息传送线(光纤)及自我诊断信息传送线(多股绞合线)两种。头车中设置有由控制部分和监视器部分构成的中央装置,具有列车编组整体信息管理功能和向司机台监视显示器传送数据的功能。各列车分别设置有 1 台终端装置,实施各列车中车载设备的功能和信息传送。中央装置和终端装置由双重环形构成的控制/监视器传送线连接,采用不易发生故障的双向环形网络方式。具有向左和向右两条线路,是一种分散型的系统,所以即使是两处以上的线路发生故障,环形网络断开时,也可以继续进行其他连接着的正常线路之间的传送。另外,还设置有备份传送线,即使在环形网络出现故障时也可以进行传送,在发生故障时使用备份传送线路的控制指令,对各设备进行控制。

2.5.2 长客/阿尔斯通 CRH$_5$ 动车组

CRH$_5$ 动车组由长春轨道客车股份有限公司(简称长客)与国外合作伙伴阿尔斯通公司提供,数量 60 列。长客动车组是以阿尔斯通公司为芬兰国铁 VR 提供的 SM3 动车组为原型车经改变设计而成的。

1. 原型车概况

SM3 型动车组由两个牵引单元 6 辆编组构成,是动力分散式摆式电动车组。倾摆系统采用液压作动器。动车组适应芬兰铁路的 1 524 mm 宽轨,车体宽限度为 3 200 mm。每牵引单元采用 4 个牵引电机、体悬方式悬挂,编组牵引功率为 4 000 kW,轮周牵引力为 160 kN,最高运营速度为 220 km/h。6 辆编组定员 325 人(包括两个残疾人座席)。阿尔斯通公司自 1995 年起已经为芬兰国铁(VR)生产了 18 列 SM3 动车组。原型车外形及车内效果如图 2.80 所示。

图 2.80 CRH$_5$ 原型车外形及车内效果

长客动车组在原型车基础上主要改动如下：

（1）编组结构从原型车的 6 辆变更为 8 辆，改变动力配置。

（2）平面布置作调整、增加紧急通风、采用 TAV S-104 Lanzaderas 空调系统。

（3）新的流线型头部外观设计。

（4）采用新一代水冷 IGBT 的牵引和辅助设备，增加动车组功率，提高了冗余性。

（5）采用 TCMS（列车监控系统）。

（6）更换转向架。该转向架是在提供给西班牙铁路的 TAV S-104Lanzaderas 列车的转向架的基础上取消摆式机构，将原钢簧的二系悬挂改为空气弹簧，以满足最高试验速度为 250 km/h、运营速度为 200 km/h 的要求。

（7）车内布置的调整，包括一车双卫，在二等车厢配备两个"蹲式"卫生间，在一等车厢配备一个"蹲式"和一个"坐式"卫生间。

（8）设可调排障器。

（9）司机座位居中。

（10）调整轮轨关系以适应在中国轨道上的运行。

2. CRH_5 动车组主要结构及性能

1）动车组总体组成

CRH_5 动车组采用 8 辆编组，5 动 3 拖，由 2 个动力单元组成。其中，一个动力单元由 3 个动车和 1 个拖车（M-M-T-M）组成，另一个动力单元由 2 个动车和 2 个拖车（T-T-M-M）组成。动车组总体布置如图 2.81 所示，断面布置如图 2.82 所示。

2）车内设备

一等车座椅布置为 2+2 形式，二等车座椅布置为 2+3 形式，座席为可调靠背座席。二等车中的酒吧与座车的合造车设一个动车组乘务员室，并设有一个厨房和一个就餐区。每辆车设有行李存放间，冷热开水炉。一等车和酒吧区设有视频系统。客室及司机室设有烟雾报警系统。

3）车下设备布置

CRH_5 动车组底架设备刚性安装在车组上的适当位置。底架设备固定在 T 型槽内，为车辆结构型材的组成部分。车下设备布置可以大致概括如下：

（1）每辆车车下有净水箱、污物箱、蓄电池、充电机、制动装置和空气弹簧辅助气室（已移至枕梁空心内腔）等。

（2）在 1、2、4、7 和 8 号动车车下有牵引和辅助变流器和牵引电机。

（3）在 3 号和 6 号拖车车下有牵引变压器，在 6 号车下还有酒吧车冷藏柜压缩机。

（4）拖车（3、5 和 6 号）下有风源装置（即空气压缩机）。

各车车下设备详细布置参见图 2.83 ~ 2.90。

4）厕所、盥洗室

一等车设一个"坐式"卫生间和一个"蹲式"卫生间，每一个二等车设两个"蹲式"卫生间，其中一个二等车为残疾人设一个"坐式"卫生间。

水箱容积：600 L；污物箱容积：600 L。

第 2 章 动车组总体及主要技术参数

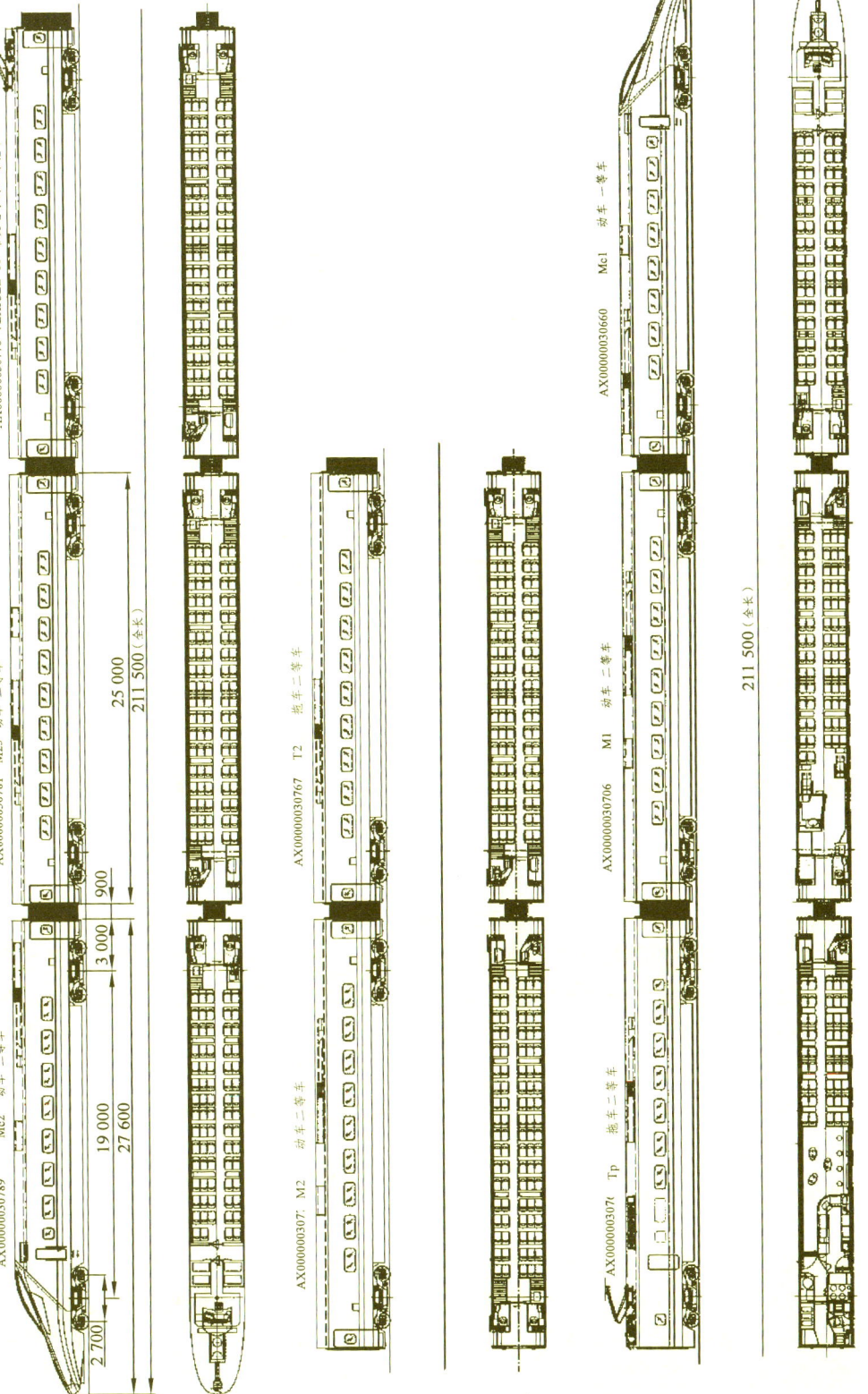

图 2.81 CRH₅ 动车组总体布置图

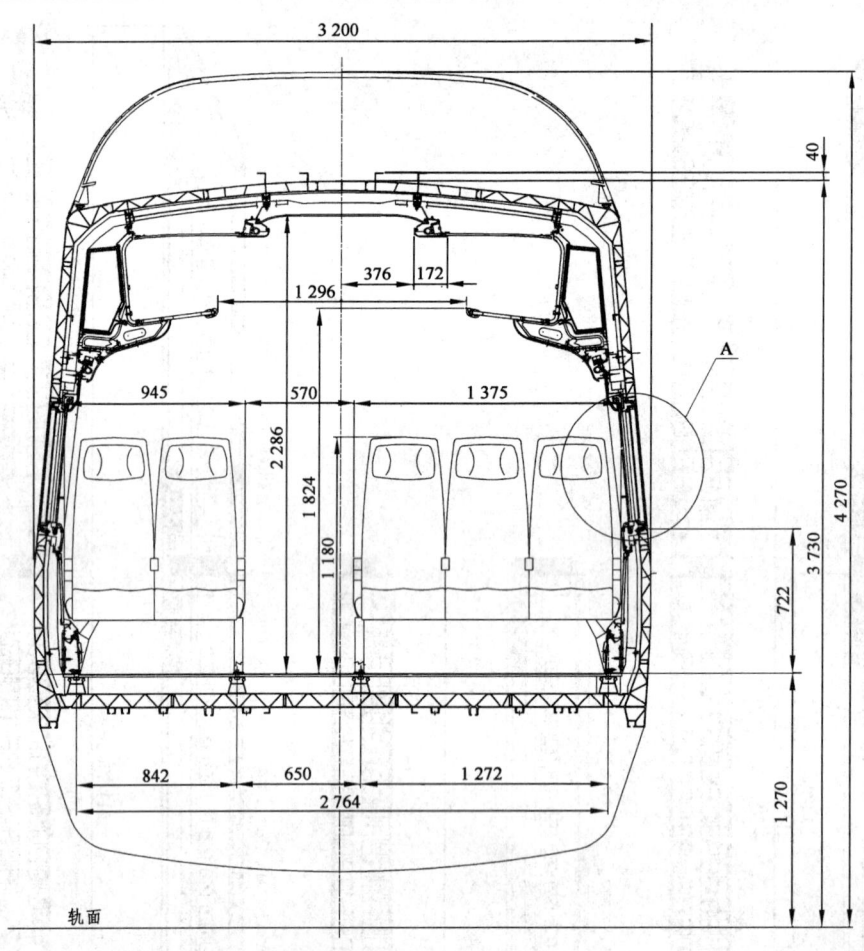

图 2.82　CRH$_5$ 动车组断面布置图

5）门　窗

CRH$_5$ 动车组适应站台高度为：500～1 200 mm。侧门采用塞拉门，开口宽度 800 mm，开口高度 2 000 mm，头车和酒吧车每车每侧一个，其余车每车每侧两个。车端门为双扇自动滑动门，车端门通过轻触按钮控制开启，但如果电气部分出现故障，可以手动开启。通过台门由轻触按钮和红外传感器控制开启，但如果电气部分出现故障，可以手动开启。门均有障碍返回功能。

侧窗为隔热的双板玻璃窗。每辆车配有两个紧急窗户，设在乘客车厢的两端（斜对角）。

6）空　调

空调装置采用车顶单元空调装置，R134a 制冷剂。

7）牵引传动系统

（1）系统组成。CRH$_5$ 动车组内包括两个基本动力单元，3 动 1 拖动力单元和 2 动 2 拖动力单元，如图 2.91 所示。基本动力单元的牵引传动系统主要由 1 套网侧高压电气设备、1 个牵引变压器、3/2 个牵引变流器、6/4 台三相交流异步牵引电动机等组成。全列共计 2 个受电弓，动车组正常时是一个受电弓运行，另一个受电弓备用。

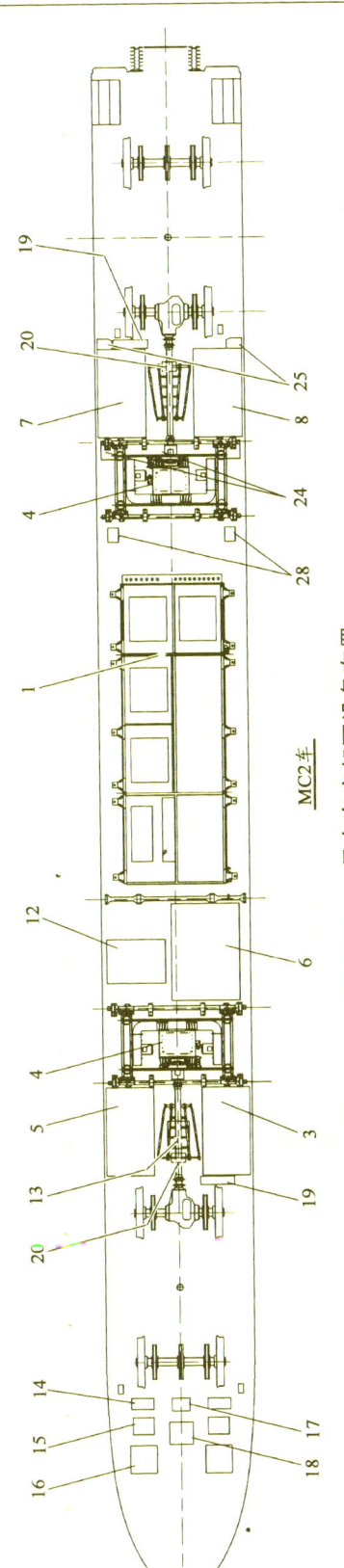

图 2.83 一号车车底架下设备布置

MC2车

1—牵引逆变器和辅助变流器；3—蓄电池箱；4—牵引电机；5—蓄电池充电机；6—制动单元；7—卫生间废水箱；8—卫生间净水箱；12—车钩连接器箱；13—欧洲标准应答器；14—FSK 传感器；15—TVM+EMBO+BSP 传感器；16—砂箱和撒砂阀；17—接线盒；18—轮缘润滑装置；19—车体-转向架接线箱；20—防滑阀；24—排污装置；25—上水装置箱；28—车间 24 V 插座

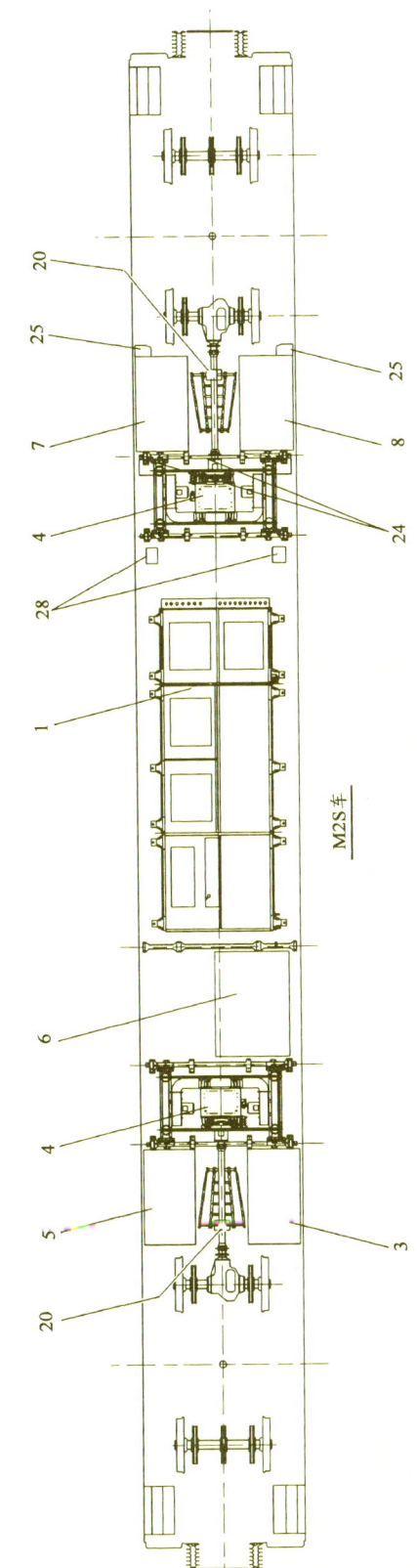

图 2.84 二号车车底架下设备布置

M2S车

1—牵引逆变器和辅助变流器；3—蓄电池箱；4—牵引电机；5—蓄电池充电机；6—制动单元；7—卫生间净水箱；8—卫生间废水箱；20—防滑阀；24—排污装置；25—上水装置箱；28—车间 24 V 插座

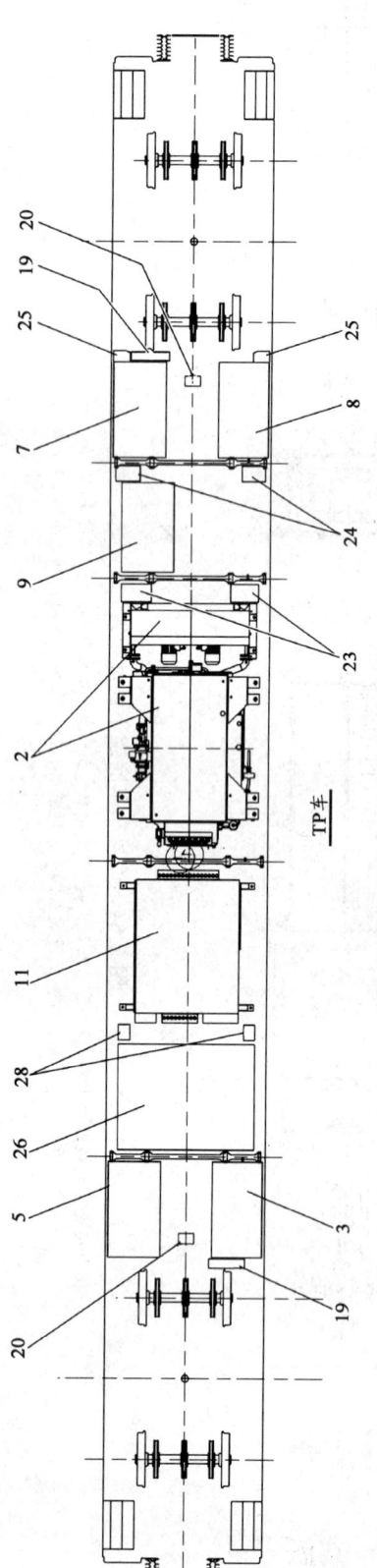

图 2.85 三号车车底架下设备布置

2—主变压器；3—蓄电池箱；5—蓄电池充电机；7—卫生间净水箱；8—卫生间废水箱；9—400 Vac 接触器箱；11—控制器箱 A.T.；19—车体-转向架接线箱；20—防滑阀；23—外接辅助插座；24—卫生间插座；25—上水装置箱；26—制动单元和压缩机；28—车间 24 V 插座

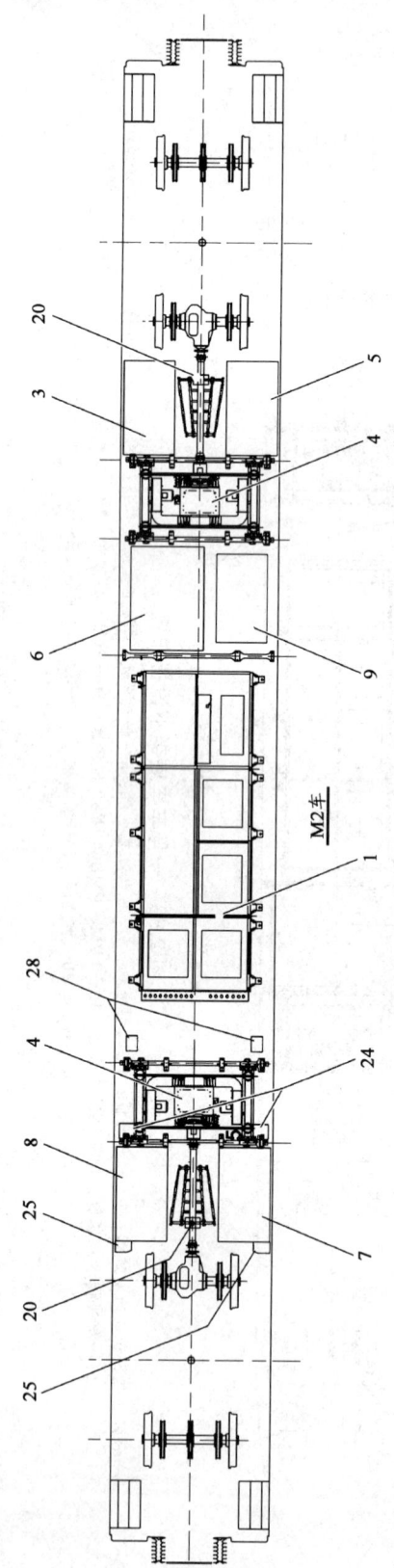

图 2.86 四号车车底架下设备布置

1—牵引逆变器和辅助变流器；3—蓄电池箱；4—牵引电机；5—蓄电池充电机；6—制动单元；7—卫生间净水箱；8—卫生间废水箱；9—400 Vac 接触器箱；20—防滑阀；24—排污装置；25—上水装置；28—车间 24 V 插座

第 2 章 动车组总体及主要技术参数

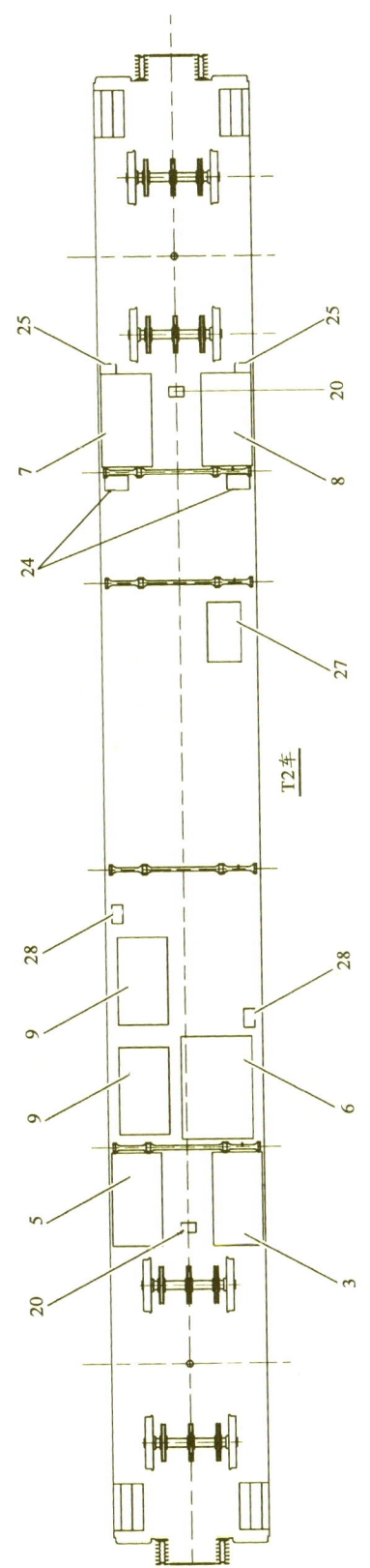

图 2.87 五号车车底架下设备布置

3—蓄电池器；5—蓄电池充电机；6—制动单元；7—卫生间废水箱；8—卫生间净水箱；9—400Vac 接触器箱；20—防滑阀；24—排污装置；25—上水装置箱；27—变压器杆；28—车间 24 V 插座

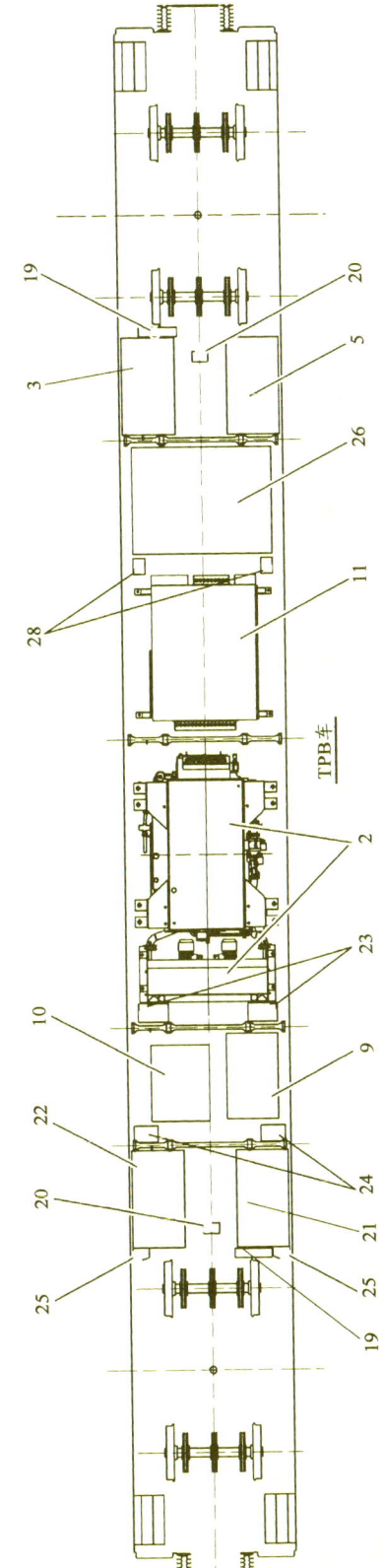

图 2.88 六号车车底架下设备布置

2—主变压器；3—蓄电池箱；5—蓄电池充电机；9—400Vac 接触器箱；10—酒吧/餐厅冷冻柜压缩机；11—控制器箱 A.T.；19—车体-转向架线箱；20—防滑阀；21—酒吧/餐厅净水箱；22—酒吧/餐厅废水箱；23—外部辅助插座；24—排污装置；25—上水装置；26—制动单元和压缩机；28—车间 24 V 插座

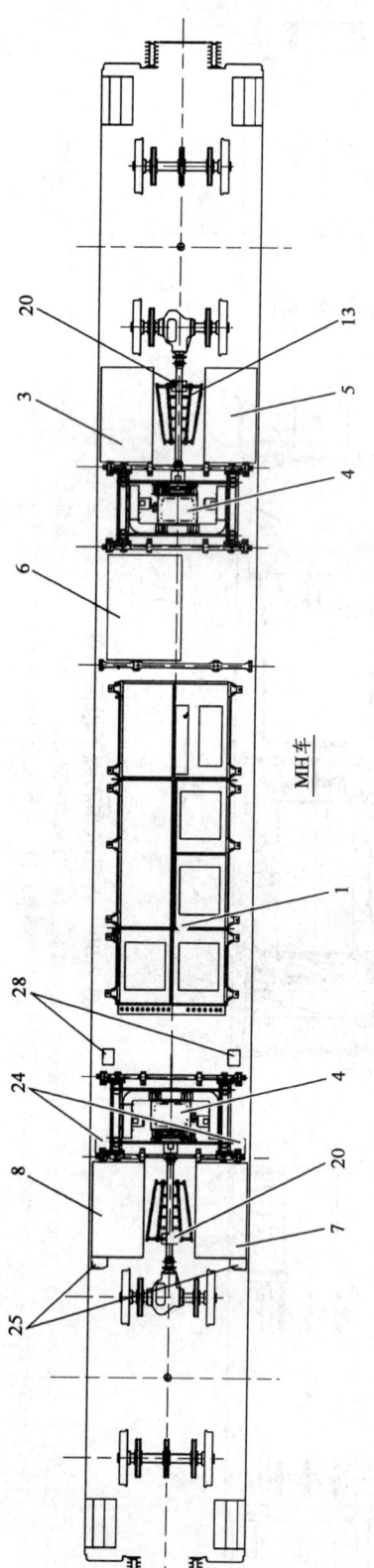

图 2.89 七号车车底架下设备布置 MH 车

1—牵引逆变器和辅助变流器；3—蓄电池；4—牵引电机；5—蓄电池充电机；6—制动单元；7—卫生间废水箱；8—卫生间净水箱；13—欧洲标准应答器；20—防滑阀；24—排污装置；25—上水装置；28—车间 24 V 插座

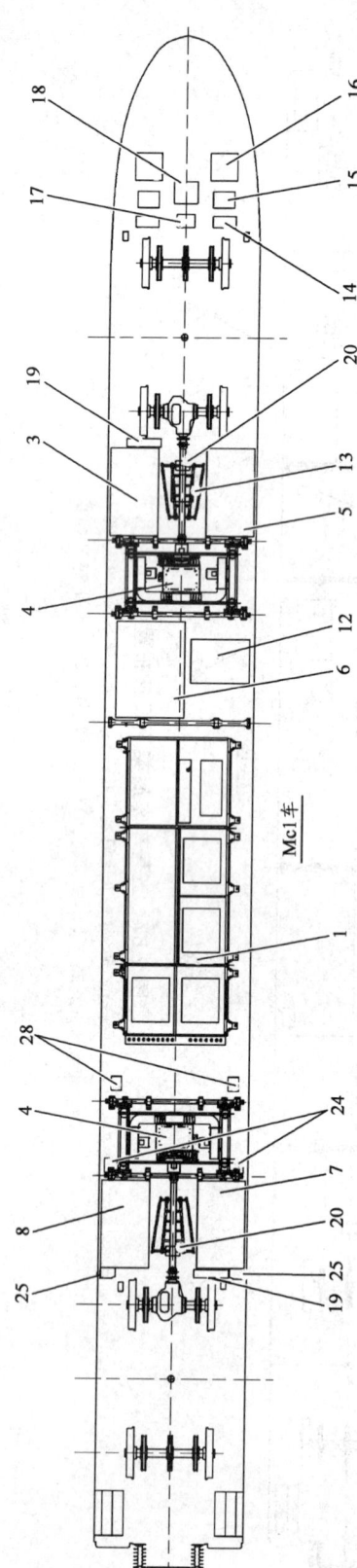

图 2.90 八号车车底架下设备布置 Mc1 车

1—牵引逆变器和辅助变流器；3—蓄电池；4—牵引电机；5—蓄电池充电机；6—制动单元；7—卫生间废水箱；8—卫生间净水箱；13—欧洲标准应答器；14—FSK 传感器；15—TVM+EMBO+BSP 传感器；16—砂箱和撒砂阀；17—接线盒；18—轮缘润滑装置；19—车体-转向架连接线箱；20—防滑阀；23—外部辅助插座；24—排污装置；25—上水装置；28—车间 24 V 插座

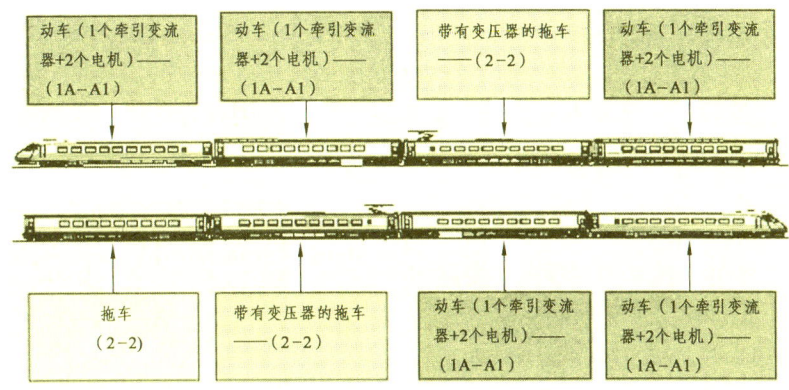

图 2.91　CRH₅ 动车组基本动力配置

CRH₅ 动车组牵引传动系统的工作原理如图 2.92 所示。高速受电弓将牵引接触网 25 kV 单相工频交流电导入车载牵引变压器，经牵引变压器降压为 1 770 V 单相工频交流电后送给牵引变流器。该牵引变流器首先将交流电整流成 3 600 V 直流电，然后再逆变成频率从 0.5～180 Hz、电压从 10～2 808 V 可调的三相交流电输出，驱动三相交流异步牵引电机工作。

由于该牵引系统采用一个牵引逆变器驱动一根动轴的控制方式，因此我们称之为采用轴控方式。采用轴控方式的牵引系统对转向架内部和转向架间的各车轮之轮径差不必严格控制。

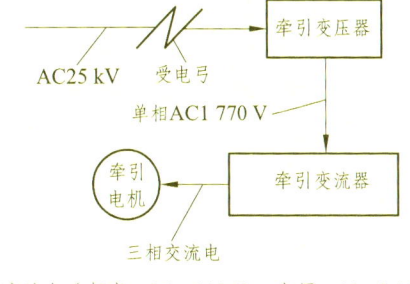

图 2.92　CRH₅ 动车组牵引传动系统的工作原理

（2）网侧高压电气设备，主要包括受电弓、主断路器、避雷器、高压电流互感器、高压电压互感器、接地保护开关等。

受电弓（DSA250 型）：每个基本动力单元有 1 个，全列共计 2 个。单臂型，额定电流 1 000 A，接触压力（80±10）N，弓头宽度 1 950 mm，具有自动降弓功能，适应接触网高度为 5 300～6 500 mm。

主断路器：一个基本动力单元有 1 个，并另设一个以便对两个受电弓进行隔离，全列共计 3 个。主断路器为真空型，额定开断容器为 440 MVA，额定电流为 1 000 A，额定断路电流为 16 000 A，额定开断时间小于 0.025～0.06 s，电磁控制空气动作。

避雷器：一个基本动力单元有 1 个，全列共计 2 个。额定电压为 31 kV，限制电压为 107 kV。

高压电流互感器：一个基本动力单元有 1 个，全列共计 2 个。额定电流 800 A，用于检测牵引变压器原边电流值。

高压电压互感器：一个基本动力单元有 1 个，全列共计 2 个。安装在车顶上，用于对接触网电压和频率进行监控及各种控制。

接地保护开关：一个基本动力单元有 1 个，全列共计 2 个。与主断路器组合在一起，安装在车顶，为便于安全维护，接地开关装有联锁保护。

（3）牵引变压器。一个基本动力单元有 1 个，全列共计 2 个。采用芯式结构、车体下吊挂、油循环强迫风冷方式。具有 1 个原边绕组（25 kV，5 735 kVA）、6 个牵引绕组（1 770 V，6×955.8 kVA），外形尺寸（$L \times W \times H$）为 4 800 mm × 2 335 mm × 727 mm，效率 94%。

（4）牵引变流器。一个基本动力单元有 2 或 3 个，全列共计 5 个。采用车下吊挂、水冷却方式。单个牵引变流器的基本工作原理如图 2.93 所示。

其主电路结构为电压型 2 电平式，由四象限脉冲整流器、中间直流环节、牵引逆变器构成，设有 2 次谐振滤波装置。中间直流电压为 3 600 V。采用单电机控制原理（1 个转向架仅有 1 个电机），1 个牵引变流器控制 2 台牵引电机，控制方法为矢量控制。采用 6 500 V/600 A 等级 IGBT 元器件。模块具有互换性，系统具有各类故障诊断与保护功能。

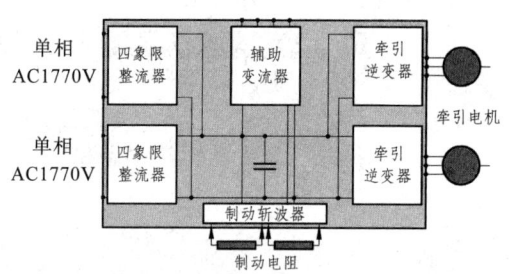

图 2.93 CRH$_5$ 单个牵引变流器的工作原理

（5）牵引电动机。每节动力车有 2 个，一个基本动力单元有 6 或 4 个，全列共计 10 个。牵引电动机为 6 极三相鼠笼式异步电动机，采用车体下悬挂、强迫风冷方式，通过万向轴连接至安装在转向架上的变速箱。电机额定功率为 564 kW，电气效率 93.5%，机械传动效率为 97.5%。

（6）系统性能。CRH$_5$ 动车组最高运营速度为 200 km/h，最高试验速度为 250 km/h，动车组总功率 5 500 kW。定员载荷的动车组在平直道上的起动加速度为 0.5 m/s^2，200 km/h 运行时，其剩余加速度不小于 0.15 m/s^2，具体牵引/制动特性如图 2.94 所示。

8）制动系统

CRH$_5$ 动车组制动系统由制动控制系统、动力制动系统（电气再生制动）、空气制动系统（包括风源）、电子防滑器和基础制动装置等组成。

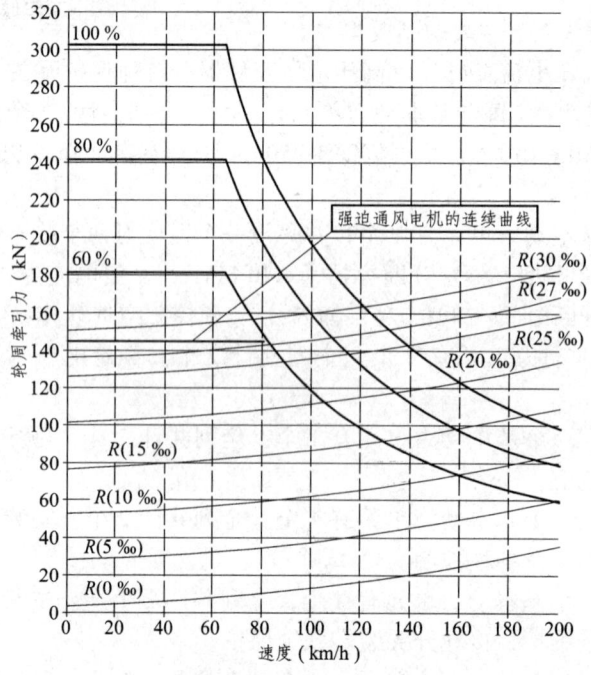

（a）

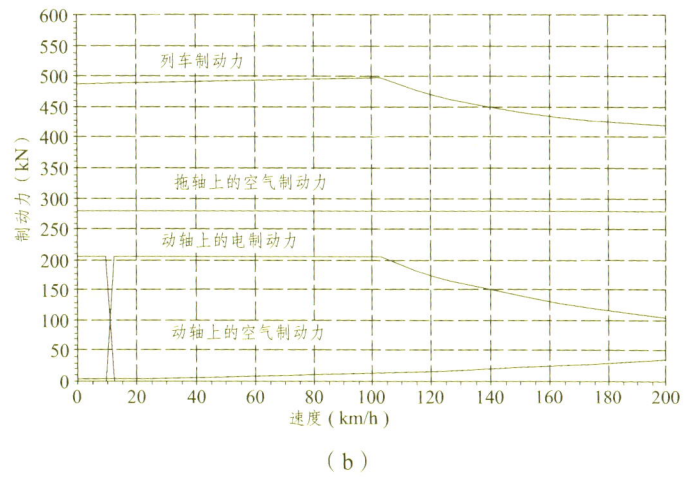

（b）

图 2.94 CRH₅ 牵引/制动特性

CRH₅ 动车组采用空电联合制动模式，电制动优先。该动车组制动系统工作原理如图 2.95 所示。

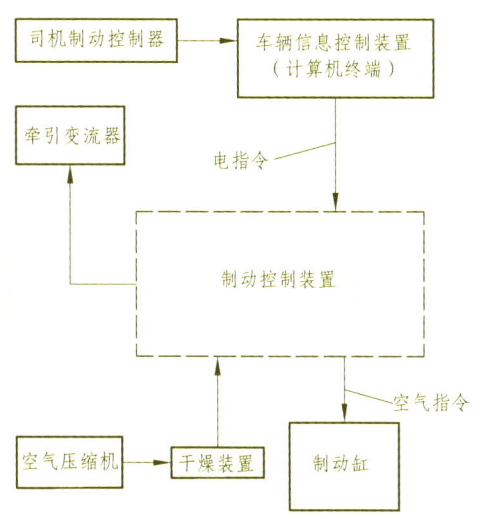

图 2.95 CRH₅ 动车组制动系统工作原理示意图

作用在动轴上的动力制动为再生制动。仅在常用制动和列车定速运行时才使用动力制动。

动车组直通式制动系统可按制动模式曲线（根据手柄位置或信号系统设定）控制列车减速或停车。制动系统具有与车载列车运行速度控制系统的接口。

（1）直通式电空制动系统。CRH₅ 动车组采用电子控制的直通式电空制动系统，其工作原理如图 2.96 所示。

安装在每个车上的微机控制的制动电子控制装置负责执行本车的制动控制功能，包括接收和解码制动命令信号（从司机台上的制动手柄发生），以及其他用于列车制动控制的重要信息。

如果直通制动系统出现故障，系统故障导向安全，必要时可实施紧急制动停车。如直通制动系统不能正常工作，通过手动转换后，启动备用空气制动系统。

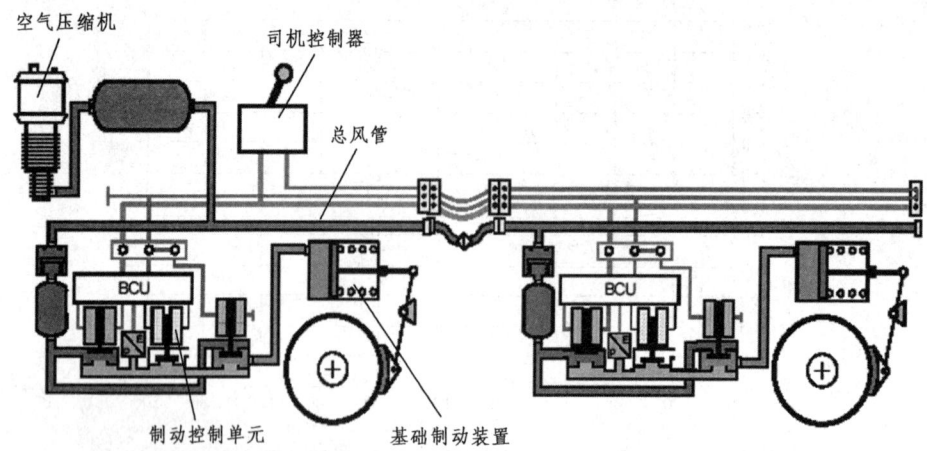

图 2.96　CRH₅ 微机控制的直通式电空制动系统

（2）备用空气制动系统。备用空气制动系统为自动式空气制动系统，制动指令由列车管传递，其工作原理如图 2.97 所示。备用空气制动系统可由采用自动式空气制动系统的中国既有线机车操纵控制（包括制动与缓解），可满足动车组在救援和回送时的要求。

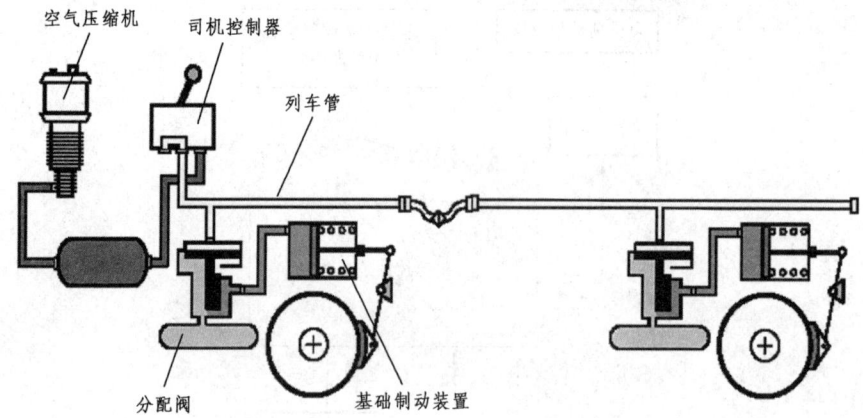

图 2.97　CRH₅ 自动式空气制动系统（备用）

（3）制动系统主要功能。

① 常用制动：司机室中的制动手柄将向列车总线发送制动命令，该制动命令将被不同车辆的各制动控制装置读取和编译，并将制动命令发送给牵引单元，进行电制动以及电空制动空气系统进行摩擦制动。在常用制动模式下，动力制动优先。

② 紧急制动：在紧急制动时，牵引和电制动被切断，空气制动施加最大的制动力。紧急制动可通过以下装置进行控制：

- 制动手柄处于紧急制动装置。在该位置下，安全环线断开，所有车辆均实施最大的空气制动力；
- 司机室的按钮；
- 安全装置（信号系统）；
- 异常情况下安全环线断开；
- 旅客报警（当切除旅客报警隔离状态情况下）。

③ 旅客报警系统：动车组均配备有一个旅客报警系统（每个旅客车厢均应配备有两个报警手柄），该指令可以被司机撤销。

④ 备用制动：如果电控装置发生故障或处于救援模式，动车组可启动备用制动继续运行；反之，制动将通过制动管中的压力（600 kPa）进行控制。该压力将通过安装在驾驶室中由时间控制的制动控制器进行调节，这一控制器由手动开关激活。备用制动系统可由操纵司机控制器或紧急按钮进行紧急制动。

⑤ 停放制动：动车组配备有一个从总制动风缸供风的弹簧作用的停放制动，配有手动缓解装置，可以满足在30‰坡道上安全停放。

⑥ 防滑系统：该系统由一个电控装置、车轴速度传感器以及防滑阀组成。气动防滑装置（符合 UIC541-05 标准）应采用高性能防滑装置（以确保达到最高的轮轨黏着力），并应在电子控制装置、供风、车轮速度传感器等层面上配有采用冗余配置的微处理器。防滑系统执行以下两个功能：
- 防滑；
- 车轮滑行控制，由两套冗余的防滑系统之一进行监视。

⑦ 撒砂装置：在每个动轴的各车轮上均装有撒砂器。撒砂器由司机手动操作，每个砂箱有两个空气入口：第一个用于维持持续气流使砂子保持干燥，第二个用于撒砂。

9）车辆连接系统

（1）车钩缓冲装置。CRH$_5$动车组两端装带电器连接器和空气连接的丹纳型全自动车钩，可实现两动车组自动连挂，具体结构如图 2.98 所示。缓冲器采用气液缓冲器和圆弹簧组合方式，位于车钩后端，可缓冲车辆间的压缩和拉伸的冲击。车钩及缓冲器可以在不架起车体的情况下拆装和检修。

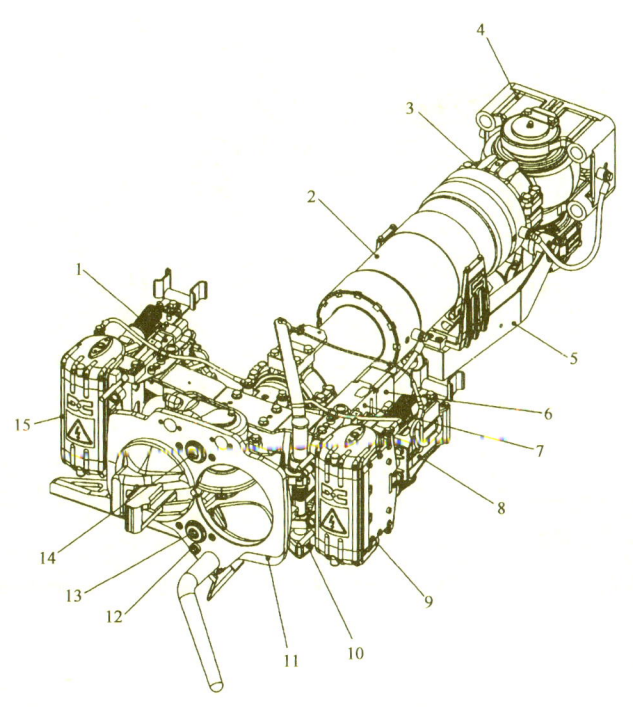

图 2.98 CRH$_5$ 丹纳型全自动车钩

1—右侧电气车钩激活器；2—缓冲器；3—套筒接头；4—枢轴支座；5—支撑对中装置；6—加热接线盒；7—气动系统；8—左侧电气车钩激活器；9—左侧电气车钩；10—手动解钩装置；11—机械车钩；12—UC 阀门；13—MRP 阀门；14—BP 阀门；15—右侧电气车钩

两端部头车设气动驱动的开闭机构,并由电子控制单元控制。动车组最大连挂速度不大于 5 km/h。

CRH$_5$ 动车组内部车辆间安装半永久性车钩。车钩不产生永久变形时允许的载荷:牵引载荷为 600 kN,压缩载荷为 800 kN。该种车钩还分为带有缓冲器的半永久性车钩和不带缓冲器的刚性半永久性车钩。两种半永久性车钩配套使用,它是由气-液缓冲器和带有通风装置的圆弹簧实现能量吸收。半永久性车钩结构和工作原理如图 2.99 所示。

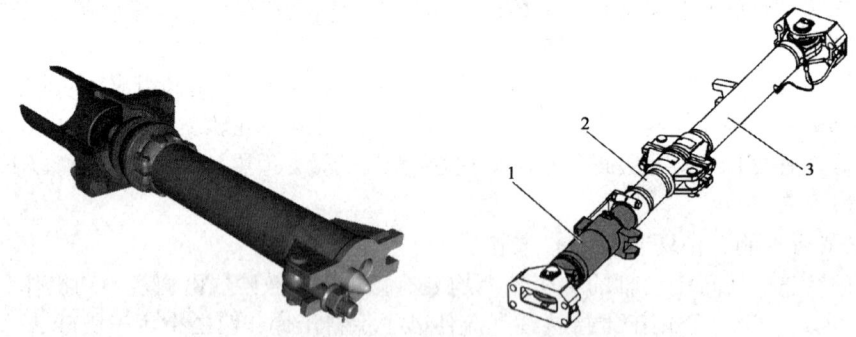

图 2.99 CRH$_5$ 半永久性车钩结构和工作原理

1—减振器;2—短连接杆;3—长连接杆

CRH$_5$ 动车组在每个头车上均设有一个过渡车钩,在救援和回送时可以和机车相连。过渡车钩的结构如图 2.100 所示。

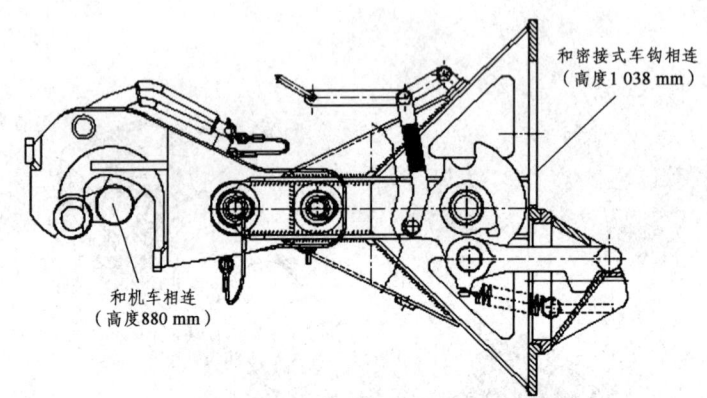

图 2.100 CRH$_5$ 过渡车钩的具体结构

(2)车间连接风挡。CRH$_5$ 动车组内风挡为气密式折叠风挡,风挡结构如图 2.101 所示。通过尺寸大约为 800 mm × 2 000 mm。内风挡将车辆间的半永久性车钩完全包裹在里面,这对减少动车组运行阻力和噪声有一定效果。

(3)其他电器连接。动车组内部连接还包括高压/低压电缆、控制和通信线以及动车组空气管路。

10)车体结构

CRH$_5$ 车体承载结构采用铝合金中空挤压型材纵向焊接,形成一个自承载筒形结构,如图 2.102 所示。车体使用的轻质铝合金为 6 000 系列轻合金,执行 EN755-2 国际标准。车体结构的设计使用寿命为 30 年。

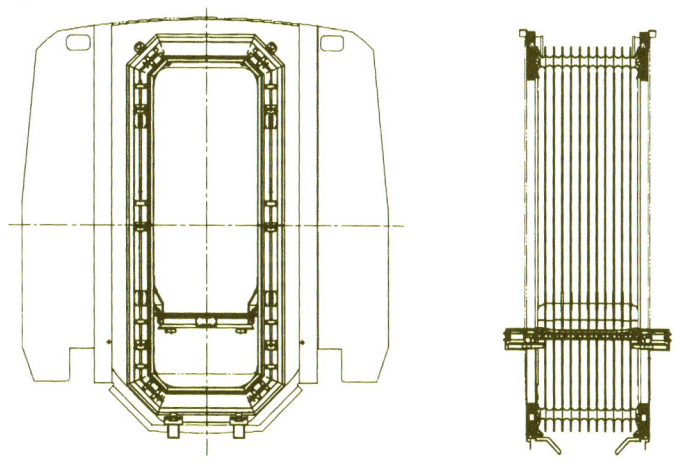

图 2.101　CRH$_5$ 内风挡结构

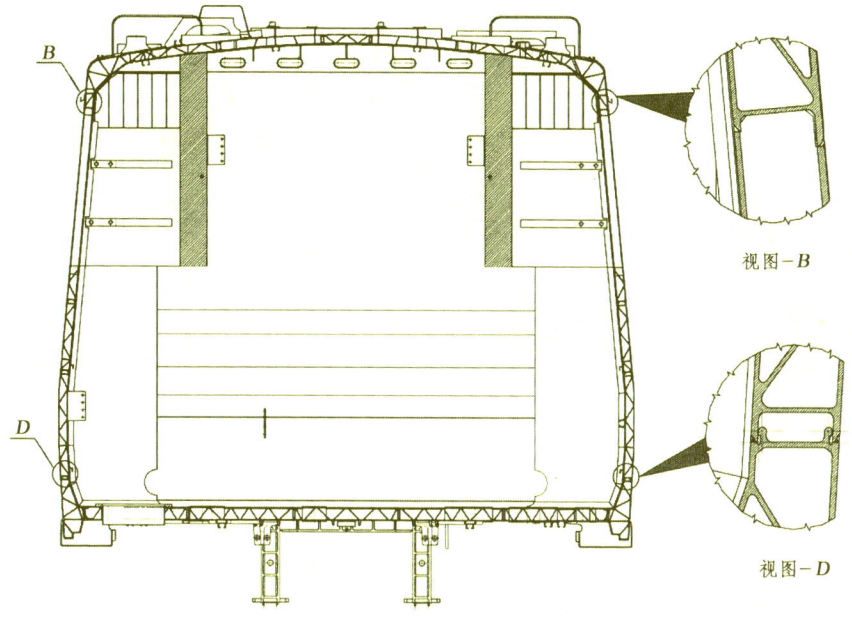

图 2.102　CRH$_5$ 车体横断面结构示意

司机室前端下面，安装有一个排障器，排障器中间部分底部可承受 137 kN 的静态压力。排障器符合限界的要求，距轨面高度为（110+10）mm，且高度可以调整。

11）转向架

（1）转向架结构概要。转向架采用了空气弹簧二系悬挂系统。

转向架分为动车转向架和拖车转向架。转向架为两轴无摇枕转向架，一系悬挂为两组钢弹簧加拉杆定位，二系悬挂采用空气弹簧加"Z"字形牵引拉杆。车轮踏面采用磨耗型踏面。CRH$_5$ 动车转向架结构如图 2.103 所示。

（2）主要技术参数。CRH$_5$ 转向架主要技术参数见表 2.10。

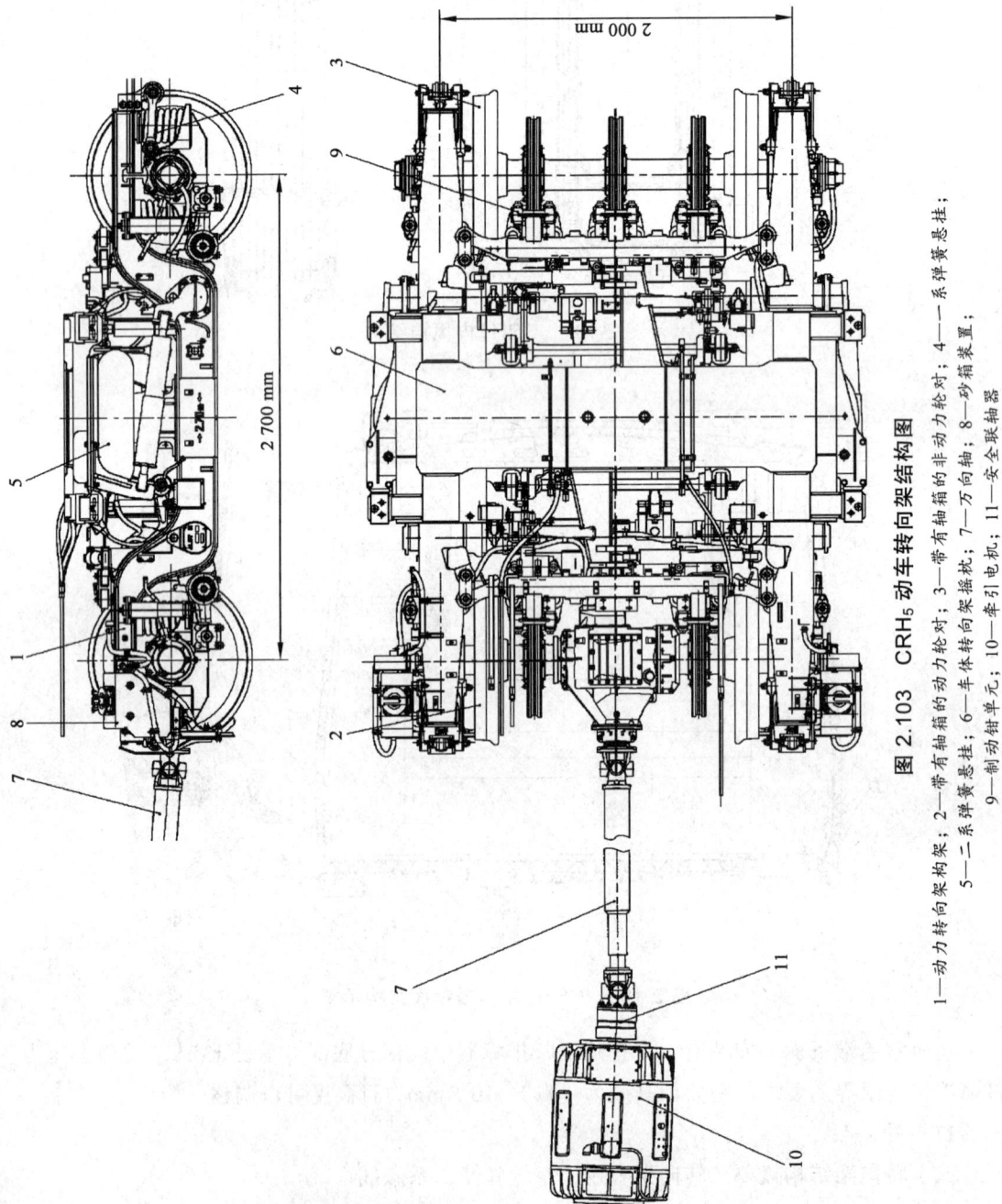

图 2.103 CRH₅ 动车转向架结构图

1—动力转向架构架；2—带有轴箱的动力轮对；3—带有轴箱的非动力轮对；4—一系弹簧悬挂；5—二系弹簧悬挂；6—车体转向架摇枕；7—万向轴；8—砂箱装置；9—制动钳单元；10—牵引电机；11—安全联轴器

表2.10 CRH₅转向架主要技术参数

最大轴重	17 t
轨距	1 435 mm
轴距	2 700 mm
新（旧）车轮尺寸	890（810）mm
轮对内侧距	（1 353±1）mm
设计使用寿命	30 年
制动盘尺寸/材料	ϕ640 mm/钢
每个动力轴/拖车轴的制动盘数量	2/3
动车转向架质量	约 7 700 kg
拖车转向架质量	约 7 500 kg

（3）主要部件。

① 转向架构架：是焊接"Ⅱ"字形构架，整体结构由两个箱形构件组成并用两根管形横梁连接在一起。转向架构架使用 Fe 510D UNI EN 10025 型钢制造。

② 轴箱定位装置：一系弹性悬挂由每个轴箱上的两组钢簧组成，轴箱与构架的连接达到最小的纵向刚度，满足运行稳定性和减少通过曲线时轮缘的磨耗；二系悬挂由空气弹簧等构成，安装在转向架与底架连接梁（即枕梁）之间，允许必要的纵向和横向移动。

③ 轮对：中空车轴用 30 NiCrMoV12 UNI6787 钢制造。整体型车轮，车轮材料为R8T，车轮踏面为 UIC/ORE S1002，半径磨耗可达 40 mm，每个轴箱配备一个 SKF-TBU 圆锥滚子轴承。

④ 驱动装置：动力转向架装有一台直接装在轴上的锥齿轮箱，由牵引电机驱动。该牵引电机安装在车体底架下，用万向轴和齿轮箱连接。齿轮箱带两个锥齿轮，齿轮传动比为 1∶2.583。齿轮箱润滑是溅油型。

⑤ 轮缘润滑装置：安装在头车前端转向架的第一个车轴上。该系统可按照动车组运行方向、预定的时间间隔和动车组时速启动。润滑油属于生物可降解型白色植物油。

12）辅助供电系统

CRH₅动车组辅助供电系统由辅助变流器、蓄电池、充电机等组成。辅助供电系统采用干线供电方式，供电制式为 AC 380 V 和 DC 24 V。该辅助供电系统工作原理如图 2.104 所示。

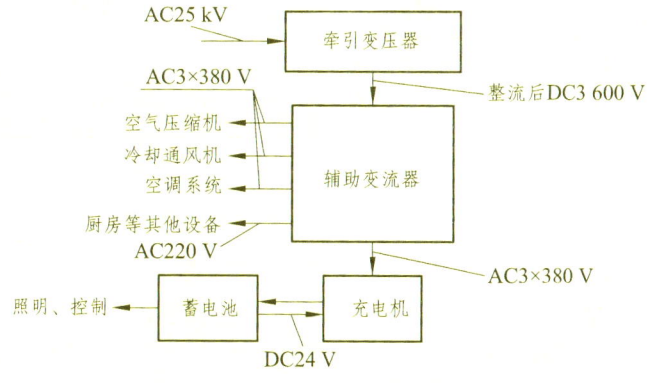

图 2.104 CRH₅辅助供电系统工作原理

AC 380 V/50 Hz 用电设备包括：空气压缩机、冷却通风机、油泵/水泵电机、空气调节系统、采暖设备。AC 220 V/50 Hz 用电设备包括：前窗加热器、厨房设备、内部插座。

DC 24 V 用电设备包括：照明设备、旅客信息系统、应急通风装置和控制装置。每列车设有 5 台辅助变流器，每辆动车 1 台；8 组蓄电池和电池充电机，每辆车 1 套。动车组由各车设 AC 220 V（卫生间、列车长室、司机室各 1 个，客室 2 个）插座及 DC 24 V（每车 2 个，在车下裙板内）行灯插座。辅助供电系统供电输出品质符合 EN50155 等标准。各种制式的供电系统均有各自独立的可靠的安全接地措施。供电设施具有自诊断功能和故障保护措施，对供电线路发生的过载、短路、瞬时大电流冲击、过压、欠压、接地等现象均有保护，确保旅客安全。每个牵引控制单元的每侧各设一个 AC 380 V 三相外接电源插座，每个插座可为半列车的辅助设备供电。辅助供电电源系统采用冗余设计，当发生故障时，能够进行切换，确保列车正常运行。在 1 台或 2 台辅助变流器故障的情况下，可以不受任何限制地向辅助负载供电。

（1）辅助变流器。辅助变流器与牵引变流器安装在同一牵引变流器箱中，由牵引变流器的中间直流环节供电，它由以下部分组成：1 个输入滤波器，1 个斩波器，1 个逆变器，1 个输出滤波器，1 个控制单元。

（2）充电机。每车设 1 个 12 kW 充电机将三相电源（交流 380 V，50 Hz）转换为额定直流 24 V。

采用 IGBT 元器件，自然通风冷却方式。在两台充电机出现故障的情况下不需要降低负载。其他充电机不能向故障车的蓄电池充电。

13）列车控制网络系统

CRH$_5$ 动车组配有一套基于多台微机的系统，可控制并监控所有列车和车辆的相关功能（列车控制网络系统（简称 TCMS））。其结构基于 TCN 标准（IEC 61357-1），具有 WTB（列车总线）和 MVB（车辆总线）串行接口，使用两个冗余的 MPU 模块，每个动力单元一个。两个动力单元通过网关进行动力单元间和连挂列车间的通信。此外还有一个 RS485 形式的车辆总线，仅用于次要设备的诊断。系统具有完善的冗余和控制、诊断和监视以及故障存储功能。

CRH$_5$ 动车组控制网络系统组成框图如图 2.105 所示。

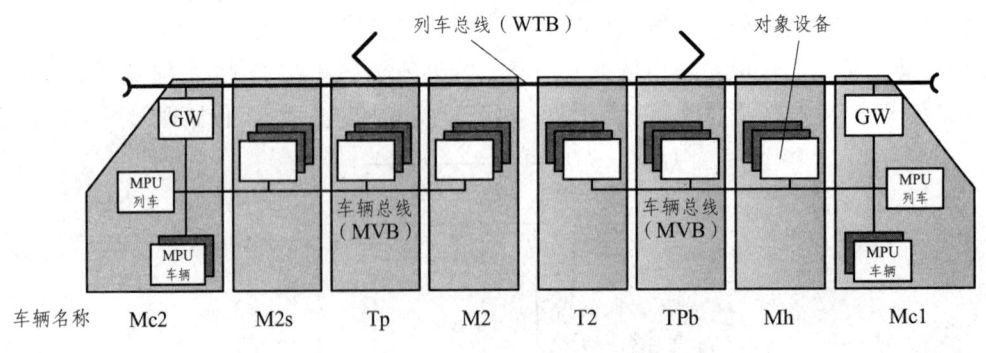

图 2.105　CRH$_5$ 动车组控制网络系统组成框图

（1）列车总线 WTB。两个动车组之间的连接通过穿过头车自动车钩的 WTB（列车总线）型冗余链路来实现。此总线是 TCN 网络的一部分，它在长度因挂钩/摘钩操作而发生变化时可以实现网络的动态重组（网关重新编号）。该总线使用具有可控阻抗的冗余介质，其传输的信息速率约为 1 Mbps，传输距离为 860 m，22 个节点，备用节点有 4 个。

（2）网关 GW。网关可以实现列车总线与车辆总线之间的双向信息交换。每个网关与列车总线之间以 128 字节的报文（周期数据）交换与单元相关的信息，并接收来自整个列车中其他网关的同类信息。网关为完全冗余（电路板、连接器、电源等）。

（3）主处理单元（MPU-LT，MPU-LC）。MPU（主处理单元）负责对其单元进行指令和控制。在每一单元中有两对 MPU。其中的两个（MPU-LT）控制牵引和信号设备，而另外两个（MPU-LC）则控制服务设施和 RS485 车辆总线上的所有设备。

（4）车辆总线 MVB。车辆总线为 MVB（多功能车辆总线）EMD 类型（电气介质距离）。该总线使用具有可控阻抗的冗余介质，其传输速率约为 1.5 Mbps，最大传输距离 200 m，32 个节点（设备）。每个单元有 3 条车辆总线：牵引、服务设施和信号。

（5）RS485 诊断总线。用于诊断在性能和冗余方面均没有特殊要求的较次要设备诊断数据的传输。该总线使用具有可控阻抗的非冗余介质，信息传输的速率约为 38 400 bps，最大传输距离 500 m，32 个节点。

（6）监视器。司机驾驶台上有两个分别命名为 TS 和 TD 的监视器。监视器为彩色 TFT 显示器，屏幕尺寸 10 英寸，分辨率为 800×600（SVGA）。监视器带有加热器和风扇，可在低和高环境温度下使用。监视器具备"节电"模式功能，可以延长寿命，车长室和后司机室的显示器在一定时间不使用后自动关闭。TS 监视器以图形化方式向司机显示主要驾驶信息值（即线电压、线电流、力矩等），司机可以用屏幕周围置放的一组按键操作监视器，也可以使用这些按键向设备发送全局性或选择性命令。司机还可以在专门菜单中通过操作显示器按键的形式手动切除某些设备。TD 监视器向司机显示有关整个编组（两组动车组重联为长编组的列车）全部设备的所有诊断信息，司机可看到所有被监视设备和组件的状态（启用、停用、故障、被排除等），具有操作指导的自动报警（在故障情况下）。司机可以用屏幕周围置放的一组按键操作监视器，也可以使用这些按键向设备发送全局性或选择性命令。司机还可以在专门画面中通过监视器手动排除掉某些设备。在一辆车的低压电气柜或列车长室中设本地监视器，本地监视器与驾驶台监视器的技术特性相似，但属不同的监视器。根据操作者的要求，本车监视器可显示其他车辆的诊断信息。TS 和 TD 可以互为冗余，在监视器上司机可以看到所有被监视设备和组件的状态（启用、停用、故障、已被排除等）。在需要司机干预的操作或故障中，屏幕上会自动出现报警信息，提示所出现的事件并给出操作指导。报警时会同时发出蜂鸣声。

（7）运行性能安全监测系统。安全功能由硬线或专用设备完成，有关诊断数据由 TCMS 管理。动车组上设运行性能安全监测系统，该系统应能对动车组和各个重要功能系统的重要部件的性能进行实时监测和报警，以确保动车组运行安全。系统的监测内容一般包括车辆横向稳定性（仅限整列进口的首列动车组）、轴温、制动系统的工作状态、制动动作情况、防滑器的工作情况、车上用电系统的状态（如断路、短路、绝缘性、三相不平衡度等）、车门状态及必要的烟雾和火灾报警等；通过系统监测及时发现故障，及时报告，以便及时进行维修。必要的紧急故障可通过司机和（或）调度台控制列车运行。

2.5.3 BSP（青岛四方-庞巴迪-鲍尔）CRH$_1$ 动车组

CRH$_1$ 动车组由青岛四方-庞巴迪-鲍尔铁路运输设备有限公司（BSP）提供，数量为 20 列（后来又增加 20 列）。CRH$_1$ 动车组是以庞巴迪公司为瑞典国家铁路和地方铁路开发的

Regina 动车组为原型车经改变设计而成的。

1. CRH$_1$ 原型车概况

Regina 动车组为动力分散型动车组，最高运营速度 180～200 km/h，轨距 1 435 mm，车宽 3 450 mm，编组内设有 2～3 节车厢，用于网压 E 15 kV 的供电区域。庞巴迪公司自 1998 年 12 月至 2003 年年底相继获得了瑞典国铁和地方铁路公司等用户/运营商的总共 70 列 152 辆的订单。原型车外形及车内效果如图 2.106 所示。

图 2.106　CRH$_1$ 原型车外形及车内效果

CRH$_1$ 动车组在原型车基础上主要改动如下：

（1）对原型车的编组结构和定员作变更，成为 8 辆一列编组，改变动力配置。

（2）调整车体尺寸，车体宽度由原来的 3 450 mm 缩为 3 328 mm，从而能适应我国限界，还能适应我国香港九广铁路的限界。

（3）适合我国网压的改进。

（4）地板高度增加 100 mm，使其距轨面高度为 1 250 mm。

（5）车钩高度降低 120 mm，使车钩中心距轨面高度为 880 mm。

（6）调整轮轨关系以适应在我国轨道上的运行。

2. CRH$_1$ 动车组主要结构及性能

1）动车组总体组成

CRH$_1$ 动车组采用 8 辆编组，5 动 3 拖，由两个 2 动 1 拖牵引动力单元和一个 1 动 1 拖牵引动力单元组成。动车组总体布置如图 2.107 所示，断面布置如图 2.108 所示。

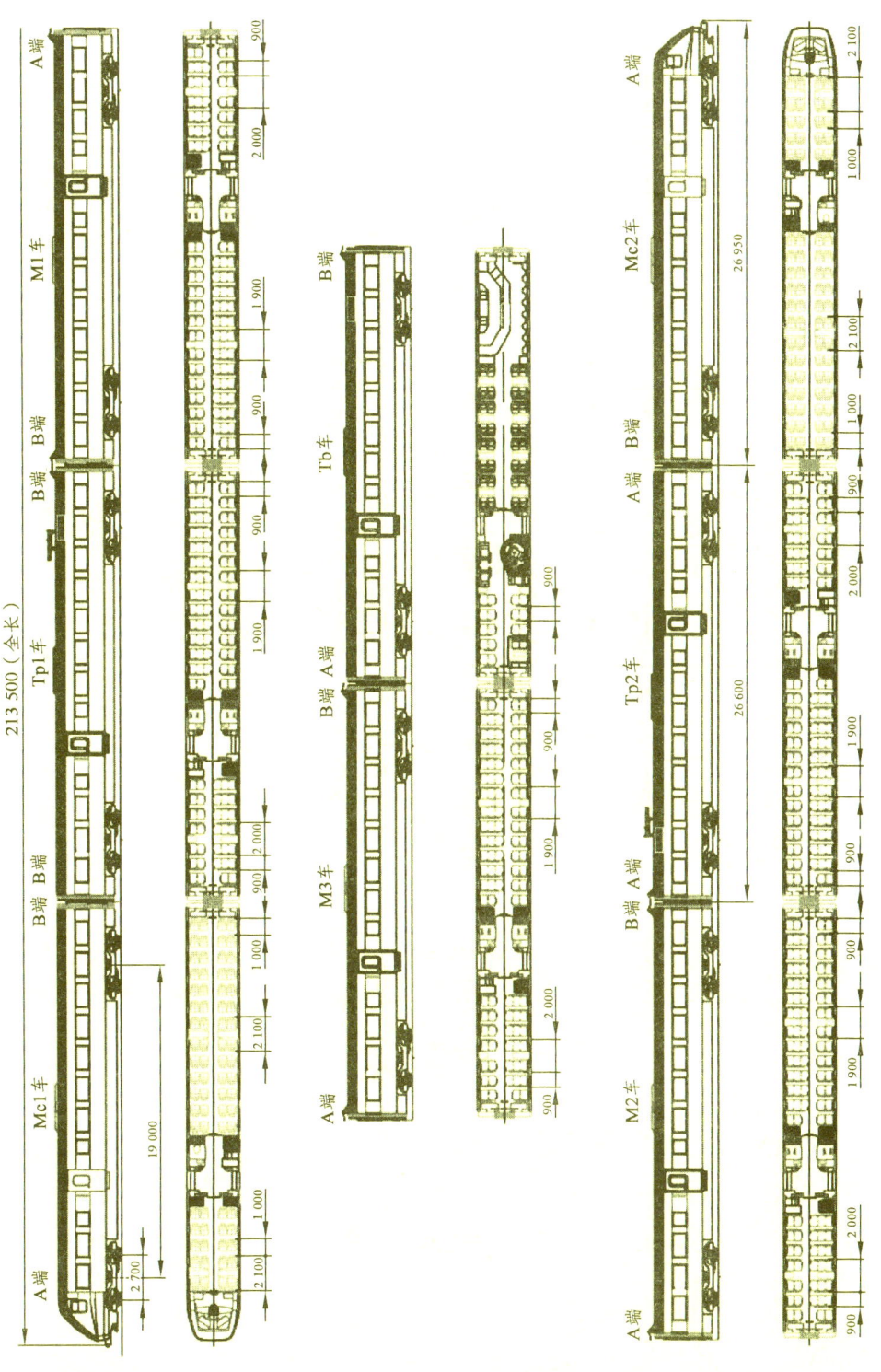

图 2.107 CRH₁ 动车组总体布置图

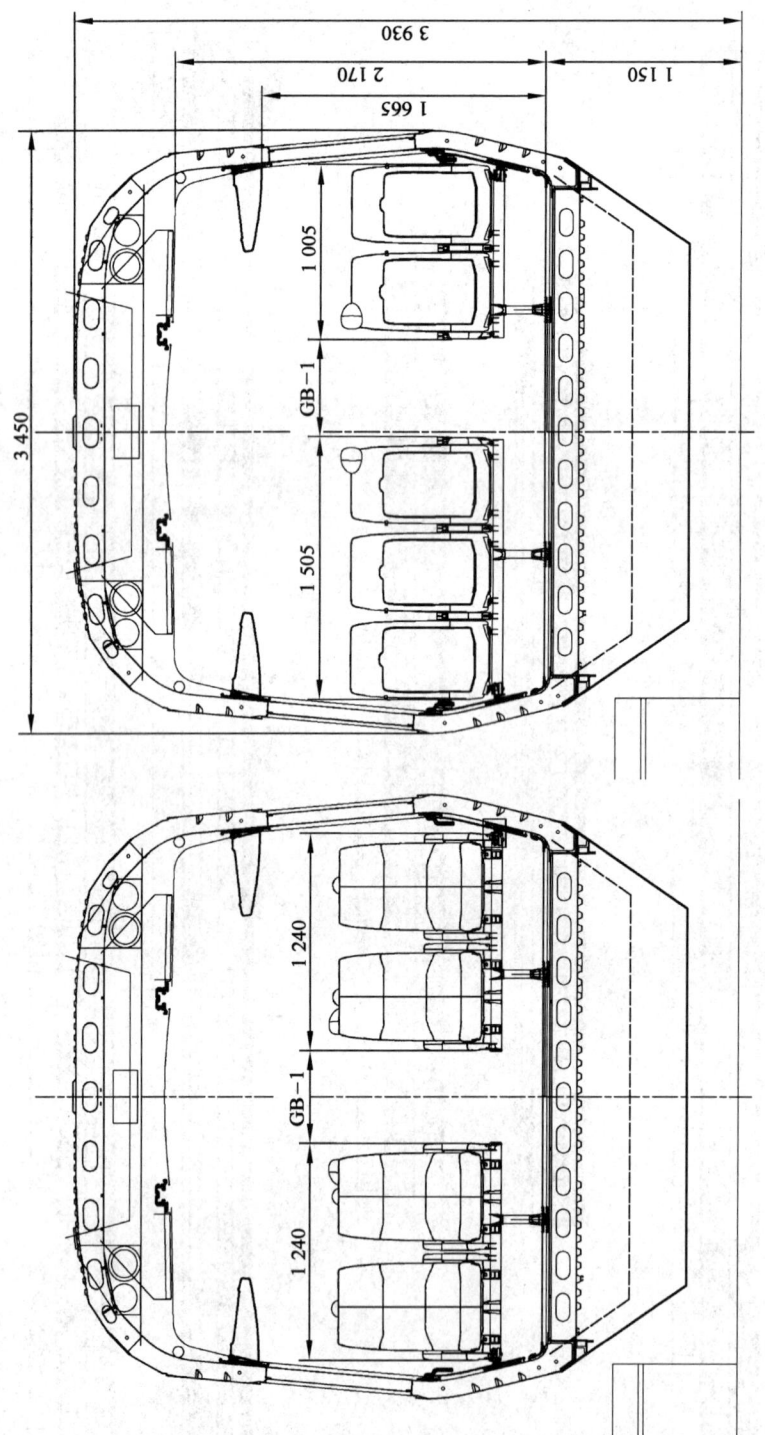

图 2.108 CRH₁ 动车组断面布置图（左：一等车；右：二等车）

CRH₁ 动车组各车辆质量分配如图 2.109 所示。

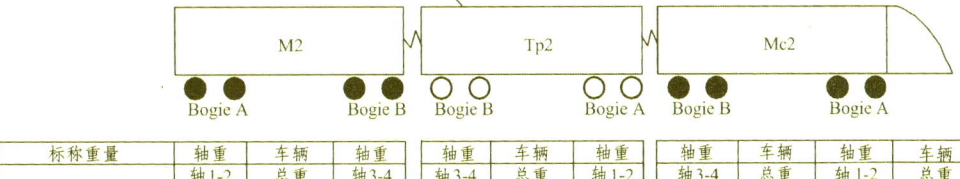

图 2.109　CRH₁ 动车组各车辆质量分配

2）车内设备

一等车座椅布置为 2+2 形式，二等车座椅布置为 2+3 形式，座席为可调靠背座席。在舒适度方面列车基本设置有两个等级：一等和二等。列车两头端为一等车，其余为二等车。CRH₁ 动车组各车辆定员具体安排参见表 2.11。

表 2.11　CRH₁ 动车组各车辆定员具体安排

车　型	Mc1	Tp1	M1	M3	T3	M2	Tp2	Mc2	总定员
一等车定员	72							72	670
二等车定员		102	102	102	16	102	102		

CRH₁ 列车的车厢布置：
- 每辆车（除 Tb 车外）设一个洁具间，存放清洁用具，清洗拖布用的水盆，开水炉。
- 每一个头等车（Mc1&Mc2）设一个坐式厕所。
- 每一个二等车（M1，M2，M3，Tp1&Tp2）设二个蹲式厕所。
- 二等车 T3 车厢为残疾人设一个坐式厕所。
- 二等车 T3 车厢设一个乘务员室。

- 二等车 T3 车厢设一个厨房。
- 二等车 T3 车厢设一个就餐区。

列车配备音频、视频系统。该系统可以在固定的公共显示屏上播放音乐和电影。在一等车和餐座合造车上各设 4 个 30 英寸的显示屏，显示屏为平面 LCD 或等离子屏幕。客室及司机室设有烟雾报警系统。

3）车下设备布置

CRH_1 动车组的主要设备均布置在车底架下面，大致可以概括如下：

（1）每辆车下有空调机组（室外机）、制动控制装置、污物箱（水箱）、空气弹簧辅助风缸。

（2）在动车下有牵引变流器（逆变器）+滤波器、牵引电机通风机。

（3）在拖车下有牵引变压器+高压控制柜、蓄电池和充电器、主空气压缩机模块。

动车和拖车车下具体设备布置详情参见图 2.110。

4）厕所、盥洗室

厕所为完全密封的真空系统，并带有废水（冲厕所的污水和洗脸池的污水）收集装置，污物箱置于地板下面。车内的每个厕所应配一个水箱，同厕所间一起置于车内，规格为蹲式厕所 370 L 左右，坐式厕所 550 L 左右。厕所真空系统可以是一个恒压的真空系统或一个压紧的真空系统。

每次冲水的消耗量不应超过 0.5 L，每次洗手的消耗量不应超过 0.15 L，以每位如厕者洗两次手计算。

水箱容积：头等车为 550 L，二等车为 740 L。污物箱容积：头等车为 500 L，二等车为 1 020 L。

5）门　窗

CRH_1 动车组适应站台高度：500～1 200 mm，侧门采用塞拉门，开口宽度为 1 100 mm，开口高度为 2 000 mm，每车每侧一个。车端门有双扇自动滑动门，并作为防火屏障。车端门通过启动红外传感器开启，但如果电气部分出现故障，可以手动开启。通过台门通过启动红外传感器开启，但如果电气部分出现故障，可以手动开启。

侧窗为隔热的双板玻璃窗。外窗板采用安全玻璃，内窗板为双层复合玻璃，玻璃之间有夹层。客室适当数量的车窗设计为紧急出口。

6）空　调

空调装置是分体式空调装置，蒸发器位于车厢客室顶部，而冷凝器悬挂于车体底架下面，采用 R134a 制冷剂。

7）牵引传动系统

（1）系统组成。CRH_1 动车组中有 2 动 1 拖和 1 动 1 拖两种基本牵引动力单元，其中 2 动 1 拖的基本牵引动力单元位于整车的两端，如图 2.111 所示。

整个动车组有三个相对独立的主牵引系统（即牵引动力单元），其中两个牵引动力单元由两辆动车和一辆拖车组成，另一个单元由一辆动车和一辆拖车组成。正常情况下，三个牵引系统均工作，当一个牵引系统发生故障时，可以自动切断故障源，继续运行。

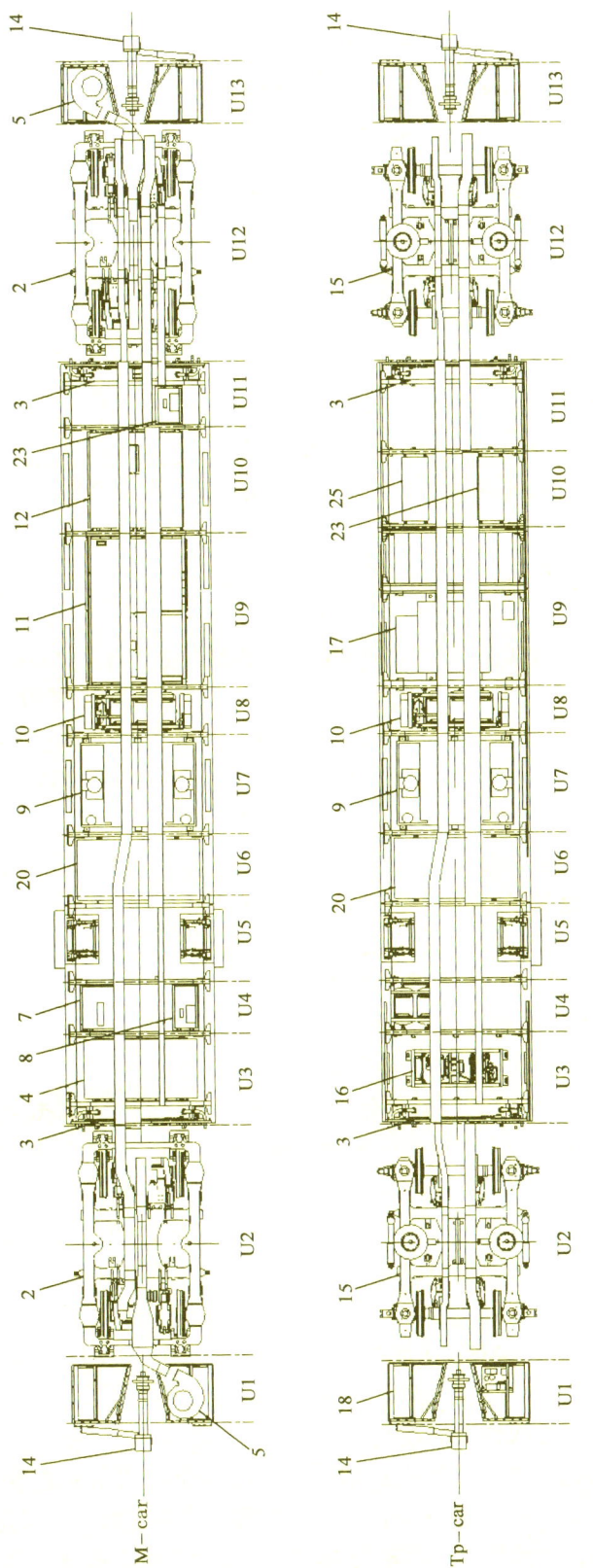

图 2.110 CRH1 动车组的动车和拖车车下设备详细布置（上图：动车，下图：拖车）

1—自动车钩；2—动车转向架；3—二系悬挂储风缸；4—电池箱；5—牵引电机通风机；6—集污箱6501；7—电池充电器；8—配电箱；9—HVAC冷却/加热单元；10—制动模块；11—变流器箱；12—滤波器箱；13—救援转接车钩；14—半永久转换车钩；15—拖车转向架；16—主空压机单元；17—主变压器&冷却装置；18—辅助空压机；19—HVAC空气处理单元；20—集污箱10001；21—受电弓；22—高压车顶设备；23—配电箱400V；24—清水箱；25—主变压器控制箱

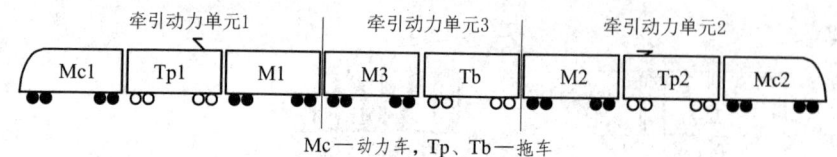

Mc—动力车，Tp、Tb—拖车

图 2.111　CRH₁ 动车组牵引传动系统基本组成

CRH₁ 动车组牵引传动系统的工作原理如图 2.112 所示。高速受电弓将牵引接触网 25 kV 单相工频交流电导入车载牵引变压器，经牵引变压器降压为 1 860 V 单相工频交流电后送给牵引变流器，降压后的交流电再输入变流器，通过牵引逆变器，变成电压（0 ~ 1 400 V）和频率（0 ~ 152 Hz）均可控制的三相交流电，驱动三相交流异步牵引电机工作。

每个基本牵引动力单元的牵引传动系统主要由网侧高压电气设备、1 个牵引变压器、1 或 2 个牵引变流器、4 或 8 台三相交流异步牵引电动机等组成。全列共计 2 个受电弓、3 个牵引变压器、5 个牵引变流器、20 台牵引电动机，列车正常时是一个受电弓运行，另一个受电弓备用。

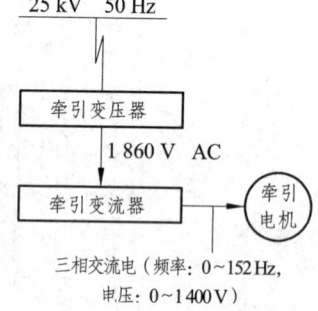

图 2.112　CRH₁ 动车组牵引传动系统的工作原理

（2）网侧高压电气设备。主要包括受电弓、主断路器、避雷器、电压和电流互感器、接地开关等。

① 受电弓：一个基本牵引动力单元有 1 个，全列共计 2 个。单臂型，具有自动降弓功能。

② 主断路器：一个基本牵引动力单元有 1 个，全列共计 3 个。主断路器为真空型，有较高的断路能力并有内部过流保护。主断路器开关采用压缩空气控制。

③ 避雷器：一个基本牵引动力单元有 1 个，全列共计 3 个。避雷器为无气隙氧化锌（ZnO）避雷器，壳体由硅橡胶制成，为免维护型。

④ 高压电流互感器：一个基本牵引动力单元有 1 个，全列共计 3 个。安装在高压电缆组件上，壳体由树脂制成，用于对接触网电压和频率进行监控及各种控制。

⑤ 接地保护开关：一个基本牵引动力单元有 1 个，全列共计 3 个。与主断路器组合在一起，安装在车顶，为便于安全维护，接地开关装有联锁保护。

⑥ 网侧谐波滤波器：一个基本牵引动力单元有 1 个，全列共计 3 个。谐振电抗器设在牵引变压器内，用于减少一定频次的谐波含量，改善网侧谐波分布。

（3）牵引变压器。一个基本牵引动力单元有 1 个，全列共计 3 个。采用芯式结构、车体下吊挂、油循环强迫风冷方式。具有 1 个原边绕组（25 kV，1 600 kVA），4 个牵引绕组（930 V，4×400 kVA），1 个谐振滤波电抗器（1 000 V）。外形尺寸（$L \times W \times H$）为 3 900 mm × 2 200 mm × 730 mm，重 4 200 kg。

（4）牵引变流器。全列共计 5 个（2M1T 基本动力牵引单元有 2 个、1M1T 基本牵引动力单元有 1 个）。采用车下吊挂、水冷却方式。主电路结构为电压型 2 电平式，由脉冲整流器、中间直流电路、逆变器构成，设有 2 次谐振滤波装置。中间直流电压为 1 650 ~ 1 800 V（随输出功率进行调整）。采用架控原理，即 1 个牵引变流器中内装两组逆变器分别控制一个转向架上的两台并联的牵引电机，控制方法为矢量控制。一个变流器箱内除了两个牵引逆变器外，还包括一个辅助逆变器，该辅助逆变器的输出电流为 380 V 的工频三相交流电。单个牵引变流器箱内部的结构原理如图 2.113 所示。

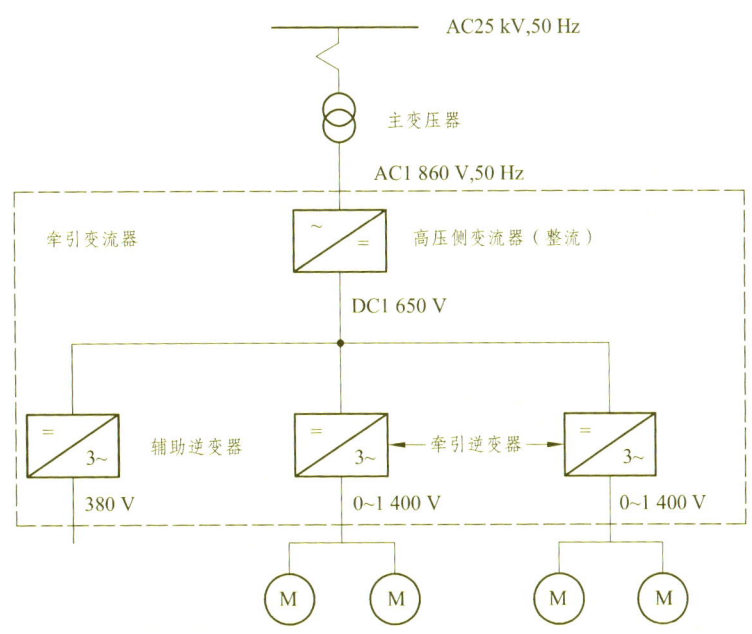

图 2.113　CRH$_1$ 动车组单个牵引变流器箱内部的结构原理

该牵引变流器采用 3 300 V/1 200 A 等级 IGBT 元器件，冷却介质采用去离子水。模块具有互换性，模块重 125 kg。系统具有各类故障诊断与保护功能。外形尺寸（$L \times W \times H$）为 2 730 mm × 1 980 mm × 450 mm，重 1 250 kg。

（5）牵引电动机。每个动力车有 4 个牵引电机，全列共计 20 个。牵引电动机为三相鼠笼式异步电动机，采用架悬、强迫风冷方式，通过挠性浮动齿式联轴节连接传动齿轮。电机额定功率为 265 kW，额定电压 1 287 V，转差率 0.012，重 596 kg，效率 94%。

（6）系统性能。动车组牵引功率 5 300 kW，满足动车组运营速度 200 km/h 和最高试验速度 250 km/h 的要求。定员载荷的动车组平直道上的起动加速度大于 0.6 m/s^2；200 km/h 运行时，其剩余加速度不小于 0.1 m/s^2。

具体牵引/制动特性如图 2.114 所示。

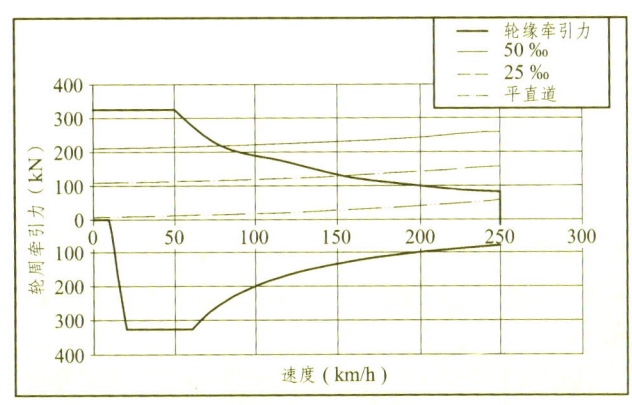

图 2.114　CRH$_1$ 动车组的牵引/制动特性

8）制动系统

（1）主要技术指标。全列动车组在平直道定员载荷下紧急制动距离：200 km/h 时不超过 2 000 m，160 km/h 时不超过 1 400 m。

全列动车组在 30‰ 坡道定员载荷下能满足安全停放不溜车的要求。

正常使用时总风管风压保持在 8.5 ~ 10 bar 范围内。

（2）主要技术特点。

CRH_1 动车组制动系统由两部分组成，分别是再生制动及直通式电空制动，再生制动系统将牵引电机转换成发电机，将动能转换成电能，并将电流反馈回电网。直通式电空制动系统将电指令转换成空气指令实现空气制动或缓解作用。CRH_1 动车组制动系统的工作原理如图 2.115 所示。

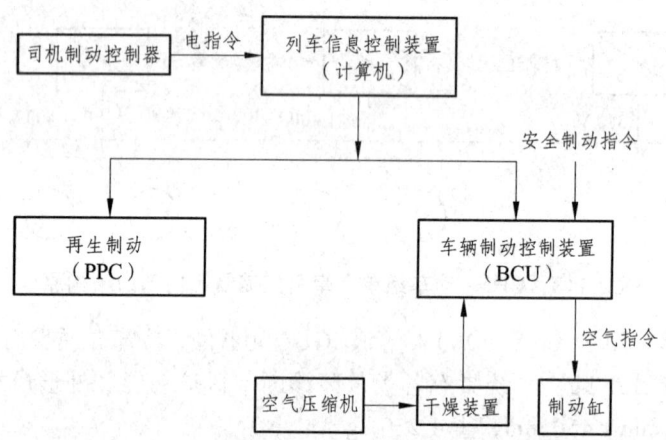

图 2.115　CRH_1 动车组制动系统的工作原理

列车制动优先采用再生制动方式，制动方式转换均由微机系统控制完成。当司机通过司机台上的制动控制器发出制动指令时，制动电信号首先到达列车计算机系统。列车计算机系统根据列车速度，减速度及轮轨黏着状态，确定动力制动及空气制动的功率及两者的分配。

直通式电空制动系统由制动控制器、空气压缩机、干燥器、制动控制装置、制动缸及相关的电气和空气管路组成。

CRH_1 动车组采用直通电空制动系统，常用制动时平均减速度为 0.8 m/s²，实施再生制动与空气制动的混合控制，在使用空气制动之前最大限度地使用再生制动，并按载重调整制动力，以获得不变的制动距离和最佳的黏着效果。制动系统主要技术特点表现在以下几个方面：

① 每轴装设以微处理器为基础的车轮防滑装置（WSP）。

② 具有与车载列车运行速度控制系统的接口，实施安全制动。

③ 具有故障诊断及相关信息保存的功能，实施制动控制单元（BCU）与列车控制管理系统（TCMS）的通信。

④ 设有与救援/回送的既有机车制动系统制动管压力信号的转换接口，再通过在动车组的 EP 制动系统实施制动控制。

⑤ 设有 DSP 安全制动装置。

⑥ 动车组设有安全回路，产生下列之一的故障，均能产生纯空气的紧急制动，其制动距离与混合制动下的紧急制动距离相等。

- 总风压力降至规定值以下；
- 安全制动的控制电源切断；
- 列车分离；
- ATP 制动需要；
- 司机安全装置（DSD）制动需要；
- 按下司机紧急停车按钮。
- 列车回送/救援安全制动需要。

紧急制动时同样可以实施计算机控制的混合制动，它由以下两种方式来启动：

① 由司机操作制动控制器启动。

② 由乘客/乘务人员的操作启动。它首先产生最大常用制动并在司机操作台上亮灯告示司机。此常用制动将持续一段规定的时间（10 s），在此段时间内为司机提供是否响应紧急制动的选择。如下压抑止按钮 3 s 以上则继续维持常用制动，否则系统在 10 s 之后自动启动紧急制动。

9）车端连接系统

（1）车钩缓冲装置。CRH_1 动车组两外端为沙库型全自动密接车钩，带空气连接和电气连接器，可在司机室操纵两列列车组之间进行自动连挂。

该全自动密接车钩基本结构（见图 2.116）和工作原理与 CRH_5 动车组使用的端部全自动车钩几乎相同，只是车钩后端与车底架的连接部结构两者有所区别，这里不再赘述。

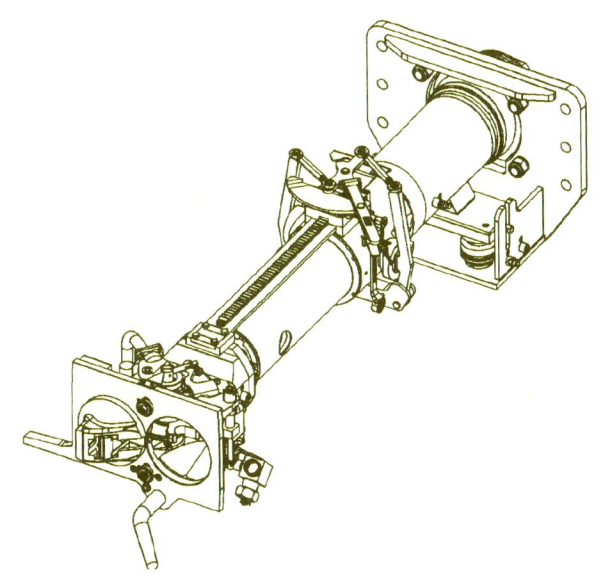

图 2.116　CRH_1 动车组两端部的沙库型全自动密接车钩

该全自动密接车钩主要技术参数参见表 2.12。

表 2.12　CRH$_1$ 动车组全自动密接车钩主要技术参数

项　目		参　数
连接速度	正常	1 km/h
	最高	5 km/h
压缩载荷		900 kN
拉伸载荷		600 kN
缓冲器容量	冲击	14 kJ
	牵引	7 kJ
缓冲器行程	冲击	45 mm
	牵引	40 mm
车钩中心线距轨面高度		880 mm（+10 mm/−5 mm）

　　CRH$_1$ 动车组内部两辆车之间采用螺栓连接的半永久（固定）车钩，它包括两个车钩，一个具有风挡支撑板（即支承台板），另一个没有。两个车钩用螺钉固定在一起，没有间隙，只有在必要时才分开，例如，在维护过程中。中间车钩还可压缩空气接头，用于传送主风管压力。在发生碰撞时这种车钩可以通过变形管吸收一定的能量。该半永久（固定）车钩的结构及工作原理如图 2.117 所示，主要技术参数参见表 2.13。

　　救援时采用与中国标准车钩连挂的过渡车钩，回送时采用与中国标准车钩连挂的重型过渡车钩。轻型过渡车钩用于紧急情况，存放于列车上。重型过渡车钩用于长距离回送，其缓冲和牵引阻力与自动车钩相同，存放于车间。轻型车钩重 40 kg，重型车钩重 100~150 kg。

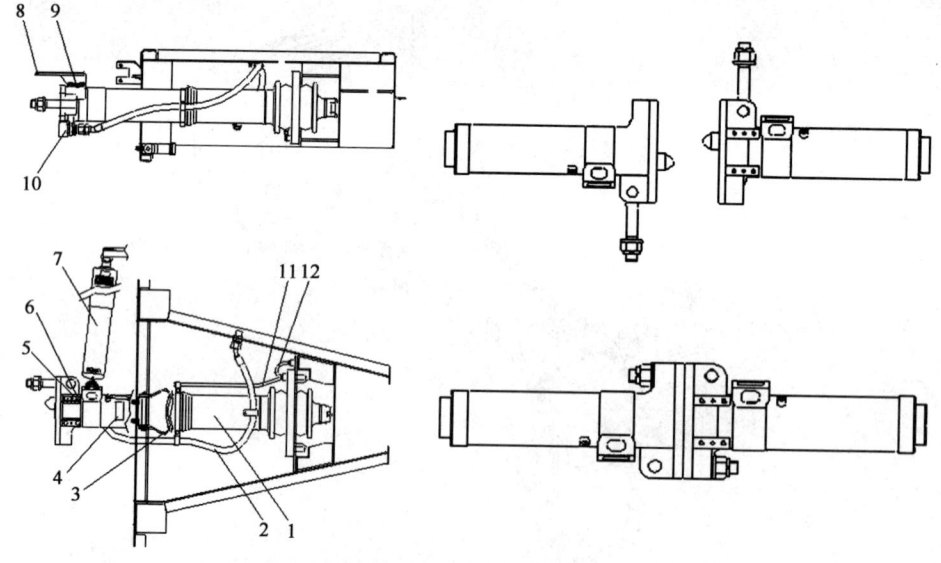

图 2.117　半永久（固定）车钩的结构及工作原理

1—缓冲器；2—制动管；3—吊环螺栓；4—车钩钩身杆；5—连接环；7—液压减振器；8—支承台板；9—支承台板连接螺栓；10—空气管路接头；11—接地电缆（一）；12—接地电缆（二）

表 2.13 CRH₁ 动车组半永久（固定）车钩主要技术参数

项 目		参 数
压缩载荷		900 kN
拉伸载荷		600 kN
缓冲器容量	冲击	14 kJ
	牵引	7 kJ
缓冲器行程	冲击	45 mm
	牵引	40 mm
变形管能量吸收	冲击	525 kJ
变形管行程	冲击	350 mm
车钩中心线距轨面高度		940 mm

通过过渡钩头可实现普通机车与动车组的连挂，包括空气制动连接。该过渡车钩结构如图 2.118 所示。

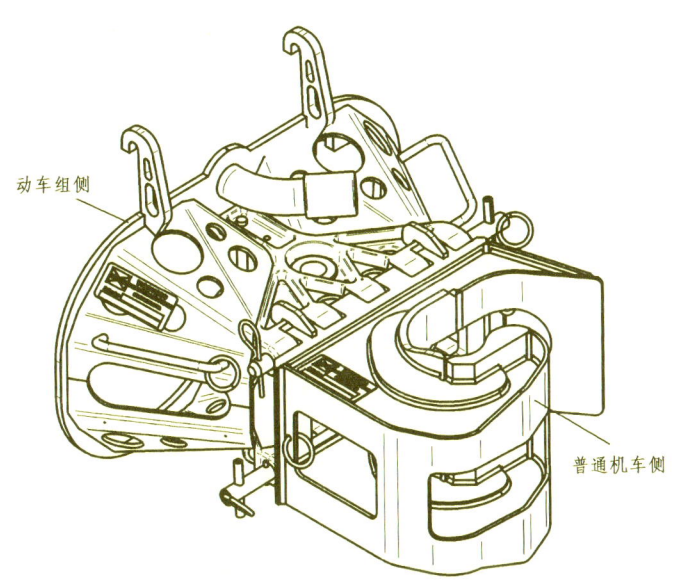

图 2.118 CRH₁ 动车组过渡车钩结构

（2）车间连接风挡。CRH₁ 动车组各车辆间的风挡为双层折棚风挡，在中间位置能够得到半永久车钩的支撑。该风挡与 CRH₅ 动车组风挡结构基本相同，如图 2.119 所示，主要区别是 CRH₁ 动车组风挡没有将半永久车钩包在里面，即有半永久车钩支撑；而 CRH₅ 动车组风挡则将整个半永久车钩完全包在里面。

CRH₁ 车间连接风挡主要性能数据参见表 2.14。

（3）其他电器连接。列车内部连接还包括高压电缆、110 V DC 直流供电母线、380 V AC 总线电缆控制和通信线，以及列车空气管路。

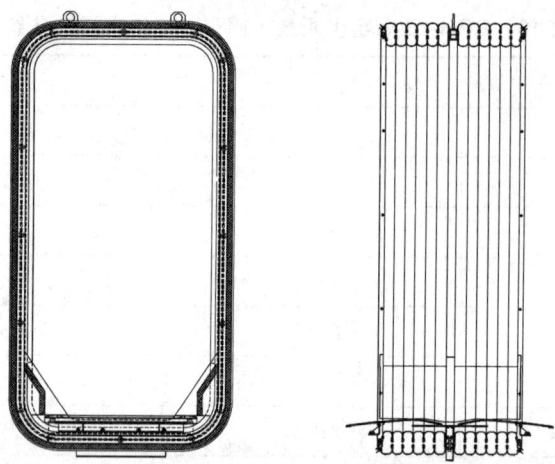

图 2.119　CRH₁ 动车组风挡结构

表 2.14　CRH₁ 车间连接风挡主要性能数据

项　目	参　数
风挡外部长度	800 mm
风挡内部高度	1 970 mm
风挡内部宽度	900 mm
隔热系数	3.5 W/($m^2 \cdot K$)
隔声量	38 dB
空气压力载荷	±4 000 Pa

10) 车体结构

CRH₁ 动车组车体为钢结构，车体材料使用不锈钢和碳钢，奥氏体不锈钢 EN1.4318（AISI 301 LN）或 1.4301（碳含量低于 0.05%）（AISI 304 L）。在载荷高的区域使用硬化冷轧不锈钢。低合金高强度（LAHT）EN10149-2 和 EN10025 钢用于冲击座、车体螺栓和司机室结构。CRH₁ 动车组钢结构车体如图 2.120 所示。

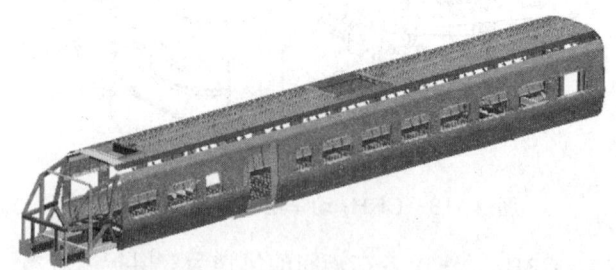

图 2.120　CRH₁ 动车组钢结构车体

司机室结构采用低合金高强度钢制成，有足够的变形特性，形成一个能量吸收结构。司机室结构与车体之间为螺栓连接。

头车前端为螺栓固定的头部导流罩，进行两列动车组连挂时需人工拆除。

11) 转向架

(1) 概况。CRH₁ 动车组转向架分为动车转向架和拖车转向架。转向架为两轴无摇枕转向架，一系悬挂为钢弹簧转臂定位，二系悬挂采用空气弹簧、磨耗型车轮踏面。

动车转向架如图 2.121 所示，拖车转向架如图 2.122 所示。

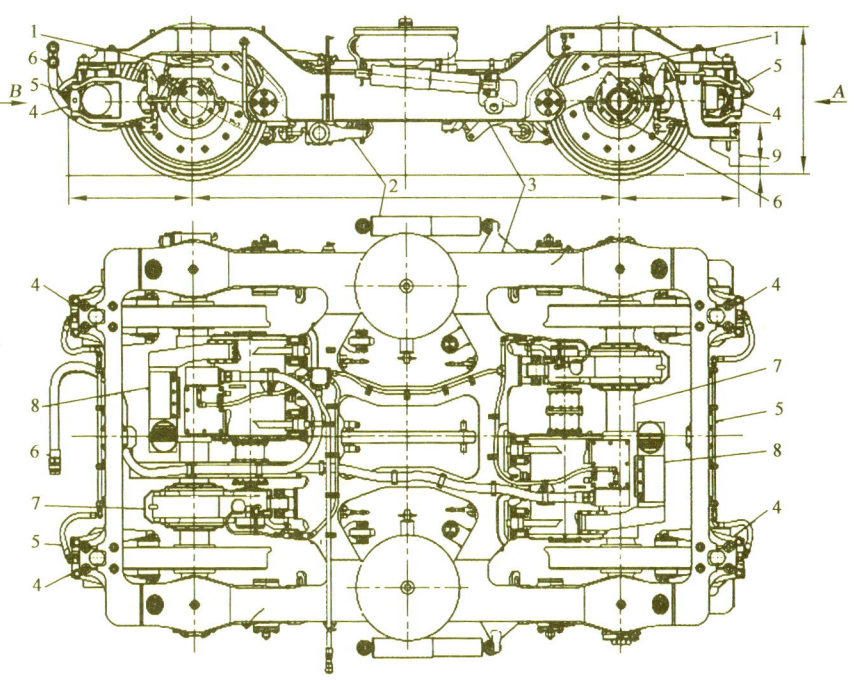

图 2.121　CRH$_1$ 动车转向架

1—一系悬挂总成；2—二系悬挂总成；3—构架；4—制动夹钳总成；5—管线总成；
6—电气线路；7—动车轮对总成；8—驱动装置总成；9—排障器总成

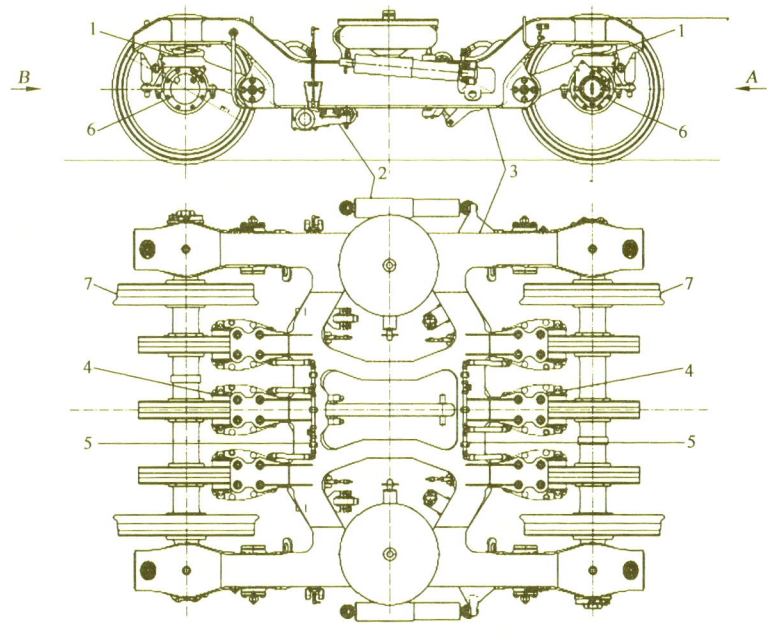

图 2.122　CRH$_1$ 拖车转向架

1—一系悬挂总成；2—二系悬挂总成；3—构架；4—制动夹钳总成；
5—管线总成；6—电气线路；7—拖车轮对总成

（2）主要技术参数（见表 2.15）。

表 2.15　CRH$_1$ 动车组转向架主要技术参数

序号	名　称		参　数
1	轴　距		2 700 mm
2	轮　径		915 mm
3	车　轴		UIC A4T 空心车轴（内孔 $\phi 60$）
4	轴颈中心距		2 070 mm
5	空气弹簧横向间隙		1 860 mm
6	空气弹簧上承台面距轨面高		945 mm
7	质量	动车转向架	~8.2 t
		拖车转向架	~6.3 t

（3）主要部件。

① 转向架构架：拖车转向架为 H 形构架，动车转向架为两端带端梁的框形构架。使用材料为钢板（EN10025）和铸件（ISO3755）。

② 轴箱定位装置：为转臂式，一系悬挂圆弹簧，置于转臂安装座上，转臂通过橡胶节点安装在侧梁上。

③ 轮对：空心车轴，按照 EN13104（动车）和 EN13103（拖车）设计，设有相应的轮座和制动盘座。带有拆卸用注油孔的整体式车轮，车轮内侧距 1 353 mm。动车制动盘为轮盘，每轮对 2 组；拖车为轴盘（3 组/轮对）。

④ 齿轮箱：一端通过滚动轴承安装在车轴上，另一端通过平衡作用杆悬吊到构架横梁上。牵引电机和轴箱之间通过弹性齿型联轴节传递扭矩。

12）辅助系统

CRH$_1$ 动车组辅助电气系统从牵引变流器的直流环节获取直流电源，通过辅助逆变器将直流电压转换成三相（380 V/50 Hz 交流电），并将其供给到列车上所有的交流负载。主要负载有列车采暖、空调装置、蓄电池充电器以及牵引变流器和变压器的冷却风机等。该辅助电气系统的工作原理如图 2.123 所示。

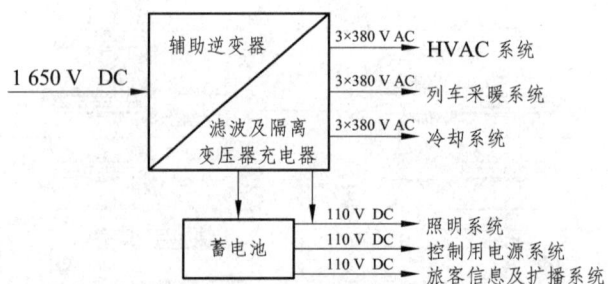

图 2.123　CRH$_1$ 动车组辅助电气系统的工作原理

在每一个 Mc 和 M 车上设有一个辅助逆变器和滤波装置。辅助逆变器输出通过隔离变压器和接触器同三相列车供电母线相连接。辅助供电系统的故障状态和冗余措施的控制可以通过列车控制网络系统（TCMS）进行监视和控制。列车过分相的短暂过程中，辅助系统可不断电维持正常运行。辅助系统各负载也可以从外部三相电源输入获取。外接供电时采用 3×380 V,50 Hz 地面电源。设置相位旋转保护装置以保护辅助电机，避免其以错误的方向运转。即使蓄电池完全放电，外接电源也可以启动蓄电池充电功能。当外接三相电源同三相母线连接后，同三相电源连接的辅助逆变器立即断开。外接电源插座的位置为每个基本单元车组中的拖车每侧一个，安装在底架上的设备供电的主要配电系统和配电盘设在底架内的配电箱内。车内设备的配电盘应置于地板面以上（在车的两端）。司机室设备的配电盘置于司机室内。每一个基本单元车组应有两个充电器和两组蓄电池。两个充电器和两组蓄电池应同蓄电池母线相连。充电器和蓄电池设置于动力车（Mc 和 M）内。蓄电池充电器将辅助电源三相电压转化为 110 V DC 电压。蓄电池电压通过 110 V DC 母线传输，母线同充电器和蓄电池相连，避免产生环流，在蓄电池与母线连线上设有一个功率二极管，从而避免通过母线向其充电。

（1）辅助逆变器、滤波器和隔离变压器。辅助逆变器单元（ACM）同直流环节连接。ACM 为三相两电平 IGBT 逆变器，产生所需要的三相输出电压。包括滤波器电容、门驱动单元（GDU）、电压和电流传感器及控制单元等。三相输出滤波器包括一个三相电抗器和一个三相电容器，可将辅助逆变器产生的谐波成分过滤掉。三相隔离变压器将辅助电源和用电设备隔离。在 ACM 中设有一个电源装置，为控制单元、GDU 及电压和电流传感器供电。GDU 的主要任务是开关 IGBT。当电源出现故障或 IGBT 出现短路/过流时，GDU 可将 IGBT 断开。GDU 还可检测其自身的电源。控制器通过光纤向 GDU 传输信号，使系统具有较高的抗电气干扰能力。ACM 采用空间矢量调制法控制。为了在启动和接上较大负载时达到最好的控制效果，应采用恒定的电压-频率比控制，直到达到额定电压为止。辅助电源的三相电压的幅值通过检测相电压实际值进行反馈控制。

ACM 采用基于微处理器的控制单元。一个辅助逆变器的输出电压中谐波的最大含量为 10%，最大输出功率为 147 kW，质量为 90 kg。辅助逆变器单元同牵引变流器一起，安装在同一机箱内。变压器和滤波器箱内有隔离变压器、滤波器、主接触器和系统接地等。辅助逆变器、滤波器和变压器的冷却系统同牵引变流器的冷却系统合为一体。辅助供电系统具有完善的故障诊断和保护功能。

（2）火灾探测系统。列车应装设一个火灾探测系统，可以探测司机室和乘客区域的烟雾。系统包括多个火灾探测器和火警控制单元。报警后，需能够从司机室将系统复位。如果火灾探测系统探测到车内有烟，会在司机室内给出声光信号。所探测到的烟尘信息应在司机显示器（IDU）上显示出来。每个控制单元都应通过双线检测回路同火灾探测器相连。控制单元应通过硬线串联在一起，使系统具有冗余。硬线应在司机室内给出光信号并向 TCMS 发出故障信号。硬线回路显示的火警，只能显示出列车内着火，而不能显示出哪辆车内着火。在 2 个车组连挂运行时，可向司机指示出相应的车组。如果列车行驶时探测到烟且正常的 VCU 不起作用（"2 级主控模式"），而司机室显示器同样也不起作用时，系统只能通过司机台上的指示灯给出警报。如果列车内探测到烟，TCMS 应关闭空气处理单元和回风。排气装置则以最大的气流量进行排烟。

13）CRH_1 列车控制网络系统

（1）列车控制管理系统。CRH_1 动车组控制管理系统 TCMS 采用分布式，系统不同部件之间的数据通信应符合 TCN 标准 IEC 61375，并支持多个列车单元重联时的连挂和分解。CRH_1 列车控制网络系统组成框图如图 2.124 所示。

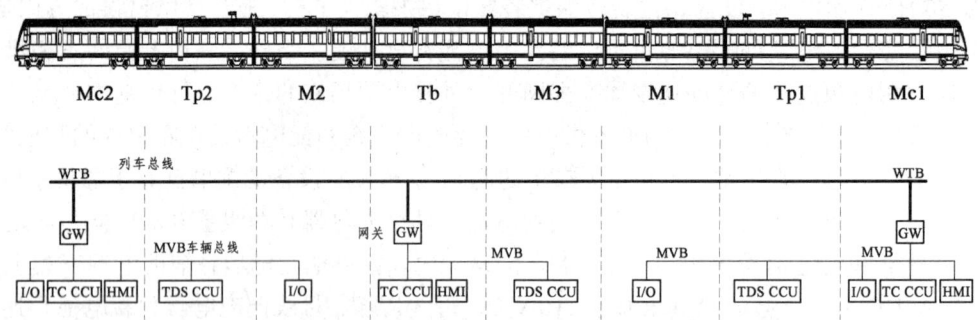

图 2.124　CRH_1 列车控制网络系统组成框图

控制车内的 VCU 负责处理整列车的全部控制和监测功能。各车的控制和监测应分别由沿整列车分布的 VCU 处理。TCMS 负责控制和/或监督列车的以下系统：供风系统、APC 系统、ATP 系统、自动车钩、辅助供电系统、蓄电池系统、制动系统、司机安全装置、外部车门、火灾探测系统、供暖和通风空调系统、高压系统、车门、照明、卫生间、旅客信息系统、牵引系统。

TCMS 还负责处理与司机、乘务员和服务人员的接口。在司机台上的按钮、开关、指示灯和其他装置分别与 TCMS 相连。TCMS 可将操作者的动作转变成不同系统的控制信号，并通过指示灯反馈给操作者。在每个司机台上设有一个带有彩色接触屏的 IDU。IDU 包括许多表示列车和列车系统状态的菜单，可用 IDU 控制一些系统功能并激活、停用系统和功能。可以不同的 TCMS 和 IDU 菜单访问级别登录到 IDU。司机、乘务员和服务人员分别设为不同的访问级别。乘务员和服务人员可在列车运行过程中对停用司机室内的 IDU 进行操作。乘务员室内配置额外的 IDU。TCMS 具有与安全相关和关键性功能的冗余。TCMS 硬件的一个单点功能不应影响任何与安全相关的和关键的功能。TCMS 和上述不同系统之间的接口应为 MVB1 级，RS-485 串行口或离散 I/O 口。

（2）故障/诊断系统。TCMS 包括一个列车诊断系统 TDS，用于存储列车上发生的预定义故障和事件。所定义的故障和事件涵盖上述所列的全部系统以及 TCMS 系统本身。故障和事件基于严重程度和特点进行分类。与司机有关的故障和事件可显示在司机室内的 IDU 上。司机、乘务员和服务人员可在列车内的任何一个 IDU 上看到全车发生的故障和事件。TDS 还应存储不同系统的其他诊断数据，如操作时间和操作次数。还可将存储的诊断数据向车下系统进行远程传送。

（3）车辆监视和防护系统。包括在列车控制和故障/诊断系统中。

2.5.4　唐山/西门子 CRH_3 动车组

CRH_3 动车组是铁道部组织唐山轨道客车有限公司等单位与国外合作伙伴西门子（SIEMENZ）共同合作开发的，合同数量为 60 列。CRH_3 动车组是以西门子公司为西班牙提供的动车组 Velaro E 为原型经改变设计而成。它采用"4 动 4 拖"的成熟动力分散配置方式，其 8 800 kW 的牵引功率为 350 km/h 的最高运营速度提供了技术保障，并具备了向 350 km/h 的持续运营速度和 380 km/h 最高运行速度升级的技术平台，是当今世界铁路最先进的动力分散型高速动车组。

1. 原型车（Velaro E）概述

CRH$_3$ 动车组的原型车是 Velaro E 动车组。它是以德国铁路股份公司（DB AG）的 ICE3 为原型车开发研制的，设计最高运行速度为 350 km/h，用于西班牙新建的马德里—巴塞罗那高速铁路，合同签订时间是 2004 年，合同数量为 16 列，该动车组于 2007 年正式投入运用。由于 ICE 系列动车组是德国国铁的注册商标，所以西门子公司为西班牙提供的动车组定名为 Velaro E，Velaro E 是西门子公司具有自主知识产权的品牌。

Velaro E 动车组的主要车辆尺寸与 ICE3 完全相同，并且采用了与 ICE3 完全相同的转向架与牵引、控制技术，牵引功率由 ICE3 的 8 000 kW 增加到 8 800 kW，以保证最高运行速度达到 350 km/h，牵引变流器的元件由 ICE3 的 GTO 改进为 IGBT，并配备了最先进的欧洲 ETCS2 级信号系统，同时是欧洲铁路第一个完全符合最新《跨欧铁路系统机车车辆子系统互通性技术规范》（TSI）的高速列车。从技术的角度上来讲基本上就是德国 ICE3 的变型车。Velaro E 动车组的外形及车内效果如图 2.125 所示。

图 2.125　Velaro E 动车组的外形及车内效果图

1) Velaro E 动车组主要技术参数

（1）最高速度：350 km/h。

（2）编组数量：8辆（4动4拖）。

（3）总长：200 m。

（4）列车定员：404人。

（5）牵引功率：8 800 kW。

（6）车体材质：铝合金；轴重：≤17 t。

2）唐山 CRH_3 在原型车基础上的主要改动

（1）根据 GB146.1 和 GB146.2，进行了车体加宽设计，在二等车中按 2+3 的形式布置座椅。

（2）SF500 转向架（走行部）按宽体的动车组的运用要求进行了以下调整：

① 加宽了转向架上部枕梁的宽度；

② 对减振器连接和悬挂装置进行了调整；

③ 优化了牵引齿轮传动比。

（3）根据中国铁路的要求加宽车体，车内设备进行了如下调整：

① 加宽了顶板、地板、端部和侧墙；

② 每辆车中加装饮水机；

③ 车中设置更大容量的净水箱；

④ 一等车采用按 2+2 定向排列布置的、宽度经优化设计的座椅，二等车采用按 2+3 定向排列布置的、宽度经优化设计的座椅；

⑤ 按大运量旅客需求及环境条件，调整了空调系统参数；

⑥ 使用合成橡胶地板布，确保容易清洗；

⑦ 餐车设有餐厅和酒吧。

（4）列车控制。为满足中国铁路运用需要，对操作控制和通信系统进行调整和优化设计：

① 调整音频输出，并优化了诊断系统的设计；

② 调整乘客信息系统来满足中国的特殊要求。

（5）将中国的列车保护系统和中国列车无线通信系统集成在车辆中。

2. CRH_3 动车组总体组成及主要性能参数

1）动车组编组及车辆方位

CRH_3 动车组为8节编组，采用 4M+4T 动力分散式的动力配置，最高运行速度达 350 km/h，可在中国新建的 300～350 km/h 速度等级的客运专线上运营，也可以在中国铁路 200～250 km/h 速度等级新建的客运专线上以时速 250 km 正常运行。

CRH_3 动车组采用交流传动系统，分为两个牵引动力单元，即前面4辆车组成一个牵引动力单元，后面4辆车组成另一个牵引动力单元，每个牵引动力单元又包括两辆动车（即1号车、3号车和6号车、8号车）和两辆拖车。每辆动车的4个轴均为动力车轴，全车共有16（即 4×4）根动轴，且每个动轴由一台额定功率为 550 kW 的交流牵引电动机驱动，因此整车的额定功率达到 8 800 kW（=16×550）。整车有两个受电弓，分别位于2号和7号车顶上，正常运行时，仅使用其中的一个受电弓，另一个受电弓备有。

该动车组两端为带司机室的动力车，列车正常运行时由前端司机室操纵。CRH₃动车组编组结构和主要部件的配置如图2.126所示。

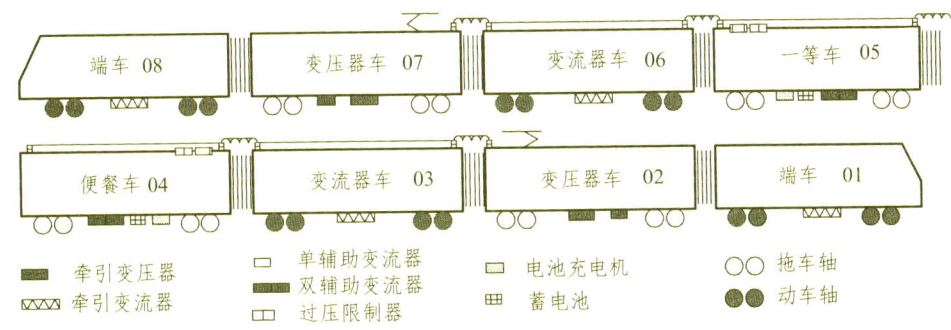

图 2.126　CRH₃动车组编组结构图

CRH₃动车组包括5种不同的车，即端车（头车和尾车）、变压器车、变流器车、便餐车和一等车，定义见表2.16。

表 2.16　5种不同车型的定义

定义	端车 01/08	变压器车 02/07	变流器车 03/06	便餐车 04	一等车 05
代号	EC 01/08 (End Car)	TC 02/07 (Transformer Car)	IC 03/06 (Intermediate Car)	BC 04 (Bistro Car)	FC 05 (First Car)

由于动车组在前后左右方向都是接近对称的结构，为了区分各车结构相同或相近的零部件、对车辆进行科学的管理，动车组标记定位依照列车布局图和列车轴位定义如图2.127所示。

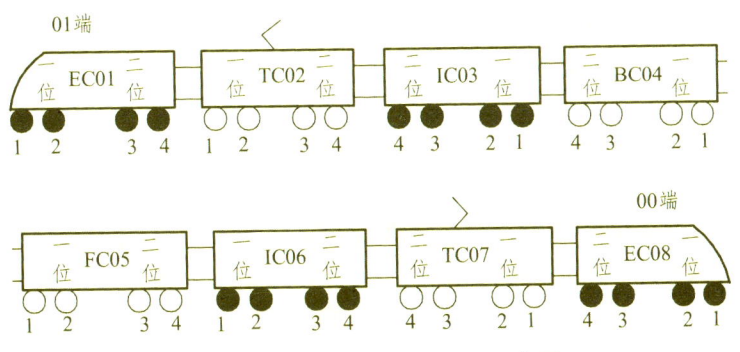

图 2.127　CRH₃动车组定位示意图

2）技术特点

CRH₃动车组集成了多项高新技术，其主要技术特点包括：

车体采用大型中空挤压铝型材双面焊接结构，司机室采用弯曲铝型材梁和板状铝型材作蒙皮的焊接结构。车体为整体承载结构，由底架、侧墙、车顶、端墙以及设备舱组成。车体强度按EN12663进行设计。车体具有良好的防振、隔音效果和良好的防腐性。

该动车组具有良好的空气动力学外形，车顶空调和电气设备设有导流罩，车下设有封闭的设备舱，两端设有车钩导流罩，采用流线型设计，降低了空气动力学阻力和噪声。

CRH₃动车组转向架采用性能优良的成熟转向架。动力与非动力转向架均采用相同的形式。

转向架构架为箱形焊接结构，侧梁中部为下凹形。一系悬挂采用螺旋钢弹簧加垂向液压减振器，轴箱定位采用转臂式定位方式。二系悬挂采用空气弹簧装置，加装抗侧滚装置和抗蛇行减振器等。动力转向架上装有轮盘式盘形制动，非动力转向架上每轴安装3个轴盘式制动盘。为适应车体的加宽和速度的要求，对转向架枕梁、减振器、弹簧参数、传动比等进行了改进和优化。

牵引系统功率为8 800 kW，牵引部件分散配置在6辆车上。主变压器设计成单制式，容量为5.6 MV·A，采用强迫导向油循环风冷方式。当变压器冷却系统的风机故障时，车辆的可用牵引力只减少25%。牵引变流器采用结构紧凑、易于运用和检修的模块化结构，功率模块采用IGBT半导体元件。

制动系统的基本功能包括：紧急制动、常用制动、停放制动、混合制动（带替代制动）和防滑功能。动车组设两个独立的制动系统：电制动（ED制动）和电空制动（EP制动）。在常用制动情况下，优先使用无磨耗电制动；对于紧急制动，各轴均采用空气制动，动力轴上另加电制动。电制动采用再生制动，通过由微处理机控制的车载控制设备进行无级控制，再生制动的闭路控制系统监测接触网的电压状况，并在制动时控制将再生制动能量反馈回接触网。当电制动出现故障时，制动力由动力轴上的摩擦制动代替。在速度为10 km/h以下的低速范围内施行空气制动替换电制动(混合制动)。

辅助供电系统采用列车线供电方式，由分散布置在若干车厢的各电源设备向干线供电。车载电源通过牵引变流器的直流环节获得，静止辅助变流器（ACU）把直流电转换为车辆的车载电源系统的三相交流电。辅助供电系统采用冗余设计，当一台辅助变流器停止工作时，另一台能够继续工作。

网络控制系统的信息传输由列车控制网络系统来实现。列车控制网络系统由MVB和WTB两级传输组成。列车通信和控制网络系统为车载分布式计算机网络系统，可由多级网络构成。每个牵引单元内用MVB贯穿整个单元内4辆车，两个牵引单元之间通过TCN网关的WTB连接，完成列车级信息的传递，即CRH_3动车组车辆级总线采用MVB，列车级总线采用WTB。每个牵引单元内的MVB网段均设有两个互为冗余的中央控制单元CCU。通讯协议基于标准UIC556和IEC61375-1。

旅客信息系统（PIS）由3个子系统构成，分别是旅客信息显示系统、通告广播系统、列车内部对讲通信系统和音频/视频娱乐节目播放系统。除了通告广播/内部对讲通信外，各个系统都采用集中控制方式。当两列动车组重联时，旅客信息系统的内部总线通过车端的自动车钩连接，信息显示功能、通告广播功能及内部通信功能与单列车的功能相同。

空调系统采用车顶单元式空调机组，由两套独立的冷却电路构成(除冷却扇以外)，以确保设备发生第一次故障时还可保持50%正常运转。空调系统配有一个压力保护系统，可保护乘客在列车进入隧道或两列车交会时免于压力波动的影响。系统通过关闭空调系统的新风口和排风口，保证动车组外部压力波不在车内传播。空调系统风道内设电加热器为客室供暖风，车端通过台处设有电加热器为通过台处供暖。

司机室按UIC651标准设计。司机室内设有3个操控区，主控区为设有显示器及控制监视设备（包括速度、牵引制动调节器）的操纵台，在司机室右侧窗下设有司机室右柜，为第2和第3级操控区，它包括行驶时必须进行监控和辅助操作的元件，例如司机室空调控制开关、紧急按钮、开关面板及空气压力表等。司机室左侧窗下设有垃圾箱、灭火器、CIR打印机等辅助设备。司机室各种设备均按人机工程原理设计，保证司机对动车组操控的便捷性和舒适性。

CRH₃动车组的一个突出特点是采用了照明良好的开敞式车内布置概念。内装结构件是灵活性与模块化设计结合的典范。一等车和二等车内装设计的基本原则是大多数内装设备采用标准化的、结构优雅的、有特色的部件组合来满足不同乘客的要求，特别注意了内饰布置和颜色方案的设计。颜色、形状和材料的结合既突出了高技术的要求和舒适的环境，又不会忽略动车组的成本效益和运行环境。

防火安全性按 DIN5510 和 EN45545 设计，火灾发生后，可以满足以 80 km/h 的速度运行 10 min 的要求，车体、电气柜和重要电缆、外端门等系统的防护和材料选择等都采用特殊的设计。

3）运营条件

（1）运用环境。

① 温度：−25～40 ℃。

② 运用海拔高度不大于 1 500 m。

（2）运用限界。建筑接近限界符合中国铁建设[2004]157 号《京沪高速铁路设计暂行规定（上、下）》中第 1.0.7 条建筑接近限界基本尺寸及轮廓。

（3）线路条件。

① 区间正线最大坡度 12‰，困难条件下 20‰；站段连接线坡度：不大于 30‰。

② 最小曲线半径　　　　　　　　　　　　　　　　7 000 m

③ 高速线间　　　　　　　　　　　　　　　　　　5 m

④ 高速线与新建普速铁路、既有线间　　　　　　　5.3 m

⑤ 站台高度　　　　　　　　　　　　　　　　　　1 250 mm

⑥ 对接触网高度的要求：　　　　　　　　　　　　5 300～6 000 mm

（4）通信信号。

① 闭塞分区长度一般为　　　　　　　　　　　　　1 000～1 200 m

② 有线　　　　　　　　　　　　　　　　　　　　轨道电路

③ 无线　　　　　　　　　　　　　　　　　　　　GSM-R

④ 列车运行控制方式　　　　　　　　　　　　　　准自动控制

⑤ 车载列控设备　　　　　　列车控制系统车载设备和无线通信车载设备

（5）运用前的整备限制。

动车组整备时必须升弓，检查库需设三相交流 380 V/50 Hz 电源或直流 110 V 电源用于库内的检查。在任何季节，除列车维修外的各项运用准备工作可在 1 h 内完成，以满足接待旅客的要求。

4）平面布置

CRH₃动车组平面布置总图如图 2.128 所示。

动车组中设一等座车、二等座车和一辆座车与餐车的合造车。一等车厢座席采取 2＋2 布置，在司机室后部为观光一等座席区。二等车车厢座席采取 2＋3 布置。在 TC02、IC03、FC05、IC06、TC07 上设有卫生间，其中在 FC05 车上设有轮椅存放区和残疾人卫生间。CRH₃动车组额定座席载客量见表 2.17。

（1）车内设备布置。

不同车型的车内布置不尽相同。整列车通过设置客室走廊、过道、内外端门及相邻车辆的通过风挡形成完整的通道，使全列车所有客室连通。全列车除酒吧车、头车外，各种车型均设有两个卫生间。图 2.129 所示为二等车横断面结构图。

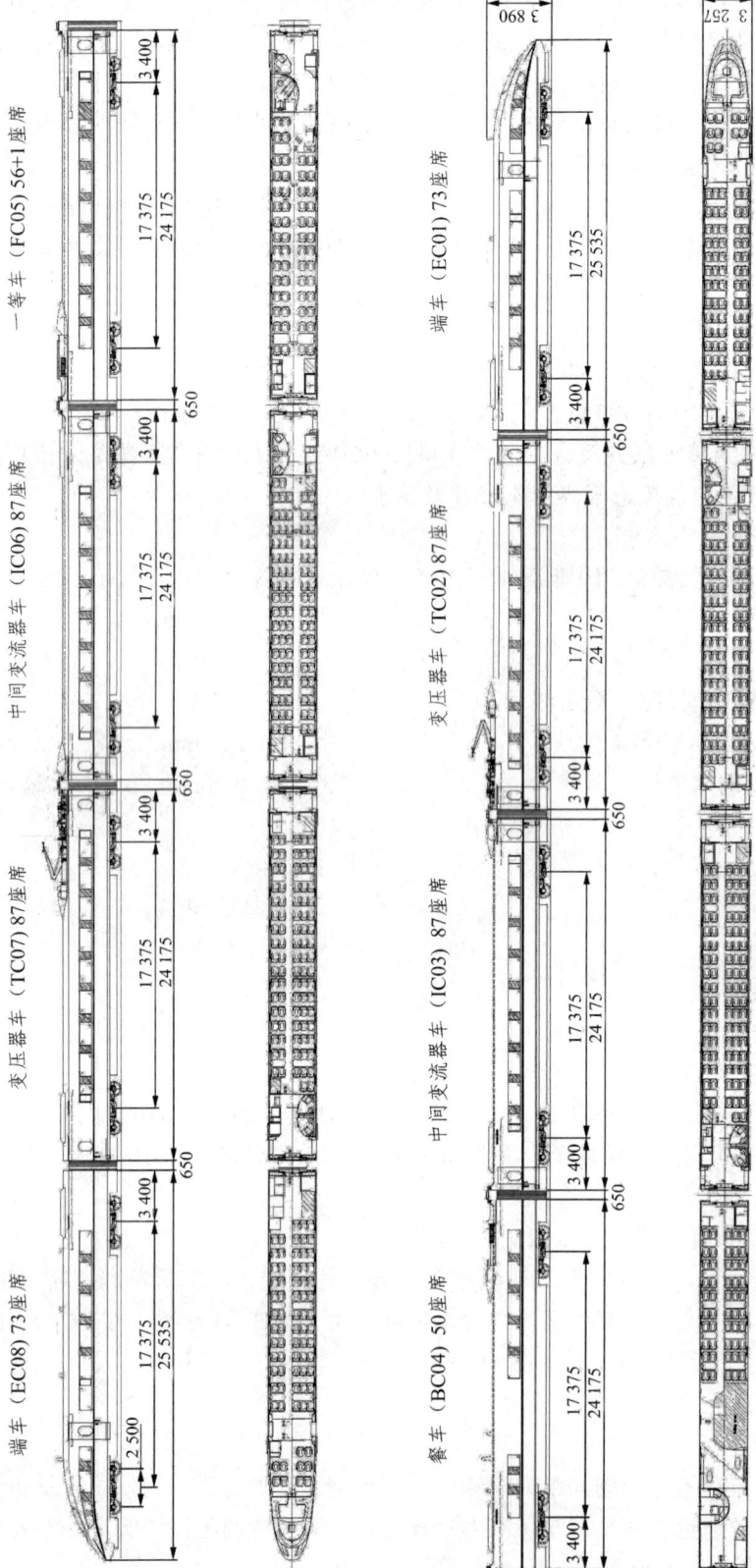

图 2.128 CRH₃ 动车组平面布置

表 2.17 额定座席载客量

	额定座席载客量			
	1 等座席	2 等座席	轮椅存放区	总 计
总 计	66	490	1	557
比 例	12%	88%		100%

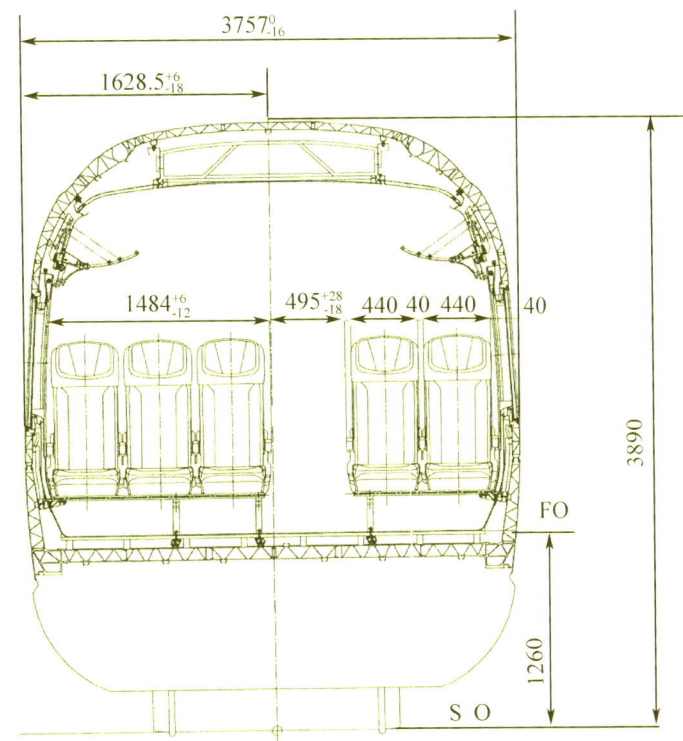

图 2.129 二等车横断面结构图

车内设备主要包括为乘客提供服务的设备和保证动车组各主要系统正常工作所必需的辅助设备,前者如座椅、行李架、饮水机、垃圾箱以及卫生和盥洗设施等,后者如各种电气控制柜、开关装置和空调控制柜等,详细车内设备布置参见图 2.130 ~ 图 2.134。

(2) 车下设备布置。

CRH$_3$ 动车组车下悬挂设备大致概括如下:

① 每辆车下均有一套制动控制模块、储风缸/排风装置和电气柜车载电源;

② 动车下面均有一套牵引变流装置和两套牵引电机通风机;

③ TC02 和 TC07 车下面悬挂有主变压器和单辅助变流器;

④ BC04 和 FC05 车下面悬挂有双辅助变流器和蓄电池及蓄电池充电机;

⑤ 风源装置(即空压机组等)安装在 IC03 和 IC06 车下面。

详细的车下悬挂设备布置参见图 2.130 ~ 图 2.134。

端车(EC01 和 EC08):在动车组上设司机室、观光一等区和二等客室,设有电热饮水机,端车车下配有一个牵引变流器和前后两台动力转向架。其车内及车下布置如图 2.130 所示,EC01 和 EC08 车图中各部位名称对照见表 2.18。

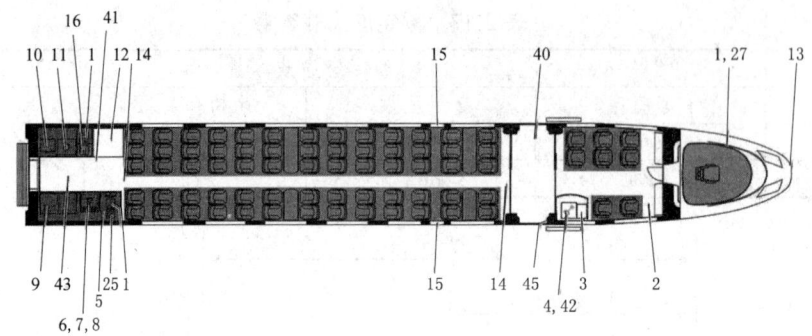

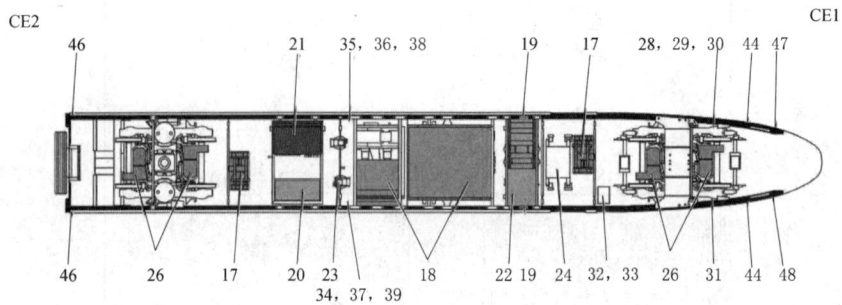

图 2.130 EC01 和 EC08 车内和车下设备平面布置

表 2.18 EC01 和 EC08 车图中各部位名称对照

1	灭火器	25	垃圾箱
2	观光区	26	牵引电动机和齿轮装置
3	风挡玻璃水箱	27	固定式对讲机站
4	司机衣柜	28	主风缸管截断塞门
5	车辆控制面板	29	前车钩罩控制/解编器截断塞门
6	PIS 控制柜	30	车钩截断塞门
7	列车无线电主机	31	列车管截断塞门
8	过分相装置主机 GFX-3A	32	轮缘润滑截断塞门
9	电气柜	33	轮缘润滑装置
10	ETCS 机柜	34	列车管截断塞门（整车）
11	空调控制柜	35	撒砂装置截断塞门
12	电气柜	36	列车管截断塞门（援救用途）
13	自动车钩	37	转向架制动设备截断塞门
14	车内信息显示屏	38	制动设备截断塞门
15	车外显示屏	39	空气悬挂装置截断塞门
16	开水炉	40	内门截断塞门
17	牵引电动机通风机	41	切断阀空调装置
18	牵引变流器及其冷却单元	42	内门截断塞门
19	制动显示	43	车顶水箱
20	制动控制模块	44	填砂
21	电气柜车载电源	45	挡风玻璃清洗系统液位指示器
22	储风缸及排风单元	46	注水口
23	雷达倍频器	47	"连挂就绪信号灯"按钮
24	司机室冷凝器空调装置	48	"测试轮缘润滑装置"按钮

变压器车（TC02/07）：变压器车内设有两个卫生间、电热饮水机和二等客室，车下安装牵引变压器、单辅助变流器等设备。其车内及车下布置如图 2.131 所示，TC02/07 车图中各部位名称对照见表 2.19。

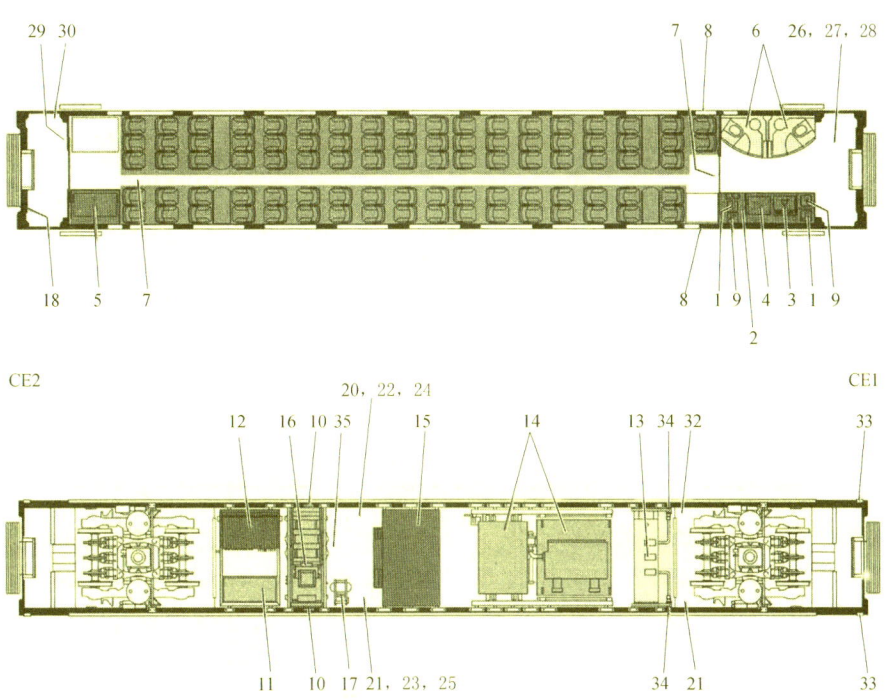

图 2.131 TC02 和 TC07 车内和车下设备平面布置

表 2.19 TC02/07 车图中各部位名称对照

1	灭火器	19	垃圾箱
2	车辆控制面板	20	停放制动截断塞门
3	旅客信息系统电气柜	21	列车管截断塞门
4	空调控制柜	22	厕所供风截断塞门
5	电气柜，车辆开关装置	23	转向架制动设备截断塞门
6	标准卫生设施	24	受电弓设备截断塞门
7	车内信息显示屏	25	空气悬挂装置截断塞门
8	车外信息显示屏	26	厕所供水截止阀
9	开水炉	27	开水炉供水截止阀
10	制动显示	28	内门/空调装置截断塞门
11	制动控制模块	29	内门截断塞门
12	电气柜车载电源	30	接地开关
13	污水箱	31	
14	变压器/冷却装置	32	列车管截断塞门
15	辅助变流器箱	33	注水口
16	储风缸及排风单元	34	排污口
17	辅助压缩机	35	厕所供风截断塞门
18	内部通信装置		

变流器车（IC03/06）：变流器车设有两个卫生间、电热饮水机和二等客室，车下安装牵引变流器和空压机单元等设备。其车内及车下布置如图 2.131 所示，IC03/06 车图中各部位名称对照见表 2.20。

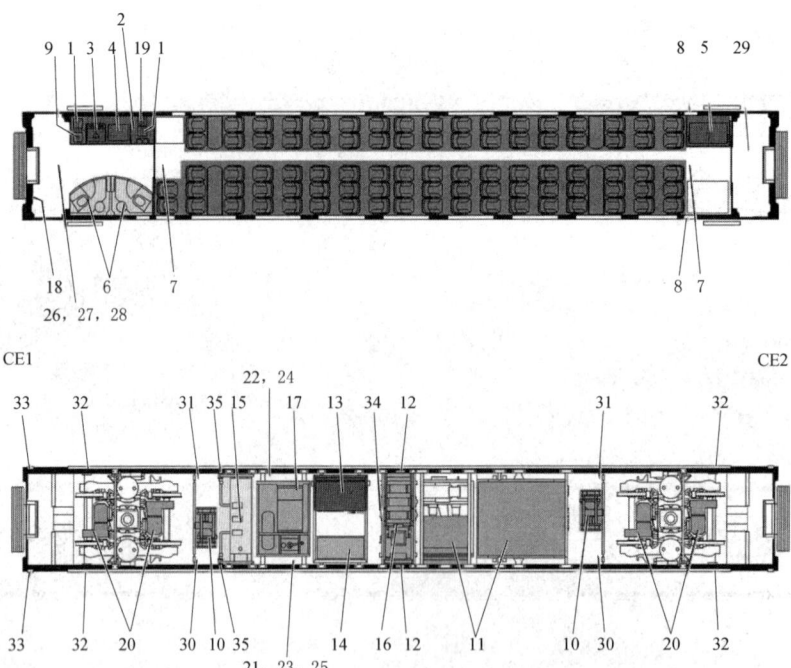

图 2.132　IC03 和 IC06 车内和车下设备平面布置

表 2.20　IC03/06 车图中各部位名称对照

1	灭火器	19	垃圾箱
2	车辆控制面板	20	牵引电动机和齿轮箱
3	旅客信息系统电气柜	21	列车管截断塞门
4	空调控制柜	22	厕所供风截断塞门
5	电气柜，车辆开关装置	23	转向架制动设备截断塞门
6	标准卫生设施	24	主风管截断塞门
7	车内信息显示屏	25	切断阀空气悬挂设备
8	车外信息显示屏	26	切断阀供水厕所
9	开水炉	27	切断阀供水开水炉
10	牵引电动机通风器	28	切断阀内门/空调装置
11	牵引变流器/冷却装置	29	内门截断塞门
12	制动显示	30	主风管截断塞门
13	制动控制模块	31	列车管截断塞门
14	电气柜车载电源	32	填砂
15	污水箱	33	注水口
16	储风缸及排风单元	34	厕所供风截断塞门
17	供气装置	35	排污口
18	内部通信装置		

便餐车（BC04）：便餐车设有小厨房、乘务员室及二等客室，车下安装充电机、蓄电池以及双辅助变流器等设备。其车内及车下布置如图 2.133 所示，04 号车图中各部位名称对照见表 2.21。

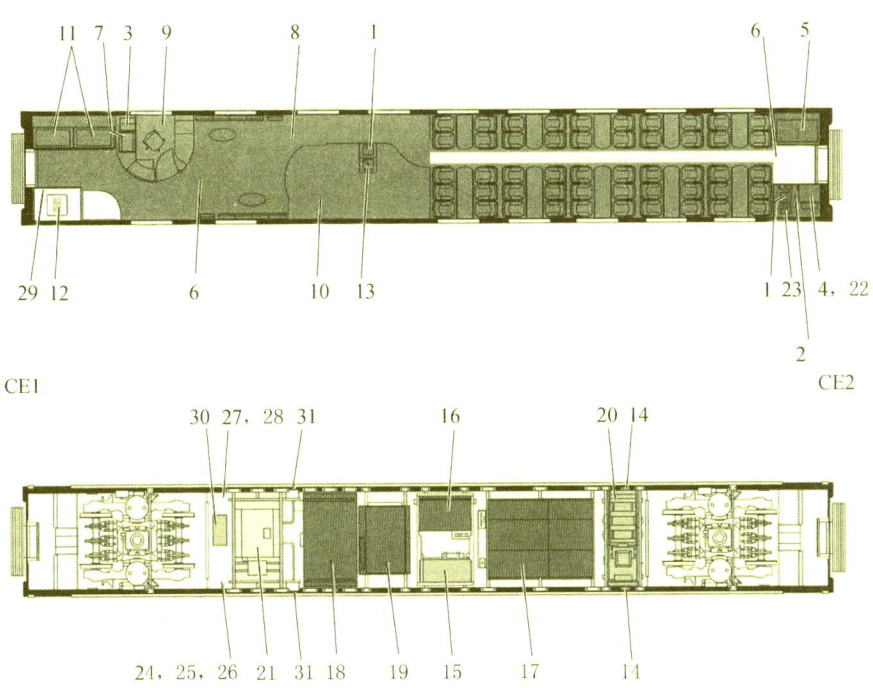

图 2.133 BC04 号车内和车下设备平面布置

表 2.21 BC04 号车图中各部位名称对照

1	灭火器	17	双辅助变流器装置
2	车辆控制面板	18	电池
3	PIS 电气柜	19	电池充电器
4	空调控制柜	20	储风缸及排风单元
5	电气柜，车辆开关装置	21	厨房供水水箱
6	车内信息显示屏	22	钥匙锁定接地装置
7	内部通信装置	23	垃圾箱
8	吧区	24	转向架制动设备截断塞门
9	乘务员室	25	列车管截断塞门
10	厨房	26	切断阀空气悬挂设备
11	厨房贮藏柜	27	厕所供风截断塞门
12	救援梯	28	停放制动截断塞门
13	开水炉	29	空调装置供风截断塞门
14	制动显示	30	厨房用变压器
15	制动控制模块	31	注水口
16	车载电源电气柜		

一等车（FC05）：一等车设有卫生间（包括残疾人卫生间）、电热饮水机和一等客室，在车端靠近车门处设有残疾人轮椅存放区，一等车车下安装有蓄电池、充电机、双辅助变流器、救援车钩等设备。其车内及车下布置如图 2.134 所示，FC05 号车图中各部位名称对照见表 2.22。

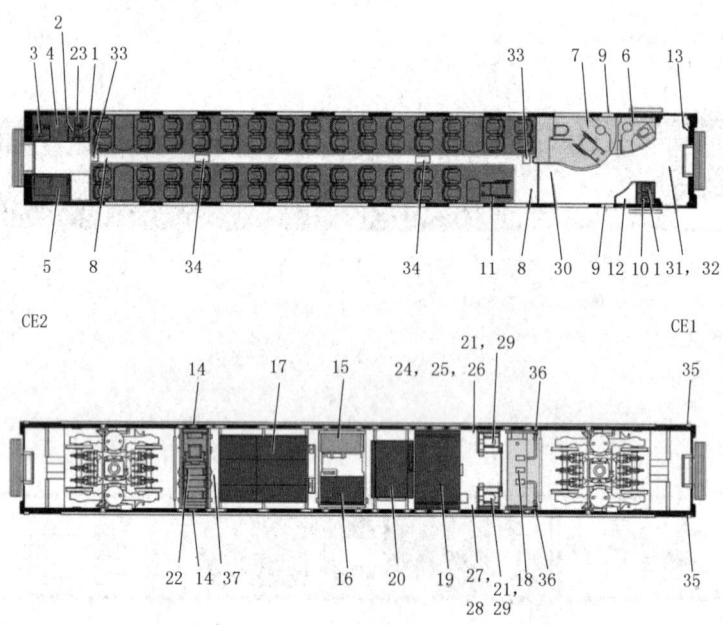

图 2.134 FC05 号车内和车下设备平面布置

表 2.22 FC05 号车图中各部位名称对照

1	灭火器	20	电池充电器
2	车辆控制面板	21	紧急车钩
3	PIS 电气柜	22	储风缸及排风单元
4	空调控制柜	23	垃圾箱
5	电气柜，车辆开关装置	24	转向架制动设备截断塞门
6	标准卫生设施	25	列车管截断塞门
7	通用卫生间	26	空气弹簧供风截断塞门
8	车内信息显示屏	27	制动系统截断塞门
9	车外信息显示屏	28	停放制动截断塞门
10	开水炉	29	铁鞋
11	轮椅存放区	30	内门/空调装置截断塞门
12	轮椅坡道	31	厕所供水截断塞门
13	内部通信装置	32	开水炉供水截断塞门
14	制动显示	33	车内电视（单）
15	制动控制模块	34	车内电视（双）
16	电气柜车载电源	35	注水口
17	双辅助变流器装置	36	排污口
18	污水箱	37	厕所供风截断塞门 (Z18)
19	电池		

5) 主要技术参数

CRH$_3$动车组主要技术参数见表2.23。

表2.23 CRH$_3$动车组主要技术参数

项　目	参数及说明
动车组长度	约 200 m
动车组配置	8辆车编组的电动车组
轴列式	Bo'Bo'+2'2'+Bo'Bo'+2'2'+2'2'+Bo'Bo'+2'2'+Bo'Bo'
动车组车辆的排列方式	EC 01，TC 02，IC 03，BC 04 FC 05，IC 06，TC 07，EC 08
定员	556 人+1 轮椅存放区
轨距	1 435 mm
限界	高速机车车辆限界
车辆长度	24 825 mm　中间车 25 860 mm　端车
车辆定距	17 375 mm
动力转向架的固定轴距	2 500 mm
非动力转向架的固定轴距	2 500 mm
车体宽度	3 257 mm
车顶距轨面的高度	3 890 mm
地板面距轨面的高度	1 260 mm
供电制式	25 kV/50 Hz
最大轮周牵引功率	8 800 kW
年最少可运用天数 年可运用公里数	330 天/年 1 000 000 km
最大再生制动功率	8 000 kW
最高运行速度	350 km/h
适应站台高度	1 250 mm（站台边缘到轨道中心线的距离）
车钩高度	1 000 mm
最大起动牵引力	300 kN
最大起动加速度	0.5 m/s^2
最大轴重	（1±4%）×17 t

续表 2.23

项 目	参数及说明
最小曲线半径： • 连挂 • 单车 • s 形曲线	250 m 150 m 180 m 曲线+10m 过渡直线+180 m 曲线
紧急车钩高度	880 mm
最大坡度	正线 12‰ 困难条件下 20‰ 站场联络线 30‰
隧道的断面积： • 双线 • 单线	100 m² 75 m²
制动初速 300 km/h 时平直道上纯空气紧急制动时的制动距离	3 700 m
车轮直径（新轮/磨耗到限）： • 非动力转向架 • 动力转向架	ϕ920/860 mm ϕ920/830 mm

CRH_3 的设计轴重为 17 t，根据 CRH_3 动车组的实际称重结果，列车自重为 425.08 t，总重为 473.23 t。平均静轴重为 14.79 t，最大静轴重为 15.69 t，见表 2.24。

表 2.24 CRH_3 动车组的实际称重结果（单位：t）

车型	EC01	TC02	IC03	BC04	FC05	IC06	TC07	EC08
实测平均	53.82	54.69	53.66	51.01	50.38	53.22	54.32	53.98
运营用品质量	0.320	0.325	0.485	0.325	0.955	0.485	0.325	0.320
定员质量	5.44	6.4	6.4	4	4	6.4	6.4	5.44
各车载重	59.58	61.42	60.55	55.34	55.34	60.11	61.05	59.74
列车自重	425.08							
列车总重	473.23							

2.5.5 4 种动车组的主要技术参数比较

我国引进并合作生产的 4 种 CRH 系列（CRH_1、CRH_2、CRH_3、CRH_5）动车组的主要技术参数见表 2.25。

第 2 章 动车组总体及主要技术参数

表2.25 4种动车组的主要技术参数

车型 项目	CRH₅动车组	CRH₂动车组	CRH₁动车组	CRH₃动车组
编组形式	8辆编组，可两编组连挂运行	8辆编组，可两编组连挂运行	8辆编组，可两编组连挂运行	8辆编组，可两编组连挂运行
动力配置	（3M+1T）+（2M+2T）	4M+4T	2×(2M+1T)+(1M+1T)	2×（2M+2T）
车种	一等车、二等车、酒吧座车合造车	一等车、二等车、酒吧座车合造车	一等车、二等车、酒吧座车合造车	一等车、二等车、酒吧座车合造车
定员	606+2（残疾人）	610	670	556+1（残疾人）
客室布置	一等车2+2、二等车2+3	一等车2+2、二等车2+3	一等车2+2、二等车2+3	一等车2+2、二等车2+3
最高运营速度（km/h）	200	200	200	300
最高试验速度（km/h）	250	250	250	350
适应轨距/mm	1 435	1 435	1 435	1 435
适应站台高度（mm）	500~1 200	1 200	500~1 200	1 250
传动方式	交直交	交直交	交直交	交直交
牵引功率（kW）	5 500	4 800	5 300	8 800
编组质量及长度	211.5 m，451 t	201.4 m，约359.7 t	213.5 m，420.4 t	200 m，425 t
车体型式	大型中空型材铝合金车体	大型中空型材铝合金车体	不锈钢车体	大型中空型材铝合金车体
气密性	车内压力从4 kPa降到1 kPa时间大于40 s	车内压力从4 kPa降到1 kPa时间大于50 s	无	车内压力从4 kPa降到1 kPa时间大于50 s
头车车辆长度（mm）	27 600	25 700	26 950	25 860
中间车车辆长度（mm）	25 000	25 000	26 600	24 825
车辆宽度（mm）	3 200	3 380	3 328	3 257
车辆高度（mm）	4 270	3 700	4 040	3 890
空调系统	车顶单元式空调系统	准集中式空调系统	分体式空调系统	车顶单元式空调系统
受流电压制式	AC25 kV-50 Hz	AC25 kV-50 Hz	AC25 kV-50 Hz	AC25 kV-50 Hz
牵引变流器	IGBT 水冷 VVVF	IGBT 水冷 VVVF	IGBT 水冷 VVVF	IGBT 水冷 VVVF
牵引电机功率/质量	550 kW/1 700 kg	300 kW/440 kg	265 kW/596 kg	550 kW/750 kg
起动加速度（m/s²）	0.5	0.406	0.6	0.5

续表 2.25

项目		长客 CRH$_5$ 动车组	四方 CRH$_2$ 动车组	BSP CRH$_1$ 动车组	唐山 CRH$_3$ 动车组
转向架	类型	二系空气簧无摇枕转向架	DT206/TR7004B 型无摇枕空气簧转向架	无摇枕空气簧转向架	二系空气簧无摇枕转向架
	一系悬挂	双组钢簧双拉杆定位+液压减振器	单组钢弹簧单转臂定位+液压减振器	单组钢弹簧单转臂定位+液压减振器	单组钢弹簧单转臂定位+液压减振器
	二系悬挂	空气弹簧+橡胶堆	空气弹簧+橡胶堆	空气弹簧+橡胶堆	空气弹簧+橡胶堆
	轴重（t）	≤17（动）/16（拖）	≤14	≤16	≤17
	轮径（mm）	ϕ890/810	ϕ860/790	ϕ915/835	ϕ920/860 mm（拖） ϕ920/830 mm（动）
	固定轴距（mm）	2 700	2 500	2 700	2 500
制动方式		直通式电空制动，备用自动式空气制动	直通式电空制动	直通式电空制动	直通式电空制动，备用自动式空气制动
紧急制动距离（m）		≤2 000（制动初速 200 km/h）	≤1 800（制动初速 200 km/h）	≤2 000（制动初速 200 km/h）	3700（制动初速 300 km/h）
辅助供电制式		3 相 AC 380 V 50 Hz，DC 24 V	DC 100 V、单相 AC 100 V、AC 220 V、AC 400 V	3 相 AC 380 V 50 Hz，DC 110 V	3 相 440V/60Hz，DC 110 V
列车控制网络系统		车载分布式计算机网络系统，符合 IEC61375（TCN）标准	车载分布式计算机网络系统，符合 ANSI 878.1（ARCNET）+EIA485/IS03309/4335（HDLC）标准	车载分布式计算机网络系统，符合 IEC61375（TCN）标准	车载分布式计算机网络系统，符合 IEC61375（TCN）标准
压力保护		列车通过隧道及交会时关闭新风及废气排口	高压、低压压力开关保护	无	列车通过隧道及交会时关闭新风及废气排口
车钩		车端为丹纳型自动车钩（带风、电连接），编组内为半永久性车钩（带风管）	柴田式密接式自动车钩（带风、电连接）	车端为沙库型自动车钩（带风、电连接），编组内为半永久性车钩（带风管）	车端为沙库型自动车钩（带风、电连接），编组内为半永久性车钩（带风管）
风挡		密封式折棚风挡	密封式橡胶风挡	密封式折棚风挡	密封式折棚风挡
侧门		电动塞拉门	电控气动液压压紧内拉门	电动对开拉门	电动塞拉门
车窗		独立式车窗	独立式车窗	独立式车窗	独立式车窗
座椅		靠背可调式座椅	可 180° 旋转、靠背可调式座椅	一等车靠背可调式、二等车靠背固定式座椅	靠背可调式座椅
座席尺寸（mm）	一等车宽度	480	475	500	500
	座间距	960	1 160	1 000	1 000
	二等车宽度	430	440	458	440
	座间距	960	980	900	920
过道宽度（mm）	一等车	600	600	600	495
	二等车	570	600	604	495
卫生系统		真空坐式、蹲式便器	净水冲洗式（喷射式）非真空坐便器和小便器	真空坐式、蹲式便器	真空坐式、蹲式便器

第3章 转 向 架

3.1 概 述

转向架是机车车辆最重要的组成部件之一，其结构是否合理直接影响机车车辆的运行品质、动力性能和行车安全。

高速列车在全世界各地的疾速奔驰，现代城轨车辆的飞速发展，无一不与转向架技术的进步发展息息相关。可以毫不夸张地说，转向架技术是"靠轮轨接触驱动运行的现代机车车辆"得以生存发展的核心技术之一。

由于各国铁路发展历史和背景的不同，以及技术条件上的差异，致使各国研制的高速转向架结构类型也相差较多。然而在设计原则上的共识和实践经验却导致高速转向架形式上的众多相同之处，如采用空气弹簧悬挂系统、无磨耗轴箱弹性定位、盘形制动为主的复合制动系统，等等。

根据国外高速转向架的设计经验，建议采用以下设计原则：

（1）采用高柔性的弹簧悬挂系统，以获得良好的振动性能。这种高柔性空气弹簧在速度 300 km/h 以下能表现出其优越性。

（2）采用高强度、轻量化的转向架结构，以降低轮轨间动力作用。

（3）采用能有效地抑制转向架蛇行运动，提高转向架蛇行运动临界速度的各种措施。

（4）驱动装置采用简单、实用、可靠、成熟的结构，尽量减小簧下质量和簧间质量，以改善轮轨间的动作用力，提高高速运行稳定性。

（5）基础制动装置采用复合制动系统。

3.2 转向架的任务、组成和分类

3.2.1 任 务

任何铁路机车车辆转向架必须完成如下任务：

（1）承载。承受车架以上各部分的质量（包括车体、车架、动力装置和辅助装置等），并使轴重均匀分配。

（2）牵引（动力转向架）。保证必要的轮轨黏着，并把轮轨接触处产生的轮周牵引力传递给车架、车钩,牵引列车前进。

(3)缓冲。缓和线路不平顺对车辆的冲击,保证车辆具有良好的运行平稳性和稳定性。

(4)导向。保证车辆顺利通过曲线。

(5)制动。产生必要的制动力,以使车辆在规定的距离内减速或停车。

当然,非动力转向架并不产生驱动力,它是被别人拉着走的,因此它可以没有牵引作用(任务)。

3.2.2 组成及各部分的作用

通常一般动车组转向架可分为动力转向架和非动力转向架,常见的动力转向架结构如图 3.1 所示,其主要组成部分及其作用叙述如下:

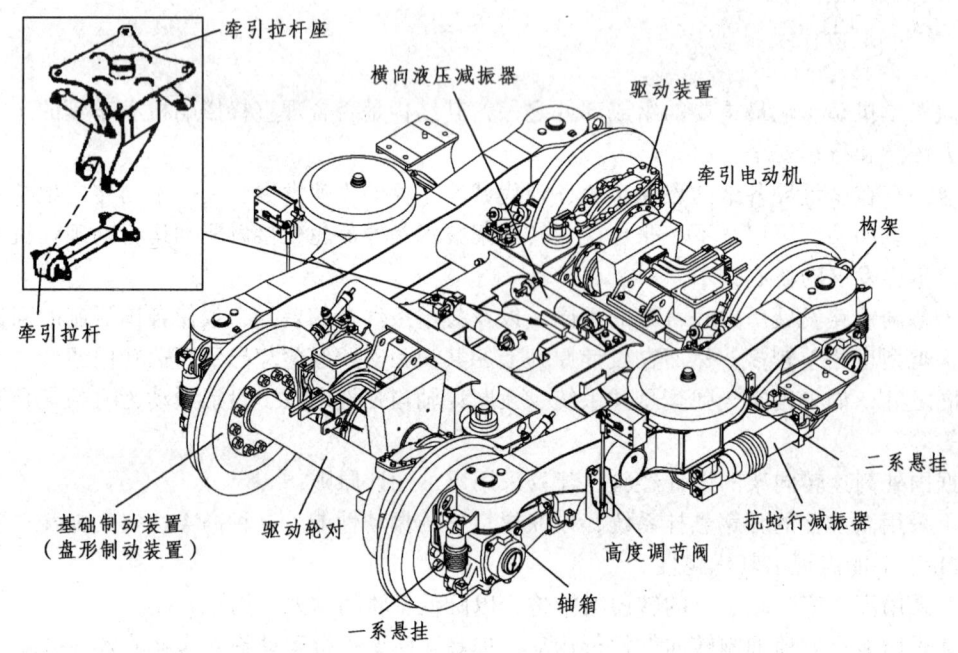

图 3.1 动力转向架结构

(1)轮对。轮对直接向钢轨传递质量,通过轮轨间的黏着产生牵引力或制动力,并通过车轮的回转实现车辆在钢轨上的运行(平移)。

(2)轴箱。轴箱是联系构架与轮对的活动关节,它除了保证轮对进行回转运动外,还能使轮对适应线路不平顺等条件,相对于构架上、下、左、右和前、后运动。

(3)一系悬挂(弹簧悬挂装置)。用来保证一定的轴重分配,缓和线路不平顺对车辆的冲击,并保证车辆运行平稳。它包括轴箱弹簧、垂向减振器和轴箱定位装置等。

(4)构架。转向架的骨架,它将转向架的各个零、部件组成一个整体,并承受和传递各种力。它包括侧梁、横梁或端梁,以及各种相关设备的安装或悬挂支座等。

(5)二系悬挂[车架(体)与转向架间的连接装置]。用以传递车体与转向架间的垂向力和水平力,使转向架在车辆通过曲线时能相对于车体回转,并进一步减缓车体与转向架间的冲击振动,同时必须保证转向架安定。它包括二系弹簧、各方向减振器、抗侧滚装置和牵引装置等。

（6）驱动装置（动力转向架）。将动力装置的扭矩最后有效地传递给车轮。包括牵引电机、车轴齿轮箱、联轴节或万向轴和各种悬吊机构等。

（7）基础制动装置。由制动缸传来的力，经放大系统（一般为杠杆机构）增大若干倍以后传给闸瓦（或闸片），使其压紧车轮（或制动盘），对车辆施行制动。包括制动缸（气缸或油缸）、放大系统（杠杆机构或空-油转换装置）、制动闸瓦（或闸片）和制动盘等。

一般动车组的非动力转向架与动力转向架的最主要区别是：非动力转向架没有驱动装置。

3.2.3 转向架的主要技术要求

对铁路机车车辆转向架的主要技术要求包括：

（1）保证最佳的黏着条件。轴重转移应尽量小，且轮轨间不产生黏-滑振动。
（2）良好的动力学性能。尽量减小轮轨间的动作用力，减少轮轨间的应力和磨耗。
（3）质量轻，工艺简单。尽可能减轻自重，且制造和修理工艺简易。
（4）良好的可接近性。易于接近，便于检修。
（5）零部件标准化和统一化。结构和材质尽可能统一化。

3.2.4 转向架分类

1. 按轴数分类

一般铁道机车车辆有：两轴转向架、三轴转向架和四轴转向架（极少数）等。

而对高速动车组车辆来说，通常只采用两轴转向架，但在比较特殊的轻轨车辆上有时可见单轮对（或轮组）转向架。

2. 按弹簧装置形式（悬挂方式）分类

有一系悬挂和两系悬挂转向架之分：

（1）一系悬挂。仅在轮对轴箱与构架间或者仅在构架与车体间有弹簧，如图 3.2 所示。适用于中、低速车辆。

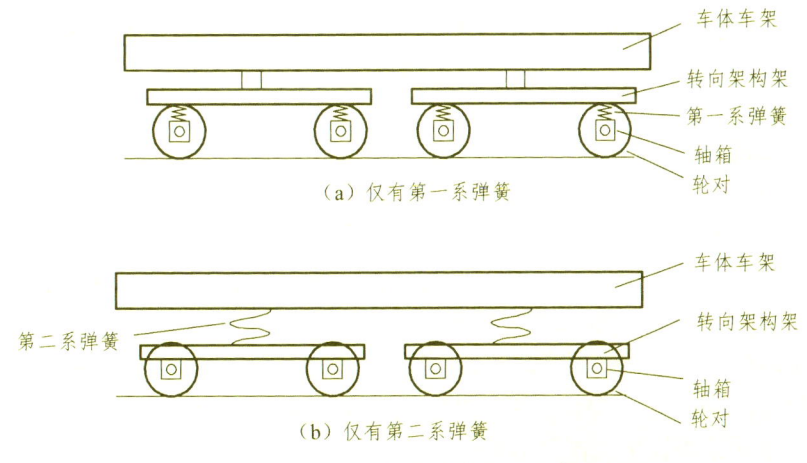

图 3.2 一系弹簧悬挂转向架示意图

（2）两系悬挂。除了在轮对轴箱与构架间有弹簧外，还在构架与车体间设置第二系悬挂弹簧，如图 3.3 所示。一般适用于中、高速机车车辆。

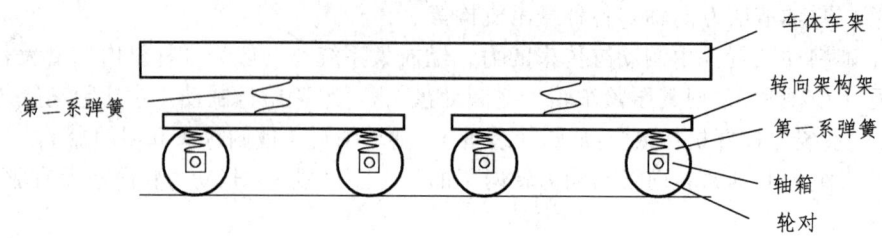

图 3.3　两系弹簧悬挂转向架示意图

高速动车组车辆通常采用两系悬挂转向架。

3. 按轴箱定位形式分类

轴箱定位装置是指约束轮对轴箱与构架之间相对运动的机构。它对转向架的横向动力性能、曲线通过性能和抑制蛇行运动具有决定性的作用。

轴箱定位装置的纵向和横向定位刚度选择合适，可以避免车辆在运行速度范围内蛇行运动失稳，保证曲线通过时具有良好的导向性能，减轻轮缘与钢轨间的磨耗和噪声，确保运行安全和平稳。

常见的轴箱定位装置的结构形式有：

（1）拉板式定位（如日本 0 系和 100 系转向架）。
（2）拉杆式定位（如 CRH_5 转向架）。
（3）转臂式定位（如 CRH_1、CRH_2 和日本 500 系转向架）。
（4）层叠式橡胶弹簧定位（又称八字形或人字形橡胶定位，上海地铁转向架）。
（5）干摩擦式导柱定位。
（6）导框式定位（很少使用）。

由于转臂式定位轴箱结构简单、拆装方便，因此在高速动车组转向架上得到了越来越广泛的使用。

4. 按车架（体）与转向架间的连接装置形式分类

按车架（体）与转向架间的连接装置形式来分，可分为有心盘（或牵引销）转向架、无心盘（或牵引销）转向架和铰接式转向架（亦称雅可比转向架）。

铰接式转向架又可分为如下三种：
① 具有双排球形转盘的铰接转向架；
② 具有球心盘的铰接转向架；
③ TGV 高速列车式铰接转向架。

带心盘（或牵引销）式结构由于很难实现转向架相对于车体的横向弹性运动的要求，且结构比较复杂，因此在现代高速动车组转向架中几乎不被采用。

CRH_1 和 CRH_2 动车组转向架均采用无牵引销（无心盘）转向架，且 CRH_1 和 CRH_2 采用非常简单的单拉杆结构，而 CRH_5 采用"Z"字形布置的双拉杆配合中央牵引销结构。而法国 TGV 高速列车往往采用铰接式转向架。

3.3 CRH 系列动车组转向架简介

3.3.1 CRH$_2$ 动车组转向架简介

CRH$_2$ 动车组采用 4M4T 的编组形式,其动车(以下简称 M 车)和拖车(以下简称 T 车)分别装用了动力转向架(以下简称 M 转向架)和拖车转向架(以下简称 T 转向架)。两转向架型号分别为 SKMB-200 和 SKTB-200,其中 S,K 分别代表南车四方(Sifang)和川崎重工(Kawasaki),M 和 T 分别表示动车和拖车,B 表示转向架(Bogie),200 代表运行速度级。

CRH$_2$ 动车组由川崎重工负责方案选型和技术设计,转向架以川崎重工为东日本铁路公司提供的 E2-1000 系动车组转向架为原型,其 M 转向架的型号为 DT206,T 转向架为 TR7004。为适用于中国铁路,对原型车转向架方案进行了部分变更设计。

动车组中所有 M 转向架的结构形式是相同的,T 转向架的结构形式除两辆端部头车(T1、T4 号车)因安装排障装置和 LKJ2000 型速度传感器略有差异外,其他结构均相同。动车组中各车所装用转向架的编组及方位定义如图 3.4 所示。

1. CRH$_2$ 动车组转向架基本结构特征

(1)无摇枕 H 形构架之转向架。
(2)采用轻量、小型、简洁的结构。
(3)采用小轮径(ϕ860 mm)的车轮以减少簧下质量。
(4)采用内孔为 ϕ60 mm 的空心车轴以减轻簧下质量,该内孔同时有利于对车轴进行超声波探伤。
(5)轴箱采用转臂式定位,轴箱弹簧采用双圈钢圆簧。
(6)二系采用具有高度自动调节装置的空气弹簧,且其辅助风缸由无缝钢管制成的横梁内腔承担。
(7)采用抗蛇行减振器兼顾高速稳定性和曲线通过性能。
(8)采用单拉杆式中央牵引装置传递纵向力。
(9)动车转向架上装有轻型交流异步牵引电机。
(10)采用挠性浮动齿式联轴式牵引电动机架悬式驱动装置。
(11)基础制动装置采用液压油缸卡钳式盘型制动。
(12)全部车轮装有机械制动盘(轮盘)。
(13)拖车转向架车轴上装有机械制动盘(轴盘)。
(14)利用踏面清扫装置改善轮轨间运行噪声和黏着状态。

2. 主要技术参数

与转向架有关的主要技术参数见表 3.1,转向架详细技术参数见表 3.2。

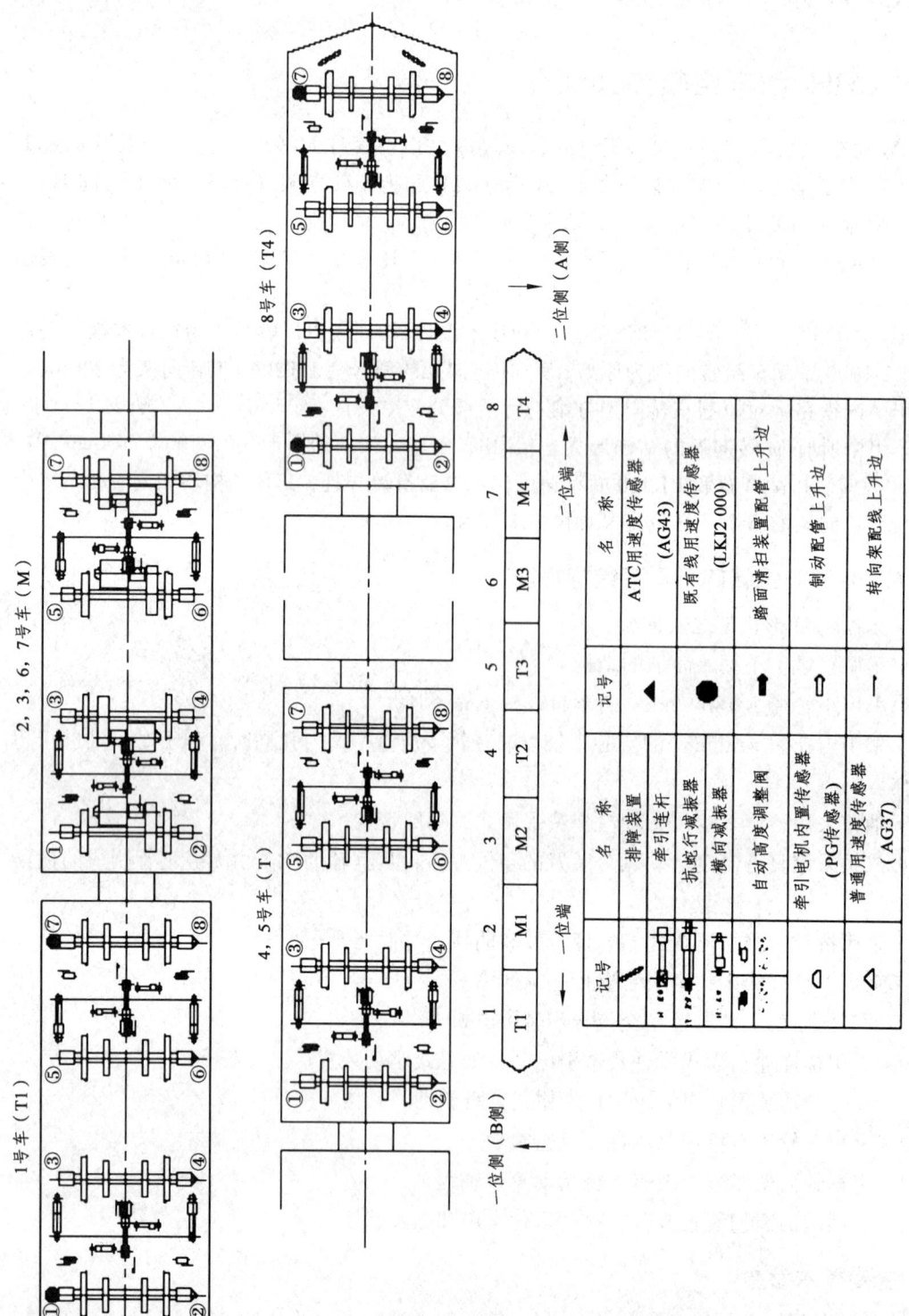

图 3.4 动车组转向架编组示意图

第 3 章 转 向 架

表 3.1 主要技术参数表

项 目	参 数
设计最高速度（km/h）	250
营业最高速度（km/h）	200
额定轴重（kN）	137.2（14 t）
满员时最大轴重（200%定员）（kN）	156.8（16 t）
编组能通过的最小曲线半径（m）	180
单车调车能通过的最小曲线半径（m）	130
转向架转角（°）	4.0
轴距（mm）	2 500
车轮直径　新/磨耗到限（mm）	$\phi 860/790$
轮对内侧距（mm）	$1\,353^{+2}_{-1}$
适用轨距（mm）	1 435
自重下空气弹簧上平面距轨面高度（mm）	1 000

表 3.2 转向架详细技术参数表

项 目		转向架形式	动车转向架 SKMB-200	拖车转向架 SKTB-200
转向架质量（t）			7.50	一般转向架：6.87 头车转向架：6.95
固定轴距（mm）			2 500	
车轮直径（mm）			$\phi 860$（最小使用直径 $\phi 790$）	
轴承中心间距（mm）			2 000	
转向架最大长度（mm）			3 416	一般转向架：3 416 头车转向架：3 566
转向架最大宽度（mm）			3 102（至空气弹簧筒为止）	
空气弹簧左右中心距（mm）			2 460	
空气弹簧有效直径（mm）			$\phi 520$	
驱动方式			平行万向节挠性联轴器、1级减速齿轮方式	—
齿轮比			85∶28=3.04∶1	
车轴轴承			$\phi 130$ 密封式双列圆锥滚子轴承	
制动方式			空油变换、轮盘方式	空油变换、轮盘、轴盘并用方式
锁紧装置			油压缸：$\phi 45\times 2$	油压缸：$\phi 32\times 2$
制动倍率			18.367（增压比）×2（油压缸数量）=36.73	
闸片			烧结合金（锻钢盘片用）	
轴箱定位		方式	转臂式	
		弹性定位节点刚度（每轴箱）（MN/m）	纵向：13.7 横向：5.49	
减振方式及阻尼系数		一系垂向油压减振器（kN·s/m）	4×19.6	
		二系横向油压减振器（kN·s/m）	2×58.8	
		二系抗蛇行油压减振器（kN·s/m）	2×2 450	

3. 动车转向架基本结构

南车四方国产化 CRH$_2$ 动车组中的所有 M 车（第 2, 3, 6, 7 号车）装用了 SKMB-200 型 M 转向架，转向架图纸编号为 SFEZ03-000-000。动车转向架主要由驱动轮对、轴箱、一系悬挂、构架、二系悬挂、驱动装置和基础制动装置等七部分组成，具体结构如图 3.5 所示。

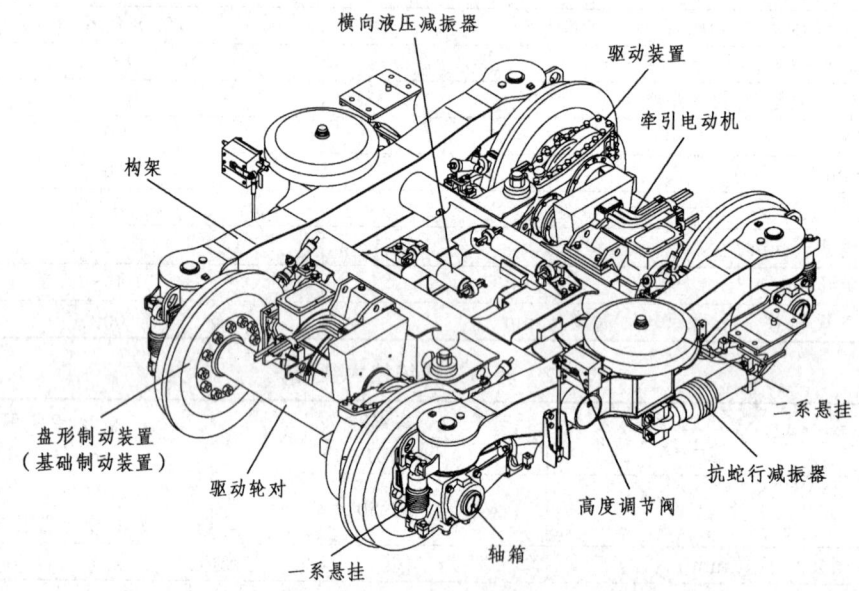

图 3.5 动车转向架基本结构

动车转向架中 3 个力的传递过程：

（1）垂向力（即重力）：

车体→橡胶空气弹簧→构架侧梁→轴箱圆弹簧+转臂定位销→轴箱→车轴→车轮→钢轨

（2）横向力（离心力等）：

车轮→车轴→轴箱→轴箱圆弹簧+转臂定位销→构架侧梁→

$$\rightarrow \begin{Bmatrix} 橡胶空气弹簧（力较小时） \\ 构架横梁→横梁连接梁→横向橡胶侧挡→中央牵引拉杆座（力较大时） \end{Bmatrix} \rightarrow 车体$$

（3）纵向力（牵引力或制动力）：

（轮轨间黏着）车轮→车轴→轴箱→轴箱转臂定位销→构架侧梁→构架横梁→牵引拉杆→中央牵引拉杆座→车体→车钩

4. 拖车转向架基本结构

南车四方国产化 CRH$_2$ 动车组中的所有 T 车（第 1, 4, 5, 8 号车）装用了 SKTB-200 型拖车转向架，转向架图纸编号为 SFEZ04-000-000，其中第 4, 5 号车所装用的拖车转向架，在轮对的二位侧（A 侧）安装了 AG37 型速度传感器，而第 1, 8 号车所装用的拖车转向架，其第 2, 3 位轮对的二位侧（A 侧）安装了 AG43 型速度传感器，其第 1, 4 位轮对的二位侧（A 侧）安装了 AG37 型速度传感器，而一位侧（B 侧）安装了 LKJ2000 型速度传感器。此外，分别在第 1, 8 号车的最外端 4 个轴箱下安装了排障装置。

T 车转向架实际上可细分为中间车 T 转向架和端部车 T 转向架两种类型，两者结构基本相同，只是端部车 T 转向架上装有排障器。T 车转向架主要由轮对、轴箱、一系悬挂、构架、二系悬挂和基础制动装置等六部分组成，具体结构如图 3.6 所示。

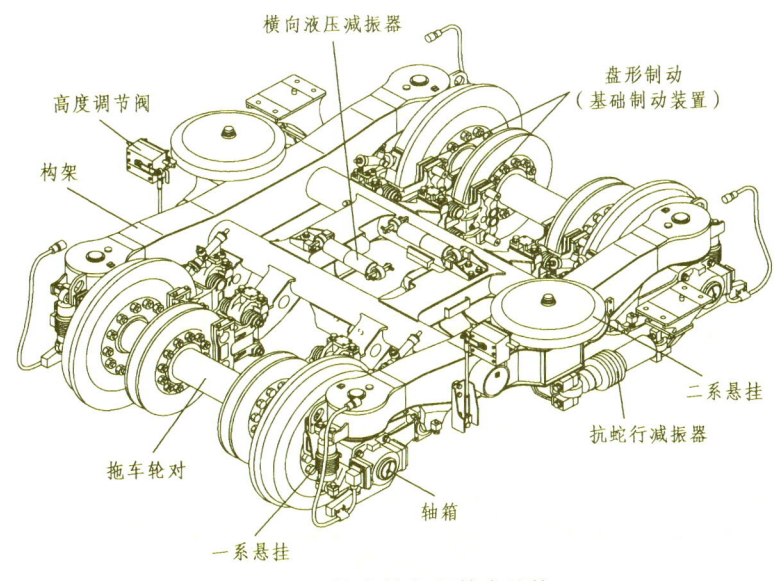

图 3.6 拖车转向架基本结构

3.3.2 CRH$_1$ 动车组转向架简介

CRH$_1$ 动车组转向架是以 AM96 转向架为原型进行设计的，后者在中国和欧洲都用在高速运行的列车上，在轮对、轴箱、一、二系悬挂装置、齿轮箱和牵引装置、制动装置等各部件上均采用了成熟的技术。这就确保了它在高速列车要求的速度和负载方面，符合 UIC518 规定的运行品质和高可靠性要求。

CRH$_1$ 动车组的每辆车都装有两个转向架，因车型不同，有两种类型的转向架（见图 3.7）：动车转向架和拖车转向架。

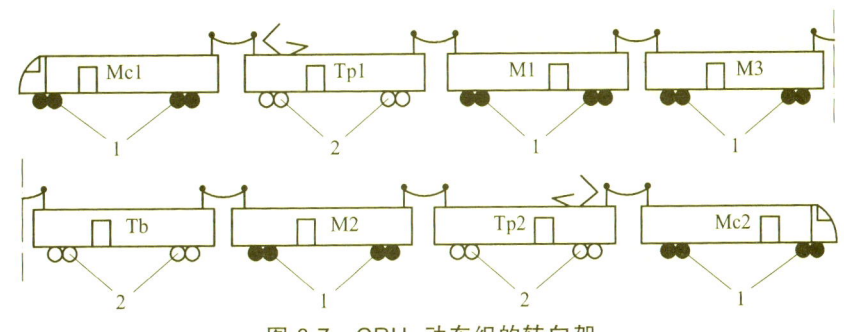

图 3.7 CRH$_1$ 动车组的转向架
1—动力转向架；2—拖车转向架

（1）动车转向架上安装有下列主要设备：
① 两个牵引电机驱动轴。
② 每轴有两个装在车轮上的制动盘（轮盘）。
③ 制动单元装于端梁上。

④ 信号系统和排障器（仅某些转向架）。
（2）拖车转向架上安装有下列主要设备：
① 每轴有3个装在轴上的制动盘（轴盘）。
② 制动单元装于横梁上。
③ 分相区天线（仅某些转向架）。

拖车和动车转向架都有相同的一系和二系悬挂系统，转向架构架亦相似，但拖车转向架构架上没有端梁。各转向架的停放制动装置和装于转向架上的其他设备也不尽相同。

图3.8所示为动车组转向架车轮及轴的编号及其编组车辆的A位端、B位端和右侧、左侧示意图。

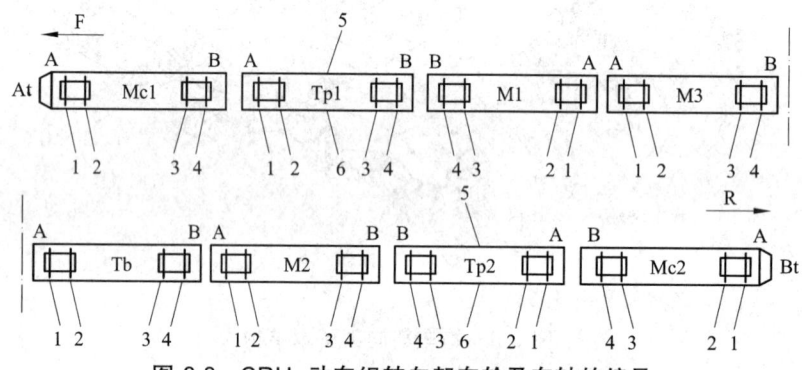

图 3.8 CRH₁动车组转向架车轮及车轴的编号

1—轴1（转向架1A位端）；2—轴2（转向架1B位端）；3—轴3（转向架2B位端）；4—轴4（转向架2A位端）；5—列车右侧；6—列车左侧；A—车辆A位端；B—车辆B位端；At—列车A位端；Bt—列车B位端；F—正向行进；R—返回（逆向行进）

转向架车轮及轴的编号起始端为B位端。转向架1的A位端和B位端朝向车辆的A位端和B位端，转向架2则旋转180°，方向相反。

列车运行方向规定如下：

当在Mc1车驾驶室驾驶列车向前行进时，视为列车正向行进。

当在Mc2车驾驶室驾驶列车向前行进时，视为列车返回（逆向行进）。

1. 主要技术参数

CRH₁动车组转向架的主要技术参数见表3.3。

表 3.3 CRH₁动车组转向架的主要技术参数

项 目		参 数
轴距（mm）		2 700
车轮直径（mm）		915
空气弹簧中心距（mm）		1 860
轴承直径（mm）		130
轴颈中心距（mm）		2 070
质量（t）	动车	大约8.2
	拖车	大约6.3
速度（km/h）	正常运行	200
	最大速度	220
	最大试验速度	250

2. 动车转向架

动车转向架安装在动车上，由构架、轮对、轴箱、一、二系悬挂装置、基础制动装置和驱动装置等七部分组成。每台动力转向架有两根动力轴，牵引电机采用挠性浮动齿式联轴节式架悬方式。该动力转向架采用车轮两侧安装制动装置（即轮盘）配合专门安装在车端梁上的紧凑型单元式空气制动器一起动作的基础制动装置。

该动车转向架的三维图和平面二视图分别如图 3.9 和图 3.10 所示。

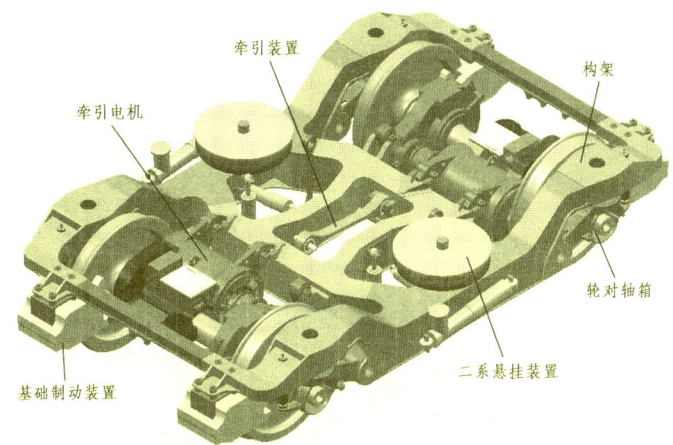

图 3.9 动车转向架三维图

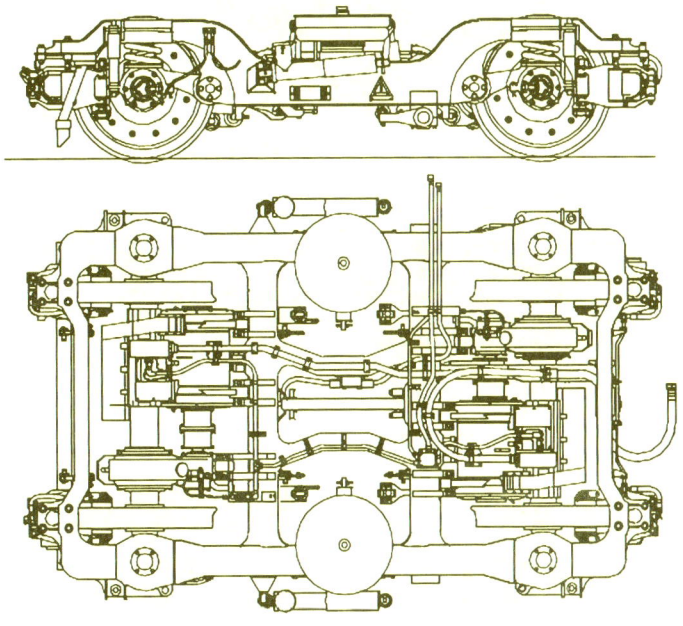

图 3.10 动车转向架二视图

动车转向架中 3 个力的传递过程如下：

（1）垂向力（即重力）：

车体→橡胶空气弹簧→构架侧梁→轴箱圆弹簧＋转臂定位销→转臂→轴箱→车轴→车轮→钢轨

（2）横向力（离心力等）：

车轮→车轴→轴箱→转臂→轴箱圆弹簧+转臂定位销→构架侧梁→

→ { 橡胶空气弹簧（力较小时）
    构架横梁→横梁连接梁→横向橡胶侧挡→车体侧挡座（力较大时） } →车体

（3）纵向力（牵引力或制动力）：

（轮轨间黏着）车轮→车轴→轴箱→转臂→轴箱转臂定位销→构架侧梁→构架横梁→牵引拉杆→中央牵引拉杆座→车体→车钩

3. 拖车转向架

拖车转向架安装在拖车上，由构架、轮对、轴箱、一、二系悬挂装置、基础制动装置等部件组成。与动力转向架相比，拖车转向架上没有驱动装置，同时其基础制动装置采用在每根轴上安装3个制动轴盘配合安装在车横梁上的3个紧凑型单元式空气制动器共同工作。

该拖车转向架的三维图和平面二视图分别如图3.11和图3.12所示。

图 3.11 拖车转向架三维图

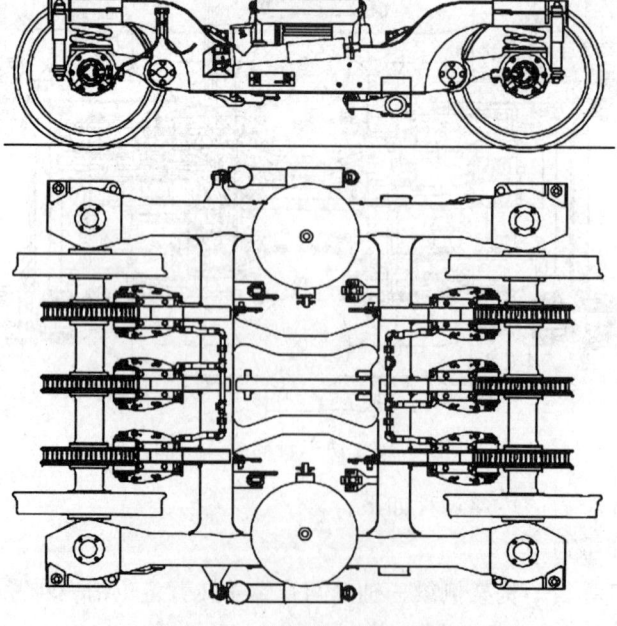

图 3.12 拖车转向架二视图

3.3.3 CRH₅动车组转向架简介

1. 转向架概要

CRH₅动车组每列 8 辆编组，如图 3.13 所示。采取"五动三拖"的编组构成，所用转向架包括动力转向架和非动力转向架两种形式，其中动力转向架有三种类型（简称 M，其制造图纸代号分别为 AX30499、AX109567 与 AX30500），非动力转向架有两种类型（简称 T，图纸代号分别为 AX30513 与 AX30514）。

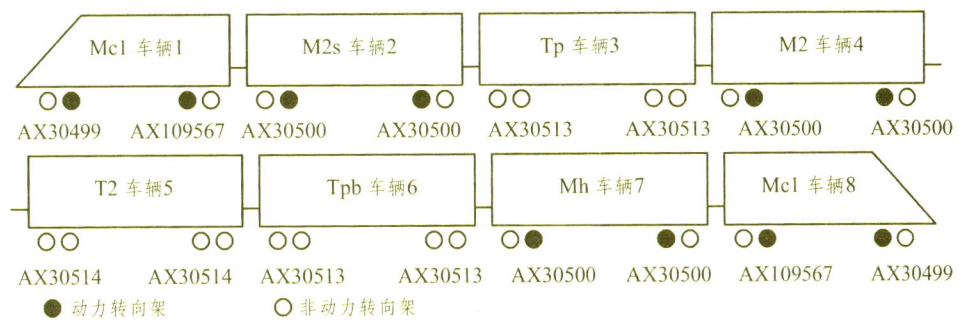

图 3.13 动车组转向架编组示意图

CRH₅动车组转向架是在 TAV-S104 转向架基础上改进设计，TAV-S104 转向架由阿尔斯通公司于 2002 年设计，应用于西班牙 Lanzaderas 动车组上。该转向架源于意大利 ETR 系列摆式动车组转向架，并经国内长春轨道客车股份有限公司提出相关的技术要求改进而来。与 TAV-S104 转向架相比，CRH₅ 转向架主要是将二系悬挂由钢弹簧改为空气弹簧；为适应中国的线路，轮对内侧距由 1 360 mm 改为 1 353 mm；车轮踏面形式重新设计后采用 XP55 型车轮踏面。

CRH₅转向架一系悬挂装置采用成熟的上下双拉杆轴箱定位方式，二系悬挂系统由上枕梁、空气弹簧系统、抗侧滚扭杆、二系横向减振器、二系垂向减振器、抗蛇行减振器、防过充装置、横向止挡和牵引拉杆等组成；驱动装置由齿轮箱、万向轴、安全装置和体悬式牵引电机组成，转向架与车体间采用双牵引拉杆式牵引装置，传递牵引力和制动力；基础制动采用轴盘制动。

动力转向架和非动力转向架的主要区别是动力转向架有 1 根动力轴和 1 根非动力轴，而非动力转向架有两根非动力轴。动力轴上装有两个制动轴盘和一组齿轮箱，非动力轴上装有 3 个制动轴盘，动力转向架构架比非动力转向架构架在横梁上多了一个齿轮箱拉杆座。

CRH₅动车组转向架具有如下结构特点：

（1）驱动装置采用牵引电动机体悬式结构，由悬挂在车底架上的牵引电机通过垂直于车轴的万向轴将扭矩传给直角锥齿轮，进而驱动车轮（轮对）。

（2）轴箱采用上、下双拉杆定位结构。

（3）基础制动装置采用单元式空气盘形制动（轴盘），但单元制动装置通过专门的制动梁安装到构架侧梁和横梁上。

（4）采用两套抗侧滚扭杆装置配合空气弹簧来抑制车体的侧滚。

（5）车体与转向架间采用"Z"字形布置的牵引拉杆配合中央牵引销传递纵向力。

2. 主要技术参数

CRH$_5$动车组转向架主要技术参数见表3.4。

表3.4 CRH$_5$动车组转向架主要技术参数

项　　目	参　　数
设计使用寿命（年）	30
最高试验速度（km/h）	250
运行速度（km/h）	200
轨距（mm）	1 435
最大轴重（t）	17
轴距（mm）	2 700
新（旧）车轮尺寸（mm）	890（810）
轮对内侧距（mm）	1 353±1
车轮踏面	XP55
最小曲线半径（m）（速度 v<5 km/h）	100（单车调行） 145（连挂）
最小曲线半径（m）（v<40 km/h） 线路曲线半径（m）（200 km/h）	160 2 200
制动盘尺寸（mm）/材料	ϕ640/钢
每个动力轴/非动力轴的制动盘数量	2/3
车辆平稳性指标	客室 W<2.5，司机室<3.5
弹簧形式	一系螺旋钢弹簧 二系空气弹簧
轴承形式	SKF-TBU 圆锥滚子轴承单元
轴箱轮对定位方式	上、下双拉杆
弹性定位节点刚度（MN/m）/每轴箱	纵向：13.734 横向：4.990
转向架制动形式	轴盘制动
转向架外形尺寸（长×宽×高）(mm)	3 740×2 853×1 050（动力） 3 740×2 834×1 050（非动力）
转向架质量（kg）	8 060（动力） 7 660（非动力）
空气弹簧横向跨距（mm）	2 000

3. 动力转向架（M）

CRH$_5$动车组中的动车（第1，2，4，7，8号车）分别装用了制造图纸代号为AX30499、AX109567、AX30500的3种M转向架，其中第1、8号车所用的图号为AX30499与AX109567转向架，轴端布置有轴温传感器、ATP/LKJ2000速度传感器以及接地回流装置，另外 AX30499 转向架前端安装了轮缘润滑装置和扫石器，在2，4，7号车所装用的图号为

AX30500 转向架安装有加速度传感器。

动力转向架主要由焊接构架、一系悬挂及轮对轴箱定位装置、二系悬挂及牵引装置、驱动装置（齿轮箱、万向轴等）、基础制动装置（含弹簧储能停车制动功能）、轴温报警装置与接地回流装置、撒砂器和 ATP 信号接收系统与轮缘润滑系统（列车头尾部动力转向架）等组成。

AX30500 型动力转向架如图 3.14 所示。

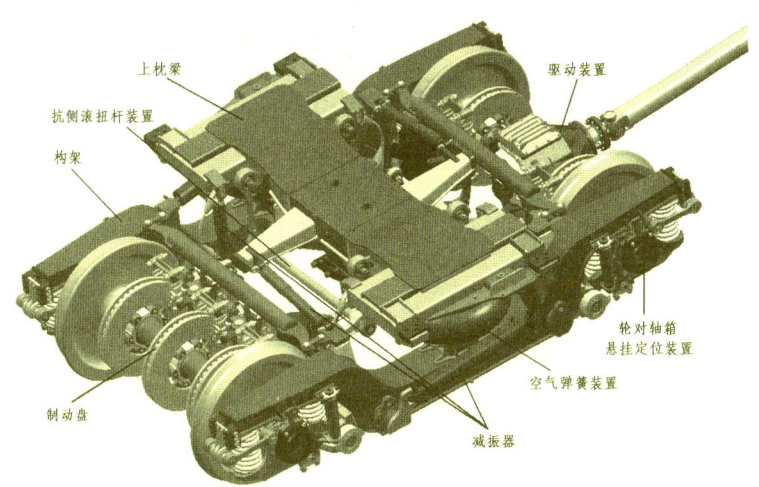

图 3.14　AX30500 型动力转向架

动力转向架中 3 个力的传递过程如下：

（1）垂向力（即重力）：

车体→上枕梁→橡胶空气弹簧→构架侧梁→轴箱圆弹簧＋下定位拉杆→轴箱→车轴→车轮→钢轨

（2）横向力（离心力等）：

车轮→车轴→轴箱→轴箱圆弹簧+弹性定位下拉杆→构架侧梁→

→ { 橡胶空气弹簧（力较小时） ／ 横向橡胶侧档→上枕梁（力较大时） } →车体

（3）纵向力（牵引力或制动力）：

（轮轨间黏着）车轮→车轴→轴箱→轴箱定位上下双拉杆→构架侧梁 →构架横梁→"Z"字形牵引拉杆→中央牵引销→上枕梁→车体→车钩

4. 非动力转向架（T）

CRH$_5$ 动车组中的 T 车（第 3，5，6 号车）分别装用了图号为 AX30513 和 AX30514 两种 T 转向架，其中第 3，6 号车装用 T 车转向架 AX30513，第 5 号车装用 T 车转向架 AX30514，两转向架在轴端均装有轴温传感器和接地回流装置。该转向架的结构如图 3.15 所示，主要由焊接构架、轮对轴箱、一系悬挂、二系悬挂、基础制动装置（含弹簧储能停车制动功能）、轴温报警装置与接地回流装置和速度传感器装置等组成。

AX30513 型非动力转向架如图 3.15 所示。

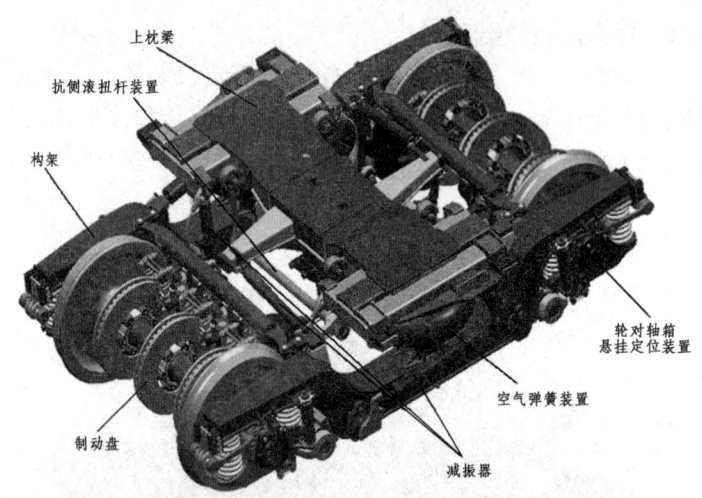

图 3.15　AX30513 型非动力转向架

3.3.4　CRH$_3$ 动车组转向架简介

1. 转向架结构概要

CRH$_3$ 型高速动车组采取"四动四拖"的编组形式，由 8 节车辆组成，如图 3.16 所示。

动车组以成熟的高速转向架（德国 ICE3 动车组转向架 SF500）结构型式为基础，针对中国 CRH$_3$ 项目宽车体的要求，对转向架各部件质量、重心以及悬挂参数进行了调整，使其运行品质更加优良。

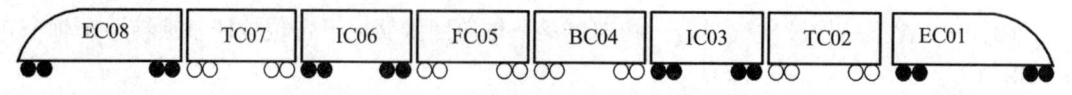

● 动力转向架（MB）　　○ 拖车转向架（TB）

图 3.16　动车组转向架编组示意图

CRH$_3$ 型高速动车组转向架分动力转向架（简称 MB）和非动力转向架（简称 TB）两种类型。两种转向架不可互换，但其结构型式基本一致。动力转向架与非动力转向架的主要区别是：（a）动力转向架有 2 根动力轴，每根动力轴上装有两个制动轮盘和一组齿轮箱；（b）非动力转向架有 2 根非动力轴，每根非动力轴上装有 3 个制动轴盘；（c）动力转向架比非动力转向架多一个电机安装架。

转向架构架有以下几种特点：

（1）构架为 H 形箱形焊接结构，由两根中间为凹型的侧梁组成。

（2）一系悬挂为螺旋钢弹簧加垂向液压减振器，转臂式定位方式。

（3）二系悬挂采用带有应急橡胶堆的、高度自动调节的空气弹簧直接支撑车体，且空气弹簧辅助气室由枕梁内腔承担。

（4）在车体和转向架之间装有双抗蛇行减振器、横向减振器、抗侧滚扭杆装置以及 Z 形双拉杆牵引装置。

（5）动力转向架采用轮盘制动方式；非动力转向架采用轴盘制动方式。
（6）动力转向架采用挠性浮动齿式联轴节式牵引电动机弹性架悬式驱动装置。
（7）转向架轴箱采用自密封式双列圆锥滚动轴承。

2. 转向架主要技术参数

CRH$_3$型高速动车组转向架主要技术参数参见表3.5。

表3.5　CRH$_3$型动车组转向架主要技术参数

项　目	转向架	
	动力转向架	非动力转向架
轴列式	Bo	2
轨距（mm）	1 435	
最小曲线半径(m)——动车组，连挂时(困难条件下)	低速时：250（150）	
最小曲线半径（m）——单车调车	步行速度时：150	
S形曲线	180 m + 10 m过渡 + 180 m	
最高运行速度（km/h）	300	
最高试验速度（km/h）	330	
运营服务时一次性演示的最高速度(km/h)	350	
未平衡离心加速度（m/s^2）	0.79	
固定轴距（mm）	2 500	
车轮直径（mm）新/旧	920/830	920/860
最大静轴重（t）	(1±4%)×17(最大 17.68 t)	(1±4%)×17(最大 17.68 t)
转向架质量，包括枕梁及其零部件（kg）	≤10 000	≤7 500
一系悬挂	螺旋钢弹簧+垂直液压减振器+转臂定位	
二系悬挂	空气弹簧+扭杆+横向液压减振器+双抗蛇行液压减振器	
二系纵向力传递方式	Z形双拉杆牵引装置	
转向架距轨面高度（mm）/新车轮、空气弹簧充风状态下	1010（枕梁上表面）	
驱动方式	平行万向轴+齿轮传动装置	-
持续轴功率（kW）	约560	-
基础制动	轮盘盘形制动	轴盘盘形制动
停放制动	-	弹簧蓄能制动

3. 主要部件

动力转向架构架由两个侧梁、两个横梁和两个纵梁组焊为"H"形箱形结构。侧梁由钢板焊接而成下凹的"U"形结构，钢板材质为S355J2G3C。

一系悬挂装置采用转臂式轴箱定位结构。一系悬挂系统由一组螺旋钢弹簧、一系垂向液压减振器和转臂定位装置组成。箱体与构架间的连接通过带橡胶节点的转臂实现。

轴箱上设有弹簧安装座和垂向减振器座，轴箱由GGG铸铁制成，并使用双列圆锥滚子轴承 TBUϕ130×ϕ240×160。车轴轴箱为分体设计，可不拆卸轴承更换轮对。

车轮对采用整体车轮，新轮时车轮滚动圆直径 920mm，磨耗到限时动力转向架车轮直径 830mm，非动力转向架车轮直径 860mm，通过槽沟标记出车轮径向磨耗到限位置。车轴为空心车轴，中空直径为 ϕ70 mm，车轴按疲劳寿命 20 年设计，材质为 A4T；车轮材料的选用依据 300 km/h 的运行速度和 350 km/h 的测试速度而定，即采用 R8T（依据 UIC819 标准）。

二系悬挂装置主要由枕梁、空气弹簧、横向缓冲止挡、牵引套、牵引中心销、抗侧滚扭杆装置、牵引拉杆、横向油压减振器、高度控制阀、安全阀及供风管路等组成。

动力转向架采用挠性浮动齿式联轴节式牵引电动机架悬式驱动装置，由齿轮箱、联轴节、安全装置和牵引电机等组成，齿轮箱安装在动力轴上通过联轴节与电机连接。而同一转向架中的两台牵引电机首先借助螺栓与专门设计的电机安装架连接在一起，然后再通过 4 根具有横向弹性的弹簧吊板悬吊到转向架构架横梁的纵向梁上，这样的悬吊使得牵引电机相对于构架在横向具有一定的弹性，属于非常独特的弹性架悬式结构。在齿轮箱下部与构架间设有一个两端带有弹性橡胶垫的 C 形托架（也称反应杆），齿轮箱的一端在车轴上的滚动轴承中运动，另一端通过 C 形托架（反应杆）悬挂在转向架构架上。牵引齿轮的传动比为 2.788。

基础制动装置包括动力转向架的轮盘制动和非动力转向架的轴盘制动。动力转向架的每个车轮上安装一套轮盘制动盘，制动盘直径为 750 mm。非动力转向架的每轴安装 3 个轴盘制动盘，制动盘直径为 640 mm。采用纯空气式单元制动装置。

4. 动力转向架

CRH_3 型动车组中的动车(EC01/08、IC03/06 号车)分别装用了安装不同设施的 8 个动力转向架，每个转向架轴端布置有轴温传感器，侧梁下部安装有自动过分相感应接收器，在每个动力转向架上安装有一个加速度传感器；第 1、8 号车所用的转向架轴端布置有 ATP 速度传感器以及接地回流装置。另外第 1、8 号车一位端转向架上有两个安装天线装置的端梁，转向架前端还安装有轮缘润滑装置、撒砂装置和扫石器。第 3、6 车每个转向架的端部只有一套撒砂装置和扫石器。

动力转向架（见图 3.17）主要由焊接构架、一系悬挂及轮对轴箱定位装置、二系悬挂及牵引装置、抗测滚扭杆装置、枕梁、驱动装置、基础制动装置、轴温报警装置与接地回流装置、撒砂装置和 ATP 信号接收系统与轮缘润滑系统（列车头尾部动力转向架）等组成。

动力转向架中 3 个力的传递过程：

（1）垂向力（即重力）：

车体→橡胶空气弹簧→构架侧梁→轴箱圆弹簧→轴箱→车轴→车轮→钢轨。

（2）横向力（离心力等）：

车轮→车轴→轴箱→轴箱圆弹簧+转臂定位→构架侧梁→

→ { 橡胶空气弹簧（力较小时） / 构架横梁→横梁连接梁→横向橡胶止挡→牵引中心销（力较大时） } →车体。

（3）纵向力（牵引力或制动力）

（轮轨间黏着）车轮→车轴→轴箱→轴箱转臂定位销→构架侧梁 →构架横梁→"Z"字形双牵引拉杆→牵引中心销→枕梁（车体）→车钩。

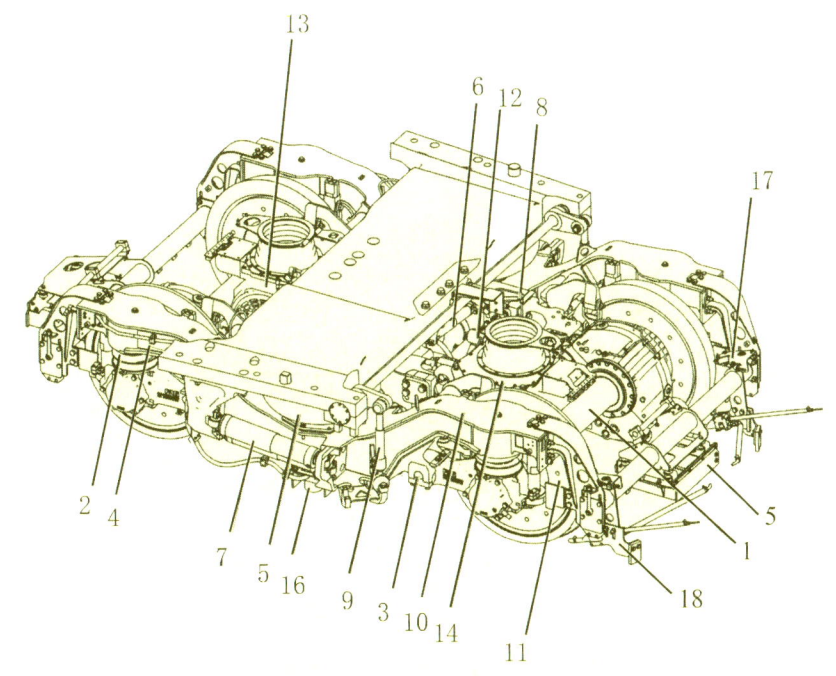

项目	名称	数量	项目	名称	数量
1	动力轮对	2	10	动力转向架构架	1
2	一系悬挂装置	1	11	轮盘制动组成	1
3	轴箱定位装置	1	12	牵引拉杆组成	1
4	横向终点止动装置	1	13	牵引电机组成	1
5	二系悬挂装置	1	14	牵引电动机通风装置	1
6	横向悬挂装置	1	15	天线组成	1
7	抗蛇行减振器	1	16	感应接收器装置	1
8	空气弹簧连杆	1	17	轮缘润滑组成	1
9	抗侧滚扭杆组成	1	18	撒砂和排障器	1

图 3.17　CRH₃型高速动车组转向架的动力转向架总图

5. 非动力转向架

CRH₃型动车组(TC02/07、BC04、FC05号车)中分别装用了8个非动力转向架,该转向架的结构如图3.18所示。

非动力转向架主要由焊接构架、一系悬挂及轮对轴箱定位装置、二系悬挂及牵引装置、抗测滚扭杆装置、枕梁、停放储能制动装置、基础制动装置、轴温报警装置与接地回流装置和速度传感器装置等组成。

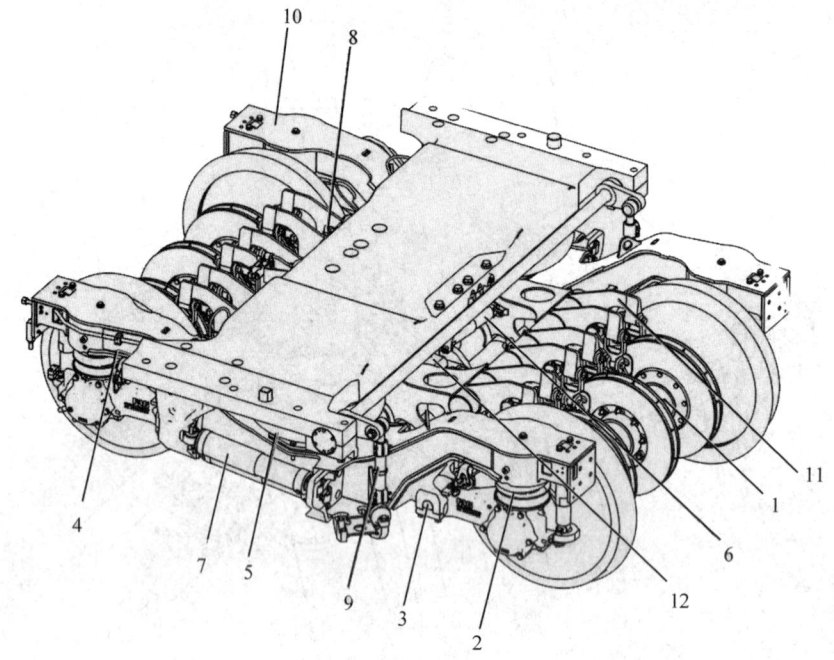

项目	名 称	数量	项目	名 称	数量
1	非动力轮对	2	7	抗蛇行减振器	1
2	一系悬挂装置	1	8	空气弹簧连杆	1
3	轴箱定位装置	1	9	抗侧滚扭杆组成	1
4	横向终点止动装置	1	10	非动力转向架构架	1
5	二系悬挂装置	1	11	非动力转向架轴盘制动组成	1
6	横向悬挂装置	1	12	牵引拉杆组成	1

图 3.18 CRH₃ 型高速动车组转向架的非动力转向架总图

3.4 转向架构架

3.4.1 构架组成及作用

1. 作 用

转向架构架是转向架的骨架，用以联系（安装）转向架各组成部分和传递各方向的力，并用来保持车轴在转向架内的位置。

2. 组 成

转向架构架一般由左、右两根侧梁和一个或几个横梁（或端梁）等组成。

侧梁的作用：不仅是向轮对（或轮组）传递垂向力、横向力和纵向力的主要构件，还用来规定轮对的相对位置。

横梁的作用：保证构架在水平面内的刚度，保持各轴的平行及承托牵引电动机等部件。

根据组成构架的横梁或端梁的数量不同，转向架构架的基本结构类型可分为 5 种，如图 3.19 所示。

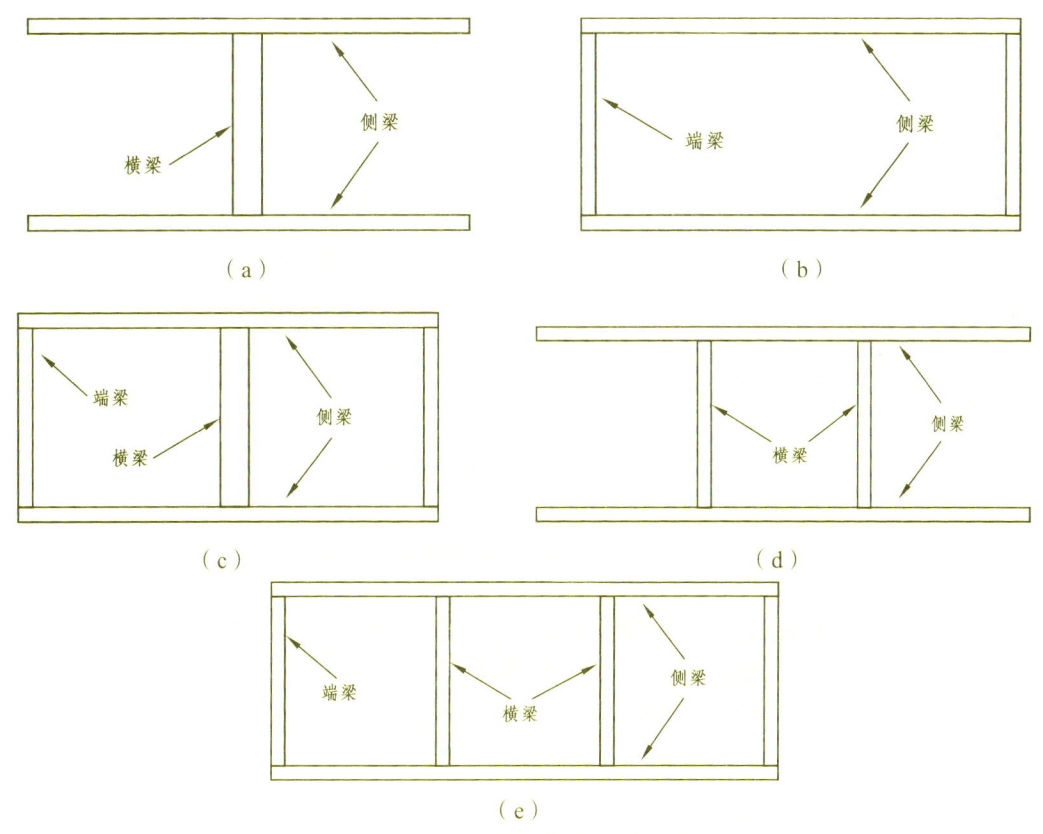

图 3.19 转向架构架的基本结构类型

其中，图 3.19（a）所示通常称为"H"形构架，由两根侧梁和中间一根横梁组成；图 3.19（b）所示通常称为"口"字形构架，由两根侧梁和两根端梁组成；图 3.19（c）所示通常称为"日"字形构架，由两根侧梁和中间一根横梁再加两根端梁组成；图 3.19（d）所示通常称为"Ⅱ"形构架，由两根侧梁和中间两根横梁组成；图 3.19（e）所示通常称为"目"字形构架，由两根侧梁和中间两根横梁再加两根端梁组成。

横梁和侧梁的数量多少主要是根据构架强度、刚度以及转向架具体部件的安装悬挂需要设置的。但如果从构架强度和刚度方面考虑的话，最理想的结构应该是如图 3.19（a）所示的"H"形构架和如图 3.19（b）所示的"口"字形构架，原因是这两种构架属于"柔性"结构，当有集中载荷作用在构架上时，"柔性"结构构架能够通过自身的变形将集中载荷部分地传递到其他部分，起到"以柔克刚"的作用。而如图 3.19（e）所示的"目"字形构架最为"强壮"，在各种载荷作用下几乎不会变形，很容易出现应力集中而导致裂纹的出现。

我国引进并合作生产的 CRH$_1$ 动力转向架构架如图 3.20（a）所示，尽管中间横梁结构比较复杂，但仍然属于"日"字形构架；而 CRH$_1$ 拖车转向架构架与 CRH$_2$ 转向架构架基本相同，属于"H"形构架，如图 3.20（b）所示；CRH$_5$ 动车组转向架构架如图 3.19（d）所示，属于"Ⅱ"形构架。这几种转向架构架基本属于"柔性"结构。

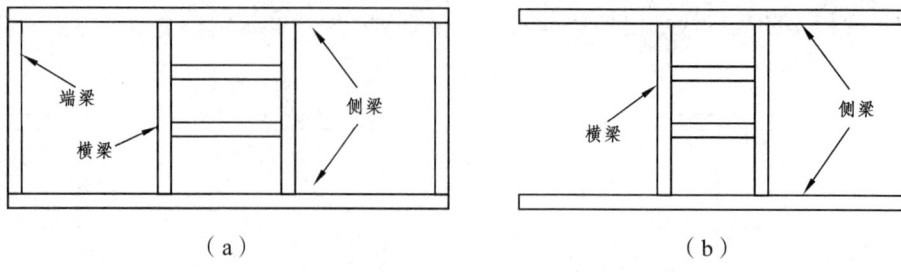

图 3.20　CRH_1 和 CRH_2 转向架构架基本结构

而"口"字形构架的典型代表为德国 ICE1 高速动力车转向架构架;"目"字形构架的典型代表为我国 DF_4 型内燃机车和 SS_3 型电力机车转向架构架。

3.4.2　转向架构架的设计原则

铁路机车车辆转向架构架设计必须遵循如下原则,动车组也不能例外:
(1) 必须全面考虑构架与各有关零部件的相互位置关系,合理布置结构。
(2) 构架各梁应尽可能设计成等强度梁,以保证能获得最大强度和最小自重。
(3) 构架各梁的布置应尽可能对称,以简化设计和制造。
(4) 各梁本身以及各梁组成构架时,必须注意减少应力集中。
(5) 除了保证强度外,应合理设计构架的刚度。
(6) 焊缝的结构尺寸和布置应选择合理,并注意消除焊接应力。
(7) 在构架上需要考虑设置机车车辆脱轨后使其复位的支承部位。

3.4.3　几种典型动车组转向架构架简介

1. CRH_2 动车组转向架构架简介

1) 基本结构

CRH_2 转向架构架有动车构架和拖车构架两种。构架为焊接结构,主体框架呈 H 形,由两侧梁和横梁构成。侧梁为箱形断面,横梁采用无缝钢管型材。

2) 构架组成

构架强度和刚度设计按照 JIS E 4207《铁路车辆——转向架构架设计通则》标准进行,并按照 JIS E 4208《铁路车辆——转向架静载荷试验方法》标准实施静载荷试验来进行强度确认。

构架由侧梁、横梁、纵向连接梁、空气弹簧支承梁及其他焊接附件组成。动车转向架构架和拖车转向架构架主结构相似,不同之处主要是动车转向架构架横梁上设有电机吊座和齿轮箱吊座,拖车转向架构架横梁设有轴盘制动单元安装吊座。

动车转向架构架和拖车转向架构架结构分别如图 3.21、3.22 所示。

CRH_2 转向架构架侧梁内设有筋板,以提高侧梁承载刚度,并在侧梁外侧及两横梁间设置空气弹簧支承梁,两支承梁分别与两横梁连通,共同组成空气弹簧附加气室。靠近横梁与侧梁的连接处横梁上设置有 4 个轮盘制动单元安装吊座。

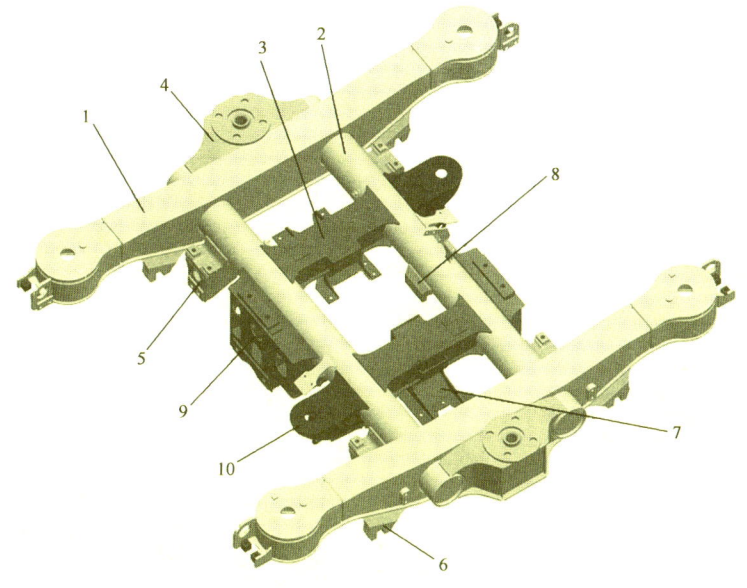

图 3.21 M 转向架构架结构

1—侧梁；2—横梁；3—纵向连接梁；4—空气弹簧支承梁；5—制动吊座（轮盘）；
6—定位臂座；7—增压缸安装座；8—垂向止挡；9—电机吊座；10—齿轮箱吊座

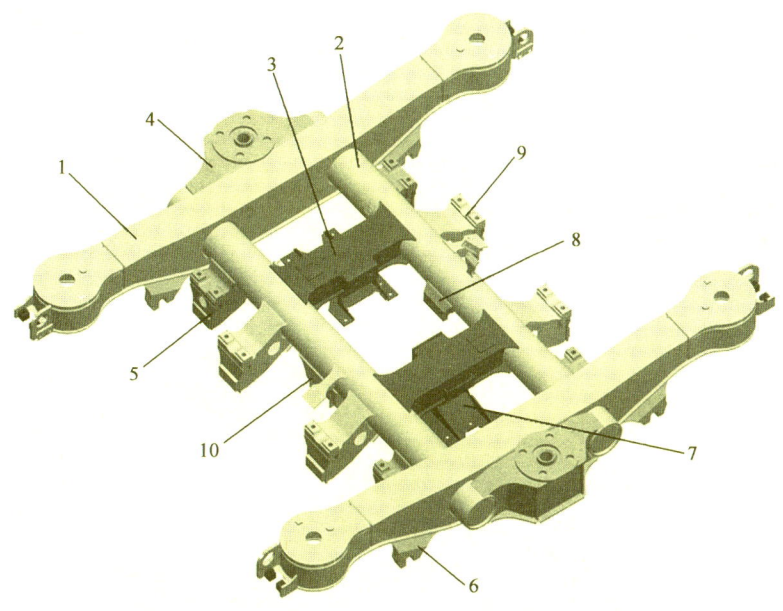

图 3.22 T 转向架焊接构架

1—侧梁；2—横梁；3—纵向连接梁；4—空气弹簧支承梁；5—制动吊座（轮盘）；6—定位臂座；
7—增压缸安装座；8—垂向止挡；9—制动吊座（轴盘）；10—牵引拉杆座

两横梁之间设纵向连接梁，主要用于吊挂增压缸和设置横向减振器安装座及横向缓冲挡安装座。

为保证动车组 20 年的使用寿命，在满足强度要求的前提下为降低转向架自重，构架的主要承载构件采用了符合 JIS G 3114 标准的耐候钢材料，其他部位采用合金结构钢。

转向架构架在焊接完成后，进行整体退火处理和整体机加工。

（1）侧梁。动车构架侧梁和拖车构架侧梁结构相同，侧梁采用薄板焊接，内腔设加强筋板。

侧梁组成如图3.23所示。侧梁中央为两个加工形成的圆孔，以便横梁通过。侧梁两端采用筒体结构，支承在轴箱弹簧上。筒壁与侧梁梁体腹板采用对接焊缝，上盖板采用厚钢板，与侧梁上盖板对接。轴箱弹簧筒体外设轴箱减振器座，除为了安装减振器外，还有两个目的：一是在内侧立板上开设吊装孔，在转向架进行起吊时用于安装吊钩；二是用于安装轮对提吊，能够在转向架整体起吊时，通过轮对提吊使轮对装置随构架整体吊装。

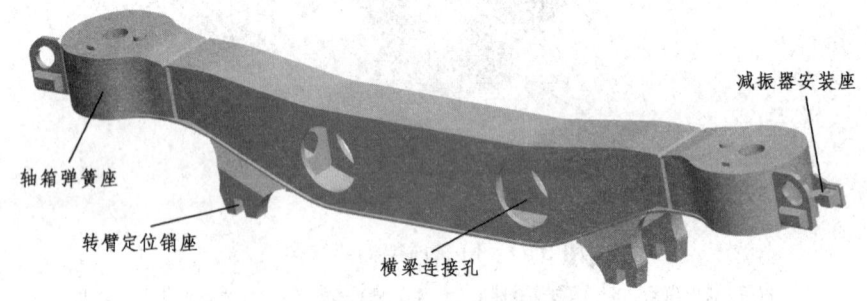

图3.23 侧梁组成

（2）横梁组成。动车构架横梁和拖车构架横梁略有不同，动车构架横梁斜对称布置有两电机吊座和齿轮箱吊座，拖车构架横梁上相应位置设置有轴盘制动吊座。横梁组成如图3.24所示。

为了方便电机吊座与横梁的焊接作业和降低自重，在电机吊座的安装板上开设有圆形或长圆形孔，参见图3.24（a）所示。与电机吊座相对的另一侧设齿轮箱吊座。齿轮箱吊座下盖板上设安全挡座，如图3.24（b）所示。在安全挡座间安装挡销，起到在故障工况下齿轮箱的安全托防护作用。

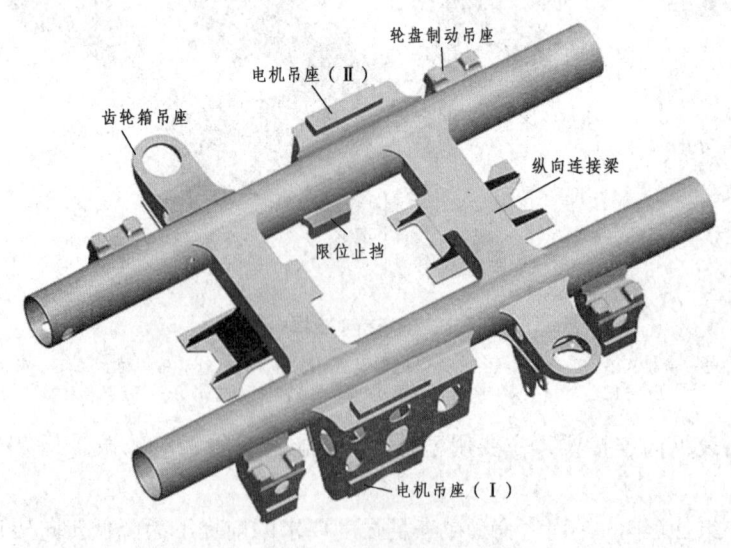

（a）动车横梁组成

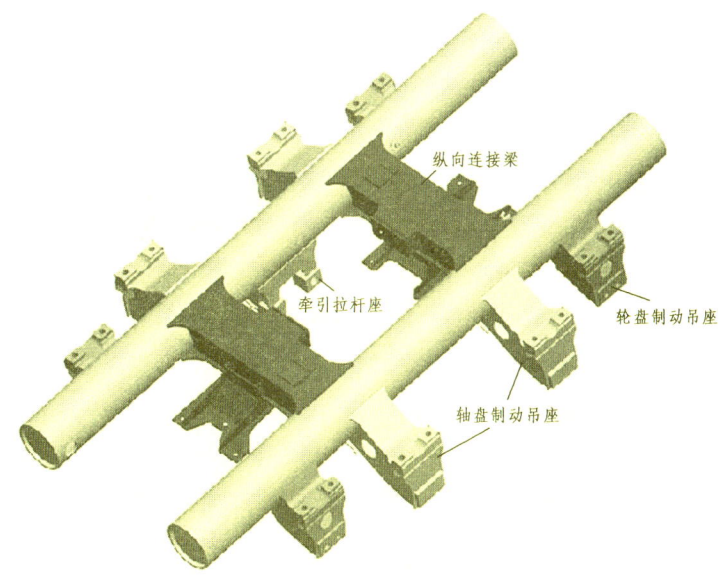

(b)拖车横梁组成

图 3.24 横梁组成

构架横梁采用耐候钢无缝钢管,两横梁作为两空气弹簧的附加空气室,分别与两侧的空气弹簧支承梁连通,因此在横梁的端部开设通孔和排水孔。横梁中央内侧设垂向限位止挡,作用是一旦空气弹簧过充风,构架侧的牵引拉杆在随车体上升一定高度时被该止挡限止,因此也被称为防过充止挡。

电机吊座和齿轮箱吊座结构如图 3.25 所示。

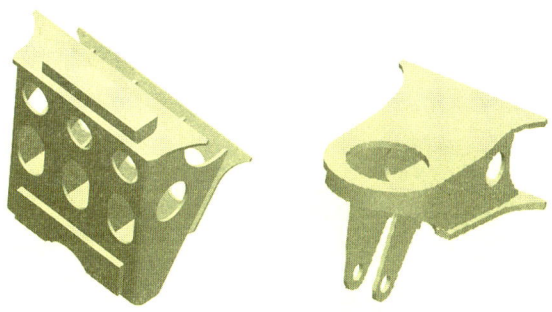

图 3.25 电机吊座(左)与齿轮箱吊座(右)

(3)纵向连接梁。在两横梁间设两纵向连接梁,以连接两横梁从而提高横梁刚度。纵向连接梁上设横向减振器安装座、增压缸安装座和差压阀安装座。纵向梁的中部还设有横向弹性侧挡安装座。纵向连接梁的具体结构参见图 3.24。

(4)空气弹簧支承梁。空气弹簧支承梁沿纵向跨于两端横梁之间并与构架侧梁形成封闭腔体,成为空气弹簧的支承构件和附加空气室的一部分。梁体内有一钢管型材制成的空气弹簧座导筒,用于空气弹簧与气室的连通和定位。导筒与相应的横梁相连通,以保证两侧空气弹簧附加气室相互独立。空气弹簧支承梁的焊接有较高的密封性要求。

空气弹簧支承梁上为空气弹簧支承座板,加工后安放空气弹簧。为了安装抗蛇行减振器,在支承梁下盖板上设有减振器安装座。空气弹簧支承梁结构如图 3.26 所示。

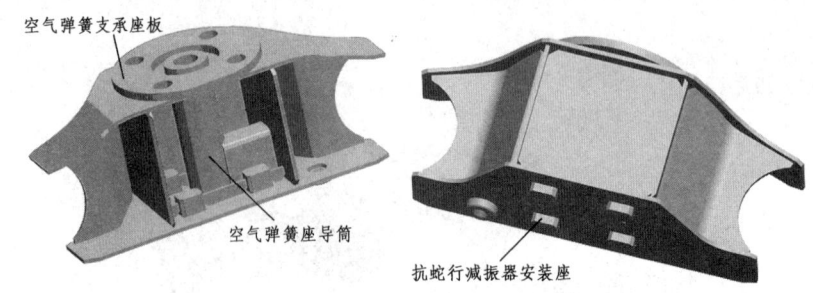

图 3.26 空气弹簧支承梁

2. CRH₁ 动车组转向架构架简介

无论是动车转向架还是拖车转向架,均采用由铸件和钢板组装成的构架。构架由以下部件组成:

(1) 两个侧梁结构,鹅颈到构架端部。侧梁是提供空气弹簧的支架,连接抗蛇形减振器和横向减振器,亦可组装轴箱转臂定位销座。

(2) 两个连接侧梁的横梁。动车转向架横梁是牵引电机的安装支架,同时也是齿轮箱反应杆的支架;拖车转向架横梁是闸瓦托吊座的安装支架。两种转向架的横梁均是牵引杆、抬车点,以及垂向减振器和抗侧滚扭杆的安装支架。

(3) 两个连接横梁的纵向辅助梁。安装横向弹性侧挡。

(4) 4 个构架端部(如果可能用铸件)。安装一系弹簧和减振器。

(5) 两个外端梁(只用于动车转向架)。安装单元制动机和排障器(排障器只用于 Mc 车 A 端转向架上)。

(6) 其他(如果可能使用铸件)。转向架构架上还有一系减振器上支架,一系套管(止挡管)支架,电机和齿轮箱(只用于动车转向架)安全托架,抗蛇行减振器和 ARB 支架。

1) 动车转向架构架结构

图 3.27 和图 3.28 表示的是动车转向架构架结构。该动力转向架构架属于"日"字形构架,其两端有两个端梁,主要是为了安装轮盘制动装置的单元制动器。

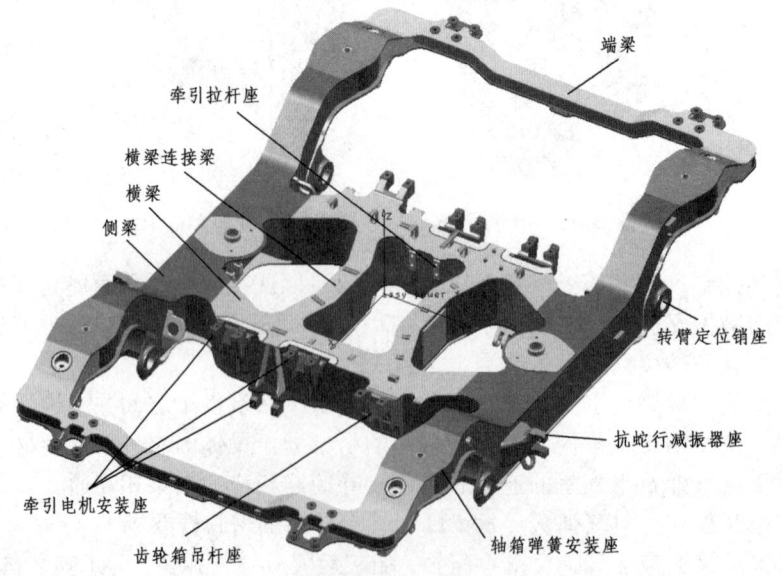

图 3.27 动车转向架构架结构(正面)

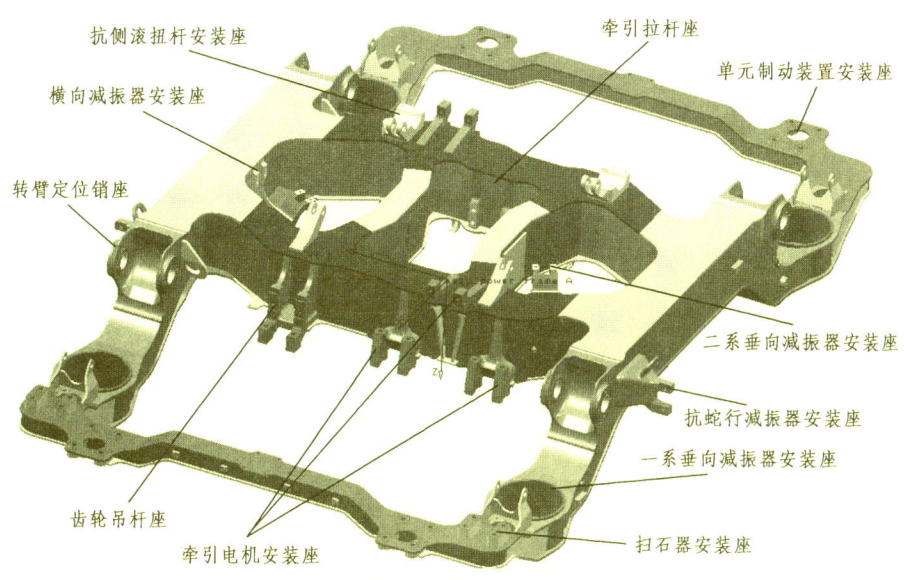

图 3.28 动车转向架构架结构（反面）

2）拖车转向架构架结构

图 3.29 和图 3.30 表示的是拖车转向架构架结构。其结构属于"H"形，两端无端梁。

拖车转向架构架与动车转向架构架结构基本相同，两者的最大区别在于动车转向架构架横梁具有牵引电机安装座，而拖车转向架构架横梁没有牵引电机安装座，但有3个单元制动器安装座。

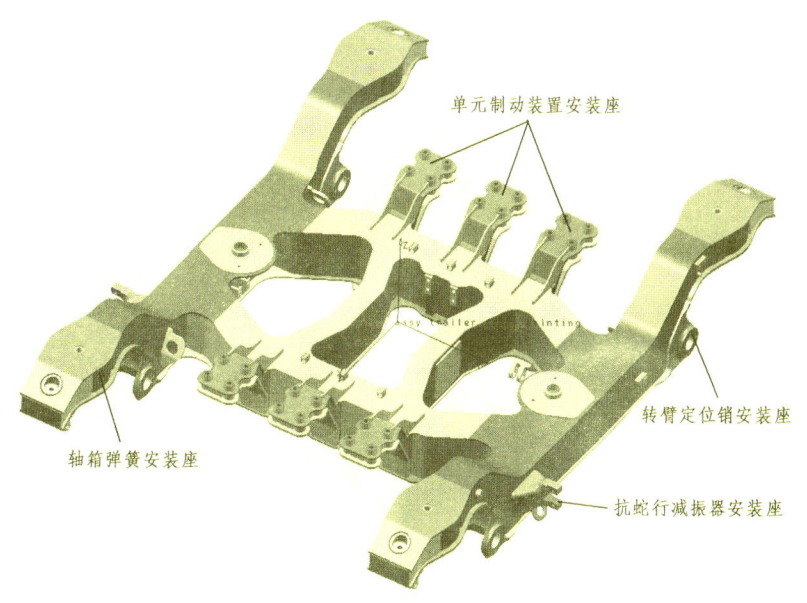

图 3.29 拖车转向架构架结构（正面）

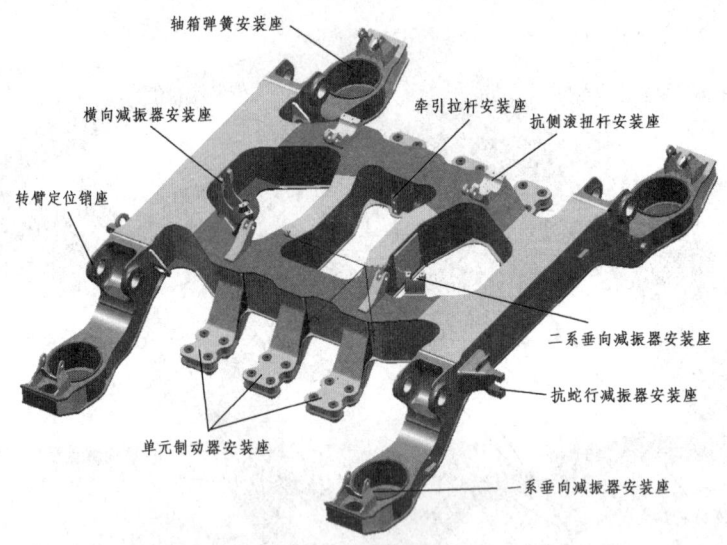

图 3.30 拖车转向架构架结构（反面）

3. CRH$_5$ 动车组转向架构架简介

1）构架主体结构

构架由两个侧梁和两个横梁组焊成"Ⅱ"形箱形结构，如图 3.31 所示。侧梁由 6 块钢板（侧梁上盖板、侧梁下盖板、外侧立板和 3 块内侧立板）焊接而成下凹的 U 形结构，钢板材质为 S355J2G3。侧梁上焊有拉杆定位座、一系垂向减振器座、二系横向减振器座、一系弹簧定位座、二系空气弹簧定位座、横向缓冲器座、轴箱起吊吊座、制动横梁座等；横梁为无缝钢管，外径为 $\phi 168.3$ mm，壁厚 14.2 mm，材质为 S355J2H，横梁上焊有制动横梁座、牵引拉杆座、抗侧滚扭杆座、防过充钢丝绳安装座、齿轮箱平衡拉杆座等。

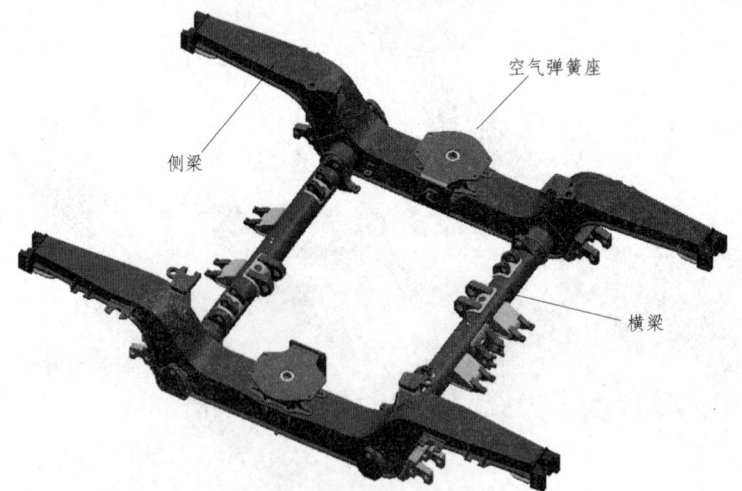

图 3.31 动力转向架构架组成

CRH$_5$ 转向架构架与 TAV-S104 相比较有如下差别：
（1）侧梁上弹簧座的结构不同。
（2）CRH$_5$ 转向架二系垂向减振器座设置在侧梁内侧。

（3）CRH$_5$转向架防过充钢丝绳安装在构架内侧。

构架组成中钢板材质为 S355J2G3，型材材质为 S355J2H，这些材料均符合 UNI EN 10025 标准中非合金结构钢标准。对于重要部件的钢板，阿尔斯通公司制订了比 EN 10025 标准还要严格的内部标准 K20409 和 K20580，纵向冲击性能为 $-20°C$ 时 60 J，焊接在构架上的重要座（定位座、弹簧座等）均采用质量可靠的锻件加工而成，材质均为 S355J2G3。侧梁和构架焊接后，加工之前，进行热处理以消除焊接内应力。

2）动力与非动力转向架构架比较

CRH$_5$转向架共有两种构架形式，即动车构架组成和拖车构架组成。为了实现模块化设计，两种构架的主体结构应尽可能通用。与拖车构架相比，动车构架仅多出了齿轮箱吊座、砂箱座等驱动和辅助设备安装座，如图 3.32 所示。

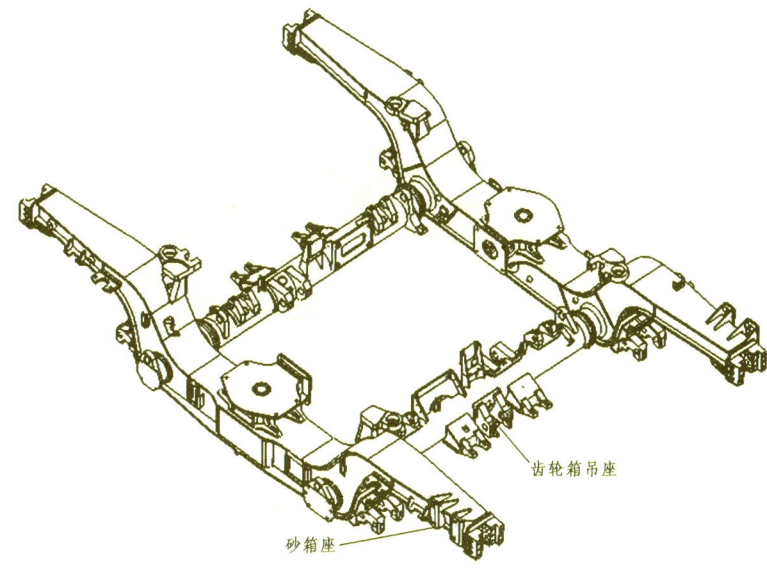

(a) 动车构架组成

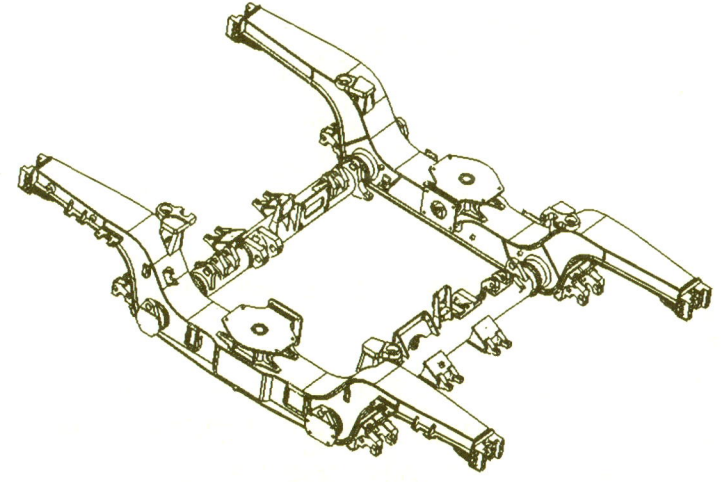

(b) 拖车构架组成

图 3.32 动车与拖车构架比较

3）侧梁组成

侧梁承载主体结构采用钢板焊接成封闭箱体，上下盖板和外侧立板采用 12 mm 厚的钢板整体压型，内侧立板采用一块 12 mm 和两块 10 mm 厚的钢板与横侧梁连接座拼接而成。由于横侧梁连接处存在刚度突变，结构应力较高，为了提高该部位的承载能力，该部位采用整体模锻技术，设计了锻造横侧梁连接座。侧梁主体承载结构上焊接有定位座、空气弹簧定位座、横向挡座、横向减振器座和制动横梁座等，如图 3.33 所示。

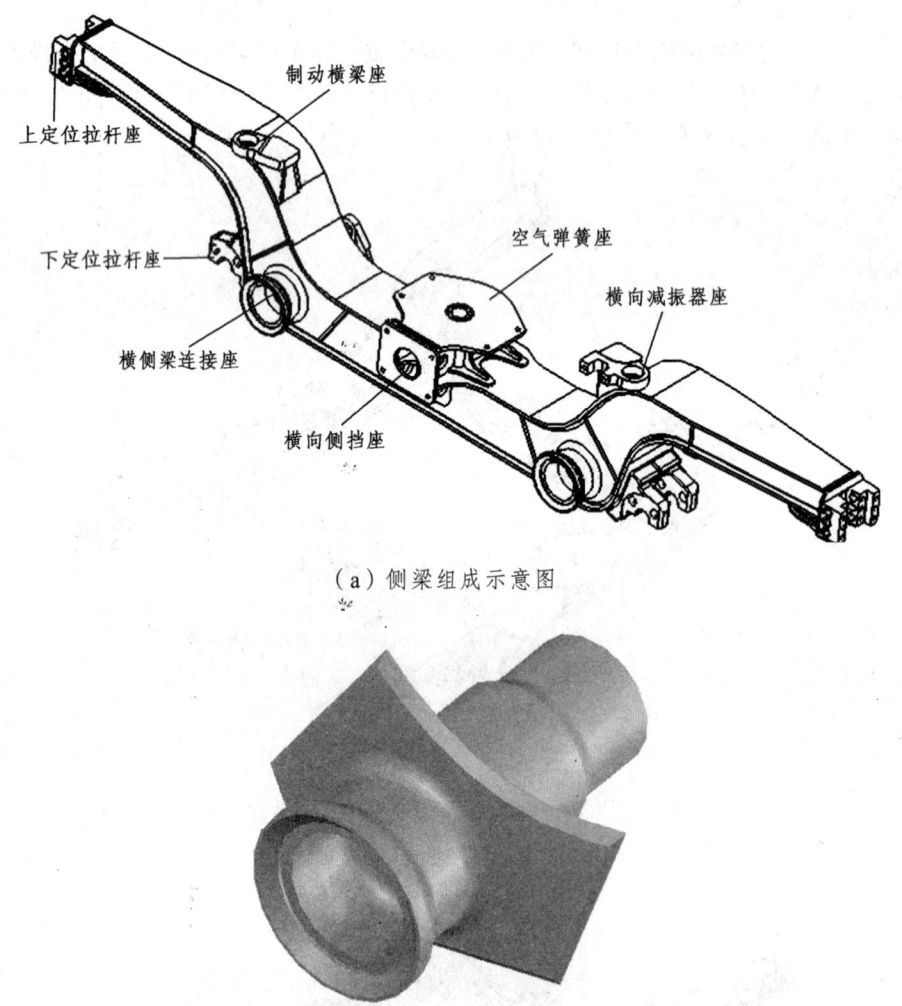

(a) 侧梁组成示意图

(b) 横侧梁连接座

图 3.33 侧梁组成及其整体式横侧梁连接座

4）横梁组成

横梁组成分前端横梁组成和后端横梁组成两种，均采用无缝钢管型材，管材规格 $\phi168.3$ mm × 14.2 mm，材质为 S355J2H 钢管。两横梁分别与两侧的横侧梁连接座圆管焊接。动车转向架与拖车转向架的横梁上均焊接有制动吊座、牵引拉杆座和扭杆座，不同之处仅在于动力转向架构架的后端横梁组成上还焊接有一个齿轮箱吊座，如图 3.34 所示。

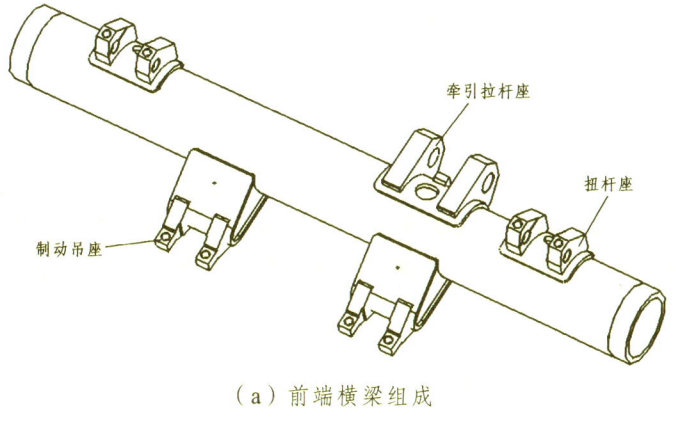

(a) 前端横梁组成

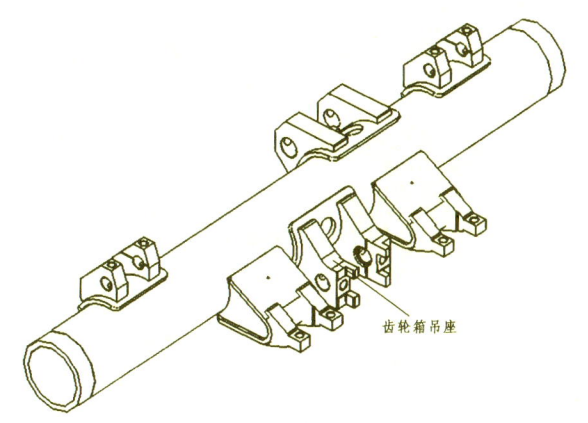

(b) 后端横梁组成

图 3.34 动车转向架构架横梁组成

5) 制动横梁

动车转向架与拖车转向架的制动横梁区别仅在动轴侧面，即动轴上的制动盘数与拖轴上的制动盘数不同。制动横梁结构如图 3.35 所示。

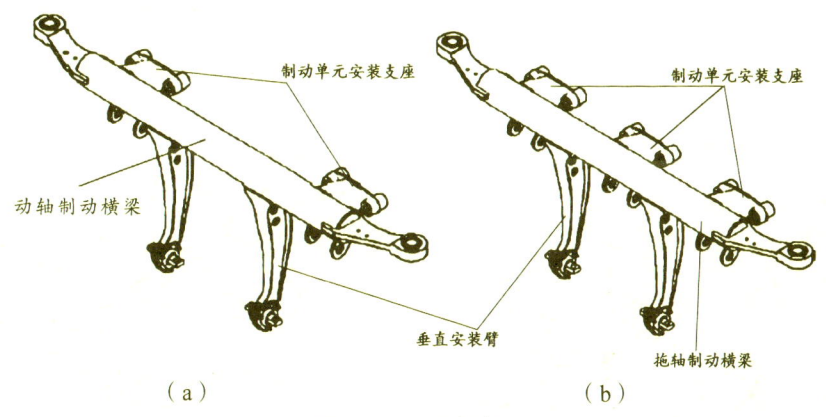

图 3.35 制动横梁

该制动横梁左右两端通过活动铰销与侧梁连接，而其下部通过垂直安装臂与构架横梁弹性相连（即安装销内有橡胶套）。由于该制动梁与构架间在各个方向上均具有一定的弹性，因此，当空气制动施加时轮对与构架间多少存在一些弹性，可显著改善空气制动施加期间轮轨间的动作用力。

6）构架吊座

动车构架组成和拖车构架组成中含有多种吊座结构，为保证吊座以及吊座与构架主体的连接强度，牵引拉杆座、扭杆座和齿轮箱吊座均采用了加装补强板后整体焊接结构，内、外侧定位座为模锻成型结构；此外，为避免在吊座上直接攻丝在螺纹损伤后无法修复的情况出现，无法使用普通螺母的吊座均采用了销形螺母的方案，各吊座结构如图3.36所示。

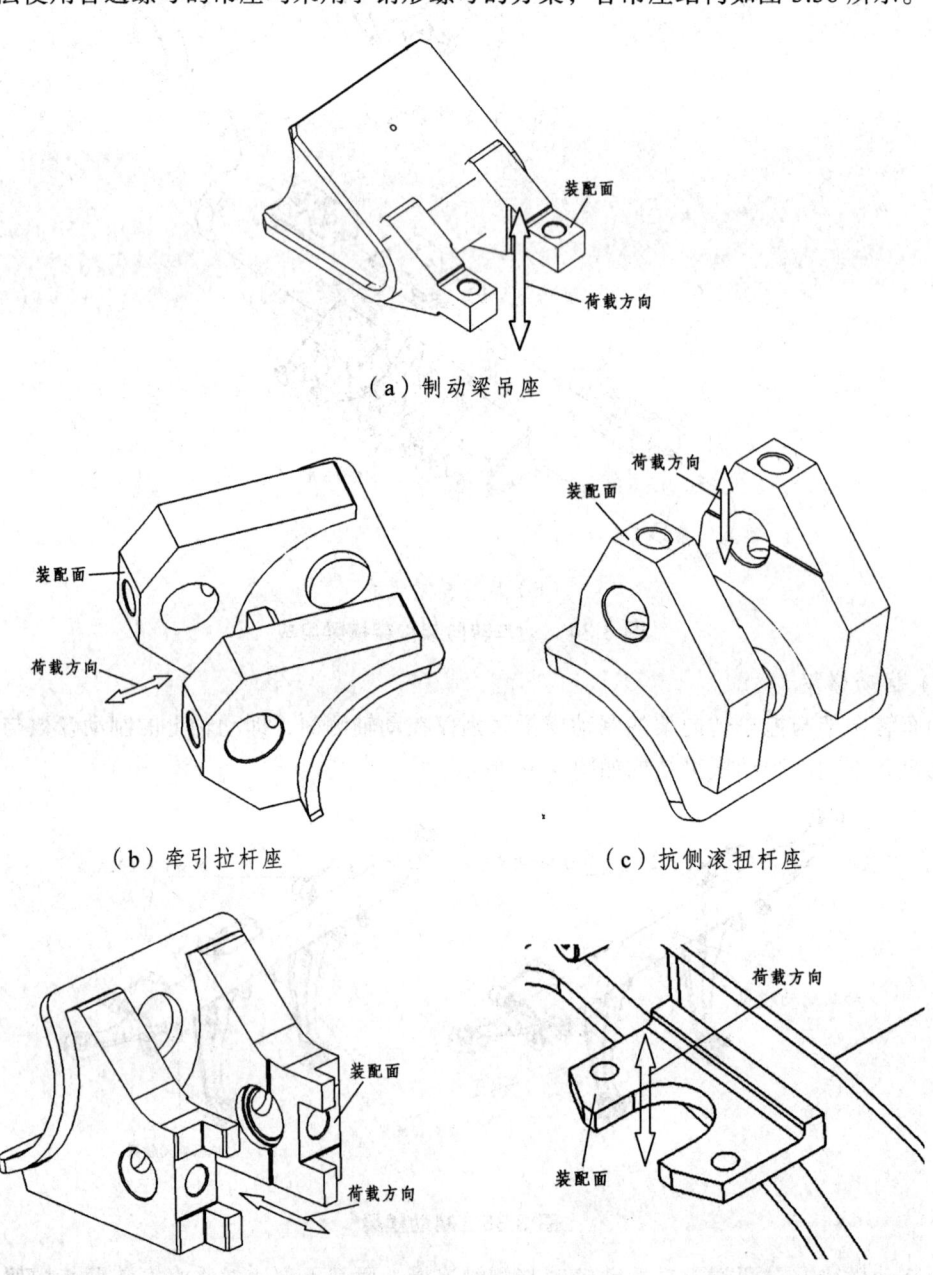

(a) 制动梁吊座

(b) 牵引拉杆座　　　　(c) 抗侧滚扭杆座

(d) 齿轮箱吊座（仅动车构架有）　　　(e) 一系垂向减振器座

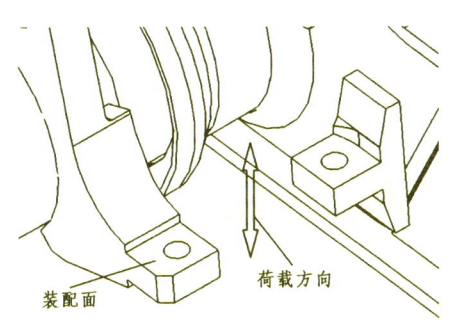
（f）二系垂向减振器座

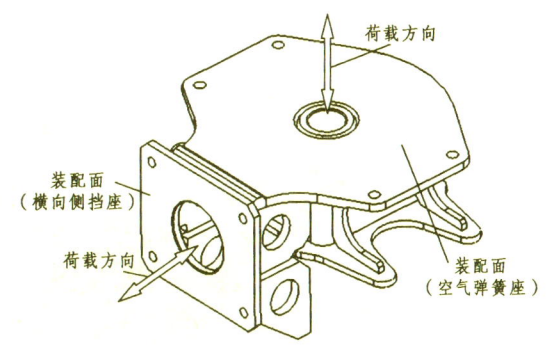
（g）空气弹簧座及横向侧挡座

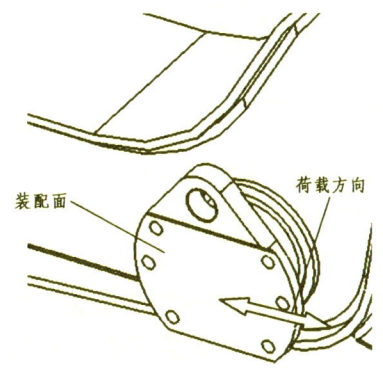
（h）抗蛇行减振器座

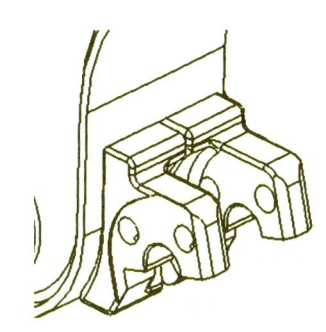
（i）轴箱定位座

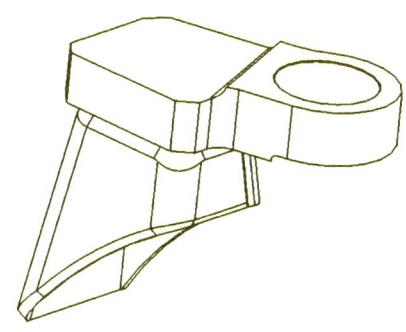
（j）制动梁座

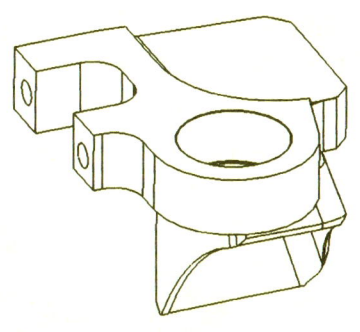
（k）横向减振器座

图 3.36　各吊座结构图

4. CRH$_3$ 转向架构架简介

1）构架结构

动力转向架构架（见图 3.37）由两个侧梁、两个横梁和两个纵梁组焊为"H"形箱形结构。侧梁由钢板焊接而成下凹的"U"形结构，钢板材质为 S355J2G3C。侧梁上焊有转臂定位座、一系垂向减振器座、一系弹簧定位座、二系空气弹簧定位座、抗侧滚扭杆座、抗蛇行减振器座、转向架起吊吊座、制动横梁座等；横梁为无缝钢管，材质为 S355J2H，横梁上焊有牵引拉杆座、齿轮箱吊座、牵引电机吊座等。

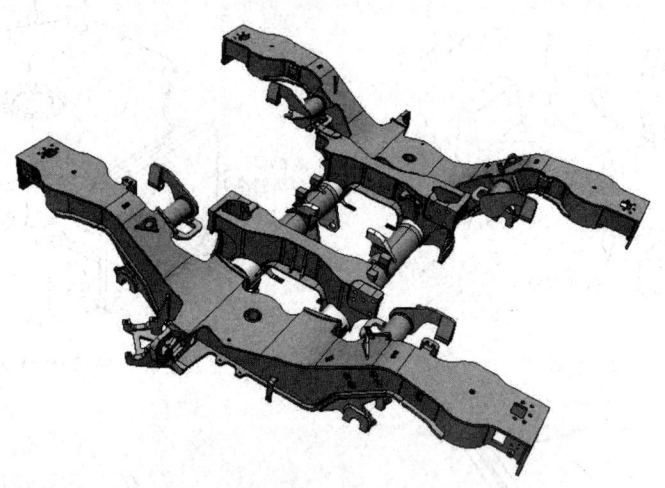

图 3.37 动力转向架构架组成

构架所用材质均符合 UNI EN 10025 标准中低合金结构钢标准。焊接在构架上的安装座（定位座、弹簧座）等均采用质量可靠的锻件加工而成。侧梁和构架焊接后，加工之前，无需进行热处理。

构架强度计算依据 UIC 515-4 和 UIC 615-4 标准进行计算，许用应力标准依据 DIN 15018 中的规定。设计制造构架时，应确保采用最适宜的焊接工艺；必须重视构架外表面的防腐处理；构架焊接时必须采取防潮措施等。

2) 动力与非动力转向架构架组成比较

CRH$_3$ 型转向架共有两种构架组成形式，即动力转向架构架组成和非动力转向架构架（见图 3.38）组成。为了实现模块化设计，两种构架组成的主体结构应尽可能通用。与非动力转向架构架相比，动力转向架构架增加了齿轮箱吊座、牵引电机吊座等驱动装置安装座和轮盘制动吊座。非动力转向架构架则有轴盘制动吊座。

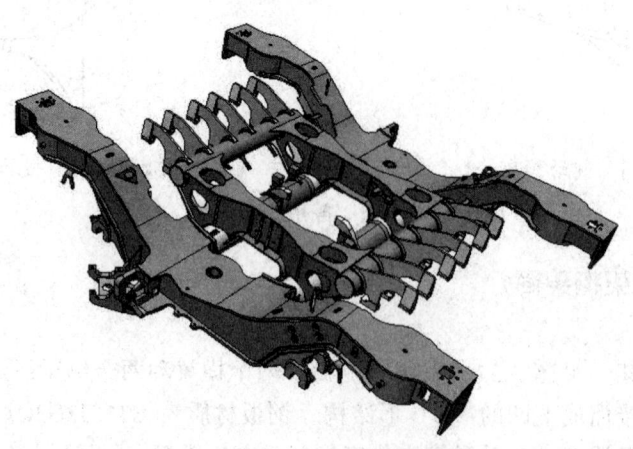

图 3.38 非动力转向架构架组成

3.5 弹簧装置及减振器

3.5.1 概述

铁路机车车辆通常采用的弹簧种类有：圆弹簧、板弹簧、橡胶簧及空气弹簧。但在现代机车车辆上，板弹簧由于结构复杂且笨重，已经很少使用；而圆弹簧和橡胶簧经常被用作一系悬挂，空气弹簧则被广泛运用于二系悬挂（即代替旁承）。

铁路机车车辆通常采用的减振器种类有：液压减振器、摩擦减振器。但在现代机车车辆上很少采用摩擦减振器，基本上全部采用液压减振器。

通常，所谓一系悬挂是指仅在构架与轴箱间设有一系簧的弹簧悬挂，一般用于低、中速机车车辆；而所谓两系悬挂是指既有第一系弹簧，还在构架与车体间设有第二系弹簧的弹簧悬挂，用于中、高速机车车辆。

采用两系悬挂的目的：可减少弹簧装置的合成刚度，增大其总静挠度，以改善机车铅垂方向的运行平稳性和减少机车车辆对线路的动作用力。

3.5.2 弹簧装置的作用

弹簧装置的作用可以概括为如下 3 点：

（1）分配给各轴一定的载荷，并使所分配的质量在车轮行经不平顺线路时不致发生显著变化。

（2）缓和冲击，使运行平稳。

（3）改善机车横向运动性能和曲线通过性能。

1. 无弹簧装置的情况

在车轮与车体或转向架间无弹簧装置情况下，车轮行经高度为 h 的不平顺处时的示意图如图 3.39 所示。此时，车轮与钢轨间的动作用力为

$$\Delta Q = \frac{P}{g} \cdot \frac{d^2 y}{d^2 t}$$

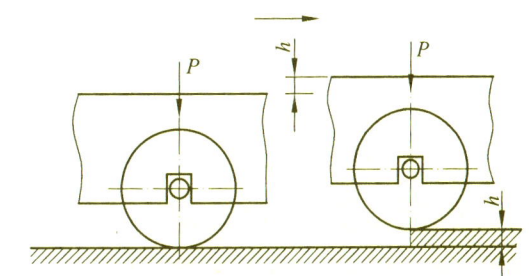

图 3.39 无弹簧装置时车轮行经不平顺处示意图

式中 P——轮荷重；

g——重力加速度；

$\dfrac{d^2 y}{d^2 t}$——冲击加速度。

因为通过不平顺处的时间很短（大约 0.01 s 或更短），所以冲击加速度 $d^2 y/d^2 t$ 可高达（5~10）g。

2. 有弹簧装置的情况

若在车轮与车体或转向架间安装弹簧装置，则当车轮行经高度为 h 的不平顺处时，轮轨

间的动作用力将大大减小，如图 3.40 所示。此时，车轮与钢轨间的动作用力可用下式表示

$$\Delta Q = \frac{q}{g} \cdot \frac{d^2 y}{d^2 t} + k \cdot h$$

式中　q——簧质量；
　　　g——重力加速度；
　　　k——弹簧刚度；
　　　h——不平顺高度；
　　　$\frac{q}{g} \cdot \frac{d^2 y}{d^2 t}$——簧下部分的动作用力；
　　　$k \cdot h$——簧上部分对弹簧装置的反作用力。

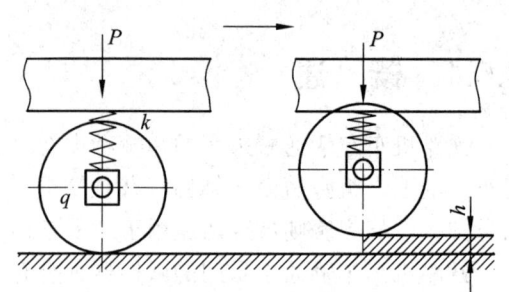

图 3.40　有弹簧装置时车轮行经不平顺处示意图

3. 举　例

设轮荷重 P = 10 000 daN（10 N），簧下质量 q = 1 900 daN，弹簧刚度 k = 100 daN/mm，线路不平顺度 h = 2 mm，$d^2 y/d^2 t = 2g$，则有

无弹簧时，

$$\Delta Q_1 = \frac{P}{g} \cdot \frac{d^2 y}{d^2 t} = \frac{P}{g} \times 2g = 20\ 000\ (\text{daN})$$

有弹簧时，

$$\Delta Q_2 = \frac{q}{g} \cdot \frac{d^2 y}{d^2 t} + k \cdot h = \frac{1\ 900}{g} \times 2g + 100 \times 2 = 4\ 000\ (\text{daN})$$

比较：

$$\frac{\Delta Q_2}{\Delta Q_1} = \frac{4\ 000}{20\ 000} = 20\%$$

4. 结　论

（1）簧下质量 q 越轻，轮轨动作用力就越小，因此必须采取有效措施尽可能降低簧下质量 q（而采用牵引电动机架悬式驱动装置是一种最有效地减轻簧下质量的措施）。

（2）弹簧刚度 k 必须选择合理。

（3）为防止弹簧能量释放过程中产生共振，并限制共振振幅，必须加装液压减振器。

3.5.3　圆弹簧

圆弹簧是一种最常见、最普通的弹簧，它是利用钢材本身的弹性制成的。一般情况下，它是用特殊的弹簧钢条（或钢丝）绕成各种不同的圆柱形。圆弹簧的结构及参数如图 3.41 所示。

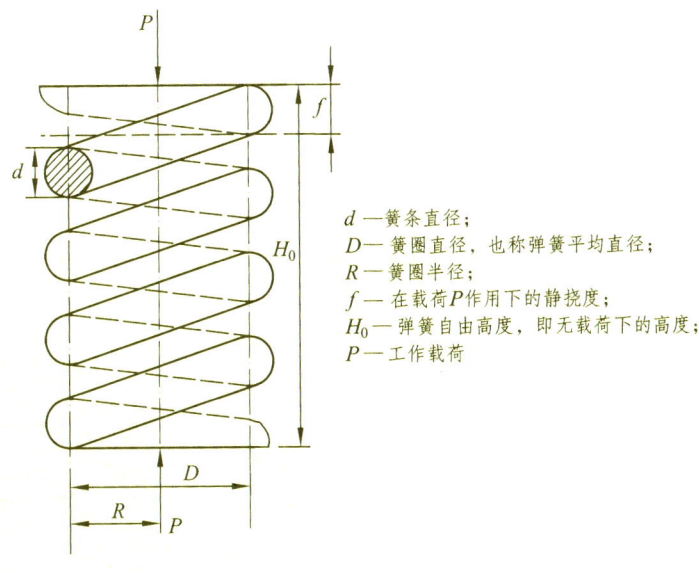

图 3.41 圆弹簧的结构及参数

d——簧条直径;
D——簧圈直径,也称弹簧平均直径;
R——簧圈半径;
f——在载荷 P 作用下的静挠度;
H_0——弹簧自由高度,即无载荷下的高度;
P——工作载荷

1. 圆弹簧的特点

钢制圆弹簧的特点可归纳为:
(1) 质量轻。
(2) 运动灵活。
(3) 无阻尼。

2. 单圈圆弹簧的特性计算

圆弹簧的特性是指弹簧承受的载荷 P 与变形(即挠度 f)之间的关系。由材料力学可推导出弹簧承受的载荷 P 与变形(即挠度 f)之间的关系

$$P = k \cdot f$$

即力与挠度成正比,如图 3.42 所示。这里,

刚度: $$k = \frac{Gd}{8nm^3} = \frac{Gd^4}{8nD^3}$$

挠度: $$f = \frac{P}{k} = \frac{8nPD^3}{Gd^4}$$

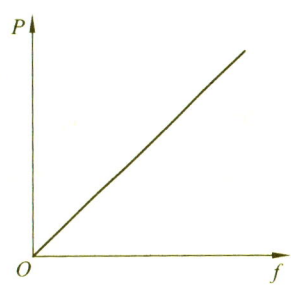

图 3.42 圆弹簧特性曲线

强度(应力): $$\tau_{max} = \frac{8P_{max}D}{\pi d^3} \times \alpha \leqslant [\tau] = 750 \text{ (MPa)}$$

稳定性校核: $H_0 \leqslant 3.5D$

式中 G——弹簧的剪切弹性模数,一般弹簧钢 $G = 80$ GPa;

P_{max}——作用于弹簧上的最大垂向载荷;

m——弹簧指数,又称旋挠比,其值为 $m = D/d$;

n——有效圈数(或称工作圈数);

N——弹簧总圈数,一般 $N = n + 1.5$;

α——应力修正系数,是考虑簧条的弯曲和剪应力的非均匀分布等因素而对应力进行修正,其值为

$$\alpha = \frac{4m-1}{4m-4} + \frac{0.615}{m}$$

3. 双圈圆弹簧的特性计算

(1) 用双圈簧代替单圈簧,主要原因是单圈圆簧的尺寸受到安装处所的空间限制或者其簧条太粗。

(2) 注意:必须使内外两圆簧的旋向相反,以防止因振动而使小簧嵌入大簧中。

(3) 计算:

已知单圆簧参数 D、d、n。可求与之等效的双圈圆簧内、外圈的参数 D_2、d_2、n_2 和 D_1、d_1、n_1(具体结构和参数见图3.43)。

条件:必须保证使内、外圈簧的应力、挠度和修正系数等均与单圈时相等。

计算过程:

① 修正系数相等,即

$$m = m_1 = m_2 \Rightarrow \frac{D}{d} = \frac{D_1}{d_1} = \frac{D_2}{d_2}$$

② 应力相等,即

$$\tau = \tau_1 = \tau_2 \Rightarrow \frac{P}{d^2} = \frac{P_1}{d_1^2} = \frac{P_2}{d_2^2}$$

③ 总载荷相等,即

$$P = P_1 + P_2,\ 代入上式 \Rightarrow d^2 = d_1^2 + d_2^2$$

④ 挠度相等,即

$$f = f_1 = f_2 \Rightarrow Dn = D_1 n_1 = D_2 n_2$$

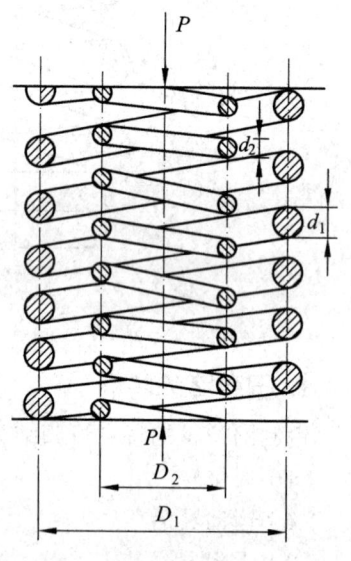

图3.43 双圈圆弹簧的结构及参数

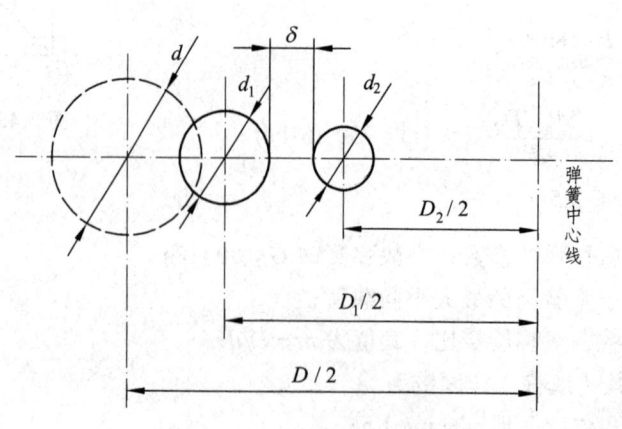

图3.44 几何关系示意图

⑤ 几何关系（见图 3.44），$\Rightarrow \dfrac{d_1}{2}+\delta+\dfrac{d_2}{2}=\dfrac{D_1}{2}-\dfrac{D_2}{2}$

式中 δ——内外簧的径向间隙，一般取 $\delta = 3 \sim 5$ mm。

6 个未知数 D_2、d_2、n_2 和 D_1、d_1、n_1 可由上述 6 个方程联立解出。

3.5.4 橡胶弹簧

一般情况下，橡胶弹簧只作压簧和扭转簧，不作拉簧，因为拉伸时，橡胶弹簧对局部缺陷和表面拉伤非常敏感。

1. 特 点

（1）结构简单，质量轻。

（2）减振性能好，特别是能吸收高频振动，且频率越高，阻尼越大（原因：振动时，橡胶变形→内部分子产生内摩擦→消耗能量）。通常认为其相对阻尼系数 $D = 0.03 \sim 0.05$。

（3）维护简单，不必经常检查（不存在像金属弹簧那样突然折断的可能）。

（4）橡胶弹簧性能不稳定（温度高→老化，温度低→脆化），且制造工艺复杂。

2. 性能参数

（1）硬度（通常用肖氏硬度 HS 表示），主要性能参数。

（2）剪切模数 G（静态 G 和动态 G_d）、弹性模数 E（静态 E 和动态 E_d）和表观剪切模数 G_a，这些参数主要取决于硬度 HS。

静剪切模数 G 与肖氏硬度 HS 的关系（见图 3.45）可用下式表示

$$G = 0.119 e^{0.034 HS} \quad (MPa)$$

而静弹性模数 E 是橡胶弹簧设计中的重要参数，它与橡胶的品种、硬度、工作温度、形状尺寸、变形特点以及与金属支承面固结状态等许多因素有关，试验表明：

① 拉伸变形时：$E \approx 3G$

② 压缩变形时：$E = i$

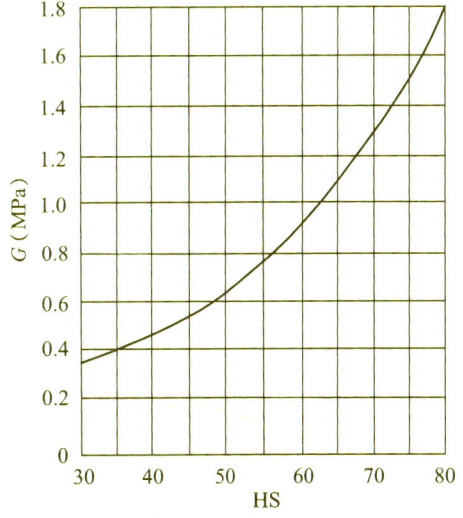

图 3.45 橡胶弹簧静剪切模数与硬度的关系曲线

式中 i——几何形状和硬度影响系数，可用以下近似公式计算：

垫圈 $\quad i = 3 + kS^2$

衬套 $\quad i = 4 + 0.56 kS^2$

矩形块 $\quad i = \dfrac{1}{1+\dfrac{b_1}{b_2}}\left[4 + 2\dfrac{b_1}{b_2} + 0.56\left(1+\dfrac{b_1}{b_2}\right)^2 kS^2\right]$

式中 k——系数，$k = 10.7 - 0.098 HS$；

b_1、b_2——矩形块的宽度和长度；

S——形状系数。

这里,形状系数 $S = A_L/A_F$,即 S 为橡胶元件的承载面积 A_L 与自由面积 A_F 之比。例如:对直径为 D、高度为 H 的圆柱体,$S = D/(4H)$;对长度为 A、宽度为 B 的矩形块,$S = AB/[2(A+B)H]$。

③ 剪切变形时:$G_a = jG$

式中　j——弯曲变形影响系数,其值为

$$j = 1/[1 + H^2/(12i\rho^2)]$$

式中　ρ——截面回转半径;

　　　H——橡胶元件高度;

　　　i——几何形状和硬度影响系数,与前面所述相同。

当橡胶弹簧圆柱体的 H/D 或矩形块的 H/A(或 H/B)的值小于 0.5 时,可略去弯曲变形的影响。对于较薄的橡胶衬套也可以同样处理,这时近似取

$$G_a = G$$

(3)动静比 $d = E_d/E$,也与硬度 HS 有关(见图 3.46)。

(4)硬度修正系数 t_E,温度↑→硬度(t_E)↓;温度↓→硬度(t_E)↑(温度达 240°C 时,橡胶完全失去弹性,见图 3.47)。

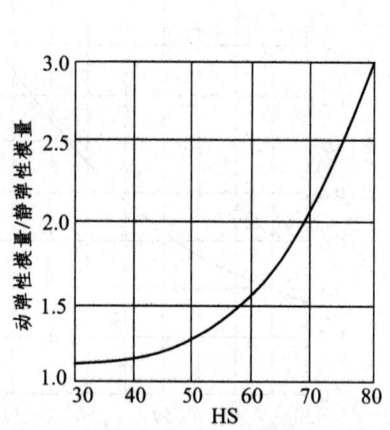

图 3.46　橡胶元件动、静弹性模数比和硬度关系曲线

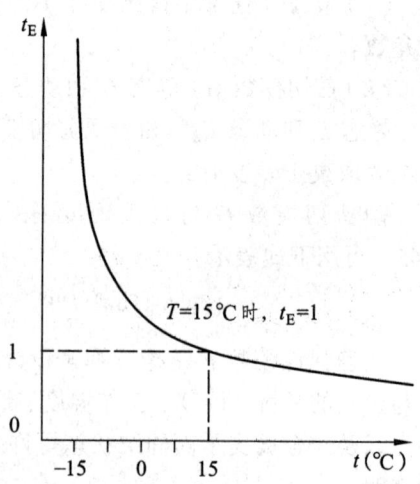

图 3.47　硬度修正系数与温度的关系计算

橡胶弹簧的弹性刚度(变形)与其初始形状有关。

对于一般弹簧来说,载荷(力)P 与刚度 k、挠度(橡胶弹簧变形量)Δh 之间符合虎克定律,即

$$k = P/\Delta h$$

而对橡胶弹簧,有

$$P = \sigma \times A_L$$

式中　σ——应力;

　　　A_L——承载面积。

且橡胶元件在简单拉伸和压缩变形时，其应力 σ 与应变 ε 之间的关系式为

$$\sigma = \frac{E}{3}[(1+\varepsilon)-(1+\varepsilon)^{-2}]$$

式中　　　　　　$\varepsilon = \Delta h / h$（$h$ 为橡胶弹簧厚度）

该公式在拉伸应变小于 20% 和压缩应变小于 50% 这个重要的工程应用范围内有足够的精确度。从橡胶弹簧承受疲劳强度考虑，一般应变量均控制在 $\varepsilon < 15\%$，此时可近似地取

$$\sigma \approx E\varepsilon$$

于是　　　　　　$P = E \times \varepsilon \times A_L = E \times A_L \times \Delta h / h$

故　　　　　　　$k = EA_L / h$

3. 有关刚度 k 的计算

（1）中孔圆柱形橡胶弹簧的刚度计算（见图 3.48）。

承载面积　　$A_L = \pi(r_2^2 - r_1^2)$

自由扩胀面积　　$A_F = 2\pi h(r_1 + r_2)$

面积比　　$S = A_L/A_F = (r_2 - r_1)/(2h)$

垂向形状修正系数　　$\mu = 1.2(1 + 1.65S^2)$

横向形状修正系数　　$j_x = j_y = 1/[1 + (h/r_2)^{2/9}]$

垂向刚度　　$k_z = \mu EA_L / h$　（受压）

横向刚度　　$k_x = k_y = j_x GA_L / h$　（受剪）

（2）实心圆柱形橡胶弹簧的刚度 k 计算，只需令 $r_1 = 0$ 代入上述各式即可得出。

（3）矩形橡胶弹簧的刚度 k 计算（见图 3.49）。

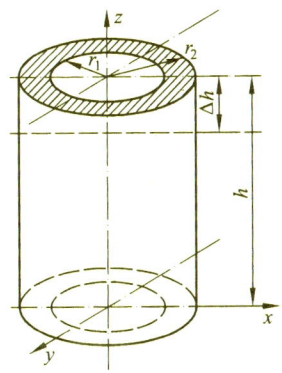

图 3.48　中孔圆柱形橡胶弹簧

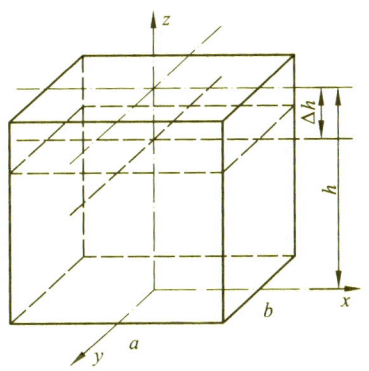

图 3.49　矩形橡胶弹簧

承载面积　　$A_L = ab$

自由扩胀面积　　$A_F = 2h(a + b)$

面积比　　$S = A_L/A_F = ab/(a+b)/(2h)$

垂向形状修正系数　　$\mu = 1 + 2.2S^2$

纵向形状修正系数　　$j_x = 1/[1 + 0.29(h/a)^2]$

横向形状修正系数　　$j_y = 1/[1 + 0.29(h/b)^2]$

垂向刚度　　$k_z = \mu E A_L / h$　（受压）

纵向刚度　　$k_x = j_x G A_L / h$　（受剪）

横向刚度　　$k_y = j_y G A_L / h$　（受剪）

（4）橡胶弹簧应力校验。

压应力　　$\sigma P / A_L \leqslant [\sigma]$

剪应力　　$\tau = Q / A_L \leqslant [\tau]$

（5）端部与金属板硫化在一起，且带有圆角的直柱形橡胶弹簧刚度 k 计算。

为了加快传热速度和方便安装，有时也为了增大刚度，通常将橡胶端部与金属板硫化在一起。而为了避免应力集中，往往在橡胶与金属的硫化部分做成圆角形过渡，如图 3.50 所示。而该圆角半径 r 对橡胶弹簧刚度是有影响的。其刚度计算公式如下：

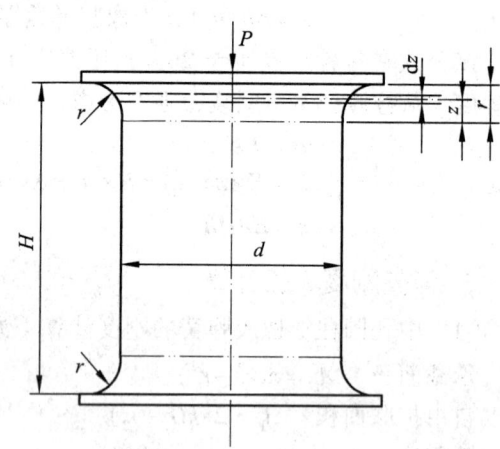

图 3.50　带圆角的圆柱形橡胶弹簧

① 圆柱形橡胶弹簧。

压缩刚度　　$k' = E\pi \left[\dfrac{4(H-2r)}{d^2} + 2\int_0^r \dfrac{\mathrm{d}z}{\left(d/2 + r - \sqrt{r^2 - z^2}\right)^2} \right]^{-1}$

当 $r \ll d$ 时　　$k' = E \dfrac{\pi d^2}{4} \left[H - (8 - 2\pi) \dfrac{r^2}{d} \right]^{-1}$

当 $r = 0$ 时　　$k = E \dfrac{\pi d^2}{4H}$

② 矩形橡胶弹簧。

若矩形截面的长边为 a，短边为 b，则：

压缩刚度　　$k' = E \left[\dfrac{H - 2r}{ab} + 2\int_0^r \dfrac{\mathrm{d}z}{\left(a + r - \sqrt{r^2 - z^2}\right)\left(b + r - \sqrt{r^2 - z^2}\right)} \right]^{-1}$

当 $r \ll a, b$ 时　　$k' = Eab \left[H - (2 - \pi/2) \dfrac{a+b}{ab} r^2 \right]^{-1}$

当 $r = 0$ 时　　$k = E \dfrac{ab}{H}$

3.5.5　液压减振器

1. 工作原理

利用液体的黏滞阻力做负功来吸收振动能量，如图 3.51 所示。

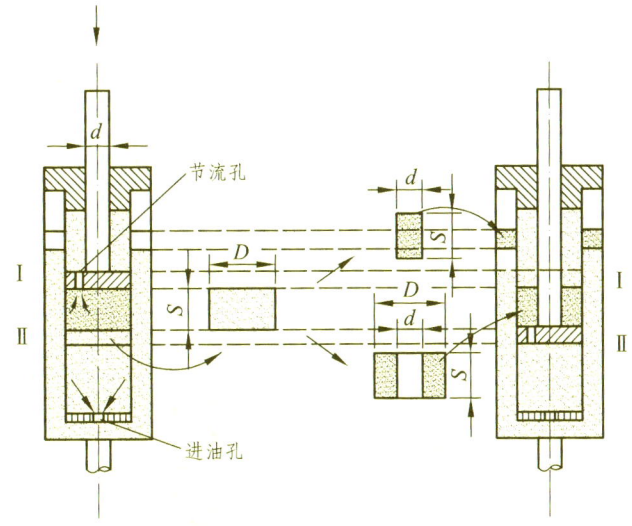

图 3.51 液压减振器工作原理

当活塞杆向下运动时，油缸内的液压油将从下腔经节流孔"串入"上腔，由于液体具有黏性，于是在此"窜动"过程中节流孔对液体有阻碍作用，就产生了阻力。但与此同时，由于活塞杆本身要占有一定容积，在液压油上腔和下腔之间"窜动"过程中，液压油的体积必须有额外的容积提供补偿，因此油缸外圈设置了起容积补偿作用的隔层。

2. 特性

阻尼力 F 主要取决于阻尼系数（节流孔的大小）q 和相对运动速度 v，如图 3.52 所示。即

$$F = qv$$

3. 圆弹簧和液压减振器共同工作时的特性

圆弹簧和液压减振器通常并联在一起共同工作，在机车车辆上通常可以将整车模型简化为车轮荷重系统来进行研究。最简单的车轮荷重系统如图 3.53 所示。

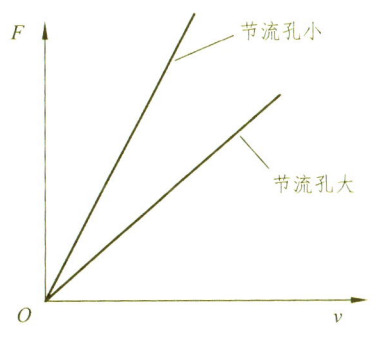

图 3.52 阻尼特性曲线

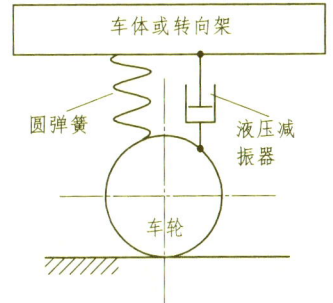

图 3.53 圆弹簧和液压减振器共同工作时的示意图

圆弹簧和液压减振器共同工作时的特性由圆弹簧的特性和液压减振器的特性合成而得，如图 3.54 所示。

4. 液压减振器的结构

普通液压减振器由活塞、缸筒、活塞阀、进油阀和各种密封圈等组成，具体结构如图 3.55 所示。而其中最主要的部件是活塞阀和进油阀，活塞阀和进油阀的具体结构如图 3.56 所示。

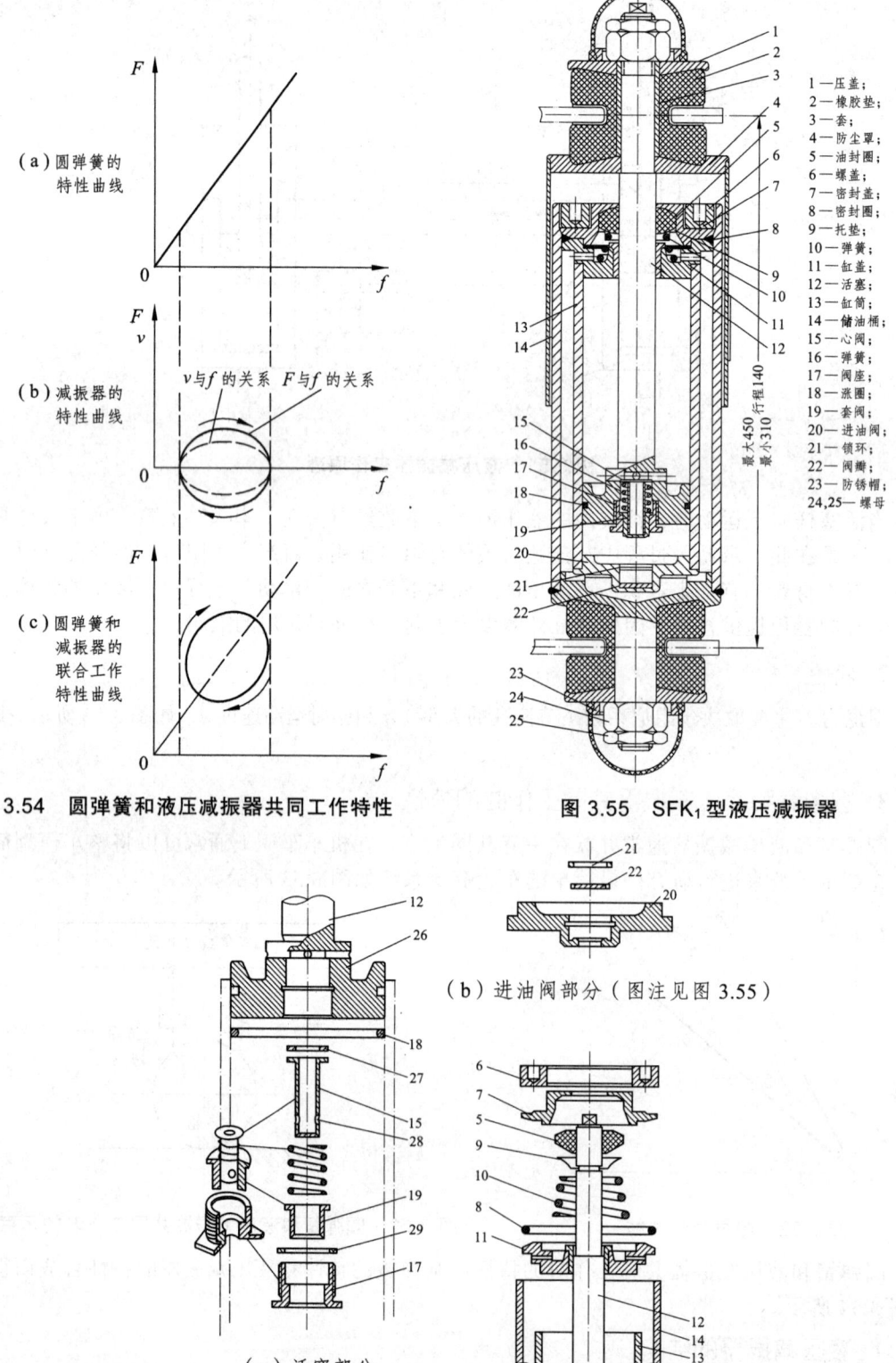

图 3.54 圆弹簧和液压减振器共同工作特性

图 3.55 SFK$_1$ 型液压减振器

1—压盖；2—橡胶垫；3—套；4—防尘罩；5—油封圈；6—螺盖；7—密封盖；8—密封圈；9—托垫；10—弹簧；11—缸盖；12—活塞；13—缸筒；14—储油桶；15—心阀；16—弹簧；17—阀座；18—涨圈；19—泰阀；20—进油阀；21—锁环；22—阀瓣；23—防锈帽；24,25—螺母

(a) 活塞部分

(b) 进油阀部分（图注见图 3.55）

(c) 缸端密封部分（图注见图 3.55）

图 3.56 活塞阀和进油阀的具体结构

5. 液压减振器阻尼特性的调节

液压减振器阻尼特性的调节可通过改变心阀上的节流孔的大小及弹簧预压缩量来实现（参见图 3.57 和图 3.58）。图 3.57 所示为液压减振器的阻尼特性调整图。

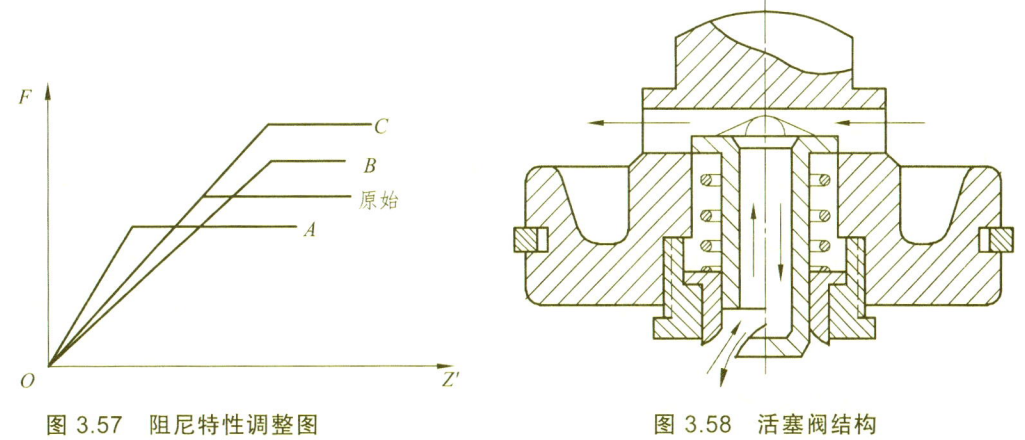

图 3.57 阻尼特性调整图　　　　图 3.58 活塞阀结构

（1）阀座端面加垫片使节流孔变小，阻尼增大，同时减小工作范围，如图 3.57 的 A 曲线所示。

（2）心阀顶面加垫片使节流孔变大，阻尼减小，同时增大工作范围，如图 3.57 的 B 曲线所示。

（3）弹簧上部加垫片使节流孔不变，阻尼不变，但增大工作范围，如图 3.57 的 C 曲线所示。

6. 一般液压减振器与抗蛇行液压减振器的性能比较

与一般液压减振器相比，抗蛇行液压减振器只是节流孔的结构有所不同，这就造成其节流特性发生变化，即抗蛇行液压减振器的卸荷速度 v_0 远远小于一般液压减振器（见图 3.59 和图 3.60）。这样，就有可能同时满足有效抑制蛇行失稳和利于通过曲线的要求，即当车体相对于转向架蛇行运动增大时（通常对应于机车车辆在直道上高速运行时），其相对运动速度 v 很容易超过 v_0，使减振器阻尼力 $F=F_{\max}$（饱和阻力），产生强大的阻尼作用。

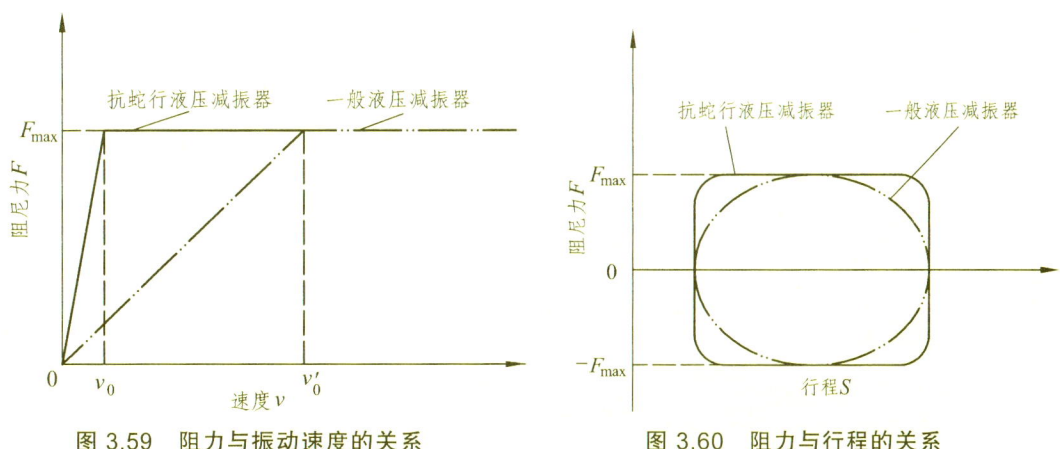

图 3.59 阻力与振动速度的关系　　　　图 3.60 阻力与行程的关系

而当车辆通过曲线时（此时车辆运行速度较低），车体相对于转向架的回转速度 v 较小，且 $v<v_0$，此时减振器阻尼力 F 明显下降，在车体与转向架之间产生的阻力矩较小，使车辆容易通过曲线。

另外，抗蛇行液压减振器一定是纵向安装在车体与转向架之间，所以也常被称为纵向减振器（有人也称其为恒量阻尼减振器）。

7. 液压减振器性能试验

1）试验目的

检查减振器的工作是否正常，同时按设计要求调整阻尼系数 q（N·s/mm）的大小。

2）试验原理[见图 3.61（a）]

当电动机经减速后驱动偏心轮 1 转动→使滑块 3（A）做上、下往复运动→减振器产生阻尼力→B 点运动→带动曲臂连杆 8 转动→记录笔 10 做左右运动→在记录板 9 上绘出椭圆形示功图[见图 3.61（b）]。

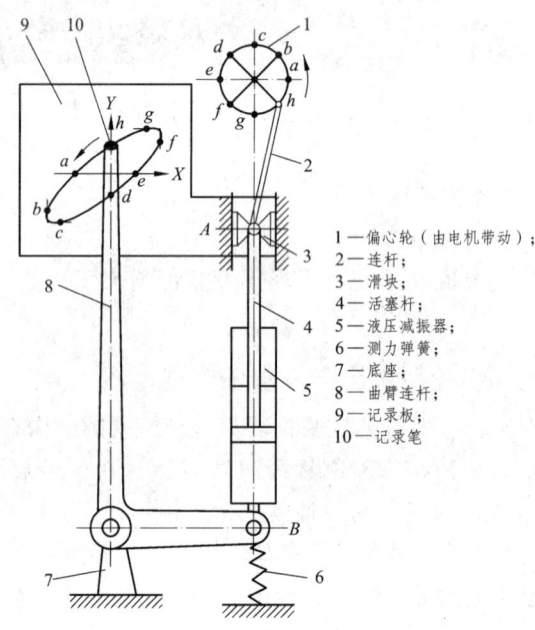

1—偏心轮（由电机带动）；
2—连杆；
3—滑块；
4—活塞杆；
5—液压减振器；
6—测力弹簧；
7—底座；
8—曲臂连杆；
9—记录板；
10—记录笔

（a）液压减振器试验原理图

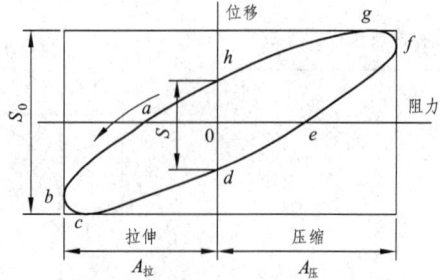

S_0—试验台滑块行程；S—活塞相对于缸体的行程

（b）椭圆形示功图

图 3.61

（1）A 点的位移与偏心轮的运动有关，而 B 点的位移与减振器的阻尼力有关，且 A 点和 B 点的位移之差，就是减振器上、下两端的相对位移。

（2）该示功图的面积就是该液压减振器振动一周所吸收的功。由该示功图就可以计算出其阻尼系数 q。

3.5.6 空气弹簧

空气弹簧就是将压缩空气密封在橡胶膜（或囊）中形成具有一定刚度的弹性体。

1. 空气弹簧的特点

（1）刚度小，当量静挠度大。空气弹簧能大幅度地增加当量静挠度，可使弹簧悬挂装置设计得很柔软，这样可降低车辆的自振频率。

（2）具有非线性特性。空气弹簧具有非线性特性，可以根据车辆振动性能的需要，设计成具有比较理想的弹性特性（曲线）。在平衡位置振动幅度较小时（即正常运行时的振动），刚度较低；若位移过大，刚度显著增加，可限制车体的振幅。

（3）刚度随载荷变化。空气弹簧的刚度随载荷而变化，从而可基本保持空、重车时，车体自振频率几乎相等，使空、重车不同状态的运行平稳性几乎相同。

（4）高度可调节。空气弹簧和高度控制阀并用时，可使车体在不同静载荷下，保持地板面距轨面的高度基本不变。

（5）可充分利用其横向弹性。同一空气弹簧可以同时承受三维方向的载荷，利用空气弹簧的横向弹性特性，可以代替传统转向架的摇动台装置，从而简化结构，减轻自重。

（6）能产生适宜阻尼。在空气弹簧本体与附加空气室之间设有适宜的节流孔，可以产生适宜的阻尼，以代替垂向液压减振器。

（7）具有吸振和隔音性能。空气弹簧具有良好的吸收高频振动和隔音的性能。

（8）空气弹簧的缺点：结构复杂，附件多，制造成本高，维护检修复杂。

2. 空气弹簧装置系统组成

（1）系统组成。主要由空气弹簧本体、附加空气室、高度控制阀、差压阀和滤尘器等组成（见图 3.62）。

（2）压力空气传递过程（见图 3.62）。

压力空气由列车主风管 1→T 形支管 2→截断塞门 3→滤尘止回阀 4→空气弹簧储风缸 5→主管（在车底架上）→连接软管 6→高度控制阀 7→附加空气室 10 和空气弹簧本体 8。

（3）高度调整阀工作原理。为了保持车体距轨面的高度不变，在车体与转向架间装有高度调整阀，以调节空气弹簧橡胶囊中的压缩空气（充气、放气或保持压力），使车辆地板面不受车内乘客的多少和分布不均的影响，基本保持水平。

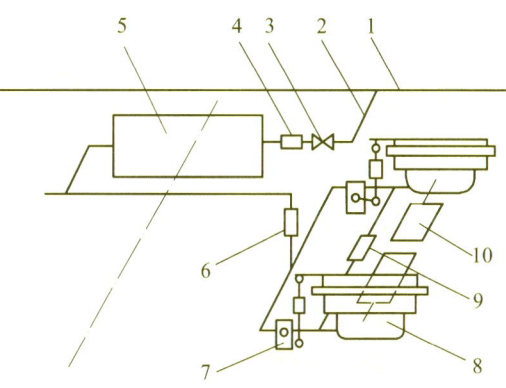

图 3.62 空气弹簧装置系统

1—列车主风管；2—支管；3—截断塞门；4—止回阀；
5—储风缸；6—连接软管；7—高度控制阀；
8—空气弹簧；9—差压阀；10—附加空气室

调节过程（见图3.63）：

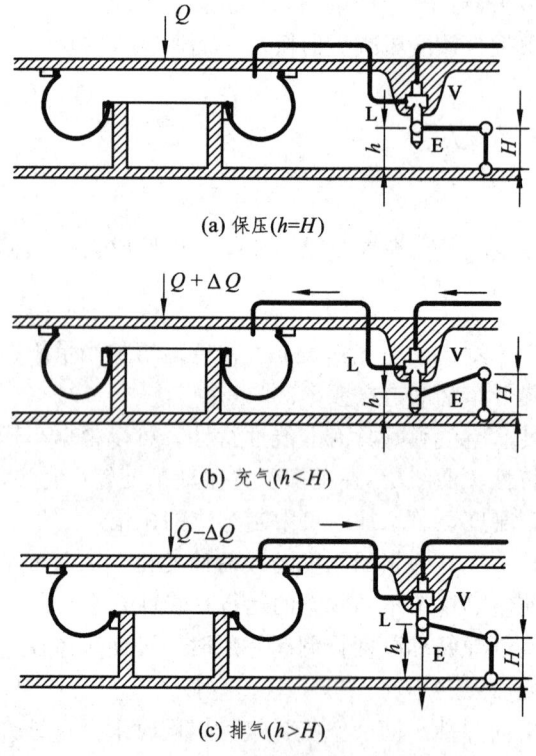

图3.63 高度调整阀工作原理

h—地板实际高度；H—地板标定高度

① 在正常载荷位置，即 $h=H$ 时，充气通路 V→L 和放气通路 L→E 均被关闭；

② 当车体载荷增加时，此时 $h<H$，阀动作，使 V→L 通路开启，压缩空气向空气弹簧充气，直至地板面上升到标定高度（即 h 达到 H 高度）为止。

③ 当车体载荷减小时，此时 $h>H$，阀动作，使 L→E 通路开启，空气弹簧向大气排气，直至地板面下降到标定高度（即 h 达到 H 高度）为止。

（4）高度调整装置结构。不同动车组所使用的高度调整装置结构有所区别，这里以 CRH_2 和 CRH_3 动车组所采用的高度调整装置为例来加以说明。

CRH_2 的结构如图3.64所示。该高度调整阀内使用的工作油特性如下：

① 种类：硅油。

② 黏度：10^{-3} m^2/s，25℃。

③ 温度系数：0.6。

④ 流动点：-50℃ 以下。

高度调整阀工作过程分进气过程和排气过程，具体如图3.65和图3.66所示。

当然，上述调整只能在静态时进行，不能影响车体与转向架间的正常振动。保证高度调整阀仅在静态需要调整时才起作用，而对动态振动不起作用，这就要求高度调整阀必须具有如下特性：① 具有不感带（10±1）mm；② 具有时间延迟（3±1）s；③ 内腔充满硅油，起阻尼作用。

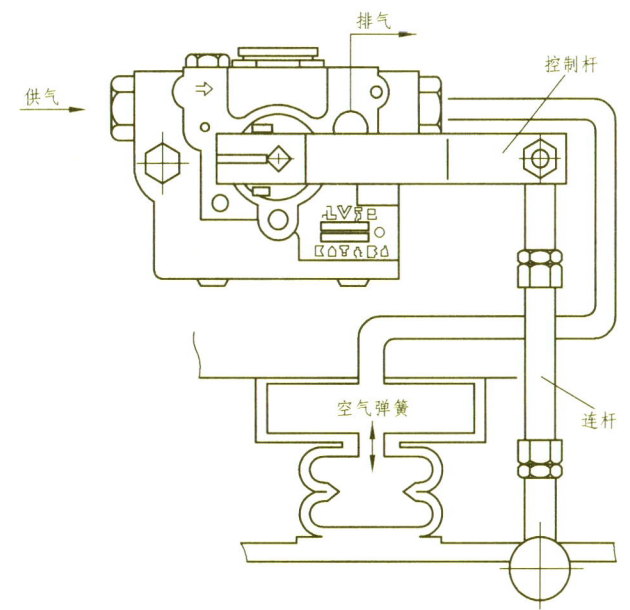

图 3.64　高度调整装置结构

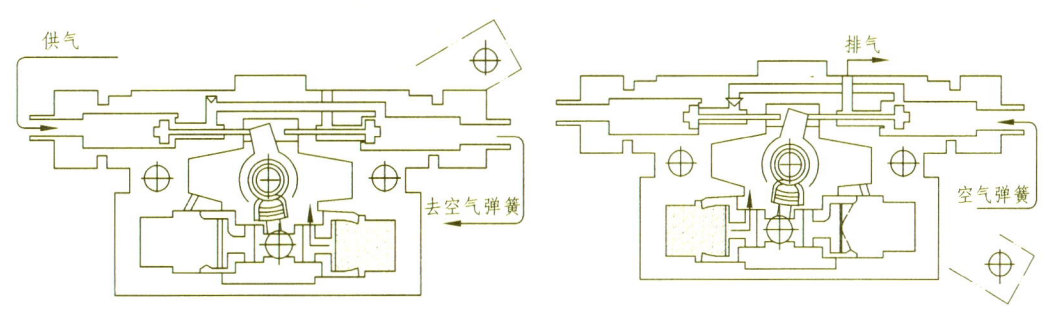

图 3.65　高度调整阀进气过程图　　　　图 3.66　高度调整阀排气过程

CRH$_3$的高度控制阀组成主要包括高度阀座、高度阀、水平杆、螺纹杆、调节环和下座等部件（见图 3.67）。

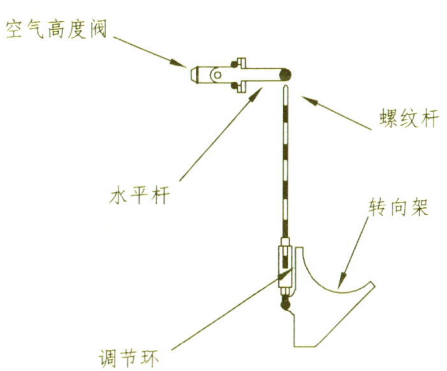

图 3.67　高度调整阀组成

高度控制阀的主体采用螺钉固定在高度阀座上，阀座与枕梁相连，而该阀的阀杆铰接在转向架构架上。高度控制阀在转向架上的位置可参见图 3.67。

通过调整高度控制阀和转向架构架之间的螺纹杆的长度以便调整由于车轮磨耗造成的车辆高度变化。在每次镟轮之后应进行这样的调整。车辆高度阀调节车辆垂向位移的不敏感带约为 ±3 mm，此时空气流通停止，避免空气的过度消耗。在不敏感带之后，空气流通保证了悬挂系统的减振功能。空气悬挂设备的空气信号与旅客载荷成比例，并传送到制动控制单元，用以制动载荷补偿。

高度调整阀在空气弹簧系统的闭环线路中起着一个作动器的作用。它被设计为一个无旁通的非节流式双座阀门。它使用了一个单向阀门，用来保持气囊压力。

CRH₃ 动车组采用 SV1205-E/110 型的高度调整阀，其工作原理如图 3.68 所示。

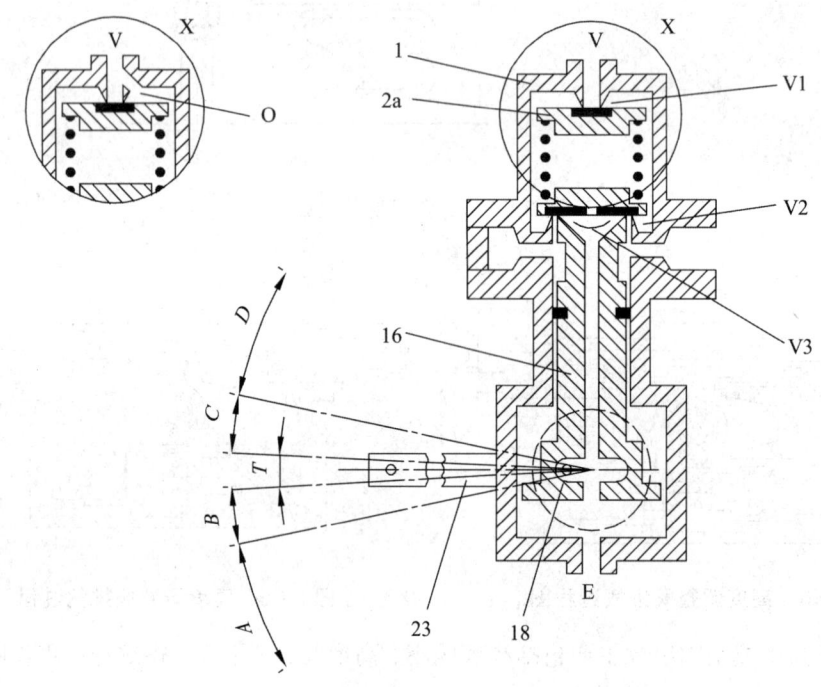

1 Housing / 壳体	E Exhaust / 排气
2a Valve head / 阀门头	L Port for air spring bellows pipe / 空气弹簧橡胶气囊导管连接口
16 Piston / 活塞	O Bypass bore / 旁通孔
18 Driver and eccentric / 驱动器和偏心件	T Dead motion / 止点运动
23 Actuating lever / 操纵杆	V Port for auxiliary air reservoir pipe / 辅助储气罐导管连接口
A Unthrottled venting / 非节流放气	V1 Check valve / 单向活门
B Throttled venting / 节流放气	V2 Inlet valve / 进气阀门
C Throttled charging / 节流充气	V3 Outlet valve / 出气阀门
D Unthrottled charging / D 非节流充气	

图 3.68 高度调整阀工作原理图

该阀门在顶部有一个开口 V，用来安装辅助储气罐。在开口 V 的对面是一个排气口 E，左和右两侧分别有一个开口 L，其中一个用来连接空气弹簧气囊，另一个开口 L 被一个螺塞堵死。

高度调整阀工作原理（参见图 3.69）：由于车辆载荷的增大或减小而导致的转向架相对于车体的垂直运动，通过作动连杆传递给操纵杆（23），并传递到安装在高度调整阀上的驱动器和偏心件（18）。偏心件插入活塞上的一个椭圆形孔，在驱动器转动时使活塞向上和向下运动。阀门头（2a）起着一个单向活门 V1 的作用。因此，在压力下降时，将阻止空气从 L 口（空气弹簧橡胶气囊）回流到 V 口。

只要轨道车辆处于水平状态，自动调平阀即处于所谓的中立位置，此时压缩空气既不进入（充气时）也不排出（放气时）。在这个位置上，进气阀门 V2 和出气阀门 V3 都将关闭。

1）加载——给空气弹簧橡胶气囊充气[参见图 3.69（a）]

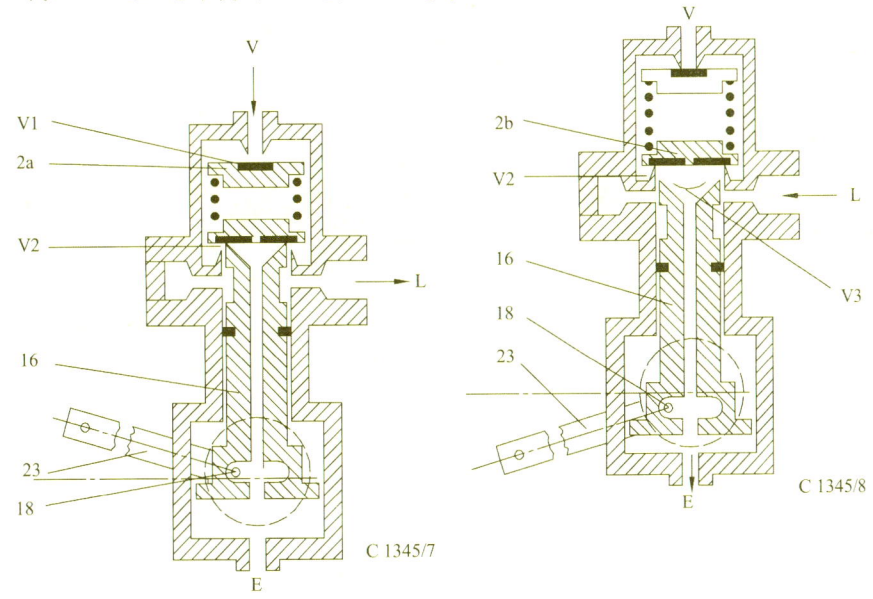

（a）空气弹簧橡胶气囊充气　　　　（b）空气弹簧橡胶气囊排气

2a Valve head / 阀门头	E Exhaust / 排气
2b Valve head / 阀门头	L Port for air spring bellows pipe / 空气弹簧橡胶气囊导管连接口
16 Piston / 活塞	V Port for auxiliary air reservoir pipe / 辅助储气罐导管连接口
18 Driver and eccentric / 驱动器和偏心件	V2 Inlet valve / 进气阀门
23 Actuating lever / 操纵杆（即水平杆）	V3 Outlet valve / 出气阀门

图 3.69　空气弹簧橡胶气囊充排气过程

当车辆载荷增大时，车体首先将由于空气弹簧橡胶气囊受到更大的载荷的压缩而下落。

当气囊被压缩时，驱动器（18）在作动机构的作用下被转动，导致偏心件使活塞（16）向上移动，并打开进气阀门 V2。来自辅助储气罐的压缩空气 V 被加到上阀门头（2a）上，使单向活门 V1 打开。压缩空气 V 在进入空气弹簧橡胶气囊之前，先流到 L。

在达到止动运动的终点时，充气孔打开，车体被升起。在车体重新达到原始水平设定值时，操纵杆立即返回到水平位置。高度调整阀处于中立位置，进气阀门 V1 和 V2 都将关闭。

2）卸载——给空气弹簧橡胶气囊放气［参见图 3.69（b）］

当车辆载荷减小时，车体首先将由于载荷的减小导致空气弹簧橡胶气囊膨胀而上升。当气囊膨胀时，驱动器（18）在作动机构的作用下被转动，导致偏心件使活塞（16）向下移动，并打开出口阀门 V3。由于压缩弹簧的力和阀门头（2a）上的压力的缘故，进气阀门 V2 将保持关闭。这一动作将切断辅助储气罐和空气弹簧橡胶气囊之间的联系。压缩空气 L 流到排气口 E。

在达到止动运动的终点时，放气孔打开，车体将重新下落到原始水平位置。操纵杆恢复其水平位置。高度调整阀处于中立位置，出气阀门 V3 将关闭。

图 3.70 以图形实例的形式显示了一个高度调整阀的流量特性。曲线形态取决于使用了哪个高度调整阀。由图可见，高度调整阀的流量大小实际上与水平杆（参见图 3.67）的转动角度有关。当水平杆的转动角度很小（图 3.70 中的 T 区域，约 1°～2°）时，此时空气流通停止，这样可避免空气的过度消耗。这对应于车体垂向（高度）位移约 3mm，通常被称作死挡或不感带。在死挡（不感带）之后，空气流通增加以保证悬挂系统的功能。

当水平杆转动角度较小时［图 3.70 中的 B、C 区域，对应于水平杆的小角度（约 5°～8°）］，其空气流量较低。通常列车运行时产生小的转动角，水平杆相对正常位置转动角度较小，此时因为无负载变化，空气消耗较低。

当负载变化时，水平杆将转动一较大的角度［图 3.70 中的 A、D 区域，对应于水平杆的较大角度（大于 8°）］。此时阀门开度增大，以便尽快补偿或排出保持车体正常高度所需要的空气。

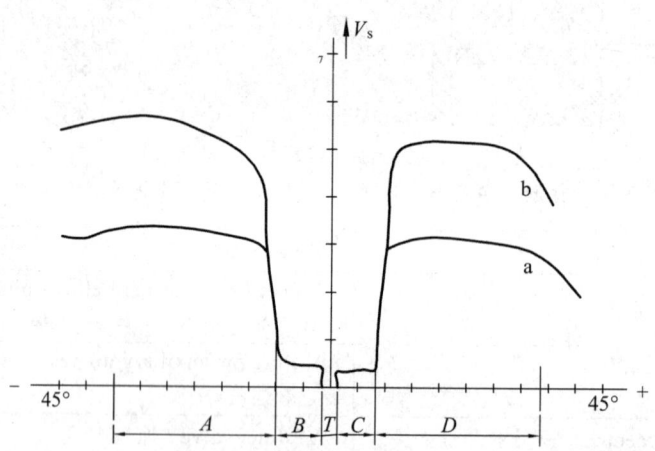

a 1 port /1 个口	C Throttled charging / 节流充气
b 2 ports (SV1205-GJ does not have the second port) / 2 个口（SV 1205- GJ 只有一个口）	D Unthrottled charging / 非节流充气
A Unthrottled venting / 非节流放气	T Dead motion / 死挡运动（不感带）
B Throttled venting / 节流放气	

图 3.70　高度调整阀工作特性示意图

（5）差动阀。每台转向架的两只气囊都通过差动阀相连，如果气囊突然破裂或毁坏，差动阀将运行使转向架的两只气囊压力保持平衡。这样可防止客车由于一只气囊充气而另一只气囊没有充气而向一边严重倾斜。差动阀的工作原理如图 3.71 所示。

差动阀的主要作用：

① 在曲线上时，左右两只气囊必须保证一定的压差，否则车体将会发生倾斜；

② 车体左右摇摆振动时，也必须保证一定的压差，否则将加剧摇摆。

CRH_2 动车组所用差动阀的型号为 DP5，其设定的压力差一般为 (150 ± 20) kPa（1.5 kg/cm^2）。

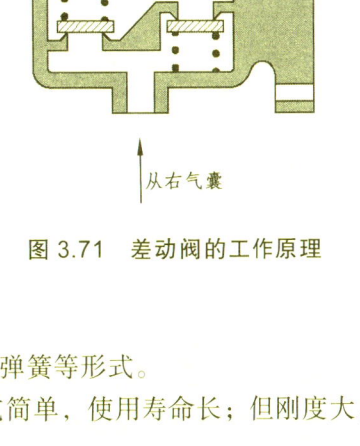

图 3.71　差动阀的工作原理

3. 空气弹簧的结构和分类

空气弹簧大体上可分为囊式和膜式两种。

（1）囊式空气弹簧又可分为单曲、双曲和多曲囊式空气弹簧等形式。

双曲囊式空气弹簧结构如图 3.72 所示。特点：制造工艺简单，使用寿命长；但刚度大，振动频率高，故现代车辆上基本不用。

（2）膜式空气弹簧可分为约束膜式和自由膜式空气弹簧两种。

① 约束膜式空气弹簧：由内、外筒将橡胶囊约束在内，如图 3.73 所示。

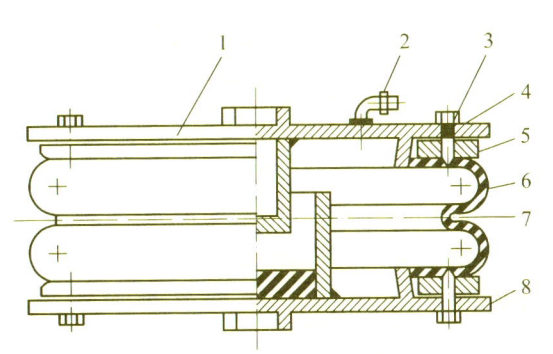

图 3.72　双曲囊式空气弹簧结构

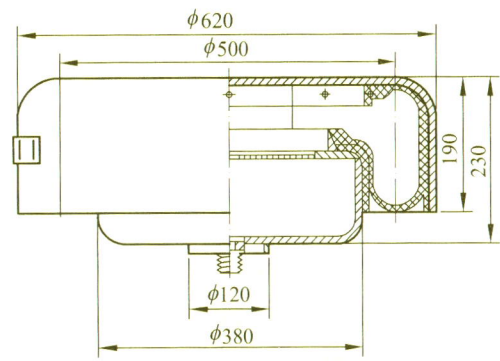

图 3.73　约束膜式空气弹簧

1—上盖板；2—气嘴；3—紧固螺钉；4—钢丝圈；5—法兰盘；
6—橡胶囊；7—中腰环钢丝圈；8—下盖板

特点：刚度小，振动频率低，可方便地通过调整约束裙（内、外筒）的形状来控制其弹性特性。但橡胶囊（膜）工作状况复杂，耐久性差。

② 自由膜式空气弹簧：无内、外约束筒，如图 3.74 所示。

特点：无约束橡胶囊变形的内、外筒，可减轻橡胶囊的磨耗，提高使用寿命；安装高度低，可明显降低车辆地板面距轨面的高度；具有良好的负载特性，其弹簧特性可通过改变上盖板边缘的包角加以适当调整；质量轻。

根据以上各种空气弹簧的特点，在现代机车车辆上，自由膜式空气弹簧应用最广泛。我国引进并合作生产的高速动车组 CRH_1、CRH_2 和 CRH_5 所采用的空气弹簧，尽管结构尺寸各不相同，但均属于自由膜式空气弹簧。

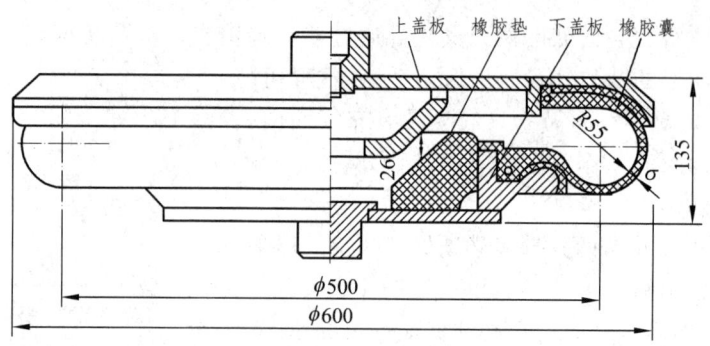

图 3.74 自由膜式空气弹簧

1—上盖板；2—橡胶垫；3—下盖板；4—橡胶囊

另外，空气弹簧的橡胶囊由内、外橡胶层，帘线层和成型钢丝圈组成。其中，空气弹簧的载荷主要是由帘线承受，而帘线的材质对空气弹簧的耐压性和耐久性起着决定性作用，故采用高强度人造丝、维尼龙或卡普隆作为帘线。

4. 自由膜式空气弹簧刚度计算

自由膜式空气弹簧结构尺寸如图 3.75 所示。

（1）垂向刚度 k 的计算。

$$k = n(1+t)(p_a + p_0)\frac{A_0}{v_0} + \alpha p_0 A_0$$

$$a = \frac{1}{R} \cdot \frac{\sin\theta\cos\theta + \theta(\sin^2\theta - \cos^2\varphi)}{\sin\theta(\sin\theta - \theta\cos\theta)}$$

$$t = \frac{r^2}{R^2}\left[2 + \frac{\cos^2\varphi(\theta^2 - \sin^2\theta) - \theta^2\sin^2\theta}{\sin\theta(\sin\theta - \theta\cos\theta)}\right]$$

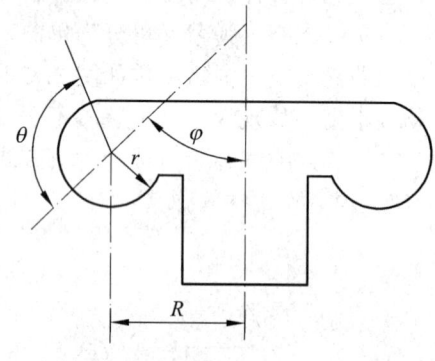

图 3.75 自由膜式空气弹簧结构尺寸

式中　p_0——空气弹簧的内压力，通常铁道车辆上采用的空气压力 $p_0 < 0.6$ MPa，一般在 0.3 ~ 0.5 MPa，它影响空气弹簧几何参数 R 的选取，静载荷 $P = p_0 A_0 = \pi R^2 p_0$；

p_a——大气压力，一般计算时取 $p_a = 0.1$ MPa；

A_0——静平衡位置时空气弹簧的有效承压面积，$A_0 = \pi R^2$；

v_0——静载荷作用下空气弹簧的容积，即 $v_0 = v_1 + v_2$，其中 v_1 为空气弹簧本身的容积，v_2 为附加空气室容积；

n——多变指数，计算时通常取 $n = 1.3 \sim 1.38$；

t, a——空气弹簧的垂向特性形状系数，取决于空气弹簧的几何形状，与其几何参数 θ、φ、R 有关；

φ——橡胶囊圆弧部分的回转轴与空气弹簧中心线夹角，该回转轴是指圆弧中点与该弧圆心的连线；

θ——橡胶囊圆弧部分形成的包角之半；

R——有效承压面积 A_0 的半径。

（2）横向刚度 k_1 的计算。

$$k_1 = bp_0 A_0 + k_1'$$

$$b = \frac{1}{2R} \cdot \frac{\sin\theta\cos\theta + \theta(\sin^2\theta - \sin^2\varphi)}{\sin\theta(\sin\theta - \theta\cos\theta)}$$

式中 k_1'——橡胶囊本身的横向刚度,其值需通过试验确定;

b——空气弹簧的横向特性形状系数,取决于空气弹簧的几何形状,与几何参数 θ、φ、R 有关。

必须注意:空气弹簧的横向刚度受到帘线角度(即帘线相对于橡胶囊的经线方向的夹角)的影响较大,通常随帘线角的增大而增加(见图 3.76)。橡胶囊本身的横向刚度 k_1' 主要取决于帘线角的角度。设计计算时,建议 k_1' 值取为 50~100 kN/m,压力高时取偏大值。

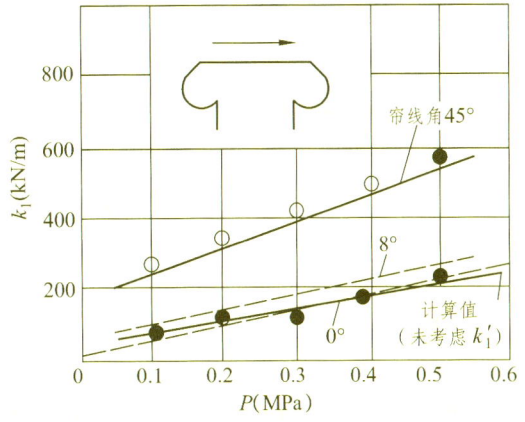

图 3.76 帘线角对横向刚度的影响

5. 空气弹簧悬挂系统总结

空气弹簧悬挂系统的振动特性分析以及参数选择的计算表明,转向架的悬挂参数和运行速度对车辆各部分的振动响应,证实了采用空气弹簧作为悬挂系统的优越性。

(1)单轴车模型。为了从本质上了解转向架悬挂参数对振动响应的影响,可采用简化了的系统模型——单轴车模型加以研究。研究表明,高速列车运行时为了保持良好的平稳性,必须要求提高线路等级,尤其应尽力降低车辆自振频率,这也正是为什么在高速转向架的设计中,要采用空气弹簧以获得低自振频率的主要原因。

(2)精确模型。精确模型是综合考虑空气弹簧工作室、附加空气室和节流孔的计算模型,将它与钢弹簧计算模型相比较。在相同的刚度和阻尼条件下,车辆模型研究结果表明:

① 垂向运行性能,空气弹簧在高频率范围内隔振性能优于钢弹簧。

② 横向运行性能,空气弹簧模型加速度响应与钢弹簧模型较接近。

③ 空气弹簧具有良好的柔软的弹性特性,这是钢弹簧难以达到的,所以,空气弹簧是高速动力车转向架可选择的理想悬挂系统。

(3)高速动车转向架用空气弹簧悬挂系统的技术参数。早期的 TGV 动力转向架,采用橡胶堆与空气弹簧相串联的形式,成功地达到了最大运行速度 300 km/h,对线路没有过大的破坏作用。

法国 TGV 高速动车转向架用空气弹簧的技术参数和要求如下:

(1)刚度要求。垂向刚度 $k_z = 1.63 \times 10^6$ N/m,横向刚度 $k_y = 3.5 \times 10^5$ N/m,纵向刚度 $k_x = 3.5 \times 10^5$ N/m,附加气室容积 60 L。

(2)变位要求。最大横向变位 $\pm(90\sim110)$ mm,最大垂向变位 ± 50 mm,紧急垂向变位 ± 30 mm,最大纵向变位可与最大横向变位不同。

(3)气密性能。在标准高度下充入 0.5 MPa 压力空气 24 h 后压强降低不超过 0.01 MPa。

（4）爆破压力大于 2.0 MPa。

（5）耐疲劳性能。在频率 1 Hz、振幅 ±15 mm、内压 0.5 MPa 下，垂向大于 10 万次，水平方向大于 20 万次，检查空气胶囊及橡胶堆均无局部突起及其他异状。

（6）使用寿命不少于 15 年。

3.6 轮对轴箱装置

3.6.1 一般铁道机车车辆轮对的基本知识

1. 轮对的组成及作用

1）组　成

轮对一般由车轴、轮心和轮箍等组成。高速动车组车辆一般采用整体车轮，所以不再有轮心和轮箍之分。另外，高速动车组轮对还有动力轮对和非动力轮对的区别，其中动力轮对上通常装有牵引大齿轮（或齿轮箱），如图 3.77 所示。

2）作　用

轮对的作用主要包括以下 3 个方面：

（1）承受全部载荷及冲击。

（2）与钢轨黏着产生牵引力或制动力。

（3）轮对滚动使机车车辆前进。

3）组　装

轮对的组装工艺通常有两种：热套和液压套装。所谓热套，就是将轮心加热后套到车轴，轮箍加热后套到轮心。而所谓液压套装，就是在车轮与车轴拆装过程中，通过专门的液压设备向轮座接触面处注入高压油，使轮座孔扩张并同时施以轴向推力将车轮压入或退出。

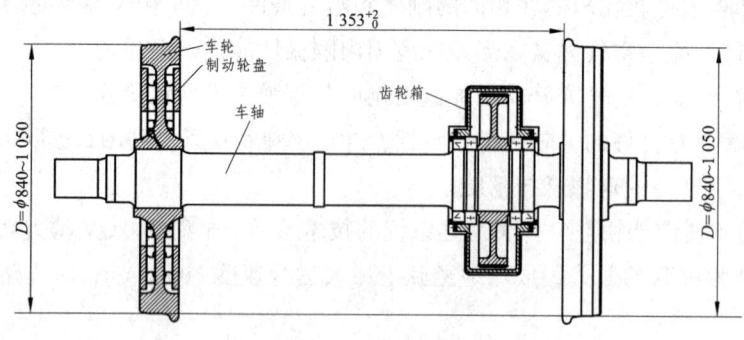

图 3.77　轮对组成

2. 轮缘及踏面

1）几个关键的名称和尺寸（TB 标准踏面见图 3.78）

（1）踏面：

1∶20 斜面的作用：在直线上自动对中，在曲线上使外轮滑动量小。

1∶10 斜面的作用：通过小曲线时，接触于 1∶10 斜面上，可进一步减小外轮滑动量。

（2）轮缘：高 25 mm，厚 32 mm，轮缘角 65°。

（3）滚动圆：名义直径 ϕ（840～1 000）mm。

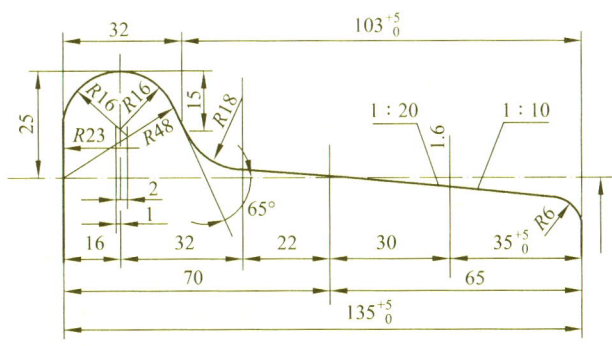

图 3.78　标准锥形（TB）踏面外形

2）标准踏面存在的主要问题

踏面和轮缘磨损严重，尤其是在新踏面投入运用的前期，如图 3.79 所示。

原因：锥形踏面与钢轨的接触区域，明显地仅为狭小面积接触，因此产生局部磨耗，使踏面呈凹形，但当踏面达到某种凹形程度后，外形便保持相对稳定。

3）解决方法：采用磨耗形（凹形、曲形、弧形）踏面

研究表明：当锥形踏面磨耗到一定的凹形程度后，外形便相对稳定，磨耗速度减小（此时轮轨接触区域较宽）。因此，我们可直接将新踏面做成磨耗形状，即磨耗形踏面。

3. 磨耗形踏面的定义

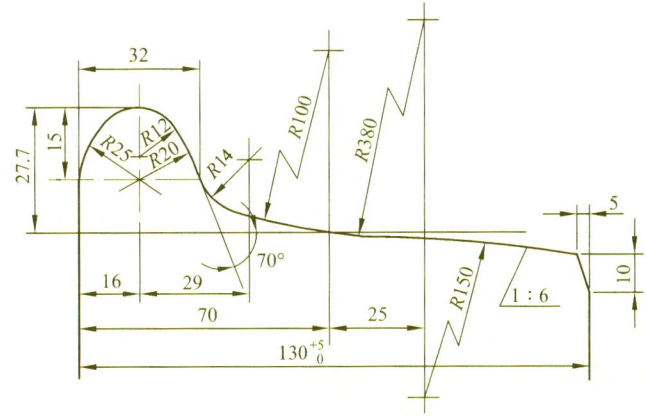

图 3.79　磨耗率与运行距离的关系图

将新的车轮踏面外形直接做成与标准锥形踏面磨耗后的形状相类似（或近似）的这样一种踏面，称为磨耗形踏面，亦称凹形、曲形、弧形踏面。磨耗形踏面外形如图 3.80 所示。

图 3.80　磨耗形踏面外形

1) 优　点

① 延长镟轮公里［因轮轨接触点变化范围较大（见图3.81），使轮轨磨耗较均匀］，并减少镟轮时的车削量，如图3.82所示。

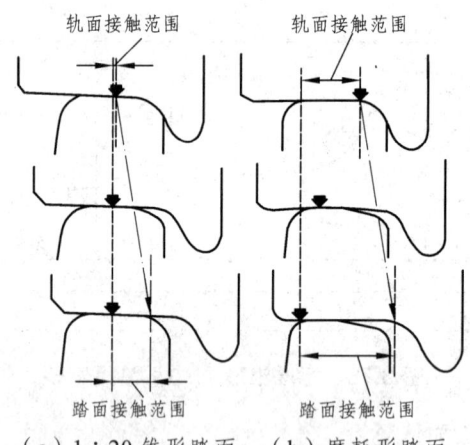

（a）1∶20锥形踏面　　（b）磨耗形踏面

图3.81　轮轨的接触情况

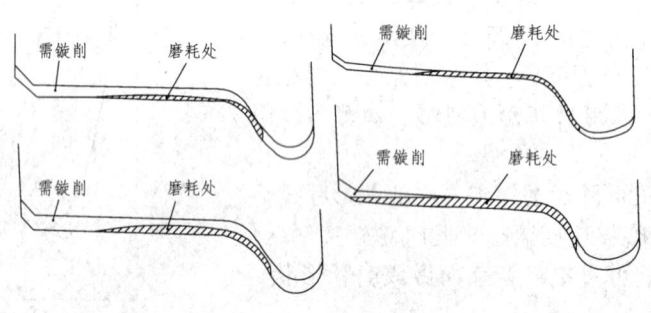

（a）1∶20锥形踏面　　（b）磨耗形踏面

图3.82　踏面和轮缘的磨耗形状

② 在同样的接触应力下，容许更高轴重（因轮轨接触面积较大）。

③ 减少了曲线上的轮缘磨耗［因锥形踏面在曲线上时轮轨为两点接触，而磨耗形踏面在曲线上时轮轨为一点接触（见图3.83）］。

2) 缺　点

等效斜度大，蛇行稳定性差。

4. 弹性车轮

1) 结构形式

弹性车轮有承剪型、承压型和压剪复合型等3种，如图3.84、3.85和图3.86所示。现代机车车辆上用得最多的是压剪复合型橡胶弹性车轮。

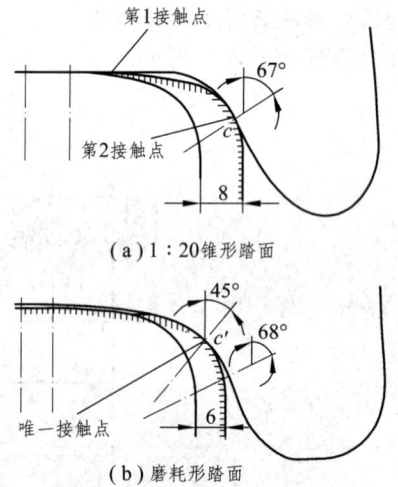

（a）1∶20锥形踏面

（b）磨耗形踏面

图3.83　轮轨的接触

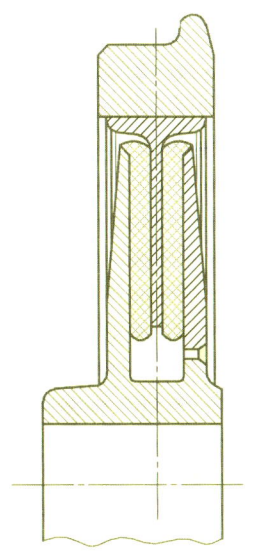 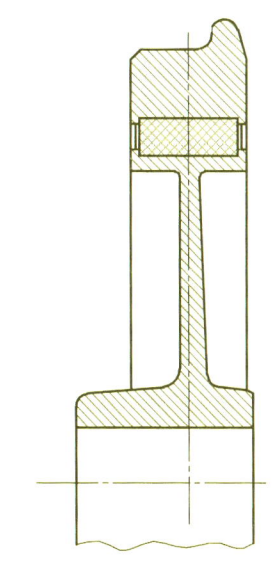

图 3.84　承受剪应力的橡胶弹性车轮　　　图 3.85　承受压应力的橡胶弹性车轮

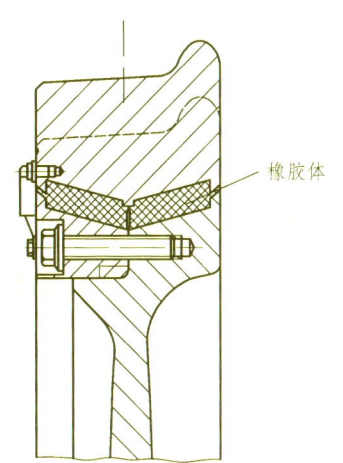 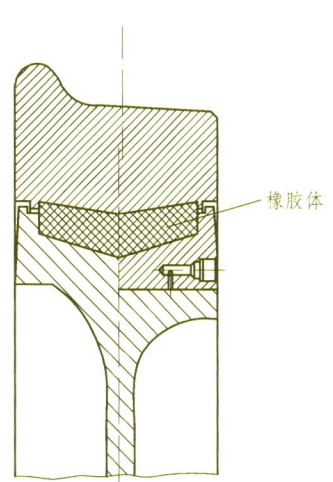

图 3.86　压剪复合型橡胶弹性车轮（左：VSG 公司；右：MAN-GHH 公司）

压剪复合型橡胶弹性车轮是一种既能承剪又能承压的结构。通常将橡胶元件采用众所周知的 V 形布置（见图 3.86）。由于这种结构能使剪力和压力的分配可以随橡胶元件的 V 形角的改变而改变，即轴向刚度与径向刚度能达到人们所期望的最佳匹配，因此，这种压剪复合型橡胶弹性车轮代表了弹性车轮的发展方向。

2）特　点

（1）垂向弹性可明显降低车轮的垂向加速度。

早在 1933 年，希施费尔德（Hirschfeld）就对橡胶弹性车轮的垂向冲击加速度进行了研究，其成果列于图 3.87 和图 3.88 中。图 3.87 表示车轮垂向冲击加速度与车轮静挠度的关系，可以看出：当完全刚性的车轮在刚性道床的轨道上运行时（通常轻轨线路或地铁线路的混凝土道床是很硬的），冲击加速度高达 $30g$，但只要存在一个不大的静挠度时，该冲击加速度就会迅速下降。例如，当静挠度为 1.75 mm 时，其值降至 $10g$。

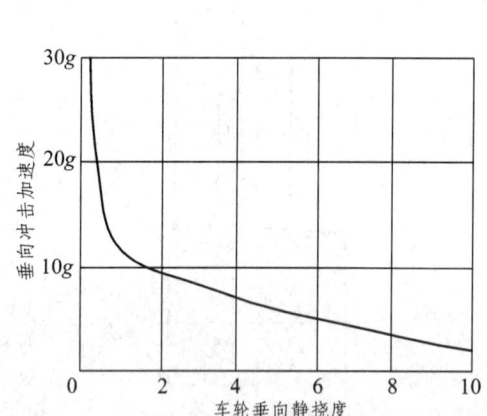

图 3.87 垂向冲击加速度（用重力加速度 g 的倍数表示）与车轮垂向静挠度的关系

（车轮直径 660 mm，轴重 36 500 N）

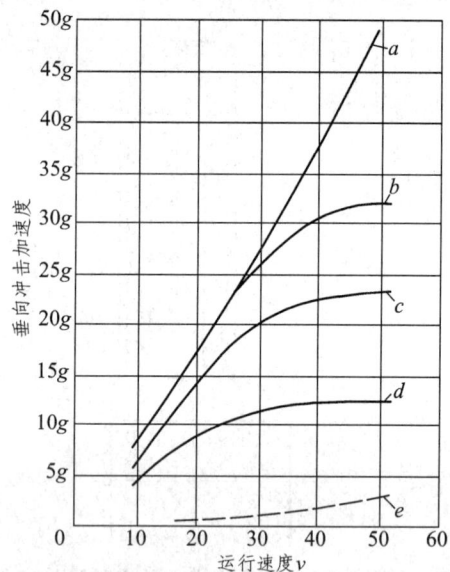

图 3.88 垂向冲击加速度（用重力加速度 g 的倍数表示）与运行速度 v 的关系

a—刚性钢轮；b—弹性位移 0.25 mm；c—弹性位移 0.584 mm；d—弹性位移 1.96 mm；e—采用橡胶轮胎的车轮

图 3.88 表示车轮垂向冲击加速度与运行速度的关系，曲线 a 代表完全刚性的钢制车轮，是一条直线，加速度值很高，但车轮稍具弹性时，就会使高速度运行的冲击加速度显著下降（见曲线 b），当弹性位移为 2 mm 左右时，冲击加速度已下降到了允许的范围之内（见曲线 d）。

由图 3.87 和图 3.88 可得出如下重要结论：

只要在静载荷作用下能有 2 mm 左右的垂向静挠度，车轮垂向冲击加速度就可以降到令人满意的程度，并能有效保护钢轨、车轮、轴承和轴悬式电动机。

（2）橡胶弹性车轮能显著降低噪声。图 3.89 是橡胶弹性车轮与刚性车轮的噪声比较结果。

由图 3.89 可见，当车速为 60 km/h 时，橡胶弹性车轮的噪声比刚性车轮低 20 多 Phon。

特别需要指出的是，橡胶弹性车轮在降低曲线噪声方面具有明显效果。根据德国汉堡地铁试验结果，橡胶弹性车轮在曲线区间可以减少噪声达 20～22 dB（A）。

图 3.90 表示橡胶弹性车轮降低曲线噪声的效果。该图摘自美国 Standard 公司的资料，其试验条件是：装有 Acousta-Flex 橡胶弹性车轮的车辆，以 56 km/h 以下的低速，通过半径为 140 ft（约 40 m）的小曲线。由图 3.90 可见，在上述情况下，车外噪声能降低约 25 dB（A）。

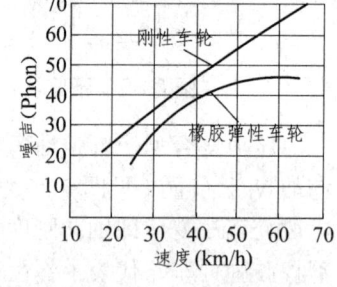

图 3.89 噪声比较

a—刚性车轮；b—橡胶弹性车轮

橡胶弹性车轮之所以能明显降低噪声，主要原因是：

① 由于橡胶能吸收高频振动，从而降低冲击，并使轮轨间（特别是在曲线上）的摩擦得到改善。

② 另外，采用刚性车轮时，由于轮箍在轨道上滚动而出现的噪声会通过轮心的膜片作用而大大强化，并以体噪声的形式传至车体。而采用橡胶弹性车轮时，该噪声被橡胶层隔绝。

（3）橡胶弹性可明显减少轮缘磨耗。橡胶弹性车轮通过曲线时的轮缘磨耗与刚性车轮的比较情况如图 3.91 所示。

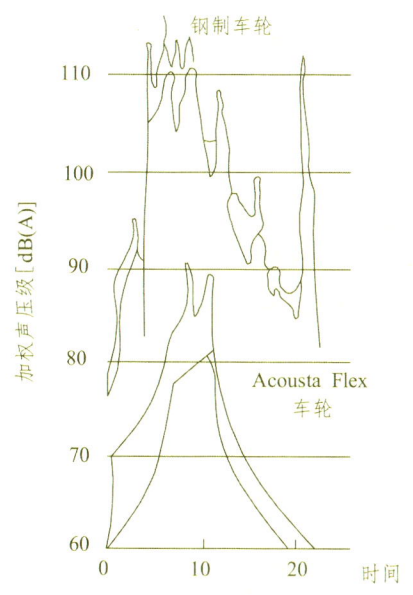

图 3.90　橡胶车轮降低曲线噪声效果

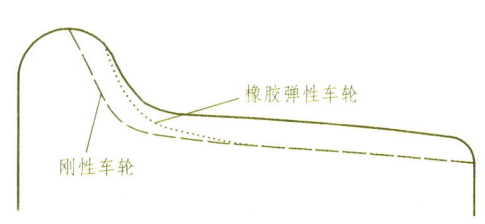

图 3.91　轮缘磨耗比较

由于橡胶弹性车轮的轴向弹性，使通过曲线及道岔时，轮缘刚性贴靠钢轨滑行的情况受到了弹性约束，摩擦力及其造成的轮缘磨耗大大降低（最大可降低 40%）。

尽管弹性车轮具有许多明显优点，但由于离心力和动载荷的共同作用，在现有条件下很难保证弹性车轮内部橡胶的工作稳定性，因此，在高速运行的动车组上（特别是速度超过 250 km/h 的高速动车组）很少被采用。

3.6.2　CRH 系列动车组轮对

1. CRH_2 动车组轮对

CRH_2 动车组转向架轮对主要由车轮、车轴、制动盘（轮盘和轴盘）、齿轮箱及轴承等组成。轮对分为动力轮对（M 轮对）和拖车轮对（T 轮对），M 轮对一侧安装齿轮箱装置，而 T 轮对则代之以两套轴盘。此外，因 T 轮对轴端安装了不同速度的传感器齿轮而略显差异。

由于采用了带自密封的轴承组，因此轴承可预先压装在轴颈上。

轮对组成后，需逐个进行动平衡试验，超出限度时，需对两侧车轮及制动盘的组装相位角进行调整。

动车转向架采用的轮对由车轴，车轮（带有制动盘，简称轮盘），齿轮装置及轴承构成，如图 3.92 所示。

拖车转向架轮对由车轴，车轮（也带有制动盘，简称轮盘），轴制动盘（简称轴盘）及轴承组成，如图 3.93 所示。为确保其安全性和可靠性，车轮、大齿轮、轴盘等采用冷压法压装到车轴上。

图 3.92　M 轮对

车轮　车轴　制动盘（轴盘）　制动盘（轮盘）

图 3.93　T 轮对

1）车　轮

CRH$_2$ 转向架车轮按 JIS E5402《铁道车辆——碳素钢整体碾压车轮》设计和生产，车轮采用整体轧制车轮，轮辋厚度为 135 mm，踏面形状采用 LMA 型。

新造车轮滚动圆直径为 ϕ860 mm，最大磨耗直径为 ϕ790 mm。在靠轮辋轮缘侧面 ϕ790 mm 圆周上，设有磨耗到限标记。CRH$_2$ 车轮踏面形状如图 3.94 所示。

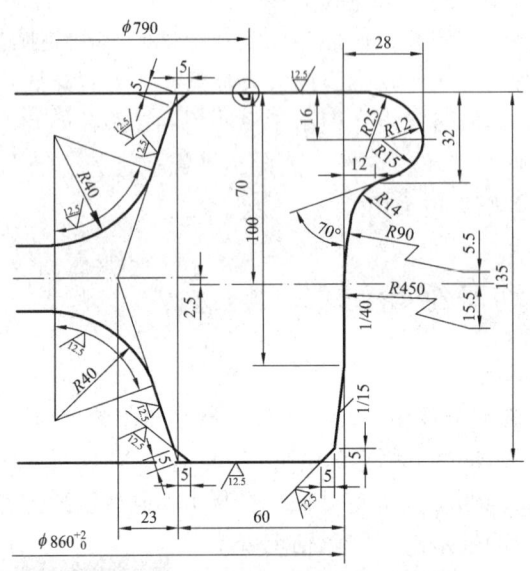

图 3.94　CRH$_2$ 车轮采用的 LMA 型踏面外形

因采用轮盘制动，需要在车轮辐板两侧安装制动盘，所以为直辐板车轮。随着轴重的增加，与轮毂连接的直辐板根部厚度有所增加。动力轮对和拖车轮对除了轮座尺寸及轮毂厚度尺寸不同外，其他部位均相同。

车轮与车轴的装配采用注油压装和拆卸。为保证轮轴在装配后形成规定的压装力，装配后进行反向压力检验。

2）车　轴

CRH$_2$ 转向架车轴按照 JIS E 4501《铁道车辆——车轴强度设计》进行设计，按

JIS E 4502 标准进行生产。为提高车轴的疲劳安全性，采用高频淬火热处理和滚压工艺。

为了在保证强度的同时减轻质量，采用空心车轴，同时也使超声波探头可以直接穿过该通孔，使探伤更容易，M 车轴与 T 车轴如图 3.95 所示。

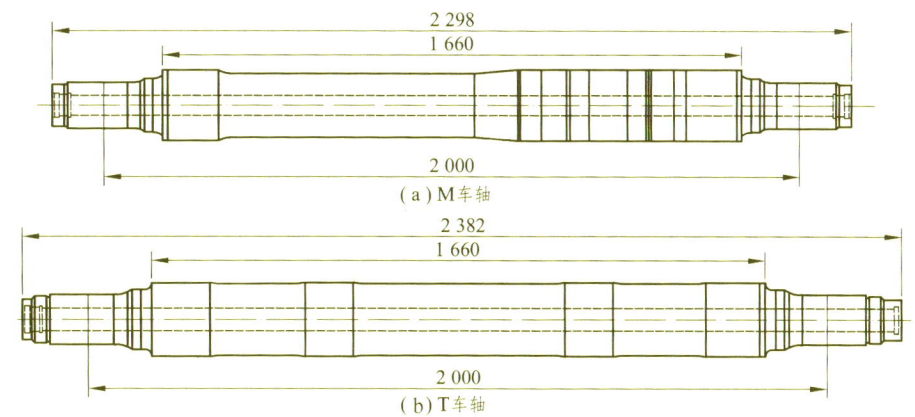

图 3.95 CRH$_2$ 空心车轴

两种车轴的各部尺寸如表 3.6 所示。

表 3.6 CRH$_2$ 车轴尺寸　　　　　　　　　　　　　mm

序号	名　　称	CRH$_2$ 动车车轮	CRH$_2$ 拖车车轮
1	车轴总长	2 298	2 382
2	轴径直径	ϕ130	
3	轴径中心距	2 000	
4	轴身直径	ϕ182	ϕ192

3）制动盘（车轮制动盘和车轴制动盘）

CRH$_2$ 转向架的 M 轮对和 T 轮对分别在车轮辐板两侧安装整体式锻钢制动轮盘，内外侧轮盘通过均布的 12 个连接螺栓安装在车轮辐板上。轮盘的背面设有散热筋，可提高盘片的承载刚度。为了有效释放在制动过程中产生的热量，盘片与车轮辐板安装侧预先设置了反向翘曲。拖车轮对除了设置轮盘外，在车轴上还设有两套制动轴盘。轴盘由压装在车轴上的轮毂和通过螺栓安装在轮毂的制动盘构成，轴盘材料为锻钢，盘体为分半式，无需退轮即可进行更换。

为了减少 T 车的制动负荷，从而减少制动盘和闸片的磨耗，在制动控制中，尽量使用 M 车的再生制动，而对 T 车的空气制动采取延迟控制。

4）齿轮装置

齿轮装置是传递驱动扭矩或制动扭矩的关键部件，仅动车转向架才有，它既属于动车轮对，又是驱动装置的重要组成部分。有关齿轮装置的详细内容将在驱动装置一节叙述。

2. CRH$_1$ 动车组轮对

1）车　轮

车轮踏面是按照 LMA 型踏面镟制的，车轮公差的标注是按照适用于该车轮的规则进行的。车轮的公称直径为 ϕ915 mm，磨耗到限的直径为 ϕ835 mm。车轮轮毂上的注油孔主要是为拆装车轮时注入高压油而设置的。动车车轮上安装制动盘（见图 3.96），拖车车轮上不安装制动盘（见图 3.97）。

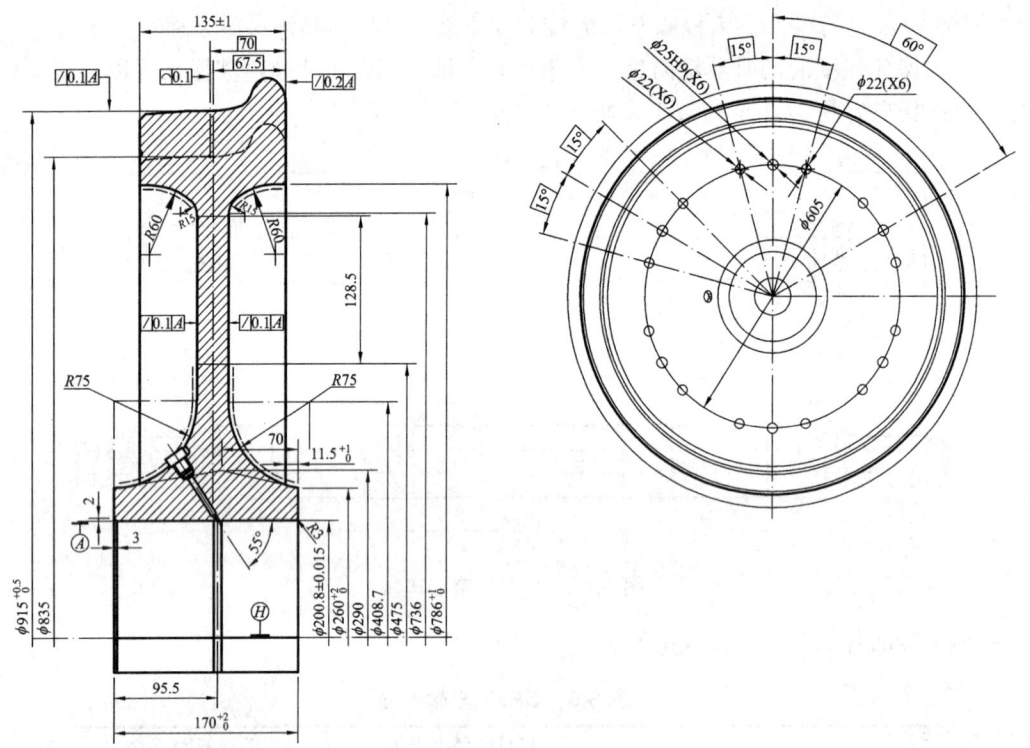

图 3.96 动车车轮图

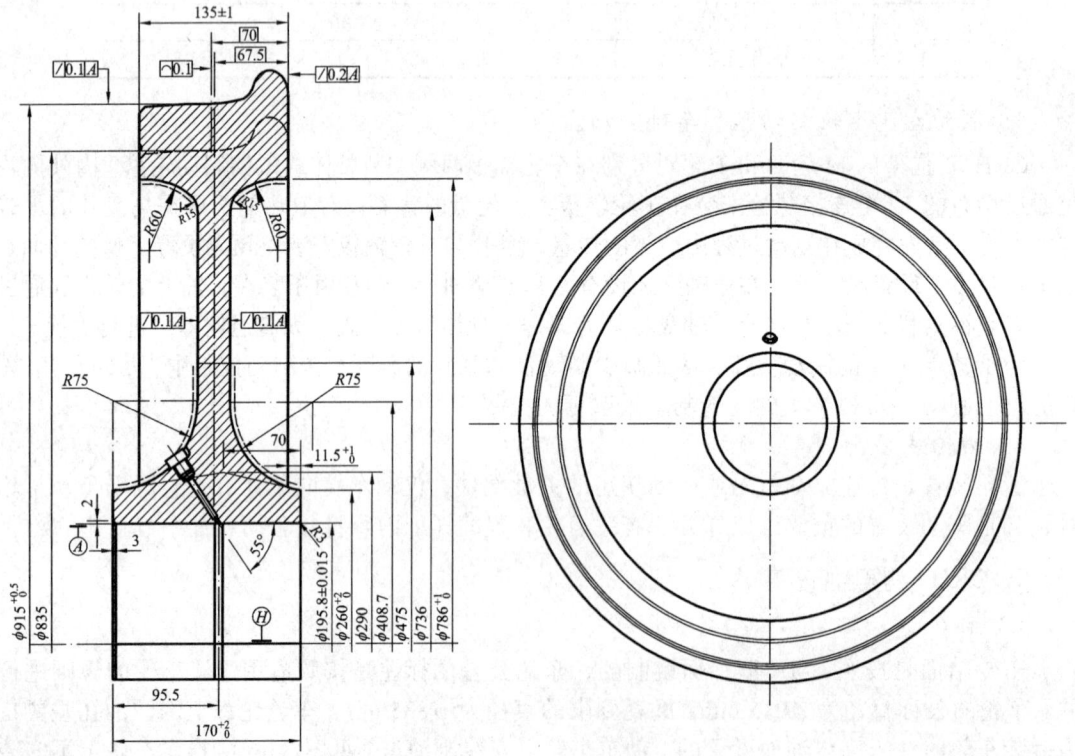

图 3.97 拖车车轮图

2）车　轴

动车和拖车的车轴分别如图 3.98 和图 3.99 所示。无论是动车车轴还是拖车车轴，其中心都有一个直径为 $\phi 60$ mm 的通孔。该通孔一方面可以减轻车轴的质量 50~60 kg，另一方面它也为超声波无损探伤提供了很大的方便，通过它可以很方便地对车轴的任何一截面进行详细探伤。

车轴按照 EN 13261 NORM 标准设计，材质采用 EA4T。

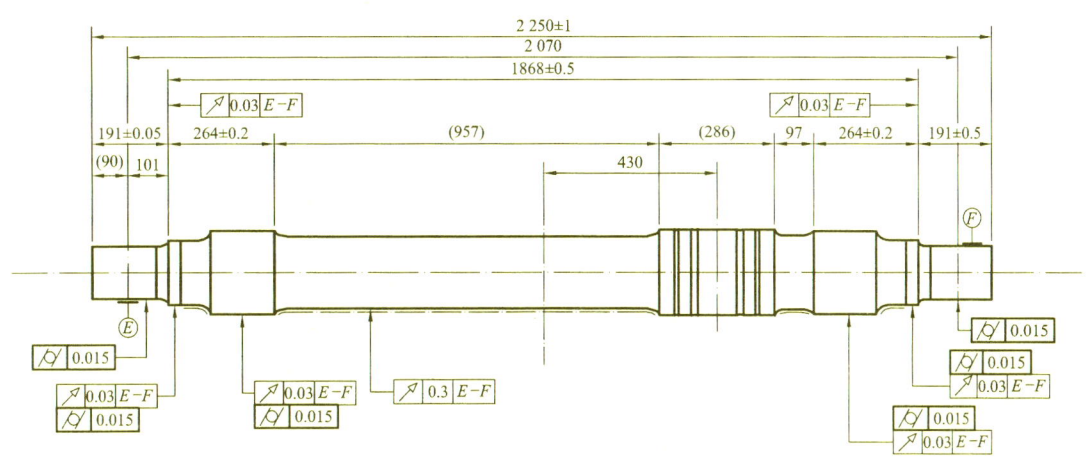

图 3.98　动车车轴图

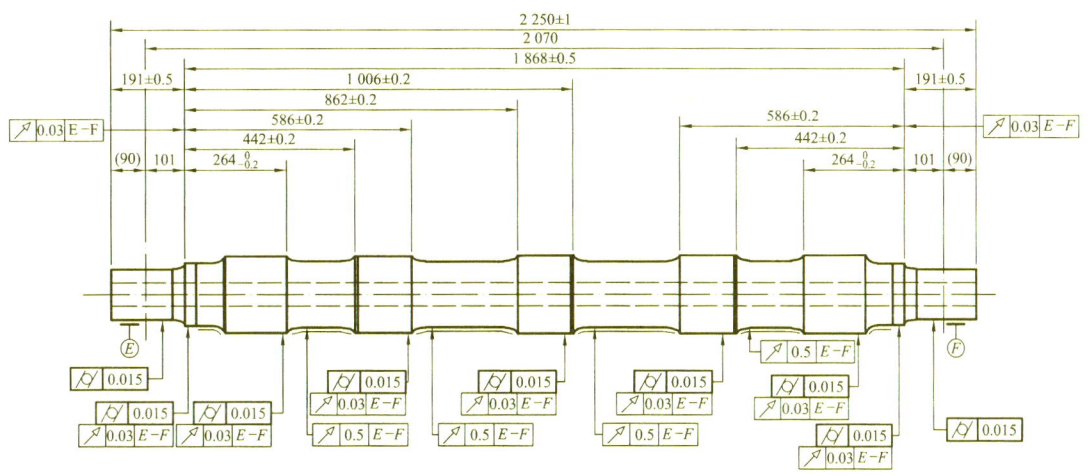

图 3.99　拖车车轴图

3）轮对组装

转向架的轮对包括空心车轴配备热压装配整体车轮。轮对装有锥形滚柱轴承，滚柱轴承设置在轴箱里。动轮轮对装有热压装配齿轮，而拖车轮对设置热压装配制动盘。

图 3.100 和图 3.101 分别为动车轮对和拖车组装图。轮对内侧距必须满足我国铁路标准 $1\,353^{+2}_{\ 0}$ mm。

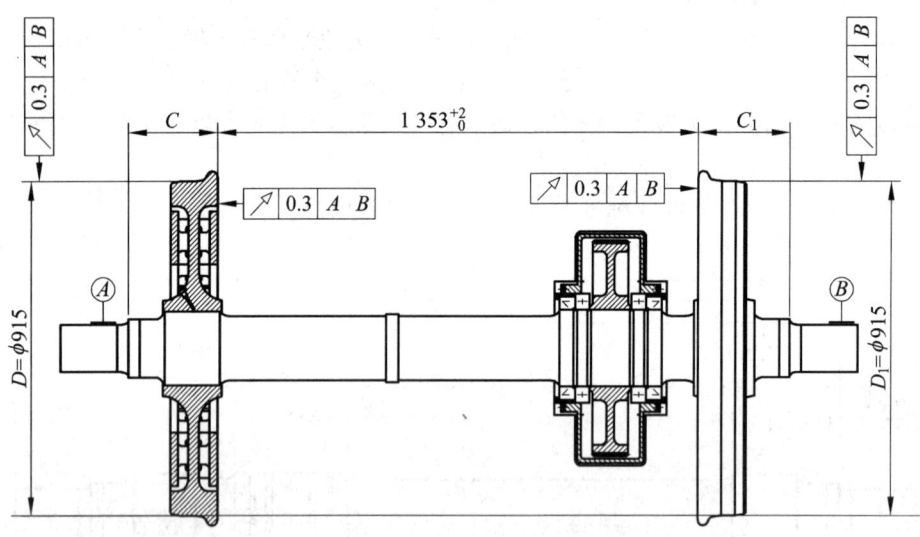

图 3.100　动车轮对组装图

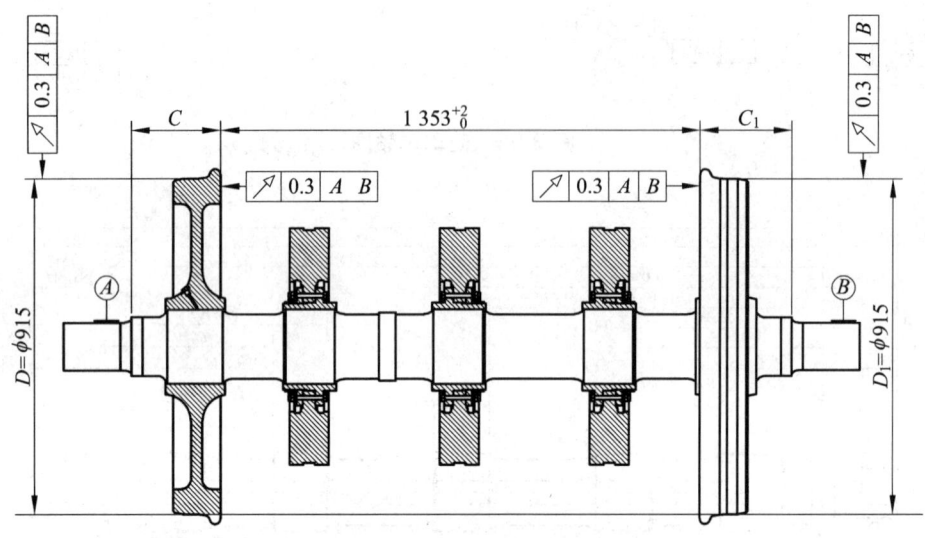

图 3.101　拖车轮对组装图

3. CRH$_5$ 动车组轮对

1）轮对组成

CRH$_5$ 动车组轮对组成包括动车轮对组成和拖车轮对组成。动车轮对组成安装在动力转向架上，由一个动车轮对轴箱装置和一个拖车轮对轴箱装置组成；拖车轮对组成安装在非动力转向架上，由两个拖车轮对轴箱装置组成。动车轮对轴箱装置和拖车轮对轴箱装置的主要区别是：动车轮对轴箱装置采用动车车轴，车轴上安装有一个齿轮箱组成和两个制动盘；而拖车轮对轴箱装置采用拖车车轴，车轴上安装有 3 个制动盘，如图 3.102 和图 3.103 所示。

图 3.102 动车轮对轴箱装置

图 3.103 拖车轮对轴箱装置

动、拖车轮对轴箱装置均由轮对（包括车轮和车轴）、轴箱及轴承等部分组成。车轴为空心车轴，中空直径为 $\phi 65$ mm，材质为 30NiCrMoV12；车轮采用整体车轮，材质为 R8T，可磨耗半径为 40 mm；每个轴箱配备一个 SKF-TBU 圆锥滚子轴承组。

2）车　轮

CRH$_5$ 转向架使用的车轮（见图 3.104）与 TAV-S104、SM3、ETR460、ETR470、ETR480 使用的车轮为同一类型，整体车轮所用材质符合 UIC 标准的 R8T，车轮直径为 890 mm。车轮设计和制造标准执行 EN 13262 和 UIC 812-2。

（1）车轮几何特性。车轮几何参数见表 3.7。

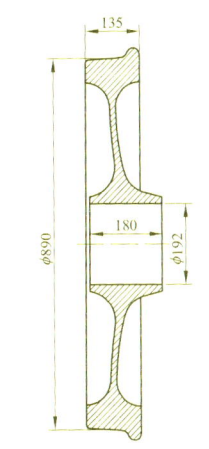
图 3.104　CRH$_5$ 车轮尺寸

表 3.7　车轮几何参数

项　　目	参　　数
新车轮的滚动圆直径	$\phi 890$ mm
磨耗到限的车轮的滚动圆直径	$\phi 810$ mm
轮辋宽度	135 mm
踏面形式	XP55
轮毂装配直径	$\phi 192$ mm
轮毂宽度	180 mm
整体车轮的最大质量	≤311 kg

（2）材料。整体车轮按标准 EN13262：2003《铁路应用-轮对和转向架-车轮-产品要求》和 UIC 812-3 规定的条款，必须用 R8T 牌号的钢制造。对车轮的化学分析应通过光谱分析进行，不同元素和杂质的极限值见表 3.8。

表 3.8　不同元素和杂质的极限值

化学元素	成分含量
C	0.50%～0.54%（0.56% 极限值）
Mn	0.90%～1.10%
Si	0.90%～1.10%
P	≤0.015%
S	≤0.006%
Cr	≤0.30%
Ni	≤0.30%
Mo	≤0.08%
Cr + Ni + Mo	≤0.50%
Cu	≤0.10%
V	≤0.08%
Al	≤0.015%（0.025% 极限值）
N_2	≤80×10^{-6}（90×10^{-6} 极限值）
H_2	≤2.0×10^{-6}
O_2	≤10×10^{-6}（20×10^{-6} 极限值）

（3）机械性能。

按照标准 UIC 510-5，车轮腹板的对称循环疲劳极限为

$$\Delta\sigma = 180 \text{ MPa}$$

弹性模量

$$E = 206\ 000 \text{ N/mm}^2$$

泊松比

$$\nu = 0.29$$

（4）计算及结论。利用 ANSYS 有限元分析软件，建立新车轮和完全磨耗车轮的有限元模型（见图 3.105）。依据表 3.9 列出的 3 种载荷工况和特殊载荷进行分析计算，结果表明，整体车轮的静强度和疲劳强度均满足 UIC 510-5 的要求。

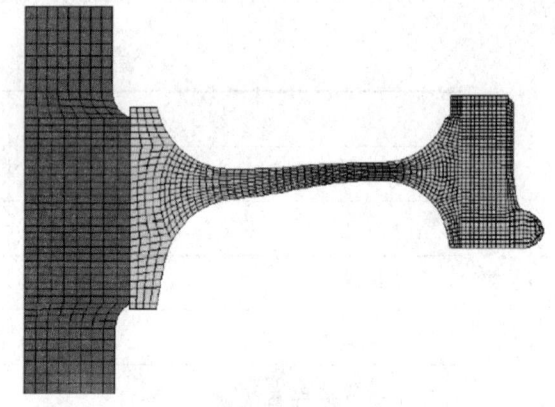

图 3.105　新车轮和车轴在配合区的轴对称有限元模型

表 3.9　车轮载荷工况

工况	垂向力	横向力
直线线路上运行	$F_{z1} = 1.25Qg$	$F_{y1} = 0$
曲线线路上运行	$F_{z2} = 1.25Qg$	$F_{y2} = 0.7Qg$
过道岔	$F_{z3} = 1.25Qg$	$F_{y3} = 0.42Qg$

注：Q 为轨道上每个车轮上承受的车辆质量；g 为重力加速度。

3）车　轴

轮对组成中车轴分为动车车轴和拖车车轴。车轴为空心轴，中空直径为 ϕ65 mm，材质与 TAV-S104、ICT、SM3、ETR460、ETR470、ETR480 相同，为 30NiCrMoV12 钢，依据 UNI 6787-71 标准加工制造（UNI 6787-71：用于铁路轮对的、具有高疲劳强度和韧性特性的、调质的特殊合金钢锻造轴）。车轴可以通过孔探针进行无损检测，车轴设计标准为 EN 13103、EN 13104、EN 13661 和 UIC 811-1。

动车转向架上有一根动车轴和一根拖车轴，拖车转向架上两根均为拖车轴。在动车转向架上，拖车轴装在转向架的外端，动车轴装在转向架的内端，接受悬在车体上的电机通过万向轴传来的动力。

（1）形状和尺寸。动车轴由轴箱轴承座、轮座、两个制动盘座、齿轮轴承座和轴身组成，总长 2 180 mm，如图 3.106（a）所示；拖车轴由轴箱轴承座、轮座、3 个制动盘座和轴身组成，总长 2 180 mm，如图 3.106（b）所示。

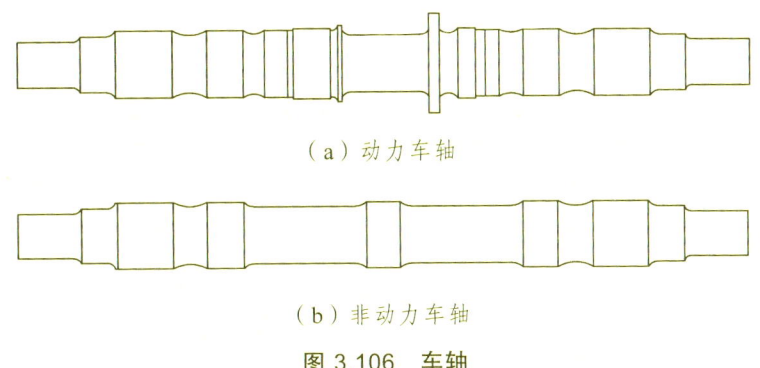

（a）动力车轴

（b）非动力车轴

图 3.106　车轴

新轴和维修后车轮和制动盘的安装座的直径和公差见表 3.10、表 3.11。

表 3.10　新轴轮座、制动盘座直径尺寸及其公差

安装部件	直径（mm）	公差（mm）	
		最小	最大
车轮	ϕ192	+0.240	+0.265
侧制动盘	ϕ194	+0.254	+0.285
中心制动盘	ϕ196	+0.254	+0.285

如果在车轮或制动盘拆卸过程中发生损坏，可以将安装座直径尺寸减小为表 3.11 中所规定的最低容许值。

表 3.11　维修后车轮、制动盘安装座直径尺寸及其公差

安装部件	直径（mm）	公差（mm）	
		最小	最大
车轮	ϕ189	+0.240	+0.265
侧制动盘	ϕ191	+0.254	+0.285
中心制动盘	ϕ193	+0.254	+0.285

（2）车轴的制造加工。在对车轴进行机械加工时，除了需要满足规定的公差和表面精度要求外，加工表面尤其是接合处不得存在任何刀痕，加工过程不得造成会促使正常使用期间形成疲劳裂纹或变形的残余应力。在车轴表面上能够测量到的残余应力的最大值在处于拉伸时不得超过 100 MPa，对车轴表面残余应力的测量应根据标准 EN 13261 进行。

（3）计算及结论。将许用应力和计算应力的比率定义为疲劳安全裕度，通过计算，计算部分的安全系数均大于 EN 13104 标准的最小值（$K_{\min} \geqslant 1$）。

4）轮对组成的装配

（1）车轴的装配。对于动力轮对，首先要根据技术规范将齿轮箱安装到车轴上。

（2）制动盘和车轮的装配。采用压装的方式来装配车轴和制动盘这两个部件，但在执行装配操作时要小心并进行监测，以防止部件发生变形和机加工表面受到损伤。

① 部件准备。在装配部件前，应确定所有相关圆柱表面都符合图纸规定的几何形位公差和工艺装配公差；另外，该表面不可以有生产过程中造成的划伤和铁屑，以及气孔、裂纹、夹杂物、空隙、氧化皮或其他可能破坏装配的任何缺陷。

② 装配尺寸及过盈量。表 3.12 给出了制动盘和车轮的装配直径和安装过盈量。

表 3.12 制动盘和车轮的装配直径及安装过盈量

装配部件	直径（mm）		过盈量（mm）	
	孔	轴	最小	最大
车轮	$\phi 192_{-0.035}^{0}$	$\phi 192_{+0.240}^{+0.265}$	0.240	0.300
侧制动盘	$\phi 194_{-0.029}^{0}$	$\phi 194_{+0.254}^{+0.285}$	0.225	0.285
中心制动盘	$\phi 196_{-0.029}^{0}$	$\phi 196_{+0.254}^{+0.285}$	0.225	0.285

③ 不平衡位置。在装配阶段，为了降低轮对的剩余不平衡，车轮和制动盘必须以图 3.107 中所示的不平衡位置装配到轴上。车轮的剩余不平衡必须相对于轮对的旋转轴处于同一个径面和同一侧；制动盘的剩余不平衡必须与车轮的不平衡处于同一个平面上，且两者作用方向相反。

④ 制动盘和车轮的安装。在进行装配前，应将制动盘、车轮和车轴保持在相同温度情况下至少 24 h 以保证所要求的过盈量。轮毂孔和车轴上的相应装配表面必须润滑。

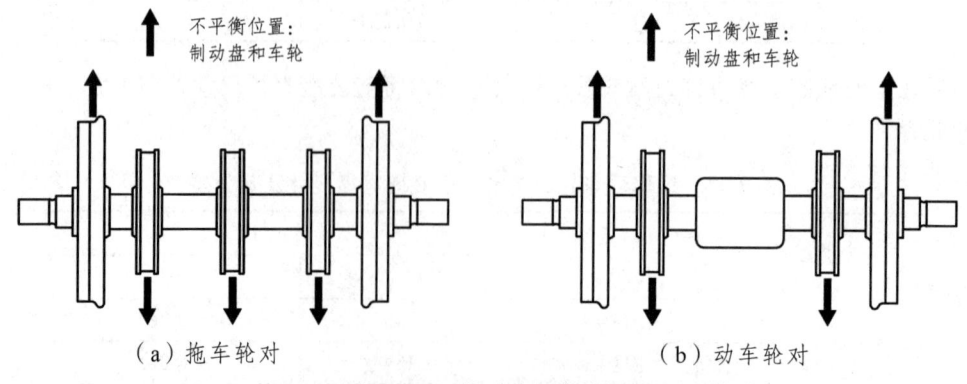

图 3.107 轮对不平衡位置

制动盘、车轮必须按 50 mm/min 的恒速进行装配,利用一部配有校准装置的液压机来显示和记录装配期间所施加的力,并绘制一个力-位移曲线图。

装配力必须根据标准 UIC 8130 和 EN 13260,稳定、连续增加,除了轮毂内拆卸凹槽上的负荷降低外,制动盘的最终装配压力值必须处于以下值之间:

$$PF_{\min} = 225 \text{ kN},\ PF_{\max} = 400 \text{ kN}$$

车轮的最终装配压力值必须处于以下值之间:

$$PF_{\min} = 680 \text{ kN},\ PF_{\max} = 1\ 100 \text{ kN}$$

如果所绘制的装配曲线图不符合 UIC 8130 和 EN 13260 的规定,或者显示不规则形状,表明已经出现了黏死情况,应对部件进行修复,然后重新进行装配。

4. CRH₃ 动车组轮对

轮对组成包括动力轮对组成和非动力轮对组成。动力轮对组成安装在动力转向架上,包含两个动力轮对轴箱装置;非动力轮对组成安装在非动力转向架上,包括两个非动力轮对轴箱装置。动力轮对和非动力轮对的主要区别是:动力和非动力转向架的车轴主要在齿轮座和制动盘座处不同。动力转向架车轴有用于安装齿轮及其箱体的座但没有安装制动轴盘的座,车轴上安装有一个齿轮箱组成和两个轮装制动盘,非动力转向架车轴有用于安装制动轴盘的座而无安装齿轮的座,车轴上安装有 3 个轴装制动盘,因此两种轴的设计是不同的。车轴的设计依据是 UIC 510-2,如图 3.108 和 3.109 所示。

作为一个整体,组装完成的轮对,无论是动力轮对,还是非动力轮对组成,通常包括轮对(包括车轮和车轴)、轴箱体、定位转臂、夹紧箍及弹性定位销、油压减振器、轴承、轴箱弹簧、缓冲橡胶垫、上夹板、下夹板等零部件组成。车轴为空心车轴,中空直径为 $\phi 70$ mm,车轴按疲劳寿命 20 年设计,材质为 A4T;车轮材料的选用依据 300km/h 的运行速度和 350 km/h 的测试速度而定,即采用 R8T(依据 UIC819 标准)。

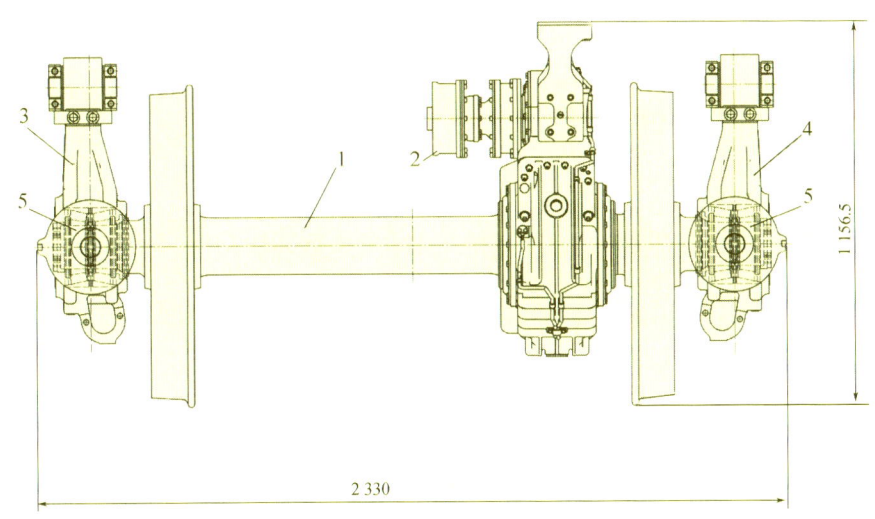

图 3.108 动力轮对组成

1—驱动轮对,2—联轴节及驱动齿轮箱,3—左轴箱,4—右轴箱,5—轴箱轴承

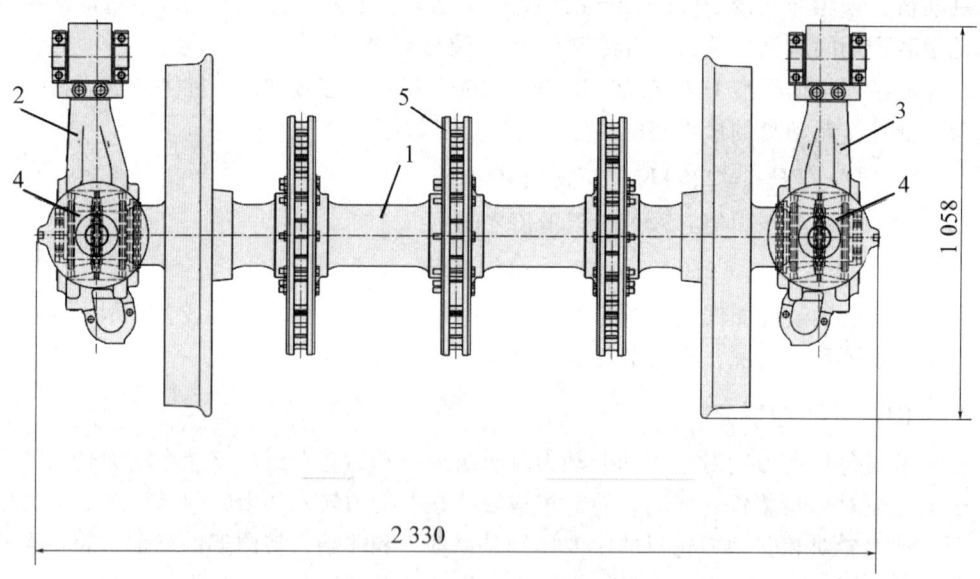

图 3.109 非动力车轮对组成
1—拖车轮对；2—左轴箱；3—右轴箱；4—轴箱轴承；5—制动轴盘

轮对使用整体车轮，新轮时车轮滚动圆直径 ϕ920 mm，磨耗到限时动力车轮和非动力车轮直径分别为 ϕ830 mm 和 ϕ860 mm，通过槽沟标记出车轮径向磨耗到限位置；动力转向架的车轮要制造成可安装轮装式制动盘的结构，轮对可安装车轮噪音吸音器。非动力转向架的车轮要制造成可以安装轴装制动盘的结构。轴承采用 SKF-TBU 双列圆锥滚子轴承。

如要更换车轮，应通过简单工具和辅助装置就能完成，首先要移除轴承以及接地刷等，然后使用油压方法将车轮移出或将新轮压装到车轴上。车轴上的轮座表面要涂一层钼，以避免轮座表面被压力损坏。

车轮踏面外形应与现行轨道条件相匹配并且要使轨道疲劳、运行安全性、牵引性能和乘坐舒适性得到最佳化。

3.6.3 轴箱及其定位装置

1. 作　用

轴箱是实现轮对与构架既相互连接又相互运动的关键部件，它起着承上启下的重要作用。具体来说，它必须具有以下作用（或功用）：

（1）活动关节。连接轮对与构架的活动关节。

（2）传力。传递牵引力（或制动力）、横向力和垂向力。

（3）运动。实现轮对与构架间的垂向运动和横动。

2. 形　式

（1）按轴承类型分，有滑动轴承轴箱和滚动轴承轴箱之分。现代机车车辆均采用滚动轴承轴箱，因为滚动轴承具有以下优点：能显著地降低车辆走行部分的工作条件；减少燃轴的惯性事故；减轻维护和检修工作；减低运营成本。

滚动轴承类型有：圆柱滚子轴承、圆锥滚子轴承和球面滚子轴承（调心轴承）等。

高速动车组车辆的轴箱轴承有采用圆柱滚子轴承的，也有采用圆锥滚子轴承的（见图3.110）。由于圆锥滚子轴承具有在承受径向载荷的同时能够传递较大的轴向（即横向）载荷的能力，因此，一般认为当车速超过250 km/h时，圆锥滚子轴承更具优势。

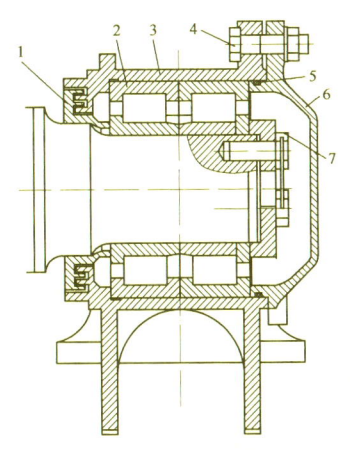 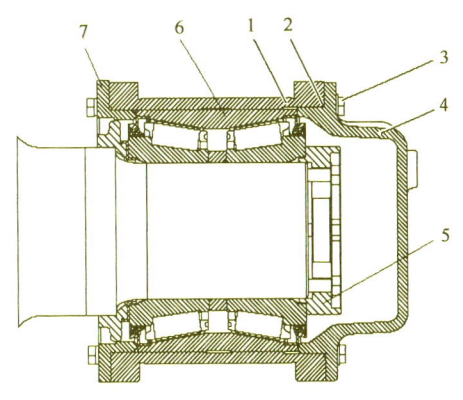

（a）圆柱滚子轴承　　　　　　　　　（b）圆锥滚子轴承

1—内端盖；2—圆柱滚子轴承；3—轴箱体；　　1—轴箱体；2—密封圈；3—连接螺栓；4—外端盖；
4—连接螺栓；5—"O"形密封圈；　　　　　5—轴端挡圈；6—圆锥滚子轴承；7—内端盖
6—外端盖；7—轴端挡圈

图 3.110　采用圆柱滚子轴承和圆锥滚子轴承的轴箱内部结构

但城轨车辆上大多采用圆柱滚子轴承，该轴承也能同时承受径向力和一定的轴向力。

（2）按定位方式分类，常见的有：

① 拉板式定位（日本新干线 0 系车和 100 系车）；

② 拉杆式定位（CRH_5动车组车辆和东风$_4$型内燃机车用）；

③ 转臂式定位（CRH_1和CRH_2动车组车辆用）；

④ 人字形橡胶定位（上海地铁车辆 SMC 用）；

⑤ 层叠圆锥橡胶定位（北京城铁车辆用）；

⑥ 导柱式定位；

⑦ 导框式定位（老东风型内燃机车用，现代机车车辆上很少使用）。

上述各种轴箱定位方式的结构原理如图 3.111 所示。

图 3.111（a）是一种典型的导框式定位轴箱的结构原理图，它是由构架侧梁上伸下来的导框将轴箱的纵向和横向刚性限制住，而在垂向由轴箱弹簧限位。由于导框式定位方式在轴箱和构架侧梁间存在着无法消除的自由间隙和相互摩擦，且轴箱相当于构架侧梁在纵向和横向均为刚性连接，致使转向架的高速运动稳定性难以得到保证，因此，这种轴箱定位方式自 20 世纪 60 年代后在世界各国几乎遭到了淘汰。

图 3.111（b）是日本新干线最早的"0"系动车组采用的前后双拉板式定位（即 IS 拉板式）轴箱的结构原理图，它是通过前后两块弹性拉板将轴箱在纵向实现定位，而垂向和横向均由弹性拉板与轴箱弹簧共同实现定位。这里要特别注意的是，拉板与构架侧梁连接处必须加入橡胶元件（即橡胶套），以弥补轴箱相对于侧梁各个方向的运动。

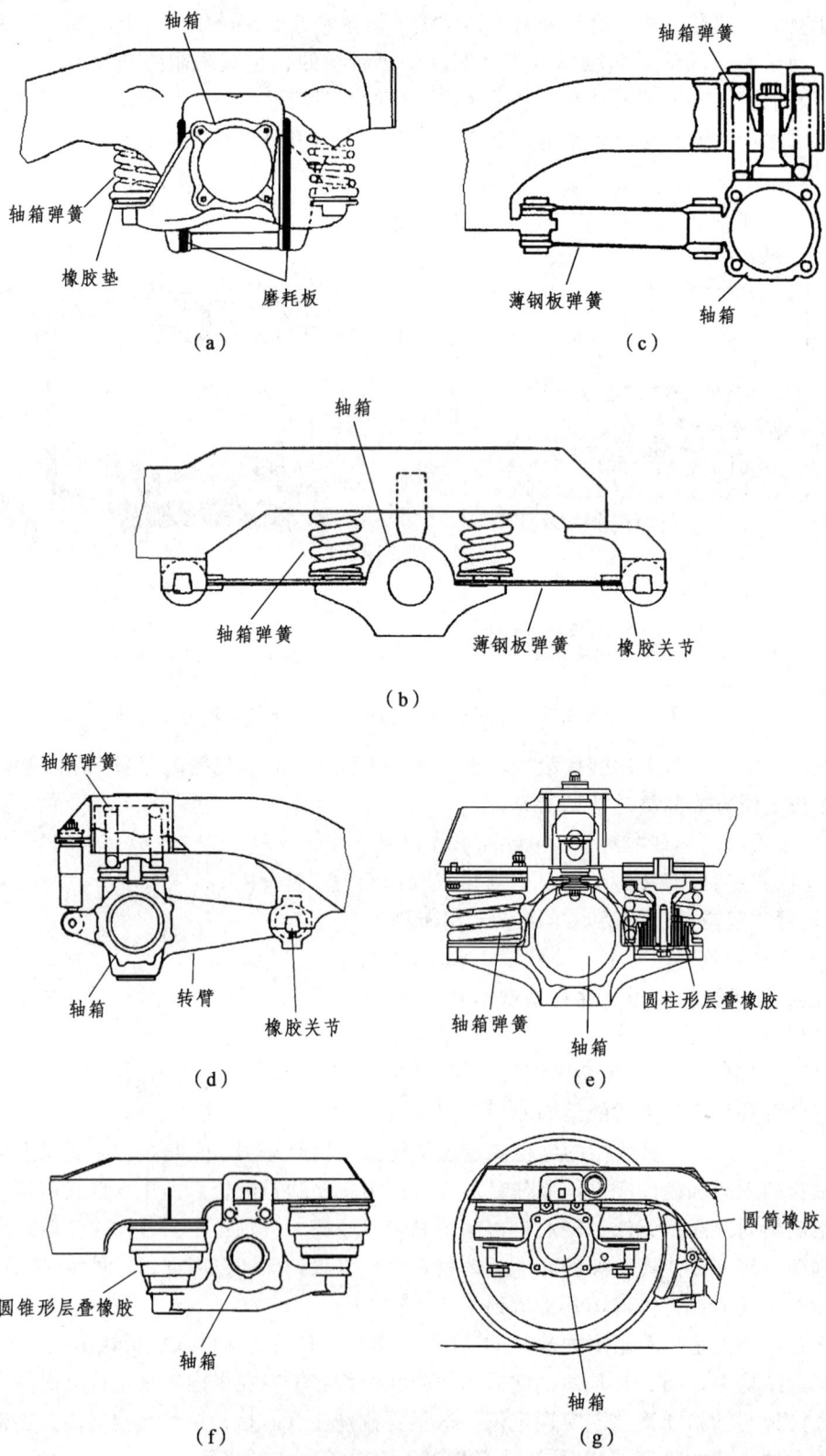

图 3.111 各种定位方式的结构原理

图 3.111（c）实际上也是属于双拉板式定位，它是 IS 拉板式定位方式的一种改进形式，它将 IS 拉板式定位中的前后拉板挪到轴箱的同一侧。轴箱的纵向定位由同侧的两块弹性拉板实现，垂向由弹性拉板与轴箱弹簧共同实现定位，而横向则由轴箱弹簧实现定位。这种双拉板式定位的拉板两端连接处均不设弹性橡胶关节。日本新干线的"E2-1000"系动车组就采用这种双拉板式轴箱定位。

图 3.111（d）是一种典型的转臂式定位轴箱的结构原理图，它通过转臂定位销（即橡胶弹性节点）将轴箱与构架侧梁在纵向和横向连接起来，而垂向主要由轴箱弹簧实现定位。由于它具有结构简单、拆装方便和性能可靠等特点，因此这种轴箱定位方式在高速动车组上得到了越来越广泛的运用，例如日本的 500 系、德国的 ICE3、法国的 TGV-A 和我国的 CRH_1、CRH_2 等动车组均采用转臂式轴箱定位结构。

图 3.111（e）是日本 300 系动车组采用的一种圆柱层叠橡胶定位轴箱的结构原理图，其纵向和横向主要由圆柱层叠橡胶定位，而垂向载荷主要由轴箱钢圆簧传递。

图 3.111（f）是一种圆锥层叠橡胶定位轴箱的结构原理图，该轴箱相对于构架的 3 个方向（垂向、纵向和横向）的运动全部由圆锥层叠橡胶定位。

图 3.111（g）是一种圆筒橡胶定位轴箱的结构原理图，该轴箱相对于构架的 3 个方向（垂向、纵向和横向）的运动全部由圆筒橡胶定位。

在现代城轨车辆上，使用最普遍的是八字形橡胶定位、转臂式定位和层叠圆锥橡胶定位。而在高速动车组车辆上，转臂式定位由于具有结构简单、拆装方便和定位参数容易精确计算等特点，因此得到了较广泛地使用。

3. 轴箱定位装置的典型结构

（1）转臂式轴箱定位装置。转臂式轴箱定位装置主要包括轴箱弹簧、垂向液压减振器、橡胶弹性定位销（节点）等零部件。

① 力的传递。这种转臂式轴箱定位装置中 3 个力（垂向力、纵向力和横向力）的传递过程是由不同部件来实现的，具体过程如下：

垂向力：由轴箱圆弹簧传递；

纵向力：由转臂定位销（橡胶弹性节点）传递；

横向力：由转臂定位销（橡胶弹性节点）和圆弹簧共同传递。

② 结构特点。CRH_2 和 CRH_3 转向架就是采用转臂式轴箱定位装置的典型代表。

CRH_2 的结构如图 3.112 所示。其定位转臂一端通过橡胶弹性节点与构架上的定位转臂座相连，另一端则与轴箱体连成一体（或通过螺栓等与轴箱连接）。

而一般橡胶弹性节点主要由弹性橡胶套、定位销轴和金属外套组成，其中弹性橡胶套的形状和参数对转向架走行性能影响较大。

CRH_2 转向架的橡胶弹性定位节点为金属-橡胶硫化的弹性元件，如图 3.113 所示。其芯轴固定在构架的定位座上，外套及芯轴橡胶与轴箱转臂连接，提供轮对轴箱装置的纵向（X）、横向（Y）定位刚度。轮对与构架间的横向及纵向相对位移依靠节点橡胶套的变形实现，是直接影响车辆运行稳定性和曲线通过性能最主要的悬挂件。

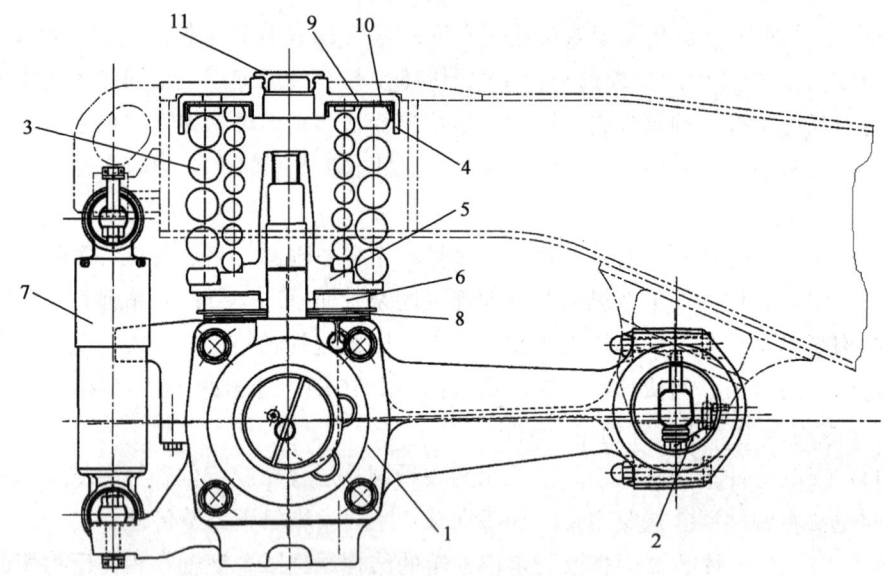

图 3.112 转臂式轴箱定位结构示意图（CRH$_2$ 用）

1—轴箱组装（包括转臂）；2—转臂定位销（含橡胶弹性节点）；3—圆弹簧；
4—圆弹簧座（上）；5—圆弹簧座（下）；6—防振橡胶；7—油压减振器；
8—调整垫；9—绝缘罩；10—挡板；11—防尘盖

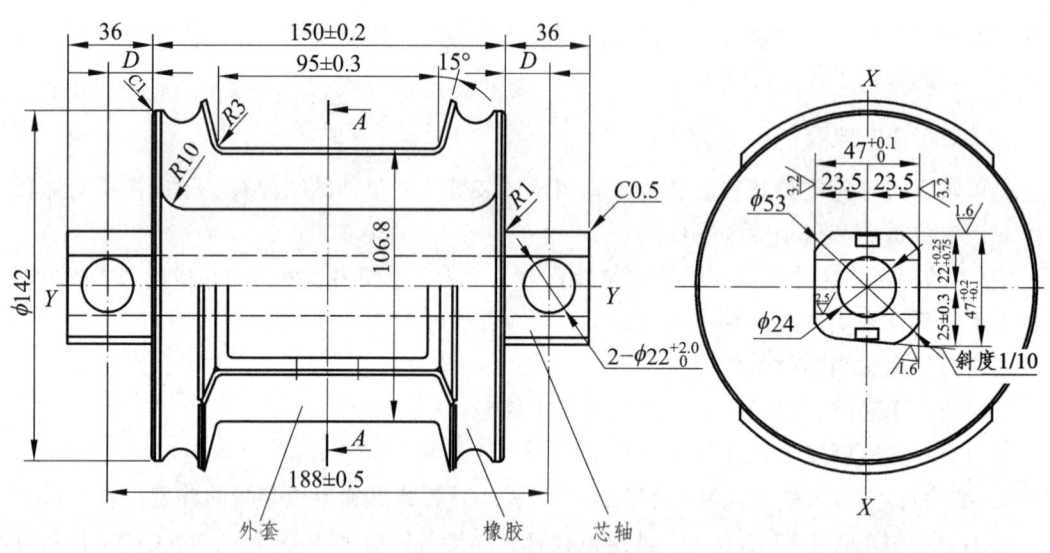

图 3.113 橡胶弹性定位节点

该定位橡胶销套的各向定位参数对转向架的运行性能起决定性作用，其弹性参数以安装入转臂橡胶套座的工作状态为测量基准，经过动力学计算和优化确定。

CRH$_3$ 的轴箱上设有弹簧安装座和垂向减振器座，轴箱由 GGG 铸铁制成，并使用双列圆锥滚子轴承 TBUϕ130×ϕ240×160。可不拆卸轴承更换轮对。车轴轴箱为分体设计，其下部可分离以便更换轮对，轴箱上安装有轴温传感器，以及部分轴端安装有速度传感器。

轴箱组成见图 3.114。

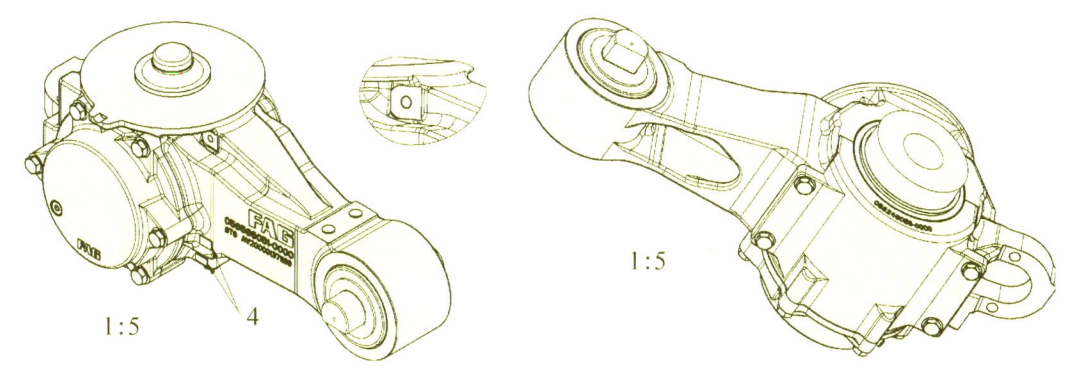

图 3.114　轴箱结构

组装时为了保护轴承，轴箱要与转向架构架电气绝缘，要遵照 DIN VDE 0123 的规定。

研究表明，随着运行速度的提高，采用圆锥滚子轴承性能优于圆柱滚子轴承的性能。这是因为在高速、高负荷情况下，圆锥滚子轴承的轴向负荷主要是由滚道承受（另有 20% ~ 30% 是由内圈挡边承受），而滚子与滚道的接触面之间主要是滚动摩擦；但圆柱滚子轴承则主要是靠两个挡边承受轴向负荷，滚子端面与挡边之间是滑动摩擦。所以圆锥滚子轴承摩擦力矩小，小摩擦力矩导致温度低，从而提高了安全性，延长了润滑脂寿命。CRH_3 转向架的轮对采用使用寿命大于或等于 3.5×10^6 km 的免维护紧凑型双列圆锥滚子轴承。免维护工作性能（无需重新注油）不得低于 $1\,200\,000(1+10\%)$ km 或 6 年。轮对轴承应根据 EN 12080、EN 12081 和 EN 12082 要求设计。

轴箱弹簧（见图 3.115）为双卷螺旋钢弹簧，置于轴箱顶部，弹簧组上半部伸到构架侧梁的弹簧座里面，在弹簧下部与轴箱顶部弹簧座之间设有一块橡胶垫，用以吸收来自钢轨的冲击和高频振动。

螺旋压缩弹簧装置（见图 3.115 中件 1），通过向弹簧装置支撑表面施加压力压缩在转向架中，这样可以减少列车行驶时产生的振动、冲击和其他运动。这种螺旋压缩弹簧装置和橡胶垫（见图 3.115 中件 2）的安装方式可以保障悬挂性能最佳。螺旋压缩弹簧装置通过上侧（转向架构架侧）的弹簧支架（见图 3.115 中件 3）进行导向，橡胶垫同两个并联的钢制螺旋压缩弹簧一同工作。橡胶垫的主要用途是吸收来自钢轨的高频冲击振动、减少噪声。

一系悬挂装有限制垂向运动的固定止挡，该止挡由导柱（见图 3.115 中件 11）、轴箱顶部凸台和橡胶垫构成。为获得更好的调节弹簧间距，装配了不同厚度的隔离垫圈（见图 3.115 中件 4 ~ 7）。

③ 优点：

a. 轴箱与构架间无自由间隙和滑动部件，无摩擦磨损。

b. 构成的零件很少，分解、组装容易，且维修方便。

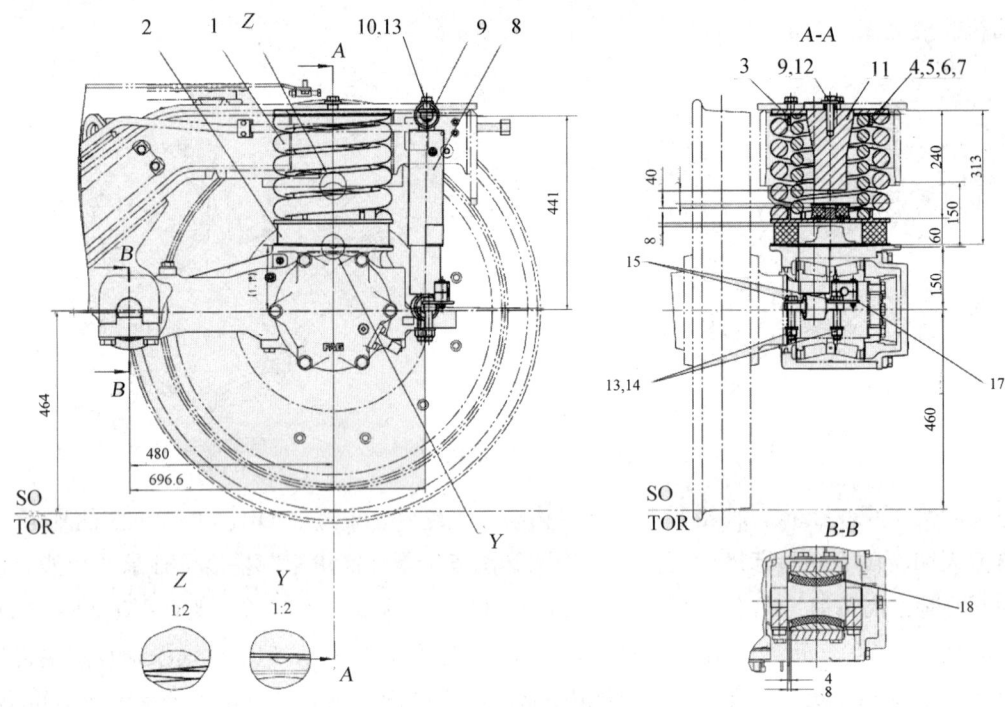

1	螺旋压缩弹簧装置	5	5mm 间隔垫圈	9、13	垫圈	14	六角螺母
2	橡胶垫	6	2mm 间隔垫圈	10	螺钉	15	螺钉
3	弹簧支架	7	1mm 间隔垫圈	11	导柱	17	卡座
4	10mm 间隔垫圈	8	一系垂向减振器	12	螺钉	18	橡胶关节

图 3.115 轴箱弹簧组成

c. 轴箱的上下、左右及前后定位刚度可以各自独立设定，比较容易满足转向架悬挂系统的最佳设计要求，即在确保良好乘坐舒适度的情况下，能够同时确保稳定的高速行驶性能和良好的曲线通过性能。

CRH_1 转向架也采用转臂式轴箱定位装置，其工作原理与 CRH_2 和 CRH_3 基本相同，但具体结构也有一些区别，如图 3.116 所示。

主要区别在于定位转臂结构，CRH_1 的定位转臂没有采用与 CRH_2 一样将转臂和轴箱做成一体，而是将两者分开，同时将转臂与弹簧座做成一体，再通过孔座落在轴箱上。另外，该转臂定位销所采用的橡胶弹性定位节点也与 CRH_2 不同，它由锥形套、柱形橡胶套和锥形销等组成类球形结构，提供轴箱装置的纵向（X）和横向（Y）定位刚度。

（2）八字形橡胶堆轴箱定位装置。八字形橡胶堆轴箱定位是地铁和轻轨车辆普遍采用的一种结构，我国的上海和广州地铁车辆均采用这种结构。

① 力的传递。垂向力、纵向力和横向力均由八字形橡胶堆传递，如图 3.117 所示。

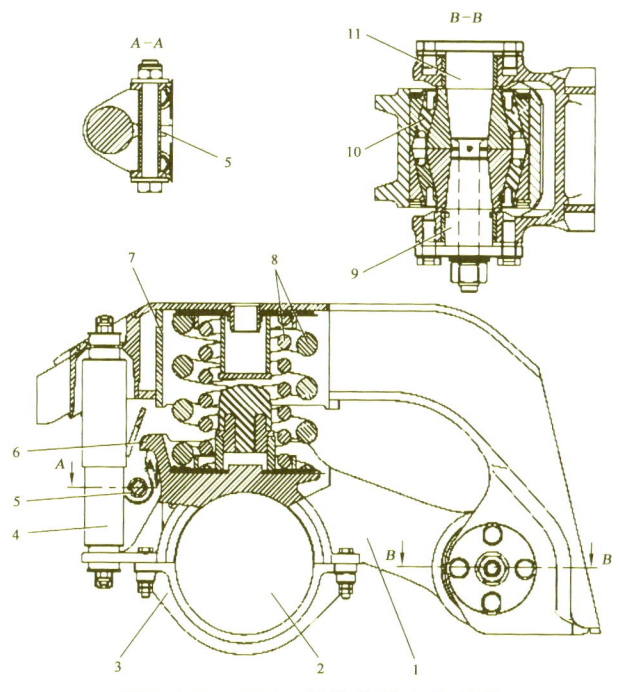

图 3.116　CRH₁ 轴箱转臂定位装置

1—定位转臂（包括弹簧座）；2—轴箱；3—底部压板；4—垂向减振器；5—止挡管；6—转臂凸台；
7—弹簧套；8—螺旋弹簧；9—锥形套；10—柱形橡胶套；11—锥形销

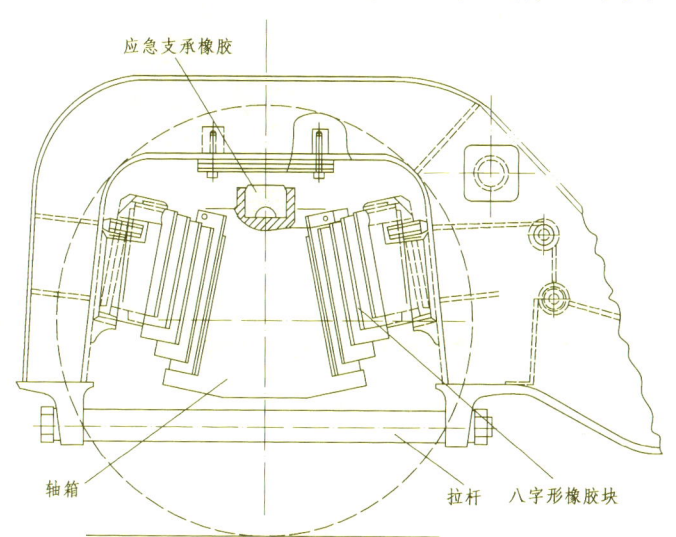

图 3.117　八字形橡胶堆轴箱定位结构示意图
（上海和广州地铁车辆用）

② 结构特点：

a. 该橡胶堆具有三向弹性特性，且可根据需要设计。通常 $k_x : k_y : k_z = 1 : (2 \sim 2.5) : (10 \sim 12)$，即垂向刚度 k_x 最小（约为纯剪的一倍），纵向刚度 k_z 最大，如图 3.118 所示。

b. 在垂向载荷作用下，橡胶同时受剪切和压缩变形，改变其安装角度，可得到不同的垂向和纵向刚度，此安装角一般取 $10° \sim 11°$。

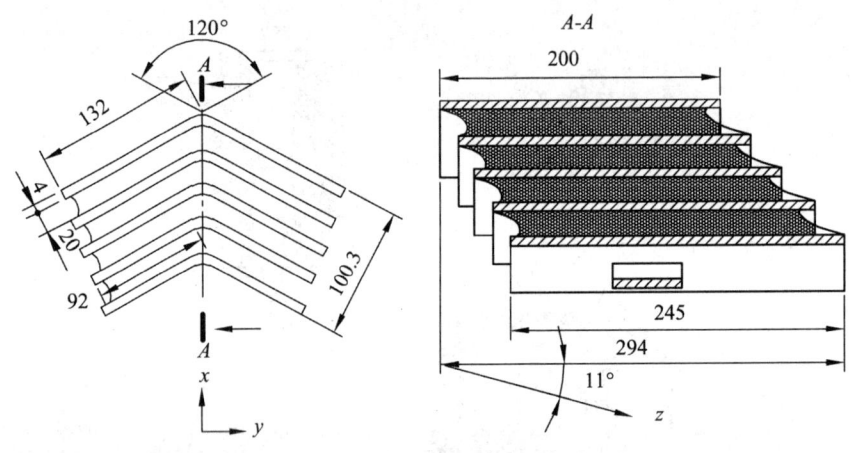

图 3.118　八字形橡胶堆（块）

③ 优点。具有无摩擦磨损；质量轻、结构简单；吸收高频振动和减少噪声等优点，寿命可达 150 万走行公里以上。

（3）层叠圆锥橡胶轴箱定位装置。层叠圆锥橡胶轴箱定位方式也是比较常见的一种，图 3.119 所示为北京城轨车辆采用的一种典型层叠圆锥橡胶轴箱定位装置的结构示意图。

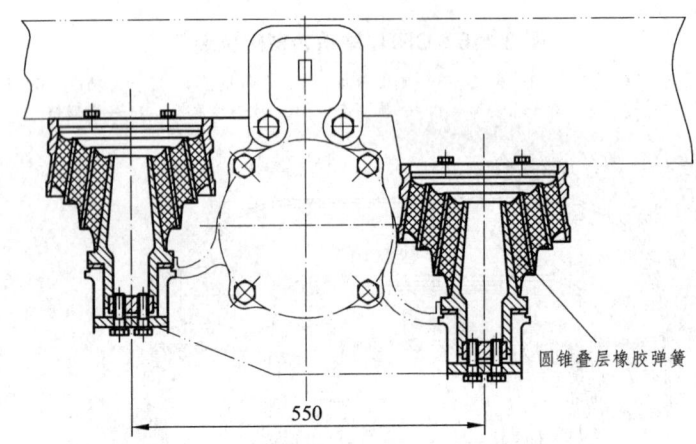

图 3.119　层叠圆锥橡胶轴箱定位结构示意图

① 力的传递。垂向力、纵向力和横向力均由层叠圆锥橡胶传递。
② 结构特点（见图 3.119）：
a. 层叠圆锥橡胶具有三向弹性特性，且其横向弹性可通过在圆周上开切口来调整。
b. 在垂向载荷作用下，橡胶主要受剪切变形。
③ 优点。具有无摩擦磨损，质量轻、结构简单，吸收高频振动和减少噪声等优点。

（4）拉杆式定位轴箱（东风$_4$系列机车）。我国干线机车大多数采用双拉杆式轴箱定位装置，CRH$_5$动车组所采用的轴箱定位方式与该结构非常相似，只不过 CRH$_5$ 采用的上下拉杆结构与之有明显差别。该双拉杆式轴箱定位装置的工作原理见图 3.120。

① 力的传递：
垂向力：由轴箱弹簧传递（东风$_4$系列机车由前后圆弹簧传递）。
纵向力：由轴箱拉杆传递。
横向力：由轴箱拉杆、弹簧和横向止挡共同传递。

第3章 转向架

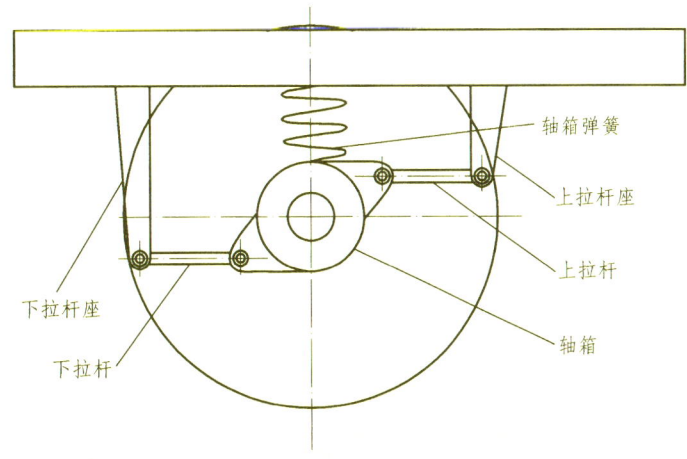

图 3.120 拉杆式轴箱定位原理图

② 结构。

a. 方案一：(采用新型轴承) 采用能同时承受轴向力和径向力的双列圆柱滚子轴承，轴承型号：

端轴：752732QT 和 552732QT；

中间轴：752732QT 和 652732QT；

端轴和中间轴端部均没有橡胶块。方案一的具体结构如图 3.121 所示。

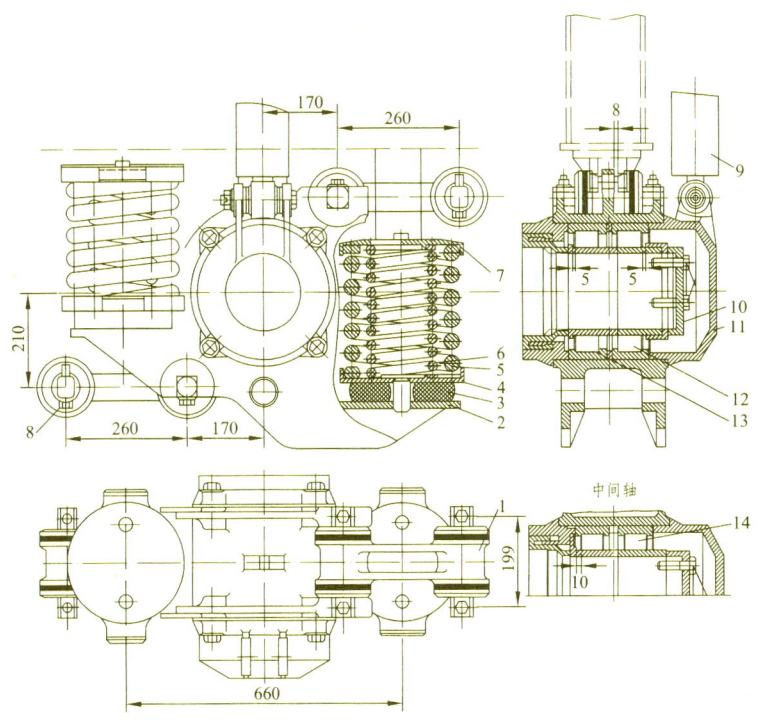

图 3.121 采用新型轴承轴箱内部结构图（方案一）

1—上轴箱拉杆；2—轴箱体；3—减振垫；4—弹簧座；5—大圆弹簧；6—小圆弹簧；7—弹簧盖；
8—下轴箱拉杆；9—垂向液压减振器；10—压盖；11—端盖；12—滚动轴承 752732QT；
13—滚动轴承 552732QT；14—滚动轴承 652732QT

b. 方案二：（采用旧型轴承）采用四列向心短圆柱滚子轴承承受径向力，而轴向力由止推轴承承担，轴承型号：972832T 和 4G1347。

端轴和中间轴的最大区别是：端轴有端部橡胶块，而中间轴取消了端部橡胶块。

方案二的具体结构如图 3.122 所示。

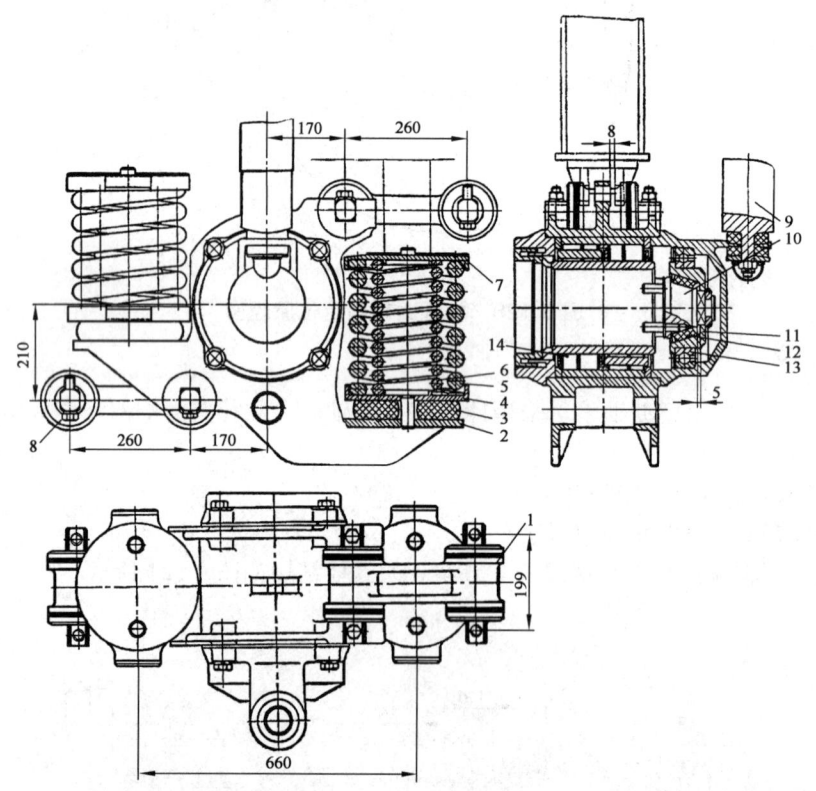

图 3.122　采用老轴承轴箱内部结构图（方案二）

1—上轴箱拉杆；2—轴箱体；3—减振垫；4—弹簧座；5—大圆弹簧；6—小圆弹簧；7—弹簧盖；
8—下轴箱拉杆；9—垂向油压减振器；10—支承；11—支承座；12—缓冲支承；
13—滚动轴承 4G1347；14—四列向心短圆柱轴承 972832T

③ 轮对横动量的实现

a. 方案一：（采用新型轴承）由轴端间隙加拉杆橡胶关节弹压量组成。各轮对的横动量的具体组成和数值见表 3.13。

表 3.13　轮对的横动量的具体组成和数值

项目	轴序号		
	第一轴	第二轴	第三轴
轴端间隙	3	12	3
拉杆橡胶关节弹压量	8	8	8
总横动量	11	20	11

b. 方案二：（采用旧型轴承）由轴端间隙加轴端橡胶堆的弹性压缩量加拉杆橡胶关节弹压量组成。各轮对的横动量的具体组成和数值见表 3.14。

表 3.14　各轮对的横动量的具体组成和数值

项目＼轴序号	第一轴	第二轴	第三轴
轴端间隙	0	12	0
橡胶堆弹压量	5	0	5
拉杆橡胶关节弹压量	8	8	8
总横动量	13	20	13

④ 运动分析（见图 3.123、图 3.124）。若拉杆为纯刚性，则轴箱中心的运动轨迹为一条曲线，即一方面上、下跳动，另一方面左右转动。但由于拉杆两端有橡胶关节（套），因此实际上轴箱中心的运动轨迹接近一条长直线。轴箱的上下跳动、左右横动，均靠橡胶关节的变形来实现，具有纵向、横向刚度。

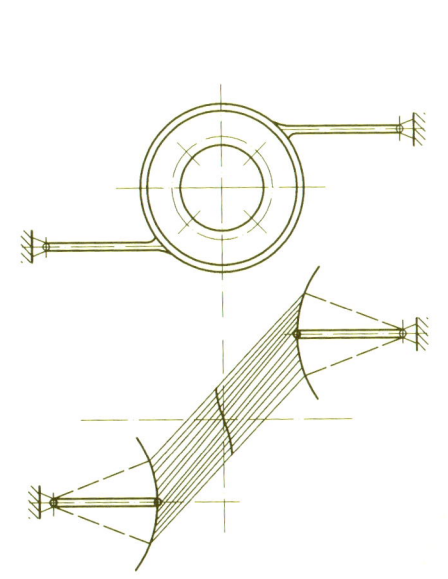
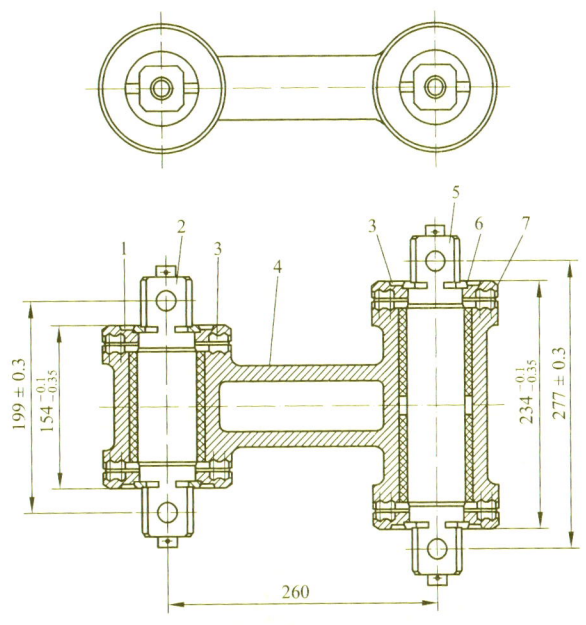

图 3.123　轴箱拉杆定位示意图　　　图 3.124　轴箱拉杆结构图

1—端盖；2—短芯轴；3—橡胶；4—拉杆；
5—长芯轴；6—卡环；7—橡胶垫

⑤ 优点。

a. 无摩擦面，不需润滑，且无磨损。

b. 轴箱与构架间无间隙，纵向和横向均为弹性连接，可防止蛇行运动，并起缓冲作用。

c. 改善动力曲线通过（轮缘磨耗比导框定位的小）。

（5）CRH$_5$ 动车组轴箱定位装置。CRH$_5$ 动车组一系悬挂装置采用成熟的双拉杆轴箱定位结构，基本结构同 ETR460 和 TAVS104 转向架，如图 3.125 所示。一系悬挂组成由两组螺旋钢弹簧、一系垂向减振器和双拉杆定位装置组成。箱体与构架间的连接通过在不同高度、端部有弹性节点的纵向拉杆组实现（双拉杆轴箱定位结构）。上下拉杆的刚度、钢弹簧的刚度和垂向减振器的参数根据动力学计算进行了优化选择，减少和缓冲了由于线路的不平顺引起的对构架的激扰。

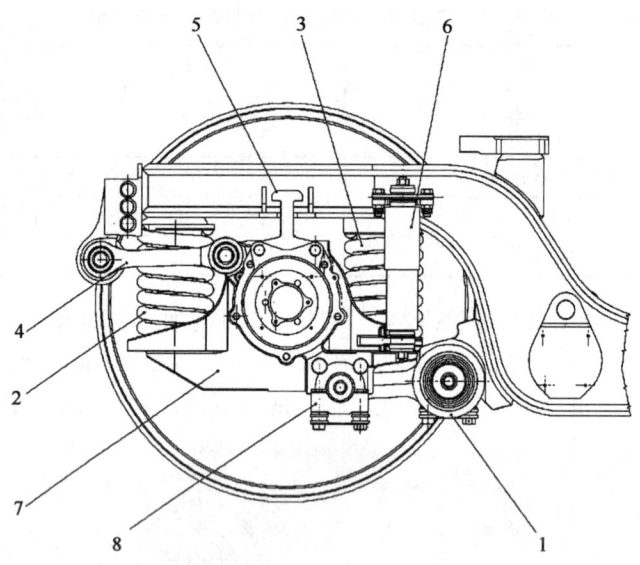

图 3.125　一系弹簧悬挂

1—下拉杆组件；2—外部弹簧组；3—内部弹簧组；4—上拉（推）杆；5—垂向止挡连杆；
6—减振器；7—轴箱；8—连接杆挡块

① 弹簧。

a. 弹簧组成单元。弹簧由内圈弹簧、外圈弹簧、上定位板、下定位板、弹性垫、调整垫等组成，如图 3.126 所示。CRH_5 动车组一系轴箱弹簧分为外侧弹簧和内侧弹簧，在一定载荷作用下，保证两组弹簧所要求的高度。其中，外侧弹簧安装高度为 275.5 mm，内侧弹簧安装高度为 266.5 mm，两者之间的高度差由调整垫片调节，垫片厚度为 9 mm，如图 3.127 所示。

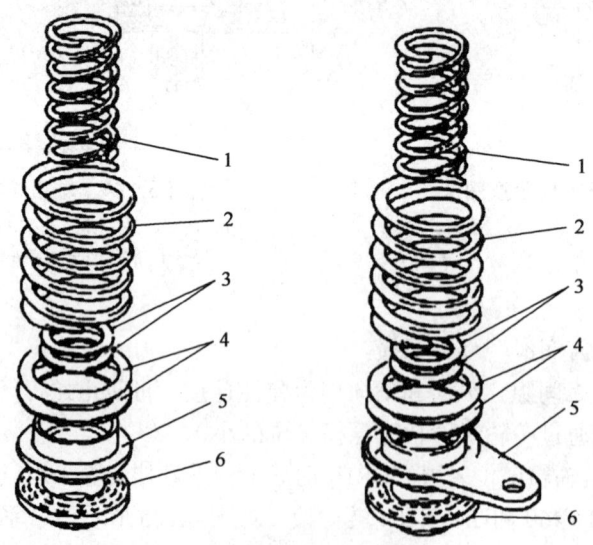

图 3.126　一系悬挂弹簧组成

1—内圈弹簧；2—外圈弹簧；3、4—调整垫；5—定位板；6—弹性垫

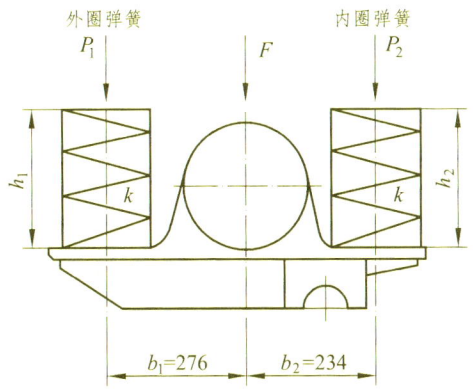

$h_1 = 275.5$ mm；$h_2 = 266.5$ mm；$\Delta = h_1 - h_2 = 9$ mm

图 3.127　内、外侧弹簧安装高度示意图

b. 弹簧类型。根据车型质量的不同，螺旋钢弹簧分为 R 型（重型）和 F 型（轻型）。其中，R 型安装在 Mc2、Ms2、Tp、M2、Tpb、Mh、Mc1 上，F 型安装在 T2 车上，R 型和 F 型具有相同的弹簧座和内圈弹簧，区别在于外圈弹簧不同，如图 3.128、3.129 所示。

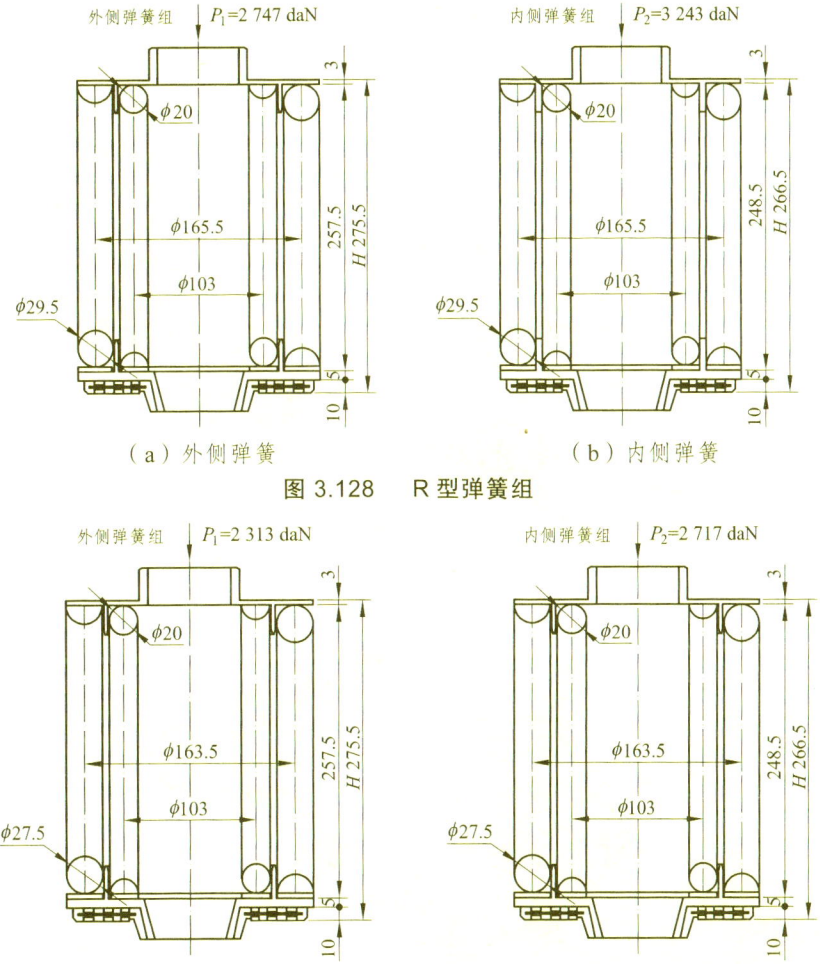

（a）外侧弹簧　　　　　　　　　　（b）内侧弹簧

图 3.128　R 型弹簧组

（a）外侧弹簧　　　　　　　　　　（b）内侧弹簧

图 3.129　F 型弹簧组

两组双圈螺旋钢弹簧尺寸需符合标准 EN 13906 关于弹簧允许的理论压力和允许的疲劳极限的相关数值。

② 减振器。为减小来自钢轨的振动,在轴箱体和构架间还加装了一系垂向减振器。一系垂向减振器必须满足质量手册中的重要性等级要求,并且减振器的设计使用寿命至少为 60 万 km。在整个使用寿命期间,减振器阻尼特性的偏差不应超过 -30%。

根据车型的不同,一系减振器的参数亦有差异,以便使车辆具有良好的平稳性。

③ 轮对轴箱定位装置。一系悬挂装置采用拉杆式轴箱定位,轴箱上有上、下拉杆座,通过上、下拉杆与构架相连接。拉杆可以容许轴箱与构架在上下方向有较大的相对位移,拉杆中的橡胶节点分别限制轴箱与构架之间横向与纵向的相对位移,实现弹性定位,定位刚度见表 3.15。

表 3.15 轴箱定位橡胶节点刚度　　　　　　　　　　　　　　kN/mm

定位刚度	纵向	横向
重车	14.39	5.54
轻车	14.22	5.37

拉杆分下拉杆与上拉杆,上拉杆为锻铝件,两端带有弹性节点;下拉杆为锻钢件,两端也带有弹性节点,其组成如图 3.130 和图 3.131 所示。

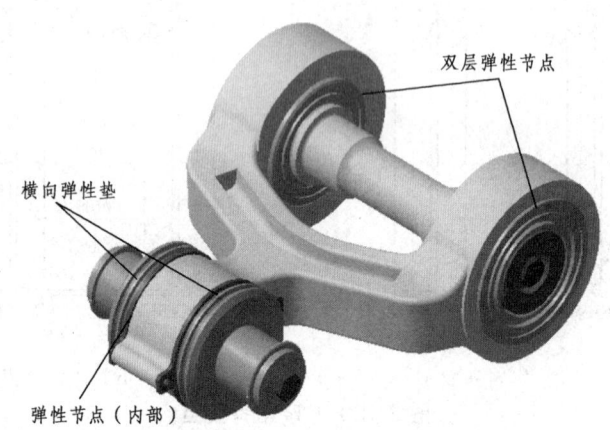

图 3.130 下拉杆组成

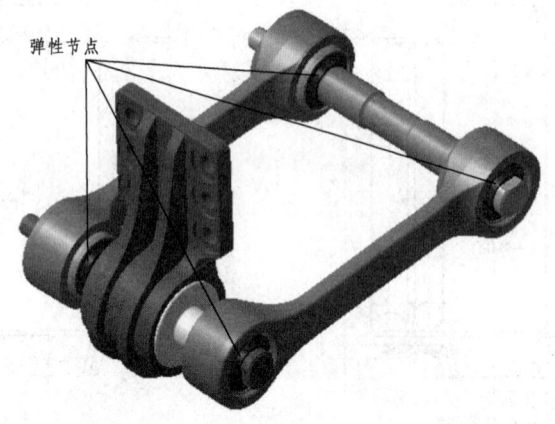

图 3.131 上拉杆组成

由图可见，上、下拉杆的具体结构有非常明显的区别。

拉杆中的橡胶节点刚度决定了一系悬挂的定位刚度。若定位刚度太大，将会影响转向架的曲线通过能力，并且轮轨横向力、脱轨系数、轮重减载率和磨耗指数也有逐渐恶化的趋势；若定位刚度太小，将会影响转向架的蛇行运动临界速度。

3.7 驱动装置

所谓驱动装置实际上就是指将机车或动车传动系统传来的能量最后有效地传给轮对（或车轮）的执行装置。对于液力传动机车或动车来说，其驱动装置包括牵引万向轴和车轴齿轮箱；而对于电力传动机车或动车来说，其驱动装置包括牵引电动机、车轴齿轮箱和驱动机构（例如空心轴和六连杆机构、挠性浮动齿式联轴节等）。本书只讲述有关电力传动机车或动车驱动装置的结构特点和工作原理。

驱动装置是机车或动车有别于一般车辆的最主要特征，也是动力转向架最关键的技术之一。不同形式的驱动装置适合不同运行速度等级的机车或动车。一般观点认为：轴悬式驱动装置适合最高运行速度低于 120 km/h 的机车或动车；架悬式驱动装置适合最高运行速度低于 200 km/h 的机车或动车；而最高运行速度高于 250 km/h 的机车或动车应该采用体悬式驱动装置。但日本新干线动车组突破了这个观点，新干线动车组几乎全部采用结构相对简单的挠性浮动齿式联轴节式架悬式驱动装置，即使是最高运行速度可达 350 km/h 的 500 系动车组也不例外。

3.7.1 作　用

驱动装置的作用就是将牵引电动机的扭矩有效地转化为转向架轮对转矩，利用轮轨的黏着机理，驱使机车或动车沿着钢轨运行。

"有效"，它既表示扭矩传递过程中要保持高效率，同时也意味着必须尽可能降低轮轨间的动作用力。

3.7.2 结构形式

根据牵引电机悬挂方式的不同，驱动装置的结构形式通常有轴悬式、架悬式和体悬式之分。而在现代机车车辆上通常又有如下区别：

(1) 轴悬式驱动装置 $\begin{cases} 刚性轴悬式 \\ 弹性轴悬式 \end{cases}$

(2) 架悬式驱动装置 $\begin{cases} 电机空心轴架悬式 \\ 轮对空心轴架悬式 \\ 挠性浮动齿式联轴节式架悬式 \end{cases}$

(3) 体悬式驱动装置 $\begin{cases} 半体悬式 \\ 全体悬式 \end{cases}$

其中，挠性浮动齿式联轴节式架悬式驱动装置在动力分散型动车组上得到了普遍采用，而且现代轻轨车辆和地铁车辆转向架也大多采用这种结构；而在我国最高速度小于 120 km/h 的干线机车（例如 DF_4 系列内燃机车和 SS_3 系列电力机车）上，刚性轴悬式驱动装置也得到了广泛使用；轮对空心轴架悬式驱动装置则成功运用于最高速度大于 160 km/h 的干线机车（例如 DF_{11} 系列内燃机车和 SS_9 系列电力机车）上；德国 ICE1 高速动车采用半体悬式驱动装置；法国 TGV-A 高速动车采用全体悬式驱动装置。

我国引进并合作生产的 CRH_1、CRH_2 和 CRH_3 高速动车组均采用挠性浮动齿式联轴节式架悬式驱动装置，而 CRH_5 动车组则采用万向轴驱动的全体悬式驱动装置。

3.7.3 轴悬式驱动装置

所谓轴悬式，实际上是指将牵引电机一端与车轴相连（即车轴提供两个支撑点），另一端与构架相连（即构架横梁或端梁提供一个支撑点），其全部质量的大约一半由车轴承担，另一半由转向架构架承担。而驱动扭矩传递则由安装在电机输出轴上的小齿轮直接驱动固定在车轴上的大齿轮来实现。在这里"轴悬式"中的"轴"字其实就是车轴的"轴"。

1. 刚性轴悬式驱动装置

1）结构原理

刚性轴悬式驱动装置的结构原理如图 3.132 和图 3.133 所示。牵引电机的一端通过两个抱轴瓦（或轴承）支承在车轴上，另一端通过一根弹性吊杆悬吊于构架的横梁或端梁上，形成所谓的 3 点支撑。而齿轮箱除了同样通过两个抱轴承支承在车轴上外，其靠近电机一侧则用螺栓与电机壳体固定在一起，由电机壳体提供第三点支撑。这样，除了满足齿轮箱的 3 点稳定支撑要求外，还能保证大、小牵引齿轮啮合过程的良好随动性和平稳性。

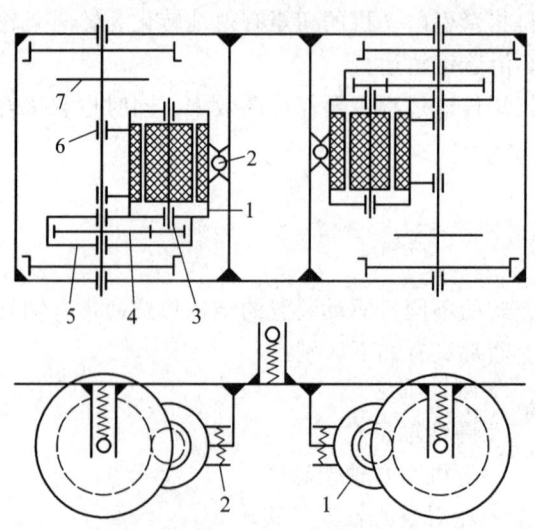

图 3.132　刚性轴悬式驱动装置结构原理图（牵引电动机横向布置）

1—牵引电机；2—电机弹性悬挂；3—驱动小齿轮；4—车轴上大齿轮；
5—减速齿轮箱；6—爪形轴承；7—制动盘

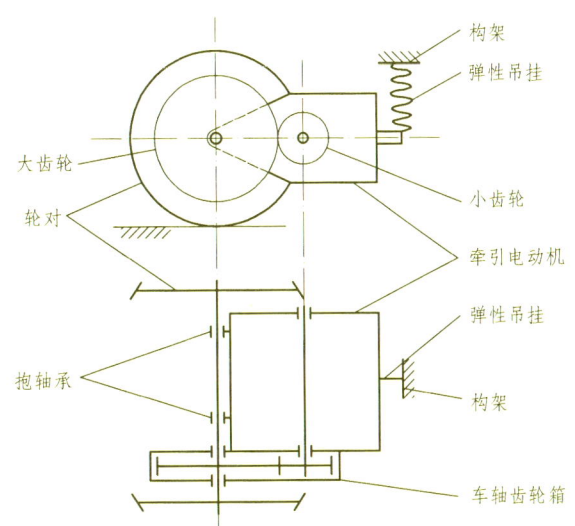

图 3.133　刚性轴悬式驱动装置结构原理图（单轮对）

2）特　点

刚性轴悬式驱动装置具有如下特点：

（1）簧下质量大。电机质量之半属簧下质量，导致轮轨动作用力大，特别是随着运行速度的提高，轮轨动作用力显著增大。

（2）牵引电机、轴承和牵引齿轮等主要部件的工作条件恶劣。

（3）由于其驱动扭转弹性很差，往往造成直流牵引电机的集电器过载甚至损坏。

（4）该驱动装置结构简单，检修方便。

3）适用性

刚性轴悬式驱动装置主要适用于运行速度较低的机车或动车，例如 DF_4 和 SS_3 系列机车。

2. 弹性轴悬式驱动装置

1）结　构

与刚性轴悬式驱动装置相比，只是在车轴和电动机抱轴承间加了一根空心轴，而该空心轴两端通过弹性元件（六连杆机构及橡胶关节）与左右车轮相连。而大齿轮与空心轴固结在一起，如图 3.134 所示。这样，就相当于在牵引电机（包括牵引齿轮和齿轮箱）和轮对之间加入了一个具有局部缓冲功能的弹簧，起到了一定的缓和冲击、减小动作用力的作用。

2）特　点

与刚性轴悬式驱动装置相比，弹性轴悬式驱动装置的基本特点没有改变，例如，一系簧下的质量并没有减少，甚至还有所增加（因为增加了一根空心轴和两套六连杆机构），只是轮轨动作用力经弹性元件缓冲后再传给齿轮和电动机，牵引电机和齿轮啮合的工作条件有所改善，但结构比较复杂。

正是由于这种弹性轴悬式驱动装置结构复杂，所起到的缓冲作用非常有限，因此在现代机车上很少采用。但从该结构中，人们得到了有益的启发，经过进一步改进后，提出了轮对空心轴架悬式驱动装置。

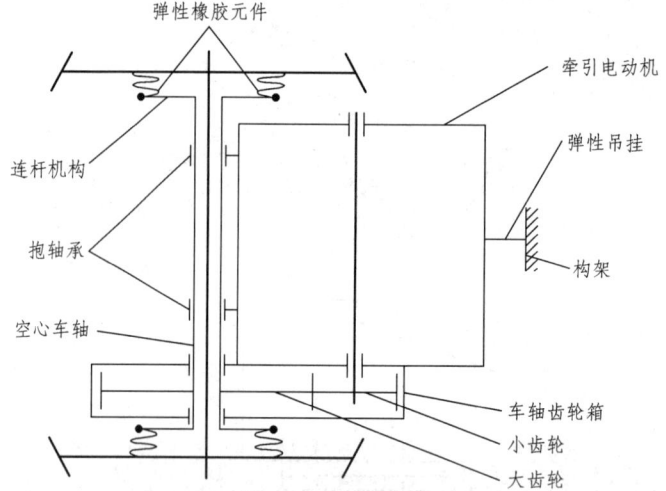

图 3.134　弹性轴悬式驱动机构原理图

3.7.4　架悬式驱动装置

所谓架悬式，实际上是指将牵引电机整个悬挂在构架上，其全部质量由转向架构架承担，不再与车轴发生直接的联系，而驱动扭矩则通过一套灵活的机构（即驱动机构）传递给车轴（或车轮）。在这里"架悬式"中的"架"字其实就代表构架的"架"。

1. 挠性浮动齿式联轴节式架悬式驱动装置

1）原理（见图 3.135）

牵引电动机通过螺栓连接完全固定于构架横梁上，牵引电动机的输出扭矩经 WN 挠性浮动齿式联轴节传递给主动小齿轮，并通过齿轮的啮合将扭矩传递到从动大齿轮，进而驱动轮对旋转。

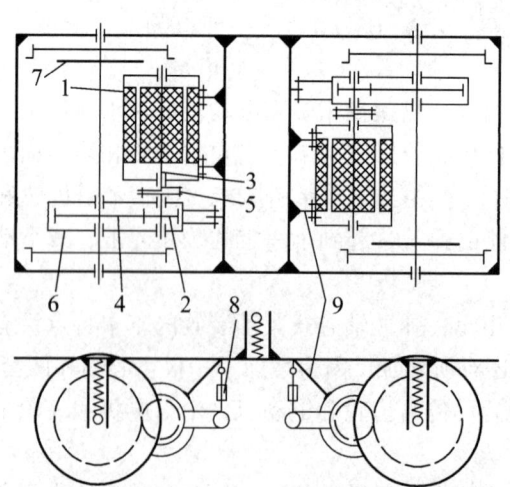

图 3.135　挠性浮动齿式（WN）联轴节架悬式驱动装置结构原理图
1—牵引电机；2—小齿轮；3—驱动轴；4—大齿轮；5—挠性联轴器；6—减速齿轮箱；
7—制动盘；8—齿轮箱吊挂装置；9—电机吊挂装置

这里需要特别注意的是：从动大齿轮是直接压装在车轴上的，同时齿轮箱的一端通过抱轴承悬挂在车轴上，另一端通过弹性吊杆吊挂在构架横梁上。也就是说，该齿轮箱的悬挂方式与我们前面讲过的牵引电动机刚性轴悬式的牵引电机的悬挂方式基本相同。

2）WN 挠性浮动齿式联轴节结构及运动

（1）结构。由半联轴节（外齿轴套）、外筒（内齿套筒）、中间隔板和弹簧等组成，如图 3.136 所示。该联轴节属于鼓形齿式结构，结构形式为左右基本对称，两个半联轴节分别通过键或锥面压装在电机电枢轴和小齿轮输入轴的轴头上，半联轴节的齿顶沿长度方向呈圆弧状，从齿顶方向看，各齿齿面均呈鼓形，而与之相啮合的外筒的内齿则无论齿顶还是齿面均为直线。正是由于半联轴节的齿顶和齿面都是圆弧形的，因此，整个联轴节是双活节的，是"挠性"的。

（2）运动（见图 3.136）。半联轴节的外齿与外筒的内齿啮合在理论上属于点接触，在良好润滑的情况下，该啮合点会随各向运动而发生灵活变化，这就能保证外筒相对于半联轴节的轴向运动和挠曲运动非常灵活，外筒好像总是"漂浮"在半联轴节上一样，这也许就是"浮动"概念的来历。

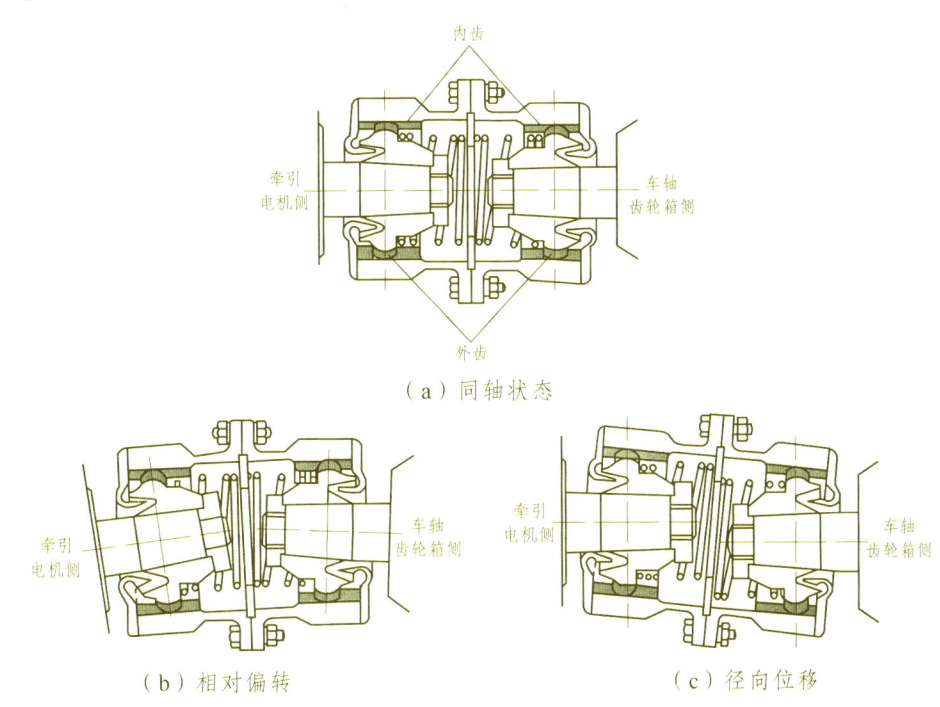

图 3.136 挠性浮动齿式联轴节运动原理

当电机输出轴相对于（小）齿轮输入轴间出现轴向运动时［见图 3.136（a）］，只是两个半联轴节的外齿在外筒的内齿中产生相互滑动，补偿其相对运动量，而半联轴节外齿和外筒内齿的啮合过程未受任何影响，因此，两轴间扭矩能够良好传递。

当电机输出轴相对于（小）齿轮输入轴间出现径向运动时［见图 3.136（c）］，例如电机输出轴向上跳动，与该轴连接的半联轴节的外齿将顶起左边的外筒，使整个外筒发生倾斜，这时右边的外筒与连接在（小）齿轮输入轴上的半联轴节外齿的啮合点产生相应变化，相互间也产生倾斜，这就使两轴的相对运动从空间上得到补偿。但在这个运动过程中，半联轴节外齿和内筒内齿始终相互啮合在一起，因此，两轴间扭矩的传递并未中断。

同样，当电机输出轴相对于（小）齿轮输入轴间出现相对偏转运动时［见图 3.136（b）］，电机侧半联轴节的外齿在左边外筒内齿中产生相互滑动（即两者的啮合点出现相对运动），使整个外筒发生一定的倾斜。这时右边的外筒与连接在（小）齿轮输入轴上的半联轴节外齿的啮合点也产生相应变化，相互间也产生一定的倾斜，这就使两轴的相对偏转运动从空间上能够得到一定的角度补偿。但在这个运动过程中，半联轴节外齿和外筒内齿仍然始终相互啮合在一起，因此，两轴间扭矩的传递依然非常顺利。

由此可见，WN 挠性浮动齿式联轴节可实现电机输出轴相对于（小）齿轮输入轴间的相互跳动和偏转，且相对运动很灵活，运动阻力很小（该运动阻力主要是内外齿啮合点处的摩擦力，而由于润滑油脂的存在，该摩擦力很小，几乎可以忽略不计），同时能平稳传递牵引电机驱动扭矩。

WN 挠性浮动齿式联轴节不仅具有补偿各种位移的能力，而且具有结构紧凑、传递运动准确、可靠等特点。

但必须指出的是，在左右两个外筒中间一定要放置一块隔板，而在该隔板的两边分别安装一个弹簧（可以是橡胶块），主要作用是保持整个联轴节在工作过程中具有自动对中功能。

3) 特　点

挠性浮动齿式联轴节式驱动装置具有如下特点：

（1）簧下质量小（电机质量全部悬挂于构架横梁上成为簧上质量，但牵引齿轮的质量和齿轮箱之质量的一半仍然属于簧下质量。例如 CRH_2 动力轮对的簧下质量每轴仅为 2 t），减小了轮轨间的动作用力。

（2）大大改善了牵引电动机的工作条件。

（3）牵引齿轮的工作条件并未得到改善。

（4）与刚性轴悬式驱动装置相比，结构稍复杂。但与其他架悬式和体悬式驱动装置相比，结构要简单得多（从日本新干线高速列车运行实践来看，完全能满足最高运行速度 300 km/h 左右的要求）。

（5）拆装简单，检修维护方便。

正是由于这种挠性浮动齿式联轴节式（WN）架悬式驱动装置结构相对简单，再加上动力分散式动车组采用了质量很轻的交流异步牵引电机，因此，这种驱动装置在高速动车组上得到了广泛使用，例如，日本的新干线几乎所有高速动车组和我国的 CRH_1、CRH_2、CHR_3 动车组都采用这种挠性浮动齿式联轴节式（WN）架悬式驱动装置。

2. 轮对空心轴架悬式驱动装置

1) 结　构

牵引电动机的两端均通过长、短吊挂与转向架构架横梁或端梁相连（仍属 3 点悬挂），并在车轴上加上了一根空心轴（即轮对空心轴），其一端通过弹性元件（六连杆机构和橡胶关节）与车轮连接，另一端同样通过弹性元件与驱动大齿轮连接。正是由于轮对空心轴的加入，使得牵引电机完全"架空"在车轴之上,即从空间上将牵引电机与车轴隔离开来。其工作原理如图 3.137 所示,而详细结构如图 3.138 和图 3.139 所示。

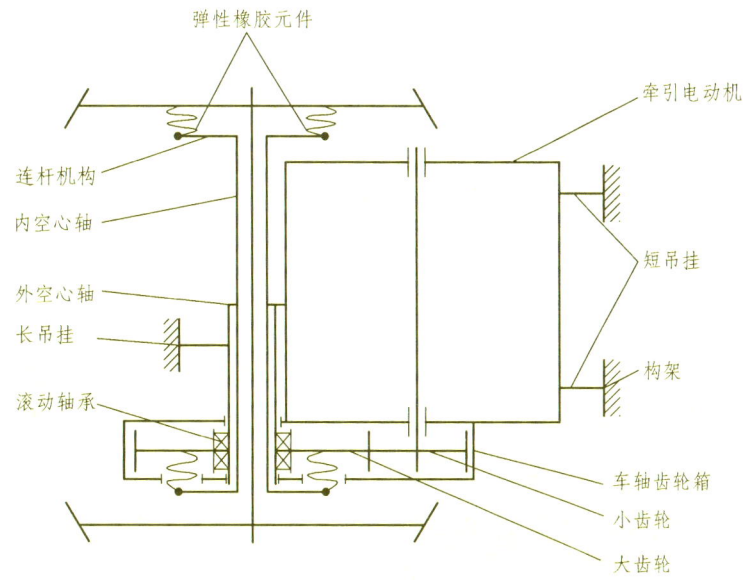

图 3.137 轮对空心轴架悬式驱动装置原理图(单轮对)

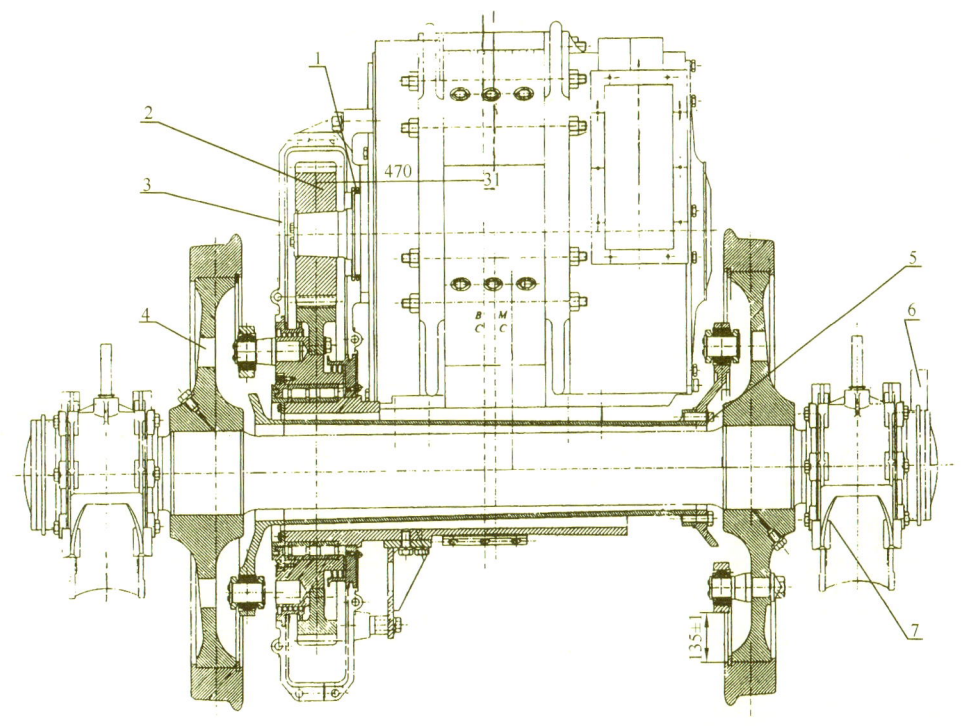

图 3.138 DF_{11} 机车轮对空心轴架悬式驱动装置详细结构图

1—牵引电机;2—齿轮传动装置;3—齿轮箱;4—轮对组装;
5—双侧六连杆传动系统;6—轴箱组装;7—轴箱拉杆

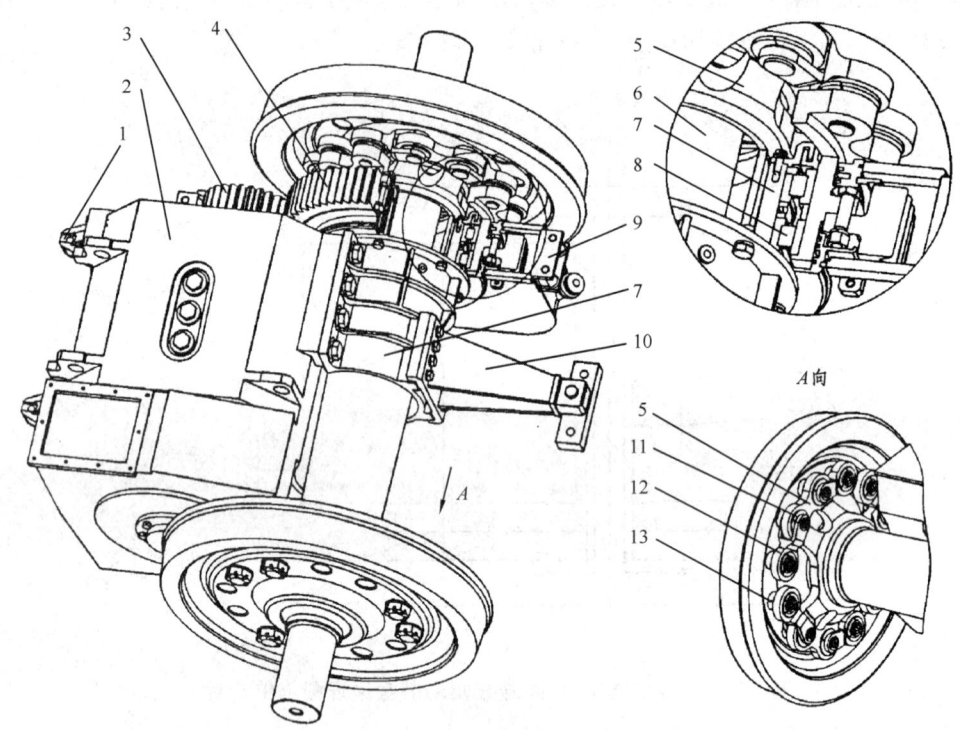

图 3.139 轮对空心轴架悬式驱动装置结构图

1—后吊；2—牵引电机；3—主动齿轮；4—从动齿轮；5—空心轴装配；6—车轴；7—空心轴套；
8—驱动轴承；9—齿轮罩装配；10—长吊臂装配；11—橡胶球形关节；
12—连杆；13—传动销

该结构中的六连杆机构和橡胶关节是其中最关键的部件，它们与轮对空心轴一起，共同承担着顺利传递驱动扭矩和补偿轮对与牵引电机相对运动的两个功能。六连杆机构具体结构如图 3.140 所示，橡胶关节具体结构如图 3.141 所示。

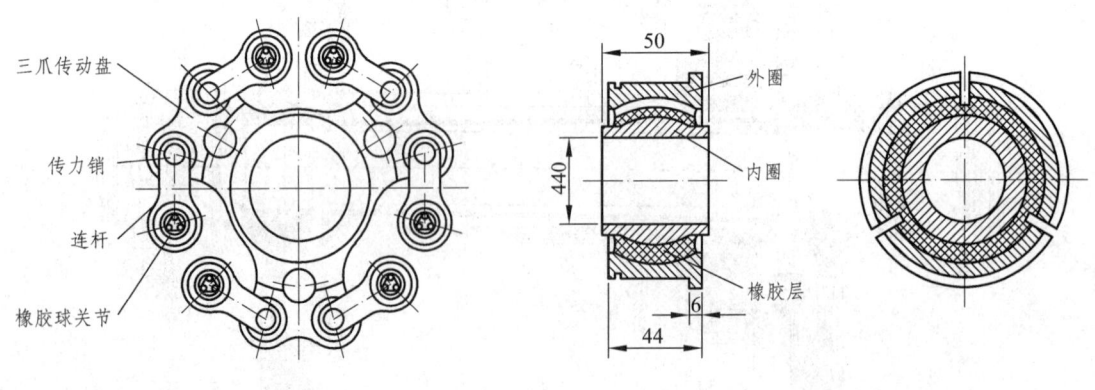

图 3.140 连杆弹性驱动结构　　　　　图 3.141 橡胶关节

2）驱动力矩的传递过程

由牵引电动机产生的驱动力矩经输出轴→小齿轮→大齿轮→传力销→左侧弹性元件和六连杆机构→左侧三爪传动盘→内空心轴→右侧三爪传动盘→右侧弹性元件和六连杆机构→传

力销→右侧车轮→车轴→左侧车轮。

3）特　点

轮对空心轴架悬式驱动装置具有如下特点：

（1）簧下死质量小（电动机悬挂在构架上，牵引电机、牵引齿轮和齿轮箱等全部质量均为簧上质量，可最大限度地减轻簧下死质量），减小了轮轨动作用力。

（2）改善了牵引电动机及牵引齿轮的工作条件。

（3）整个驱动机构具有足够的径向扭转刚度（即适当的驱动扭转弹性），可避免驱动装置牵引时的黏-滑振动。

（4）该系统的轴向、纵向和垂向刚度很小，能很好满足轮对相对于系统的各向运动。

（5）机车或动车起动时，电动机能先于轮对转过一微小角度，改善了牵引电机启动换向条件。

（6）结构较复杂，维修困难。

（7）连杆结构所产生的离心力会使车轮载荷不稳定。

3. 电机空心轴架悬式驱动装置

1）结　构

牵引电动机的两端均通过弹性吊挂与转向架构架横梁（或端梁）相连，但在电机内部将转子铁芯挖空（这就是"电机空心轴"的来历），并通过齿形联轴器将扭矩传给弹性扭轴，再通过弹性联轴节与驱动小齿轮输入轴连接。但车轴齿轮箱一端仍然通过抱轴承与车轴相连，另一端通过弹性吊挂与构架相连（与轴悬式类似），如图 3.142 所示。

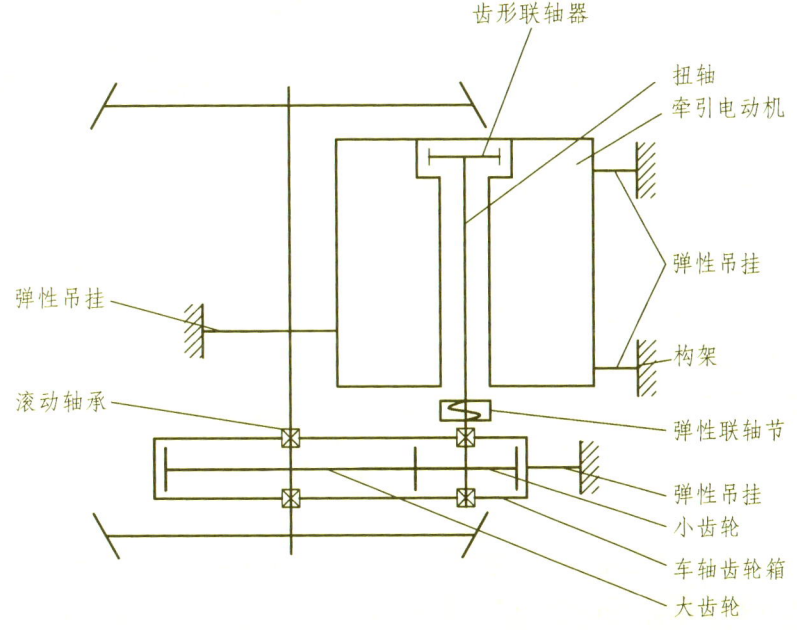

图 3.142　电机空心轴架悬式驱动装置原理图（单轮对）

2) 特　点

电机空心轴架悬式驱动装置具有如下特点：

(1) 簧下质量较小（电动机悬挂在构架上，全部质量均为簧上质量。但齿轮箱的质量的一半仍然悬挂在轴上，属簧下质量），减小了轮轨动作用力。

(2) 改善了牵引电动机的工作条件，但牵引齿轮的工作条件与轴悬式相同，并未有所改善。

(3) 扭轴的柔性很大，使得整个驱动机构的扭转弹性太软，容易使轮对在驱动过程中产生黏-滑振动。

(4) 结构较复杂，维修困难。

4. 对角配置的万向轴驱动架悬式驱动装置

1) 结　构

两牵引电动机呈对角状完全悬挂于转向架构架的横梁上，通过万向轴传递牵引电动机与齿轮传动装置间的扭矩，并且采用一对圆锥齿轮（即伞齿轮）作为牵引齿轮以实现万向轴和车轴之间的直角传动。而齿轮箱一端通过吊杆弹性悬挂于构架的端梁，另一端则借助于滚动轴承抱在轮对车轴上，如图 3.143 所示。

万向轴在传递驱动扭矩的同时能较好地补偿牵引电机与车轴齿轮箱之间各个方向的相对运动。

2) 特　点

万向轴驱动架悬式驱动装置具有如下特点：

(1) 簧下死质量较小（电动机悬挂在构架上，全部质量均为簧上质量。但齿轮箱的质量的一半仍然悬挂在轴上，属簧下质量），减小了轮轨动作用力。

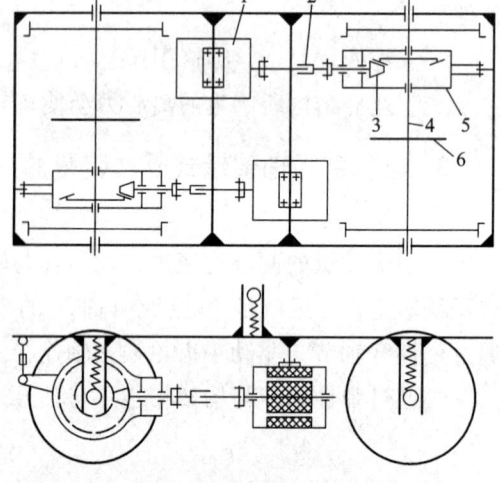

图 3.143　牵引电机纵向布置（对角布置）
——万向轴架悬式驱动装置原理图

1—牵引电机；2—万向轴；3—驱动伞齿轮；
4—轮对；5—减速箱；6—制动盘

(2) 改善了牵引电动机的工作条件，但牵引齿轮的工作条件与轴悬式相同，并未有所改善。

(3) 车轴周围空间得到释放，有利于安装其他设备（如基础制动装置）。

(4) 万向轴和圆锥齿轮传动系统的传动效率有所降低。

(5) 结构较复杂。

3.7.5　体悬式驱动装置

所谓体悬式，实际上是指将牵引电机完全安装在车体底架下面，其全部质量都由车底架承担，而驱动扭矩则由万向驱动机构（通常是万向轴）来传递。在这里"体悬式"中的"体"字其实就是车体的"体"。

1. 原　理

牵引电动机体悬式驱动装置有多种结构形式，这里仅介绍其中的一种（我国的 CRH_5 动车组转向架驱动装置结构与此类似，留待后面介绍）。

这里要介绍的牵引电动机体悬式驱动装置的具体结构如图 3.144 所示。牵引电动机完全放置于（悬挂于）车体底架下面，通过万向轴将牵引电动机扭矩传递给安装在车轴上的齿轮传动装置，并且采用一对圆锥齿轮（即伞齿轮）作为牵引齿轮以实现万向轴和车轴之间的直角传动。而齿轮箱一端通过吊杆弹性悬挂于构架的侧梁（或横梁），另一端则借助于滚动轴承抱在轮对车轴上。

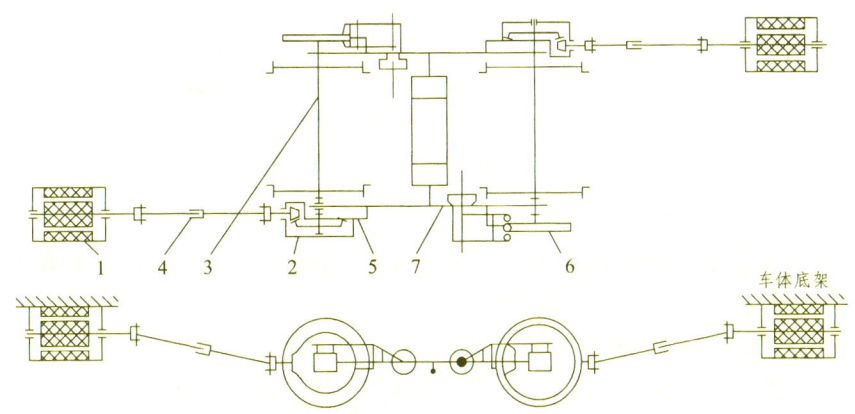

图 3.144　一种万向轴驱动的牵引电机体悬式驱动装置结构原理图
1—牵引电机；2—齿轮传动装置；3—轮轴；4—万向轴；5—传动支撑；6—制动盘；7—制动装置

万向轴在传递驱动扭矩的同时能较好地补偿牵引电机与车轴齿轮箱之间各个方向的相对运动。

2. 特　点

万向轴驱动的体悬式驱动装置具有如下特点：

（1）牵引电动机完全放置于（悬挂于）车体之上，可进一步减轻转向架质量（特别是转向架的回转转动惯量），提高转向架高速运行时的平稳性和稳定性，同时充分改善了牵引电动机的工作条件。

（2）车轴周围空间得到释放，有利于安装其他设备（如基础制动装置）。

（3）牵引齿轮的工作条件与轴悬式相同，并未有所改善。

（4）万向轴和圆锥齿轮传动系统的传动效率有所降低。

（5）万向轴的制造工艺要求很高。

（6）整个驱动装置结构复杂。

3.7.6　CRH_2 动车组驱动装置

1. 工作原理

CRH_2 动车驱动装置采用简单而实用的挠性浮动齿式联轴节式牵引电机架悬结构，即通过挠性浮动齿式联轴节（WN 联轴节）将牵引电机输出轴与齿轮箱的输入轴（小齿轮轴）连接起来，在传递扭矩的同时，允许两者间的相对运动。驱动装置结构布置如图 3.145 所示。

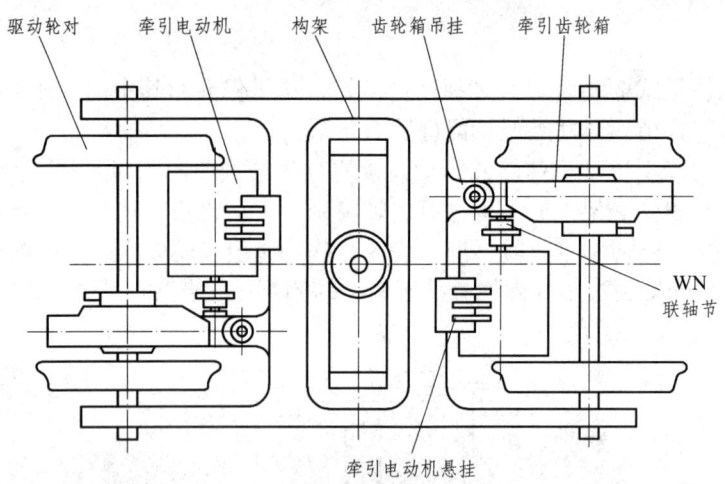

图 3.145 CRH$_2$ 动车驱动装置的结构布置示意

2. 挠性浮动齿式联轴节（WN 联轴节）

牵引电机与齿轮箱间的扭矩传动由安装在两者之间的联轴节完成，CRH$_2$ 转向架采用 QD2572A2 型联轴节。

挠性浮动齿式联轴节（WN 联轴节）主要包括半联轴节（外齿轴套）、外筒（内齿套筒）和中间隔板等，详细结构如图 3.146 所示，结构剖面如图 3.147 所示。

该联轴节的两个带外齿的半联轴节通过键分别套装在锥形的电机轴和齿轮箱小齿轮轴上，并与外筒的内齿啮合，为了能够动态地传递扭矩，允许半联轴节与外筒产生相对位移（轴向、径向及偏转），因此半联轴节的齿轮齿顶为圆弧形断面，以使内外齿啮合良好。这里需要强调的是，半联轴节的外齿必须是鼓形齿，以防止外筒相对于半联轴节跳动和转动时相互卡死。

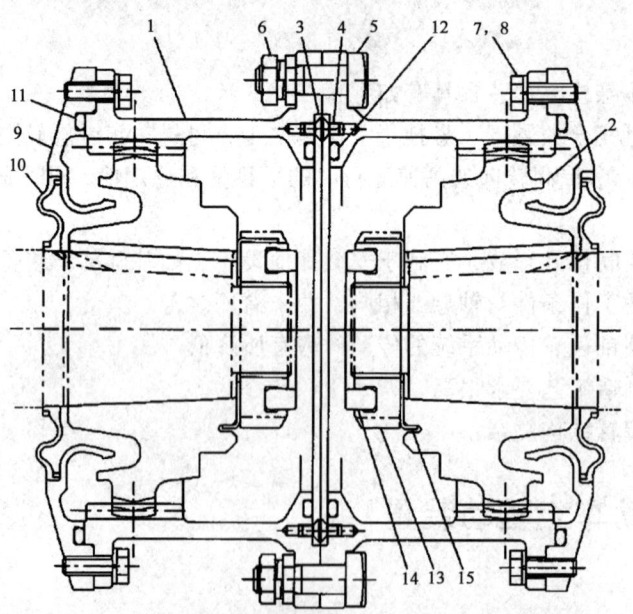

图 3.146 挠性浮动齿式联轴节（WN 联轴节）结构

1—外筒（带内齿）；2—半联轴节（带外齿）；3—中间隔板；4—平头螺钉；5、7—螺栓；6—螺母；8—弹性垫片；9—挡油环；10—防尘罩；11、12—O 形圈；13—特殊螺母；14—缓冲橡胶；15—舌簧垫圈

图 3.147　WN 联轴节详细结构剖面图

另外，两外筒中间应设挡板（隔板），且挡板两边通常设置橡胶块，以保证外筒在倾斜运动时具有自动对中和缓冲的作用。

该联轴节可实现电机输出轴相对于（小）齿轮输入轴间的相互跳动和转动，且运动很灵活，运动阻力很小，同时能传递电机驱动扭矩。CRH_2 采用的 WN 联轴节的轴向跳动量为 ±11 mm，径向跳动量为 ±12.3 mm。

3. 齿轮装置

齿轮装置的作用是将牵引电机的驱动力矩有效地传递到车轴而使动车组加速，或者是将车轴的转矩传递给已转为发电机工况工作的牵引电机而使动车组减速。

齿轮箱主要包括大齿轮、小齿轮轴、轴承、箱体、轴承盖、齿轮箱吊杆、温度传感器及接地装置等，如图 3.148 所示。

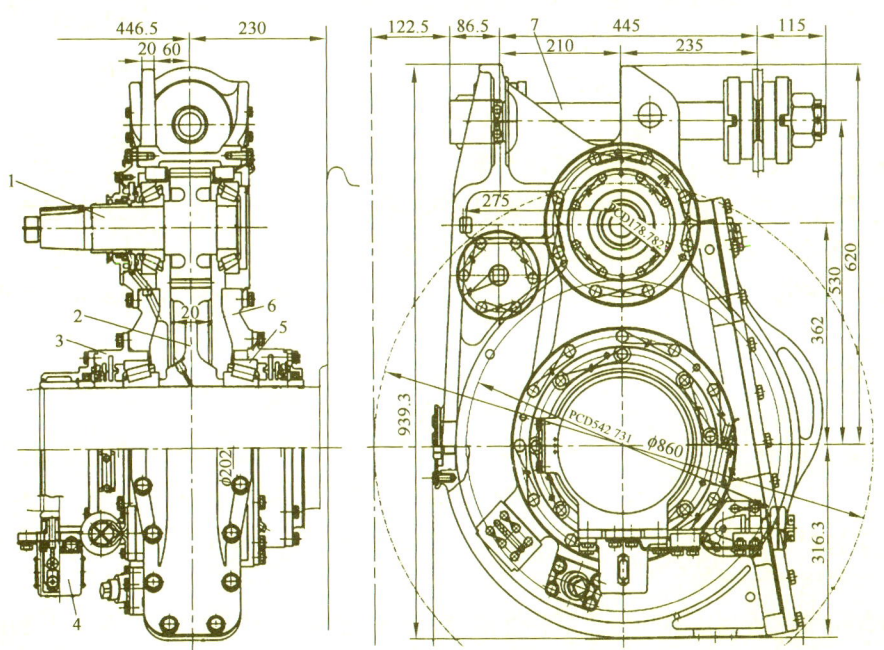

图 3.148　CRH_2 齿轮箱装置结构图

1—小齿轮轴；2—大齿轮；3—轴承盖；4—接地装置；5—轴承；6—箱体；7—齿轮箱吊杆

CRH₂动车组转向架齿轮装置齿轮传动比为 85/28 = 3.036。

齿轮箱箱体采用铸铝材料，可降低簧下质量。大齿轮压装在车轴的齿轮座上，两侧为大齿轮圆锥轴承，轴承压盖与箱体通过螺栓连接，形成轴承外圈的轴向定位。小齿轮采用轮轴一体型结构，而小齿轮端的结构与大齿轮端类似，为应对中国铁路的沙尘环境，将小齿轮轴侧的密封盖设计了加长的迷宫槽。

在齿轮箱内侧轴承压盖的外侧车轴上，安装了集流环，接地装置的碳刷在弹簧弹力的作用下与集流环保持径向密贴，可将车上的漏电电流直接传导至车轴继而形成接地，防止电流对轴箱轴承造成电蚀。

齿轮的润滑方式采用飞溅式油润滑，其齿轮箱润滑油的牌号为 SONIC EP3080。为了在日常维护检修过程中掌握齿轮的润滑条件，在齿轮箱内侧设有观察窗，可随时了解油液面的高度。

为改善温度特性，在齿轮箱体上部及下部设置了适当的油槽。该油槽是在旋转时能够保证适当的油量的结构。另外，作为漏油对策，除了采用迷宫式密封结构之外，还独立设置了水密封和油密封来防止漏油。

为检验齿轮装置在低温环境下的工作性能，分别在型式试验过程中进行了常温（40 ℃）和低温（−25 ℃）的无负载运转试验，最高试验转速按对应于动车组运行速度 250 km/h 的要求进行。

该齿轮箱的悬吊系统与传统牵引电机刚性轴悬式结构相似，即一端（大齿轮端）通过两个轴承（圆锥轴承）支撑在车轴上，另一端（小齿轮端）吊鼻通过悬吊平衡作用杆（简称吊杆）与转向架构架上的吊座相连，形成所谓的"3 点悬挂"（即 3 点稳定支承）。这时，大约 1/2 的齿轮箱装置的质量属于簧间质量，另外 1/2 质量属于一系簧下质量。该吊杆除了为车轴齿轮箱提供必需的第三个悬吊支点外（另外两个由轴承提供），还能为车轴齿轮箱工作时产生的反转扭转提供良好的平衡作用。该悬吊平衡作用杆的结构如图 3.149 所示。这里必须强调的是，吊杆的两端一定要加入防振橡胶，以缓和齿轮箱与构架间的冲击和振动。

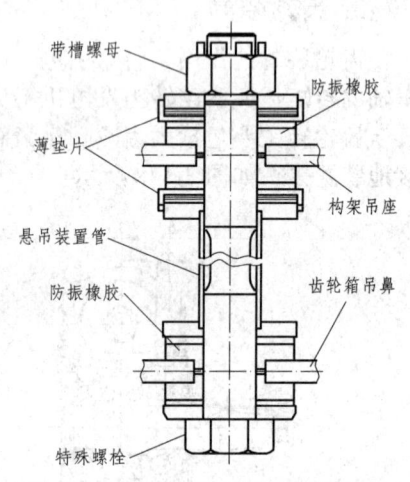

图 3.149　齿轮箱悬吊平衡作用杆

3.7.7　CRH₁ 动车组驱动装置

CRH₁ 动车组驱动装置结构原理与 CRH₂ 基本相同，只是具体结构和尺寸有所区别，如图 3.150 所示。它由一个交流电机、一个带有平衡杆的齿轮箱和一个 WN 联轴节组成。牵引电机是弹性安装在转向架构架横梁上的。齿轮箱通过抱轴承悬挂在平行的车轴上，并通过一个平衡杆与构架横梁相连。

平衡杆两端的安装销轴处加入了弹性橡胶套，这种弹性结构对系统的动态和静态负荷均可适应。牵引电机与齿轮箱的连接采用了挠性浮动齿式（WN）联轴节，该 WN 联轴节在将牵引电机的转矩顺利传递给齿轮箱的同时，能补偿电机和齿轮的径向和轴向运动。

该驱动系统为电机提供了一个低振动的环境，它具有较低的弹性质量。电机在转向架上的安装非常简便。所有支承点都装有橡胶衬垫，以便减少振动和扭矩波动。

1. 齿轮箱装置

齿轮箱将转矩从牵引电机传递到轮轴并将电机轴的转速降低到适合于轮轴的水平。它被用作牵引电机与驱动轴之间的减速器。再生制动期间，将功率从轮对传至电机。齿轮箱的外壳通过一个平衡杆连接于转向架构架，其符合 DIN 3961-3963 标准中的 6 级精度，疲劳强度按 DIN 3990 标准计算。齿轮箱里有一根小齿轮轴，它与一个直接安装在车轴上的齿轮相啮合（单级减速齿轮）。

齿轮具有螺旋状的齿，它们经过硬化热处理且其工作表面经过磨削，能在电机与车轴之间进行平滑而稳定的动力传递。

这些齿轮安装在一个用球墨铸铁制作的壳体中，该壳体是传动装置的一个结构件，承受着由齿轮负荷产生的力并为轮轴与转向架构架之间的转矩反应提供了一个连接。为安装便利，将齿轮箱壳体从轴中心线分开，边缘结合处采用专用的高拉伸强度螺栓进行固定。检查盖位于齿轮对的齿轮外壳上半部以及后面外壳下半部。

齿轮箱壳体由直接安装在轮轴上的圆锥滚柱轴承支承。小齿轮轴位于齿轮箱中，由两个圆柱滚珠轴承和 4 个点接触滚珠轴承支承。小齿轮轴和驱

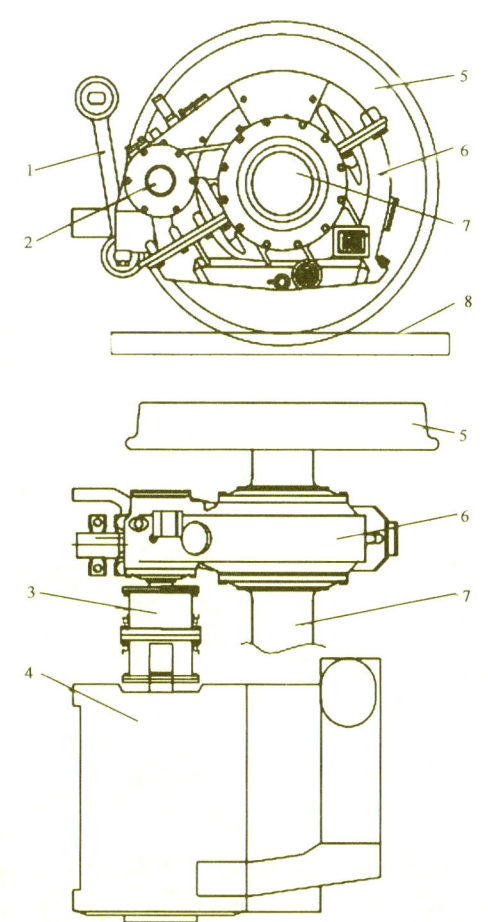

图 3.150　CRH_1 驱动装置结构原理图
1—平衡杆；2—小齿轮轴；3—WN 联轴节；
4—牵引电机；5—车轮；6—齿轮箱；
7—轮轴；8—上轨面

动轴的轴承采用迷宫式密封结构，每个迷宫结构上有一个通向齿轮箱集油槽的回油孔。转矩平衡杆的两端各有一个弹性连接，使用两个穿过两个凸耳的高强度螺栓将平衡杆与齿轮箱相连。齿轮箱有一个延伸部分，用以防止在平衡杆连接发生故障的情况下齿轮箱出现翻转。转向架构架上有一个支架用于平衡杆的连接。齿轮箱通过一个油浴进行润滑，齿轮箱内有一些收集槽将油加到小齿轮轴和主轴轴承上，通过一个位于齿轮箱壳下半部分的侧面视镜可以检查油位。一个磁性排油塞位于齿轮外壳的中央，另一个磁性塞位置便于用来为齿轮箱加油。

CRH_1 动车组车轴齿轮箱主要技术数据参见表 3.16。

表 3.16　齿轮箱主要技术数据

项　目	参　数
传动比	89/24 = 3.71
螺旋角	18°
法向模数	6.0
中心距	355 mm
质量（整个传动装置）	约 330 kg

2. 挠性浮动齿式联轴节

CRH$_1$ 动车组采用的挠性浮动齿式联轴节的工作原理与 CRH$_2$ 的基本相同，只是具体结构和尺寸有所区别，如图 3.151 所示。

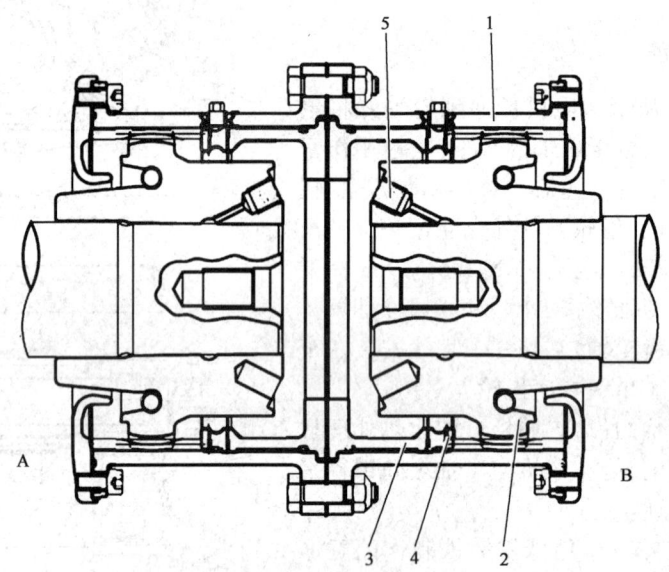

图 3.151 　CRH$_1$ 联轴节结构
1—外筒（带内齿）；2—半联轴节（带外齿）；3—中间隔板；4—缓冲橡胶圈；
5—注油孔；A—电机侧；B—齿轮箱侧

该联轴节由相似的左右两部分组成，通过用螺栓将两部分上的凸缘紧固在一起而形成一个整体。其中一侧的半联轴节（带外齿）与电机轴通过过盈配合相连接，另一侧的半联轴节（带外齿）与齿轮箱的输入轴相连接。联轴器中心处有一些注油孔，用于在安装和拆卸时注高压油。

每个半联轴器由一个与齿轮做成一体的半联轴节和一个带内齿的法兰齿轮（即外筒）构成。半联轴节安装在一个具有过盈配合的锥形轴上，其上具有特殊形状的鼓形轮齿使互相配合的法兰齿轮在传动中能自由转动。为能允许半联轴节与法兰齿轮之间存在角度偏差，轮齿上具有一个完全对准时的初始侧向间隙。法兰齿轮利用一些高强度螺栓和一些使用时须以力矩扳手上紧的自锁螺母进行连接，每个半联轴器都加有 240 mL Klüberlub BE41-1501 油脂作为初始润滑油，借助一种密封结构，这些油脂能保留在联轴器的齿中。

3. 平衡作用杆

齿轮箱的悬吊平衡作用杆安装在转向架构架与齿轮箱之间，承受作用在齿轮箱上的扭矩载荷。通过合理设计，使平衡作用杆能承受运转中出现的各种负荷，其中包括由牵引和制动引起的负荷、转矩振动和由牵引电机短路引起的转矩振动。平衡作用杆的设计使传动装置能承受在驱动中由轮-轨接触引入轮对的机械振动。

如果轮对与转向架构架之间有了相对运动，平衡作用杆上的橡胶衬垫使安装在齿轮箱上的轮轴能产生一个与轮轴位移一致的运动，从而不会影响其他部件。平衡作用杆结构如图 3.152 所示。

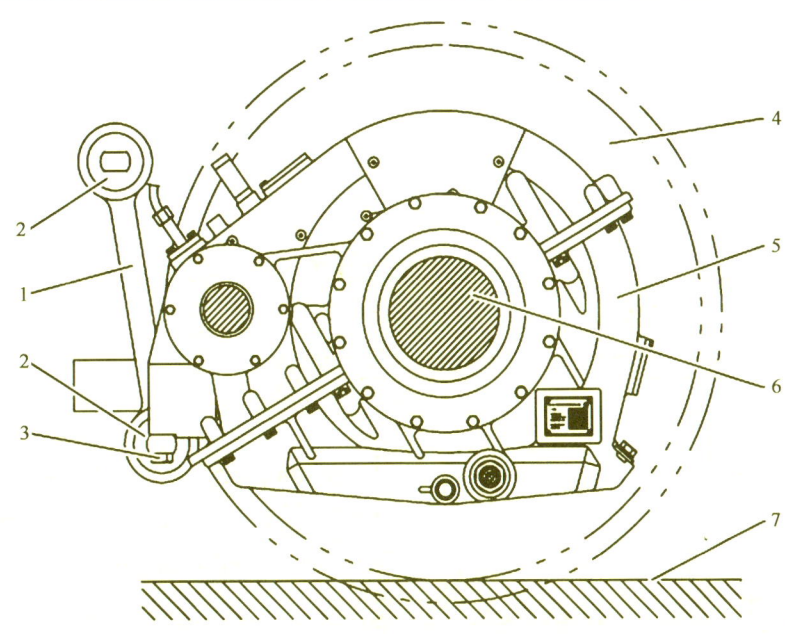

图 3.152　平衡作用杆与齿轮箱的连接关系

1—平衡作用杆；2—弹性球关节；3—六角帽螺钉；4—车轮；5—齿轮箱；6—车轴；7—轨道面

4. 速度传感器

在齿轮箱中，小齿轮轴上装有一个速度传感器齿轮，用于测量电机实际转速。速度传感器齿轮的数据如下：

齿数：80；

材料：铁磁材料；

模数：模数为 2 的渐开线齿形；

径向传感最小齿宽：12 mm；

偏心率：< 0.2 mm；

侧向偏移：< 0.2 mm。

速度传感器径向安装在该齿轮上，其边缘平行于该齿轮。传感器与该齿轮之间的气隙为 (1.0±0.5) mm。

3.7.8　CRH₅ 动车组驱动装置

CRH₅ 动车组动车转向架驱动装置采用体悬式结构，它由车轴齿轮箱、万向轴、安全装置和牵引电机等组成，牵引电机通过安装架完全悬挂在车体底架上，通过可灵活伸缩变形的万向轴将扭矩传给车轴齿轮箱，其工作原理如图 3.153 所示。具体结构如图 3.154 所示。

为达到出色的转向架动力学性能，在转向架设计过程中，特别关注了整车质量在一、二系弹簧间的最优化分配以及转动惯量（包括摇头、点头和侧滚）的最小化，尽可能地把所有的质量都分配在二系悬挂系统上，使簧下质量和簧间质量达到最小化。

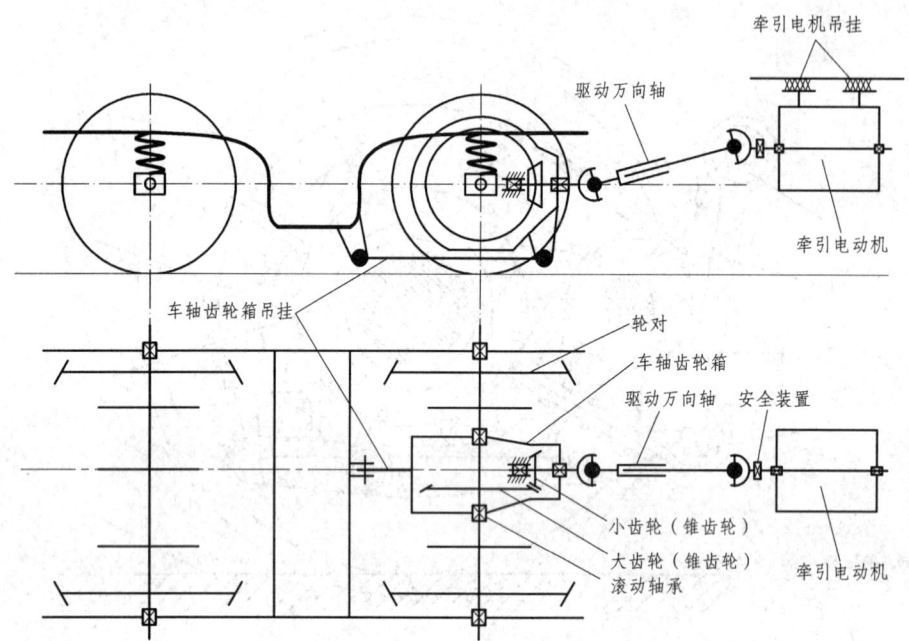

图 3.153 CRH₅ 动车组转向架——牵引电机体悬式驱动装置工作原理图

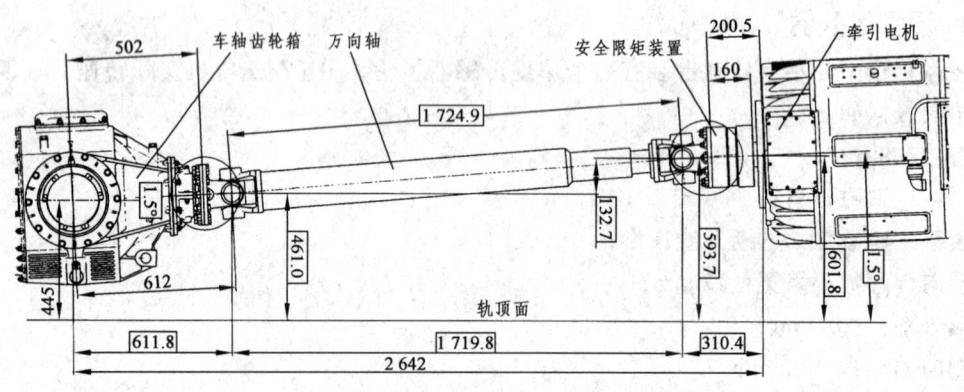

图 3.154 CRH₅ 动车组驱动装置具体结构图

CRH₅ 动车组将牵引电机悬挂在车体底架上，与将电机安装在转向架上相比，大大降低了簧下质量和簧间质量。通过最小化簧下质量和簧间质量，大大减轻了由于轨道原因引起的车轮和轨道之间的振动和冲击，这样既能使转向架受力比较合理又能减小轮轨间的垂向和横向动作用力。

电机体悬结构的设计还会提高牵引电机的可靠性和可维护性，主要体现在以下 3 个方面：一是容易从侧面和车底下接触到电机；二是每个转向架只需配一个电机；三是无需将转向架从车体上拆除就可以很容易地将牵引电机卸下。

各动力转向架装有一个直接装在车轴上的锥齿轮箱，该齿轮箱由牵引电机驱动，用万向轴连接齿轮箱和电机。万向轴高速旋转，转速约 3 600 r/min，质量仅为 95 kg。

综上所述，该驱动装置有如下优点：

（1）一系簧下质量较小，轮轨动作用力较小。

（2）簧间质量（一系与二系间的质量）较小，转向架振动性能得以改善，车体运行更加平稳。

（3）转向架的摇头转动惯量进一步减小，高速运行时的蛇行稳定性大大提高。

（4）牵引电机悬挂在车体上，其工作条件比其他任何悬挂方式都好，其可靠性和可维护性得到提高。

（5）无需将转向架从车体上拆除就可以很容易地将牵引电机卸下。

（6）牵引齿轮的工作条件与轴悬式几乎一样，并未有显著改善。

（7）结构较复杂，制造成本较高。

另外，整个动车转向架仅有一根动轴，另一根轴为非动轴，即每个转向架只配一套牵引电机和驱动装置。这一方面使得动车转向架结构进一步简化，但另一方面也使驱动轮对与钢轨间的黏着条件更加恶化。

1. 齿轮箱

CRH$_5$动车组转向架齿轮箱方案、结构和材料与TAV-S104、ICT、SM3、ETR460、ETR470、ETR480等高速动车组相同，基本结构如图3.155、3.156所示。该结构是传统经典结构，应用在不同的转向架上，仅仅更改传动比，CRH$_5$动车组转向架齿轮的传动比为2.5。

齿轮箱1有一个机加工的壳体，由一个整体式球墨铸铁车轴齿轮箱壳体构成，其中装有圆锥滚子轴承12、锥齿轮输出件17、带有圆锥小齿轮的轴2和容量为12 L的润滑油箱。带有圆锥小齿轮的轴2包括圆柱滚子轴承5、球轴承7和输入法兰3，它们压装到带有圆锥小齿轮的轴上。小齿轮轴轴承外环置于小齿轮上的轴承衬套6中，并由轴承衬套螺栓锁定在齿轮箱壳体上。小齿轮轴承的内环由垫圈和输入法兰3锁定。

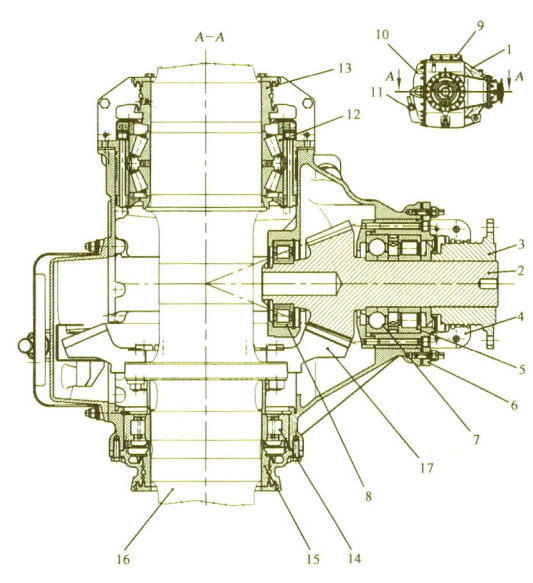

图 3.155 CRH$_5$齿轮箱基本结构

1—齿轮箱；2—带有圆锥小齿轮的轴；3—输入法兰；4—小齿轮的盖组件；5、8、14—圆柱滚子轴承；6—小齿轮上的轴承衬套；7—球轴承；9—上盖组件；10—后盖组件；11—油位传感器；12—圆锥滚子轴承；13—锥形轴承锁定环；15—圆柱轴承锁定环；16—车轴；17—锥齿轮输出件

图 3.156　齿轮箱三维结构

输出圆锥滚子轴承 12 由压入配合安装在车轴 16 上。轴承外环置于轴承衬套中,轴承衬套用螺栓安装在齿轮箱壳体上。有一个外部锁定环用来锁定轴承外环,一个锥形轴承锁定环 13 用来锁定输出轴承内环。锥形轴承锁定环压装在车轴 16 上,可防止漏油。

输入轴小齿轮轴承包括两套普通滚柱轴承和一套接触球轴承,其中滚柱轴承传递径向力,而球轴承作为推力轴承,只承受轴向力不承受径向力。减速箱在车轴上的安装包括滚柱轴承和一对圆锥滚子轴承,其中圆锥滚子轴承也仅作为轴向推力轴承之用。安装工艺过程中,应当特别注意轴向间隙的调整,以保证当紧固箱盖时轴承不会被损坏。润滑方式为油飞溅润滑。该减速齿轮箱还配有油位电传感器以监测油位,相应的油位信号被传输到 TCMS(列车控制和监控系统)。

齿轮箱内牵引锥齿轮的主要技术参数见表 3.17,大齿轮及其在动轴上的位置如图 3.157 所示,齿轮箱用轴承类别与规格见表 3.18。

表 3.17　牵引锥齿轮主要技术参数

技术描述	小齿轮	大齿轮
齿轮类型	Gleason(格里森)	
齿轮供应商	ZF	
齿　　数	22	55
传动比	2.5	
模　　数	9.2	
压力角	20°	
螺旋角	30°	
接触面宽度(mm)	82	
节圆直径(mm)	202.4	506
齿顶圆直径(mm)	221	509.3
螺旋方向	左	右

第 3 章 转 向 架

图 3.157 大齿轮及其在动轴上的位置

表 3.18 齿轮箱用轴承类别与规格

轴承类别	规格（mm）
NJ 314 ECML/C4	$\phi 70 \times \phi 150 \times 35$
QJ 316 N2MA/C3	$\phi 80 \times \phi 170 \times 39$
NU 316 ECML/C3	$\phi 80 \times \phi 175 \times 39$
NUBC1-D290	$\phi 195 \times \phi 290 \times 46$
BT2-7038	$\phi 195 \times \phi 290 \times 46$

该牵引齿轮箱通过两对轴承抱在车轴上，另外有一根位于箱壳底下的平衡吊杆连接到构架横梁上。该平衡吊杆的主要作用是为齿轮箱体提供支撑并平衡由万向轴传来的外扭矩。

平衡吊杆组件 1 将齿轮箱 8 连接至动力转向架构架横梁 7，并支撑齿轮箱壳体；吊杆组件 1 的一端有一个橡胶弹性衬套装置，该装置使用螺钉连接至齿轮箱托架；吊杆组件的另一端是带有销轴 3 的球形铰接装置 2，它由螺钉 6 连接至转向架构架横梁吊杆支座 9，螺钉 6 被紧固在螺纹销 5 中。该平衡吊杆的安装位置和具体结构如图 3.158 所示。

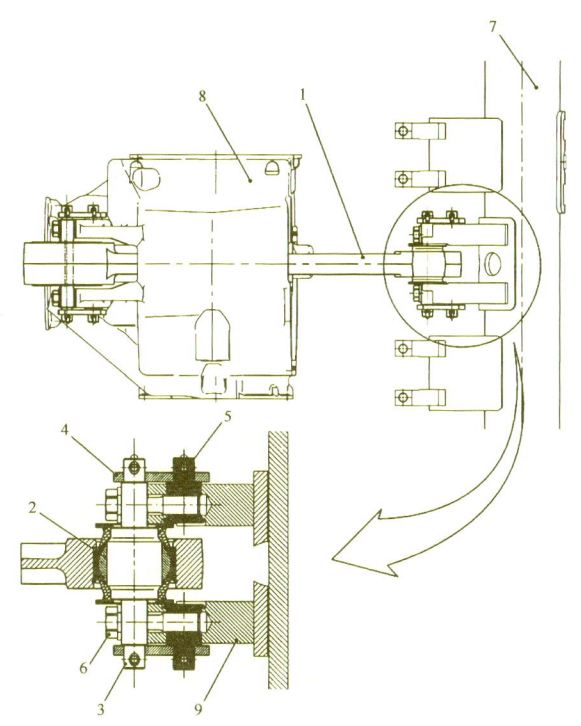

图 3.158 平衡吊杆的安装位置和具体结构
1—平衡吊杆组件；2—球形铰接装置；3—销轴；4—安全板；5—螺纹销；6—螺钉；
7—动力转向架构架横梁；8—齿轮箱；9—吊杆支座（在构架横梁上）

需要注意的是，该平衡吊杆的两端连接销处必须加入具有一定厚度的橡胶关节（套）（即球形铰接装置，见图 3.158）。

2. 安全装置

安全装置的作用是当齿轮箱或电机发生故障产生过大扭矩时，对万向轴起保护作用，即当扭矩大于 17.5 kN·m 时安全装置卸载。安全装置结构如图 3.159 所示。

安全联轴器（转矩限制联轴节）压装在牵引电机轴上（参见图 3.154），它采用螺柱连接至传动线路中的万向轴，与电机轴一起转动，并驱动万向轴。

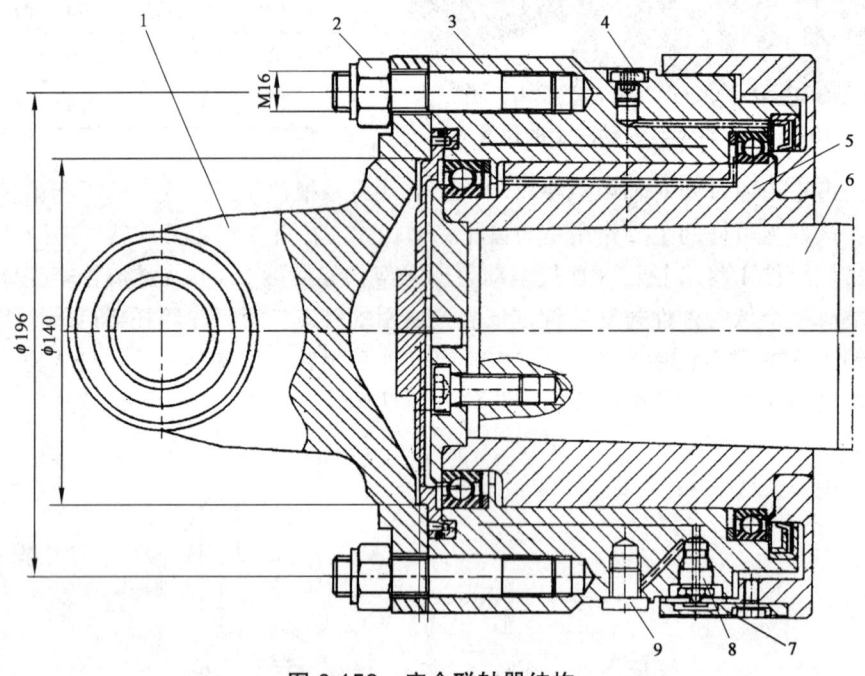

图 3.159 安全联轴器结构
1—连接法兰（与万向轴相连）；2—螺柱螺母；3—毂；4—润滑油塞；5—锥形套管；
6—电机输出轴；7—剪切管封盖；8—剪切管；9—保护螺塞

安全联轴器有一个液压转矩设置系统，通过调整液压压力，可将释放转矩设置为所需的水平。当超过预设的转矩时，安全联轴器联轴节滑脱，剪切管的顶部被剪切环剪掉，以此释放联轴节中的油压。此后，联轴节可在轴上自由运转，使牵引电机与万向轴断开。

转矩限制联轴节包括 1 个锥形套筒、1 个毂、2 个球轴承和 2 个剪切管等。锥形套筒压装到电机轴上；毂被连接至万向轴法兰。套管与毂之间的 2 个球轴承可以实现自由的相对转动。

安全联轴器的压力设置由毂上的液压压力实现，通过该压力可在锥形套筒与毂之间形成压装。其技术数据参见表 3.19。

表 3.19 安全联轴器技术数据

项 目	参 数
转矩范围	10～20 kN·m
最大压力	95 MPa
设置精度	+15/−10
转动惯量	0.28 kg·m²
最高速度	3 540 r/min
质 量	40 kg

3.7.9 CRH₃动车组驱动装置

1. 工作原理

驱动装置仅适用于动力转向架，由齿轮箱、联轴节、安全装置和牵引电机等组成，齿轮箱安装在动力轴上通过联轴节与电机连接，该驱动装置本质上与 CRH₁ 和 CRH₂ 采用的驱动装置一样，都属于挠性浮动齿轴节联轴节式牵引电机架悬式结构，但它在牵引电机和构架之间巧妙地加入了横向弹性装置——薄钢板弹簧，因此可以称作弹性架悬式，其工作原理如图 3.160 所示。

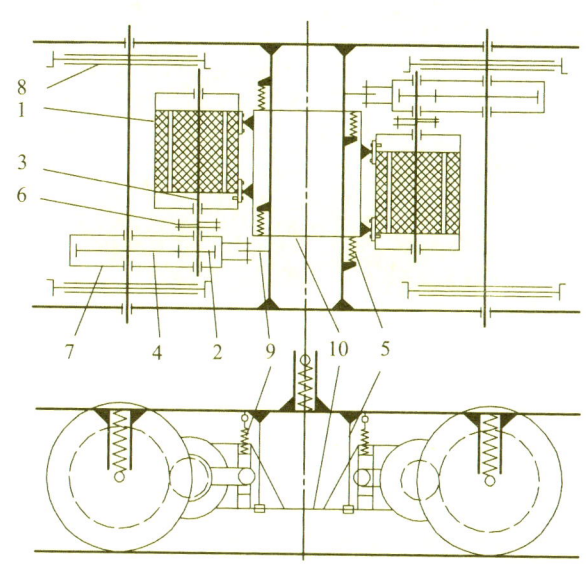

图 3.160 驱动装置工作原理

1—牵引电机；2—小齿轮；3—驱动轴；4—大齿轮；5—牵引电机吊挂（薄钢板弹簧）；
6—挠性联轴节；7—减速齿轮箱；8—制动盘；9—齿轮箱吊挂装置；
10—牵引电机安装架

CRH₃型动车组一个转向架上的前后两台牵引电机首先通过螺栓悬臂连接到一个专门设置的电机安装架上，成为一个整体，然后再借助位于该电机安装架四角的具有横向弹性的电机吊架（薄钢板弹簧）及圆销安装在构架横梁的电机安装座上。这种独特的悬吊结构保证了牵引电机全部质量在纵向和垂向完全悬挂到构架上——属于典型的架悬式，同时在横向上由于薄钢板弹簧的弹性作用使得牵引电机能够相对于构架在一定范围内弹性摆动——即横向弹性。此时，牵引电机全部质量在纵向和垂向与转向架构架固结在一起，对转向架的垂向和纵向运动的影响与传统的刚性架悬式驱动装置完全相同，但在横向牵引电机是弹性悬挂到构架上，因此其横向质量已与构架横向质量分离，这对于转向架的横向运动十分有利，特别是大大降低了整个转向架回绕其中心垂轴的转动惯量，从本质上提高了转向架的抗蛇行稳定性（即提高了转向架的蛇行临界速度）。

2. 齿轮箱

齿轮箱结构如图 3.161 所示，CRH₃动车组转向架齿轮的传动比为 2.788。在齿轮箱下部与构架间设有一个两端带有弹性橡胶垫的 C 形托架（也称反应杆），齿轮箱的一端在车轴上的滚动轴承中运动，另一端通过 C 形托架（反应杆）悬挂在转向架构架上。因此，约 2/3 的齿轮质量为簧下质量，1/3 的质量为簧间质量（通过反应杆悬挂在转向架构架上）。构架上有一安全止挡用于提供当反应杆损坏时防止齿轮装置掉到轨道上。

图 3.161　齿轮箱

小齿轮输入轴的轴承配置为两套单列圆柱滚子轴承和一套 4 点接触球轴承，4 点接触球轴承作为推力轴承，只承受轴向力不承受径向力。齿轮箱在车轴上的轴承配置为两套圆锥滚子轴承，圆锥滚子轴承相向布置，除承担径向载荷外，还可作为轴向推力轴承之用，润滑方式为油飞溅润滑，齿轮箱还配有油位观察窗以检查油位位置。

齿轮装置由一对斜齿齿轮和分体式箱体组成，由牵引力矩引起的齿轮箱的附加力矩通过 C 形托架（反应杆）平衡，托架上的弹性橡胶垫吸收齿轮箱与构架之间的扭转冲击力矩。联轴节带有锥形轴孔，安装在转向架上的牵引电机和齿轮箱之间，联轴节可以消除牵引电机和齿轮箱之间的相对运动。

3. 牵引电机

CRH_3 型动车组使用三相鼠笼式交流异步牵引电机，属于四极电机。该电机结构简单，工作可靠，质量轻，体积小。该电机采用自然/开路单独通风空气冷却。冷却空气经构架上部的连接法兰进入，然后流过定子内的冷却空气孔和转子铁芯并经 D 端轴承防尘圈端面上的出口点再次排出。

对应于每个轮对上的最大轮周功率为 550 kW，牵引电动机的输出功率约为 562 kW，其质量约为 750 kg。

CRH_3 型动车组牵引电机通过具有横向弹性的电机吊架及圆销安装在构架的电机安装座上。该牵引电机的外形及安装如图 3.162 所示。

考虑到每个转向架上的两台牵引电机由同一个变流器控制（属架控式），因此对同一个动力转向架上的所有车轮的直径差有非常严格的要求，即新轮时的最大直径差为 3 mm。

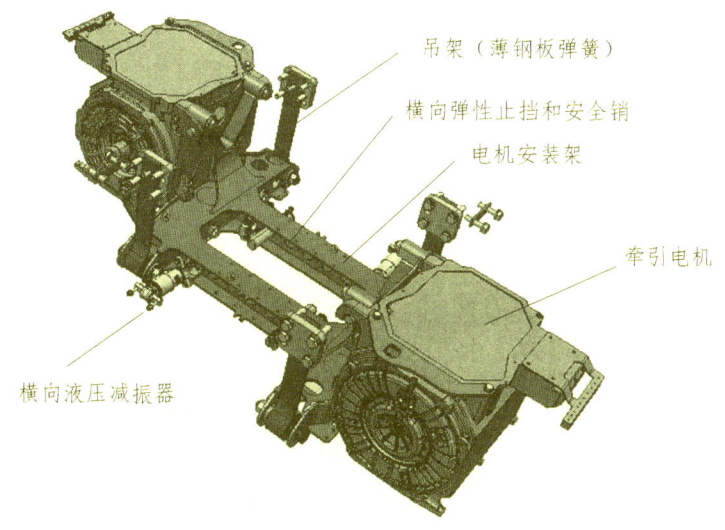

图 3.162 牵引电机及安装

4. 联轴节

CRH$_3$ 型动车组使用的联轴节本质上与 CRH$_1$ 和 CRH$_2$ 使用的联轴节工作原理相同,仍然属于挠性浮动齿式联轴节,但具体结构有较大区别,如图 3.163 所示。

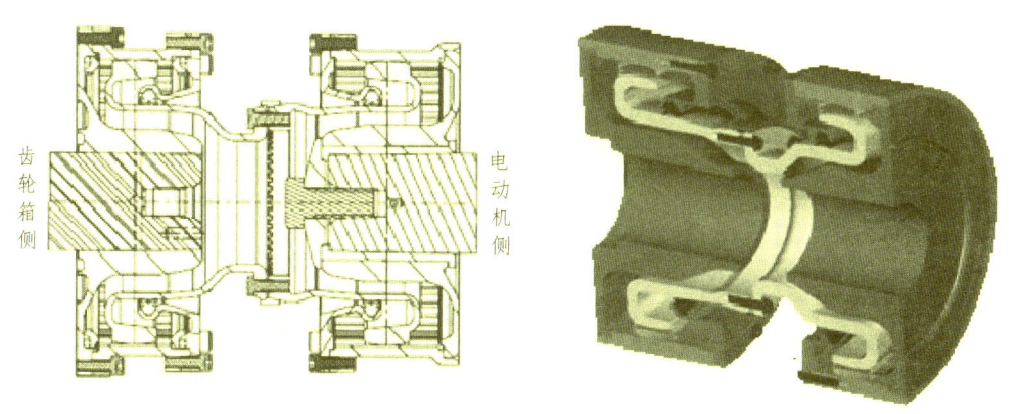

图 3.163 CRH$_3$ 型联轴节具体结构

3.8 车体与转向架间的连接装置

3.8.1 概 述

车体与转向架间的连接装置实际上就是二系悬挂系统,主要包括各种形式的旁承、牵引装置、弹性止挡和各种减振器等(有的机车车辆还有抗侧滚扭杆装置等)。由于它位于车体和转向架间且从各个方向上传递两者间的所有作用力,因此,使用"车体与转向架间的连接装置"代替"二系悬挂系统"似乎更加直观一些。

由于作为旁承的圆弹簧、橡胶弹簧和空气弹簧等，以及各种减振器已经在前面详细论述过，因此，本节有关"车体与转向架间的连接装置"主要叙述牵引装置、弹性止挡和抗侧滚扭杆装置等内容。

1. 作　用

车体与转向架间的连接装置的作用可以概括如下：

（1）传力。传递车体与转向架间的垂向力、纵向力和横向力。

（2）轴重均匀分配。通过具体的弹簧配置，使得分配到每个车轴上的最终载荷基本均匀一致。

（3）保持转向架安定。通过合理配置二系旁承的数量，使转向架静态和动态时均能保持安定。

（4）允许横动（即横向弹性）。通过在车体和转向架之间设置合理的弹性装置，保证转向架能相对于车体在一定的范围内弹性横动。

（5）容许相互回转。在通过曲线的时候，允许转向架相对于车体在合理范围内灵活转动。

通常情况下，垂向力主要由各种形式的旁承来传递，而纵向力和横向力则由牵引装置传递。

2. 形　式

车体与转向架间的连接装置有多种形式，可简单概括为：有牵引销（或心盘）+旁承和无牵引销（或心盘）+旁承两种形式。但根据不同的牵引装置结构，有牵引销（或心盘）形式又有前后橡胶堆式和双牵引拉杆式（即"Z"字形），而无牵引销（或心盘）形式又有单牵引拉杆式和四连杆机构式（即平行四边形机构）等多种不同形式。另外，铰接式转向架采用的铰接装置属于一种特殊的车体与转向架间的连接装置。

3.8.2　中央牵引销（或心盘）+旁承的连接装置（双牵引拉杆式）

有牵引销（或心盘）+旁承的连接装置在传统车辆上采用比较广泛，这里以具有双牵引拉杆式（即"Z"字形）的上海地铁车辆转向架为例进行说明。

1. 结构原理

上海地铁车辆转向架采用空气弹簧传递车体与转向架间的垂向力，采用牵引销装置配合双牵引拉杆（即"Z"字形）传递纵向力，采用弹性侧挡传递横向力。

该装置通过"Z"字形布置的双牵引拉杆将构架横梁与中心架（中间浮动梁）在纵向连接起来，同时中心架上的中心孔与安装在车底架下面的中心销（中央牵引销）配合传递转向架与车体间的纵向力。而横向力（较小时）除了依靠空气弹簧的横向刚度传递外，主要是通过弹性侧挡（即图中的横向橡胶缓冲挡）与中心销导架侧面接触来传递。该中央牵引销连接装置的具体结构如图3.164所示，其主要组成部件如图3.165所示。

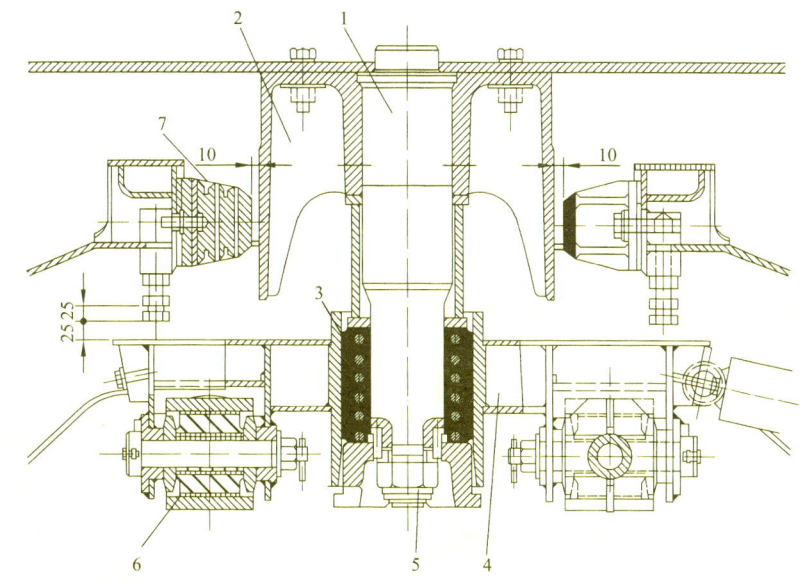

图 3.164　中央牵引销连接装置结构图（双牵引拉杆式）

1—中心销；2—中心销导架；3—复合弹簧；4—中心架（即浮动梁）；
5—定位螺母；6—牵引拉杆；7—横向橡胶缓冲挡

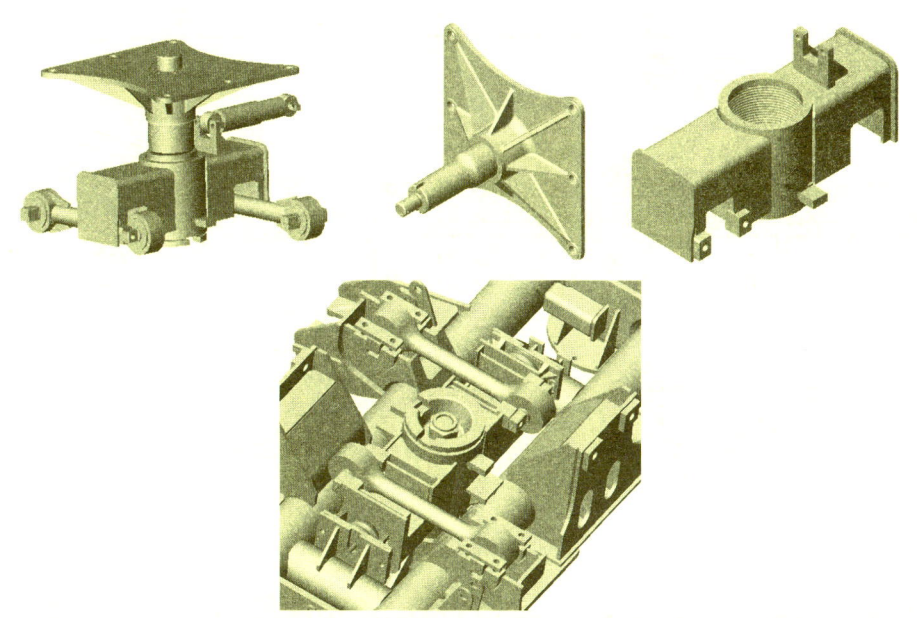

图 3.165　中央牵引销具体布置和主要组成部件
（牵引杆呈"Z"字形布置，双牵引拉杆式）

2. 特　点

该连接装置具有如下特点：

（1）相对于中心销呈斜对称布置（"Z"字形布置）的两个牵引杆，其一端与中心架（中间浮动梁）相连，另一端与构架相连。该牵引杆传递纵向力（牵引力或制动力）。

（2）为了限止车体与转向架之间的横向位移，在中心销导架与构架之间装有橡胶横向止挡，且每侧自由间隙为 10 mm。该横向弹性止挡可传递横向力，橡胶空气弹簧传递垂向载荷

（左右各一个）。

（3）橡胶空气弹簧结构。采用自由模式橡胶空气弹簧，下部有层叠式橡胶块（当空气弹簧失效时，起应急作用，以维持最低限度运行要求）。

（4）抗侧滚扭杆。在构架横梁中横穿有一根抗侧滚扭杆，该扭杆的抗扭弹性对车体的侧滚振动起抑制和衰减作用。橡胶空气弹簧结构及抗侧滚扭杆结构如图3.166所示。

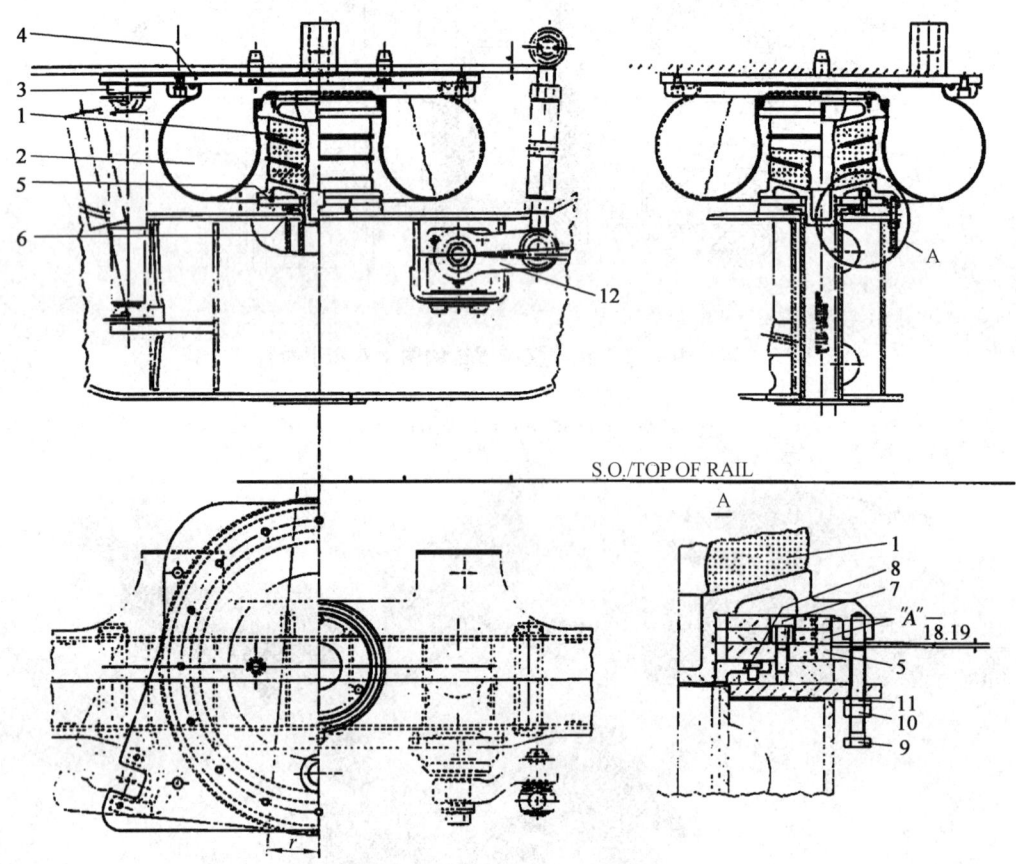

图3.166　橡胶空气弹簧及抗侧滚扭杆结构

1—应急缓冲橡胶堆；2—空气弹簧气囊；3—垂向减振器安装座；4—空气弹簧上盖板；
5—垫圈；6—密封垫圈；7—螺栓；8—定位螺栓；9—限位螺栓；
10—螺母；11—防松垫；12—抗侧滚扭杆

3.8.3　另一种中央牵引销+旁承的连接装置（前后橡胶堆式）

与上述上海地铁车辆转向架采用的结构非常相似的是另一种中央牵引销+旁承的连接装置，其主要区别是在中央牵引销内布置有4组牵引橡胶堆（前后各两组，且左右对称）传递纵向力（见图3.167），即由牵引橡胶堆（弹簧）代替前面的"Z"字形拉杆将中心架（即牵引梁或称浮动梁）与构架横梁连接起来。横向力仍由横向弹性止挡来传递，但该图中横向弹性侧挡直接与中心架左右两侧相配合。

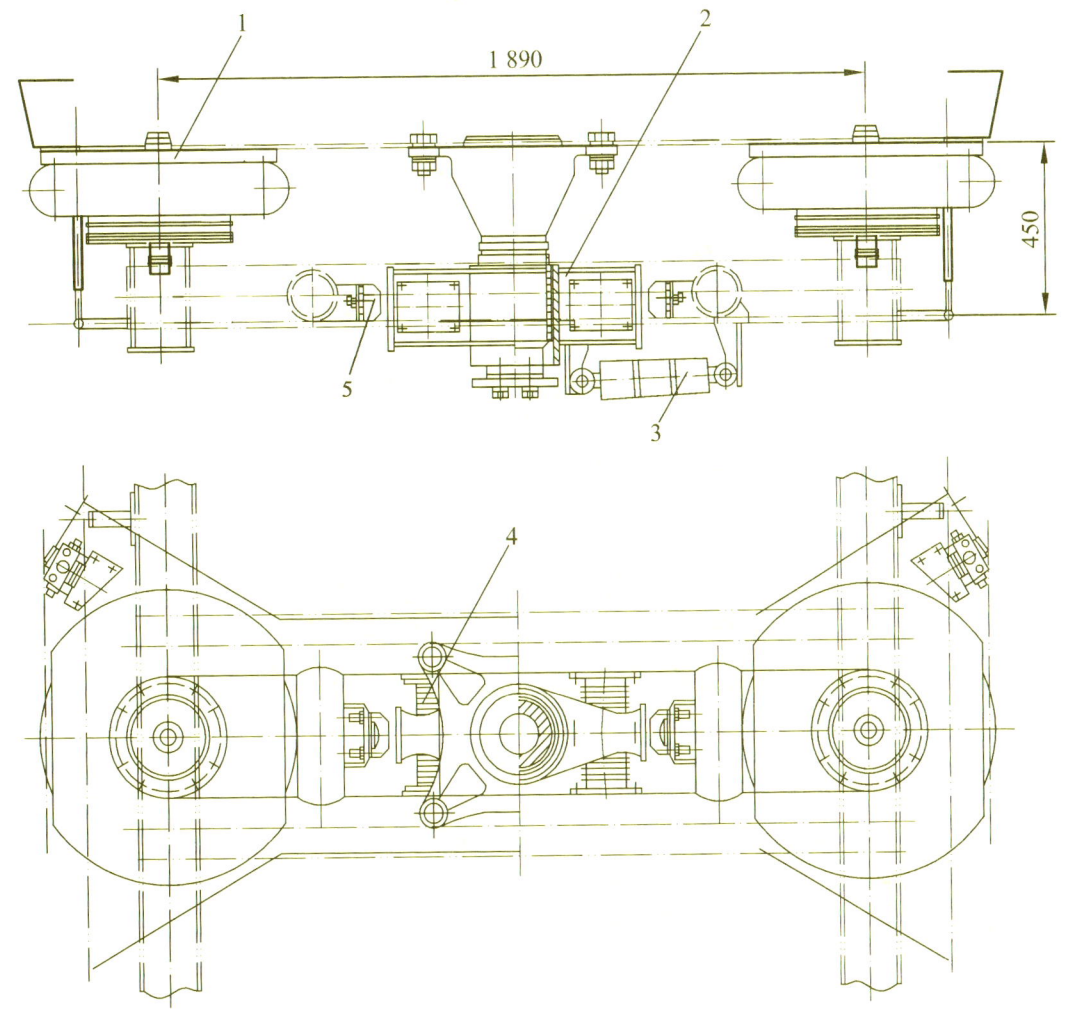

图 3.167 中央牵引销连接装置（前后橡胶堆式）
1—空气弹簧；2—中心架（浮动牵引梁）；3—横向减振器；
4—牵引橡胶弹簧；5—横向弹性止挡

3.8.4 铰接式转向架的车体与转向架间的连接装置

铰接式转向架的车体与转向架间的连接装置在城市轨道车辆中运用较广，在高速动车组上使用的典型代表就是法国 TGV。这种连接装置一方面要保证相邻两车体端部彼此连接传递垂向、纵向和横向载荷，另一方面又要保证车体两端在通过曲线时能彼此相对转动（垂向和横向）。主要有以下 3 种形式（见图 3.168）：

1. 转盘式——具有双排球形转盘的铰接形式

两相邻车体的一端支撑于内盘，另一端支撑于外盘。而该转动盘通过摇枕弹簧与构架相连，构架坐落在轮对的两轴箱弹簧上。垂向载荷由转盘经摇枕→摇枕弹簧→构架→轴箱弹簧→轮对，纵向力（牵引力或制动力）与冲击力通过内外转盘传递。通过曲线时，相邻两车体可通过转动盘彼此相互回转。其工作原理如图 3.168（a）所示。

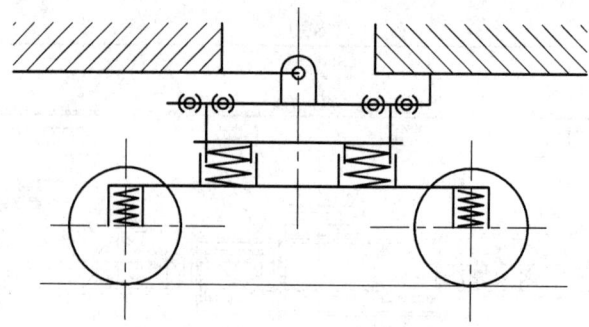

（a）具有双排球形转盘的铰接转向架

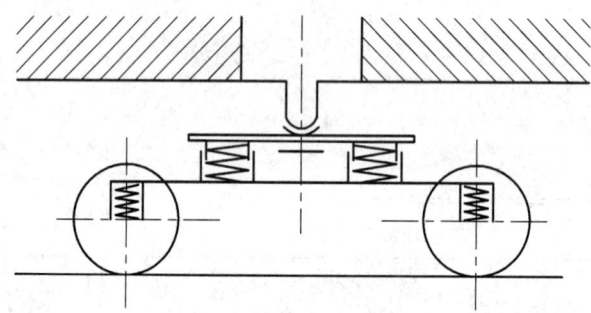

（b）具有球心盘的铰接转向架

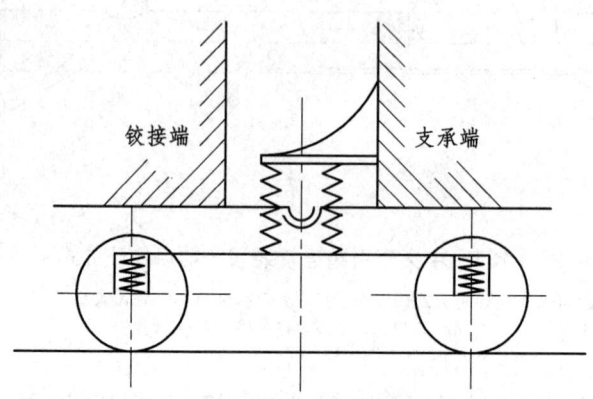

（c）TGV 高速列车铰接转向架

图 3.168　铰接式转向架的车体与转向架连接方式

2. 球心盘式——具有球心盘的铰接形式

两相邻车体的端部通过球心盘相互搭接，球心盘座固结于摇枕梁上，摇枕梁通过二系弹簧坐落在构架上，而构架通过轴箱弹簧与轮对相连接。其工作原理如图 3.168（b）所示。

3. TGV 式——TGV 高速动车组采用的雅可比铰接形式

TGV 高速动车组采用的铰接装置是由法国工程师雅可比（JACCOBI）发明的，它主要位于动车组的中间拖车之间。每辆中间车的一端为支承端，另一端为铰接端。支承端车体端墙的两侧设有二系悬挂弹簧承台，中央部位设有下球心盘座，该车体的垂向载荷经弹簧承台传至二系悬挂弹簧，再作用到构架上。而相邻车体的端部一定是铰接端，其车体端墙的中央部位设有上球心盘，该上球心盘搭接于相邻车体支承端的下球心盘，车体的一半质量首先经球心盘传至支承端后，再传给二系悬挂弹簧和构架。两车辆之间的纵向力和横向力也通过该球心盘传递。

下面重点讲述 TGV 式铰接式转向架的车体与转向架间的连接装置。其工作原理如图 3.168（c）所示。

1）TGV 高速列车总体布置

在详细讲述 TGV 式铰接式转向架的车体与转向架间的连接装置前，必须首先了解 TGV 高速列车的总体布置。我们以 TGV-R 为例进行介绍，其总体布置如图 3.169 所示。

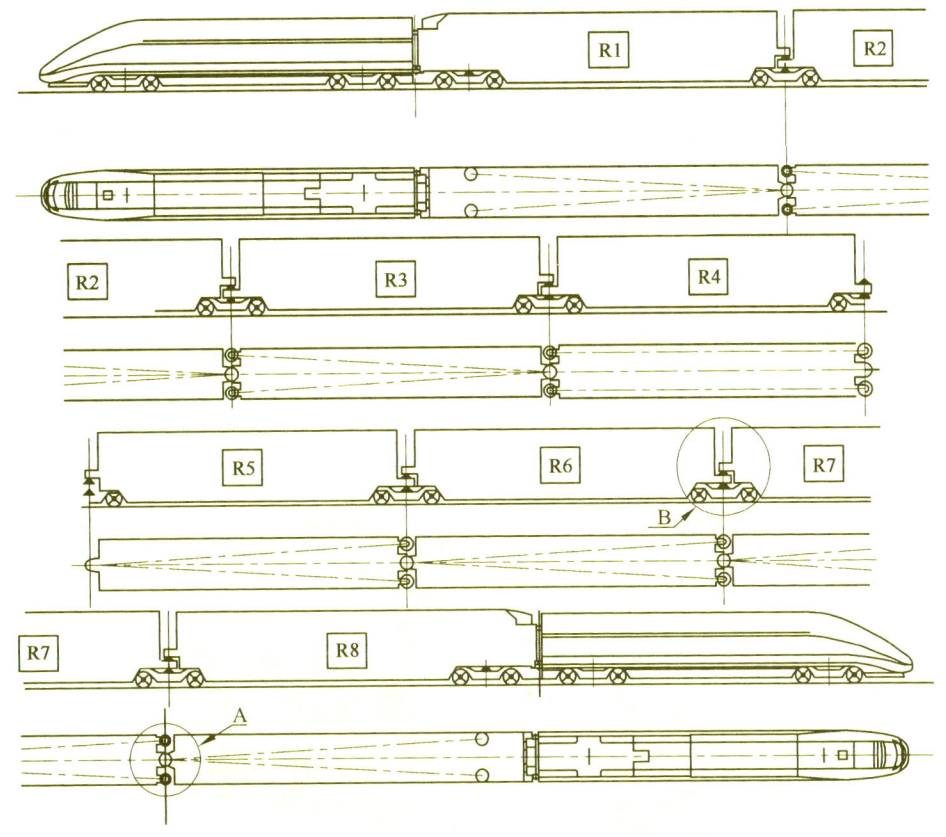

图 3.169　TGV-R 高速列车总体布置

TGV-R 高速列车共由 10 辆编组，其中头部两辆车为动车，中间 8 辆车为拖车。动车下面采用两台传统两轴动力转向架，靠近动车拖车下面的那个转向架也采用传统两轴动力转向架，而铰接式转向架位于彼此相邻的拖车之间，共有 7 个。

另外，法国 TGV 高速列车始终坚持采用两端为动力车，中间车辆为铰接式连接，形成不可分解的动车组。他们认为这种结构的列车具有如下优点：

（1）优良的整体性，加强了对列车蛇行运动的约束，有利于安全运行。

（2）车辆间连接处因无车钩，纵向间隙小，平滑过渡，并且转向架数量少，空气扰流阻力小，列车整体空气动力学性能良好。

（3）由于铰接式转向架二系悬挂支点高，车辆重心低，改善了车体侧滚振动。转向架位于两辆拖车之间，旅客座位处的振动、噪声均较小，提高了旅客的舒适度。

（4）便于加大转向架的轴距，提高转向架的高速运行稳定性。

（5）对于双层客车提高载质量提供了最佳的结构。由于采用了铰接式转向架，可以将双层客车车辆通道设在上层面，减少楼梯占用面积，增加了设置座席的面积。

2）结构特点

TGV 高速列车所采用的铰接式连接装置的工作原理基本相同，但具体结构（特别是其中的球形弹性铰接装置）随着技术的发展还是有较大变化。图 3.170 只是其中一种结构的工作原理图，图 3.171 是 TGV 车体与转向架铰接装置局部立体图，图 3.172 是铰接关节结构详图，图 3.173 和图 3.174 是 TGV 铰接装置局部照片。

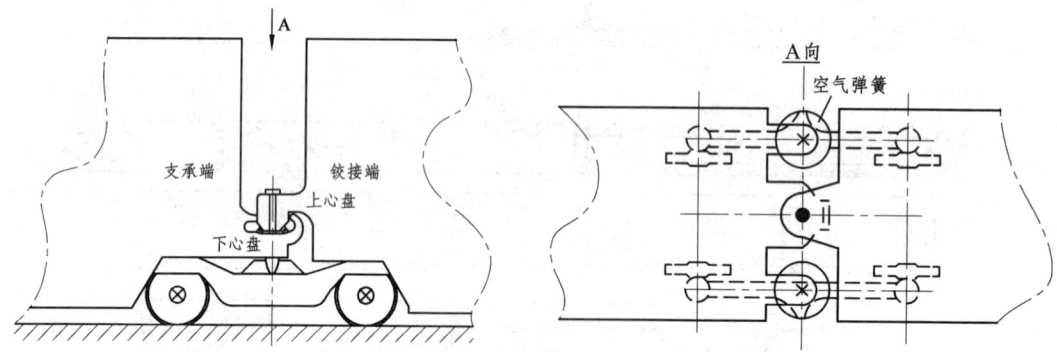

图 3.170　TGV 车体与转向架铰接装置工作原理

图 3.171　TGV 车体与转向架铰接装置局部立体图

1—支承环（承载框架）；2—球心盘（球形弹性）铰接装置；3—高挠空气弹簧；4—抗侧滚减振器；
5—上部纵向减振器（两车辆间）；6—下部纵向减振器（两车辆间）；
7—抗蛇行减振器；8—抗点头减振器

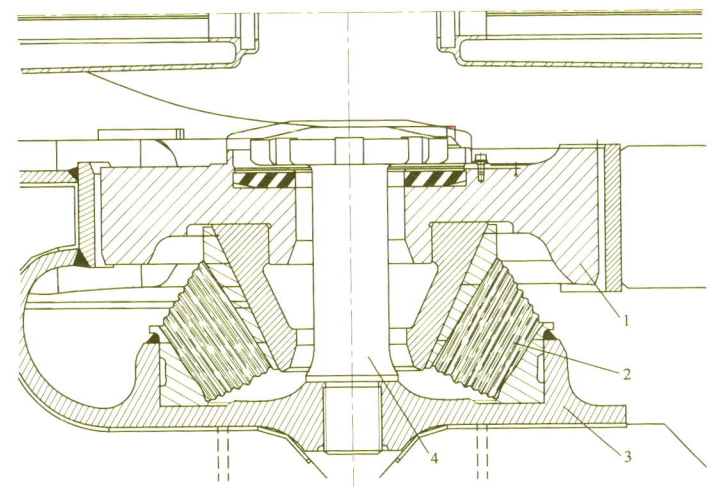

图 3.172 锥形橡胶-金属弹性铰接关节结构详图

1—上球心盘；2—锥形橡胶堆；3—下球心盘；4—销轴

图 3.173 TGV 铰接装置局部照片之一

图 3.174 TGV 铰接装置局部照片之二

毫无疑问，该铰接装置的最关键部件是球心盘铰接装置，TGV-PSE 上采用的是球形弹性铰接结构，而 TGV-TMST 上采用的是锥形橡胶-金属弹性结构（见图 3.172）。

球心盘铰接装置在 3 个坐标方向即绕三坐标轴的转动，均应具有一定的弹性。若以列车纵轴线为 X 方向，列车横向为 Y 方向，上下方向为 Z 方向，则 TGV-PSE 弹性球铰的三方向刚度值分别为：$R_x = 4\,500$ daN/mm，$R_y = 11\,000$ daN/mm，$R_z = 9\,000$ daN/mm。其扭转刚度值分别为：$R_{Tx} = 20$ daN·m/rad；$R_{Ty} = 15$ daN·m/rad；$R_{Tz} = 45$ daN·m/rad。同时，该球铰允许有 7° 的偏转角。

从图 3.170、图 3.171 和图 3.172 可见，该铰接式连接装置具有如下结构特点：

(1) 列车的中间车一端为支承端,另一端为铰接端。
(2) 支承端车体端墙的两侧设空气弹簧承台(座),中央设有下球心盘座。
(3) 车体的载荷经弹簧承台(座)传至空气弹簧,再到构架。相邻铰接端车体端墙的中央设有上球心盘,搭接于相邻车体支承端的中央下球心盘上,车体的一半质量经球心盘传至支承端。
(4) 两车辆之间的纵向力和横向力也通过该球心盘传递。
(5) 中间车辆的整个车体呈3点支撑。

另外,在相邻车体端部的四角用了4个纵向液压减振器相连,这一独特的减振器布置方式使列车中所有采用这种方式相连的车体,组成一个整体的耦合振动系统,使每一相邻车端由于点头、摇头所引起的上下左右斜对角振动受到减振器阻尼抑制。实践表明,这种纵向减振器布置很有效。此外,在相邻车端间的上部还安装有一个横向液压减振器以抑制侧滚振动。在采用了上述减振系统后,取消了转向架原有的二系悬挂中对振动传递起有害作用的横向和垂向减振器。

3.8.5 牵引杆装置+弹性旁承的车体与转向架间的连接装置

1. 牵引杆装置的结构布置(以 DF_{11} 机车为例)

国产内燃机车车体与转向架间的连接装置——牵引杆装置+弹性旁承结构示意图如图3.175所示。这种牵引杆装置在我国干线机车上得到了非常广泛的使用,几乎所有的国产干线内燃机车和大部分电力机车均采用这种结构作为车体与转向架间的连接装置。

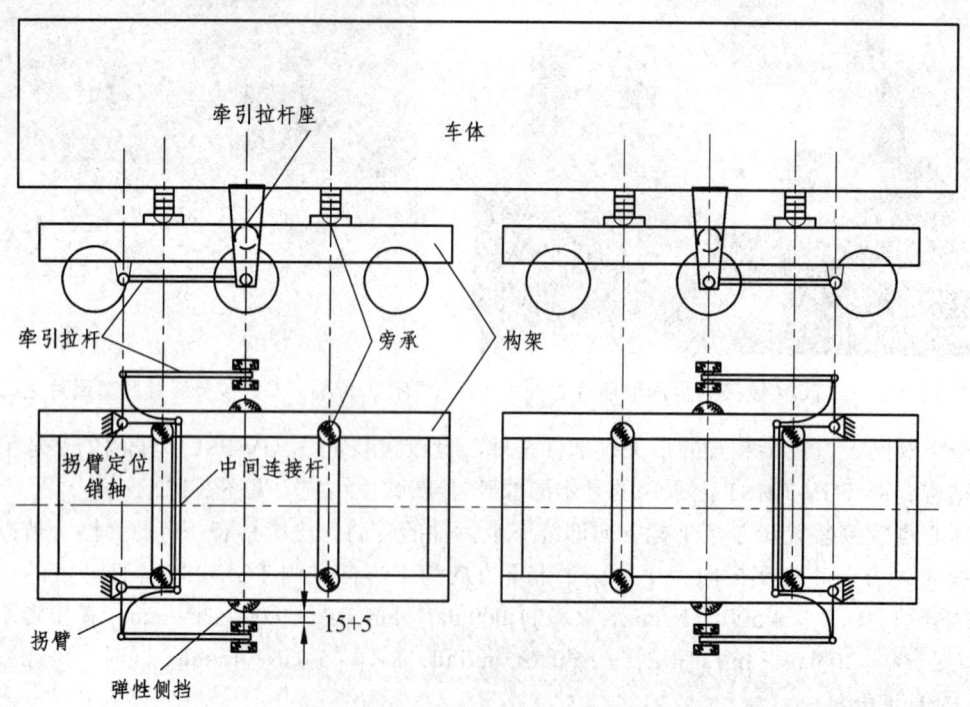

图 3.175 牵引杆装置+弹性旁承的车体转向架间连接装置结构示意

我们前面已经叙述了车体与转向架间的连接装置的主要作用有 5 条，其中的 2 条由弹性旁承承担，即传递车体以上部分的垂向载荷，并协调垂向载荷的合理分配。而其余的 3 条由牵引杆装置来实现，即传递纵向力和横向力，可实现车体相对于转向架回转，以及可容许车体相对于转向架横动等 3 个方面。也就是说，牵引杆装置所起的作用应该和前面讲过的中央牵引销（或心盘）一样。

2. 牵引杆装置的工作原理

图 3.176 表示牵引杆装置的工作原理。这里必须强调的是，牵引杆装置实际上包括不可或缺的两个部分：牵引杆机构和弹性侧挡，即牵引杆机构 + 弹性侧挡 = 牵引杆装置。

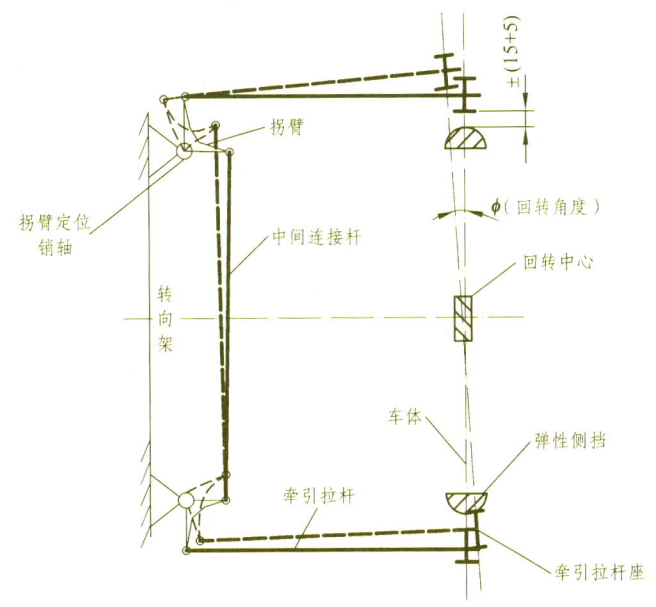

图 3.176　牵引杆装置运动原理示意图

当然，该牵引杆装置的核心部分是牵引杆机构，也就是我们通常所说的平行四边形四连杆机构。但是，牵引杆机构必须与弹性侧挡一起配合工作才能起到代替牵引销（或心盘）的作用。那么，现在让我们来看看到底"牵引杆装置"能否代替牵引销（或心盘）呢？

首先，我们回忆一下牵引销（或心盘）的作用：中央牵引销（或心盘）插在牵引销孔（或心盘孔）中相互配合传递纵向力和横向力；中央牵引销（或心盘）限制了车体只能以牵引销（或心盘）为中心相对于转向架进行相互回转，回转中心在理论上是一个点。

然后，让我们来分析一下牵引杆装置的工作原理（见图 3.176）。牵引杆机构组成包括左右两根牵引拉杆、左右两个拐臂、一根中间连接杆和车体，它们组成了最常见的平行四边形四连杆机构（这里一定要将车体当作第四根连杆看待）。牵引拉杆的两端分别与拐臂的一端和从车底架伸下来的牵引拉杆座（车体）相连接，而拐臂通过销轴固定在转向架构架上，车体与转向架间的纵向力经过牵引拉杆传递（先由构架传给拐臂，再由拐臂传给牵引拉杆，最后传给车体），而左右拐臂的另一端通过一根中间连接杆连接起来，该中间连接杆和拐臂一起自动平衡左右牵引拉杆中的作用力。与此同时，该平行四边形四连杆机构能够回绕两个拐臂销轴灵活转动和变形，其转动的结果就使得作为第四根杆的车体相对于转向架有了一定的回转角度，而变形的结果则使车体能够相对于转向架左右横动，但该横动量必须受到限制，不能太大，因此，横向弹性侧挡这时开始发挥作用，它与牵引拉杆座内侧面配合，将该横动量限制在一定范围之内，同时传递车体与转向架间的横向力。

最后，我们将牵引杆装置的工作过程总结并与中央牵引销（或心盘）比较如下：

（1）可传递纵向力（牵引力或制动力）：由牵引杆机构承担；也可传递横向力：由弹性侧挡承担，能够代替中央牵引销（或心盘）传递纵向力。

（2）可实现车体相对于转向架回转：由四连杆机构灵活运动实现，且回转中心在一定范围内变化，能够代替中央牵引销（或心盘）绕中心点回转。

（3）可容许车体相对于转向架横动：横动量 = ±（自由间隙 + 侧挡被压缩量）= ±（15 + 5）mm，比中央牵引销（或心盘）更容易实现弹性横动。

由此可见，牵引杆装置完全能够代替中央牵引销（或心盘）实现车体与转向架间的良好连接。

DF_{11} 机车牵引杆装置的具体结构组成如图 3.177 所示。为了实现各杆件间的灵活运动，整个机构中有两处设有球形关节，也就是位于牵引拉杆两端的关节必须采用球形关节，如图 3.177 中的 A-A 和 B-B 断面处。

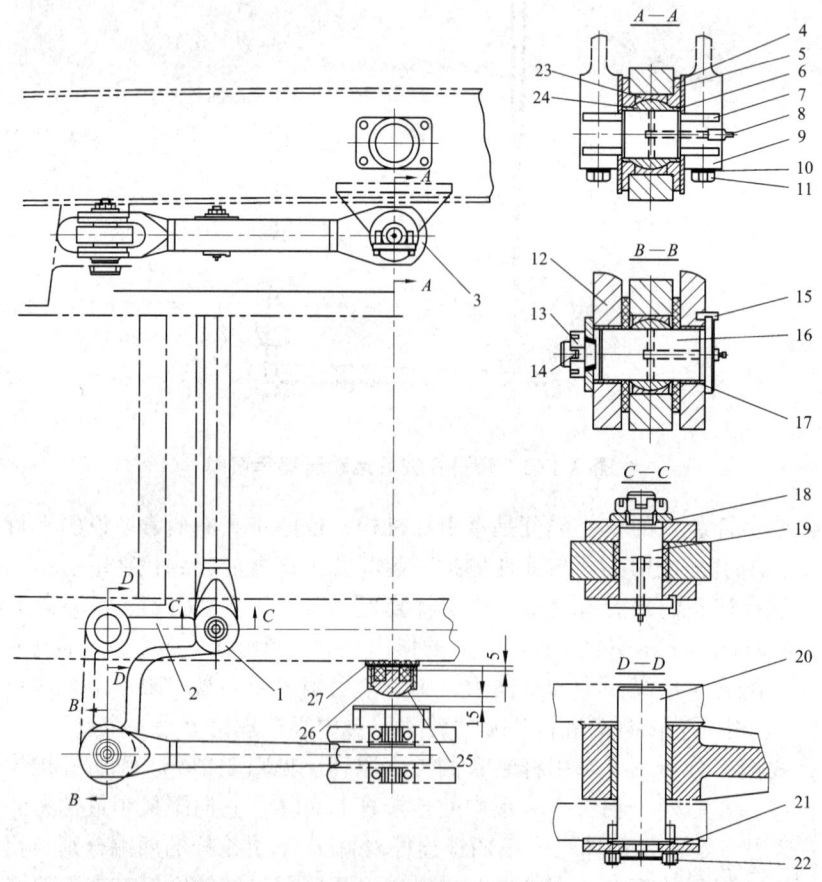

图 3.177 牵引杆装置

1—连接杆；2—拐臂；3—牵引杆；4—防尘挡板；5—防尘圈；6—隔套；7—牵引销；8—油堵；9—托板；10—止动垫；11、22—螺栓；12—压盖；13—螺母；14—开口销；15—销；16—牵引杆销；17—隔套；18—垫圈；19—连接杆销；20—拐臂销；21—止板；23—球承外套；24—球面关节轴承；25—侧挡；26—橡胶垫；27—调整垫片

DF_{11} 机车的车体与转向架间连接装置的其他部件如图 3.178、图 3.179 和图 3.180 所示。其中，图 3.178 表示弹性侧挡具体结构，图 3.179 表示二系高圆簧的详细结构及其变形受力情况，而图

3.180 表示与车体和转向架间的连接装置有关的所有高圆簧和各种减振器在转向架上的具体布置。

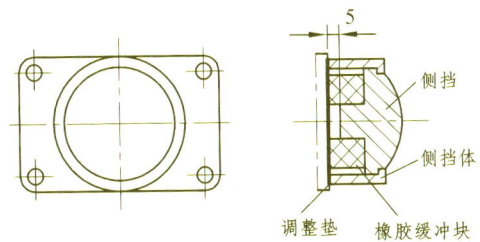

图 3.178 弹性侧挡

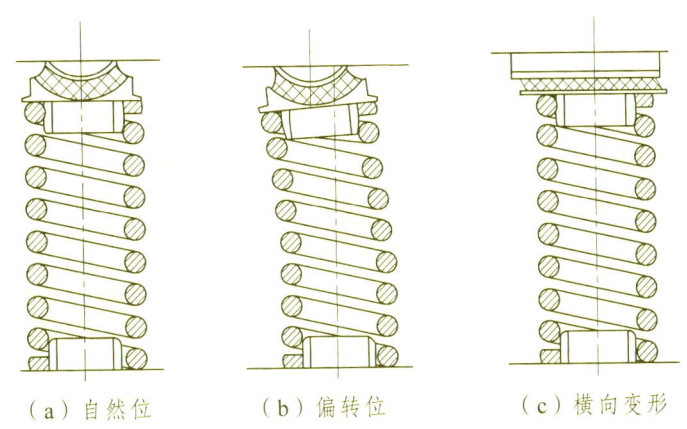

（a）自然位　　　（b）偏转位　　　（c）横向变形

图 3.179 二系高圆簧的详细结构及其变形受力情况示意图

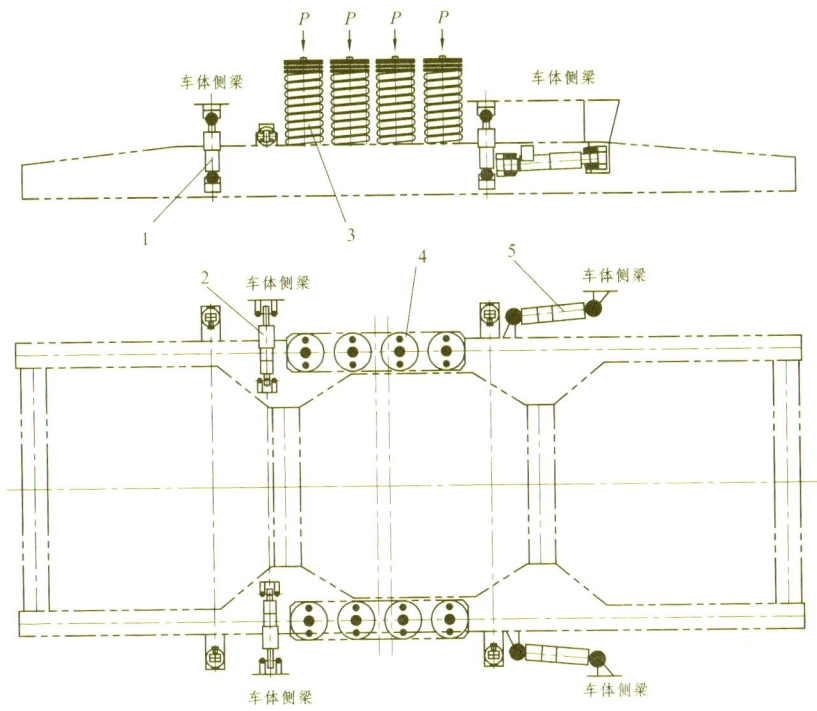

图 3.180 高圆簧和各种减振器在转向架上的具体布置
1—二系垂向减振器；2—二系横向减振器；3—高柔度圆弹簧；
4—弹性定位装置；5—抗蛇行减振器

3.8.6　CRH 系列动车组的车体与转向架间的连接装置

1. CRH$_1$ 动车组车体与转向架间的连接装置

1）结构特点

CRH$_1$ 动车组车体与转向架间的连接装置包括空气弹簧、辅助弹簧、高度调整系统、垂向和横向减振器、牵引拉杆、抗蛇行减振器和抗侧滚扭杆系统等。

二系悬挂采用空气弹簧，另外还有辅助的橡胶弹簧。

（1）气动悬挂装置。使用两个并联的空气弹簧和带有压缩性的橡胶弹簧，其作用是：

① 支撑车体的质量。

② 达到要求的运行品质。

③ 在转向架和车体之间提供垂向的、横向的和扭转的弹性悬挂装置。

④ 空气弹簧与车体上的附加空气室相连，确保了低耦合频率。

（2）辅助弹簧。此功能由橡胶弹簧提供：

① 在悬挂装置处于无气状态下，符合稳定性和安全性要求。

② 在整个负荷范围保持正确的垂向刚度，一旦空气弹簧因某种原因无法充气时，应使悬挂装置达到基本的性能要求。

③ 当悬挂装置空气弹簧无气时，速度不应该受到限制。但在计划的运行结束的时候，转向架应该得到修理。当然，当悬挂装置无气的时候，舒适度将有所降低。

（3）高度调整系统。

① 保持车地板相对于相连的转向架构架的高度。

② 在高度阀出现故障的时候，或者拆卸转向架的时候，机械安全装置应该可以防止气囊的垂向移动。

（4）垂向和横向减振器。

① 两个垂向液压减振器确保垂向减振效果。这两个液压减振器位于转向架两侧，并连接到车体上。

② 两个横向液压减振器确保横向减振效果。这两个液压减振器位于侧梁和车体之间，横向布置在构架的水平面中心线上。

（5）牵引拉杆。牵引拉杆在车体和转向架之间传递牵引和制动力。

（6）抗蛇行减振器和抗侧滚扭杆系统。

① 抗蛇行减振器纵向布置在转向架两侧水平面内，连接转向架和车体，主要作用是控制车辆过度地摇摆。

② 抗侧滚扭杆的扭轴安装在构架横梁的下方，通过扭臂和连接杆与车底架相连。其主要作用是抑制通过曲线时车体的过度侧倾（侧滚）。该抗侧滚扭杆各活动关节中应装橡胶元件，以提供一个抗磨损的支承，并把传递到车体的噪声和振动降低到最低水平。

2）空气弹簧系统

图 3.181 为 CRH$_1$ 动车组采用的空气弹簧系统简图。

（1）空气弹簧结构如图 3.182 所示。

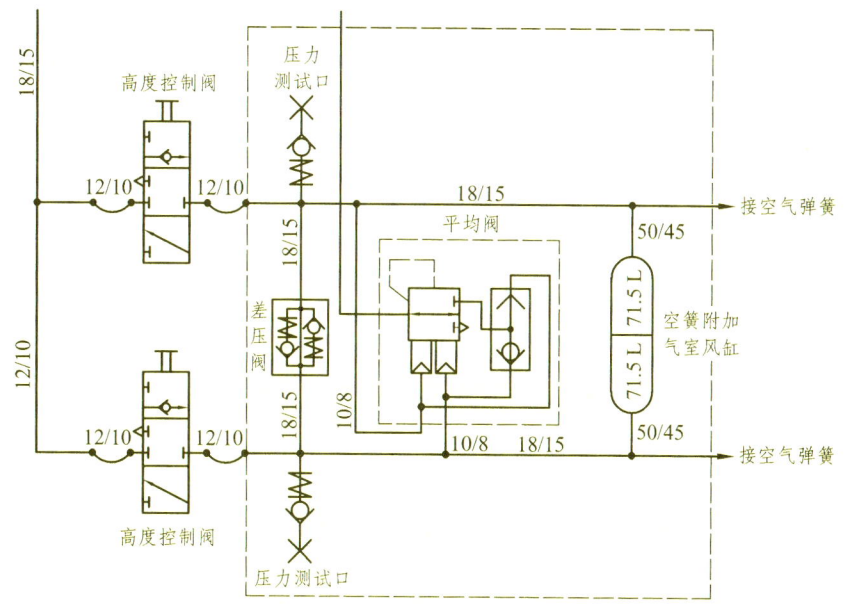

图 3.181 空气弹簧装置系统简图

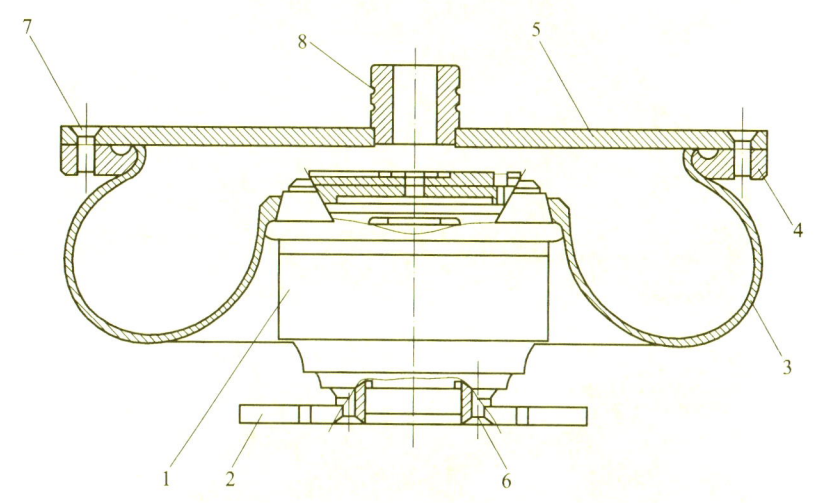

图 3.182 空气弹簧结构示意图

1—紧急弹簧；2—底板；3—气囊；4—气囊环；5—顶板；6—螺钉 M10；7—螺钉 M16；8—O 形环

（2）溢流阀。溢流阀位于空气弹簧系统供气管路入口（图中未示），它可以阻止供风系统压力低于 670 kPa 的空气进入悬挂设备中。通往空气悬挂设备的供风口处有一个截止阀，可以关闭通往二系悬挂系统的空气供给。它可以在空气弹簧气囊出现故障时，限制通往气囊的气流。

（3）高度控制阀。每个气囊均带有一个高度控制阀，也就是说每个转向架有两个阀。高度控制阀应使用一个机械臂控制车辆的高度，通过向气囊供应或排出气流保持车辆处于设定的高度。应当在设计阶段即确定这些阀的设定。

图 3.183 为高度控制阀安装位置示意图，图 3.184 为安装在转向架侧梁外侧的高度控制阀的照片。

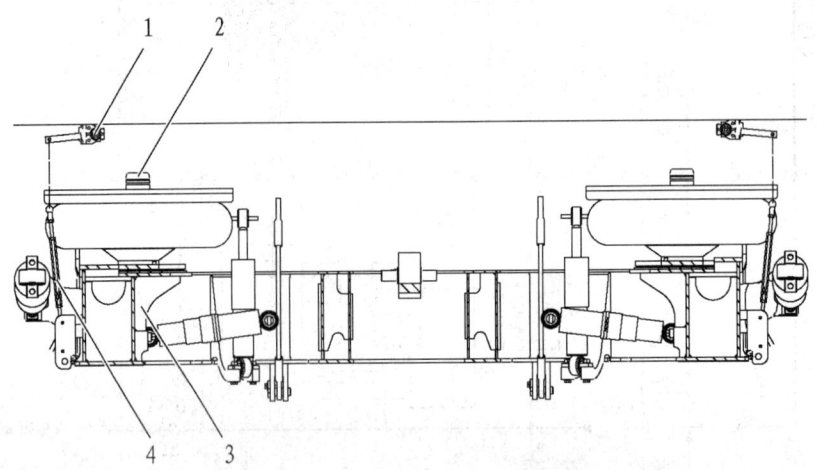

图 3.183　空气弹簧的高度控制阀安装位置简图

1—空气弹簧高度控制阀；2—空气弹簧的压缩空气源；3—转向架构架；4—调整螺杆

图 3.184　高度控制阀的照片

（4）差压阀。每个转向架均应在两个空气弹簧中间安装一个双向止回阀（差压阀），以避免空气弹簧发生故障时车辆发生倾斜，其设定值应当为 250 kPa。

（5）平均阀。平均阀可以在转向架内生成来自两个空气弹簧的平均压力，然后，平均压力被输送到制动控制系统中，从而根据车辆中的载荷等级对制动力予以校正。

3）减振器

为减轻转向架的振动向车体的传递，二系悬挂系统设有垂向、横向和纵向（抗蛇行）液压减振器。减振器在转向架上的布置如图 3.185 所示。

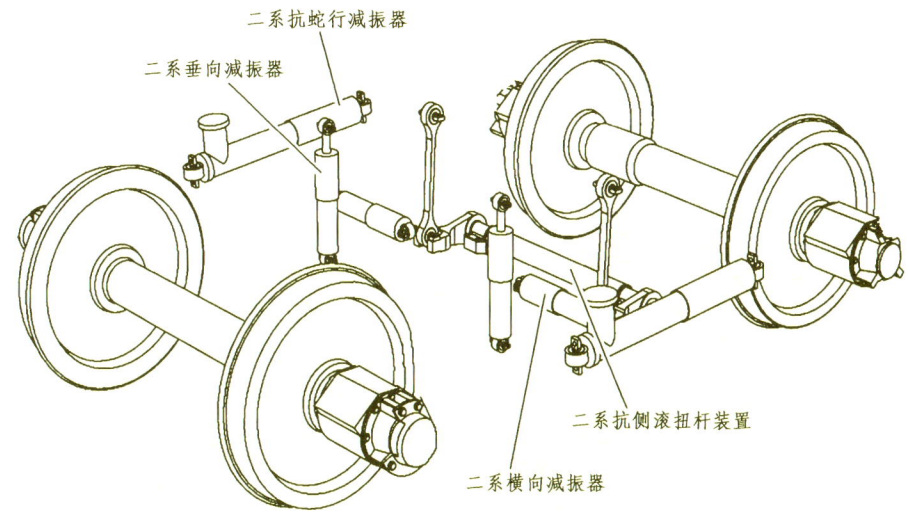

图 3.185 二系悬挂装置中的减振器和抗侧滚扭杆装置

车辆上采用的减振器和弹簧一起构成弹性悬挂装置。弹簧主要起缓冲作用,缓和来自轨道的冲击和振动的激扰力。而减振器的作用是吸收和减小振动,它的作用力总是与运动的方向相反,起着阻止振动的作用。通常减振器有变机械能为热能的功能,减振阻力的方式和数值的大小,直接影响车体振动性能。

纵向布置在转向架两侧与车体相连的抗蛇行减振器主要用于衰减动车组高速运行时的剧烈蛇行振动,但同时兼顾了动车组的曲线通过性能,即它对动车组通过曲线时的车体相对转向架的回转运动限制作用很小。

4)牵引装置

CRH_1 动车组转向架牵引装置采用结构非常简单的单推挽牵引拉杆,该牵引拉杆位于转向架中部(见图 3.186),其一端与转向架构架横梁中部连接,另一端与车底架延伸下来的安装座(图中未示)相连,它在转向架与车体之间传递纵向力(包括牵引力和制动力)。牵引拉杆端部采用吸收振动的橡胶关节轴套(见图 3.187)。

5)抗侧滚扭杆

CRH_1 动车组转向架之所以采用抗侧滚扭杆,是因为它所采用的空气弹簧左右间距较小(仅 1 860 mm),再加上空气弹簧本身刚度比较小,光靠空气弹簧本身不足以抵抗通过曲线时车体产生的侧滚运动,而使用抗侧滚扭杆配合空气弹簧就可以较好地抑制车体的侧滚振动。

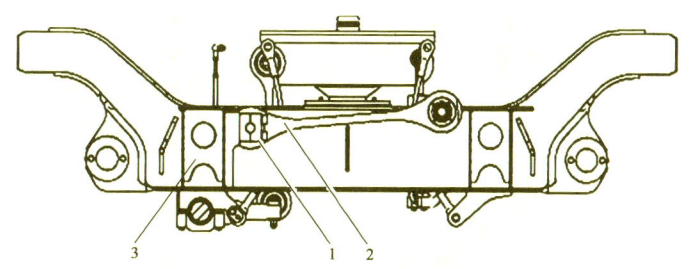

图 3.186 牵引拉杆

1—牵引拉杆座;2—牵引拉杆;3—构架横梁

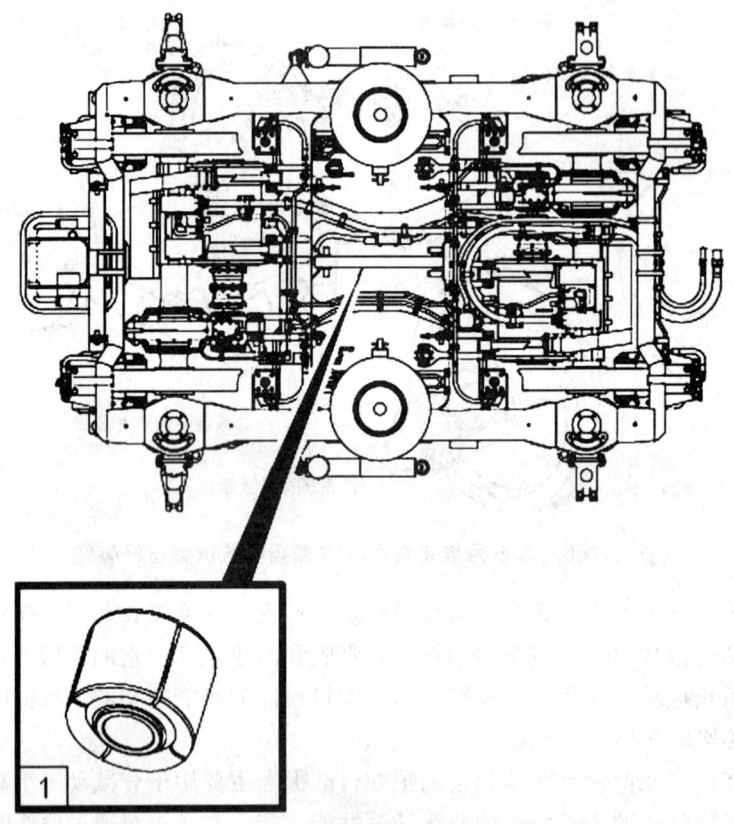

图 3.187　牵引拉杆端部橡胶关节轴套

抗侧滚扭杆属于二系悬挂的一部分，它包括一个具有抗扭特性的扭杆（轴）、两个扭臂和两个连接杆等。扭杆安装在装有橡胶卡环的构架横梁下方，通过扭臂和连接杆与车底架相连。扭臂和连接杆的连接点、连接杆与车底架的连接点处均设有橡胶衬套，这些橡胶卡环和橡胶衬套可克服扭轴转动时的摩擦力，同时具有一定的缓冲作用。抗侧滚扭杆及其组成如图 3.188 和图 3.189 所示。

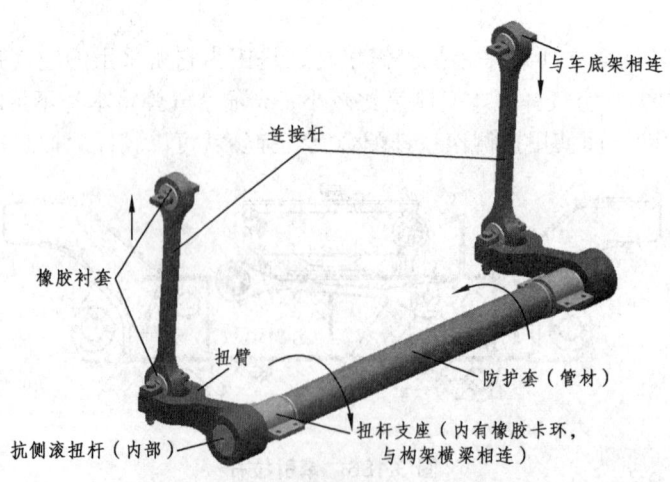

图 3.188　抗侧滚扭杆结构示意图

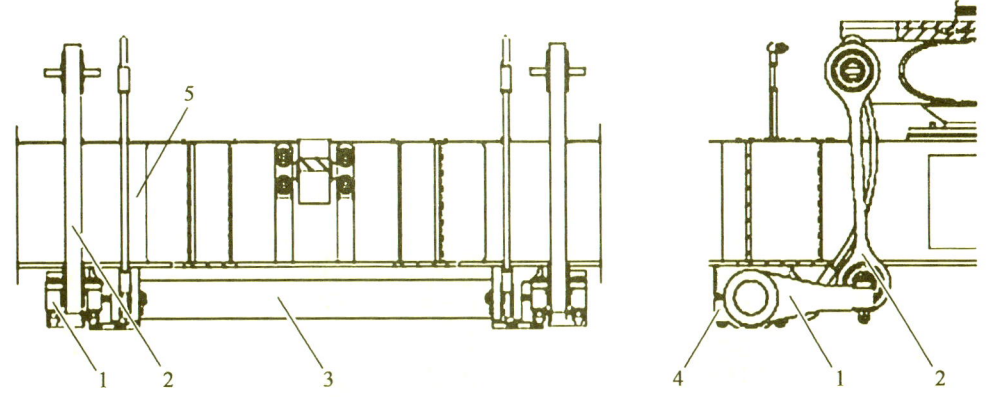

图 3.189 抗侧滚扭杆在转向架上的安装

1—扭臂；2—连接杆；3—带碎石保护的扭轴（内部为扭轴，外部为防护套）；4—扭杆座；5—构架横梁

抗侧滚扭杆系统的工作原理如下：

当车体发生侧滚时（即车辆通过曲线时），水平放置的两个扭臂对于扭杆（扭臂与扭杆之间近似为刚性节点）分别有一个相互反向的力和力矩的作用，使弹性扭杆承受扭矩而产生扭转弹性变形，起到扭杆弹簧的作用。扭杆弹簧的反扭矩总是与车体产生侧滚的角位移的方向相反，以约束车体的侧滚振动。但当车体正常垂直振动时（即左右车体同向位移但不存在侧滚时），由于扭杆支座内安装有轴承（或橡胶卡环），所以左右两个扭臂只是使扭杆产生同向转动，而不发生扭杆弹簧作用，故对车体不产生抗侧滚作用。

从上述作用原理可知，抗侧滚扭杆装置巧妙地实现了既增强二系悬挂系统的抗侧滚性能，又不影响或基本不影响二系悬挂系统中原弹簧的柔软弹性。

为了保护抗侧滚扭杆不受来自线路的碎石撞击，在 CRH_1 动车组的抗侧滚扭杆外面套了一根空心管。

2. CRH_2 动车组车体与转向架间的连接装置

1）结构布置及特点

CRH_2 转向架二系悬挂装置主要由空气弹簧系统、牵引装置、横向减振器、抗蛇行减振器及横向缓冲橡胶止挡等零部件组成，如图 3.190 所示。

每辆车体以上所有质量通过 4 个空气弹簧传递给两个转向架，纵向力（牵引力或制动力）由单牵引拉杆传递，而横向力则由空气弹簧和横向缓冲橡胶止挡共同传递。

空气弹簧是车体与转向架之间的重要悬挂元件，车体由前后转向架上的 4 个空气弹簧支承，其主要作用除支承车体载荷外，还可以隔离转向架构架的振动，并在通过曲线过程中通过变位实现车体与转向架间的相对旋转和横移。因此，空气弹簧是二系悬挂中的关键零部件，是影响车辆运行平稳性的关键因素。

由于 CRH_2 转向架上的左右空气弹簧跨距达 2 460 mm，比 CRH_1 的 1 860 mm 大很多，由左右空气弹簧本身的弹性完全能够保证车体的侧滚被限制在正常范围以内，因此，CRH_2 转向架的二系悬挂系统中省去了抗侧滚扭杆装置，使得其二系悬挂系统更加简单。

2）空气弹簧装置（见 3.5.6 中叙述）

空气弹簧装置主要包括空气弹簧及其附属的高度调整阀、调整阀保温箱及差压阀等。

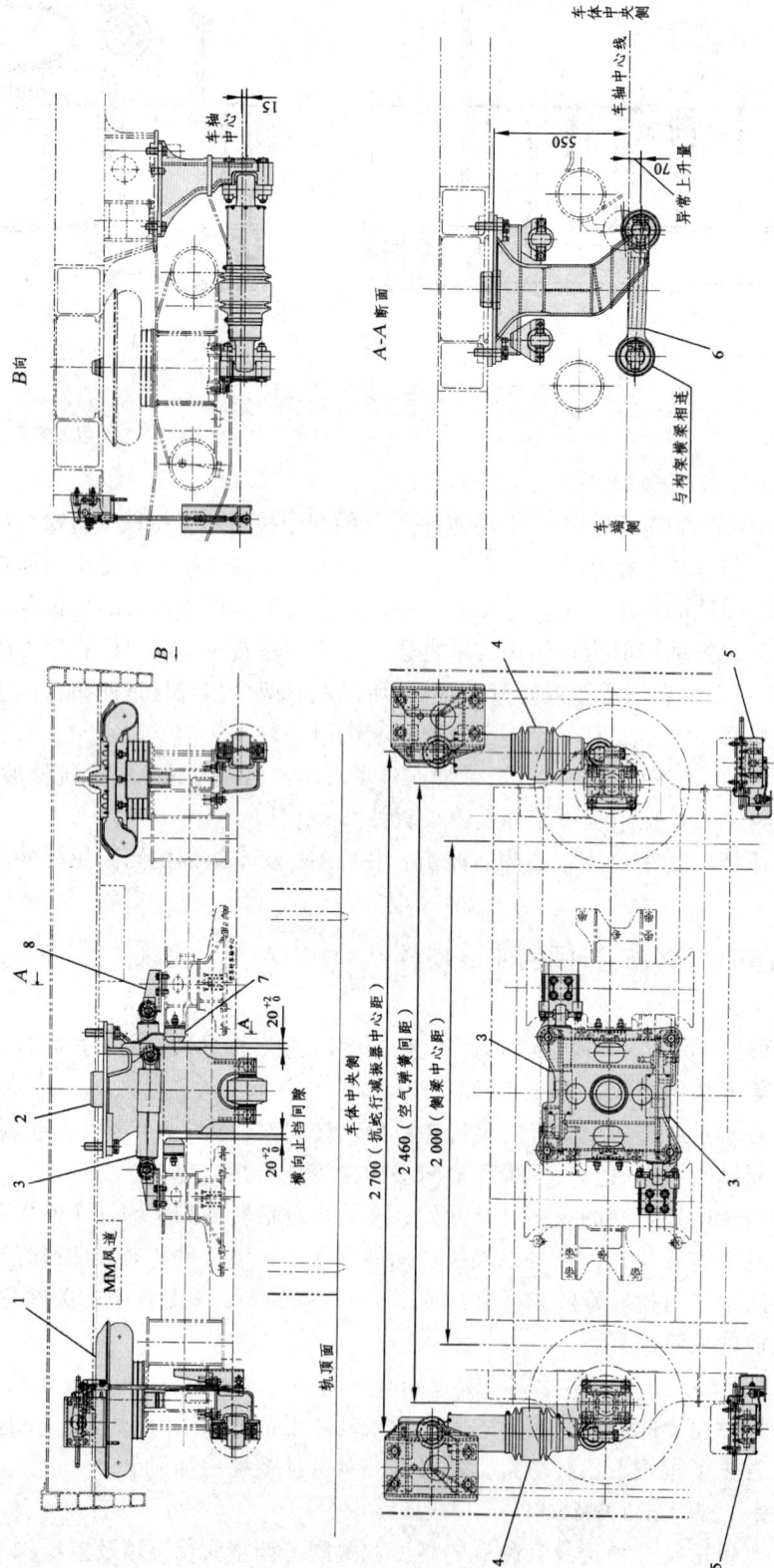

图 3.190 二系悬挂装置

1—空气弹簧系统；2—中夹座；3—横向减振器；4—抗蛇行减振器；5—高度调整阀；6—牵引拉杆；7—横向缓冲止挡；8—横向减振器安装座

空气弹簧的特点和工作原理，高度调整阀工作原理及差压阀的工作原理参见 3.5.6 中的内容。

CRH$_2$ 动车组采用的空气弹簧属于自由膜式，主要由橡胶气囊、上下盖板、橡胶堆等零部件组成，如图 3.191 所示。空气弹簧采用上进气设计，压缩空气经过高度调整阀进入橡胶气囊和构架内腔形成的附加空气室，橡胶气囊和附加空气室间设直径为 ϕ14 mm 的节流孔，空气通过节流孔时产生的节流效应构成二系悬挂的垂向阻尼。

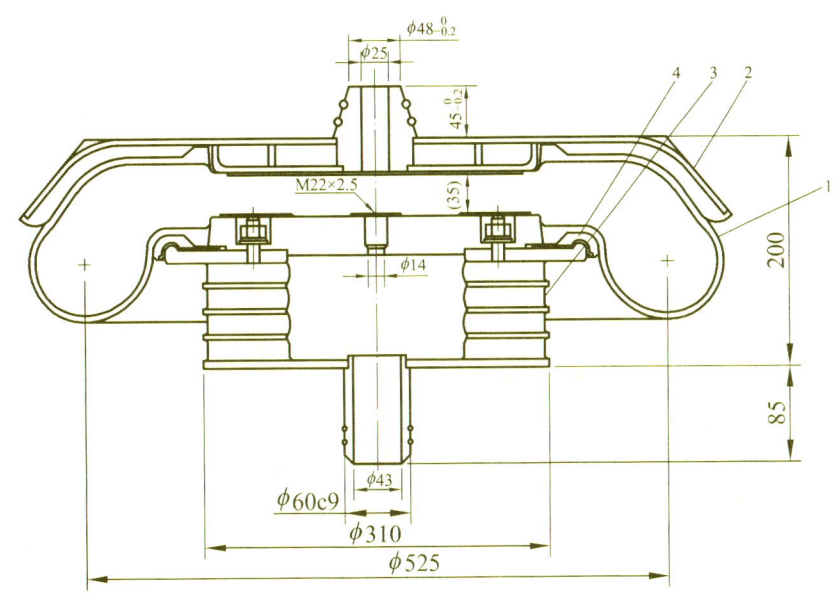

图 3.191 空气弹簧结构

1—橡胶气囊；2—上盖板组成；3—橡胶堆；4—下盖板组成

当空气弹簧的上盖板相对于底座产生垂向位移时，空气弹簧内的气体容积发生变化，且引起压力的变化。空气弹簧与附加气室之间产生的压差迫使气体流过节流阀，由于气体流过节流阀时流通面积减小，节流阀对气体的流动产生阻碍作用。同时，空气弹簧垂向变形时由于橡胶气囊形状的改变，引起橡胶气囊与上盖板和底座接触面积的改变，因此空气弹簧的垂向动态特性比较复杂。节流阀对气体流动的阻碍作用引起空气弹簧的动态刚度和阻尼相对于静态刚度产生较大的变化，而且随激扰频率的改变而改变。动态刚度和阻尼的改变影响到车体振动的固有频率和衰减率，影响到车体振动的衰减特性，从而影响到车辆运行的舒适性。由于空气弹簧垂向动态特性规律具有一定的复杂性，因此节流阀参数对空气弹簧振动特性的影响有着非常重要的意义。

CRH$_2$ 空气弹簧节流孔为固定节流孔。

橡胶气囊底部的橡胶堆作用是在车体与转向架产生大位移时补偿橡胶气囊本身的变位不足，并且在空气弹簧橡胶气囊出现故障的条件下仍具有一定的弹性。下盖板上贴有摩擦系数很小的滑块，允许上下盖板之间产生相对纵、横向位移，起到应急弹簧的作用。

该空气弹簧产品需要按照 JIS E4206 进行规定的特性试验和其他型式试验。

CRH$_2$ 动车组转向架空气弹簧的有效直径为 ϕ525 mm。为使在空气弹簧泄气时能够行驶，在下盖板的上面设置聚四氟乙烯制的滑动面板，在外筒的下面设置钢板，使曲线通过性能提高。

3）中央牵引拉杆座及牵引拉杆

为传递车体与转向架间的纵向载荷，在车体枕梁中央安装了中央牵引拉杆座，通过单牵引拉杆与转向架构架横梁中心连接。

中央牵引拉杆座为钢板焊接结构，材料采用耐候钢，焊接后通过退火热处理消除残余应力，其强度设计按照 JIS E 4207 标准。

由于车体采用铝合金型材，中央牵引拉杆座与车体枕梁的安装接触面因异种金属材料将产生电化学腐蚀，为此，在中央牵引拉杆座组装前，须在安装面涂装铬酸锌底漆，同时为避免中央牵引拉杆座对车体底架的损伤，要求周边加工倒角以消除毛刺和锐棱。

牵引拉杆是传递车体与转向架之间纵向载荷的主要承载构件，无摇枕转向架的牵引拉杆方式主要有 Z 形双拉杆（CRH$_5$ 动车组采用）和单拉杆两大类型。表 3.20 对这两种牵引拉杆方式的特点进行了比较。

表 3.20 两种牵引拉杆方式的比较

牵引拉杆方式	优点	缺点
Z 形双拉杆	落车作业简单	结构复杂，占用空间大，质量大
单拉杆	结构简单，占用空间小，质量轻	落车作业复杂

需注意的是，牵引拉杆的安装有方向性要求，其设计原则是要求与两侧的抗蛇行减振器的方向保持一致，即要求拉杆与车体中央牵引拉杆座的连接点及抗蛇行减振器的车体安装点处于车体中心同一侧（见图 3.192）。

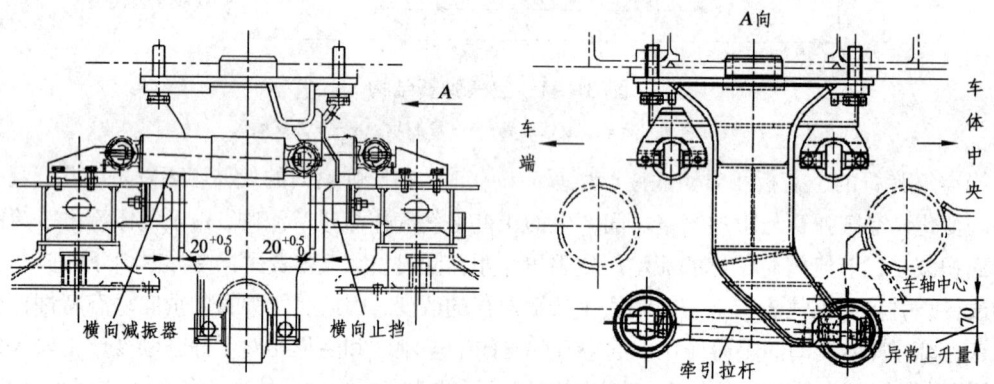

图 3.192 中央牵引拉杆座及牵引拉杆组成

对牵引拉杆两端橡胶节点的要求是，在满足纵向载荷传递的同时，不影响拉杆与中央牵引拉杆座连接端的垂向和横向位移。

中央牵引拉杆座及牵引拉杆是传递转向架与车体间纵向力（即牵引力或制动力）的重要部件，这里采用了非常简单而实用的单拉杆结构，牵引拉杆两端安装有橡胶关节。其详细组成如图 3.192 所示。

该中央牵引拉杆装置具有如下特征：

（1）转向架的转向依靠牵引拉杆两端的缓冲橡胶的变形。

（2）转向架左右横动的复原力除依据空气弹簧的横向弹性之外，也依据牵引拉杆两端的缓冲橡胶的弹性。

（3）构成的空间比其他的牵引装置小，零件数量少且轻量化。

（4）转向架和车体的分离通过拆除中央牵引拉杆座侧下部连接用螺栓来进行。

当空气弹簧出现故障，车体上升一定高度后，中央牵引拉杆座一侧的单连杆连接端部将与横梁的相应结构接触，以防止车体异常上升，该限制值为 70 mm。

4）横向减振器

横向减振器共有两个，分别位于转向架构架横梁连接梁与中央牵引拉杆座之间的前后位置，属水平横向布置，具体布置如图 3.192 所示，其作用是衰减车体与转向架间的横向振动。该横向减振器的型号为 OD50116，其结构如图 3.193 所示。

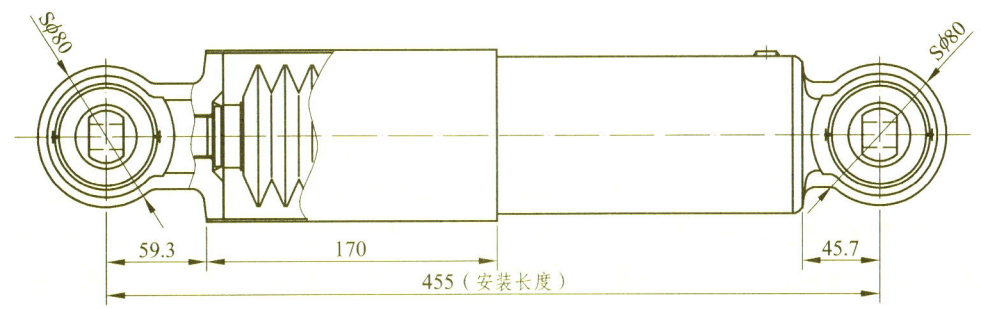

图 3.193　横向减振器

5）抗蛇行减振器

抗蛇行减振器是为了防止动车组在高速运行时的蛇行失稳而专门设置的，它安装在转向架构架侧梁的外侧，呈纵向水平布置，也称纵向减振器。其具体布置位置参见二系悬挂系统布置总图 3.190。抗蛇行减振器型号为 OD70230-1，其结构如图 3.194 所示。

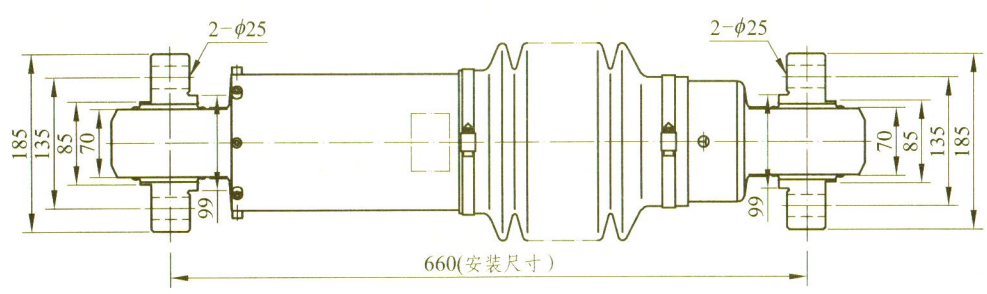

图 3.194　抗蛇行减振器结构

比较抗蛇行减振器与一般垂向或横向减振器的性能参数，可以发现它们的明显区别（见图 3.195）：

与一般液压减振器相比，抗蛇行液压减振器节流孔的结构差异较大，这就造成其节流特性发生变化，即抗蛇行液压减振器的卸荷速度 v_0（约为 0.003 m/s）远远小于一般液压减振器的卸荷速度 v_0（约为 0.1～0.3 m/s）。这样，就有可能同时满足有效抑制蛇行失稳和利于通过曲线的要求，即当车体相对于转向架蛇行运动增大（即在直线上高速运行）时，其相对运动速度 $v_{蛇行}$ 很容易超过 v_0，使减振器阻尼力 $F = F_{max}$（饱和阻力），产生强大的阻尼作用。而当机车车辆通过曲线时，车体相对于转向架的回转速度 $v_{转弯}$ 较小，且 $v_{转弯} < v_0$，此时减振器阻尼力 F 明显下降，在车体与转向架之间产生的阻力矩较小，使机车车辆容易通过曲线。

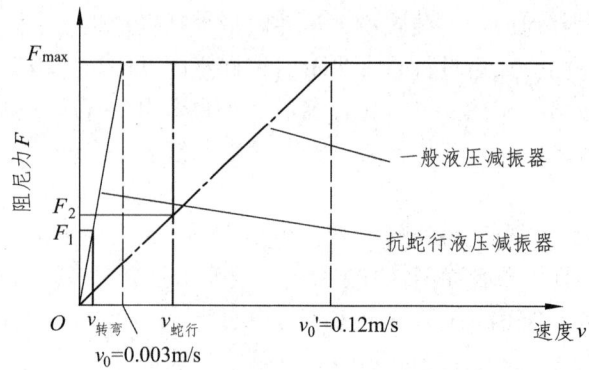

图 3.195　抗蛇行液压减振器与一般液压减振器工作特性比较

6）横向止挡

为了限制车体相对于转向架构架的横向移动，在转向架横梁的连接梁与中央牵引拉杆座设有横向止挡，当车体与转向架之间的横向位移超过 20 mm 时，中央牵引拉杆座侧面与横向弹性侧挡（缓冲橡胶）接触，继而产生反向压缩力，以限制其横向位移。该横向弹性侧挡实际上就是一块缓冲橡胶，且缓冲橡胶呈非线性特性，刚度随挠度的增加逐渐提高。横向弹性侧挡的具体结构如图 3.196 所示。

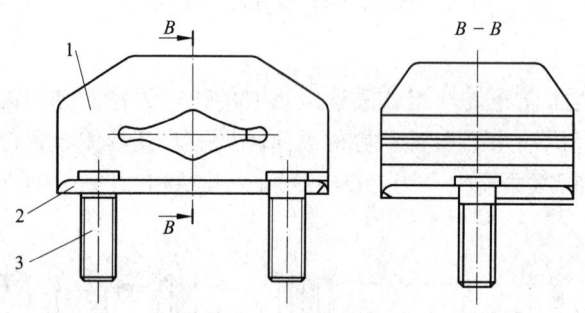

图 3.196　横向止挡结构

1—缓冲橡胶块；2—连接板；3—固定螺栓

3. CRH$_5$ 动车组车体与转向架间的连接装置

1）结构组成

CRH$_5$ 动车组车体与转向架间的连接装置（即二系悬挂装置）主要由空气弹簧组成、枕梁、牵引装置、抗侧滚扭杆和各种减振器等部件组成，如图 3.197 所示。每转向架有两个空气弹簧坐落在侧梁上，空气弹簧上设有枕梁，枕梁采用焊接结构，四角与车体连接。枕梁与构架间牵引装置采用"Z"字形双牵引拉杆，每个转向架有两套抗侧滚扭杆装置、两个二系垂向减振器、两个二系横向减振器和两个抗蛇行减振器，其中二系垂向减振器和二系横向减振器根据车型的不同参数有所不同，可以使车辆获得较高的乘坐舒适性。

2）空气弹簧组成

空气弹簧系统由两个空气弹簧、两个高度调整阀、压差阀和两个附加空气室通过管路连接而成，是转向架构架与枕梁之间的悬挂装置。空气弹簧系统可以使车辆地板面高度保持不变。

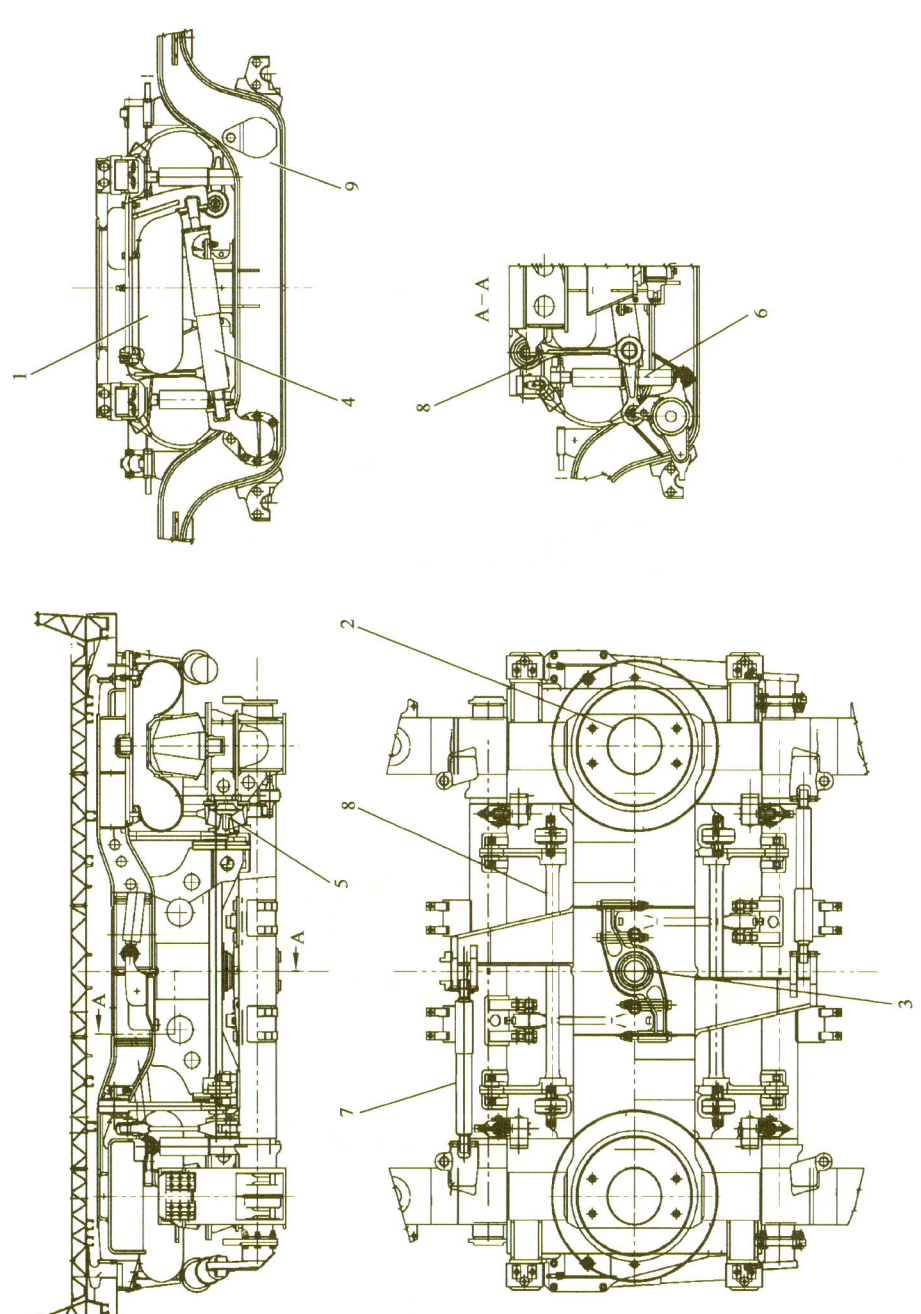

图 3.197 CRH₅ 动车组车体与转向架间的连接装置结构组成

1—空气弹簧；2—转向架-车体连杆；3—牵引系统；4—抗蛇行减振器；5—横向橡胶止挡；6—垂向减振器；7—横向减振器；8—抗侧滚扭杆；9—转向架构架

（1）空气弹簧。弹簧悬挂装置的性能是影响车辆运行品质的重要因素之一。空气弹簧能使车辆获得良好的垂向和横向性能。如图 3.198 所示，空气弹簧由胶囊和橡胶堆组成，胶囊与橡胶堆串联工作，通过对两个部件的优化，可以获得较高的乘坐舒适性。在正常工况下（充气状态），橡胶堆有助于胶囊适应转向架的转动，如果胶囊失效，橡胶堆将独立工作，起应急支撑作用，此时上盖板下表面与橡胶堆顶部的磨耗板接触，磨耗板采用特殊材料制造以确保获得较低的摩擦系数。该系统一方面总刚度较小，可以使车辆获得较高的乘坐舒适性；另一方面，即使胶囊遭破坏或失效，悬挂系统仍然能够安全工作，不会影响到车辆的运行速度。

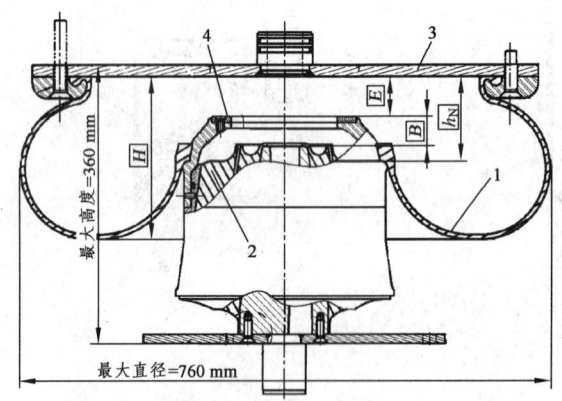

图 3.198　空气弹簧组成
1—胶囊；2—橡胶堆组成；3—上盖板组成；4—摩擦板组成

上盖板组成通过上盖心轴与枕梁的定位圈和附加空气室相通，下板组成与构架上的空气弹簧座相连，如图 3.199 所示。

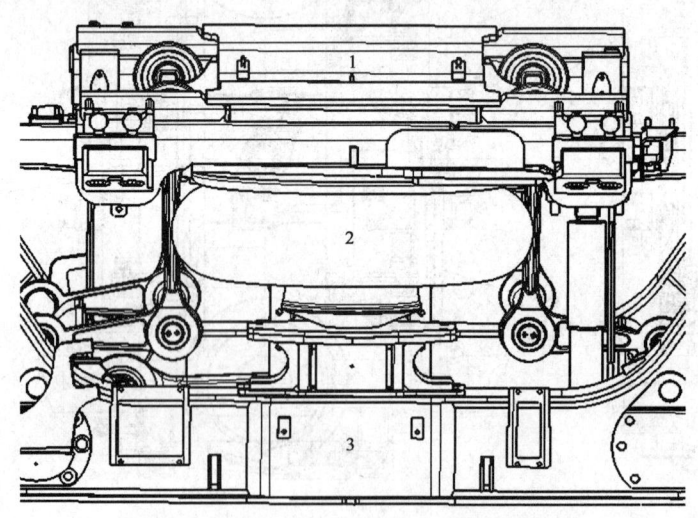

图 3.199　空气弹簧在转向架上的位置
1—车体；2—空气弹簧；3—构架

在轴向位移 $d_z = \pm 10$ mm 和径向位移 $d_{x-y} = 10$ mm 时，分别测试空气弹簧的悬挂刚度，测试时恒速为 5 mm/s。表 3.21 示出了一定参考负荷时的轴向和径向刚度值。

表 3.21　空气弹簧的轴向和径向刚度

弹簧充气时恒速下的轴向刚度（z 轴）			
车辆	负荷-F_z（kN）	Ks_z（N/mm）	
T2	空载 85.2 N.L 正常载荷 108.5	227 279	±8%
Mh-Tp	空载 100.5 N.L 正常载荷 129.8	261 325	
弹簧充气时恒速下的径向刚度（x-y 轴）			
车辆	负荷-F_z（kN）	$Ks_{x\text{-}y}$（N/mm）	
T2	空载 85.2 N.L 正常载荷 108.5	151 161	±15%
Mh-Tp	空载 100.5 N.L 正常载荷 129.8	158 171	

（2）高度调整阀。高度调整阀的主要作用及要求：维持车体在不同静载荷下都与轨面保持一定的高度；在直线上运行时，车辆在正常振动情况下不发生进、排气作用；在车辆通过曲线时，由于车体的倾斜，使得转向架左右两侧的高度控制阀分别产生进、排气的不同作用，从而减少车辆的倾斜。

高度调整阀主要由高度阀座、高度阀体、连接杆和下座等组成，如图 3.200 所示。

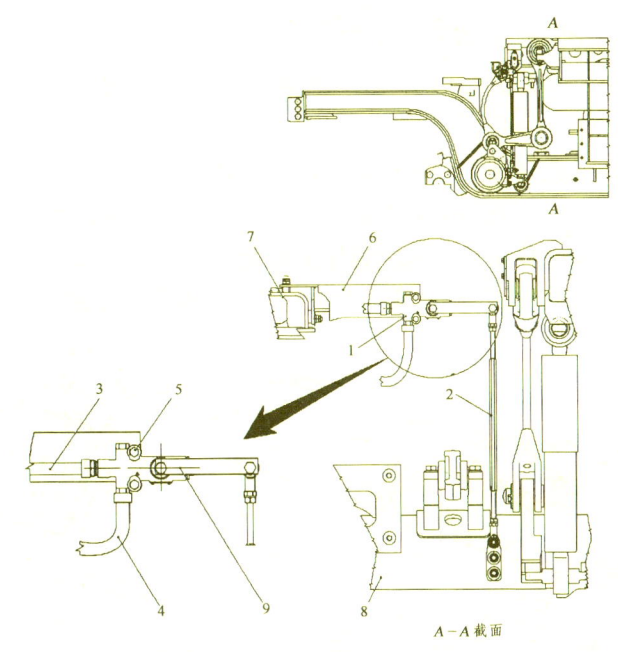

图 3.200　高度调整阀装置及位置

1—高度调整阀；2—连接杆；3—用于辅助风缸的带管嘴的管子；4—用于空气弹簧气囊的带管嘴的管子；
5—紧固螺钉；6—高度调整阀的托架；7—车体-转向架枕梁；8—转向架构架横梁；9—执行杆

高度调整阀通过高度调整阀托架装配到车体-转向架枕梁上。高度调整阀有一个执行杆，在运行时该杆随转向架构架一起运动。高度调整阀执行杆经连接杆连接至转向架构架。高度调整阀作为空气悬挂系统回路中的执行器，用以对车辆的空气弹簧气囊进行充气和排气，并调节车体地板面的高度。无论车辆载荷如何，通过该阀能尽可能地消除动态载荷，并避免使用柔性连接管。

高度调整阀的主体使用螺钉固定在高度阀座的位置上，阀座与枕梁相连，而该阀的阀杆利用一个铰接在转向架构架上的连接杆连接在转向架构架横梁上。高度调整阀在转向架上的位置如图 3.201 所示。

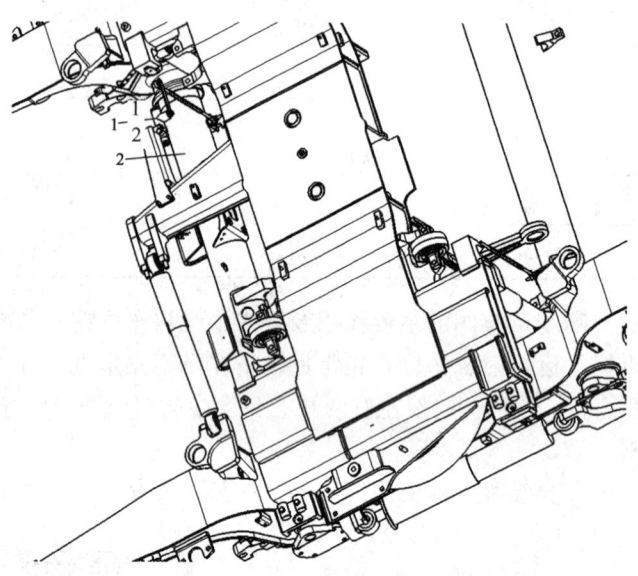

图 3.201　高度调整阀在转向架上的位置
1—高度阀；2—构架横梁

（3）差压阀。差压阀是保证一个转向架两侧空气弹簧的内压之差不能超过行车安全规定的某一定值，若超出时，差压阀将自动连通左右两侧的空气弹簧，使压差维持在定值以下。因此，差压阀在空气弹簧悬挂系统装置中起保证安全的作用。一般差压阀的压差值为 0.08～0.12 MPa。如图 3.202 所示，差压阀 2 通过差压阀座 1 与枕梁 3 相连。

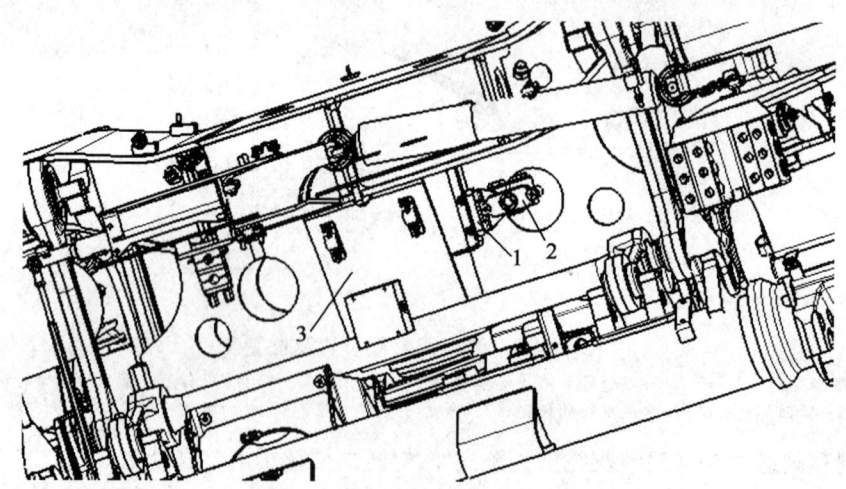

图 3.202　差压阀在转向架上的位置
1—差压阀座；2—差压阀；3—枕梁

（4）二系减振器。

① 抗蛇行减振器。为抑制车辆高速运行时的蛇行运动，在车体与转向架之间的纵向设有

抗蛇行减振器。理论计算和运行实践均证明，这是非常有效的重要措施之一。抗蛇行减振器每个转向架有两个。抗蛇行减振器通过抗蛇行减振器上支座与枕梁相连，通过抗蛇行减振器下支座与构架相连，如图 3.203 所示。

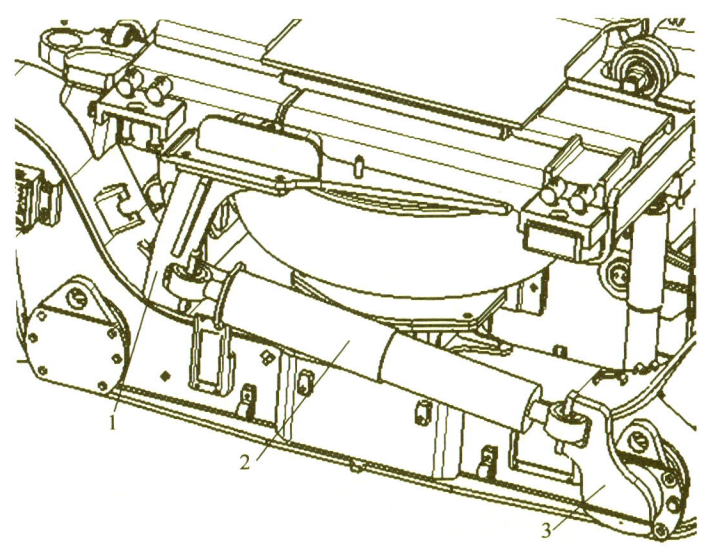

图 3.203　抗蛇行减振器在转向架上的位置

1—上支座；2—抗蛇行减振器；3—下支座

② 二系横向减振器。该型减振器用于控制车体相对于转向架之间的横向运动，即横摆和摇头运动。二系横向减振器每个转向架有两个。二系横向减振器通过上支座与枕梁相连，通过下支座与构架相连，如图 3.204 所示。

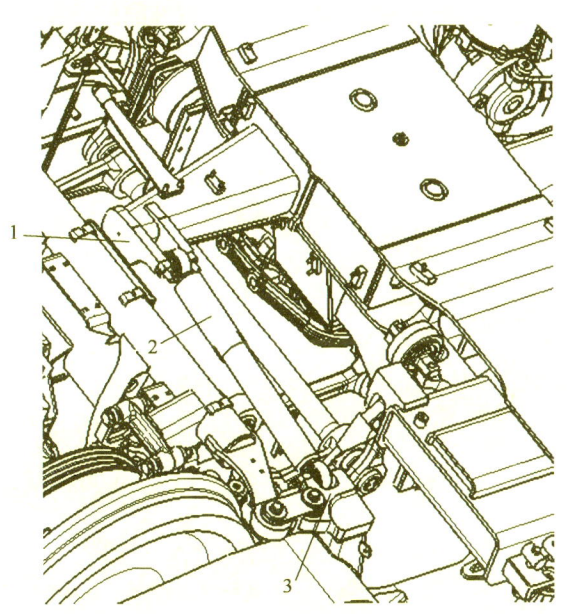

图 3.204　二系横向减振器在转向架上的位置

1—上支座；2—二系横向减振器；3—下支座

③ 二系垂向减振器。该型减振器用于控制车体与转向架之间的垂向运动，即点头和沉浮运动。二系垂向减振器每个转向架有两个，对角安装。二系垂向减振器通过上支座与枕梁相连，通过下支座与构架相连，如图 3.205 所示。

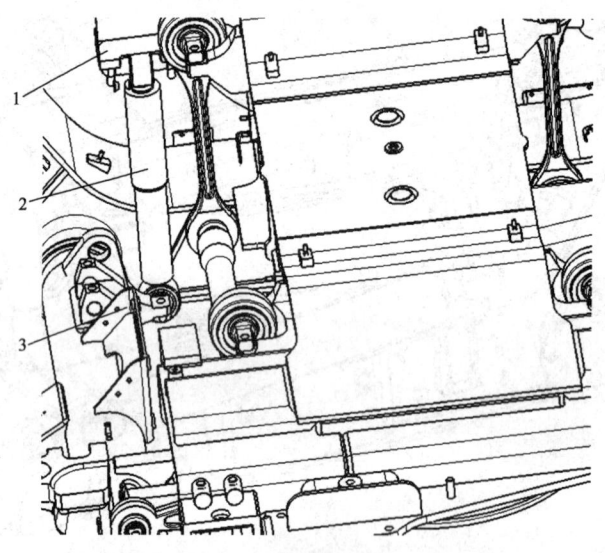

图 3.205　二系垂向减振器在转向架上的位置
1—上支座；2—二系垂向减振器；3—下支座

3）枕　梁

枕梁由钢板焊接而成箱型结构，主要承受和传递车体与转向架间的垂向力和纵向力，其内腔同时作为二系悬挂空气弹簧气动系统的两个辅助气室。为了满足作为空气弹簧系统的辅助气室的要求，该箱型内腔必须气密性良好，需进行特殊的气密性试验。枕梁的结构按照 EN 12663 标准进行设计，强度检验按照标准 ERRI B12 RP17 进行计算校核。

枕梁通过支座与车体连接，通过空气弹簧、牵引拉杆与构架相连。二系垂向减振器、抗侧滚扭杆、二系横向减振器、牵引装置、抗蛇行减振器等上端都通过相应的支座与枕梁相连。此外，枕梁上的安全钢丝绳对二系悬挂垂向位移（上跳）限定起作用，如图 3.206 所示。

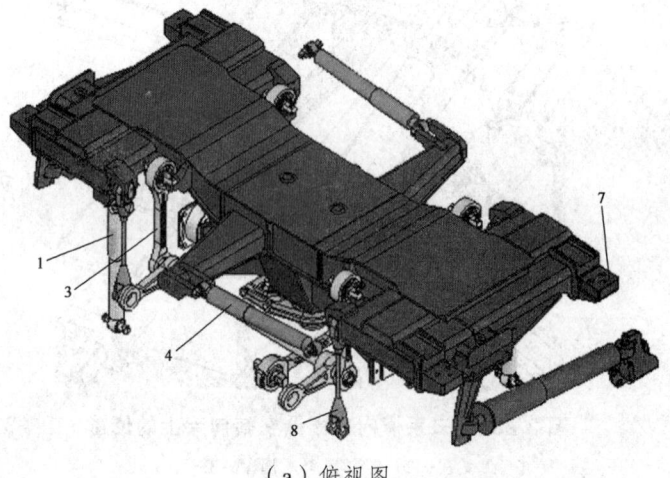

（a）俯视图

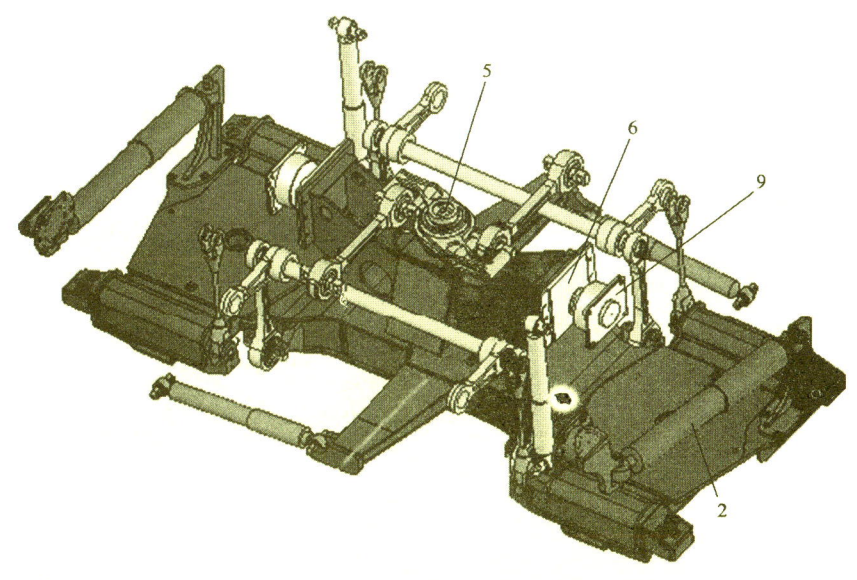

（b）仰视图

图 3.206　二系悬挂部分装置在转向架上的位置

1—二系垂向减振器；2—抗蛇行减振器；3—抗侧滚扭杆；4—二系横向减振器；
5—Z字形牵引中心销；6—横向止挡板；7—与车体连接支座；
8—钢丝绳；9—横向弹性侧挡

4）牵引装置

车体与转向架间采用双牵引拉杆装置传递牵引力和制动力。该牵引装置呈 Z 字形连接，由一个牵引梁（起均衡左右拉杆作用力之作用，故亦可称为均衡梁）和两个带有弹性销套的牵引拉杆组成，牵引梁为锻铝件，如图 3.207 所示。

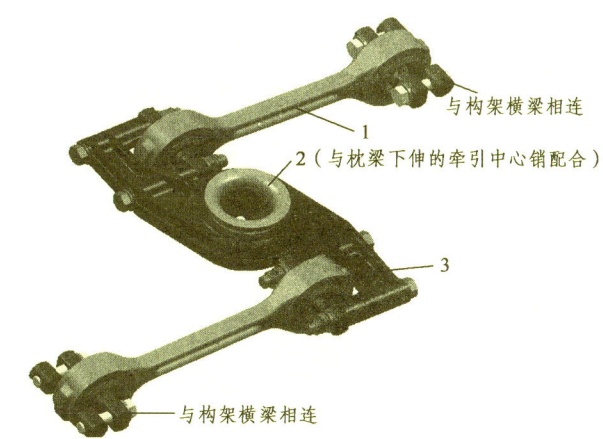

图 3.207　牵引装置

1—牵引拉杆；2—中央牵引销孔；3—牵引梁（均衡梁）

牵引装置通过牵引梁传递构架横梁和枕梁之间的牵引力和制动力。牵引梁上装有调整垫和牵引拉杆，调整垫装在枕梁中心销上，如图 3.208 所示。由于部件布置像字母 Z，所以称之为 Z 字形牵引装置。

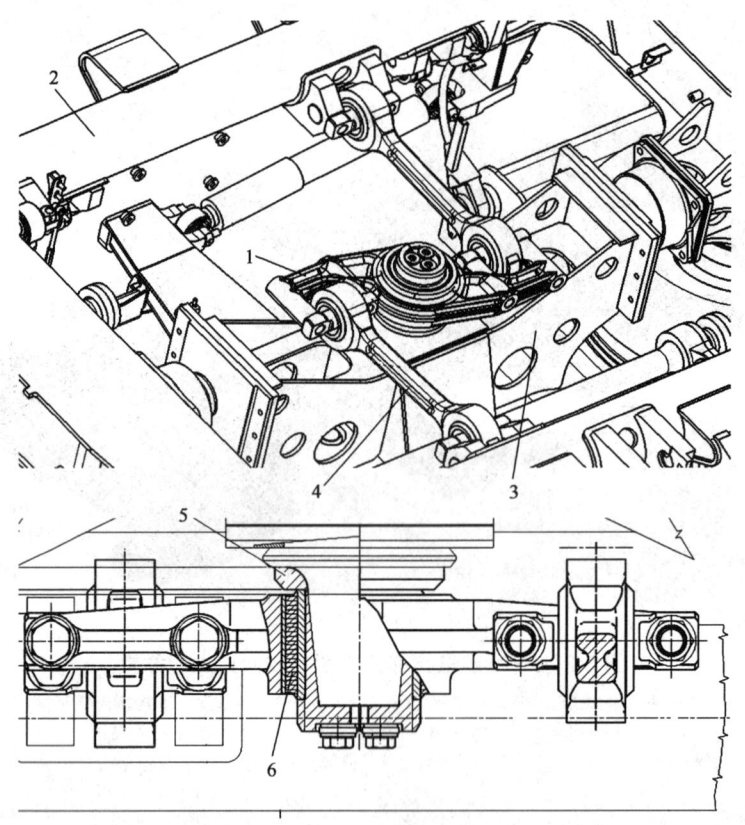

图 3.208 牵引装置与构架、枕梁的连接
1—牵引梁；2—横梁；3—枕梁；4—牵引拉杆；5—调整垫；6—锥形衬套

当牵引拉杆用弹性节点和螺栓连接到构架横梁上时，牵引梁通过锥形衬套和螺栓连接到枕梁上。

5）抗侧滚扭杆

如图 3.209 所示，抗侧滚扭杆由扭杆、两个扭臂和两个连接杆组成，连接在构架横梁和枕梁间，主要作用是提高车辆的柔度系数，限制车辆通过曲线时车体的侧滚角。CRH$_5$ 动车组的柔度系数 S 是按小于 0.25 设计的，每个转向架装有两套抗侧滚扭杆，两套抗侧滚扭杆的刚度为 2.56 MN·m/rad，等效刚度为 1.82 MN·m/rad。抗侧滚扭杆疲劳试验执行 EN 13906-1 标准。该疲劳试验的目的是验证抗侧滚扭杆的材料是否符合 EN 13906-1 标准定义的疲劳特性，疲劳试验次数 200 万。

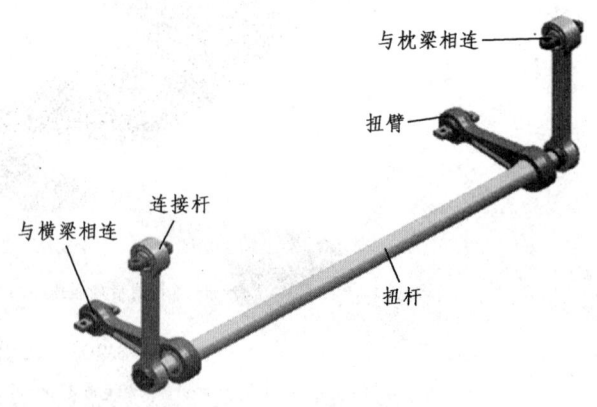

图 3.209 抗侧滚扭杆装置

抗侧滚扭杆通过连接杆与枕梁相连，通过扭臂与构架横梁相连，以达到限制车体侧滚的目的。抗侧滚扭杆装置在转向架上的位置如图 3.210 所示。

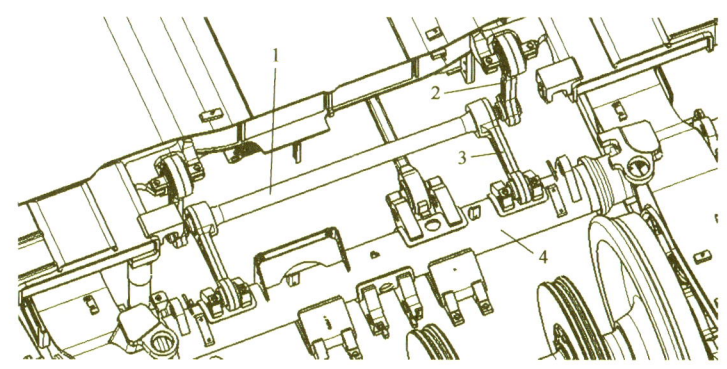

图 3.210 抗侧滚扭杆在转向架上的位置
1—扭杆；2—连接杆；3—扭臂；4—横梁

抗侧滚扭杆装置的工作原理与前面讲述的 CRH_1 动车组所采用的抗侧滚扭杆装置基本相同，但具体结构却有明显区别。CRH_1 的扭杆是通过两个内装有轴承的支座固定在转向架的横梁上，而扭臂是不与构架直接相连的，其扭杆只是扭转，在其他任何方向上均不产生相对运动。但 CRH_5 的扭杆并不与横梁相连，是由连接杆吊挂在枕梁（即车底架）上，而扭臂通过弹性节点与横梁连接在一起。此扭杆不光产生扭转运动，还会随枕梁相对于构架的上下运动而运动。

6）横向橡胶止挡

横向橡胶止挡 1 由螺栓紧固件装配在转向架构架 3 上，如图 3.211 所示。横向橡胶止挡的功能是避免枕梁 4 与转向架构架 3 之间发生刚性接触，即通过横向橡胶止挡的缓冲作用传递枕梁 4 与转向架构架 3 之间的横向力。车体转向架枕梁 4 上用螺栓连接有一个机加工板 2，当车辆在曲线轨道上运行时，该板与橡胶挡块接触。

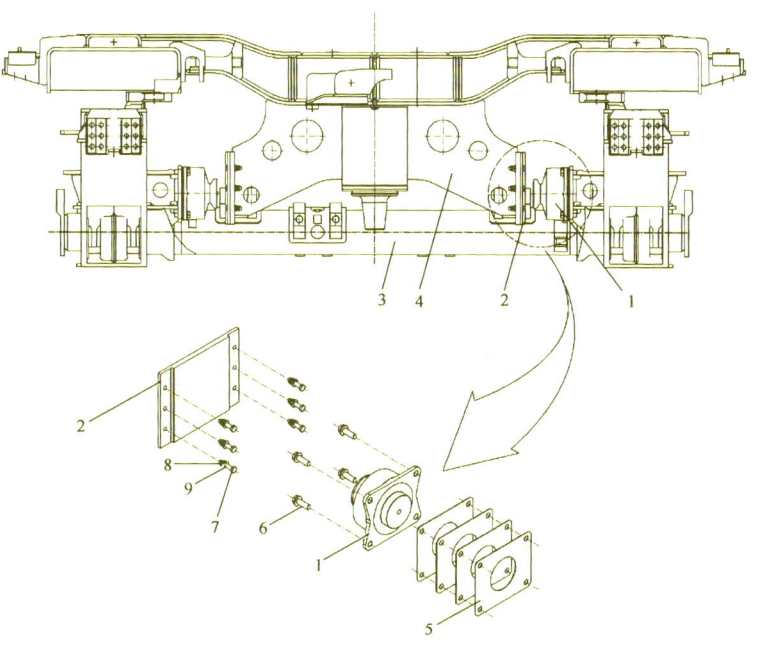

图 3.211 二系横向橡胶止挡的位置和结构
1—横向橡胶止挡；2—横向止挡板；3—转向架构架；4—枕梁；5—垫片；
6—螺钉 M16×50；7—螺钉 M12×55；8—螺母 M12；9—垫圈

4. CRH₃动车组车体与转向架间的连接装置

1) 结构组成

CRH₃动车组车体与转向架间的连接装置(即二系悬挂装置)主要由枕梁、空气弹簧组成、横向缓冲止挡、牵引套、牵引中心销、抗侧滚扭杆装置、牵引拉杆、横向油压减振器、高度控制阀、安全阀及供风管路等组成。二系悬挂采用空气弹簧。空气簧是转向架构架和车体之间的二级悬挂。每个转向架两个空气弹簧坐落在侧梁上,空气簧的横向距离为1 900 mm。在压缩空气供应失效的情况下,车体坐落在空气弹簧的应急支承上,此时列车的旅行速度应根据不同的轨道质量相应降低以保证合适的乘坐舒适度。空气弹簧上设有枕梁,枕梁采用铸造结构,枕梁内腔被设计成一个大的密闭空气腔(室),作为空气弹簧的辅助气缸直接与空气弹簧上方相连。该空气悬挂为两点控制。每台转向架通过一个水平高度调整阀来控制车体地板面的高度。轮对的镟轮和悬挂的调整等导致车体地板面的高度变化因素均被考虑到车辆高度调整之中。枕梁与构架间牵引装置采用"Z"形双牵引拉杆。每个转向架有一套抗侧滚扭杆装置、两个横向减振器和4个抗蛇行减振器,其中抗侧滚扭杆装置和横向减振器根据车型的不同进行了参数选择,以使车辆获得良好的乘坐舒适性。

2) 空气弹簧组成

空气弹簧系统由两个空气弹簧、两个高度阀、安全阀和一个附加空气室通过管路连接组成,是转向架构架与枕梁之间的悬挂装置,空气弹簧系统确保车辆保持高度不变。

(1)空气弹簧。弹簧悬挂装置的性能是影响车辆运行品质的重要因素之一。空气弹簧能使车辆获得良好的垂向和横向性能。如图3.212所示,空气弹簧由胶囊与橡胶堆组成,胶囊与橡胶堆串联工作,通过对两个部件的优化,可以获得较高的乘坐舒适性。在正常工况下(充气状态),橡胶堆有助于胶囊适应转向架的转动,如果胶囊失效,橡胶堆将独立工作,此时上盖下表面与橡胶堆顶部的磨耗板接触,磨耗板采用特殊制造确保获得较低的摩擦系数(0.08~0.12)。该系统刚度小,可以使车辆获得较高的乘坐舒适性,悬挂系统仍然能够安全地进行工作,不会影响到车辆的运行安全性。

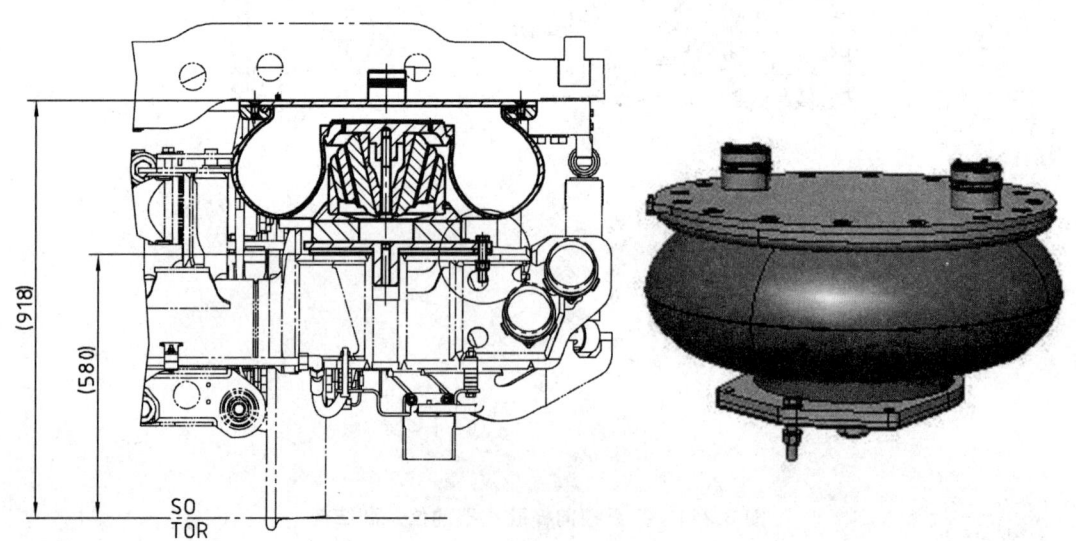

图3.212 空气弹簧组成

（2）安全阀。安全阀是保证转向架两侧空气弹簧的内压不能超过行车安全规定的某一定值。若超出时，压力阀将自动排风，使压差维持在定值以内。因此，安全阀在空气弹簧悬挂系统装置中起保证安全的作用，该安全阀的外形和工作原理如图 3.213 所示。

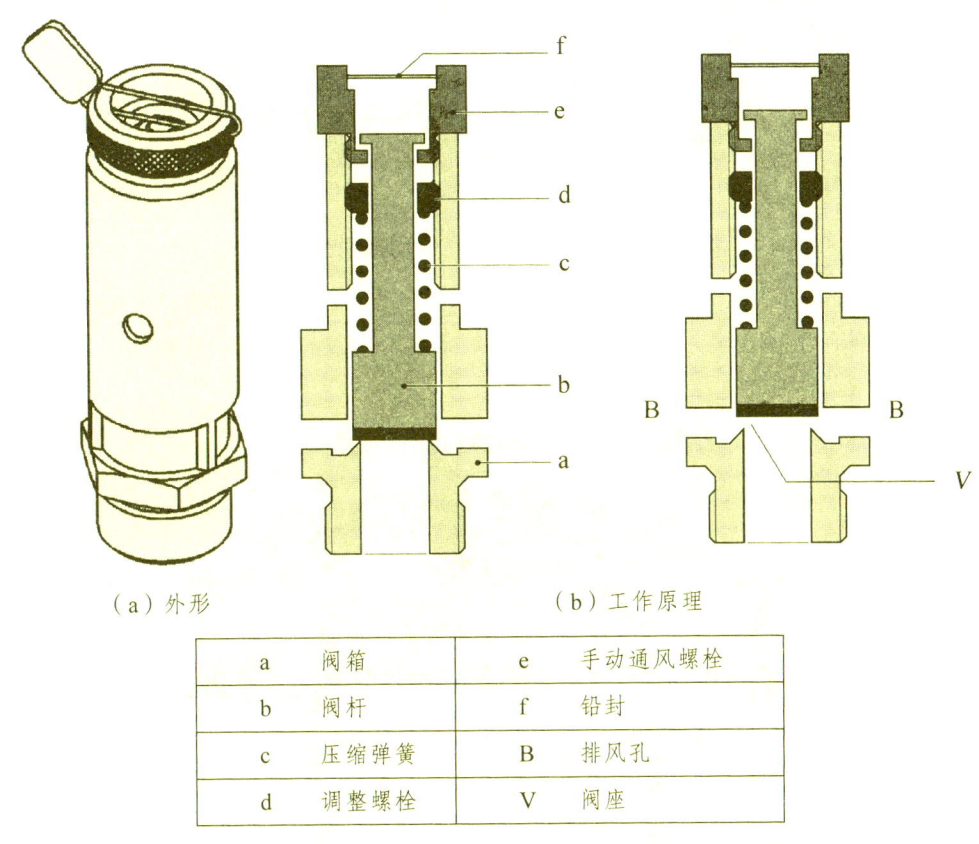

(a) 外形　　(b) 工作原理

a	阀箱	e	手动通风螺栓
b	阀杆	f	铅封
c	压缩弹簧	B	排风孔
d	调整螺栓	V	阀座

图 3.213　安全阀

在正常工作压力下阀座 V 是关闭的。当超过所允许的压力（安全阀的设定值）时，阀杆（b）将顶着压缩弹簧（c）的力被提起，过压便通过排风孔 B 泄放。压力降到合适的值之后，阀座 V 重新关闭。

出厂时，通过旋转调节螺栓（d）设定安全阀的开启压力。为了避免该设定在未经许可的情况下被更改，该阀由一个铅封（f）封闭。

为了检查功能部件的灵活性，并清除阀门可能出现的污垢，安全阀还具有一个通气装置。通过拧出手动通风螺栓（e），阀杆（b）（顶着压缩弹簧）被连带向上提起，并且阀座 V 打开。排气时便会将可能存在的杂质沉淀从阀门中吹出。

（3）二系减振器。

① 抗蛇行减振器（见图 3.214）。为抑制高速车辆的蛇行运动，在车体与转向架之间设有抗蛇行运动回转阻尼装置。理论计算和运行实践均证明，这是非常有效的重要措施之一。每个转向架装 4 个抗蛇行减振器，抗蛇行减振器 2 大端通过抗蛇行减振器支座（上）1 与枕梁相连，小端通过抗蛇行减振器支座（下）3 与构架相连。

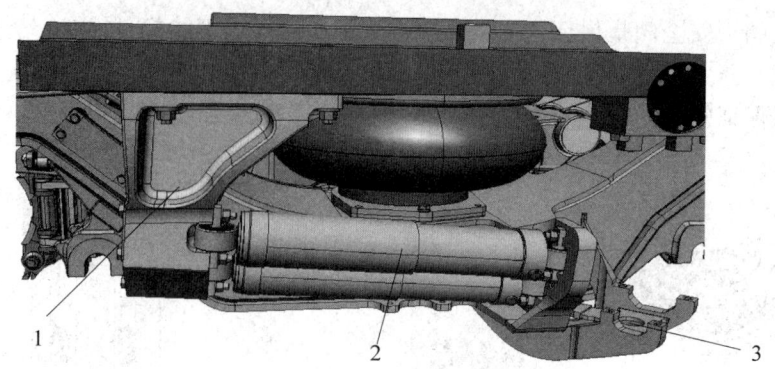

图 3.214 抗蛇行减振器在转向架上的位置

② 二系横向减振器（见图 3.215）。二系横向减振器用于控制车体相对于转向架之间的横向运动。每个转向架有 2 个二系横向减振器，二系横向减振器 2 通过支座（上）1 与枕梁相连，通过支座（下）3 与构架相连。

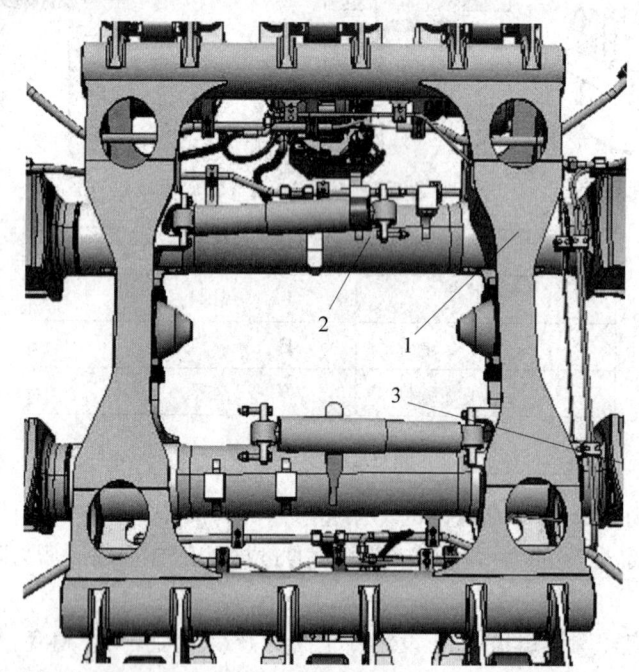

图 3.215 二系横向减振器在转向架上的位置

3）枕梁

枕梁的功能是连接车体与转向架。枕梁由钢板焊接而成箱型结构，牵引力的传递依靠牵引中心销装置和枕梁与构架之间"Z"字形布置的牵引拉杆装置来完成，同时作为二系悬挂空气弹簧气动系统的附加空气室。空气弹簧与附加空气室之间设有可变阻尼的节流阀，节流阀阻尼的大小可随振动的大小而变化，从而能使衰减振动的效果更好。

枕梁通过定位销⑦与车体连接。通过空气弹簧、牵引装置与构架相连，抗侧滚扭杆、二系横向减振器、抗蛇行减振器等都通过相应的支座与枕梁和构架相连，如图 3.216 所示。

抗蛇行减振器上的力：±20 kN，枕梁最大质量：800 kg，附加空气室：220 L。

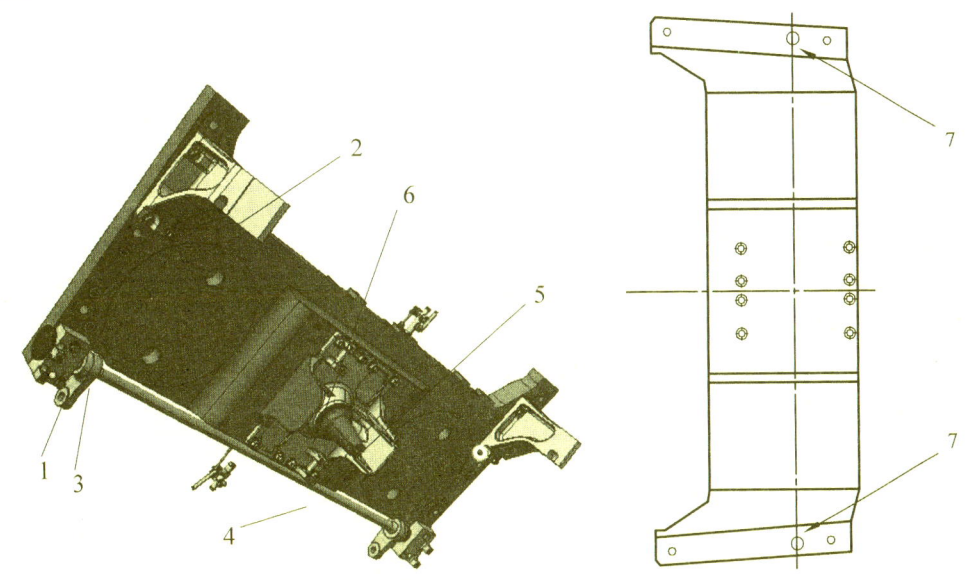

图 3.216 枕梁

1—二系垂向减振器座；2—抗蛇行减振器座；3—抗侧滚扭杆座；4—二系横向减振器座；
5—中心销；6—横向止挡板；7—与车体连接定位销

4）牵引装置

车体与转向架间采用双牵引拉杆的牵引装置（见图 3.217）传递牵引力和制动力。牵引装置成"Z"字形连接，由一个均衡梁、两个带有弹性关节的牵引拉杆组成。转向架与车体枕梁通过中心销连接，铸钢制成的中心销通过螺栓与枕梁固定，硫化到铸铁套筒的橡胶与中心销底部相互装配。

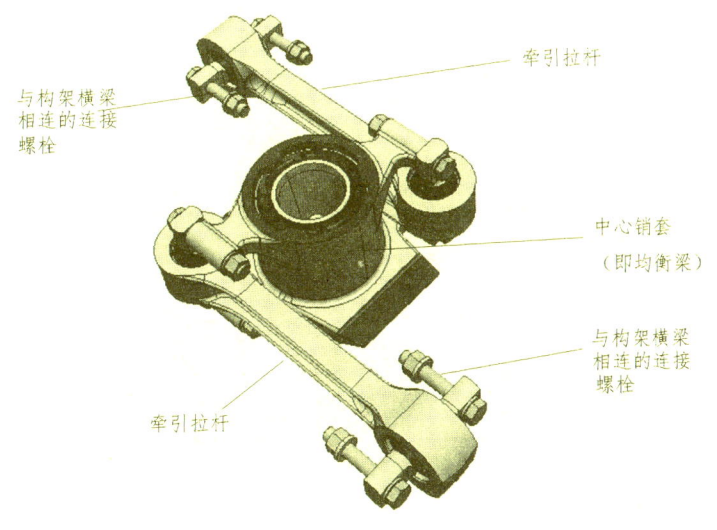

图 3.217 牵引装置

5）抗侧滚扭杆

如图 3.218（a）、3.218（b）所示，抗侧滚扭杆由扭杆、两个扭臂和两个连杆组成，连接在构架和枕梁间，主要作用是车辆通过曲线时减小车体的侧滚运动，每个转向架装有一套抗侧滚扭杆装置。

扭力杆（件1）安装在枕梁上的两个空心套内（件3）。轴承套是由枕梁上轴套和两个下轴套（件8、9）形成的。扭力杆的轴向间隙可以调节，是由垫圈（件4）和相应的定距垫圈（件5-7）限定的。轴承套利用轴承盖（件10）密封。扭力杆与转向架之间是通过可调长度的连杆实现连接的。

转向架的两侧各有一根热装到扭力杆上的扭臂，扭臂通过锥形接头和球形接头挠性连接到连杆上。连杆的另一端通过球形块连接到转向架构架上。通过这样的布置，车体的侧滚运动可转换为扭力杆的扭转，因此，扭转刚度可抑制车体的侧滚运动。

动车组使用的扭杆长度和刚度需根据车体的长短进行适当的调整。两端的头车因车体较短，采用较短的扭杆。

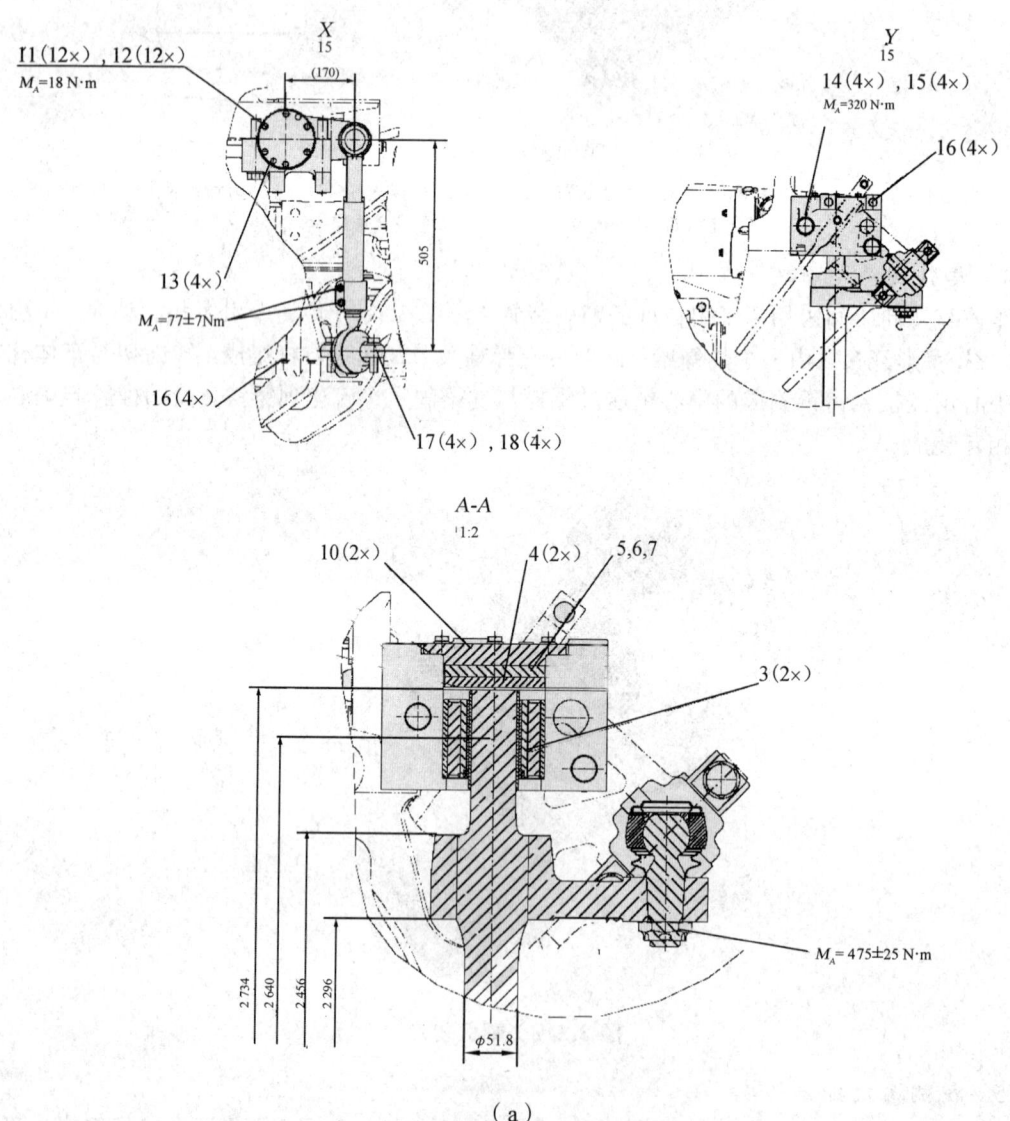

(a)

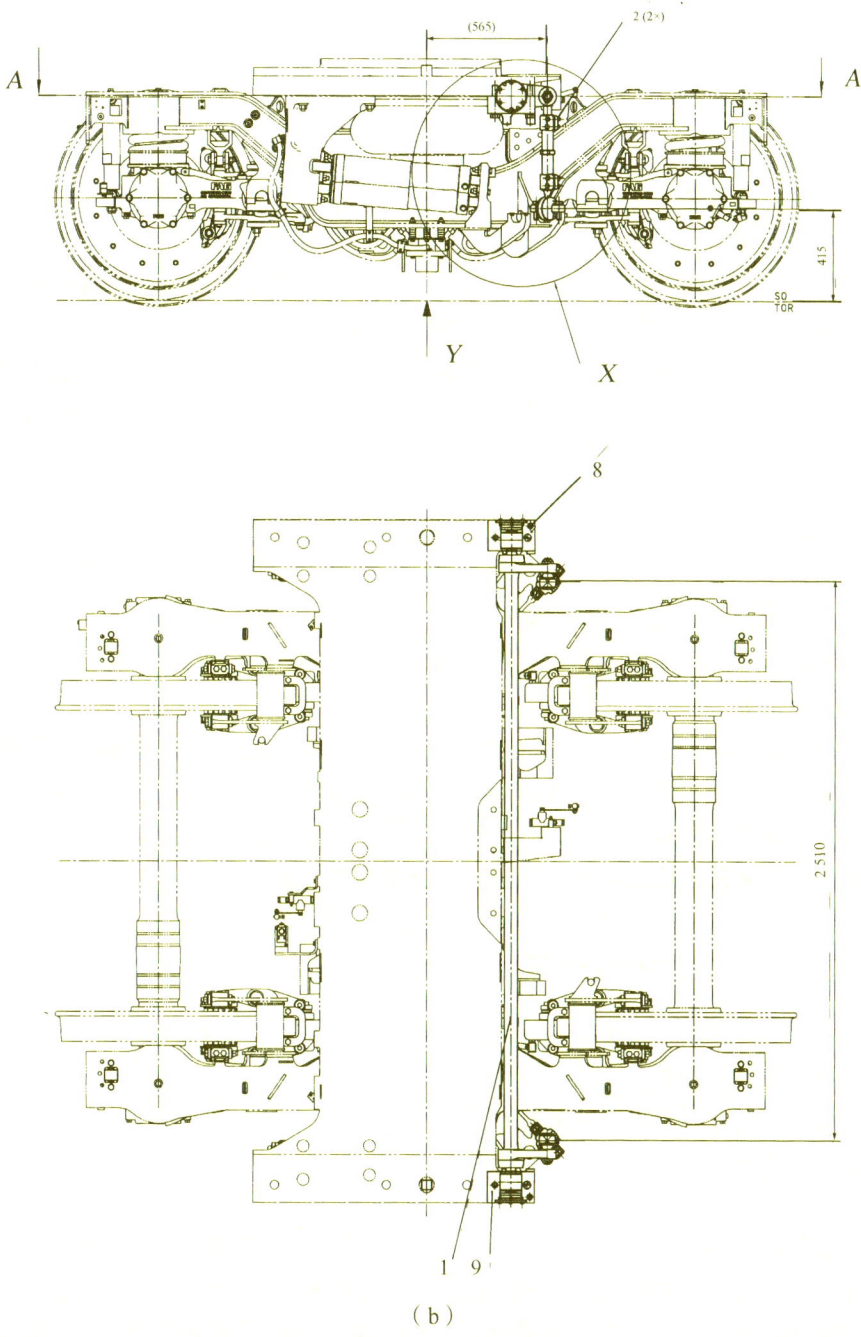

1	扭力杆	6	定距垫圈 2 mm	11	六角螺钉	16	堵塞
2	可调节的连杆	7	定距垫圈 5 mm	12	垫圈	17	螺钉
3	空心套组成	8	左侧涂漆轴套	13	密封堵塞	18	垫圈
4	盘式垫圈	9	右侧涂漆轴套	14	垫圈		
5	定距垫圈 1 mm	10	涂漆的轴承盖	15	螺钉		

图 3.218 抗侧滚扭杆在转向架上的位置

3.9 基础制动装置

3.9.1 概述

制动系统是保证高速动车组安全运行的最重要系统，也是一个非常复杂的系统。之所以说它"非常复杂"，是因为现代高速动车组通常首先采用动力再生制动对列车进行调速，在自动判断再生制动力不够时，再配合以空气制动使列车进一步减速或停车。现代高速动车组采用的制动控制系统实际上是与其牵引传动控制系统相辅相成、紧密结合在一起的，牵引系统和再生制动系统属于同一系统，它们都是以牵引电机为控制对象，只不过牵引时该电机工作在电动机工况，而制动时电机工作在发电机工况。一个完整的制动系统主要包括两个部分：制动控制系统和制动执行系统。制动控制系统由制动信号发生与传输装置和制动控制装置组成，而制动执行系统通常称为基础制动装置。由于制动控制系统已不属于本书要叙述的转向架范畴，且有专门书籍论述，因此，这里我们只讨论基础制动装置。

高速动车组必须能够迅速减速或停车，最大减速度达 $0.8 \sim 1.0 \text{ m/s}^2$。同时，高速动车组规定的紧急制动距离一般为：制动初速为 200 km/h 时，紧急制动距离 ≤ 2 000 m；而制动初速为 160 km/h 时，紧急制动距离 ≤ 1 400 m。要满足上述要求或规定，必须依靠工作灵活、安全可靠的基础制动装置。

基础制动装置实际上是整个动车组制动系统的最后执行机构，其主要任务可归结为：

（1）传递各制动缸所产生的活塞力到各个闸瓦（或闸片）。
（2）将该活塞力增大若干倍。
（3）保证各个闸瓦（或闸片）的压力大小基本相等。

3.9.2 基础制动装置的形式

基础制动装置是转向架中十分重要的部件，它有多种形式，按制动方式可分为：

（1）踏面闸瓦制动装置。
（2）盘形制动装置（有轴盘式和轮盘式之分）。
（3）磁轨制动装置。
（4）涡流制动装置。

当然，如果按制动缸的类型来分的话，又可分为：空气制动和液压制动两种。CRH_1 和 CRH_5 采用前者，即以纯空气盘形制动作为基础制动装置。而 CRH_2 采用后者，即首先将压缩空气经空-油转换装置（即增压缸）转换成高压油，再由该高压油驱动液压制动缸对制动轮盘（或轴盘）施加压力，属于典型的液压盘形制动。

3.9.3 踏面闸瓦制动

踏面闸瓦制动是一种最常用的制动方式，传统的机车车辆基本都采用这种制动方式。当然，根据闸瓦在一个车轮上的布置数量，还有单侧和双侧之分。图 3.219 所示为单侧踏面闸瓦制动的工作原理。其工作原理如下：制动时，首先由制动控制装置根据制动指令通过制动管将压缩空气送入制动缸 1，推动制动缸的活塞向外伸出（即产生活塞推力 P），带动杠杆 2 运动，使闸瓦 3 压紧车轮踏面，产生闸瓦压力 K，于是，闸瓦和车轮间发生摩擦，产生摩擦力 $K \cdot \varphi$（其中 φ 为闸瓦与车轮踏面间的摩擦系数），阻碍车轮旋转，最后通过车轮与钢轨 5 间的黏着产生一个与车轮（或车辆）运动方向相反的力 B，使车轮减速或停止。缓解时，制动控制装置将制动缸内的压力空气排出，制动缸活塞在制动缸缓解弹簧的作用下退回，通过各杆件带动闸瓦离开车轮踏面。

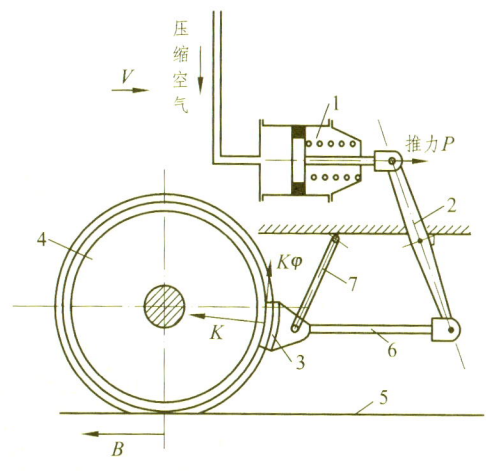

图 3.219　踏面闸瓦制动装置原理图
1—制动缸；2—制动杠杆；3—闸瓦；4—车轮；
5—钢轨；6—推杆；7—吊杆

在制动过程中，动车组的动能大部分通过闸瓦和车轮、车轮与钢轨间的摩擦变成热能，再经闸瓦和车轮最终散发到大气中去。

在闸瓦和车轮这一对摩擦副中，车轮由于主要承担车辆走行功能，因此其材料不能随意改变。要改善闸瓦制动的性能，只能通过改变闸瓦材料的方法。早期的闸瓦材料主要是铸铁，为了改善摩擦性能和增加耐磨性，现在大部分动车组大多采用合成闸瓦。但合成闸瓦的导热性较差，因此，目前采用导热性能良好，且具有较好的摩擦性能和耐磨性的粉末冶金闸瓦。

在闸瓦制动方式中，动能转化为热能的能力大，但热能散发于大气的能力相对较小。当要求的制动功率较大时，有可能发生热能来不及散发，而在闸瓦与车轮踏面上积聚，使它们的温度升高，严重的甚至会导致闸瓦熔化（铸铁闸瓦）或车轮踏面产生裂纹等。因此，在采用闸瓦制动时，对制动功率要有限制。

由于电动车组在每辆车的底架下面需要安装大量的电力牵引等设备，因而采用如图 3.219 所示的基础制动装置在安装上存在较大困难，所以在一般电动车组尤其是城轨车辆上常常采用如图 3.220 所示的单元制动装置。它是由制动缸、闸瓦间隙自动调整器（用于使缓解时闸瓦与车轮踏面之间的间隙不因两者制动时的磨耗而增加，自动调整该间隙在规定范围之内的装置，简称闸调器）等组成的一个紧凑部件，省去了传统基础制动装置中的一系列传动部件，因而大大提高了传动效率。

制动时，向单元制动装置的制动缸内充入压缩空气，由活塞转变为活塞杆 6 的推力。该力经止推片 8 推动杠杆上的凸头 9，通过杠杆使力扩大若干倍后传递给闸调器外壳 13，进一步通过离合器传至主轴 17，最后传给闸瓦。缓解时，制动缸内的压缩空气被排出，制动缸缓解弹簧 7 和扭簧 2 使单元制动装置恢复至缓解状态。

图 3.220 所示单元制动装置中的闸瓦间隙自动调整器是单向作用式的。当闸瓦（或车轮）磨耗后引起闸瓦间隙过大时，在制动和缓解过程中，闸调器会自动进行调整，保证闸瓦间隙保持在标准范围内。但由于更换闸瓦，使闸瓦间隙过小时，必须人工转动回程螺母 26 使主轴缩回，闸瓦间隙增大。

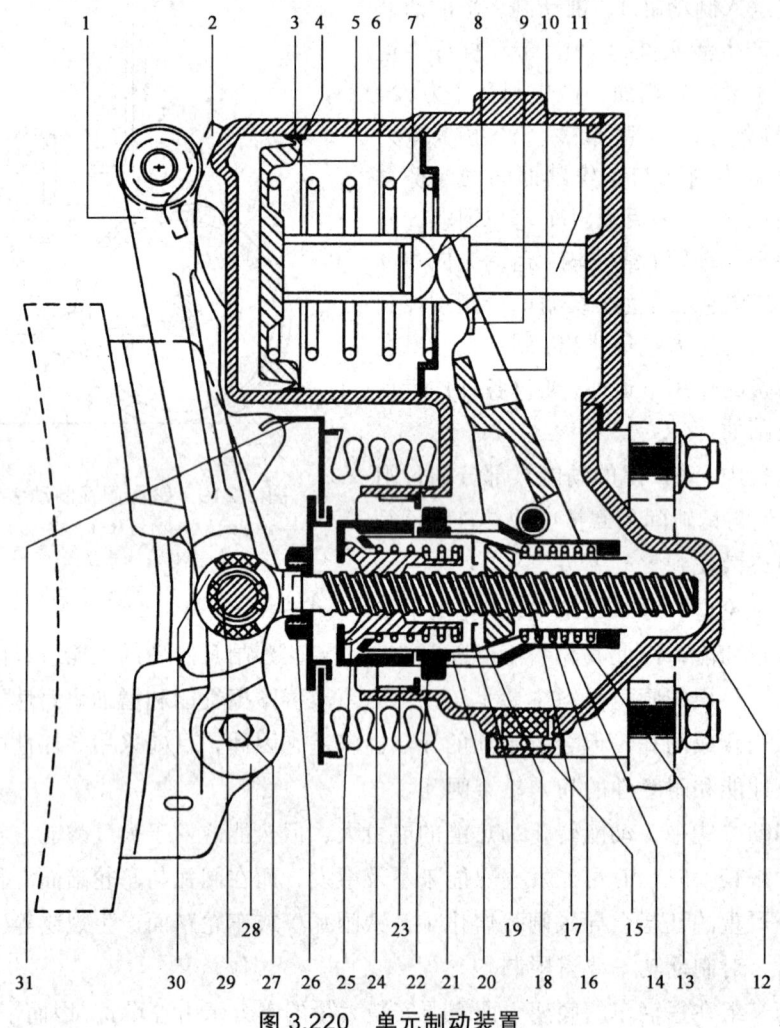

图 3.220 单元制动装置

1—吊杆；2—扭簧；3—活塞胀圈；4—滑动环；5—活塞；6—活塞杆；7—缓解弹簧；8—止推片；9—凸头；10—杠杆；11—导向杆；12—外体；13—闸调器外壳；14—压紧弹簧；15—滤尘器；16—离合器套；17—主轴；18—调整螺母；19、20—轴承；21—波纹管；22—引导螺母；23—止环；24—调整弹簧；25—止推螺母；26—回程螺母；27—摩擦联轴器；28—闸瓦托；29—销；30—主轴鼻子；31—波纹管安装座

单元制动装置结构紧凑、制动效率高、作用灵活，容易做到少维修或无维修。同时，由于其带有自动闸调器，能使闸瓦间隙始终保持在规定范围内，不需进行人工调整，节省了劳动力。

3.9.4 盘形制动

盘形制动是动车组最普遍采用的一种制动方式。根据制动盘安装位置的不同，盘形制动有轴盘式和轮盘式之分。所谓轴盘式就是指将制动盘直接安装在车轴上，而所谓轮盘式实际上是将制动盘安装在车轮的两侧，如图 3.221 所示。

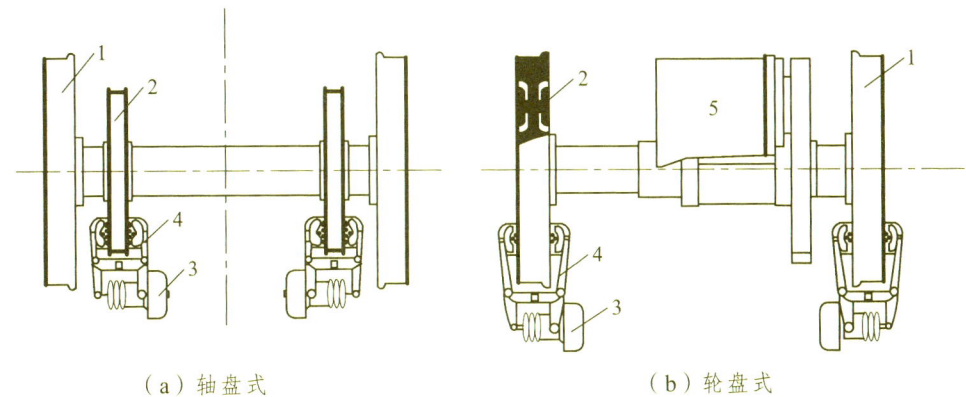

(a) 轴盘式　　　　　　　　（b) 轮盘式

图 3.221　盘形制动

1—轮对；2—制动盘；3—单元制动缸；4—制动夹钳；5—牵引电机

一般采用轴盘式盘形制动装置，当轮对中间由于有牵引电机等设备使制动盘安装发生困难时，可采用轮盘式盘形制动装置。

为了简化结构、减少杠杆数量、减轻质量，进一步提高系统的灵敏度和效率，降低故障率和提高可靠性，通常盘形制动装置采用单元式结构，即将制动缸、杠杆、制动夹钳、自动间隙调整器和闸片托等集中在一个模块内，形成一个相对独立的制动单元，该制动单元与构架横梁或端梁的固定只需通过几个螺栓就能完成。

盘形制动的工作原理（见图 3.222）：制动时，首先由制动控制装置根据制动指令通过制动管将压力空气送入单元制动缸 2，推动制动缸的活塞伸出，带动一系列内部杠杆动作，使制动夹钳产生闭合，进而带动闸片 4 夹紧制动盘 1，闸片和制动盘间发生摩擦，阻碍轮对旋转，最后通过车轮与钢轨间的黏着，产生一个与轮对（或车辆）运动方向相反的力，使轮对减速或停止。缓解时，制动控制装置将制动缸内的压力空气排出，制动缸活塞在制动缸缓解弹簧的作用下退回，通过各杆件带动闸片离开制动盘。

在制动过程中，动车组的动能大部分通过闸片和制动盘、车轮与钢轨间的摩擦变成热能，再经闸片、制动盘和车轮最终散发到大气中去。

盘形制动比较容易双向选择摩擦副，可以得到比闸瓦制动大得多的制动功率。制动盘的材质有铸铁、铸钢和锻钢等多种，而闸片也有合成材料、粉末冶金等多种材料。城轨车辆由于车速较低，一般多采用铸铁盘配合成闸片。

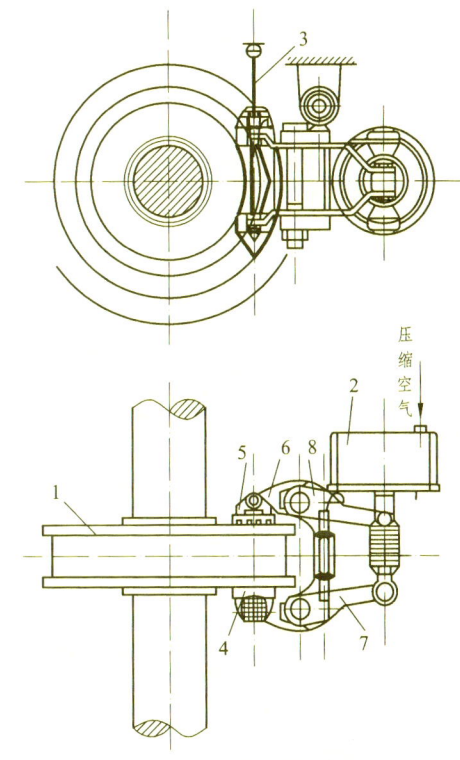

图 3.222　盘形制动装置

1—制动盘；2—单元制动缸；3—吊杆；4—闸片；
5—闸片托；6、7—杠杆；8—支点拉板

对合成闸片材料成分的选择，除满足制动摩擦性能的要求外，必须考虑对环境污染的影响，应符合有关环保要求。对高速动车组，其设计车速较高，可通过增设制动盘数量来满足制动要求。如不能增加制动盘数，则可通过改变制动盘和闸片的材质（如选择钢盘和粉末冶金闸片配合）来达到制动要求。

盘形制动几乎是所有动车组普遍采用的基础制动装置，主要原因是：

（1）盘形制动装置代替了闸瓦对车轮踏面的摩擦，因而不存在对车轮的热影响，同时也减少了车轮的磨耗，延长了车轮的使用寿命。特别是对于采用橡胶弹性车轮的车辆来说，只能采用盘形制动装置。

（2）盘形制动的散热性能比较好，所以摩擦系数稳定，能得到比较恒定的制动力。同时，其热容量允许其具有较高的制动功率。

（3）可自由选择制动盘和闸片材料，使该摩擦副具有最佳的制动参数，可获得较高而稳定的摩擦系数。故可减小闸片压力，缩小制动缸及杠杆尺寸，减轻制动装置的质量。

（4）盘形制动运用经济。一般来说，盘形制动的闸片面积比闸瓦制动的闸瓦面积大，承受的压应力较小，其磨耗率也较小。

（5）盘形制动代替踏面闸瓦制动后，将使簧下死质量有所增加，同时使轮轨间的黏着系数有所降低（主要原因是盘形制动失去了对车轮踏面的清扫作用，从而使车轮踏面污染状况得不到改善，导致轮轨间黏着下降）。

3.9.5 磁轨制动

磁轨制动也称轨道电磁制动，它是靠安装在转向架下面的电磁铁与钢轨之间产生的吸附作用，使车辆减速或停车的一种非黏着制动。

磁轨制动装置的具体结构如图 3.223 所示。在转向架构架侧梁 4 下面通过升降风缸 2 安装有电磁铁 1，在电磁铁下面还设有磨耗板 5。

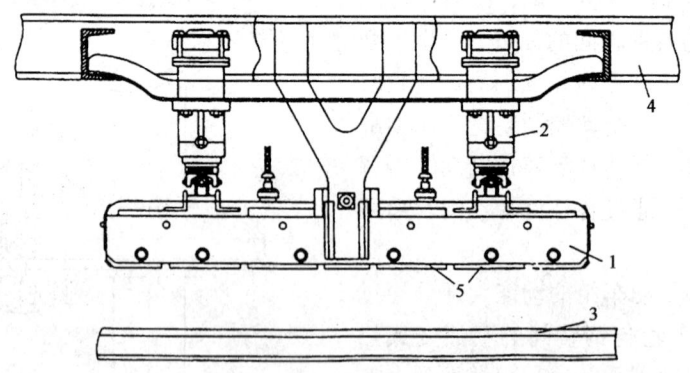

图 3.223 磁轨制动装置

1—电磁铁；2—升降风缸；3—钢轨；4—转向架构架侧梁；5—磨耗板

磁轨制动的工作原理：制动时，使升降风缸下降，将电磁铁 1 放下，同时给电磁铁上的励磁线圈励磁，产生强大的磁场，使磨耗板 5 吸附在钢轨 3 上，它与钢轨之间产生吸力，该吸力使得磨耗板与钢轨间产生与车辆运动方向相反的摩擦力，最后通过升降风缸直接作用到转向架构架上，使转向架（或车辆）减速或停车。缓解时，切断励磁线圈中的电流以消除磁场，同时使升降风缸上升，将电磁铁收回离开钢轨即可。磁轨制动装置有以下特点：

（1）磁轨制动属非黏着制动，它利用电磁铁吸引钢轨产生摩擦来消耗车辆运动能量。

（2）磁轨制动能得到较大的制动力，常被用作高速动车组和轻轨车辆紧急制动时的一种有效补充制动手段。

3.9.6 涡流制动

涡流制动（Eddy Current Brake，简称 ECB 制动）是一种新型的、非接触式电磁制动方式。它利用导体（即 ECB 盘）在磁场内切割磁力线产生电涡流，使导体（即 ECB 盘）内部发热，消耗车辆运动能量，达到使车辆减速或停车的目的。

涡流制动的工作原理如图 3.224 所示。当需要制动时，给励磁线圈（电磁铁）通电，产生磁场，于是，安装在车轴上的 ECB 盘在该磁场内旋转切割磁力线，ECB 盘与磁场的相互作用将阻碍轮对的旋转，最后通过车轮与钢轨间的黏着产生一个与轮对（或车辆）运动方向相反的力，使轮对减速或停止。这种 ECB 盘与磁场间的电-磁-热的相互作用就是制动力产生的根源。当需要缓解时，将励磁线圈（电磁铁）断电，磁场随之消失，ECB 盘尽管仍然在该磁场内旋转，但已无磁场阻碍作用。

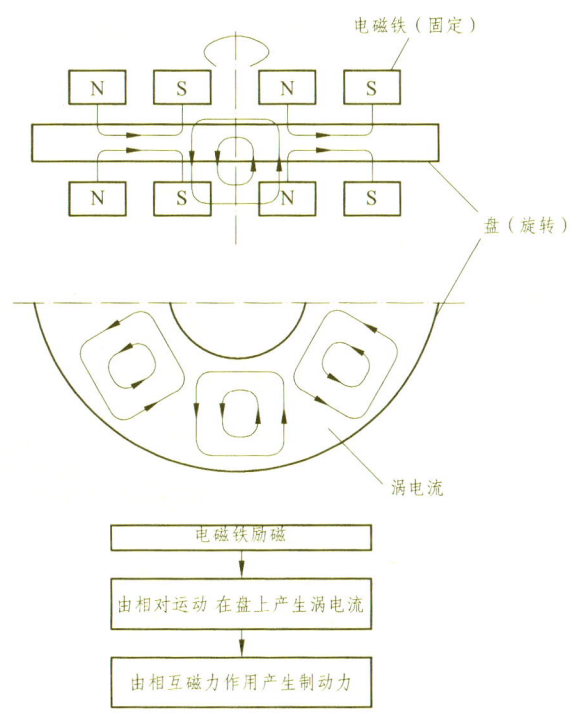

图 3.224 涡流制动的工作原理

涡流制动在日本的 300 系高速动车组上得到了成功应用，其具体结构和在转向架上的安装位置如图 3.225 所示。该装置主要包括 ECB 盘和 ECB 制动线圈（电磁铁），其中 ECB 盘通过液压套装固定安装在车轴上，每轴两个，相应的制动线圈则安装在构架横梁上。涡流制动的特点：

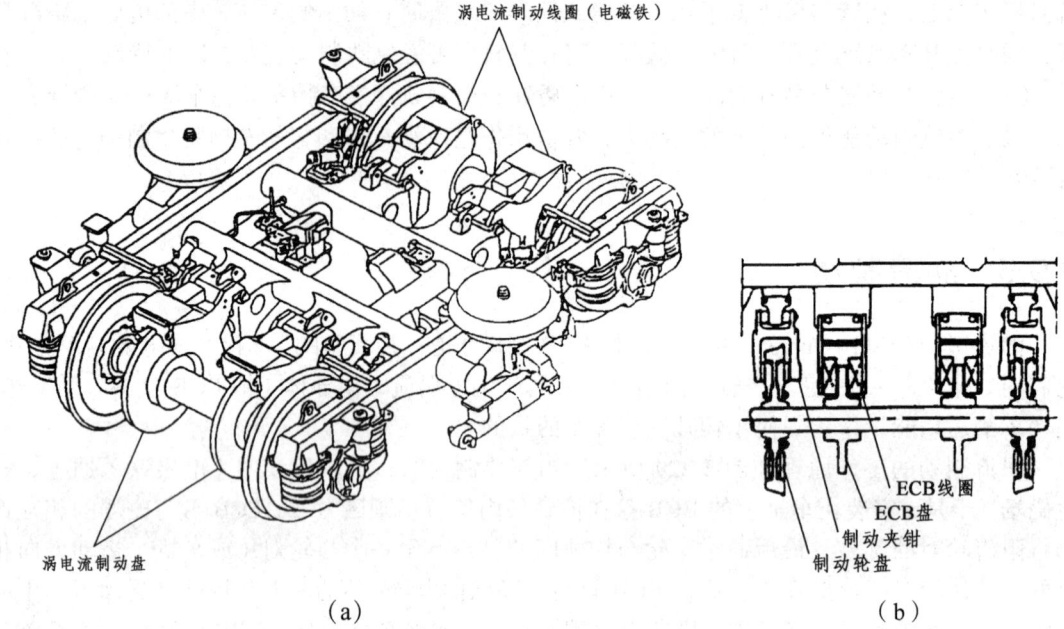

(a)　　　　　　　　　　　(b)

图 3.225　涡流制动装置的具体结构和在转向架上的安装位置

（1）涡流制动是非接触式的，其制动线圈与 ECB 盘在任何时候都不发生接触，这样就不存在摩擦，当然也就避免了磨损。

（2）由于制动过程中 ECB 盘与制动线圈不发生接触，因此车轮和构架在此过程中始终不会出现刚性连接，即不会出现轴箱弹簧短时"失灵"的状况，这将大大降低轮轨间的瞬时动作用力，减少轮轨损伤。

（3）涡流制动仍然属于黏着制动范畴，ECB 盘与制动线圈之间产生的电-磁-热相互作用只是属于整个车辆系统的内力，它必须最后通过外力才能阻碍车辆的运动，而这个外力只能通过轮轨间的黏着实现。

（4）在动车组发生故障导致整车失电（如受电弓不能受流）时，涡流制动将不能工作，或者只能依靠车载蓄电池提供励磁电流才能产生制动，这对蓄电池的容量有较高要求。

图 3.226 所示是在 300 系高速动车组上实际使用的涡流制动装置的制动线圈的具体结构。

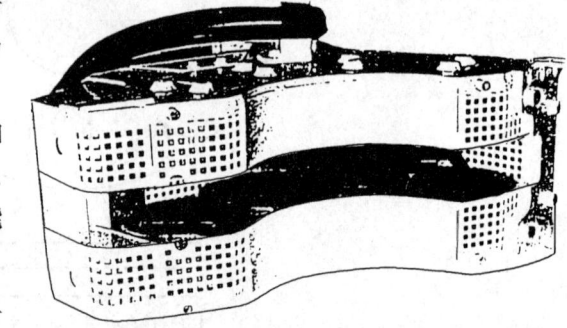

图 3.226　涡流制动装置的 ECB 制动线圈结构

3.9.7　有关基础制动装置的几个重要概念

上述各种形式的基础制动装置，虽然结构不同，但都有以下 3 个重要概念：

（1）制动倍率——一个制动单元各闸瓦（或闸片）的计算闸瓦（或闸片）压力之和 $\sum K$ 与制动缸活塞推力 P 之比

$$n = \sum K / P$$

制动倍率实际上就是杠杆系统的放大倍数。在总的计算闸瓦（或闸片）压力之和 $\sum K$ 一定的条件下，制动倍率 n 越大，需要使用的制动缸的尺寸就越小。

（2）传动效率——一个制动单元的实际闸瓦（或闸片）压力之和 $\sum K_\text{实}$ 与计算闸瓦（或闸片）压力之和 $\sum K$ 之比

$$n = \sum K_\text{实} / \sum K$$

传动效率的物理意义是：在制动过程中，由于基础制动装置中各杠杆、拉杆和吊杆连接处存在摩擦，再加上制动缸缓解弹簧的反抗力等原因，使得制动缸压力在基础制动装置传递并变换为闸瓦（或闸片）压力的过程中，必然会有一定损失，即实际的闸瓦压力与理论上计算出来的闸瓦压力有一定的差距，该差距用传动效率来衡量。

（3）动车制动率——动车实际闸瓦（或闸片）压力之和 $\sum K_\text{实总}$ 与动车质量 Q 之比

$$\delta = \sum K_\text{实总} / Q$$

动车制动率标志着动车制动能力的大小。由于动车的质量 Q 通常是受限制的，因此动车实际闸瓦（或闸片）压力之和 $\sum K_\text{实总}$ 的大小就要受到轮轨间黏着状态的制约，为了防止抱死闸瓦，通常取动车制动率 $\delta = 0.5 \sim 0.6$。

3.9.8 制动倍率计算举例

1. 一台转向架的制动倍率

以图 3.227 所示某铁路客车转向架基础制动装置为例，图中，L 表示制动缸活塞的行程，此时所有闸瓦都已贴靠车轮踏面，作用在制动缸活塞上的空气压力所产生的活塞推力为 P，通过活塞杆传给制动缸前的杠杆系统。

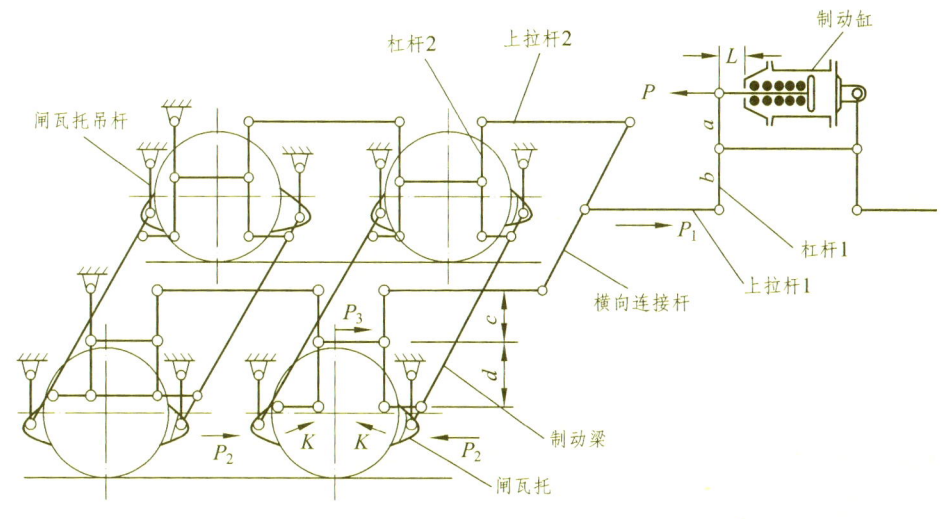

图 3.227 客车转向架制动倍率计算

根据杠杆原理，上拉杆所受拉力 P_1 为

$$P_1 = \frac{a}{b}P$$

图中 P_2 表示作用于第一根制动梁上的水平力，K 表示一根制动梁上两块闸瓦压力之和，若 K 与 P_2 之间在水平方向的夹角为 α，则由杠杆原理可知

$$P_2 = \frac{c}{d}P_1 = \frac{ac}{bd}P$$

$$K = P_2\cos\alpha = \frac{ac}{bd}P\cos\alpha$$

同理，可分别计算出另外 3 根制动梁上的闸瓦压力大小也为 K。于是，一台转向架上闸瓦压力之总和为

$$\sum K = 4\frac{ac}{bd}P\cos\alpha$$

闸瓦压力角 α 在使用中不断变化着，且此夹角一般较小，对闸瓦压力的影响甚微。为简化计算，通常把该角度的影响计入基础制动装置的传动效率中去考虑，这样，上式可简化为

$$\sum K = 4\frac{ac}{bd}P$$

按照定义，一台转向架的制动倍率为

$$n = \frac{\sum K}{P_1} = 4\frac{c}{d}$$

2. 一个制动缸的制动倍率

一个制动缸的制动倍率与一台转向架的制动倍率有所区别，应为

$$n = \frac{\sum K}{P} = 4\frac{ac}{bd}$$

3.9.9 CRH$_2$ 动车组的基础制动装置

1. 结构组成及特点

CRH$_2$ 转向架基础制动装置采用空-油转换液压制动方式，M 车、T 车均采用变换空压、油压的增压气（油）缸和油压卡钳式盘形制动装置。卡钳式盘形制动分轮盘和轴盘两种形式，轮盘安装在每个车轮上（无论是动轮还是拖轮均有），而轴盘仅安装在拖车车轴上，每轴两个。

制动卡钳的夹紧动作是由液压油缸驱动的，而推动该液压油缸的高压油是通过一套空-油变换装置将制动管内的压缩空气压力放大若干倍（即制动倍率，约 18 倍）后获得的，其原理如图 3.228 所示。

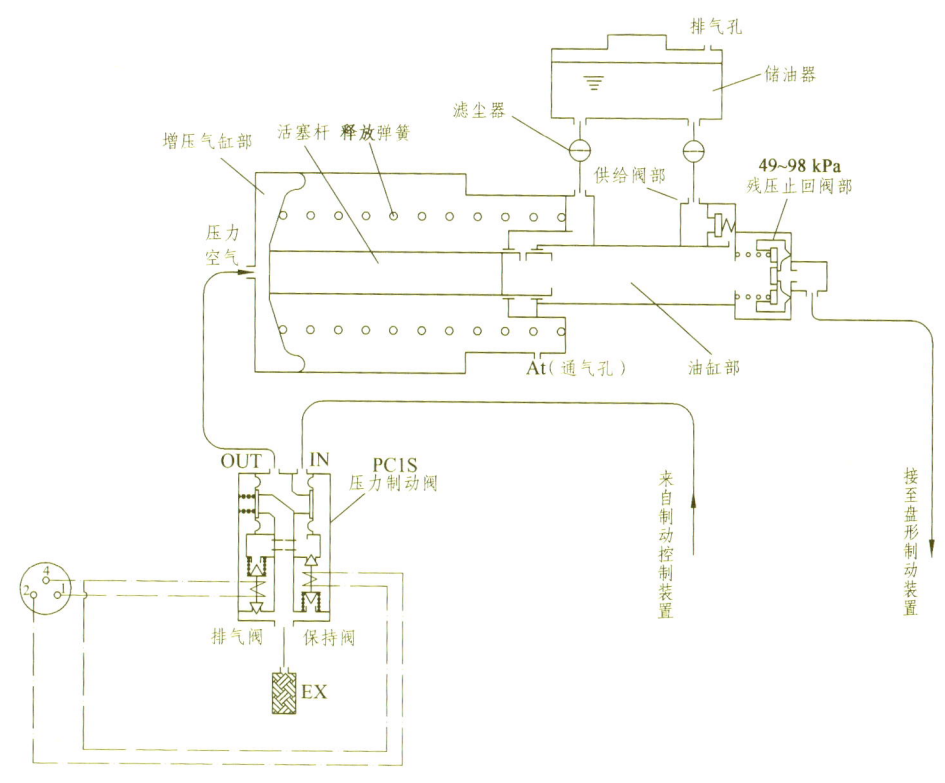

图 3.228 增压缸工作原理

采用液压制动的优势是：能够通过制动控制系统满足不同载重条件下对不同制动倍率（即制动力）的要求以及防滑要求，同时可以简化制动单元的结构，取消复杂的杠杆构件和空气单元制动缸，节省空间，减轻质量。

CRH_2 转向架基础制动装置主要由制动增压缸、制动卡钳、闸片及管路系统等部分组成。

2. 空-油转换装置

1）工作原理

增压缸是空气-油转换装置的主要部件，其将制动管来的压缩空气的压力放大若干倍（约18倍）转换成油压后，提供给制动油缸以实施对制动盘的夹紧。工作原理如下（参见图3.228）：

制动时，压力空气经过 PC1S 压力控制阀调整后进入气缸，推动气缸活塞，随活塞杆压进油缸里，此时在活塞杆端部设有的油孔在通过垫圈的同时，油缸内的油液受压并逐渐移动，油压逐步上升达到平衡气缸内的气压（约18倍）为止。油缸内的油液推开止回阀输送到盘式制动器的制动油缸，此时，供给阀弹簧面承受油的压力而仍保持关闭状态。随着活塞的移动，行程表示杆也逐渐突出，便于读取活塞的行程尺寸。

制动缓解时，气缸活塞转变为后退行程，同时油缸内的活塞杆也在释放弹簧的作用下退回到原位，油缸内的压力急剧下降，此时制动油缸的油压大于油缸内的压力。当制动油缸的油压大于弹簧力时，将推动止回阀座带着止回阀一起脱离接触面，使油液由止回阀座的周围向油缸回流，直到与弹簧的张力平衡为止。

制动油缸内的油压与弹簧的张力相互平衡时，停止油液的回流，止回阀座又复位，这样在液压制动缸内可保持 49～98 kPa 的残剩压力，以防止从装置的密封垫圈及油管接头等处间隙窜入气泡。

如果发生盘式制动器的回油延迟，或因装置的调隙结构有动作，以及油缸活塞的 0 点飘移作用造成的缺油等现象，使得活塞杆后退行程上油缸内的油压低于储油器的油压时，供给阀应立即开放且开始补油。制动作用完全缓解时，活塞杆端部设有的油孔穿过油缸内靠近气缸位置的两个密封垫之间夹有的挡圈孔与储油器连通。活塞退回到缓解位置，弹簧立即动作，放松行程表示杆的压力，使它退回到弹簧室内。

2）结构及主要参数

增压缸型号为 180-42×55 型，其中"180-42×55"依次表示气缸直径、油缸直径和行程，增压比为 18.367。

增压缸的主要参数见表 3.22。增压缸的详细结构如图 3.229 所示，它主要由气缸部和油缸部两部分组成，其中气缸部主要包括与压力空气相接触的气缸活塞 2 和缓解弹簧 6，而油缸部主要包括与液压油相接触的油缸活塞 3、储油器 7 和止回阀 14 等。在气缸活塞的后面直接连接着活塞杆 3，而该活塞杆的另一端实际上就直接插入到油缸部，作为液压油缸的油缸活塞使用，当左边的气缸活塞受到压力空气的作用向右移动时，就直接推动油缸活塞压迫油缸中液压油，使其压力升高，并推开止回阀向液压制动缸输送。储油器的作用是随时补充或回收液压油缸内的缺少的或多余的液压油，而止回阀的作用是保证在液压制动缸和油管内始终具有 49～98 kPa 的残剩压力，以防止从装置的密封垫圈及油管接头等处间隙窜入气泡。

表 3.22 增压缸的主要参数

部 位	项 目		说 明
增压气缸	气缸直径		ϕ180 mm
	油缸直径		ϕ42 mm
	增压比		18.367
	行 程		55 mm
	增压特性		气压 98 kPa→油压（1 372±294）kPa 气压 294 kPa→油压（4 998±294）kPa 气压 686 kPa→油压（12 250±490）kPa
	缓解时的残压		49～98 kPa（油压）
PC1S 压力控制阀（滑行防止阀）	控制方式		气压滑行控制
	电磁阀	额定电压	DC24 V（连续 20 s）
		最低电压	DC14.4 V
		额定电流	约 1.5 A
		线圈阻抗	（15.6±10）Ω
	最大动作压力		气压 735 kPa→油压 13 130 kPa
	质 量		30 kg（不含油）

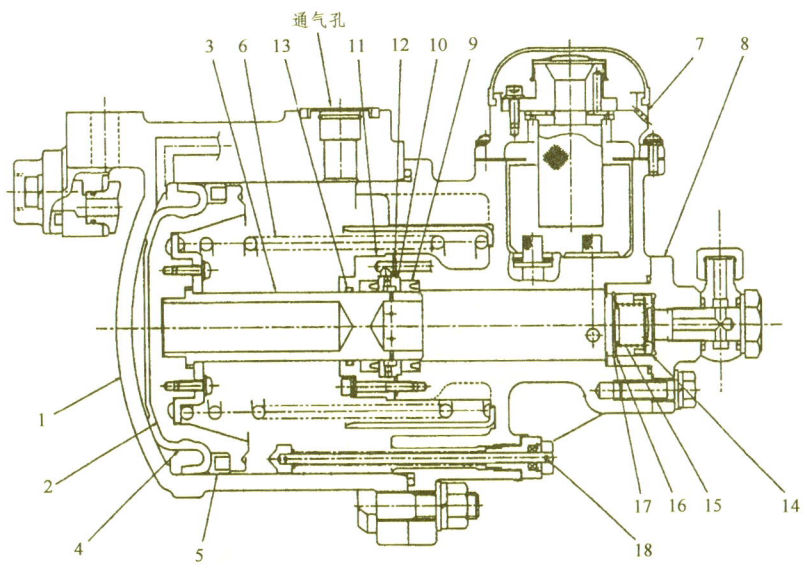

图 3.229 增压缸的详细结构

1—气缸主体;2、3—活塞;4—180帽子形垫圈;5—导环;6—缓解弹簧;7—储油器;
8—带止回阀的油缸盖;9—垫圈;10—垫圈固环;11—密封圈固定件;12—填密片;
13—O形环;14—止回阀;15—弹簧;16—弹簧行程限制板;
17—挡圈;18—行程表示杆

增压缸吊挂在构架横梁的连接梁安装座上,为了防止高速运行时道砟或异物的击打,在缸体外安装了增压缸保护罩,其安装如图 3.230 所示。

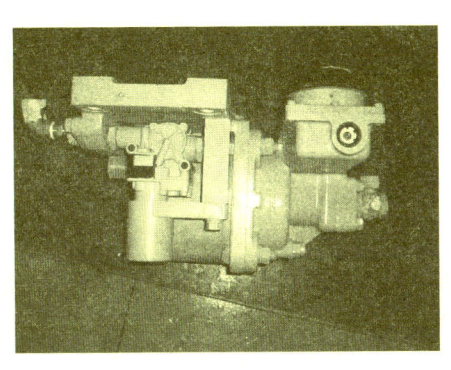　　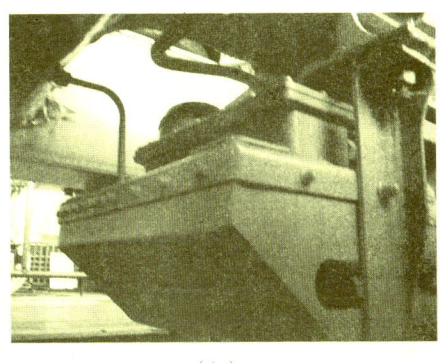

（a）　　　　　　　　　　　　　（b）

图 3.230　180-42×55 型增压缸及保护罩的安装

3. 卡钳制动装置

1）卡钳制动动作过程

加压制动时,由增压缸输出的高压油,通过液压管路分别输入到转向架的各个制动卡钳装置的液压制动缸内,推出制动闸片,油缸侧的闸片首先碰上制动盘的表面,然后卡钳本体因反作用力而使支持栓销部分发生横向滑动（由于每侧闸片与制动盘之间的设定间隙仅 3 mm,因此,实际产生的横向滑动量也只有 3 mm）,致使非油缸侧闸片也压上制动盘的表面,形成两侧闸片共同夹住制动盘,产生制动夹紧力,实施制动作用。

CRH₂ 转向架所用的制动卡钳装置共有 3 种形式,分别用于 M 轮对的轮盘制动、T 轮对的轮盘制动和轴盘制动。

卡钳制动装置主要由卡钳本体、液压缸、闸片、闸片间隙调整装置、支持栓销（上、下）和安装座等组成。图 3.231 所示为 M 轮对卡钳制动装置结构，而 T 轮对卡钳制动装置的结构与 M 轮对的几乎一样，只是尺寸不同而已。

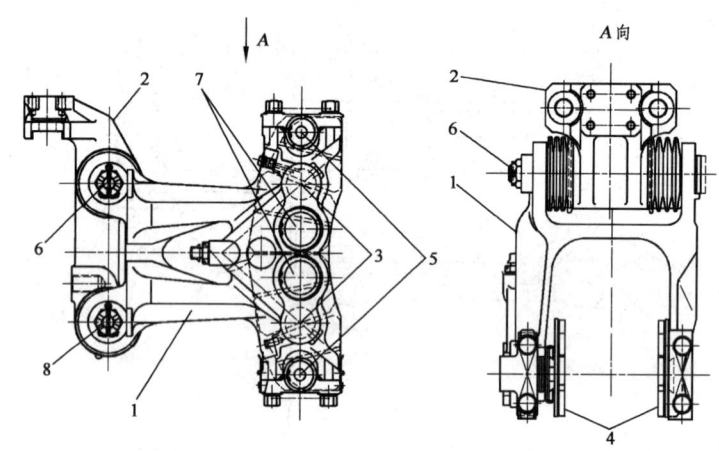

图 3.231　M 轮对卡钳制动装置结构

1—卡钳本体；2—安装座；3—液压制动缸；4—闸片；5—闸片托导柱；6—支持栓销（上）；
7—闸瓦间隙自动调整装置；8—支持栓销（下）

安装座固定于构架横梁上，在安装座内有两个横向销轴（上、下支持栓销）与卡钳本体连接，允许卡钳装置相对于构架横向滑动，以保证在施行制动时跟随随时横向运动的制动盘。因此，这里的上、下支持栓销结构非常特殊，如图 3.232 所示。其中，在上支持栓销内部有球面轴承和稳定橡胶，栓销穿过球面轴承，并可在其中灵活滑动，同时，球面轴承又可相对销座转动，这样就能满足制动过程中制动卡钳相对于构架横梁作适当的运动。这里的稳定橡胶的主要作用是：当制动过程缓解时，它将使卡钳装置自动回位，以确保缓解状态下制动闸片与制动盘之间的两侧间隙恢复到设定值（约 3 mm）。下支持栓销内部有滑动轴承和抗振橡胶，栓销穿过滑动轴承，也可在其中灵活滑动；而抗振橡胶的作用主要是在制动盘（即轮对）与构架横梁间提供一定的弹性，以减少制动过程中产生的动作用力。

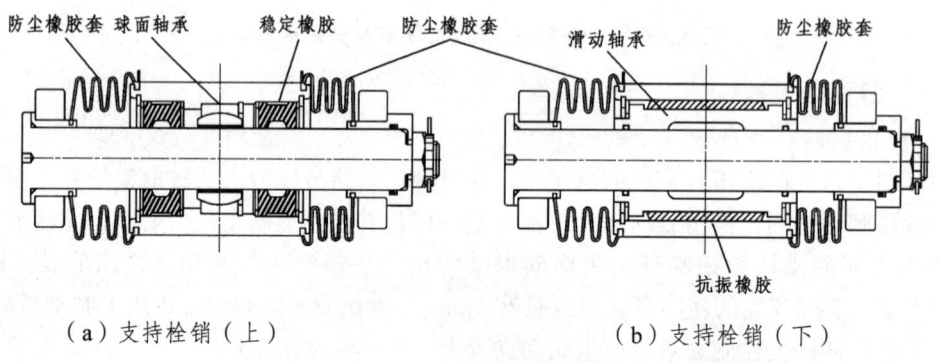

(a) 支持栓销（上）　　　　　　(b) 支持栓销（下）

图 3.232　上、下支持栓销的结构

卡钳制动装置有轮盘式和轴盘式两种，其功能基本相同，只是结构尺寸有差异。

制动卡钳具有自动间隙调整功能，可以保证缓解时在闸片与制动盘磨耗的条件下仍保持设定的间隙。卡钳本体及安装座采用铸铁材料，制动盘采用锻件制造，制动闸片采用粉末冶金材料，闸片与制动盘的摩擦系数保持在 0.25 左右。闸片在制动卡钳上的安装通过垂向的燕尾槽进行水平方向的定位，垂直方向由卡钳上的定位销进行定位。需要更换闸片时，打开卡钳底部的挡座，闸片即可沿燕尾槽退下取出。

2）M 轮对轮盘制动卡钳装置

由于每条动力轮对仅在车轮侧安装制动盘（轮盘），因此在每条动力轮对的车轮侧安装有两套对称的制动卡钳，卡钳安装在构架横梁的制动吊座上，如图 3.233 所示。

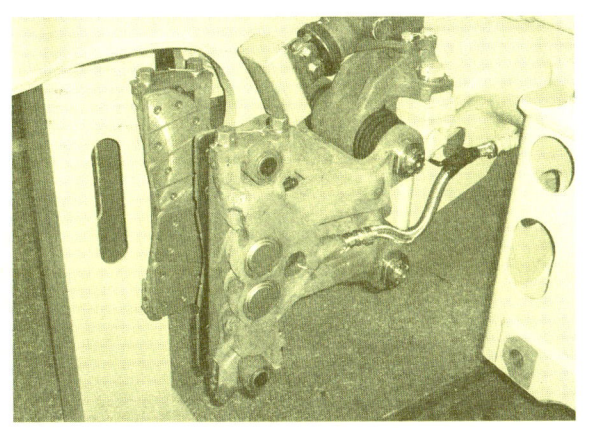

图 3.233 M 轮对轮盘制动卡钳装置及安装

3）T 轮对轮盘/轴盘制动卡钳装置

每条拖车轮对除了在车轮侧安装制动盘（轮盘）外，还在轮对中央的车轴上安装有两套轴制动盘（轴盘），制动卡钳分别安装在构架的 4 个制动吊座上，如图 3.234 所示。

图 3.234 T 轮对轮盘/轴盘制动卡钳装置

制动装置在出厂前需要进行制动卡钳的液压试验、本体的强度试验、摩擦系数试验和温度上升试验等检查。

4)闸片间隙自动调整装置

当动车组运行一定的距离后,制动闸片与制动盘之间的间隙将逐渐变大,当间隙超过规定值时,闸片间隙自动调整装置将开始工作,对制动闸片与制动盘之间的间隙进行连续无级调整。

闸片间隙自动调整过程:当制动闸片磨损后,在可调活塞内的摩擦弹簧与杆之间因液压制动缸的作用而出现相对滑动,并且该相对滑动量不会随着液压制动缸卸压(制动缓解)而缩回,这就从结构上保证了当液压制动缸卸压时闸片的返回量一定,即保证制动闸片与制动盘之间的间隙始终保持在规定值内。调整过程示意图如图 3.235 所示。

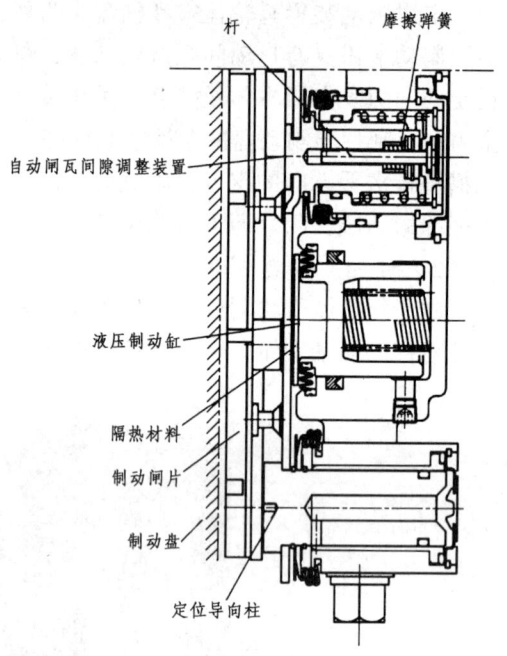

图 3.235 闸片间隙自动调整过程

3.9.10 CRH₁ 动车组的基础制动装置

1. 动车转向架的基础制动装置

动车转向架的基础制动装置为轮盘摩擦制动。制动盘成对地安装在车轮辐板两侧,制动盘是环形的,用铸钢制作,并配有冷却片,它们都是用螺钉安装在车轮的两面。制动单元通过安装架安装在转向架构架的外端梁上。

动车转向架制动单元有 3 种类型(见图 3.236),一种是不带停车制动装置的制动单元(见图 3.237),一种是带有停车制动装置的制动单元(见图 3.238),还有一种是带停车制动并包括紧急缓解遥控装置的制动单元。

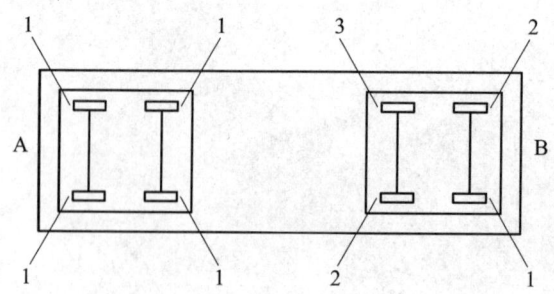

图 3.236 3 种类型的动车制动单元

1—没有停车制动的制动单元;2—带有停车制动的制动单元;3—带有停车制动和遥控的制动单元;
A—车辆的 A 位端;B—车辆的 B 位端

图 3.237 不带停车制动装置的制动单元

1—外壳；2—安装架；3—薄膜气缸；4—自动闸瓦间隙调整装置；5、6—制动闸片托；
7、8—控制臂；9—压缩空气接口；10—复位螺钉

图 3.238 带停车制动装置的制动单元

1—外壳；2—安装架；3—停车制动器的一体式薄膜气缸；4—自调节机构；5、6—制动闸片托；
7、8—控制臂；9—停车制动器的一体式悬挂控制单元；10—盘式制动器的压缩空气口；
11—停车制动器的压缩空气口；12—停车制动器的紧急释放机构；
13—自调节复位螺钉

　　3 种制动单元在列车运行中施行制动和缓解时，制动单元的动作是相同的。当压缩空气进入气缸，活塞杆利用偏心轮驱动杠杆使制动闸片移向制动盘，闸片与制动盘接触并产生摩擦力而形成制动力，同时自动调节闸瓦间隙。

　　当压缩空气从气缸内排出，缓解弹簧拉回活塞杆，制动闸片从制动盘上移开，制动得到缓解。

　　带停车制动的制动单元有一个带有停车制动背压缸及弹簧激活的控制装置。弹簧装置的制动力来自预拉弹簧，在施行停车制动时，背压缸排气，弹簧拉伸，使制动闸片一直处在与

制动盘接触的状态,即使供气停止,制动力也能一直保持。为了缓解停车制动,需要向背压缸充气,背压缸动作压缩弹簧,使制动闸片从制动盘上移开,制动得到缓解。

制动闸片和制动盘之间的游隙,采用自动调节装置进行调节。

图 3.239 所示是制动单元在转向架梁上的安装情况。

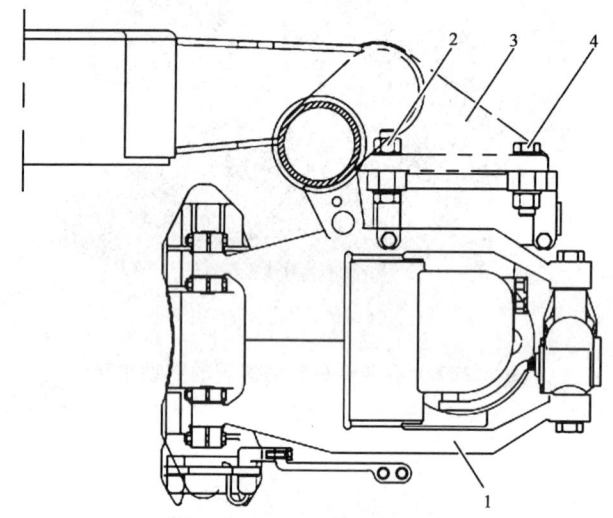

图 3.239 动车转向架制动单元的安装

1—制动单元;2—从下面安装的螺钉 M20;3—动车转向架构架;4—从上方安装的螺钉 M20

2. 拖车转向架的基础制动装置

拖车转向架的基础制动装置为盘形摩擦制动。制动盘安装在车轴上,每根轴上装有 3 个制动盘,制动单元通过安装架装在转向架构架的横梁上(见图 3.240 和图 3.241)。

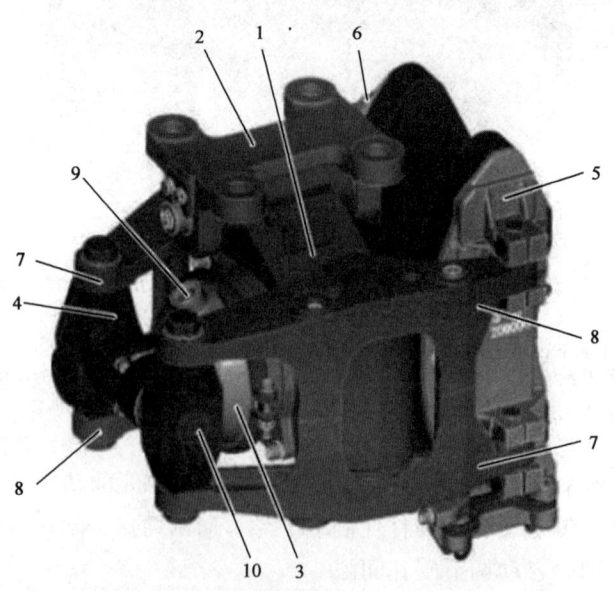

图 3.240 拖车转向架的制动单元

1—外壳;2—安装架;3—薄膜气缸(制动缸);4—自调节机构;5、6—制动闸片托;
7、8—控制臂;9—制动盘的压缩空气口;10—自调节复位螺钉

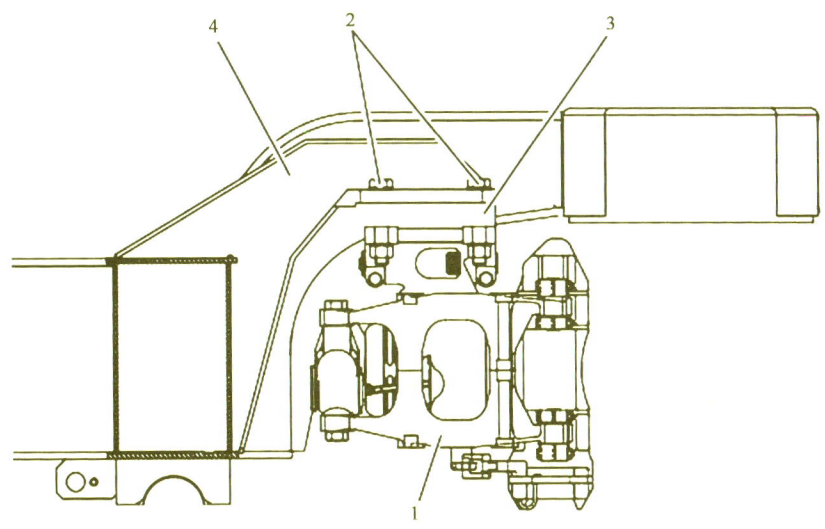

图 3.241 拖车转向架的制动单元在转向架上的安装

1—制动单元；2—从上方安装的螺钉 M20；3—定位片；4—拖车转向架构架

3. 单元式制动装置内部结构及工作原理

CRH_1 动车组采用的单元式制动装置是一种比较新型的集成式制动装置，它有两种形式，一种不带停放制动，另一种带停放制动。带停放制动的单元式制动装置的内部结构如图 3.242 所示，它主要包括隔膜式制动气缸、偏心轴、制动杠杆、闸片托、闸片间隙自动调节装置、弹簧储能停放装置和紧急释放机械装置等。不带停放制动的单元式制动装置（见图 3.243）除了没有弹簧储能停放装置和紧急释放机械装置外，其他与带停放制动的单元式制动装置的内部结构基本相同。因此，这里以带停放制动的单元式制动装置来解释其工作原理。

带停放制动的单元式制动装置的工作过程包括制动过程、缓解过程和停放制动过程等 3 种，下面分别叙述。

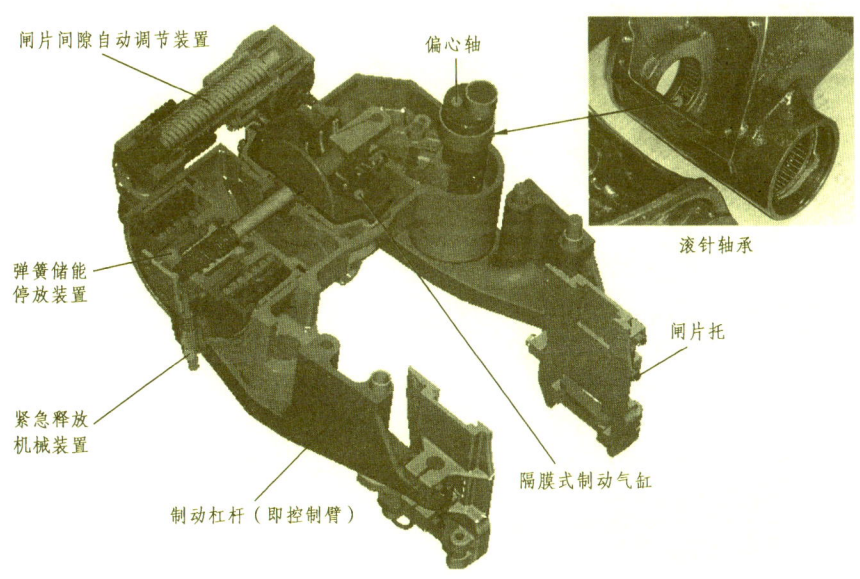

图 3.242 带停放制动装置的制动缸的内部结构

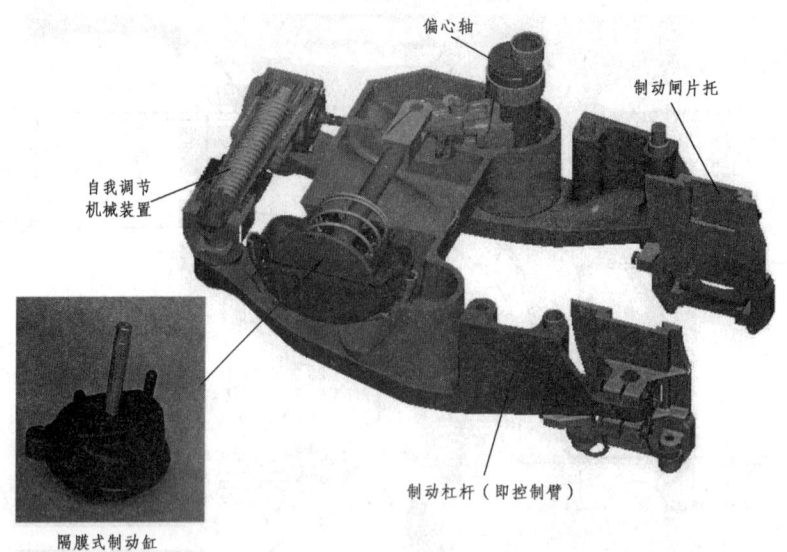

图 3.243　不带停放制动装置的制动缸的内部结构

1）制动过程

如图 3.244 所示，当司机主手把置于制动位并经制动控制装置判断需要施行空气制动时，压缩空气就由制动管被同时送入制动缸和储能风缸，它一方面压迫储能风缸活塞，将储能弹簧和停放制动顶杆向左压缩到全缩回位置；另一方面，制动缸的膜片在压缩空气的作用下向右移动，克服缓解弹簧力并推动制动活塞杆右移，带动偏心轴转动，进而驱动制动杠杆产生闭合作用，最后使制动闸片夹住制动盘，对轮对施行制动。

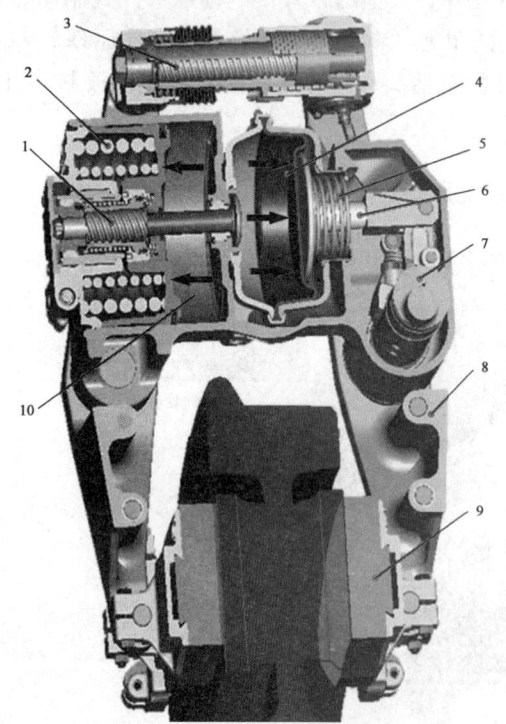

1—停放制动顶杆；
2—储能弹簧；
3—闸片间隙自动调节装置；
4—膜片式制动缸；
5—缓解弹簧；
6—制动活塞杆；
7—偏心轴；
8—制动杠杆（即控制臂）；
9—制动闸片；
10—储能风缸

图 3.244　制动过程原理图

2）缓解过程

如图 3.245 所示，当司机或控制系统发出缓解指令时，压缩空气就被从制动缸内排出，制动活塞杆将在缓解弹簧力的作用下向左移动直到完全回位，并同时拉动偏心轴向回转动，驱使制动杠杆产生张开作用，最后使制动闸片离开制动盘，完成缓解过程。在此过程中必须注意的是，储风缸内的空气并没有被排出，而是仍然保持压迫储能风缸活塞，使储能弹簧和停放制动顶杆始终被压缩在全缩回位置。

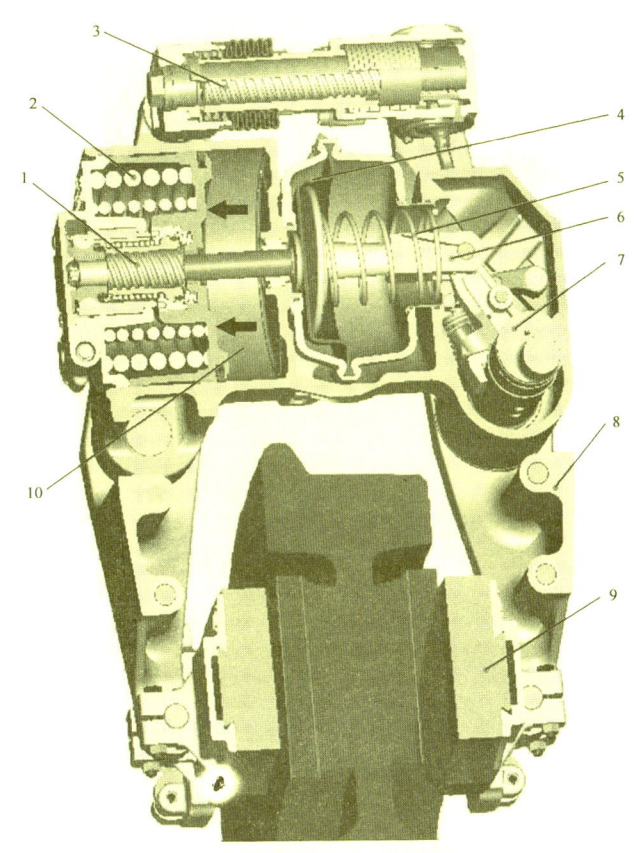

图 3.245 缓解过程原理图

1—停放制动顶杆；2—储能弹簧；3—闸片间隙自动调节装置；4—膜片式制动缸；5—缓解弹簧；
6—制动活塞杆；7—偏心轴；8—制动杠杆（即控制臂）；9—制动闸片；10—储能风缸

3）停放制动过程

停放制动实际上是在整个动车组完全失去动力状态下的一种防溜滑自动保护制动，即在受电弓完全降下后，为了防止动车组在小于 30‰ 的坡道上产生溜滑而采取的防护措施。因此，停放制动实际上是在整个动车组没有压缩空气的情况下产生的。当然，由于整个动车组没有压缩空气，制动缸和储能风缸内必然都没有压力空气。因此，储能弹簧的弹性力得到释放，它将带动停放制动顶杆向右顶出，克服缓解弹簧力并推动制动活塞杆也向右运动，带动偏心轴转动，进而驱动制动杠杆产生闭合作用，最后使制动闸片夹住制动盘，对轮对施行制动。必须强调的是，停放制动是在没有空气压力的情况下完全依靠储能弹簧的弹性力对动车组施行的机械制动，因此有人也称其为弹簧储能停放制动。停放制动过程原理如图 3.246 所示。

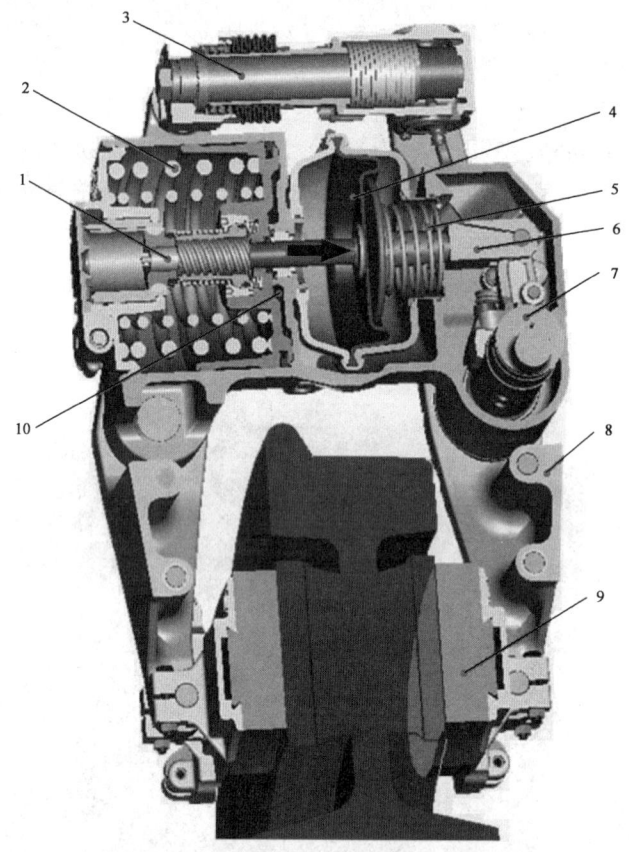

图 3.246 停放制动过程原理图

1—停放制动顶杆；2—储能弹簧；3—闸片间隙自动调节装置；4—膜片式制动缸；5—缓解弹簧；
6—制动活塞杆；7—偏心轴；8—制动杠杆（即控制臂）；9—制动闸片；10—储能风缸

停放制动是纯气动控制的制动，可在列车未被激活时防止列车溜车。每辆动车的 5#、6#、7# 制动单元中能找到该制动机构，它是由综合的压缩弹簧来施加的。停车制动通过司机操作台上的按钮来控制。

如果主风缸压力低于 3.8 kPa，则自动施加停车制动。主风缸压力降至低于 3.8 kPa 时，由于停车制动缸和主风管之间没有止回阀，停车制动缸内弹簧的背压也开始下降。压力下降时弹簧拉长，这样，在主风缸压力降至 0 kPa 时则完全施加了停车制动。在 Mc/M 转向架内的停放制动压力开关由牵引安全环路进行监控，如果施加了停车制动，或压力开关报告已施加，则无法牵引。如果压力开关出现故障，可采用位于车厢 K4 的开关忽略故障继续运行。

这里还需要说明的是，一旦停放制动装置出现故障，即停放制动出现不能缓解的情况时，可以通过手动方式强行将其缓解，具体操作就是由司乘人员利用专用工具拉动图 3.242 中所示的紧急释放机械装置。

3.9.11 CRH$_5$ 动车组的基础制动装置

1. 概 况

CRH$_5$ 动车组常用制动系统采用气-电混合制动模式，电制动优先。当动车组的常用制动系统被施加时,它可以根据制动手柄的预设位置控制减速度,并使动车组停车。制动系统与车载列车监控系统(TCMS)的接口相连。

作用于动力轴的电制动为再生式,它仅在常用制动施加或车组以设定速度运行时有效。电制动过程中轮周处的最大制动力和功率如下:

- 轮周处的最大制动力:205 kN;
- 轮周处的最大制动功率:5 785 kW。

在满负荷时,常用制动和紧急制动中的制动距离(在正常载荷、水平轨道和新轮条件下进行评价)相等。

- 制动初速为 200 km/h 时:平均减速度 0.79 m/s²,制动距离 ≤ 2 000 m;
- 制动初速为 160 km/h 时:平均减速度 0.79 m/s²,制动距离 ≤ 1 400 m;
- 空气制动条件下的最大黏着系数:0.085;
- 紧急制动条件下的最大黏着系数:0.085(1 ± 5%);
- 动力轴上最大常用制动条件下的最大黏着率:13%;
- 制动距离将基于 10% 的安全裕量计算;
- 由弹簧执行的停放制动能够在 30‰ 的坡度上停住正常载荷的车组。

2. 基础制动装置在转向架上的安装

CRH_5 动车组在所有轴上均装有 640 mm 直径的轴盘式制动器,由低通风能力钢制成,如图 3.247 所示。在非动力轴上有 3 个制动盘,动力轴上有 2 个制动盘。

图 3.247 轴盘式制动器

动力转向架的基础制动装置的具体安装位置如图 3.248 所示,非动力转向架的基础制动装置的具体安装位置如图 3.249 所示。

各制动盘的制动气缸和制动钳均为常规类型,带有内置式自动闸片间隙调整器。停放制动器的制动气缸和制动钳为整体弹簧式,制动闸片为烧结型,按照 600°C 的最高允许温度和 30 mm 的最大磨损量设计。

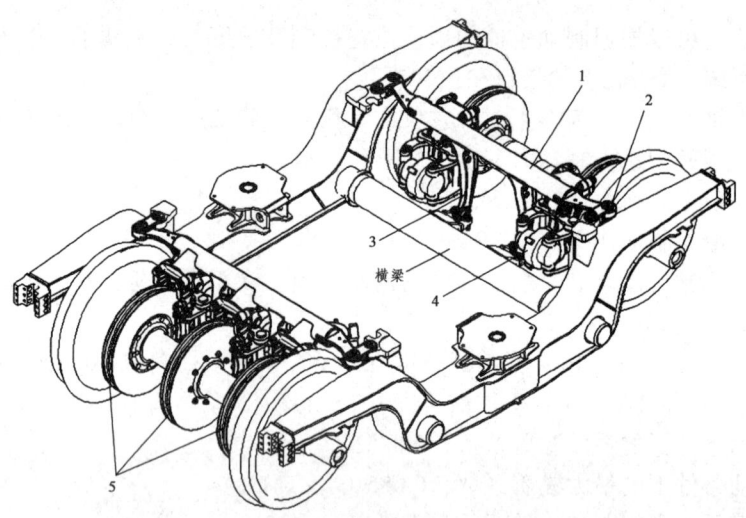

图 3.248 动力转向架的基础制动装置安装

1—制动横梁；2—关节轴承；3—支撑杆；4—单元制动器；5—制动盘

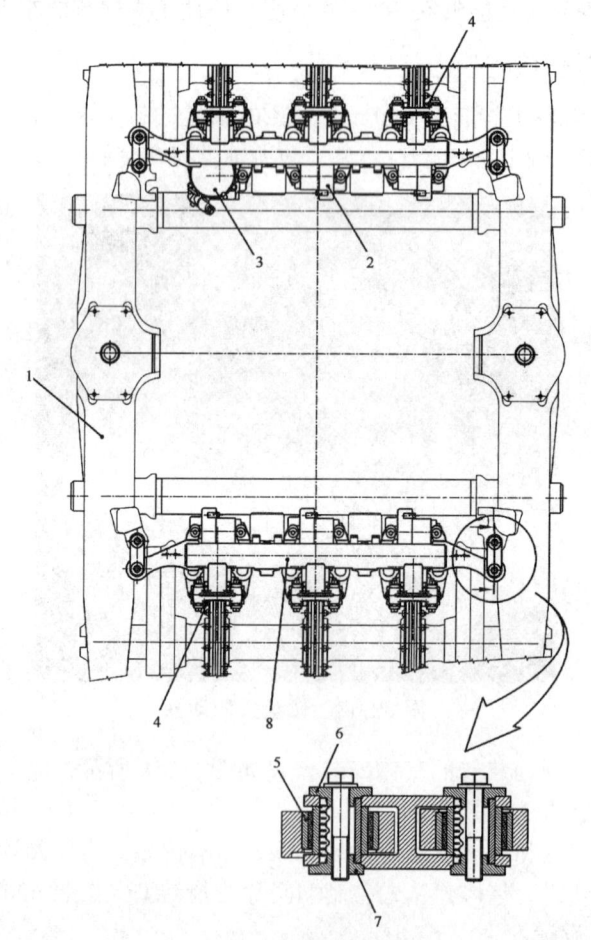

图 3.249 非动力转向架的基础制动装置安装

1—非动力转向架；2—单元制动器（常规）；3—单元制动器（停放制动）；4—烧结型制动闸片；
5—制动横梁的上部弹性衬套；6、7—制动横梁紧固衬套；8—制动横梁

如图 3.248 所示，制动设备安装在两个制动横梁上。制动夹钳吊座焊在转向架制动横梁 1 上，该制动横梁为圆钢管，两端通过关节轴承 2 与构架的侧梁相连，中部有两个支撑杆 3 和构架的横梁相连。制动梁的作用：当制动闸片对制动盘施加作用时，其反作用力通过该制动梁间接施加于构架上，由于制动梁与构架侧梁和横梁间均有一定弹性，因此，轮对相对于构架仍然具有一定弹性。这样可以大大降低高速制动时轮轨间的动作用力。

各制动气缸均统一连接至一个制动总管上。对制动气缸的气动供风由位于所有车辆底架上的制动控制单元提供。

3. 单元制动器

CRH$_5$ 动车组采用的单元制动器有两种类型：

（1）常用制动的单元制动器。

（2）带常用和停放制动用弹簧执行器的单元制动器。

常用制动的单元制动器的具体结构如图 3.250 所示，常用和停放制动的单元制动器的具体结构如图 3.251 所示。

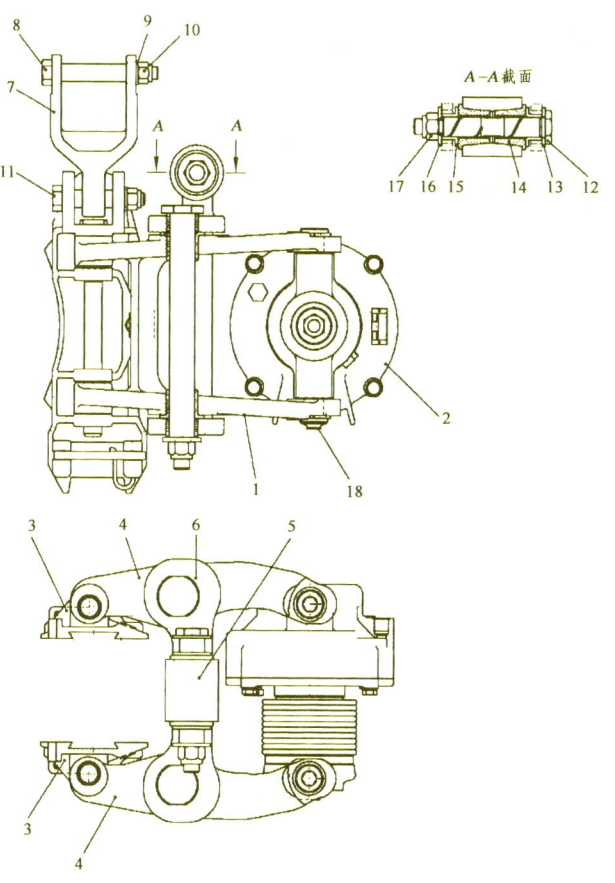

图 3.250 常用制动器的单元制动器

1—制动钳；2—制动气缸；3—制动闸片支座；4—制动杆；5—固定安装件；6—拉杆；7—吊架；
8、11、12—螺栓；9、13、16—垫圈；10、17—锁紧螺母；
14—锥形套管；15—凸缘衬套；18—枢轴螺钉

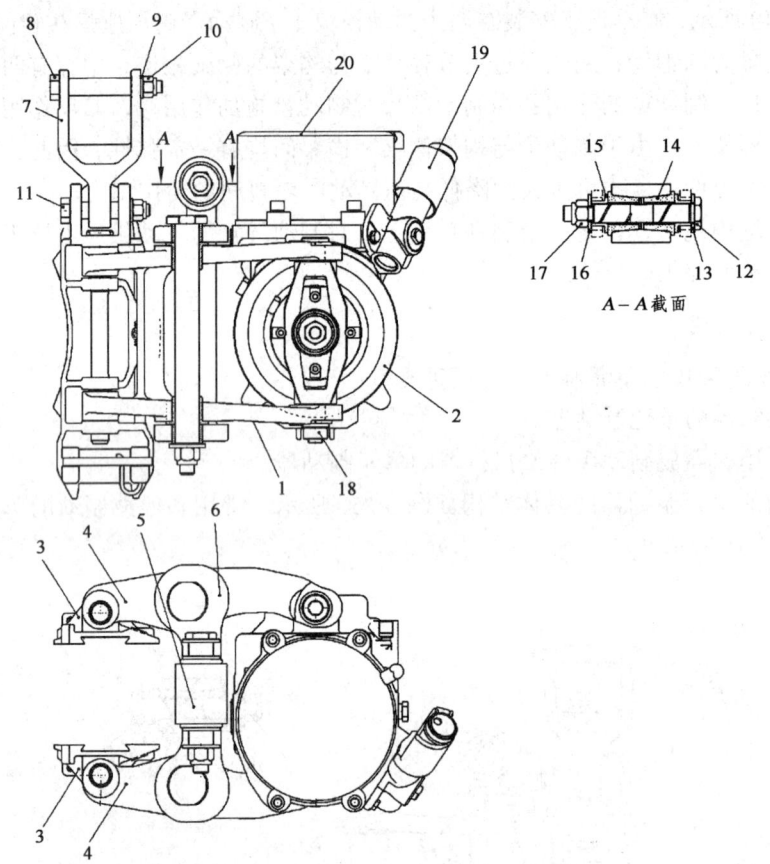

图 3.251　常用和停放制动器的单元制动器

1—制动钳；2—制动气缸；3—制动闸片支座；4—制动杆；5—固定安装件；6—拉杆；7—吊架；
8、11、12—螺栓；9、13、16—垫圈；10、17—锁紧螺母；14—锥形套管；15—凸缘衬套；
18—枢轴螺钉；19—停放制动器的紧急缓解装置；20—弹簧执行器

每个非动力轴均配有 3 个采用模块化设计、由铸钢制成的制动盘，以及 3 个用于常用制动的单元制动器。

某些非动力轴配有带弹簧执行器的单元制动器，用于常用和停放制动。每个动力轴均配有两个采用模块化设计、由铸钢制成的制动盘，以及两个用于常用制动的单元制动器。

1）单元制动器的描述

单元制动器可作为常用制动器，也可作为常用和停放制动器。单元制动器是制动钳和制动气缸的组合，可提供针对闸片和制动盘磨损的自动间隙调整。由此，在"制动缓解"位置时，制动盘与闸片之间用以保证平滑运行的间隙实际上将保持恒定。

用作常用和停放制动的单元制动器有一个带有弹簧执行器的制动气缸。弹簧执行器用于施加制动，并可在无压缩空气时稳固已停车的车辆。

2）单元制动器的特性

常用制动的单元制动器，参见图 3.250。常用和停放制动的单元制动器，参见图 3.251。

单元制动器主要包括带有或未带弹簧执行器 20（见图 3.250）的制动气缸 2、制动钳 1 和带有扣锁门的制动闸片支座 3。单元制动器由一个 3 点紧固装置保持在转向架中，该 3 点紧固装置包括作为拉杆 6 组成部分的固定安装件 5 和两个以螺栓 11 铰接到制动闸片支座 3 上的吊架 7。

拉杆 6 由固定安装件 5 悬挂在转向架上，其螺栓 12 处于锥形套管 14 中。螺栓 12 由两个凸缘衬套 15、两个垫圈 13 与 16 和锁紧螺母 17 支撑在转向架中。

吊架 7 以螺栓 11 安装到转向架上，销钉接头和弹性锥形套管使单元制动器可以调整轮对的轴向运动。

制动钳 1 是一个预装配件，它包括两个扭转刚性的制动杆 4，该杆铰接在拉杆 6 上。制动闸片支座 3 安装在制动杆 4 的一端，制动杆的另一端上带有用于枢轴螺钉 18 的螺孔，以支承制动气缸 2。

停放制动由司机室进行中央操作。弹簧执行器 20（见图 3.251）设有紧急缓解装置 19，以便在紧急情况下对停放制动进行机械缓解。

3）单元制动器的工作原理

关于常用制动的单元制动器的工作原理，参见图 3.250；关于常用和停放制动的单元制动器的工作原理，参见图 3.251。

常用制动可对制动气缸 2 充气，使制动闸片（制动闸片支座和制动闸片）抓紧制动盘。制动闸片施加到制动盘上时，形成制动力。

对弹簧执行器 20（见图 3.251）排气将施加停放制动，制动闸片通过执行器弹簧的作用力施加到制动盘上。

对制动气缸排气将缓解常用制动，制动气缸中的回复弹簧将制动杆 4 移至缓解位置。

对弹簧执行器 20 充气将缓解停放制动（缓解压力），当执行器弹簧被施加拉力时，制动杆 4 将移至缓解位置。

在无缓解压力的情况下，停放制动可以由机械紧急缓解装置 19 手动缓解。

4. 制动闸片支座

制动闸片支座设计用来容纳盘式制动器闸片。制动闸片支座具有以下特性：
- 闸片易于更换，即使是在延长使用期之后；
- 不会丢失任何零件；
- 制动闸片由长行程、正向弹簧闭合锁定，可实现更好的可靠性；
- 锁紧弹簧可确保制动闸片的长期使用寿命。

1）制动闸片支座的构造详情

制动闸片支座如图 3.252 所示。制动闸片支座 1 包括纵向销 3 和制动闸片 2。

制动闸片支座 1 有一个燕尾槽接口，可将制动闸片 2 推入该接口。制动闸片 2 由系在制动闸片支座 1 上的扣锁门 7 固定，扣锁门 7 由一个弹簧钢锁紧弹簧 6 固定就位。在一个位置，锁紧弹簧将扣锁门可靠地保持在制动闸片支座中，而在其松弛位置，则保持门开启。每个制动盘 4 需要一个左侧和右侧制动闸片支座。

2）制动闸片支座的工作原理

如图 3.252 所示，制动杆对纵向销钉 3 施加压力，将制动闸片支座中的制动闸片 2 推靠在制动盘 4 的摩擦环部分。选择对制动闸片支座施力点时要确保制动闸片磨损基本均匀地分布在整个表面上。制动力矩经吊架 5 传递至转向架。

（a）制动闸片支座（1/2 幅）

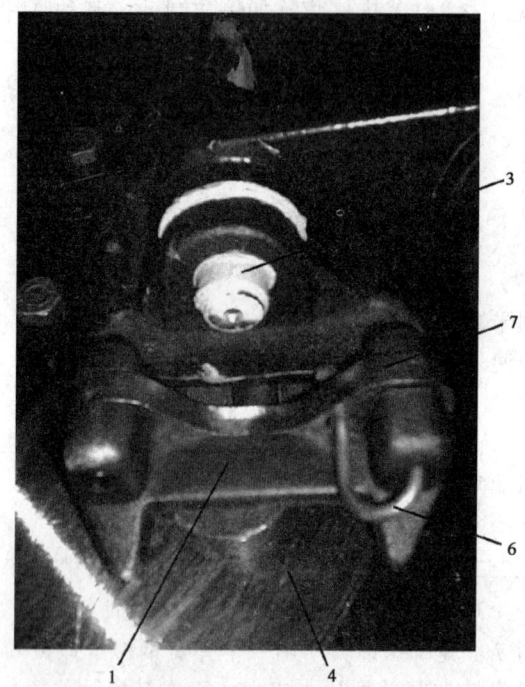

（b）制动闸片支座（2/2 幅）

图 3.252　制动闸片支座照片

1—制动闸片支座；2—制动闸片；3—纵向销轴；4—制动盘；
5—吊架；6—锁紧弹簧；7—扣锁门

5. 常用制动器的制动气缸

具有自动间隙调整功能的制动气缸用于操作摩擦制动器。制动气缸具有小型紧凑的特点，最适宜安装在盘式制动执行器的制动钳中。

制动气缸的主要特点就在于其整体式的自动闸瓦控制间隙调整机构，该机构是一个单向动作式间隙调整器，在制动施加时，该间隙调整器可以快速、自动地校正由磨损引起的逐渐增大的制动闸片间隙。因此，在整个间隙调整范围内该间隙可得到保持。可以通过较低的耗风量获得近似恒定的活塞行程，无需手动调整制动装置。

1）制动气缸的功能

制动气缸包括以下3个功能装置：
- 动力装置；
- 间隙调整机构；
- 主轴复位机构。

2）制动气缸的构造详情

制动气缸的内部结构如图3.253所示。

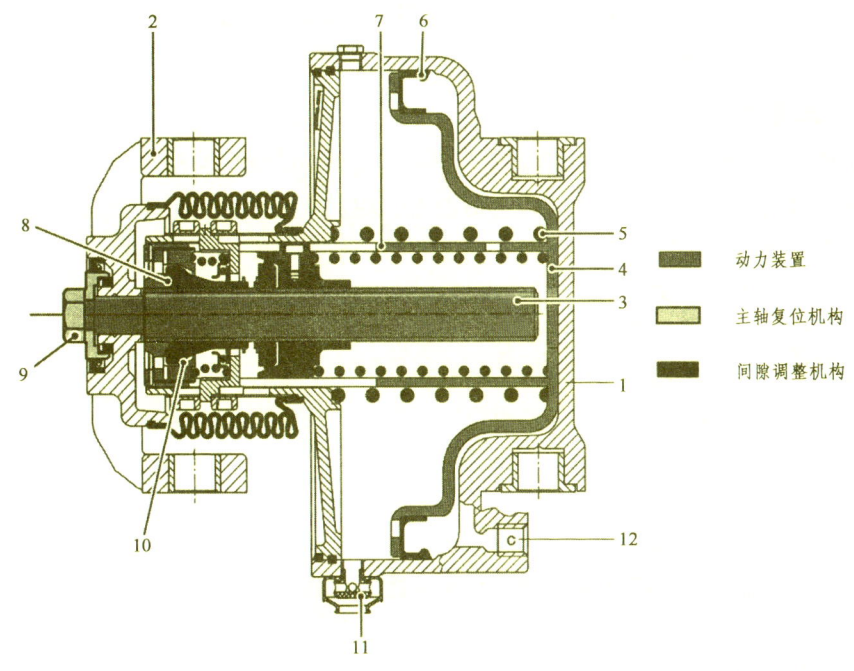

图 3.253　常用制动器的制动气缸

1—制动气缸；2—轭；3—主轴；4—活塞；5—压力弹簧；6—橡胶垫；7—活塞筒；
8—齿轮连接器；9—锁紧螺母；10—锥形连接器；11—通气塞；12—供风口

（1）气缸本体1是一个铝合金压铸件，它有一个光滑的活塞运行表面，接触面比例高，并可抗磨损。

（2）活塞4由一个带润滑脂杯的耐低温橡胶垫6密封，这样可以确保较长的使用寿命，同时实现最少量的泄漏和最高的可靠性。

（3）间隙调整器被一个正作用齿轮连接器8可靠锁定，即使是在制动缓解时也是如此。

（4）运行振动和调车振动都不会影响间隙调整机构。

（5）制动气缸具有防浸水保护，已卸载的气缸腔可以通过位于最低点的通气塞11与大气相通。

（6）气缸的安装使其能绕枢轴旋转。

3）制动气缸的动力装置

制动气缸的动力装置如图 3.253 所示。在制动被启动后送至制动气缸的压缩空气会被转化为活塞作用力，此力由活塞筒 7 和锥形连接器 10 传递至主轴 3。当气缸被排气时，构成动力装置的零件将通过压力弹簧 5 移回缓解位置。

4）制动气缸的间隙调整机构

间隙调整机构如图 3.253 所示。单向式间隙调整机构为自动式，按照间隙原理工作。

间隙调整机构会校正因制动磨损导致的过大的制动闸片间隙，但不会校正制动装置的弹性偏转。间隙调整机构还可以将过大的间隙确认为磨损，并在下一次间隙调整时像在有磨损制动之后一样对其进行校正。

5）制动气缸的主轴复位机构

制动气缸的主轴复位机构参见图 3.253。在更换已磨损的制动闸片之前，已经伸出的用以补偿磨损的主轴 3 必须由主轴复位机构复位。只需转动锁紧螺母 9 几圈即可使主轴 3 复位，无需将轭 2 从制动杆上拆下。

6. 带有弹簧执行器的制动气缸

该制动气缸为带有内置单动式间隙调整器的空气驱动式常用制动气缸和弹簧制动气缸的组合。弹簧制动气缸位于停放制动器的直角点上，在正常运行中，弹簧制动气缸由压缩空气缓解，但在紧急情况下，也可以手动将其快速缓解。如果最低缓解压力可用，被手动缓解的弹簧执行器将被自动重新激活。

采用弹簧制动气缸的常用制动气缸有以下优点：

- 无需复杂的、浪费空间的手制动连杆机构；
- 由于弹簧制动气缸采用气动方式操作，可以从司机室对整个车组的停放制动进行中央操作；
- 弹簧制动气缸输出的是恒定作用力，因为它是通过配有自动间隙调整机构的常用制动气缸对制动装置施加作用的；
- 在常用制动器失效时可以提供额外的安全性，在紧急情况下，可以使用中央控制的一个弹簧制动气缸安全地施加制动。

1）带有弹簧执行器的制动气缸的功能特点

带有弹簧执行器的制动气缸如图 3.254 所示。弹簧执行器位于工作零件的直角处，因此，该单元的总长度可保持在最小限度。一个弹簧制动气缸 2 与一个 10 in 常用制动气缸 1 组合。弹簧制动气缸 2 为立式。

压力弹簧 9 和 13 具有适宜的松弛特性，这是实现长使用寿命的前提条件。

常用制动气缸 1 和弹簧制动气缸 2 中的活塞运行表面具有相称的大支承区，具有较高的抗磨损性能，并有良好的防腐蚀保护。活塞密封在常用制动气缸 1 中由填密环 10 实现，在弹簧制动气缸 2 中则由密封环 15 实现。

在从弹簧执行器到活塞杆的作用力传递的同时，会有相应的弹簧特性的补偿。这意味着制动力在整个弹簧执行器工作范围内都是恒定的。

在较小的活塞杆作用力（施加在轭 8 上的力）下，制动闸瓦间隙被快速动作快速消除，通过该动作可快速实现制动施加。辅助缓解机构 3 位于弹簧制动气缸 2 上。

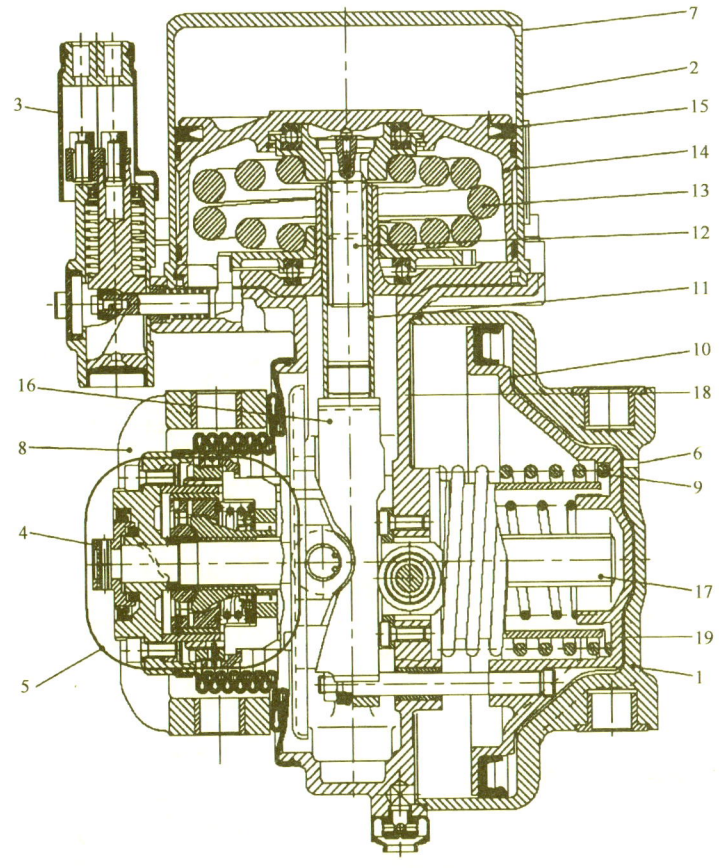

图 3.254　带有弹簧执行器的制动气缸

1—10 in 常用制动气缸；2—弹簧制动气缸；3—辅助缓解机构；4—主轴复位机构；5—间隙调整机构；
6—供风口 C；7—供风口 F；8—轭；9、13—压力弹簧；10—填密环；11—管；
12、17—主轴；14、19—活塞；15—密封环；16—楔块；18—壳体

2）带有弹簧执行器的制动气缸的构造详情

参见图 3.254，带有弹簧执行器的制动气缸包括以下 3 个功能装置：

- 具有间隙调整机构 5 和主轴复位机构 4 的常用制动气缸；
- 弹簧制动气缸 2；
- 辅助缓解机构 3。

（1）常用制动气缸。常用制动气缸 1 主要包括壳体 18、压力弹簧 9、活塞 19、主轴 17 和间隙调整机构 5，参见图 3.254。

活塞力通过间隙调整机构 5 作用在主轴 17 上，并从轭 8 传递至制动钳连杆。

间隙调整机构会自动校正由磨损导致的越来越大的制动闸瓦间隙，并将其调整至施加行程所规定的设定值。

在主轴 17 被间隙调整器伸长以补偿磨损之后，主轴复位机构 4 可以将其旋回。

（2）弹簧制动气缸。弹簧制动气缸 2 的主要部件是活塞 14 和压力弹簧 13。压力弹簧 13 的力通过活塞 14、主轴 12 和管 11 作用在楔块 16 上，并通过常用制动气缸 1 传递至制动钳

连杆，参见图 3.254。

（3）辅助缓解机构。辅助缓解机构 3 位于弹簧制动气缸 2 上，可手动操作。当弹簧制动气缸 2 无缓解压力可用时，该机构可用于缓解停放制动，参见图 3.254。

辅助缓解装置使压力弹簧 13 伸展，直至活塞 14 被支承在气缸底部，弹簧力不能再通过主轴 12 作用于楔块 16。同时，主轴 1 被移动施加行程的量，到达缓解位置。

7. 紧急缓解机构的远程控制

紧急缓解机构的远程控制如图 3.255 所示。远程控制 1 通过一条苞登控制电缆 6 连接至单元制动器的紧急缓解机构，通过该电缆，可以启动紧急缓解机构。

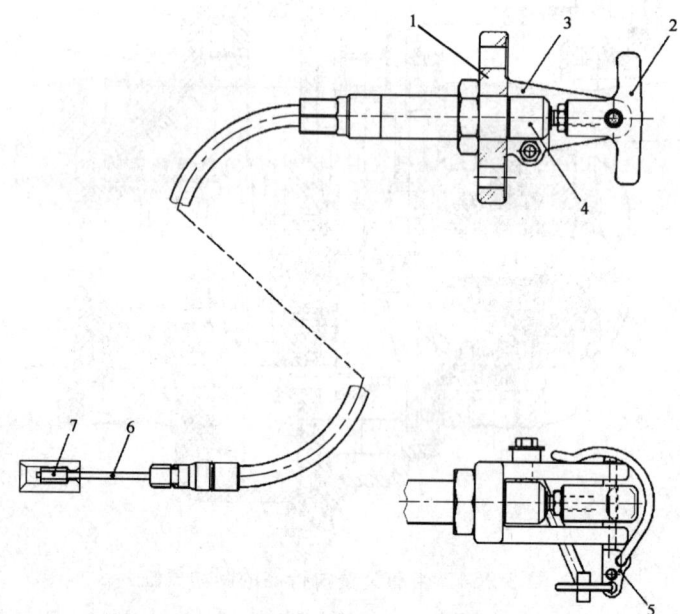

图 3.255　紧急缓解机构的远程控制

1—远程控制；2—手柄；3—叉；4—压力密封；5—弹簧栓；6—苞登控制电缆；7—螺纹接头

手柄 2 由弹簧栓 5 固定，以防紧急缓解机构意外启动。

1）远程控制的构造详情

远程控制包括以下部件（参见图 3.255）：

- 苞登控制电缆 6；
- 叉 3；
- 弹簧栓 5；
- 手柄 2。

2）工作原理

远程控制工作原理参见图 3.255。当按如下方式使用远程控制时，制动气缸上的紧急缓解机构被操作：

- 将弹簧栓 5 的弹簧夹摆回，并拉出配合插头；
- 为缓解带有紧急缓解机构的弹簧执行器，应拉出苞登控制电缆 6 的手柄 2；
- 将手柄 2 推回，并用塞子固定就位。

3.9.12 CRH$_3$动车组的基础制动装置

1. 概述

动力转向架的每个车轮上安装一套轮盘制动盘,制动盘直径为 750 mm。非动力转向架的每轴安装 3 个轴盘制动盘,制动盘直径为 640 mm。图 3.256 和图 3.257 分别示出了单元式轮盘制动夹钳和轴盘制动夹钳的三维立体图。

制动盘和车轮踏面不得涂抹防锈油,所有其他裸露金属表面都应涂抹防锈油。

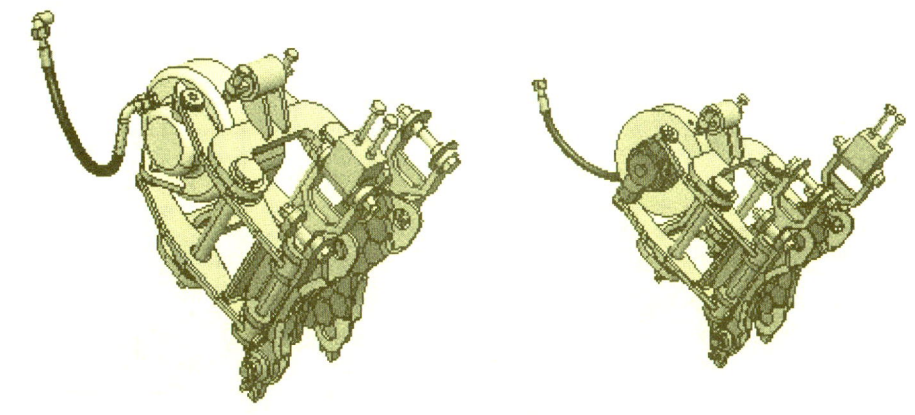

图 3.256 轮盘制动夹钳

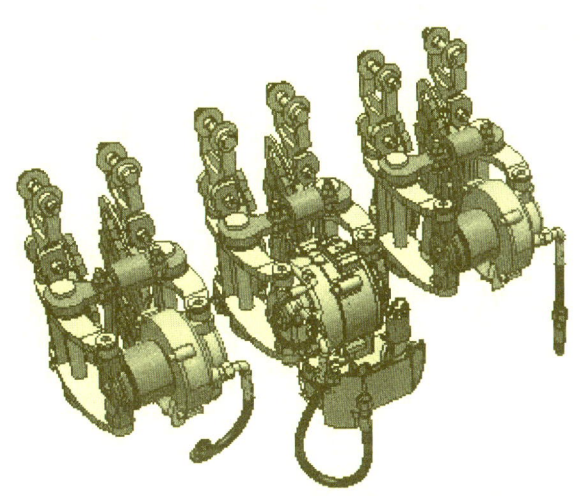

图 3.257 轴盘制动夹钳

2. 制动钳单元的组成

制动钳单元的主要组成部件为带或不带弹簧储能器(1.2)的制动缸(1)、制动钳(2)和带横闩卡锁的制动闸片托架(2.4)和(2.5),具体参见图 3.258。

制动钳单元借助 3 点支承固定在车辆的转向架上。3 点支承包括支点支座 L［作为拉杆(2.6)的一部分］和两个吊耳(2.16),后者通过螺纹销(2.14)与制动闸片托架(2.4)及(2.5)铰接连接。

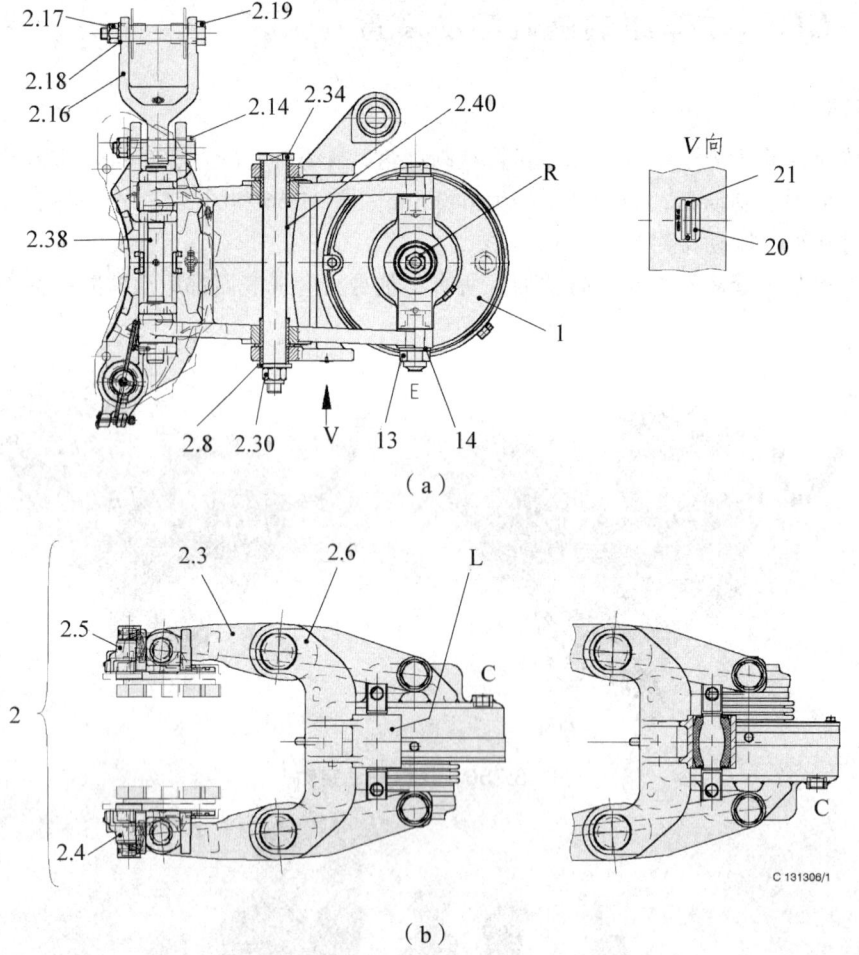

1	制动缸	2.38	销钉
2	制动钳	2.40	防护管
2.3	制动杆	13	轴位螺栓
2.4	制动闸片托架	14	锁紧环
2.5	制动闸片托架	20	铭牌
2.6	拉杆	21	带槽铆钉
2.8	垫圈	E	排风口
2.14	螺纹销	L	支点支座
2.16	吊耳	R	制动缸上的复位螺母
2.17	六角螺母	C	常用制动缸压缩空气接口
2.18	垫圈	V	项号14在所有4个轴位螺栓（13）处的排置相同
2.19	螺纹销	（a）	左置式
2.30	六角螺母	（b）	右置式
2.34	螺纹销		

图 3.258 制动钳单元的具体组成

支点支座 L 是一个拧在转向架上的弹性支撑元件。

吊耳（2.16）通过螺纹销（2.19）固定在转向架上。

销栓铰接和弹性支撑元件使得制动钳单元能够根据轮轴的轴向运动进行调整。

制动钳（2）为预先装配好的组件。它由两根通过拉杆（2.6）连接起来的扭转刚性的制动杠杆（2.3）组成。制动杠杆的末端装有成对的制动闸片托架（2.4）和（2.5）。制动杆的另一端有螺纹孔，用于安装制动缸（1）轴承的轴位螺栓（13）。

3. 基本工作过程

无论是轮盘制动还是轴盘制动，该单元制动装置的工作原理基本一样，均是通过给制动缸充入高压空气，推出鞲鞴，带动杠杆，促使制动闸片压住制动盘，施行制动。整个工作步骤如图 3.259 所示。

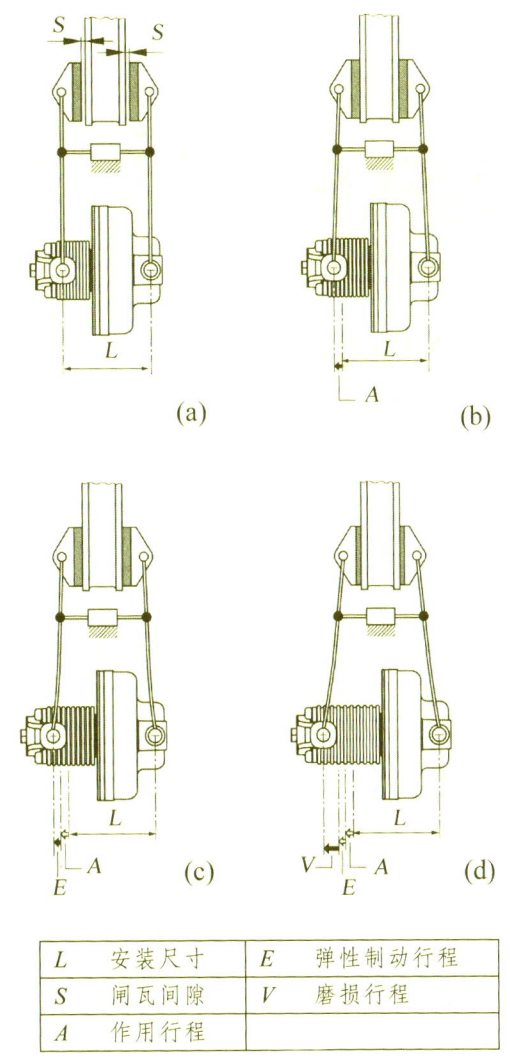

L	安装尺寸	E	弹性制动行程
S	闸瓦间隙	V	磨损行程
A	作用行程		

图 3.259 单元制动装置工作原理

其中图 3.259（a）表示该单元制动装置处于缓解状态，制动闸片与制动盘间的设定间隙

为 S；图 3.259（b）表示该单元制动装置处于理想制动状态，此时制动缸被充气而鞲鞴伸出行程为 A；图 3.259（c）表示该单元制动装置处于考虑制动杠杆有弹性变形 E 时的制动状态，此时制动缸被充气而鞲鞴伸出行程为 $A+E$；图 3.259（d）表示该单元制动装置处于考虑制动杠杆有弹性变形 E 和闸片磨损 V 时的制动状态，此时制动缸被充气而鞲鞴伸出行程为 $A+E+V$。

4. 制动缸的结构

常用制动缸的结构如图 3.260 所示。

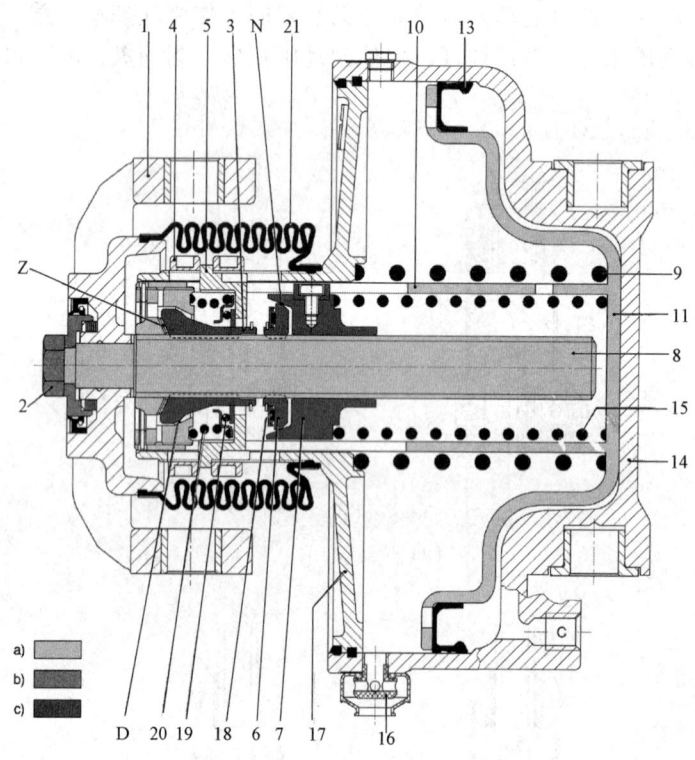

1	支架	9	压缩弹簧	18	推力滚针轴承
2	夹紧螺母	10	活塞管	19	滚珠轴承
3	压紧螺母	11	活塞	20	压缩弹簧
4	定位环	13	皮碗	21	波纹管
5	调节环	14	气缸	C	压缩空气接口
6	螺母	15	压缩弹簧	D	锥体连接器
7	连接器套筒	16	通气塞	N	锥体连接器
8	转轴	17	罩盖	Z	齿式连接器
a）传力组件；b）转轴复位装置；c）调节机构					

图 3.260　制动缸的结构

制动缸可分为 3 组功能组件：① 传力组件；② 闸瓦间隙自动调节机构；③ 转轴复位装置。

1）传力组件

制动过程开始后，输入制动缸的压缩空气变为活塞力。活塞力通过活塞管（10）和锥体连接器（D）传递到转轴（8）上。

压缩弹簧（9）在气缸排气时使传力组件所属部件回复到缓解状态。

2）闸瓦间隙自动调节机构

单向运动的调节机构自动工作，起着间隙调器的作用，也就是说，它只修正在制动时因磨损而产生的制动闸瓦或闸片的过大间隙，而不考虑制动杆的弹性变形量。

根据经验，制动闸片或闸瓦在更换后，间隙大于为运行而选定并在气缸中相应设定的作用行程。调节机构在此情况下即会将这种过大的间隙作为磨损尺寸记录下来，并在下一次调节过程中对它自动进行修正，就像在一次有磨损的制动之后。

3）转轴复位装置

转轴复位装置可使调节磨损时伸出的转轴（8）复位，以便更换已磨损的制动闸片或闸瓦。将夹紧螺母（2）少许旋拧几下就可以使转轴复位，无需将支架（1）从制动杠杆上卸下。

第4章 动车组车体结构

4.1 动车组车体结构特点和轻量化措施

车体既是整个动车组的支撑骨架,又是各种设备的安装基础,同时还必须为广大旅客提供安全、舒适的乘坐空间。

动车组车体分为带司机室车体和不带司机室车体两种。

为了满足高速列车的运行要求,动车组车体的设计不同于我国现行通常的客车设计。动车组车体的设计应该在满足铁路限界的条件下,具有良好的空气动力学性能,具有轻量化的车体结构,很好的密封性能以及安全可靠的使用寿命。高速车辆车体结构要素与运行性能之间的关系如图4.1所示。

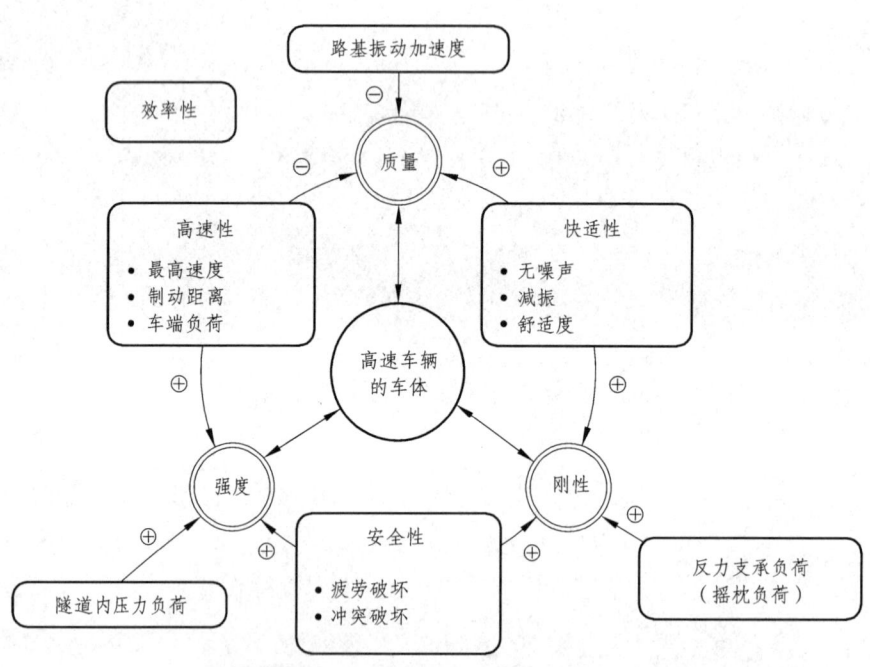

图4.1 高速车辆车体结构要素与运行性能之间的关系
注:+表示相互关系一致,-表示相互关系相反。

车体结构三要素包括质量(即质量和外形)、强度和刚度。而运行性能主要是指运行的安全性、舒适性(即快适性)和高速性(包括效率性和牵引制动性能等)。由图4.1可见,车体结构三要素与运行性能之间的相互关系是比较复杂的,其中安全性与车体强度和刚度两者有关,而且强度越高,安全性越好,刚度越大,也越安全。舒适性与车体的刚度和质量有关,在通常情况下，车体刚度越大，车体的扭振变形越小，舒适性将得到提高；而要保证高速运行的平稳性（特别是在时速 250 km 以上时），车体的质量不能太轻，也就是说，过度追求高速动车组的轻量化将对乘坐舒适性和列车空气动力学性能有不利影响。高速性实际上包括运行经济性和牵引制动性能等，它与车体质量的关系是：车体质量越轻越好，车体的外形也是越圆润光滑越好，并最好具有一定的流线型。

4.1.1 车体结构的构造原则

动车组车体结构的构造原则体现在以下几个方面：

1. 车体的轻量化设计

- 车体结构既要满足轻量化的要求又必须保证结构的强度和刚度要求，以及高寿命的安全度和可靠性要求。设计寿命达到 20 年以上。
- 车体结构轻量化主要是通过选用轻型的材料及合理的设计得以实现。

2. 良好的空气动力学外形

动车组应具有良好的空气动力学外形和性能，包括车头和车尾的外形的流线化以及车体外表面的光滑化，主要目的是为了减小高速运行时的空气阻力和降低噪声。

列车良好的空气动力学性能主要是通过车体外形的特殊设计实现的。具体表现为：

- 头尾部细长呈流线形状；
- 列车下部均设有导流罩，且能够方便开启；
- 列车纵断面尽量采用平滑过渡方式，形状不一致时应加过渡区段；
- 列车的外表面光滑平整，无明显的突出和凹陷；
- 列车的受电弓外形具有良好的空气动力学性能。

3. 严格的车辆气密性要求

车辆的密封质量对列车的空气动力学性能及对车内环境控制的影响很大。严格的车辆气密性要求，可使动车组无论是在通过隧道的时候，还是两列车相交汇的时候，都能够保证将外部气压的变化挡在车厢以外，以满足乘客对舒适性的要求。车辆整车的密封性能应达到下列指标：

- 车辆各部不得有渗漏水的现象。
- 在关闭门窗及空调设备对外开口的情况下，车内外压力差由 4 000 Pa 降至 1 000 Pa 的时间应大于 50 s。
- 在车辆间的连接方式上要采用气密式风挡。车辆间的各种连接应设有防雨措施及解编时的保护措施。

车辆密封的实现主要通过以下几个方面：

- 车体结构的密封：连续焊接的方式。
- 固定车窗的密封：多硫橡胶等材料，保证耐油性、耐溶剂性、耐水性、耐腐蚀性等；采用填充式密封，有好的弹性、结合性、耐气候性、抗冲击性及足够的粘接强度。
- 移动车门的密封：采用密封胶条实现。

4. 其他方面的要求

车辆设计对环境保护的要求，内装选材中的防火考虑及措施，车辆整车隔热系数 K 值的限制值，列车零部件的保养、维修与换修的通用性、互换性、便利性及可靠性，以及便于对车体内外的机械化清洗作业等诸方面，都具有明确的要求与限制。

当然，为了方便旅客快速上下车，还要求车门数量多且开度大。

4.1.2 车体结构设计的具体要求

车体结构是车辆的主要承载结构，对于动车组车辆的车体结构设计应该满足以下要求：

（1）车体承载结构采用车体全长的大型中空铝合金型材组焊而成，或采用不锈钢车体，为薄壁筒型整体承载结构。

（2）车体承载结构的底架、侧墙、车顶、端墙以及设备舱组成为一个整体。

（3）车头前端鼻部的开闭机构应能在司机室中操纵。

（4）车下安装设备应采用吊挂安装方式，保证运用安全和安装方便。

（5）车下导流罩与侧墙应圆滑过渡，在限界允许的条件下距轨面的距离应尽可能小。

（6）司机室前端下方装有排障器，排障器中央的底部能承受 137 kN 的静压力。其距轨面高度为（110 + 10）mm（在车轮踏面磨耗允许范围内可调）。

（7）车底架设四个顶车位，以便将车体顶起。

（8）脚蹬结构应采用可伸缩式结构，以便适应 500 ~ 1 200 mm 站台高度要求。

（9）车体所用材料应符合环境保护和防火的要求。

4.1.3 车体轻量化措施

概括来说，动车组车辆车体结构轻量化的意义主要包括以下四个方面：

（1）车辆自重减轻可以降低运行阻力，节省牵引和制动动力（能量）；

（2）可减小对轨道的压力，从而减少车轮和轨道的磨耗；

（3）降低车辆和线路的维护保养费用；

（4）直接减少车辆材料的消耗。

动车组车辆车体结构轻量化采取的措施主要有两个：采用不锈钢材料和采用铝合金材料。

1. 采用不锈钢材料

采用半不锈钢（包板为不锈钢，骨架为普通碳素钢）或全不锈钢车体，免除了车体内壁涂敷防腐涂料和表面油漆，在保证强度、刚度的前提下，板厚可减小，从而达到车体薄壁化和轻量化的目的。一般不锈钢车体自重比普通碳素钢车体可减轻 1 ~ 2 t。

2. 采用铝合金材料

由于铝合金的密度仅为钢的 1/3，而弹性模量也为钢的 1/3，因此，为了充分发挥材料的承载能力，铝制和钢制车体在结构形式上有很大的差异。在铝制车体结构设计中，车体主要承载构件一般采用大型中空宽幅挤压型材，以提高构件的刚度，充分发挥材料的承载能力，达到最大限度地减轻车体自重。

如果全车的底架、侧墙和车顶均采用大型中空截面的挤压铝型材拼焊，则与钢制车体相比，其焊接工作量可减少 40%～60%，且制造工艺大为简化，质量也可减轻 3～5 t。同时，可保证车体承载结构在使用期内（25～30 年）不必维修或少维修。

3. 采用碳素钢、不锈钢和铝合金材料制造车体时的质量和费用等比较

据国外资料报道，车体承载结构分别采用含铜耐腐蚀碳素钢、不锈钢和挤压铝合金型材制造时，其质量、材料价格、制作费用及车体承载结构的总费用比较列于表 4.1 中，该表是法国国铁使用这三种材料制造车体的实际价格比较。

表 4.1 几种不同材料制造的车体之比较

项目 车体材料	单位质量 车体价格 （P）	车体承载 结构质量 （m）	车体结构 材料费用 （$Q=P\times m$）	制造费用 （C）	车体完成 总费用 （G）
AC52 含铜钢	1	1	0.09（1）	0.91（1）	1
18.8Cr 不锈钢 + AC52 含铜钢 （两者之比为 6:4）	4.8	0.85	0.25（2.78*）	0.80（0.88）	1.05
AGS 铝合金 6005A 大型挤压型材	8.2	0.65	0.48（5.33）	0.52（0.57）	1

注：钢结构材料的价格等于钢结构材料质量乘以单位质量材料价格；车体钢结构费用等于材料费 + 制造费用。括号内 1 表示钢制车体基数，其他数值为钢制车的倍数。

三者对比，挤压铝合金型材车体质量最轻，仅为钢制车体的 65%，制造费用也是三者中最低的。虽然所用材料的费用较贵，但车体结构的总费用与钢制车体持平，且略低于不锈钢车体所需的费用。

如果再考虑到车体自重减轻所带来的运营费用的降低以及维修费用的节约，则铝合金车体的经济效益就更为显著。

为了进一步对采用不同材料的车体质量有一个更直观的认识，我们将日本新干线动车组车体结构所采用的材料及其质量列于表 4.2。

表 4.2 日本新干线动车组车体结构所采用的材料及其质量

动车组型号	车体结构材质	车体结构质量（t）
0 系	耐候钢（SPA）	10.5
100 系	耐候钢（SPA）	10.3
200 系	铝合金	7.5
300 系	铝合金（大型挤压型材——单壳结构）	6
E2-1000 系	铝合金（大型中空挤压型材——双壳结构）	7.2

4.2 车体的气密性、强度和流线型

4.2.1 隧道微气压波的形成

高速列车在通过隧道时，伴随着列车头部的冲入，在隧道内产生压缩波，并以音速向隧道出口方向边生成边传播，其中部分在隧道出口释放至外部大气中，形成微气压波造成周围

房屋摇动，产生"咚"的声音；另外，部分压缩波在出口处反射，形成膨胀波返回，如图 4.2 所示。

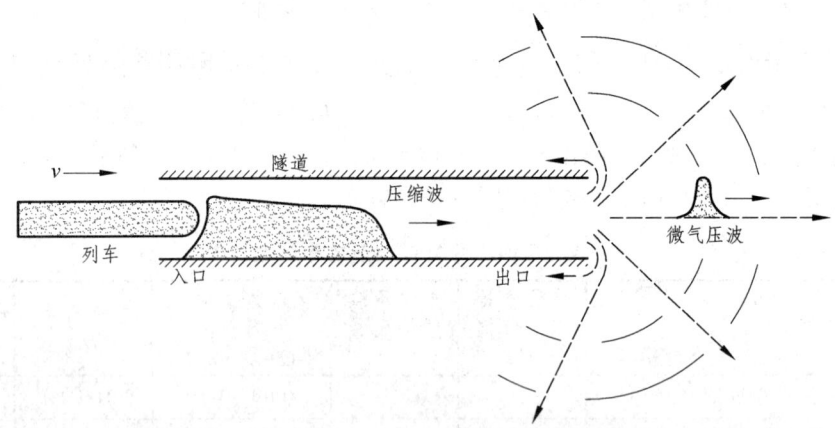

图 4.2　列车进入隧道时隧道内的压缩波和隧道出口的微气压波

如此，在隧道内高速运行的列车要交替受到正压力变动和负压力变动的作用。

并且，在头车冲入隧道时，由对头车形成的压力变动的最大值与头车自身形成的压力变动最大值相重合，会形成相当大的压力变动最大值，如图 4.3 所示。

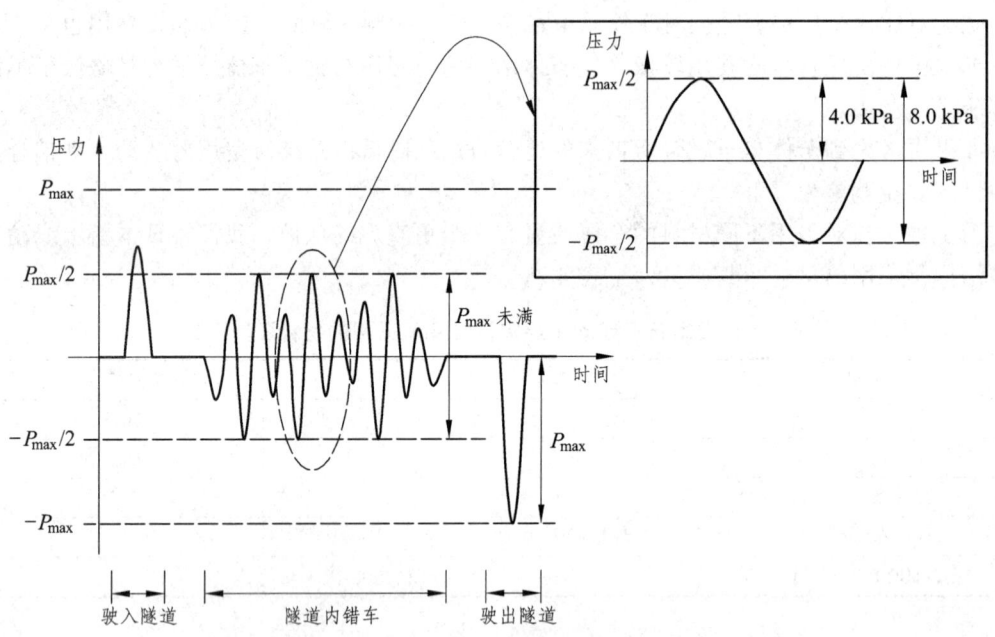

图 4.3　行驶于隧道内的列车所承受的压力变动值示意图

在隧道内往返的压力波引起隧道内压力和风速的变动，这样的压力变动几乎增大到与速度的平方成正比。列车在往复于隧道内的这种压力波中行驶时，隧道内的压力变动引起车内压力变动，使乘客的耳朵产生疼痛感（"耳痛"）。

日本曾对希望号高速列车（300 系）车外压力变化幅值和频度进行了测定，结果如图 4.4 所示。该图是在希望号高速列车以时速 270 km 通过某隧道时测得的。

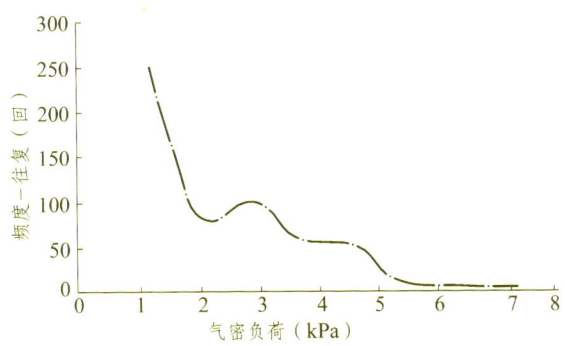

图 4.4 车外压力变化幅值和频度

由图可见，作用在车体外表面上的气压变化幅值最大值可达 7.35 kPa，但发生的频度很低，只有很少几次，而气压变化幅值最小值约为 1.1 kPa，但发生的频度很高，达到了 250 次。气压变化幅值超过 5 kPa 的发生频度不超过 10 次。

当一列高速列车高速驶入隧道的同时，恰巧又有另一列高速列车相向高速驶入同一隧道，这时将在高速列车的周围产生非常大的空气压力变化。日本 JR 东海铁路公司曾在竹原隧道内对两列相向运行的高速列车进行了现车试验，得到了高速列车头车周围空气压力波动的实际数据，如图 4.5 所示。为了比较，图中同时将用数值仿真计算的结果也表示出来了，由图可见数值仿真计算的结果与实测结果非常吻合。

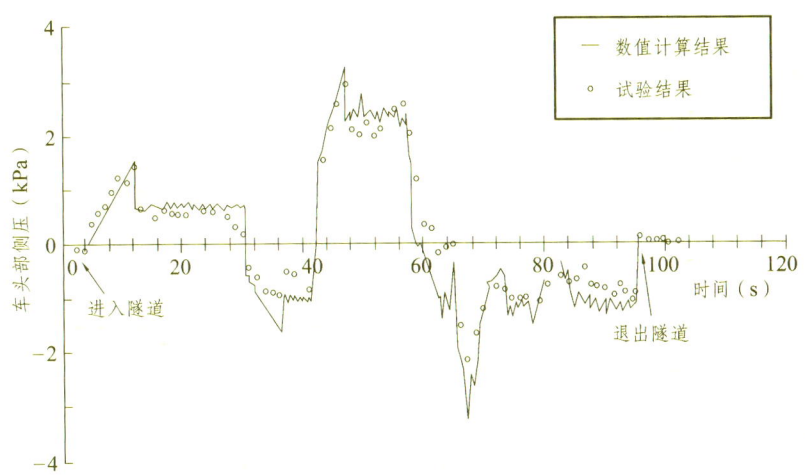

图 4.5 行驶于隧道内的列车所承受的压力波动实测结果

这次试验的现场情况大致如下：

隧道名称：竹原隧道，长度 5 305 m；

被测列车型号：100 系，16 辆编组，总长 400 m，运行速度 207 km/h；

相向运行列车型号：0 系，12 辆编组，总长 300 m，运行速度 201 km/h；

驶入隧道的时间差：0 系列车是在 100 系列车驶入隧道 29 s 后从隧道的另一端驶入同一隧道。

由实测结果可见，在被测列车 100 系列车的头部测得的最大空气压力波的幅值可达 ±3 kPa。该最大幅值出现在两列车在隧道里正面交汇的时候，而且持续时间也较长。

如此高的空气压力波动如果不采取适当措施加以隔离而直接传入车厢以内，将对旅客的身体（特别是耳朵）产生严重伤害。

另外的研究还表明，隧道微气压波在板式轨道的长大隧道内要比在短隧道内强，在道砟轨道的长大隧道内要比短隧道内弱。

为了降低隧道微气压波，在隧道方面可采用如下相应措施：设置隧道入口缓冲盖、利用斜坑或竖坑、用带缝隙的挡板连接相邻隧道等，这些都已经达到了实用化。

车辆方面的采取的相应措施有：车辆断面积的缩小以及车头形状的最优化等方法。

4.2.2 车体的密封性

1. 压力波对旅客舒适性的影响

国外高速列车的运用实践表明，没有交会列车时，头、尾车外面的气流压力变化为：头部受 2.5 kPa 左右的正压、尾部为 2.0 kPa 左右的负压。

有交会列车时，特别是在隧道内会车时，车外气流压力会大幅度变化，对进入隧道列车的气流测定结果：速度 200 km/h 时，头部正压为 3.2 kPa、尾部负压为 4.9 kPa。速度为 280 km/h 时，头部正压为 3.9 kPa、尾部负压为 5.5 kPa。

日本对 100 系高速列车以 207 km/h 的速度通过竹原隧道所做的试验结果很好地证实了上述结论，参见图 4.5。

车外压力的波动会反应到车厢内，使旅客感到不舒服，轻者压迫耳膜，重则头晕恶心，甚至造成耳膜破裂。许多国家先后在压力波对旅客舒适性的影响方面进行了研究。

空气压力变化的绝对值对旅客舒适度的影响见表 4.3。人体（即人耳）可忍受的空气压力变化值大约为 2 kPa，超过 3 kPa 时，大多数乘客的耳朵将明显感受到不舒服，甚至有个别旅客将感到恶心。而以时速 200 km 通过隧道的高速列车的车外气压变化的绝对值刚好达到这一数值（约 3 kPa）。

表 4.3 压力变化对旅客舒适性的影响

压力变化（kPa）	生理学现象
2	可忍受
3	开始不舒适的平均值
4	非常不舒服
5	不舒服的上限，开始有耳痛
8	很痛
>9	强烈疼痛
>13	耳膜可能有破裂
>23	几乎肯定耳膜有破裂

当然，空气压力变化的绝对值并不是影响旅客舒适度的唯一因素。空气压力的变化率，即单位时间内的气压变化值，也是影响旅客舒适度的重要因素。同时考虑上述两个因素对人耳影响的结果和限度如图 4.6 所示。

图中带阴影的直线表示大部分旅客对气压变化绝对值和变化率的感觉分界线，在该阴影线以下，大部分旅客都可以忍受，超过该阴影线（即在该阴影线以上）大部分旅客就会明显感到不舒服。

因此，高速列车（特别是运行速度超过 200 km/h 的高速列车）必须采用密封式车体结构，以防止乘客出现耳鸣现象。

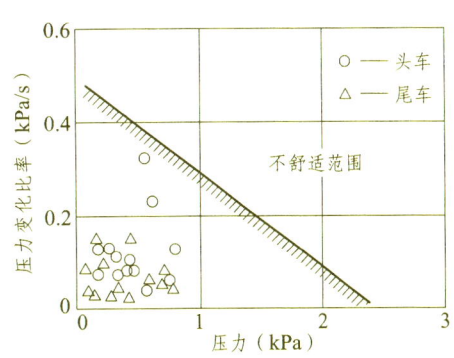

图 4.6　车内压力变化限度

2. 对车体密封性能的要求

为了对高速列车的密封性能进行评价，各国都提出了具体的规定。

日本高速列车密封试验，要求将车体所有开启部位堵塞，车内压力由 4 000 Pa 降至 1 000 Pa 的时间必须大于 50 s。

欧洲等国的高速列车曾采用压力从 4 000 Pa 降至 1 000 Pa 的时间大于 50 s（车辆通过台和空调设备关闭）。

现在，德国、意大利等国家采用压力从 3 600 Pa 降至 1 350 Pa 的时间大于 18 s。

我国在《200 km/h 及以上速度级列车密封设计及试验鉴定暂行规定》中要求：

- 整车落成后的密封性能试验，要求达到车内压力从 3 600 Pa 降至 1 350 Pa 的时间大于 18 s；
- 车体结构的密封性能要求压力从 3 600 Pa 降至 1 350 Pa 的时间须大于 36 s；
- 组成后的车窗、车门、风挡应能在 ±4 000 Pa 的气动载荷作用下保持良好的密封性。

3. 气密处理的方法

高速车辆的车体结构中，应该采取密封处理的部位必须使用全面连续焊接，使其能够承受由压力变动而形成的、作用在列车车体表面上的反复应力。具体需要处理的部位包括：固定部、可动部、排水部和换气部，各部位气密处理的方法如图 4.7 所示。

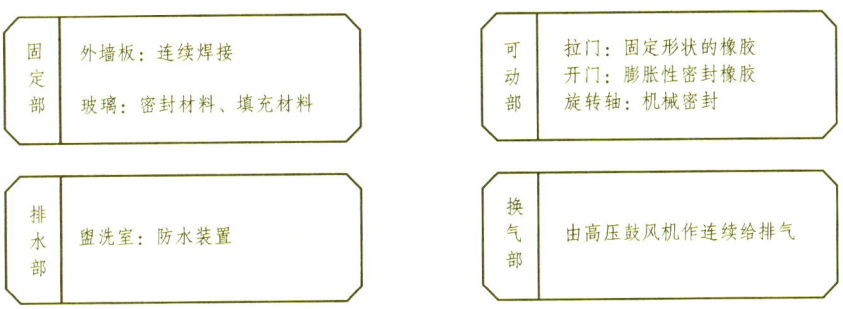

图 4.7　高速列车各部位气密处理的方法

在上述高速列车各部位气密处理的方法中，换气系统的气密处理是比较特殊的，我们举"希望号"（300 系）的换气系统为例来进行说明。

为防止车外压力变化向车内传递，在车底架下安装了用于车内换气的给排气一体的连续换气风扇，如图 4.8 所示。

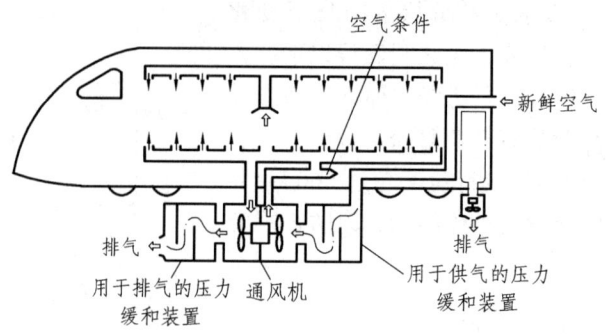

图 4.8　300 系的换气系统

该换气系统具有如下特点：

- 由于提高了换气风扇的静压性能，较好地将客室车厢与车外空间隔离开来，从而有效地抑制了车外压力变化向车内的传递，确保车内压力变化始终符合人体舒适度要求，并且具有能够确保连续换气的特点。
- 由于巧妙地采用一台电机同时驱动两台尺寸完全相同的换气风扇（一台用于排气，另一台用于供气），所以能够很好保证进气量和排气量始终相等。

4. 高速列车速度和气密耐压的关系

高速列车车体表面压力变动的大小，由列车的速度、车辆的截面面积、通过的隧道截面面积等决定。

根据多年的运用实践，日本的高速列车采用如表 4.4 所列的车体气密耐压值。

表 4.4　日本高速列车速度和气密耐压的关系

项　　目	100 系	E1 系「MAX」	300 系（希望号）
营业最高速度（km/h）	230	240	270
气密耐压（mmH$_2$O）	550	550	750
隧道/车体断面面积比	1.10	1.00	1.25

4.2.3　车体的强度

如上所述，高速列车在高速运行过程中，其车体表面将承受较大压力波的作用，特别是在隧道内又遇上相互会车的最不利情况时，将在高速列车的周围产生非常大的空气压力变化，例如，300 系高速列车以时速 270 km 通过隧道时的气压变化幅值最大可达 7.35 kPa。

图 4.9 是车体在隧道内受到压力波作用时的变形情况示意图。由图可见，作用在整个车体断面上的压力波的大小和方向都是不同的，并且是随时变化的，这将引起车体各部位产生各种不同形式的变形，有的部位受正压力作用呈内凹，有的部位受负压力作用呈外凸。而且，这些压力是正、负反复交替作用在车体上，将对车体的疲劳强度产生不可忽视的影响。

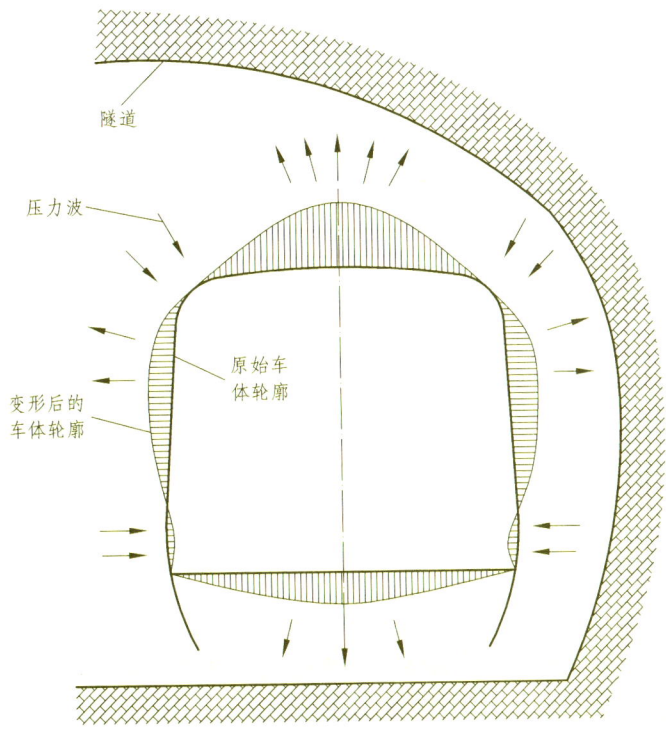

图 4.9　车体在隧道内受到压力波作用时的变形情况示意图

研究表明，随着车速的提高，作用在车体外表面的压力负荷将迅速增大，如图 4.10 所示。例如，"希望号"（300 系）高速列车以时速 270 km 通过隧道时的气密强度为 1.2 mmH$_2$O/t（=750 mmH$_2$O/630 t），而当该车速度提高到 300 km/h 时，其气密强度将达 1.5 mmH$_2$O/t 左右；如果该车速度达到 350 km/h，则其气密强度将迅速提高到大约 2.6 mmH$_2$O/t。

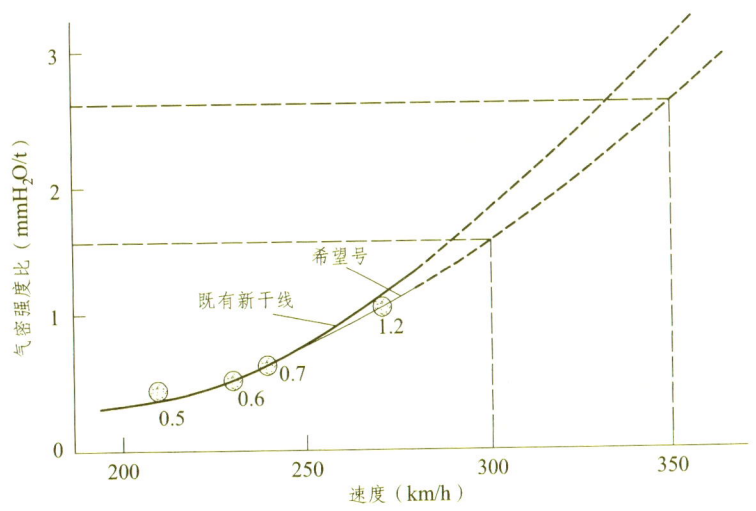

图 4.10　气压负荷（气密强度比）随速度的变化关系

日本铁路经过长期运用经验，确定采用的气密强度计算标准为：当运行速度达 300 km/h 时，作用在车体外表面上的气压变化幅值取 ±4.0 kPa，参见图 4.3 中右上方方框内的图形。

高速列车的车体刚性则随着速度的提高变化不大,如图 4.11 所示,例如,"希望号"(300 系)高速列车以时速 270 km 运行时的比刚度值为 0.26 GN·m²/t,而当该车速度提高到 300 km/h 时,比刚度值增大到 0.28 GN·m²/t。

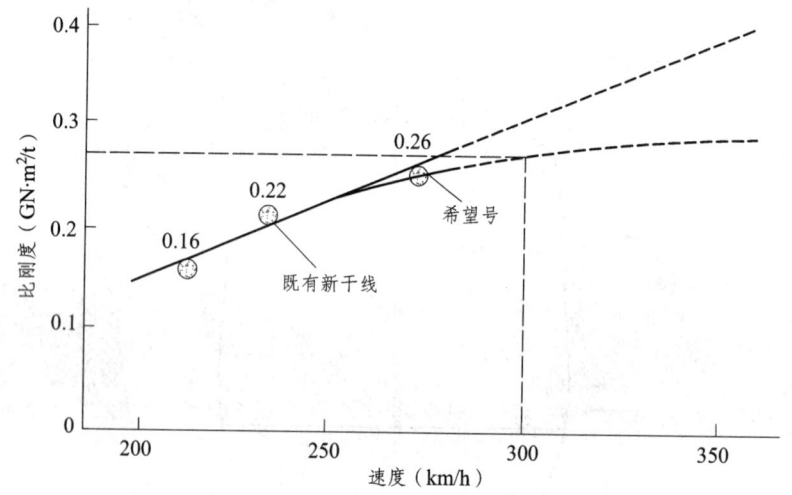

图 4.11 车体的比刚度随车速变化的关系

4.2.4 车体的流线型

高速列车车体流线型主要包括两个方面的内容:车头头型和车身的外形。它们都与高速列车的空气动力学密不可分。下面我们就从最基本的列车空气动力学出发,来探讨车体流线型问题。

1. 列车空气动力学

随着列车运行速度的提高,周围空气的动力作用一方面对列车运行性能产生影响,同时,列车高速运行引起的气动现象对周围环境也产生影响,这就是高速列车的空气动力学问题。

1)动车组运行中列车的表面压力

从风洞试验结果来看,列车表面压力可以分为三个区域:

(1)头车鼻尖部位正对来流方向为正压区;

(2)车头部附近的高负压区:从鼻尖向上及向两侧,正压逐渐减小变为负压,到接近与车身连接处的顶部与侧面,负压达最大值;

(3)头车车身、拖车和尾车车身为低负压区。

因此,在动车(头车)上布置空调装置及冷却系统进风口时,应布置在靠近鼻尖的区域内,此处正压较大,进风容易;而排风口则应布置在负压较大的顶部与侧面。

在有侧向风作用下,列车表面压力分布会发生很大变化,尤其对车顶小圆弧部位表面压力的影响最大。当列车在曲线上运行又遇到强侧风时,还会影响到列车的倾覆安全性。

2)动车组会车时列车的表面压力

两列车交会时产生的最大压力脉动值的大小是评价列车气动外形优劣的一项指标。

在一列车与另一静止不动的列车会车时,以及两列等速或不等速相对运行的列车会车时,将在静止列车和两列相对运行列车一侧的侧墙上引起压力波（压力脉冲）。

这是由于相对运动的列车车头对空气的挤压作用产生空气压力波，该压力波在与之交会的另一列车侧壁上掠过，使列车间侧壁上的空气压力产生很大的波动。

试验研究和计算表明，动车组会车压力波幅值大小与下列因素有关：

（1）随着会车速度的大幅度提高，会车压力波的强度将急剧增大，如图4.12所示。

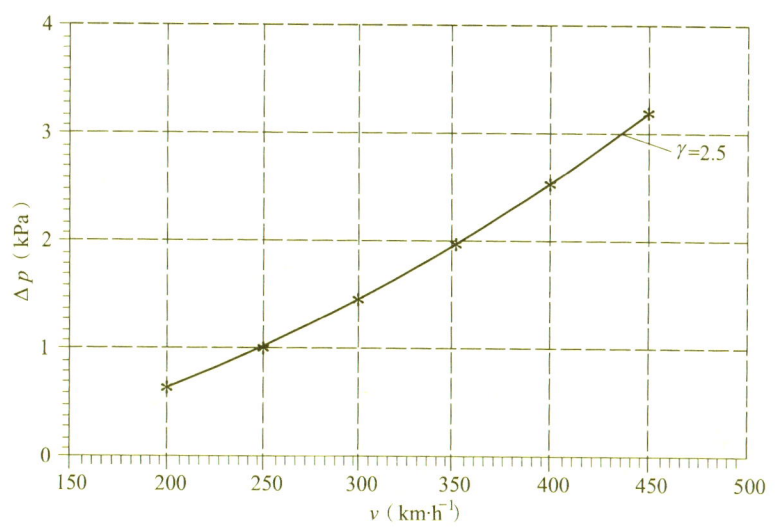

图 4.12　会车压力波幅值与速度的关系曲线

由图 4.12 可见，当头部长细比（亦称头型系数，即车头前端鼻形部位长度与车头后部车身断面半径之比）γ 为 2.5，两列车以等速相对运行会车时，速度由 250 km/h 提高到 350 km/h，压力波幅值由 1 015 Pa 增至 1 950 Pa，增大近一倍。

（2）会车压力波幅值随着头部长细比的增大而近似线性地显著减小。为了有效地减小动车组会车引起的压力波的强度，应将动车（车头）的头部设计成细长而且呈流线型。

（3）会车压力波幅值随会车动车组侧墙间距增大而显著减小。为了减少会车压力波及其影响，应适当增大铁路的线间距。

我国《铁路主要技术政策》中规定：最高运行速度为 160 km/h 时，线间距应≥4.2 m；最高运行速度为 200 km/h 时，线间距应≥4.4 m；最高运行速度为 250 km/h 时，线间距应≥4.6 m；最高运行速度为 300 km/h 时，线间距应≥4.8 m；最高运行速度为 350 km/h 时，线间距应≥5.0 m。

（4）会车压力波幅值随会车长度增大而近似呈线性地明显增大。

（5）会车压力波幅值随侧墙高度增大明显减小，但减小的幅度随侧墙高度增大而逐渐减小。

（6）高、中速列车会车时，中速车的压力波幅值远大于高速车（一般高 1.8 倍以上）。这是由于会车压力波的主要影响因素是通过列车的速度，在高、中速列车会车时，中速车压力波主要受其通过车高速车速度的影响，高速车压力波主要受其通过车中速车速度的影响，所以中速车上的压力波幅值远大于高速车。

3）动车组通过隧道时列车的表面压力

列车在隧道中运行时，将引起隧道内空气压力急剧波动，因此列车表面上各处的压力也呈快速大幅度变动状况，完全不同于在明线上的表面压力分布。

试验研究表明，压力幅值的变动与列车速度、列车长度、堵塞系数（列车横截面积与隧道横截面积的比值）、长细比，以及列车侧面和隧道侧面的摩擦系数等因素有关，其中以堵塞系数和列车速度为重要的影响参数。

国外有的研究报告指出：

（1）单列车进入隧道的压力变化大约与列车速度的平方成正比，与堵塞系数的（1.3±0.25）次方成正比例。

（2）两列车在隧道内高速会车时车体所受到的压力变化更为严重，此时压力变化与堵塞系数的（2.16±0.06）次方成正比。并且两列车进入隧道的时差对压力变化也有很大的影响，当形成波形叠加时将引起很高的压力幅值和变化率，此时车体表面的瞬时压力可在正负数千帕之间变化。

有关动车组通过隧道时列车的表面压力波变化的详细内容可参考本节第一部分（4.2.1）和图4.3、图4.4。

4）列车风

当列车高速行驶时，在线路附近产生空气运动，这就是列车风。当列车以200 km/h速度行驶时，根据测量，在轨面以上0.814 m、距列车1.75 m处的空气运动速度将达到17 m/s（61.2 km/h），这是人站立不动能够承受的风速，当列车以这样或更高的速度通过车站时，列车风将给铁路工作人员和旅客带来危害。

高速列车通过隧道时，在隧道中所引起的纵向气流速度约与列车速度成正比。在隧道中列车风将使得道旁的工人失去平衡，并有可能将固定不牢的设备等吹落在隧道中，这都是一些潜在的危险。

国外有些铁路规定，在列车速度高于160 km/h行驶时不允许铁路员工进入隧道。列车速度稍低时，也不让员工在隧道中行走和工作，必须要在避车洞内等待列车通过。

当然，列车风的大小也与列车的头部形状有很大关系。

5）列车空气动力学的力和力矩

如图4.13所示，作用于车辆上的空气动力学的力和力矩有：空气阻力、上升力、横向力，以及纵向摆动力矩、扭摆力矩和侧滚力矩。

（1）空气阻力。

减少动车组的空气阻力对于实现高速运行和节能都有重要意义，因此，需要对车体外形进行最优化设计，以便最大可能地降低空气阻力。

动车组的运行阻力主要由空气阻力和机械阻力（即轮轨摩擦阻力、轴承等滚动部件的摩擦阻力等）组成。

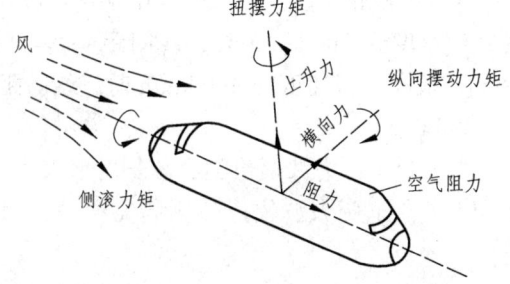

图4.13 作用于车辆上的空气动力学的力和力矩

空气阻力可以简略地用下面的公式表示：

$$R = \frac{1}{2}\rho C_x v^2 A$$

式中　C_x——空气阻力系数；

ρ——空气密度；

v——列车速度；

A——列车横截面面积。

空气阻力主要由以下三个部分组成：

① 压差阻力。头部及尾部压力差所引起的阻力。

② 摩擦阻力。由于空气的黏性而引起的、作用于车体表面的剪切应力造成的阻力。

③ 干扰阻力。车辆的突出物（如手柄、门窗、转向架、车体底架、悬挂设备、车顶设备，以及车辆之间的连接风挡等）所引起的阻力。

研究表明，空气阻力与速度的平方成正比，机械阻力则与速度成正比。当速度为 100 km/h 时，空气阻力和机械阻力各占一半；速度提高到 200 km/h 时，空气阻力占 70%，机械阻力只占 30%；250 km/h 速度平稳运行时，空气阻力约占列车总阻力的 80%～90% 以上。

法国对 TGV 动车的空气阻力（R）的测试结果：

v = 100 km/h 时，R = 5.526 kN；v = 200 km/h 时，R = 15.25 kN。

这说明，当速度提高 1 倍时，空气阻力（R）提高约 2 倍。

（2）升力。

把动车组表面的局部压力高于周围空气压力的称为正，局部压力低于周围空气压力的称为负。作为一个整体，车辆是受正的（向上的）升力还是受负的（向下的）升力，取决于车辆所有截面的表面压力累加结果是正还是负。

升力也与列车速度的平方成正比。正升力将使轮轨的接触压力减小，为此将对列车的牵引和动力学性能产生重要影响。

（3）横向力。

动车组运行中遇到横向风时，车辆将受到横向力和力矩的作用，当风载荷达到一定程度时，横向力及其侧滚力矩、扭摆力矩将影响车辆的倾覆安全性。

侧向阻力可以简略地用下面的公式表示：

$$D = \frac{1}{2}\rho C_D v^2 A$$

式中　C_D——侧面阻力系数；

ρ——空气密度；

v——列车速度；

A——列车侧面投影面积。

就车辆形状而言，车顶越有棱角，其阻力越大。

风洞试验研究表明，最佳的车体横断面形状应当是：车体侧面平坦，且上下渐内倾（可以降低升力），顶部稍圆，车顶与车体侧面拐角处完全修圆（可以降低力矩）。

2. 动车组头型设计

对于高速动车组来说，列车头型设计非常重要，好的头型设计可以有效地减少运行空气阻力和列车交会压力波，解决好运行稳定性等问题。

1）头型设计的基本要求

（1）阻力系数。

一些高速铁路发展比较早的国家,通过试验研究和理论计算,明确提出了各自的列车阻力系数指标。

在"德国联邦铁路城间特快列车 ICE 技术任务书"中规定:

列车前端的驱动头车空气阻力系数 $C = 0.17$;列车末端的驱动头车空气阻力系数 $C = 0.19$。

(2)头型系数(长细比)。

长细比,即车头前端鼻形部位长度与车头后部车身断面半径之比。

头、尾车阻力系数与流线化头部长细比直接有关,高速列车头部的长细比一般要求达到 3 左右或者更大,如图 4.14 所示。

型　式		头部长度(m)	阻力系数
0 系 		4.4	0.28
100 系 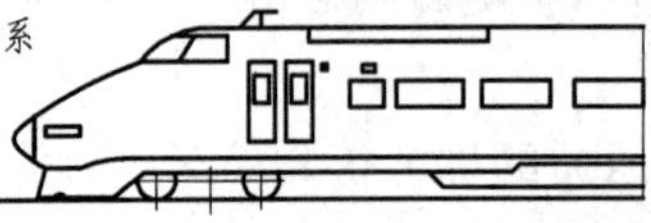		5.5	0.25
300 系 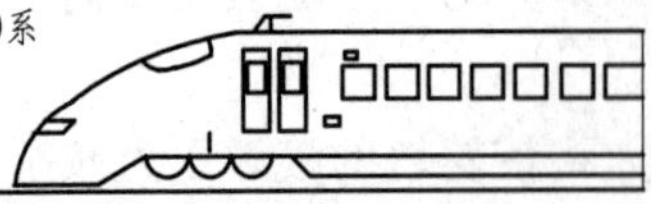		6.0	0.20
700 系 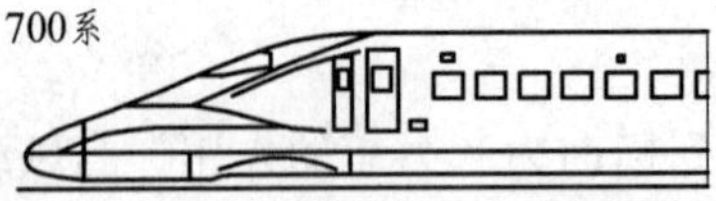		9.2	

图 4.14　列车阻力系数与流线化头部长细比的关系

2)动车组头部流线化设计

头部纵向对称面上的外形轮廓线,要满足司机室净空高、前窗几何尺寸、玻璃形状,以及瞭望等条件。在此基础上,尽可能降低该轮廓线的垂向高度,使头部趋于扁形,这样可以减小压力冲击波,并改善尾部涡流影响。同时,将端部鼻锥部分设计成椭圆形状,可以减少列车运行时的空气阻力,如图 4.15 所示。

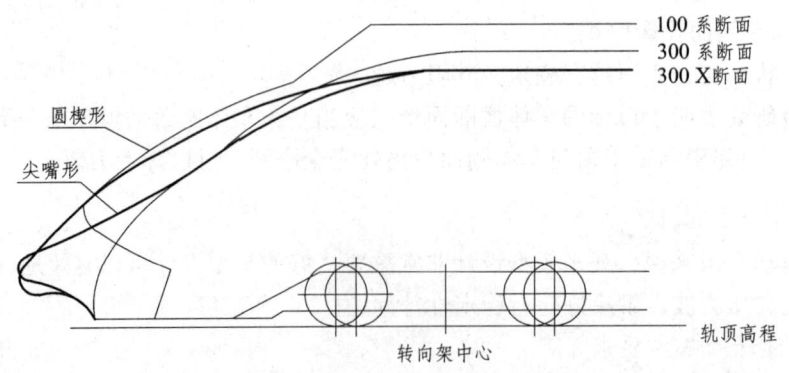

图 4.15　动车组头部流线化比较

在设计俯视图最大轮廓线形时,首先要满足司机室的宽度要求,然后再将鼻锥部分设计为带锥度的椭圆形状。这样既有利于减小列车交会压力波和改善尾部涡流影响的梭形,又兼顾到有利于降低空气阻力的椭球面形状。

此外还应设计凹槽形的导流板,将气流引向车头两侧。

在主型线设计完成后,还要做到头部外形与车身外形严格相切。头部外形中,任意选取的两曲面之间也要严格相切,以保证头部外形的光滑性,这样既可减少空气阻力,又可以降低列车交会压力波幅值。

3. 动车组车身外形设计

动车组车身横断面形状设计有以下特点:

(1) 整个车身断面呈鼓形,即车顶为圆弧形,侧墙下部向内倾斜(5°左右)并以圆弧过渡到底架,侧墙上部向内倾斜(3°左右)并以圆弧过渡到车顶。

图 4.16 所示为德国 ICE 动车组车身断面形状。这种形状不仅能减小空气阻力,而且有利于缓解列车交会压力波及横向阻力、侧滚力矩的作用。

(2) 车辆底部形状对空气阻力的影响很大,为了避免地板下部设备的外露,采用与车身横断面形状相吻合的裙板遮住车下设备,以减少空气阻力,也可防止高速运行带来的沙石击打车下设备。

(3) 车体表面光滑平整,尽量减少突出物。如侧门采用塞拉式,扶手为内置式,脚蹬做成翻板式,使侧门关闭时可以包住它。

(4) 两车辆连接处采用橡胶大风挡,与车身保持平齐,避免形成空气涡流。

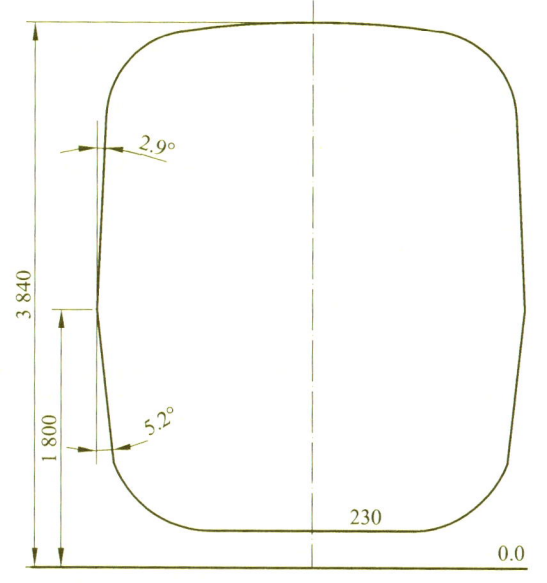

图 4.16 德国 ICE 动车组车身断面形状

(5) 在满足乘客乘坐舒适性对车内空间要求的情况下,尽可能地减小车身横断面尺寸,参见图 4.16。

4.2.5 高速车辆的防火措施

高速车辆的防火措施是非常必要的,因为它直接关系到乘客的人身和财产安全。下面以日本铁道车辆有关的防火措施为例来进行简单介绍。

1. 关于日本铁道车辆火灾对策的现行法规体系

图 4.17 所示是关于日本铁道车辆火灾对策的现行法规体系。

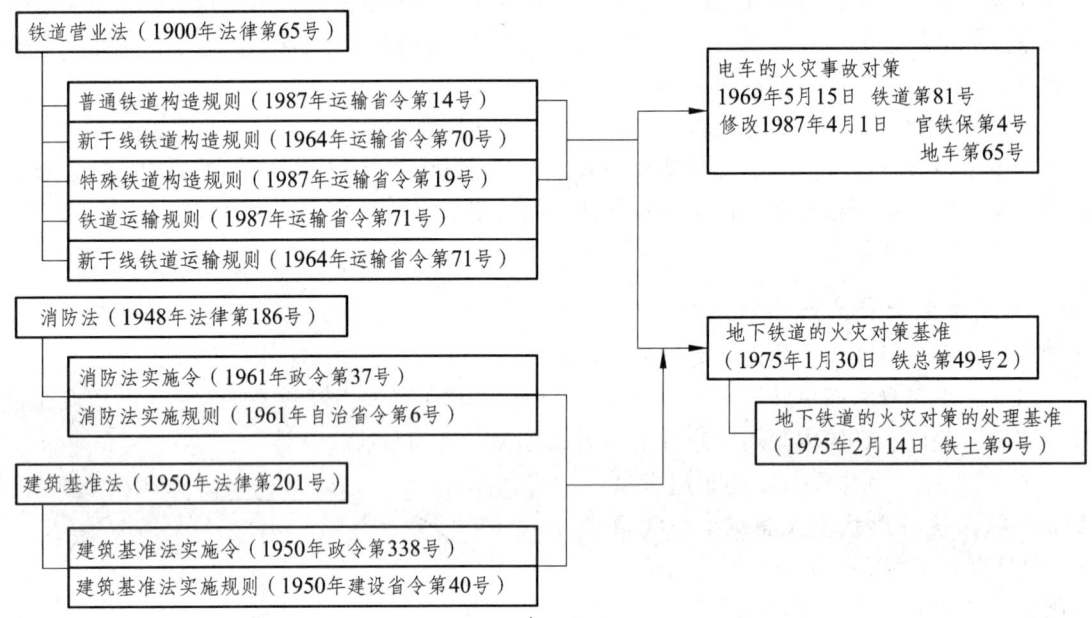

图 4.17 关于日本铁道车辆火灾对策的现行法规体系

2. 日本客车阻燃结构规则

表 4.5 列举了铁道客车各主要部位的阻燃结构设计规则，主要原则是：在结构上考虑采用烟火通过时危险性低的结构，在内装材料上尽量使用阻燃性材料或用阻燃性材料覆盖。

表 4.5 铁道客车各主要部位的阻燃结构设计规则举例

部　位	阻燃结构设计规则
车　顶	车顶用金属材料制造
设备和工具类	地铁等客车的地板下设备箱使用阻燃性材料
顶板、外墙板、内壁	用阻燃性材料或表面有阻燃性材料覆盖；对于地铁等客车车辆，必须使用阻燃性材料。表面涂料使用阻燃性材料
地　板	考虑烟火通过时危险性低的结构；地铁等客车的地板由金属制造；地板覆盖物使用难以燃烧的材料；地铁等客车的地面覆盖物下方填料使用极难燃的材料；地板下面使用阻燃性材料或表面覆盖有金属板
绝热和隔声材料	对于地铁等客车，使用阻燃性材料

3. 判断日本铁道车辆用材料燃烧性的试验方法

图 4.18 是铁道车辆用材料燃烧性的试验方法略图，将被试体做成 257 mm（长）×182 mm（宽）的板体，放在特制的酒精燃具上烧烤，通过观察下列现象来判断该材料的燃烧性：

（1）点燃酒精，观察供试材料的着火、燃烧、冒烟状态。

（2）在酒精燃烧后，观察残灰、碳化，以及变形的状态。

（3）将观察状况及其数值和燃烧性标准值（见表 4.6）进行比较分析，以做出判断。

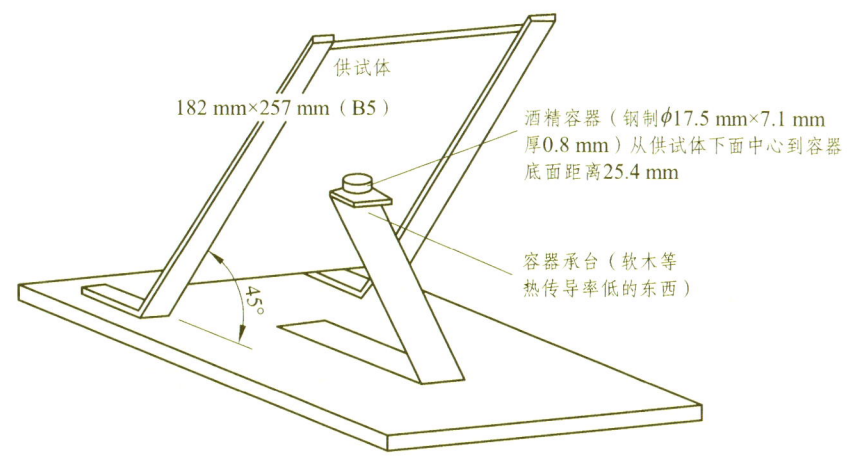

图 4.18 铁道车辆用材料燃烧性的试验方法略图

4. 日本铁道车辆用材料的燃烧性标准

日本铁道车辆用材料的燃烧性标准列于表 4.6。

表 4.6 日本铁道车辆用材料的燃烧性标准

分类	酒精燃烧时				酒精燃烧后			
	点燃	火焰	烟	火势	残灰	残质	碳化	变形
不燃性	无	无	极少	—	—	—	100 mm 以下变色	100 mm 以下表面变形
极难燃性	无	无	少	—	—	—	达不到试片的上端	150 mm 以下的变形
	有	有	少	弱	无	无	30 mm 以下	
难燃性	有	有	普通	不超过试片的上端	无	无	达到试片的上端	变形达到边缘,有局部贯通孔
缓燃性	有	有	多	超过试片的上端	30 s 以下	60 s 以下	超过 1/2 面积	超过 1/2 面积的烧损
可燃性	有	有	多	超过试片的上端	30 s 以上	60 s 以上	放置时几乎烧光	

注:① 碳化和变形以长径度量;② 异常火焰者划分降一级;③ 如图 4.18 所示试验方法来判定。

4.3 我国传统铁路客车车体结构

我国传统铁路客车车体结构均采用无中梁波纹地板薄壁筒型整体焊接钢结构。这里以我国使用最普遍的 25 型客车为例来分析其车体结构(见图 4.19、图 4.20 和图 4.21)。

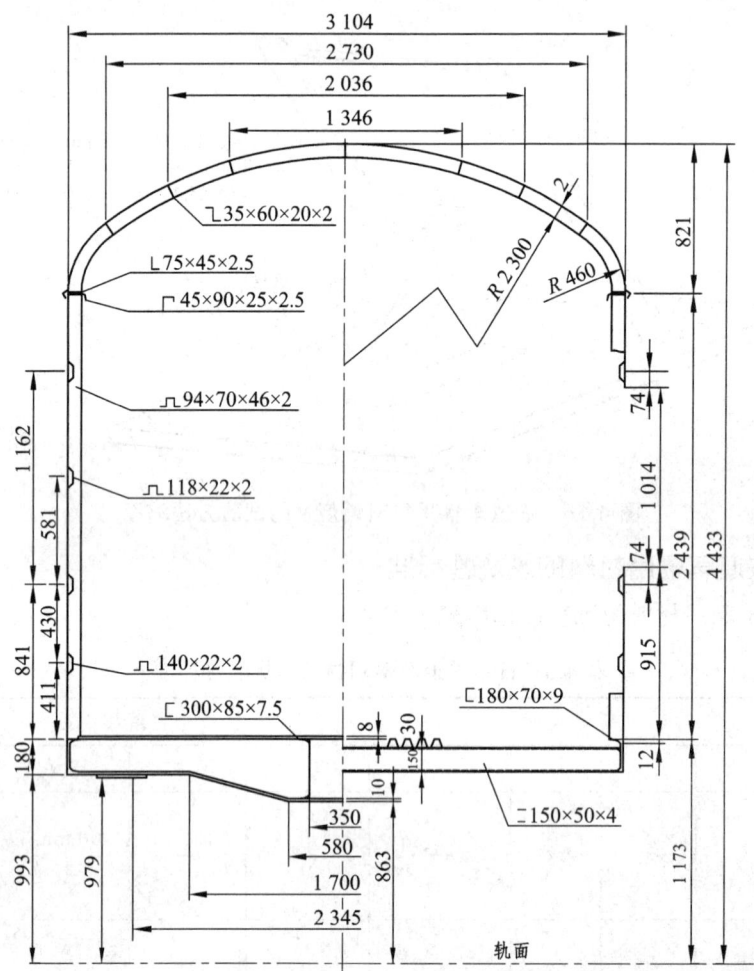

图 4.19 YZ$_{25G}$ 车体钢结构

注：图中各梁柱断面尺寸前的符号为断面形状。

25 型客车车体钢结构为全钢焊接结构，由底架、侧墙、车顶和端墙等四部分焊接而成。在侧墙、端墙和车顶钢骨架外面，以及在底架钢骨架的上面，分别焊有侧墙板、端墙板、车顶板和纵向波纹地板及平地板，形成一个上部带圆弧，下部为矩形的封闭壳体，俗称薄壁筒型车体结构。壳体内面或外面用纵向梁、横向梁和立柱等加强，形成整体承载的合理结构（见图 4.21）。

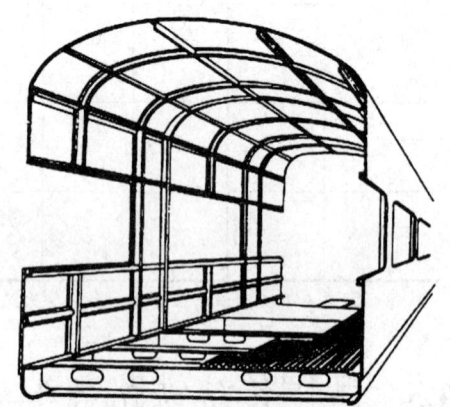

图 4.20 钢制车体承载结构

4.3.1 底 架

底架由牵引梁、枕梁、缓冲梁、下围梁（或称下侧梁）、各种横梁、枕梁间的纵向金属波纹地板及枕外金属平地板等组成，如图 4.22 所示。

其中车体 N—N 截面见图 4.19，而牵引梁结构见图 4.23。

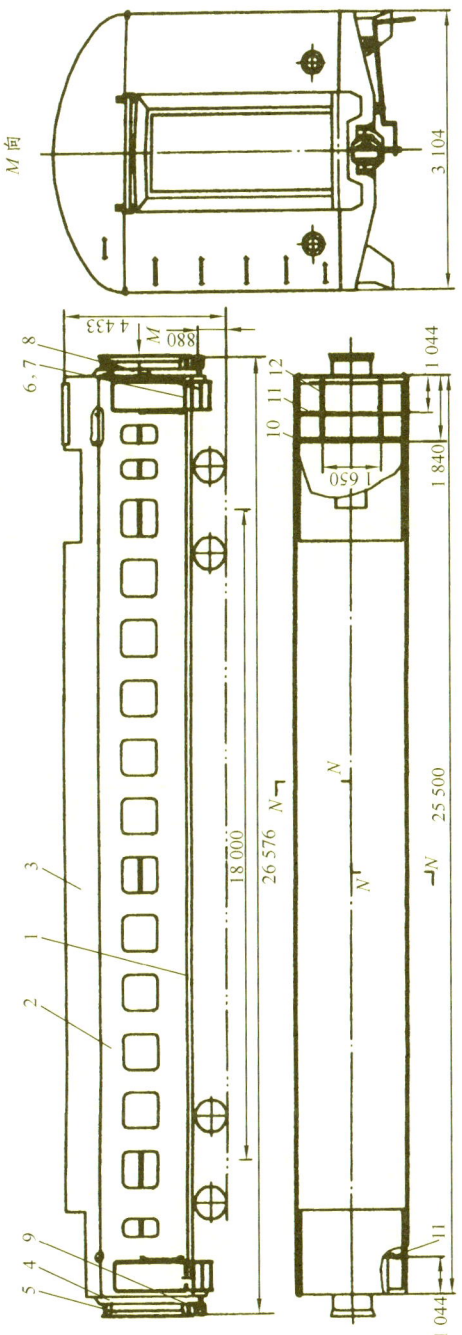

图 4.21 YZ$_{25G}$ 车体钢结构

1—底架钢结构；2—侧墙钢结构；3—车顶钢结构；4—端墙钢结构；5—风挡；6—一、四位翻板安装；7—二、三位翻板安装；8—脚蹬组成；9—15 号高强度车钩；10—水箱横梁；11—横梁；12—水箱吊梁

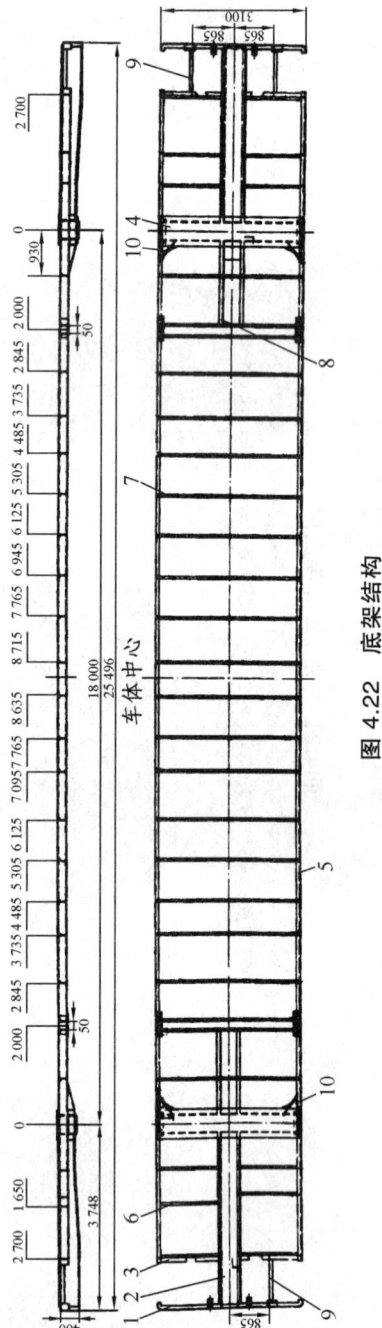

图 4.22 底架结构

1—缓冲梁；2—牵引梁；3—端梁；4—枕梁；5—侧梁；6—枕外横梁（下边梁）；7—横梁；8—纵向加强梁；9—纵梁；10—加强板

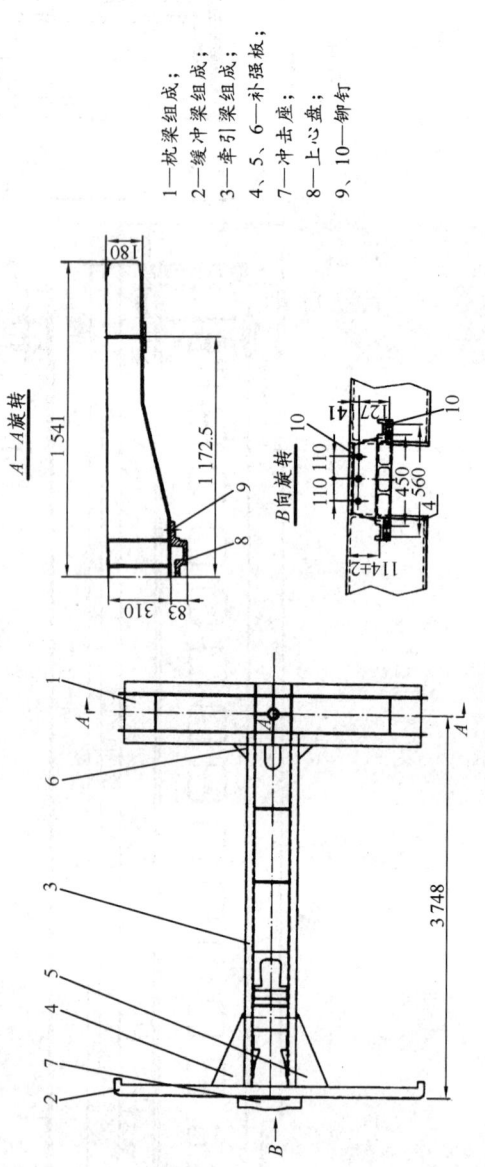

图 4.23 牵引梁组成

1—枕梁组成；
2—缓冲梁组成；
3—牵引梁组成；
4、5、6—补强板；
7—冲击座；
8—上心盘；
9、10—铆钉

其中最重要的承力部件是沿底架两端梁间全长纵向布置的两根侧梁，其断面一般为槽钢（18a 型）。它身兼两"职"：

（1）是底架结构中的主要承力部件和连接构件。底架的枕梁及全部横梁的端部都与侧梁焊接，金属地板也与侧梁的上翼缘表面搭接。

（2）是侧墙结构中的主要承力部件和安装基础。侧墙的立柱、侧墙板分别焊在侧梁的上翼缘表面和腹板外表面上。

牵引梁由两根槽钢（30a 型）及上下盖板组焊而成，用于安装车钩缓冲装置并传递纵向力（见图 4.23）。

枕梁是由各种钢板焊接而成的闭口箱形断面（▯），并且该枕梁近侧梁端为小端，近牵引梁端为大端，是一个近似的等强度鱼腹梁。同时其中部下面焊有与转向架构架相对应的上心盘座（或者牵引销座），两端焊有上旁承座和旁承加强筋板。

各种横梁的作用：

（1）将牵枕缓结构与侧梁连接起来形成底架钢结构骨架，从而保证底架有足够的强度和刚度，以承受作用于底架上的各种载荷。

（2）是平地板和纵向波纹地板的支撑，在纵向力作用下防止平地板和纵向波纹地板的失稳（故横梁间距均布在 1 m 以内）。

4.3.2 侧　墙

侧墙是由上下侧梁（围梁）、水平纵向梁、立柱、窗间纵梁组成的框架结构，以及覆盖在其上的平板焊接而成，属板梁式平面承载侧墙结构，如图 4.24 所示。其中下侧梁同时也是底架的主要承载件，起着承上启下的作用。而水平纵向梁有三根，窗上一根，窗下两根。这三根水平纵向梁起到加强侧墙的垂直弯曲强度和刚度的作用，同时也减少了钢板自由表面的面积。

必须强调的是：立柱与所有纵梁、上侧梁、下侧梁组成的框架必须与侧墙板很好地焊接成一个整体，才能顺利传递各种载荷。

4.3.3 车　顶

车顶是由上边梁、车顶弯梁、车顶纵向梁、空调机组安装座平台和水箱盖等组成钢骨架，再在骨架外面焊有车顶板，共同组成车顶钢结构，如图 4.25 所示。

车顶上边梁沿车顶两侧全长，断面为"⌐"形压形件。上边梁与顶端横梁（18a 槽钢）组成车顶下部框架。

车顶钢结构是由纵横梁件组成的空间梁系，其上焊有曲面金属包板（端部为平板）组成的梁板结构，共同承受作用于其上的各种载荷。

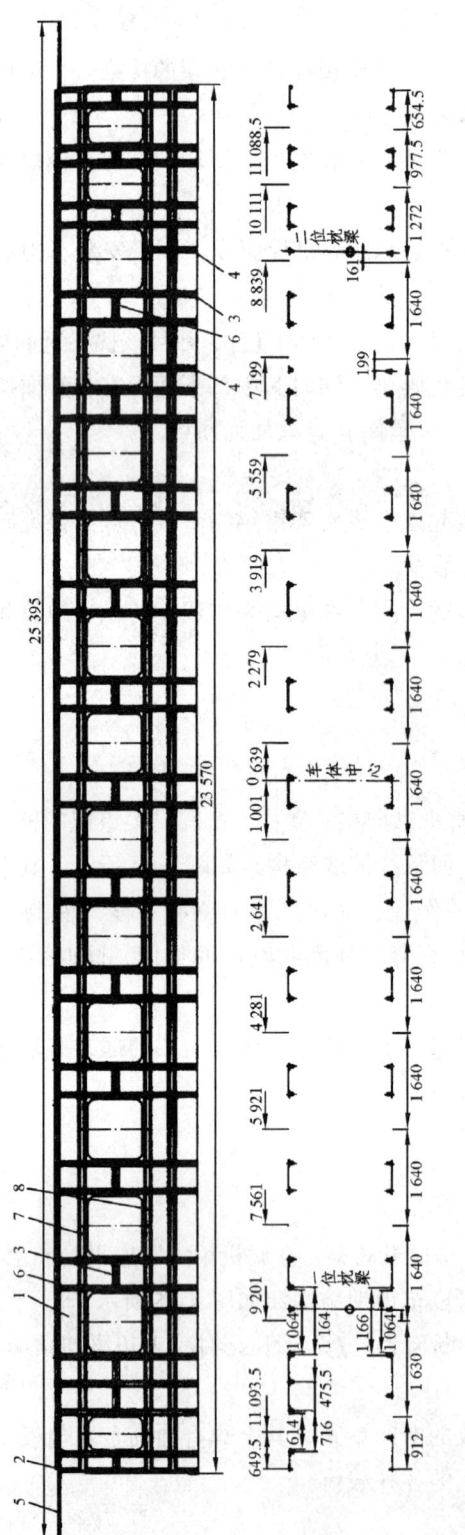

图 4.24 侧墙结构

1—侧墙板；2—门立柱；3—窗间纵梁；4—窗下立柱；5—上侧梁；6—立柱；7—窗上纵梁；8—窗下纵梁

第 4 章 动车组车体结构

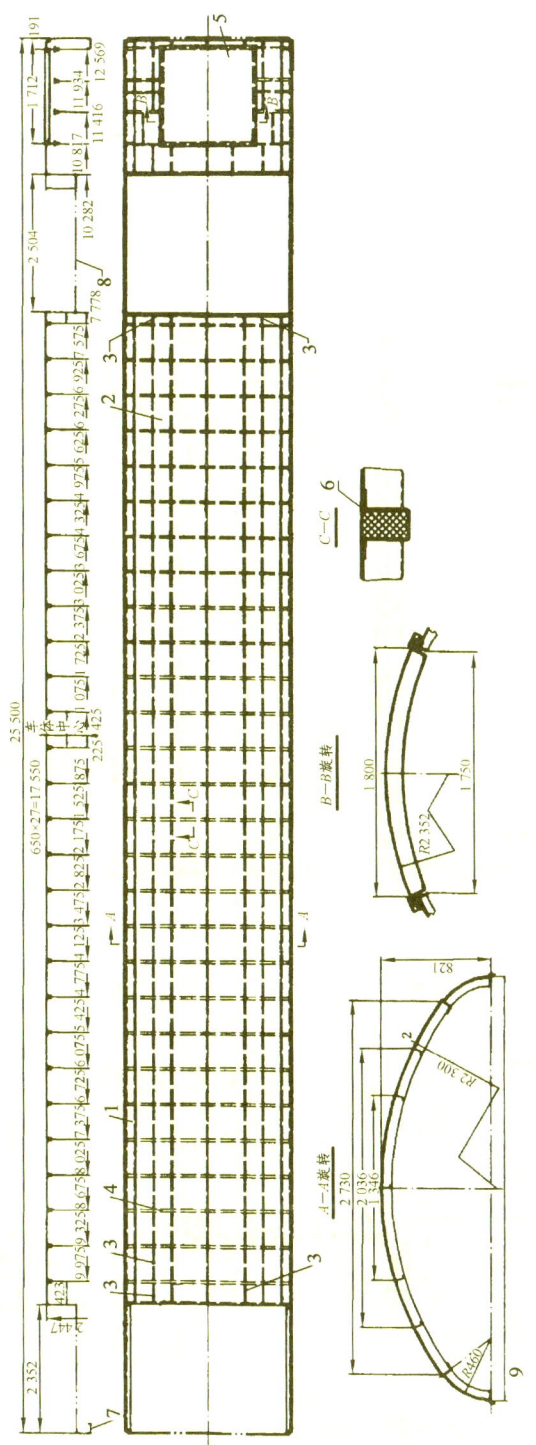

图 4.25 车顶结构

1—侧板；2—中顶板；3—纵梁；4—车顶弯梁；5—水箱活盖；6—防寒材；7—顶端横梁；8—平顶结构

4.3.4 端墙

由两根强大的槽钢（28b型）制成的折棚立柱、两根角柱、两根门边立柱、两根中间立柱、两根水平横梁和门上横梁，再加上所有立柱的上端与车顶的顶端横梁相焊接，下端焊在底架缓冲梁的上翼缘上，构成端墙钢骨架。在骨架的外表面焊有2 mm厚的墙板，与钢骨架组成梁板组焊结构，如图4.26所示。

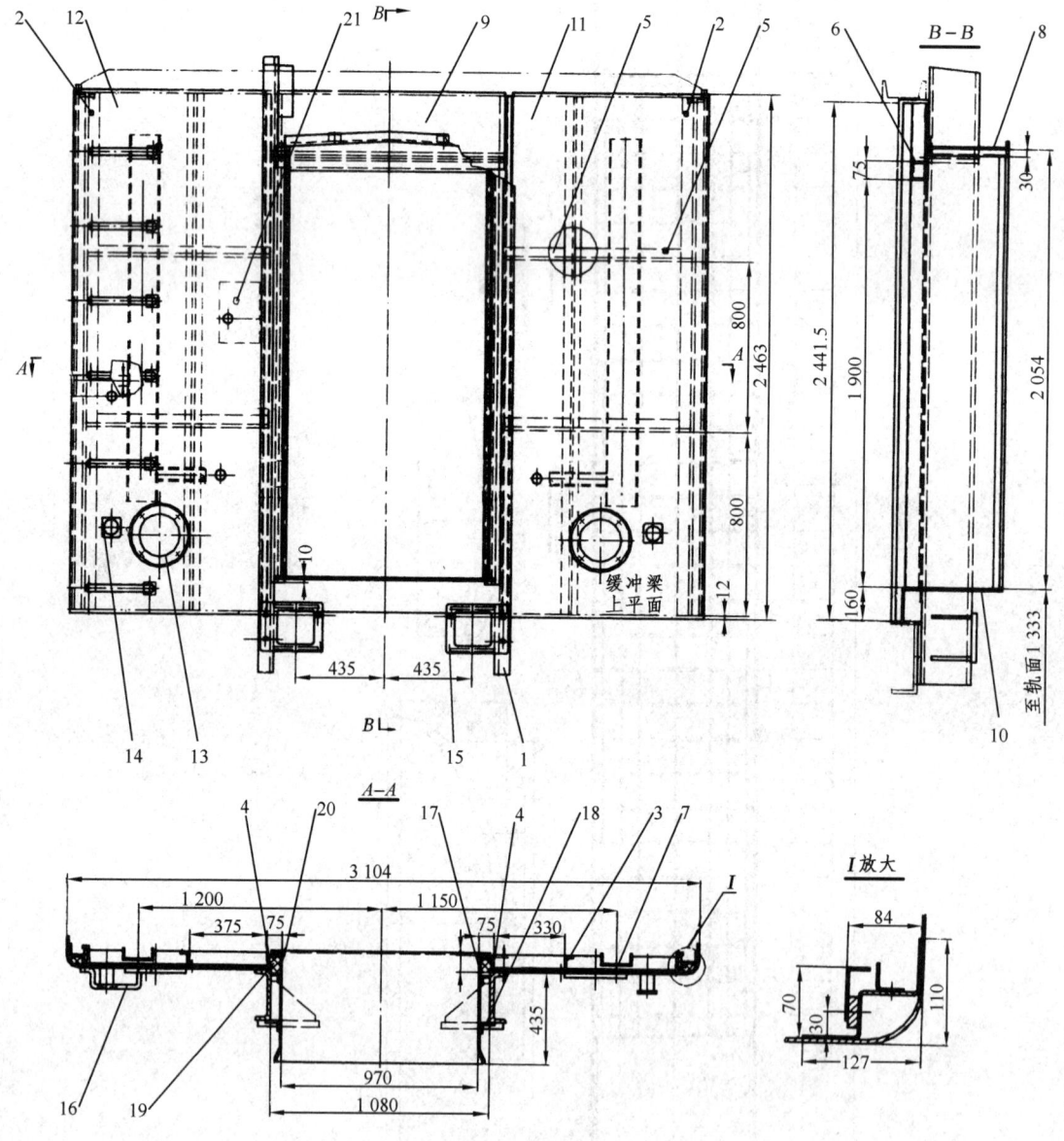

图 4.26　端墙结构

1—折棚柱；2—角柱；3—立柱；4—门立柱；5—横梁；6—门上横梁；7—线槽；8—门上板；9—上墙板；10—踏板；11—右墙板；12—左墙板；13—电力连接器座；14—连接器座；15—风挡缓冲座；16—扶手；17—右门板组成；18—角铁；19—防寒材；20—左门板组成；21—垫板

4.3.5 风挡装置（折棚装置）

风挡装置有两种形式：铁风挡和橡胶风挡。

1. 铁风挡

铁风挡由风挡框总成、渡板及缓冲装置、叠板弹簧总成、磨耗面板和风挡胶皮五部分组成，如图 4.27 所示。

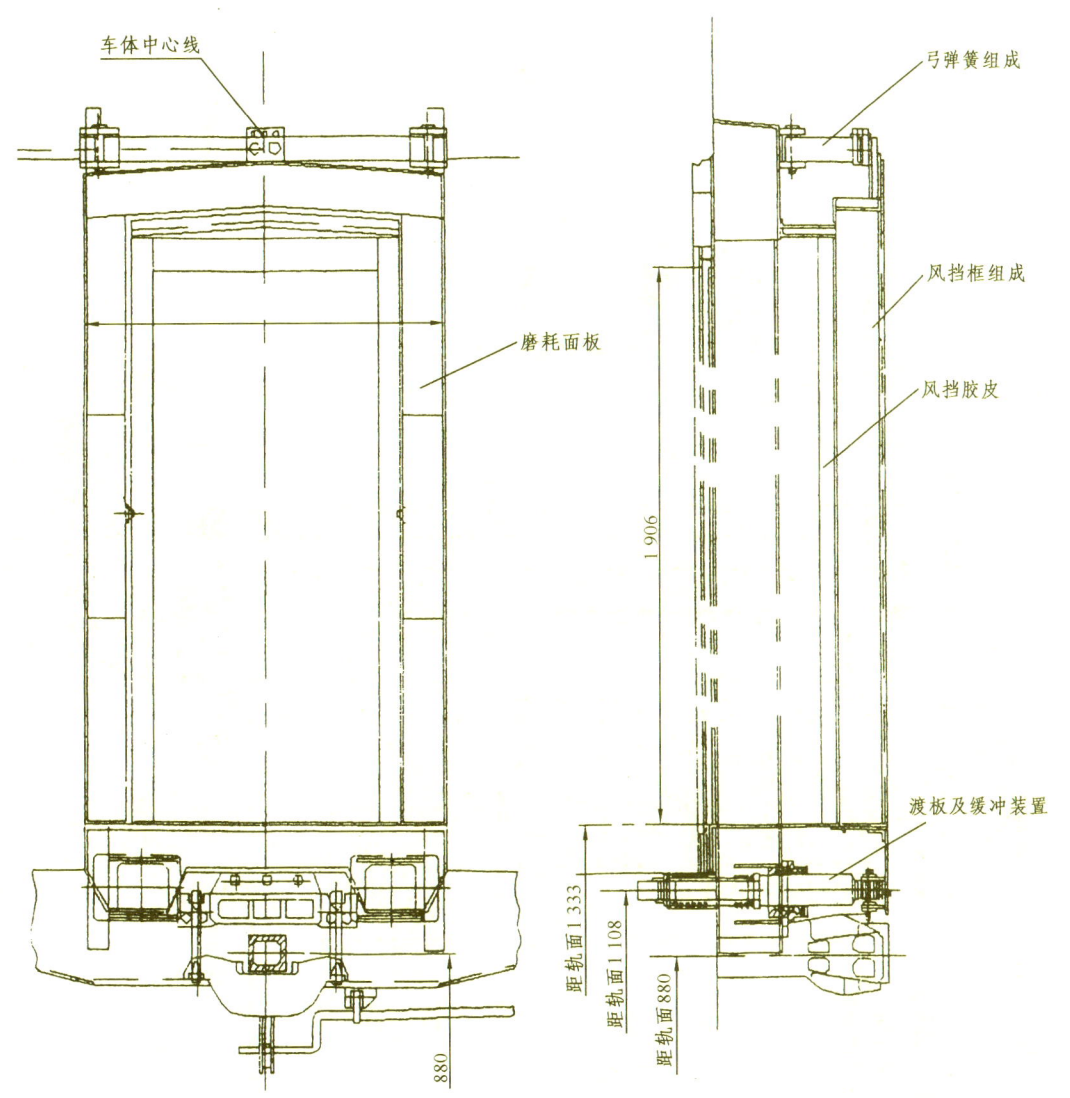

图 4.27 铁风挡结构

2. 橡胶风挡

橡胶风挡由立橡胶胶囊总成、横橡胶胶囊总成、防晒板总成、橡胶垫、渡板总成和缓冲装置等部件组成，如图 4.28 所示。

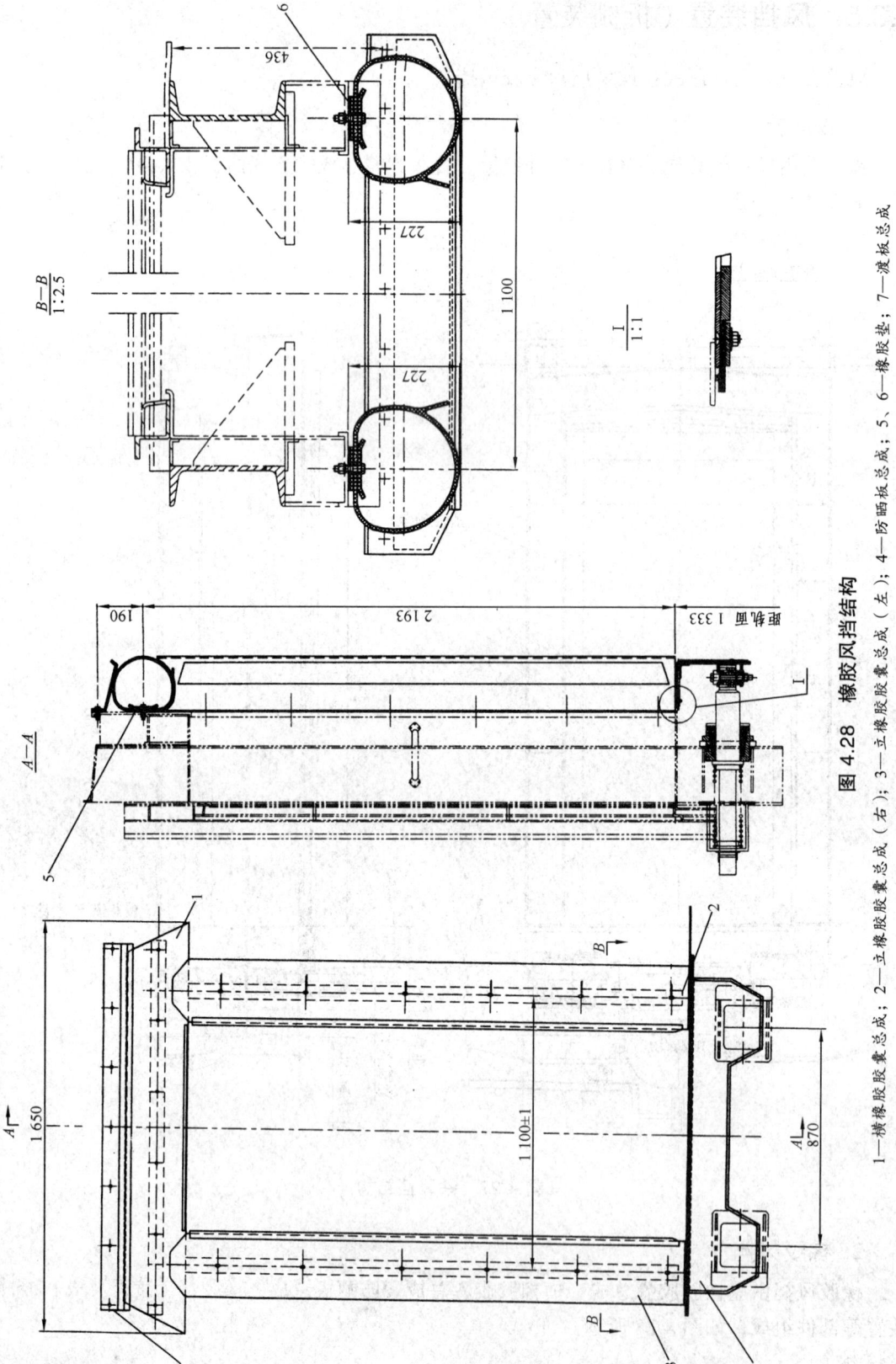

图 4.28 橡胶风挡结构

1—横胶胶囊总成；2—立橡胶胶囊总成（右）；3—立橡胶胶囊总成（左）；4—防蹭板总成；5、6—橡胶垫；7—渡板总成

橡胶风挡的优点如下：
（1）应用广，能满足各种机车和客车的需要。
（2）具有特殊形状的弹性橡胶囊和密封垫，可防止雨水、尘土等进入。
（3）具有良好的纵向伸缩性和横向、垂向柔性，以适应车辆通过曲线和振动等。
（4）噪声小。橡胶风挡对车体的气密性好，故可降低车内噪声。

4.4 动车组车体结构综述

4.4.1 动车组铝合金车体结构概论

高速动车组比传统机车车辆的运营速度有大幅度增加，这要求动车组车体结构的设计需考虑以下三个方面的因素：
（1）为了减小空气阻力，车体外形需设计成流线型。
（2）为了提高乘坐舒适度，车体需采用气密结构，并具有足够的刚度。
（3）为降低能耗，车体需采用轻量化设计。

使用铝合金作为车体结构材料的最大优点是轻量化。其目的是可以减少运行成本和维护成本，特别是使用在高速车辆时，有助于达到高速化。此外，从近年来广受重视的减少环境负荷的观点来看，车辆的轻量化也起到一定的作用。

与钢相比，铝合金的焊接施工难度较大。但是，随着近年来的铝合金挤压型材的大型化和轻薄化，车体结构能够由大型轻薄的挤压型材组合构成，纵向可以大幅度采用自动焊接，提高了质量和生产率。因此，以高速动车组为主的车辆越来越多地采用铝合金制车体结构。

铝合金的纵弹性系数（杨氏模量）及密度约为钢材的1/3。因此，与全部采用钢制造的车相比，车体结构质量单因密度的差别就能够减轻很多。但是，车体结构的等效弯曲刚度也降低至钢材的1/3，这无疑增大了车体的挠度，从而影响车辆的基本性能（特别是乘车舒适度）。因此，为保持车体的刚度，必须增大构成车体的铝合金材料的断面二次惯性矩等。

具体来说，就是使外板的厚度大于钢制车体外板的厚度，使剪切力产生的纵弯曲条件相同，以获得强度上的稳定性。为此，铝合金制的车体结构质量不能减少到钢制车的1/3，而是减少到约1/2的程度就可以。最后，为使铝合金车体结构的刚度达到与钢制车相同的水平，要把侧墙部车体结构向下部延长，以增加断面二次惯性矩；同时，考虑到材料特性（杨氏模量）的降低而采用适当的辅助方法来改良其结构特性。

总的来说，由于铝合金材料的密度低（只有钢材的1/3左右），质量较轻，并具有足够的强度和刚度的特点，所以在高速动车组车体上得到了广泛应用。

1. 车体承载结构特点

由于车体需要承受旅客的质量和各种设备的质量，以及动车组在运行过程中的纵向、横向、垂向和扭转等载荷，所以车体需有足够的强度和刚度。高速动车组车体采用铝合金筒形整体承载结构，能够达到必要的强度和刚度，同时实现结构轻量化。

筒形整体承载结构由很多轻便的纵向梁和横向梁组成封闭的环状骨架，并在外面焊接金属包板后形成承载结构。其中金属包板承担剪切载荷和拉伸载荷,骨架承担压缩载荷和弯曲载荷,筒形结构见图 4.29。图 4.30 是筒形整体承载结构的铝合金车体实例,由底架、侧墙、车顶和端墙等部件组成一体,形成车体结构。

筒形铝合金车体结构的最大优点是减轻车辆自重、降低能耗、减少运行成本和维护成本。

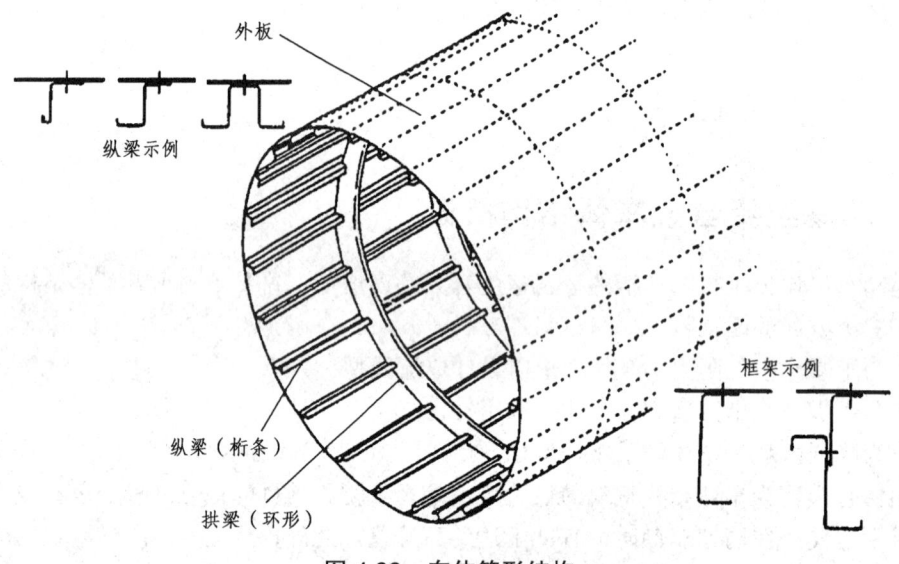

图 4.29 车体筒形结构

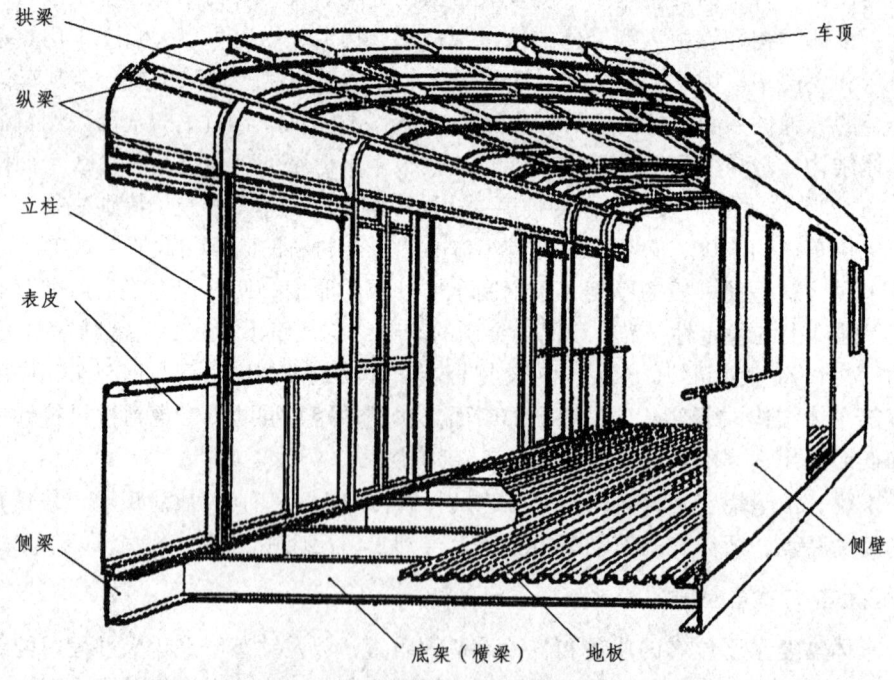

图 4.30 采用筒形整体承载结构的车体

早期的筒形铝合金车体类似碳钢车体的拼焊结构,采用小型化型材,与钢结构车体相比,增大了工艺制造难度。但近年来车体大量采用大型、中空、薄壁的铝合金挤压型材,实现了纵向大幅度自动焊接工艺，提高了质量和生产效率。

2. 铝合金材料的特性

1）铝的材料特性

铝柔软富有延展性，但根据不同用途，有时需要对强度等性质进行改善，因此加入各类元素制成铝合金来使用。铝的特征如下：

密度：密度约为钢材的1/3，在飞机、船舶、车辆等交通工具及建筑、土木等领域对实现轻量化起到了良好作用。

耐腐蚀性：在大气中铝制品的表面自然形成耐腐蚀性好的氧化膜，能够自我保护，具有良好的耐腐蚀性，不会如钢铁一样出现生锈的情况。

加工性：富有延展性，容易制成板、箔、棒、管、线、型材等各种形状的制品。由于比较容易进行成形加工和切削加工，因此被广泛应用。

表面处理：经过处理，在表面形成无色透明的氧化膜，能够大大改善耐腐蚀性和耐磨损性。此外，通过自然着色、电解着色等方法，能够呈现多种色调，在家庭用品、建筑物的内外装饰方面用途广泛。

强度：根据合金的种类、质量不同，拉伸强度能够在70～600 MPa间变化，可根据用途适当选择。

低温特性：随着温度下降，其强度会上升，故在降至超低温范围时，不会出现普通钢的低温脆性。因而在低温机械装备上被广泛应用。

热传导性：容易传导热，适用于制作热交换器，发动机零件，家庭用品及冷、暖气装置。

反射性：铝表面能够很好地反射热、电波，因此，适用于制作暖气的反射板、照明用具、抛物面天线。

非磁性：几乎不受电磁场的影响，不带有磁性。适用于必须使用非磁性的各种电气设备。

无毒性：与食品类不发生反应，适用于制作食品包装用容器、家用器具。

再生性：与其他金属相比，铝废料的再生非常容易，废料价值高。对有效利用资源、防治废弃物公害起到了良好作用。

2）铝合金的主要种类

按照加工工艺划分，铝合金可分为两类，一类是板、箔、型材、管、棒、线、锻造品等形变合金，另一类是铸件、压铸件等铸造合金。形变合金与铸造合金各自又分为非热处理型合金和热处理型合金。非热处理型合金是指保持制造的原状或经过轧制、挤压、拉制等冷加工处理的合金；热处理型合金是指经过淬火、回火等处理，达到各自所规定强度的合金。但是，即使是热处理型合金，为了达到更高的强度，有时也要进行冷加工处理；同样，非热处理型合金有时也要经过退火、稳定化处理等热处理，以提高加工性能，铝合金的分类如图4.31所示。

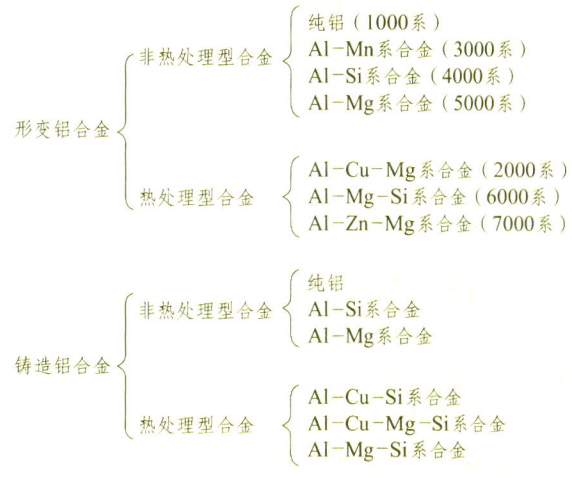

图4.31 铝合金分类

铝合金也可以根据主要添加元素的不同进行分类,如铝镁合金、铝锌合金等。

高速动车组铝合金车体材料主要有 5000 系、6000 系和 7000 系,其各自的特性分述如下:

(1) 5000 系合金。

5000 系合金是形变 Al-Mg 合金,其中 Mg 含量少的可作为装饰材料、高级器具材料、建材材料等,如 5N01、5005;Mg 含量较高的合金,具有高强度、焊接性好的特点,被广泛应用于船舶、铁道车辆、化学机械等领域,如 5083。

该系合金在冷加工的状态下强度较小,会出现拉长的老化现象,因此要进行稳定化处理,如 5083,经过冷加工后,再用高温去除应力,通常作为强度要求不高的结构骨架材料,在海水或工业污染大的环境里,如果不考虑外观,则基本不进行防腐蚀处理。

(2) 6000 系合金。

6000 系合金是形变 Al-Mg-Si 合金。该系合金的强度、耐腐蚀性较好,能够作为代表性的结构用材。但是,在焊接时焊缝接头效率低,多数通过小螺钉、铆钉、螺栓来进行结构组装。

其中 6061-T6 的屈服强度在 245 MPa 以上,与钢材相当,其优点是能够同钢材一样获得同等的许用应力,可用于铁塔、起重机等领域。6063 具有优良的挤压性,强度略低于 6061-T6,主要用于建筑用的门窗框。6N01 是强度介于 6063 和 6061-T6 之间的合金。

(3) 7000 系合金。

7000 系合金是形变 Al-Zn-Mg 合金。该系铝合金具有高强度特性,可细分为 Al-Zn-Mg-Cu 系合金和不含 Cu 用于焊接结构的 Al-Zn-Mg 合金。Al-Zn-Mg-Cu 合金的代表是 7075,可用于飞机、体育用品类。不含 Cu 的 Al-Zn-Mg 合金具有比较高的强度,在焊接后的热影响区也能够通过自然时效恢复到与母材相近的强度,具有优秀的焊缝接头效率。7N01 是其中具有代表性的高强度铝合金,可作为焊接结构材料用于铁道车辆。

3) 高速动车组车体用铝合金材料

高速动车组车体用铝合金材料须具有强度高、焊接性好、挤压加工性能优、耐腐蚀性好等特性,主要采用了 5000 系合金的 5083、6000 系合金的 6N01、7000 系合金的 7N01 等。这些合金的主要机械性能如表 4.7 所示。

表 4.7 高速动车组车体用铝合金材料的主要机械性能

材料名	纵弹性率(MPa)	泊松比	弹性极限(MPa)		疲劳强度(MPa)	
			基料部分	焊接部分	基料部分	焊接部分
A5083P-O	69	0.3	125	125	103	39
A6N01S-T5	69	0.3	205	120	78	39
A7N01P-T4	69	0.3	195	176	135	39
A7N01S-T5	69	0.3	245	205	119	39

注:T 和数字是表示材料的加工硬化状态或热处理状态等。

各种铝合金材料的具体技术特征如下:

(1) 5083 是焊接结构用铝合金,是非热处理合金中强度最大的高耐腐蚀性合金,适合于焊接结构。但挤压加工性较差,难以得到薄壁及中空型材。

(2) 6N01 是中等强度的耐腐蚀性铝合金,挤压加工性、加压淬火性均比较优良,能制造出复杂形状的大型薄壁型材,且耐腐蚀性、焊接性较好。

(3) 7N01 也是焊接结构用铝合金,其强度高,并且通过常温时效处理,焊接部分的强度能够恢复到接近于母材的强度,耐腐蚀性好。

3. 铝合金车体发展简介

目前，铁道车辆采用铝合金车体已有 40 年的历史，随着各种铝合金材料的开发和制造技术的发展，车体结构也随之发生了一系列变迁。下面简单介绍铝合金车体的发展。

1）骨架外壳结构

最早的铝合金车辆以 A5083 合金和 A6061 合金作为外板和小型骨架，形成外壳框架方式，与钢制车结构相似，小部件通过焊接组装在一起，但车体结构的总装一般采用铆接。其车体结构如图 4.32 所示。

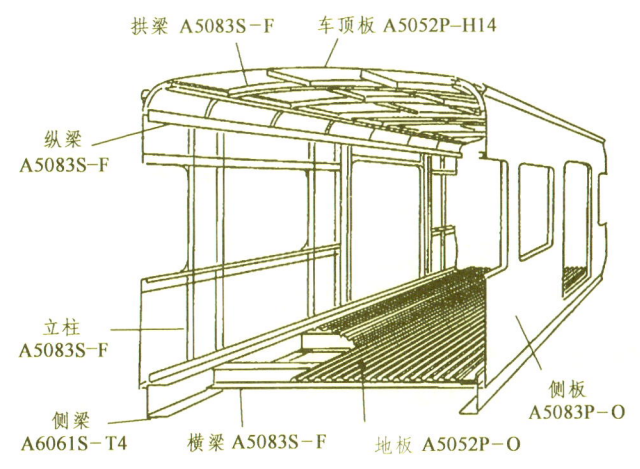

图 4.32　骨架外壳结构车体实例

高强度焊接结构用铝合金 A7N01 开发成功后，逐渐应用于车体底架及上部车体结构骨架，车体大部件结构的总装可采用焊接。由于该型铝合金具有更优的挤压性能，部分外板和骨架的组焊结构可以制造为一体的挤压型材，从而达到了轻量化和减少组焊零件数量的目的，如图 4.33 所示。

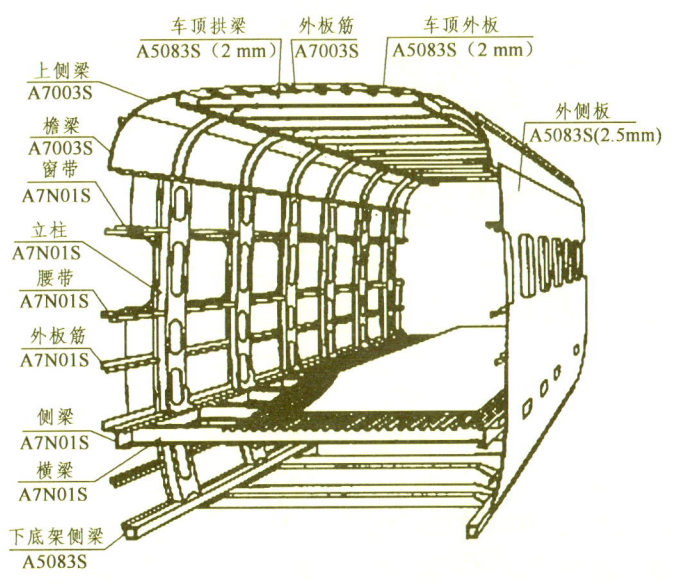

图 4.33　A7N01 骨架外壳结构车体实例

2）薄型材（单壳）结构

虽然最初铝合金车体结构与钢制车体结构相似，但材料价格、制造加工费用较高，因而车辆的制造成本较高。因此，通过减少零件数量和焊缝总长度使车体结构简化，以及通过焊缝的单一化提高焊接的自动化率成为当时车体设计追求的目标。随着 A6N01 合金的开发成功，使制造大型薄壁挤压型材（以下称"薄型材"）及大型薄壁中空挤压型材（以下称"中空型材"）成为可能。

大型薄壁挤压型材的两种典型结构——薄型材（单壳）和中空型材（双壳）的断面形状如图 4.34 所示。

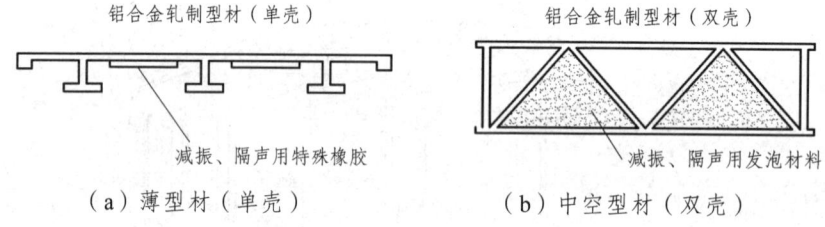

（a）薄型材（单壳）　　　　（b）中空型材（双壳）

图 4.34　薄型材（单壳）和中空型材（双壳）结构比较

初期铝合金车体以使用薄型材的单壳车体结构为主，车顶和侧墙外板采用带有加强筋的薄型材。同时，车体底架中部分结构采用中空型材。当时由于考虑中空型材比单壳的薄型材重，因此，为达到车体轻量化设计目的而有限度地使用中空型材。

以薄型材为主构成的车体结构称为单壳结构，这种结构的主体仍然是由侧梁、横梁、侧柱（浮骨）和车顶拱梁等组成的框架，再在其外面覆盖（焊接）一层带有加强筋的铝合金挤压薄型材。当然，这里的侧梁、横梁、侧柱（浮骨）和车顶拱梁等也都是铝合金挤压型材。高速车辆的单壳车体结构如图 4.35 所示。

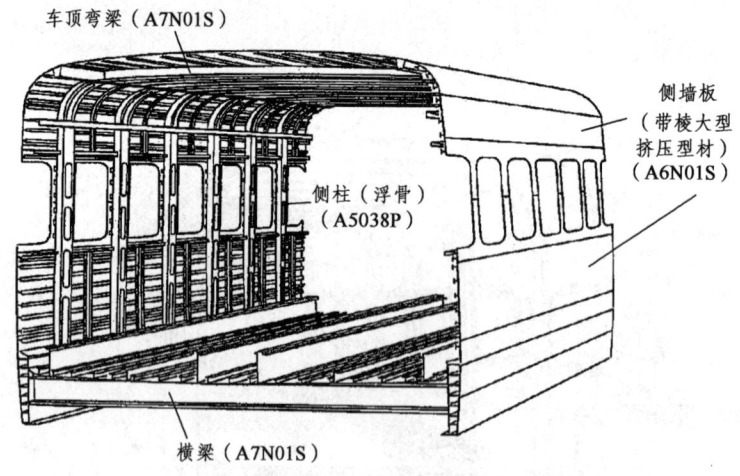

图 4.35　单壳车体结构

3）中空型材（双壳）结构

以中空型材为主构成的车体结构称为双壳结构。双壳结构相对于单壳结构，车体质量稍重。但中空型材具有截面刚度高的特性，可以去掉在单壳结构中必须使用的加强型材（即各种立柱、拱梁等），从而减少零件数量，降低成本。但过度追求高速动车组的轻量化将对乘坐舒适性和列车空气动力学性能有不利影响。近年来，由于更加重视乘坐舒适性，车体结构也不单纯追求轻量化，而是合理控制车体结构的质量。因此，高速动车组的车顶及侧墙部车体结构均开始使用双壳结构，这样可以适当增加车体质量以改善车辆高速运行的舒适性。

双壳结构的最大特点是完全取消了侧墙中的立柱和车顶内的拱梁，整个侧墙和车顶全部由若干块长度与车身等长的大型中空铝合金挤压型材焊接而成。同时，为了提高车体的隔热隔音效果，还在铝合金型材的中空内腔注入泡沫材料或粘接橡胶片。CRH_2车体即采用此种双壳结构，其具体结构如图4.36所示。

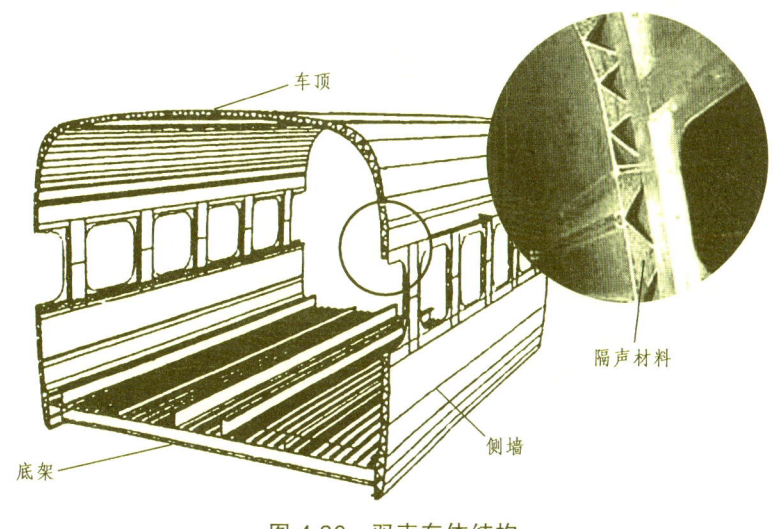

图4.36 双壳车体结构

4）蜂窝状铝合金车体结构

500系高速动车组车体结构采用钎焊蜂窝状铝合金车体结构，该结构能更进一步减轻车体质量，与双壳结构车体相比，每辆车大约能够减轻1 t左右。这种蜂窝状铝合金结构在飞机上运用比较普遍。

500系高速动车组车体结构如图4.37所示。

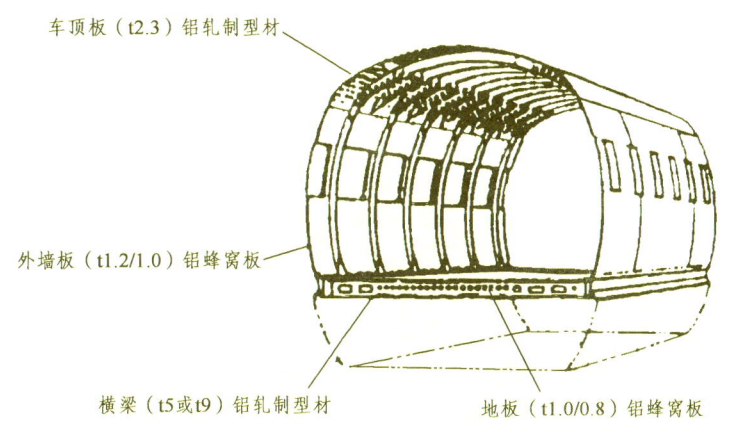

图4.37 500系高速动车组蜂窝状铝合金车体结构

5）总　结

上面我们讨论的现代高速动车组所采用的三种典型结构包括：薄型材（单壳）、中空型材

（双壳）和蜂窝状型材，这三种型材的结构形式、特点和典型使用车型列于表 4.8 中。

表 4.8 三种型材的结构形式、特点和典型使用车型

	带加强筋的挤压型材	大型中空薄壁挤压型材	真空钎焊蜂窝铝板
特点	加强筋对外板补强需要侧立柱；立柱与加强筋间焊接	内部桁架对外板补强；不需要侧立柱	蜂窝对外板补强不需要侧立柱（根据结构有需要的）；蜂窝和外板接合
形式			
使用	300 系　E2 系	STAR21　300X　700 系	STAR21　300X　500 系

当然，采用蜂窝状型材的铝合金车体结构无疑能够最大限度地减轻车体质量，但从高速动车组的实际使用情况来看，过度追求高速动车组的轻量化将对乘坐舒适性和列车空气动力学性能有不利影响，再加上材料费用和制造费用大幅度提高，因此，这种蜂窝状铝合金车体结构并没有在后续的动车组（如 700 系）得到进一步推广应用。

双壳结构的优点如下：
- 能够达到高刚性、增加噪声透过损失，从而提高车内乘客的乘车舒适度；
- 能大幅度地减少零件数量，扩大自动化焊接范围，从而降低制造成本，提高制造质量。

总之，综合来看，双壳结构可以称为目前最好的高速动车组车体结构。我国引进的 CRH_2、CRH_5 和 CRH_3 动车组均采用大型宽幅中空铝合金挤压型材制造的双壳结构车体。

4.4.2　国外典型高速列车车体结构简介

1. 德国 ICE1 高速列车车体结构

德国 ICE1 高速列车车体结构由各种不同形状的铝合金挤压型材焊接而成，既有单面薄型材，又有双面中空型材，还有骨架型材，属于比较典型的单面（壳）铝合金车体结构。

与其他铁路客车车体结构一样，ICE1 高速列车车体结构同样由一个底架、两个侧墙、一个车顶和两个端墙等六部分组成。其主要特点是首先采用各种形状的梁柱焊接成车体框型骨架，然后再在该骨架上覆盖各种单面或双面铝合金型材面板。其车体结构如图 4.38 所示。

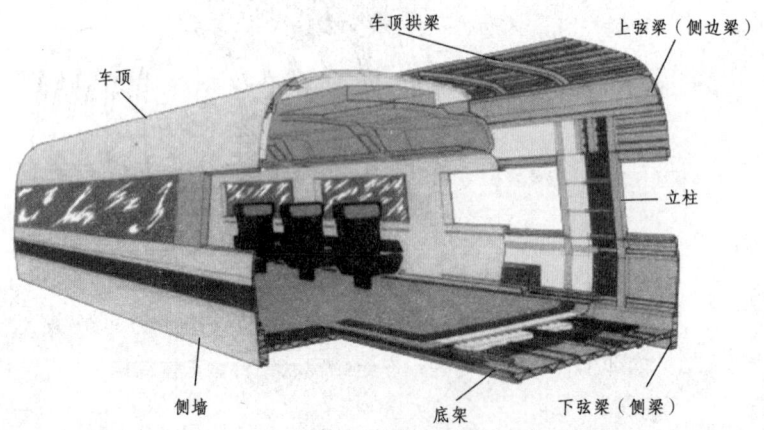

图 4.38　ICE1 高速列车客车车体结构示意图

该车体结构中的侧墙由上弦梁（车顶小圆弧挤压型材）、下弦梁（下侧梁型材）、立柱（或侧柱）、上侧墙板（上墙结构挤压型材）、下侧墙板（下墙板挤压型材）、窗间墙板（窗间挤压型材）和上墙弯立柱等组成。其中，上弦梁和下弦梁是双面中空型材，上侧墙板、下侧墙板和窗间墙板均为有加强筋的单面薄型材。底架由侧梁和地板型材等组成，其中侧梁既是底架的主要构件，又是侧墙的下弦梁，起承上启下的作用。地板则是由若干块与车身等长的双面中空型材拼焊而成。车顶首先由车顶拱梁11与左右两侧的上弦梁（车顶小圆弧挤压型材）焊接成车顶拱架，然后再在其上覆盖车顶盖板。这里的上弦梁也是身兼两职，既是侧墙的主要构件，又是车顶的侧边梁，而车顶盖板则是由若干块与车身等长的、带加强筋的单面薄型材拼焊而成。

图 4.39 详细画出了 ICE1 高速列车客车车体的结构组成。

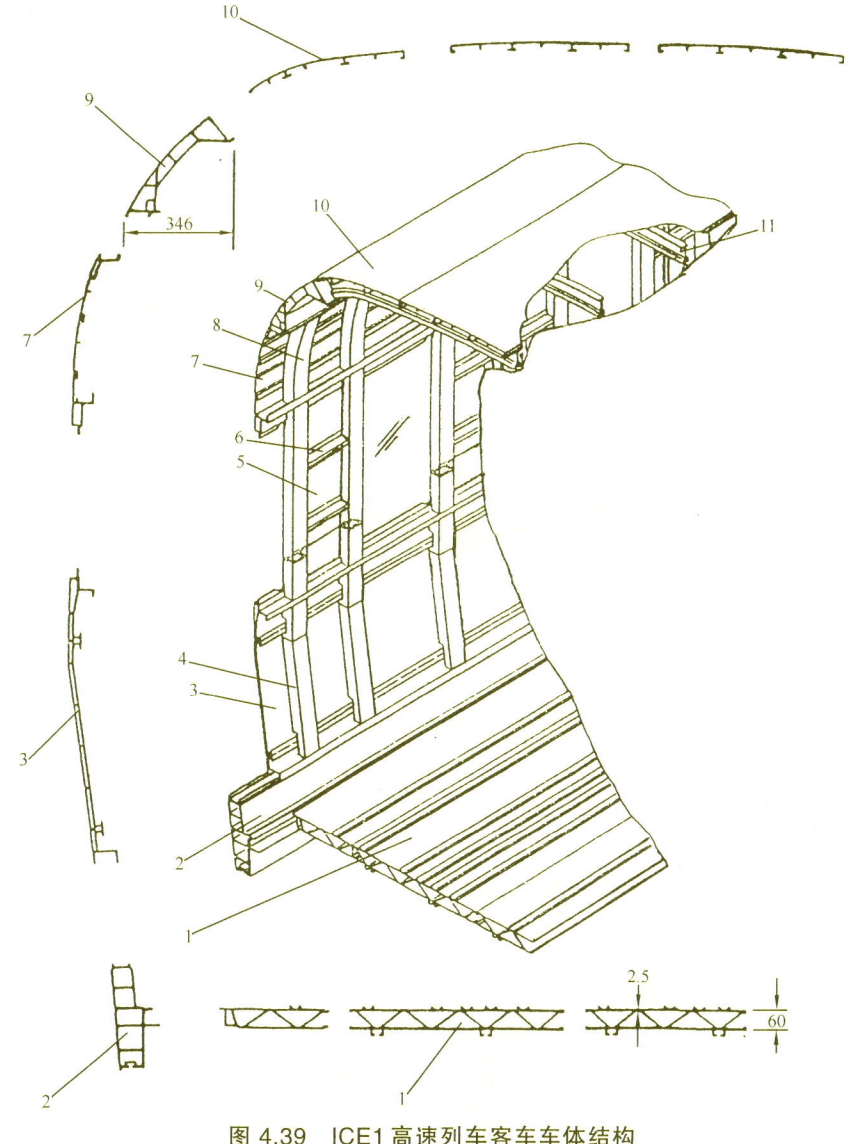

图 4.39　ICE1 高速列车客车车体结构

1—底架地板型材；2—下侧梁型材；3—下墙板型材；4—下墙板立柱型材；5—窗间挤压型材；
6—横梁挤压型材；7—上墙结构挤压型材；8—上墙弯立柱；9—车顶小圆弧挤压型材；
10—车顶结构型材；11—车顶弯梁型材

2. 法国 TGV 高速列车车体结构

法国 TGV 高速列车采用铰接式车体技术，且动车和中间拖车车体均采用耐候钢焊接制造。首先采用各种型钢焊接成薄壁筒形框架结构，然后再在其上覆盖薄的耐候钢车皮形成完整车体，属于非常典型而传统的薄壁筒形钢结构整体承载车体。

图 4.40 是 TGV-PSE 动车的车体结构示意图。与其他铁路客车车体结构一样，TGV 高速列车车体结构同样由一个底架、两个侧墙、一个车顶和两个端墙等六部分组成，各部分之间相互焊接成为一个完整的、具有足够强度和刚度的薄壁筒形承载框架。其底架主要有底架侧梁（即下弦梁）、底架横梁和各种长短不一的底架纵梁组成骨架，再在其上敷设波纹地板而成。而侧墙由上弦梁、下弦梁、立柱和若干侧墙纵梁组成骨架，再在其上焊上薄的侧墙板而成。车顶由侧边梁（上弦梁）、车顶拱梁和车顶纵梁组成骨架，再在其上覆盖车顶板而成。这里底架与左右侧墙通过下弦梁连接在一起，车顶与左右侧墙通过上弦梁连接成一个整体。而所有的梁和板均采用具有一定耐腐蚀性能的耐候钢制造，与传统的铁路客车所采用的材料几乎没有区别。

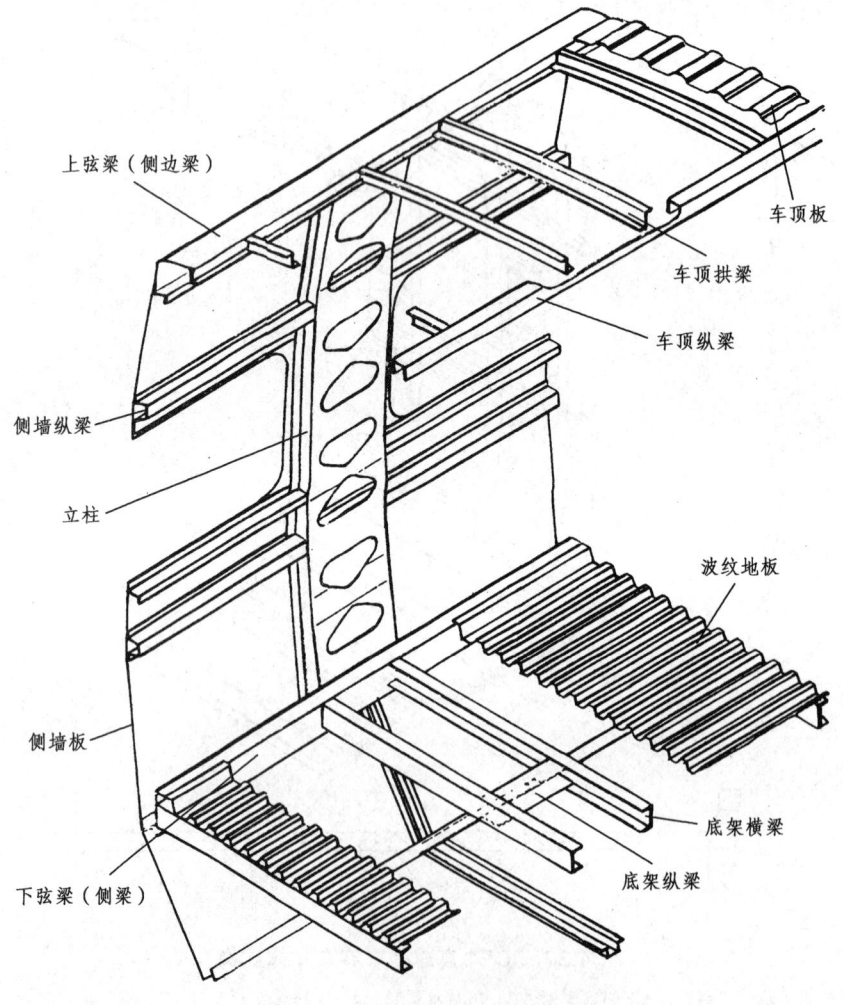

图 4.40 TGV 动车的车体结构

3. 日本新干线 300 系高速列车车体结构

日本新干线 300 系高速列车车体结构主要由各种不同形状的大型挤压铝合金薄壁单壳型材拼焊而成，如图 4.41 所示。它与德国 ICE1 车体结构基本相同，也是属于典型的单面（壳）铝合金车体结构。

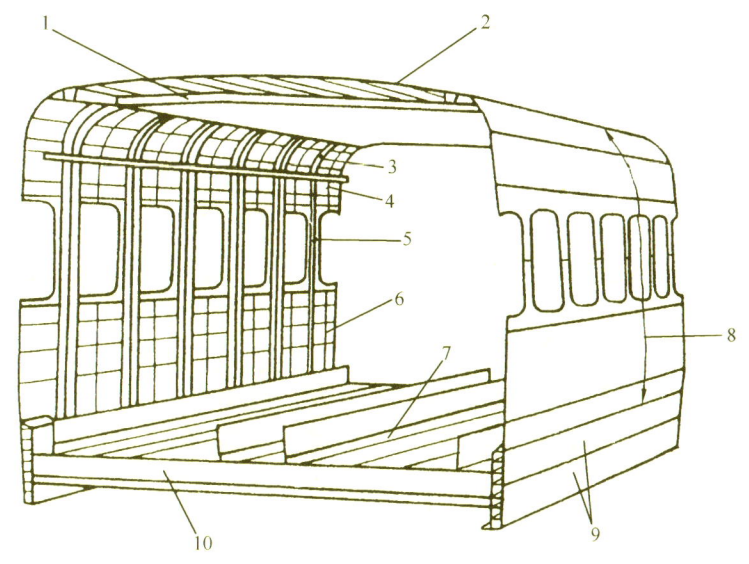

图 4.41　300 系新干线电动车用车体结构
1—车顶弯梁；2—车顶板；3—顶侧弯梁；4—窗上立柱；5—窗间立柱；6—窗下立柱；
7—地板；8—侧外板；9—侧梁；10—横梁

该车体是以薄型材为主构成的单壳结构车体，这种结构的主体仍然是由侧梁、横梁、侧柱（浮骨）和车顶拱梁等组成的框架，再在其外面覆盖（焊接）一层带有加强筋的铝合金挤压薄型材。这里使用的铝合金挤压薄型材在长度方向无接缝，且除了窗户和车门部分外，和车体长度等长。尽可能采用大型型材的目的，就是为了减少焊缝长度，简化焊接工艺，降低制造成本。

当然，这里的侧梁、横梁、立柱（浮骨）和车顶拱梁等也都是铝合金挤压型材。其中，侧梁采用的是中空铝合金型材。

4.4.3　高速车辆用铝合金制车体结构设计

1. 设计条件

1）设计流程

在对以前成功的车辆车体结构进行经验总结的基础上，同时对新加入的项目进行考虑，然后着手设计新的车体结构。高速车辆用铝合金制车体结构设计的基本流程如图 4.42 所示。

重新进行车辆设计时，首先要确认客户的规格，并时刻将法规及规定放在心上，实施基本计划。首先研究车体分配、车体断面形状（外形尺寸、室内尺寸），然后研究相关的车钩、车下总装及与转向架的接口。

基本计划完成后,开始制作基本图。在基本图和主结构的设计方面,必须对强度方面进行认真研究。有关强度设计标准将在本节的后面详细叙述。

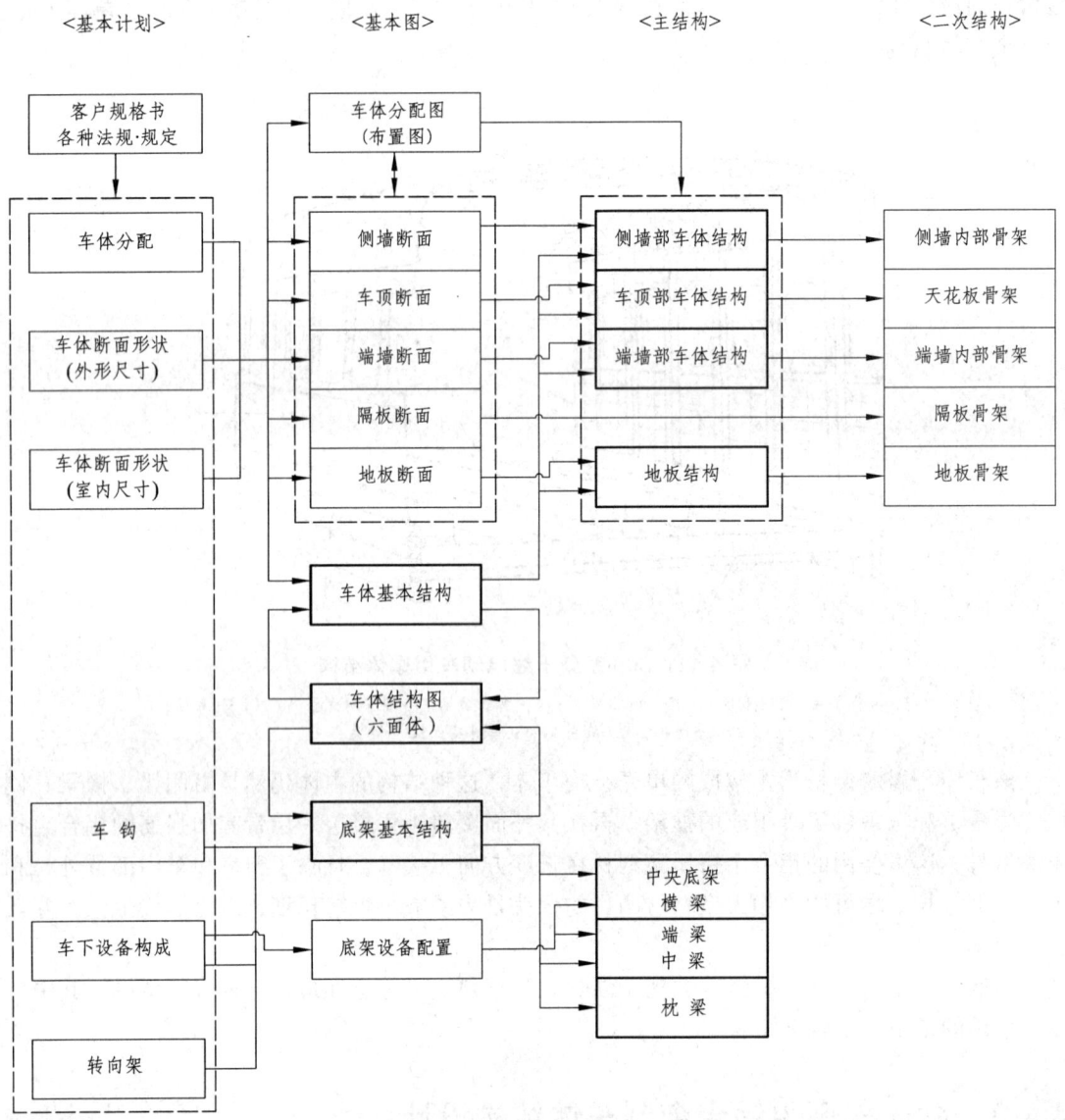

图 4.42　车体结构设计流程

注:粗线框为车体结构的主结构。

2) 设计手册

车体结构设计与车种无关,基本上是相同的。但是,高速车辆随着车体结构材料中铝合金的使用及密封结构的采用,使其具有高速车辆特有的特点。

据此归纳出的车体结构设计手册,如表 4.9 所示。

表 4.9 高速车辆用车体结构设计手册

设计步骤	设计要点	备 注
材料的选定	弹性极限/抗拉强度的比	无特别规定，更改材料时，考虑到制造能力的因素，必须取得制造部门的认可
侧梁	1. 与横梁等的焊接部位的厚度要达到 3 mm（减去公差后）以上； 2. 使用铝合金型材时，形状的外接圆的直径要在型材制造商指定的直径长度以下，要避免出现异常的板厚引起的不平衡现象； 3. 高度尺寸及下端形状要保证与车下设备、侧盖板的整合性，上端形状要保证与侧墙部车体结构、空调安装管道、地板中结构的整合性； 4. 外面要与车体轮廓图相符合； 5. 保证与侧拉门的门袋排水管的整合性； 6. 与相关部门、型材制造商就制造性进行协商，铝合金材料通常采用 A6N01S-T5	收集门袋滴水槽布置的信息，调整导水管，不要与侧梁和气密地板的接合部位贯通。侧梁不允许贯通。 车头底架部分使用 A7N01S-T5 的情况比较多（根据焊接部位的制动应力决定材质）
枕梁	1. 确认与转向架的接口（空气弹簧、中心销、LV、横向减振装置、抗蛇行减振器）； 2. 确认与总装的接口（枕梁贯通管、LV 配管、牵引电机冷却风道、其他配管、配线）； 3. 在质量与尺寸允许的范围内，尽可能增大抗挠刚性与扭转刚性； 4. 与相关部门、型材制造商就制造性进行协商，铝合金材料通常采用 A7N01S-T5，A7N01P-T4	
中梁	1. 确认与转向架的干涉范围（转向架的旋转、横动、空气弹簧漏气、轴弹簧折损）； 2. 车端压缩载荷时，要注意从动板座及枕梁结合部周围的应力。必要时，要增加加强材； 3. 与相关部门、型材制造商就制造性进行协商； 4. 材料 A7N01 较多； 5. 对先头部的中梁也要进行强度计算	转向架一侧的失败案例是由转向架设计者设定的。通常，要注意转向架的车轮、MM 导线和齿轮箱 根据头车形状，头车车钩的载荷点会离枕梁较远，在强度上不利
横梁	1. 横梁间距要与车下设备配置对照决定，但是，横梁间距的最大值作为参考值要在座席间距以下； 2. 横梁弯曲，使地板下机器不要超过界限的情况下决定横梁的刚性； 3. 安装 MTr 等重型机器的横梁的断面要比其他横梁刚性大； 4. 确认车端部的横梁与转向架的干涉范围（转向架的旋转、横动、空气弹簧漏气、轴弹簧折损）； 5. 要特别注意在安装中梁的从动板的部位安装横梁时与铆钉的干涉和作业性	原则上，车下设备直接吊装到横梁上。通过设备吊梁安装的情况下无此限制

续表 4.9

设计步骤	设计要点	备注
端梁	1. 要保证与断墙部车体结构的整合性； 2. 与车钩的干涉范围要切口（注意空气弹簧漏气的不正常条件）； 3. 确认安装钩体托板装置部位的结构（作业性）	
横向减振器支架	1. 确认与转向架的接口； 2. 为确保刚性，以箱式形状为基本，按照图纸组装，注意组装的顺序； 3. 对横向减振器载荷进行强度确认（针对焊接部位的疲劳强度，安全率应该达到 2.5 以上）	
顶车位	1. 首选，要确认与实际使用的千斤顶的接口； 2. 注意集中载荷引起的局部变形（纵弯曲）； 3. 在不利的方向上，用简单化的模具进行强度确认。考虑到三点支撑状态时，要承担几倍的载荷，这一点也要考虑到	载荷可以是空车车体质量
侧墙部车体结构	1. 由形式图、侧断面图展开，确认是否装入安装内装材料用的骨架及使用特殊螺栓的窗帘滑轨的型材和安装位置； 2. 枕梁及顶车位上部是侧面剪切变形较大的部位，必须增加加强材以降低应力； 3. 注意型材的纵方向焊接结合位置要离开侧窗的拐角部位，不得不靠近的情况下，要对焊接接缝形状及板厚度进行研究，以确保其具有充分的疲劳强度； 4. 侧窗部位配置的型材由于只在窗间部位承受强度，所以要针对侧窗部位的剪切变形及面外变形决定板厚度，以确保具有充分的强度； 5. 要特别注意挖通侧窗的尺寸位置和大小； 6. 檐部成为因气密载荷造成侧墙及车顶的面外变形的支撑点，承担较大的反力，因此，为减少檐部的应力及侧墙、车顶的变形，要通过增加板厚及加强材来增大刚性； 7. 在单壳车体结构的情况下，在与侧墙支柱的底架的结合部及与长横梁、车顶弯梁的结合部上，要加上三角或菱形的加强材，加强材厚度要比侧墙支柱的法兰板厚度大； 8. 门袋部位等大的开口的横向使用单壳车体结构时，为防止剪切变形，要再加上加强材； 9. 外板材料采用 A6N01，骨架材料及强化板材料采用 A6N01 或 A5083	焊接结合部位不要作为高应力部位 常被错认为形式图中窗玻璃的露出尺寸（opening dimension） 通过密封压力防止应力集中

续表 4.9

设计步骤	设 计 要 点	备 注
车顶车体结构	1. 由形式图、车顶断面图展开； 2. 要注意对受电弓部位进行绝缘隔离； 3. 有车顶弯梁的情况下，建议其断面形状采用 Z 型； 4. 有侧墙支柱的情况下，通过车顶弯梁与侧墙支柱，与车体纵方向的位置相符，形成圆环上的结构； 5. 尺寸调整在车端部进行； 6. 材料采用 A6N01	U、I 型的天花板骨架吊接部件安装比较困难。注意不要翻倒 吸收制造误差
端墙结构	1. 由形式图、端墙断面图展开； 2. 外端墙设备（踏脚架、端墙后沿特高电缆等）的安装方针是以支柱的最佳配置为主，然后针对密封压力的要求增加材料强度； 3. 外板厚度最好为 2.5 mm（必须进行强度确认）； 4. 确认外风挡的安装螺栓和骨架的干涉； 5. 室内设备以单元形式搬入，因此，在车端使用螺栓固定的塞板时，开口的大小不只是单元的大小，也要注意搬入单元时的轨迹	2 mm 的容易出现焊接形变
车头部车体结构	1. 以骨架外壳结构为基础； 2. 骨架板厚以 6 mm 为标准，外板板厚以 2.5 mm 为标准，骨架的螺距以 300 mm 为标准。但是，对需要更高强度的部位，采取增加板厚、缩小骨架螺距、增加加强材等措施； 3. 设备室气密分隔板的骨架配置要与检查门、穿过隔板的配线和配管整合； 4. 在司机室车窗开口部位增加开关保险销的加强材时，要安装在不会妨碍驾驶员视野的位置上	需要高强度的部位： • 骨架中，车头部车体结构的前端部位及设备室气密分隔板的安装部位； • 外板中，剪断载荷大的枕梁及千斤顶支架的上部
型材地板	1. 板厚尽量达到 2.3 mm 以上； 2. 考虑单独密封载荷，或与设备载荷相叠加后应在疲劳强度以下； 3. 对地板结构、地板内管道进行计划，最好实现地板托梁的一体化； 4. 为达到与横梁的简单结合，型材棱要向上。在地板内部时，根据所需面积，使型材棱向下，以获取空间； 5. 厕所与洗脸间处的地板不采用型材地板，采用平面板	要防止与横梁的焊接烧穿 厕所，洗脸间处用的地板支架不要使用型材，以利于在必要的位置焊接安装

续表 4.9

设计步骤	设计要点	备 注
其 他	1. 在重要焊接部位，要具体指示焊接质量等级，但是，在设计上，要考虑到尽可能不指示焊接质量等级，实现应力集中要小的结构； 2. 在双壳车体结构的情况下，决定型材的纵方向结合位置及内部桁架的螺距时，不但要考虑强度，而且要考虑直接或间接安装在车体结构上的设备的位置； 3. 在型材上先安装或后安装用于安装部件的棱，需要在与制造部门协商的基础上决定； 4. 随着设备的安装，在切削型材的棱时，即使只有 2~3 mm 的残留，也应调整使其与部件无干涉； 5. 双壳车体结构中，针对密封结构的部位，在焊接时为防止爆破，要设通气孔； 6. 注意不要使密封线不连续。密封焊接困难或无法焊接的部位，要采用密封材料	重要焊接部位示例： • 支撑大量集中载荷的部位（枕梁、中梁、顶车位）； • 应力集中的部位（侧拉门开口角部）。 切削型材、添加盖板等材料时，为了达到必要的最小限度进行调整。 根据必要的棱的长度和形状，采取后安装对节约成本方面有利。 切削到 0 mm 要靠手工作业，会增加成本。 开孔的位置要避开高应力部位，焊接后用金属细料埋上孔

2. 强度设计标准

对于车体结构强度，如果在客户规格书中有具体的记录，则以此为基准；如果没有记录，在得到客户许可的基础上，依据适当的规格或与此类似的标准的方法制定强度标准。

这里以面向 200 km/h EMU 的强度设计标准为例，该强度设计标准以 JIS E7105（铁路车辆车体结构的载荷试验方法）为基准，并结合车辆运用状态的实际情况进行了部分改进，各项目如表 4.10 所示。此外，没有特别记录的以 JIS E7105 的规定为准。

表 4.10 车体结构强度设计标准

载荷工况	载荷的种类	载荷的大小	评价的标准值	备 注
垂直载荷	垂直载荷	（车体质量+最大乘客质量）×1.1	应力值不超过材料的弹性极限	
车端压缩载荷	垂直载荷	车体质量	应力值不超过材料的弹性极限	
	车端压缩载荷	980 kN		
扭转载荷	扭转载荷	39 kN·m	应力值不超过材料的疲劳强度	
三点支持	垂直载荷	车体质量	应力值不超过材料的弹性极限	JIS 中，为"不发生永久变形及塑性纵弯曲"，左边是评价的大致标准
气密载荷	内压载荷	8.0 kPa（相当于压力变动范围）	针对 8.0 kPa 的一半（4.0 kPa）的应力值不超过材料的疲劳强度	8.0 kPa 是根据规格书的规定
弯曲固有振动频率			一次弯曲固有振动频率为 10 Hz 以上	10 Hz 是根据规格书的规定
扭转固有振动频率			无	

针对各载荷条件，通常可被设想的高应力的部位如下：

（1）垂直载荷。枕梁上部的侧窗开口角部。

（2）车端压缩载荷。中梁车钩的安装部周围，中梁、枕梁的结合部，端部底架、中央底架的结合部。

（3）扭转载荷。枕梁上部的侧窗开口角部。

（4）三点支持。顶车位、顶车位上部侧墙的下墙部及侧窗开口角部。

（5）气密载荷。侧窗开口角部、窗间部位，侧墙的车檐部，侧墙的下墙部、侧梁结合部，单壳车体结构的侧墙支柱上下端部。

这些都是结构上容易集中应力的部位，在强度研究上应特别注意。计算的结果中应力超过标准值时，处理办法如下：

（1）增加板厚。

（2）增加加强材。通过重叠板或三角形的加强材来分散载荷。

（3）变更材质。使用更高强度的材质。但是，要注意高强度材质的加工性不好。

（4）该部位是焊接部位的情况下，变更材料接续的位置，使其成为母材部位。

而且，在探讨增加板厚、追加强化板时，为了能够有效发挥其作用，应认真确认其发挥作用时的载荷状态（载荷方向、载荷的种类是否为拉伸压缩或弯曲等）。

此外，虽然在 JIS E7105 中没有涉及，但通常应该留意以下几点：

（1）高速车辆行驶时，加上平时作用着的垂直载荷，与气密载荷重叠。因此，必须达到"垂直载荷时的最大应力 + 气密载荷时的最大应力 < 材料的疲劳极限"。

（2）压缩应力不得超过结构的纵弯曲强度。纵弯曲强度不足的情况下，要调整该部位的板厚及周围骨架材料的螺距。计算梁及板的强度时，参照适宜的设计便览。

（3）存在异常的集中载荷及偏心载荷时，要在规格书的规定或与客户协商的基础上，另外设定载荷条件。

（4）注意，有时也根据乘车舒适度的相关规定间接地决定车体的固有振动频率的评价值。

3. 寿命设定方法

车体结构的寿命是根据上下振动产生的载荷、密封载荷反复施加的外力，以及车体结构的强度来决定的。

该标准值的决定方法有以下两种：时间强度标准和累积损伤标准。

1）时间强度标准

此方法适用于以下任何情况：

（1）简单进行强度评价的情况。

（2）反复载荷的次数非常多的情况。

（3）没有特别规定车体结构的寿命的情况。

（4）车辆的使用条件（行驶线路区间的隧道数量及列车的运行频度等）不明的情况。

通常，由上下振动引起的载荷，反复次数非常多，因此以时间强度标准来评价。

此外，在动车组的具体使用条件不清楚的情况下，气密载荷仍然以时间强度为标准进行评价。

2）累积损伤标准

由上下振动产生的载荷引起的应力按照上述，以时间强度为标准，按全部在疲劳强度以下的原则进行设计，因此，直接影响车体结构寿命的是由气密载荷引起的反复载荷。

在规定了车体结构寿命的情况下，如果能够推算出作用于该车辆的压力变动的大小和频度，可以通过计算车体结构内积累的累积损伤来求出相对于车体结构寿命的容许应力。如果频度小就能够容许在疲劳强度以上的应力发生，则车体结构设计会更现实。

该方法具体内容如下（见图 4.43）：

（1）载荷的设定。以既往的实测数据为基础，求出该车辆产生的压力变动（差压）的大小和频度。作为研究对象的车辆有实际测量的数据时，使用该数据；如果是新设计的情况，以既往的其他列车的实测数据为基础，考虑隧道的断面积、车体的断面积、列车的速度等因素，推定该车种的差压及其发生频度。

（2）发生应力的推定。进行车体结构的 FEM 分析，求出针对压力载荷的发生应力。将该发生应力与差压/频度的数据结合，求出发生应力及其频度。

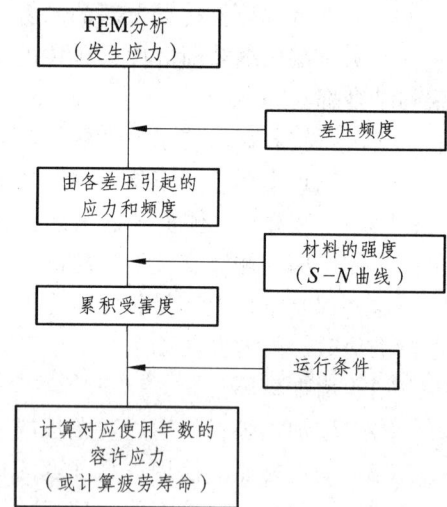

图 4.43 疲劳强度评价法的流程图

（3）累积受害度。根据该列车的运行条件（如 1 日往返 2 次，一年的实际开动率为 10/12），结合材料的 S-N 曲线图，使用局部法则，能够求出相对于运行年数的疲劳受害度。

（4）容许应力。根据上述求疲劳受害度的方法，设定相对于使用年数的容许应力比较方便，因此要先求出容许应力再用于设计。使用年数如果是 20 年的话，该容许应力按照下述方法求得。也就是说，针对各种水平的发生应力范围 $\Delta\sigma$，从累积受害度倒算出疲劳寿命 L。如图 4.44 所示，求出各发生应力水平与其寿命 L 的曲线图。根据该曲线图，以寿命 L 为例，能够逆向求出 20 年时的容许应力范围。

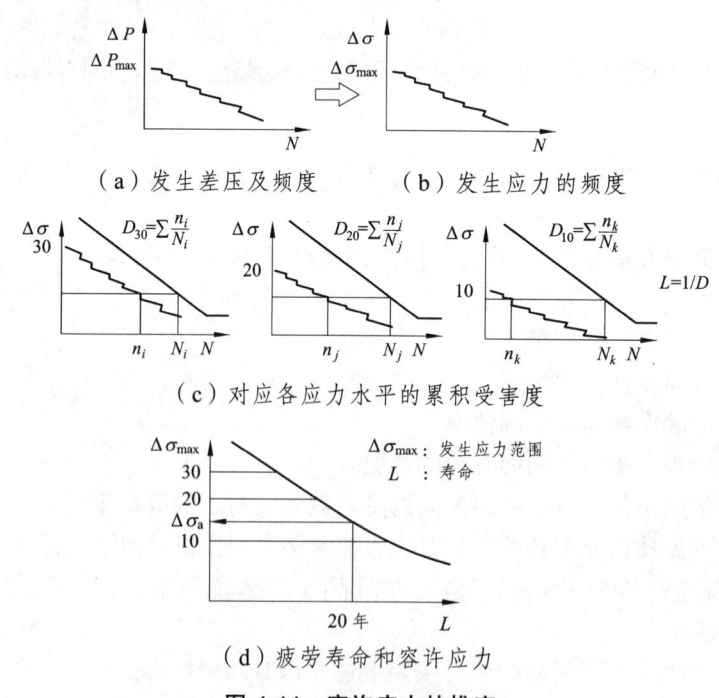

图 4.44 容许应力的推定

4. 车体基本结构的事前强度确认

设计车体结构时，制成图纸，以此为基础实施 FEA，进行强度确认，这为一般步骤。但是，在 FEA 阶段，如果判明车体结构的基本结构强度不足，按照日程进行应对就会出现困难。因此，在事前的基本计划阶段，必须对车体结构的基本结构进行强度确认。其方法如下所示：

1）纵强度

把车体看做一根梁，检验垂直载荷作用时的弯曲变形及应力，如图 4.45、4.46 所示。

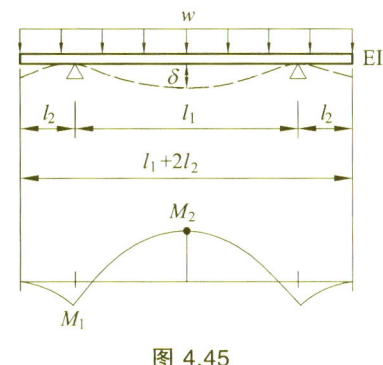

图 4.45

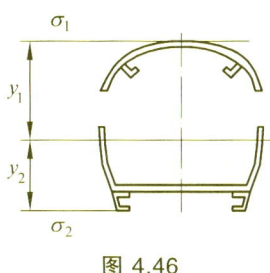

图 4.46

（1）变形。

挠度：
$$\delta = \frac{Wl_1^2}{384 \text{EI}}(5l_1^2 - 24l_2^2)$$

（2）应力。

弯矩：
$$M = -\frac{1}{2}wx^2, \ (x \leq l_2)$$
$$= \frac{wl^2}{2}\left\{\frac{x}{l} - \frac{l_2}{l} - \frac{x^2}{l^2}\right\}, \ (l_2 \leq x \leq l - l_2)$$
$$M_1 = -\frac{1}{2}wl_2^2$$
$$M_2 = \frac{wl(l-l_2)}{8}$$

车顶、地板应力（σ_1，σ_2）：
$$\sigma_1 = M/Z_1, \ \sigma_2 = M/Z_2$$

① 断面 2 次力矩 I。

要考虑在车辆纵方向上全线贯通的所有材料（窗部除外，没有全线贯通的材料除外）。

② 车顶断面系数 Z_1，地板断面系数 Z_2。
$$Z_1 = I/y_1, \ Z_2 = I/y_2$$

（3）强度的评价方法。

① 车顶、地板的应力：
$$\sigma_1 = \frac{M_{\max}}{Z_1}, \ \sigma_2 = \frac{M_{\max}}{Z_2}$$

② 其他部位的应力：

$$\sigma_3 = \frac{M_{\max}}{Z_3}$$

2）横强度

在承受内压时，侧柱及车顶弯梁会产生如图 4.47 所示的力矩分布。若简单地求此强度时，如图 4.48 所示，要把车顶弯梁及侧柱作为两端固定的梁来考虑。

（1）挠度（见图 4.49）。

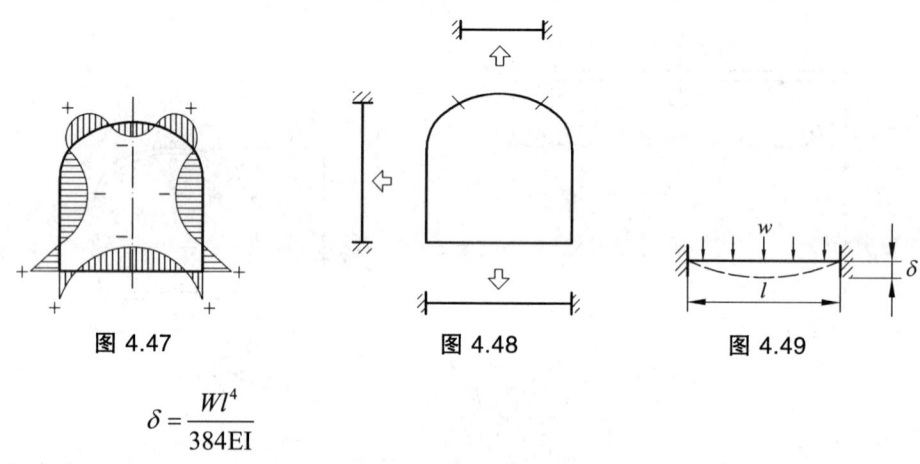

图 4.47　　　　　　图 4.48　　　　　　图 4.49

$$\delta = \frac{Wl^4}{384EI}$$

（2）应力。

弯矩：

$$\begin{cases} 中央 \quad M = \dfrac{Wl^2}{24} \\ 固定端 \quad M = \dfrac{Wl^2}{12} \end{cases}$$

应力：

$$\sigma_1 = M/Z_1$$

3）局部强度

（1）承受压力载荷的面板的挠度、应力（车头部、端墙部、底架等骨架外壳结构部），模型化如图 4.50 所示。

（2）承受机器载荷及压力载荷的梁的挠度、应力（横梁），模型化如图 4.51 所示。

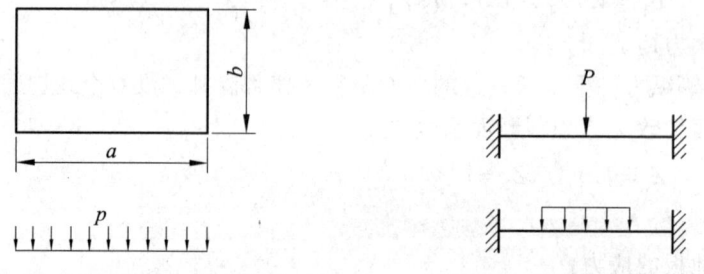

图 4.50　面板挠度、应力模型　　　　图 4.51　梁的挠度、应力模型

从安全方面看，在中央部位的挠度及应力的计算中，周围作为"支持"条件，在对周边

应力的计算中,周围作为"固定"条件。

4)弯曲固有振动频率

车体的固有振动频率从作为车体结构时的挠曲量开始,按照下列公式的质量换算,求出车体落成时的弯曲固有振动频率 f_c。

$$f_c = \frac{1}{2\pi}\sqrt{\frac{g}{\delta \times \frac{W_c}{W}}} \quad (\text{Hz})$$

式中 g——重力加速度;
W——车体结构质量;
W_c——车体质量;
δ——车体结构的自重引起的车体中央部位的挠度。

车体固有振动频率与转向架固有振动频率相近,因共振会影响乘车舒适度。因此,最好在不影响乘车舒适度的范围内提高车体刚性。

5. 强度计算方法

1)强度计算软件

车体结构的强度分为承受垂直载荷、车端压缩载荷等的静态强度以及承受上下振动、气密变动载荷等的动态强度。只要没有特别要求,静态强度以材料弹性极限为标准值,动态强度以材料的疲劳强度为标准值。

评估动态强度时的发生应力是负载了重复载荷的最大值时的发生应力。为此,动态强度也与静态强度一样,可以将负载了一定载荷时发生的应力与标准值相比较,由此来进行评估。因此,结构强度的计算方法适用于能够应对静荷重与弹性范围内的计算即足够。

计算方法多种多样,近年来一般多采用使用有限要素法(FEM)的计算机进行结构分析。FEM 的优势在于精度高,并能够应对各种分析条件。

目前市面上有很多种 FEM 的通用线形静态分析软件,美国 MSC 公司的 NASTRAN 为其中的代表。

2)使用 FEA 进行强度验证

使用 FEA 进行结构的构造分析时,所使用的要素的种类、要素分配的大小、载荷条件与约束条件等分析条件的赋予方法不依存于分析软件及车体结构的构成材料或构造。

下面是应当注意的要点。

(1)关于模型化的范围。

一个编组内有多个分配不同的车种时,不要马上就分析所有的车种,为了减轻分析的负担,最好是选择尽可能少的车种,进行必要的强度验证。

200 km/h EMU 的一辆整体分析的车种选择示例如表 4.11 所示。

确认载荷条件,例如,对于车端压缩载荷,形成以车体中心线为对称的 1/2 模型,以减少模型容量。

(2)关于要素分割。

最好要素分割要少,其对计算机造成的负荷也较小。但是,要素分割过于粗略,则会无法再现局部形变与应力集中,所以在能预测形变与应力变化较为剧烈的部位,应事前细分。

表 4.11

	1号车（T1c）	2,6号车（M2）4号车（T2）	3号车（M1）	5号车（T1k）	7号车（M1s）	8号车（T2c）
头车	○	—	—	—	—	○
在枕梁的上部有侧窗	—	○	○	—	○	○
较宽车窗（大型车窗）	○	○	○	○	—	○
在枕梁内侧有侧拉门	○	—	○	○	○	—
较宽侧拉门	—	—	—	—	○	—
最大质量车体	—	○（M2）	—	—	—	—
由FEA实施	○	○（M2）	—	—	○	—

时速 200 km EMU

将时速 200 km EMU 与原型车 E2-1000 系作比较时，其车体结构是相同的。
车体结构的载荷试验已通过 E2-0 系及 E2-1000 系进行过检验。
因此，考虑到 E2-1000 系质量的差异，与 E2-1000 系相同，通过 FEA 对 1 号车（T1c）、6 号车（M2）以及 7 号车（M1s）等 3 个车种进行强度检验。

要避免要素大小的剧烈变化，避免极为细长的要素，避免三角形的要素。

（3）关于分析结果的评估。

应力值是由各要素内的平均值输出的。在承受挠曲的部件中，如图 4.52 所示，所输出的应力值有时达不到实际的最大应力，所以在确认周围的应力分布的基础上，根据需要通过外插来计算最大应力值。

当应力分布复杂、所要评估的点的应力无法判断时，根据需要，在对要素进行再分割后再分析。此时，应遵守（2）中提及的注意点。

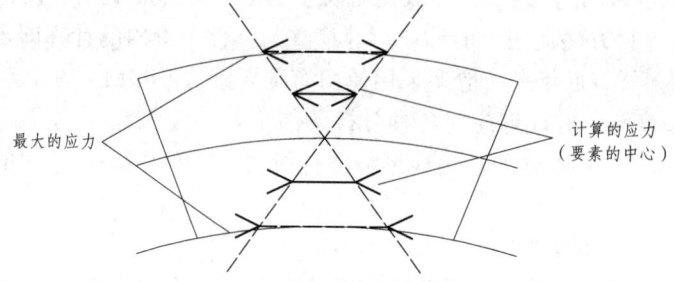

图 4.52 通过外插来计算最大应力值

所输出的应力值是事前设置的各坐标轴方向的应力值（二次元时，是 σ_x，σ_y 及 τ_{xy}）。强度评估是将该应力值进行如下换算后，对所得到的值进行评估。

① 屈服。使用 Mises 的等价应力进行评估。

$$\sigma_e = \sqrt{\sigma_x^2 + \sigma_y^2 - \sigma_x\sigma_y + 3\tau_{xy}^2} \quad （二次元时）$$

② 疲劳。使用主应力进行评估。

$$\begin{cases} \sigma_1 = \dfrac{\sigma_x + \sigma_y}{2} + \sqrt{\left(\dfrac{\sigma_x - \sigma_y}{2}\right)^2 + \tau_{xy}^2} \\ \sigma_2 = \dfrac{\sigma_x + \sigma_y}{2} - \sqrt{\left(\dfrac{\sigma_x - \sigma_y}{2}\right)^2 + \tau_{xy}^2} \end{cases} \quad （二次元时）$$

③ 纵弯曲。使用各轴方向的应力（二次元时，是 σ_x，σ_y 及 τ_{xy}）进行评估。

4.5 三种引进并合作生产的动车组的车体结构

4.5.1 CRH$_2$动车组的车体结构

1. CRH$_2$的车体结构

1）车体结构及主要技术参数

CRH$_2$采用4动4拖共8辆车编组的形式，车体结构主要分为头车车体和中间车车体两种。头车车体由底架、侧墙、车顶、端墙、车体附件及司机室头部结构组成，中间车车体由底架、侧墙、车顶、端墙及车体附件组成。车体质量见表4.12，车体的主要技术参数见表4.13。

表 4.12 CRH$_2$各车辆车体质量表

整列编组车型	T1c	M2	M1	T2	T1k	M2	M1s	T2c
车体质量(kg)	7 643	7 947	7 821	7 831	8 373	7 822	8 042	7 185

表 4.13 CRH$_2$车体主要技术参数

长度	头车	25 450 mm
	中间车	24 500 mm
宽 度		3 380 mm
高度（距轨面）		3 700 mm
转向架中心距		17 500 mm
地板面距轨面高度		1 300 mm
车钩距轨面高度		1 000 mm
车体弯曲固有频率		≥10 Hz

CRH$_2$动车组车体采用中空型材（双壳）结构，使用大型中空宽幅铝合金挤压型材焊接组装，由底架、车顶、侧墙和端墙四大部分组成。它们首先各自采用不同形状的双面中空铝合金挤压型材焊接成部件，然后将各部分组焊成完整的车体结构。作为车体整体，其各部分对于负荷要具有足够的强度，同时要满足水密性和气密性对车体结构的要求。

CRH$_2$动车组车体结构参见图4.36。

由图4.36可以清晰地看到，在车体结构的侧墙和车顶使用的双面中空铝合金挤压型材中，注入了具有隔热、隔声功能的发泡材料。

CRH$_2$动车组车体的底架、车顶、侧墙和端墙四大部分的详细结构将在后面叙述。

2）车体结构特点

CRH$_2$车体结构具有以下特点：

（1）车体断面：宽幅车体，车体横断面最大宽度为3 380 mm，高为3 700 mm，地板面距离轨面为1 300 mm，设备仓底罩距离轨面为200 mm。具体车体横断面尺寸如图4.53所示。

（2）车体结构采用双壳结构，大幅度地减少了零件数量，虽相对于单壳结构较重，但其刚性高，降噪效果好，乘车舒适性提高。

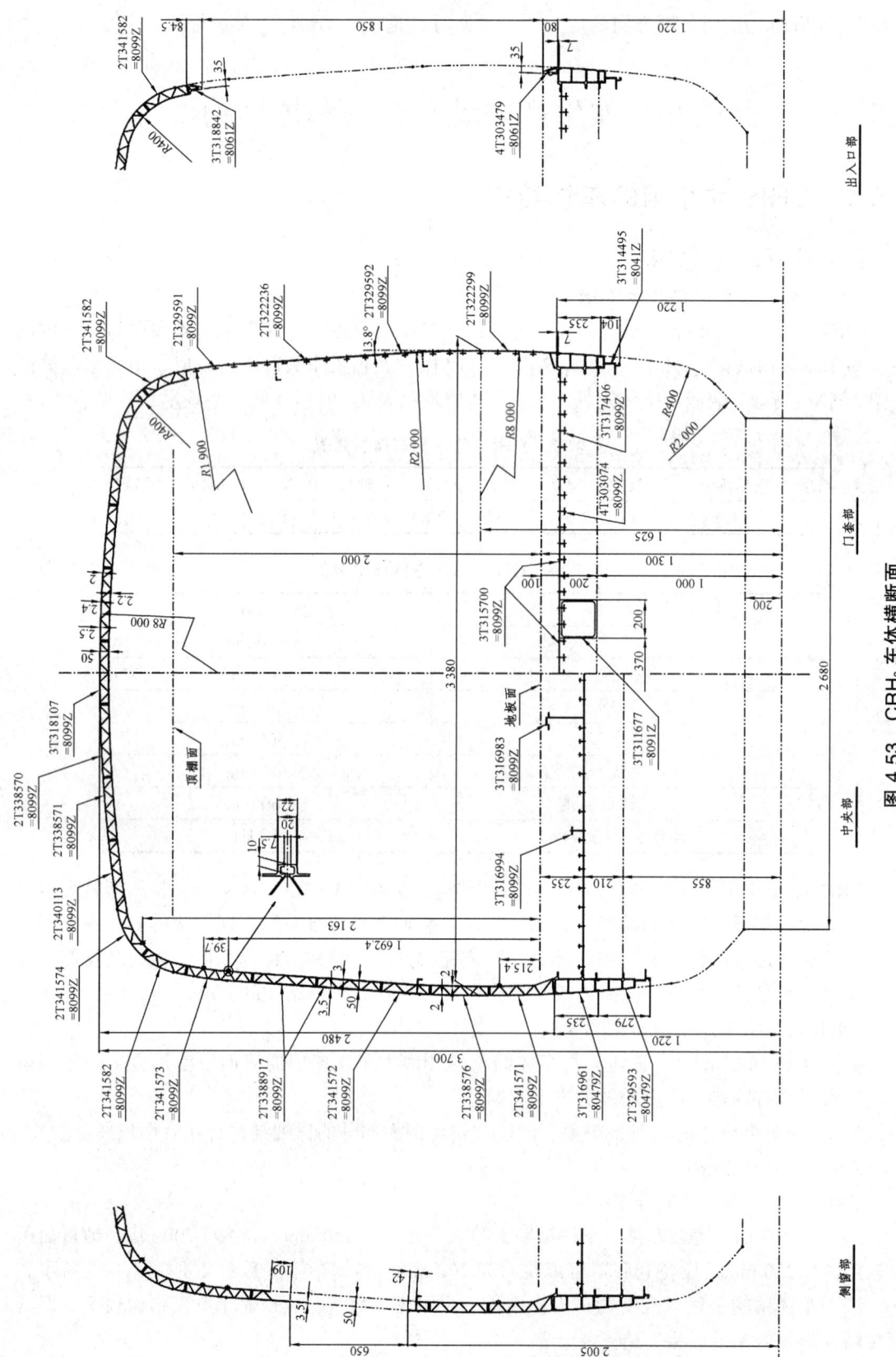

图 4.53 CRH₂ 车体横断面

（3）质量比钢制车体轻，大幅度地降低了轴重，从而降低了运营成本。
（4）车体使用铝合金材料，可回收，对环境损害低，寿命周期成本低。
（5）防腐性好，可以实现无涂装设计。
（6）采用不燃性材料，防火性能好。
（7）能扩大自动化焊接范围，提高生产效率，降低制造成本，提高质量。

3）车体组成

CRH₂车体主要由底架、侧墙、车顶、端墙、车体附件（车下设备舱、前罩开闭装置和前头排障装置）等组成（头车还包括司机室头部结构）。各型车体根据其功能、附属设备等不同而在车体结构上不尽相同，但其主要结构形式类似。下面针对各大部件组成对CRH₂车体的主要结构进行说明。头车车体如图4.54所示，中间车车体如图4.55所示。

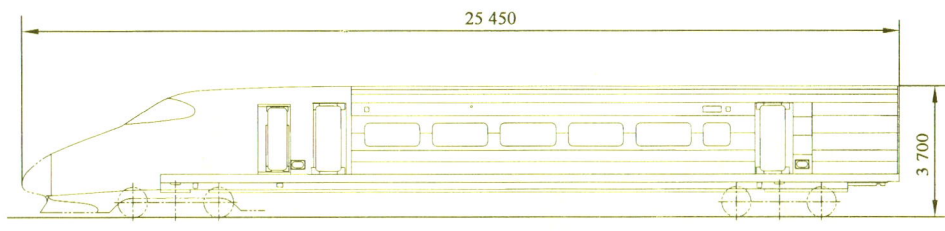

图4.54 T1c车体总图

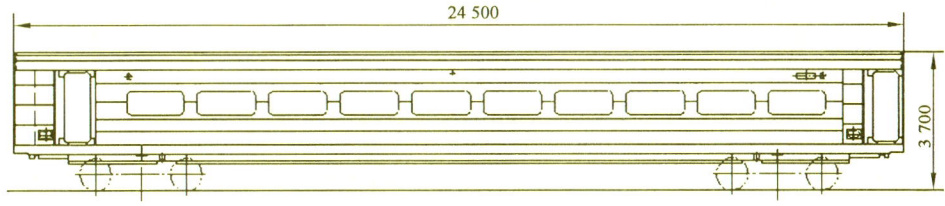

图4.55 M1车体总图

（1）底架。

CRH₂车体底架分头车底架和中间车底架。头车底架由车身底架和车头底架两部分组成，T1c车底架如图4.56所示。中间车底架只有车身底架，如图4.57所示。

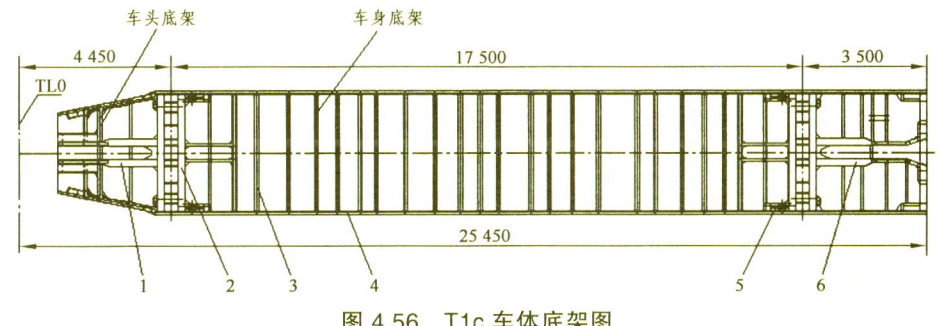

图4.56 T1c车体底架图

1—头部牵引梁；2—枕梁；3—横梁；4—侧梁；5—救援支承座；6—中间牵引梁

车身底架包括牵引梁、枕梁、侧梁（边梁）、端梁、横梁和波纹地板等组成。侧梁采用通长铝合金挤压型材拼焊而成。

牵引梁主要由铝合金挤压型材和铝合金板焊接而成，连接车体底架的端梁和枕梁，并为车钩缓冲装置设置相应的附加结构。车钩缓冲装置传递的纵向载荷通过固定在牵引梁上的从板座作用到牵引梁上,从而再通过枕梁等结构传递到整个车体结构,实现整体承载。为此需要在车钩缓冲装置对应的牵引梁相应部位进行局部加强。牵引梁结构简图如图 4.58 所示。

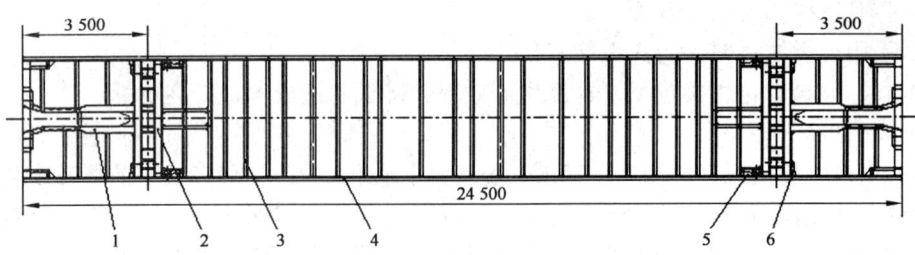

图 4.57　M1 车体底架图

1—中间牵引梁；2—枕梁；3—横梁；4—侧梁；5—救援支承座；6—高度调整阀安装座

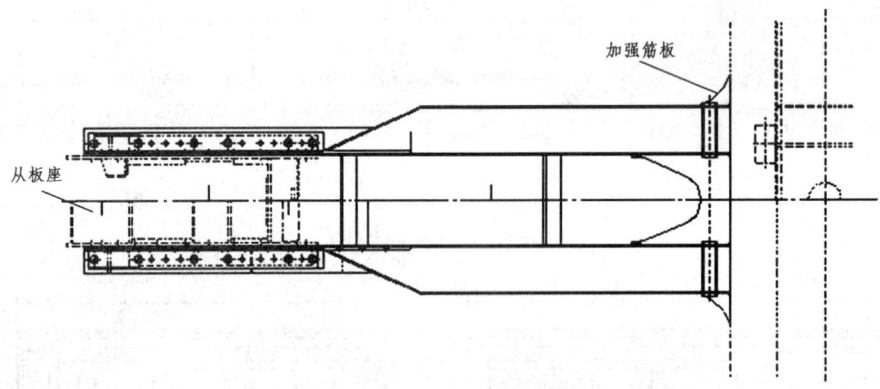

图 4.58　T1c 车体牵引梁图

枕梁由铝合金挤压型材和铝板焊接而成,支撑车体载荷。枕梁设置相应结构,保证与转向架悬挂系统的正常联结。枕梁外侧设置顶车座,便于救援和维修时顶车作业。枕梁结构简图如图 4.59 所示。

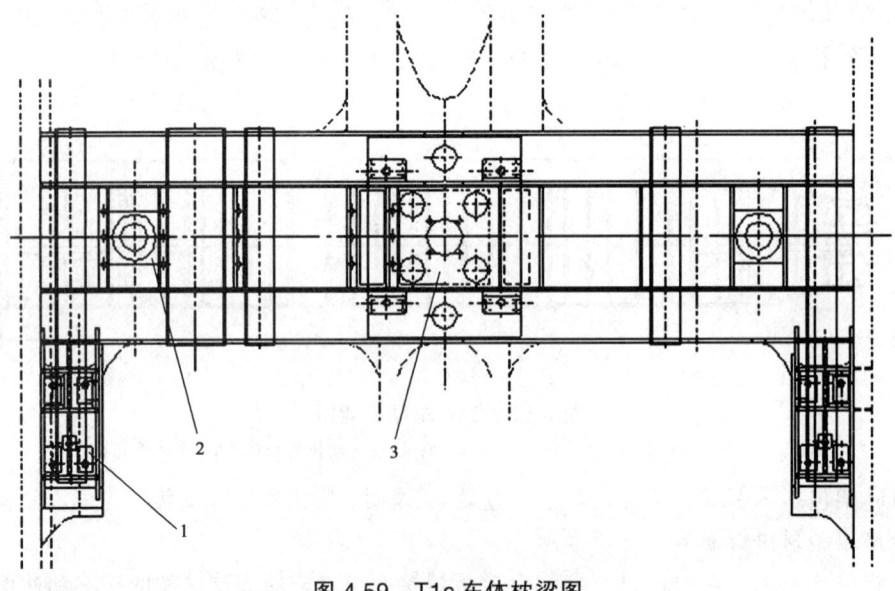

图 4.59　T1c 车体枕梁图

1—救援支承座；2—空气弹簧座；3—牵引拉杆座

侧梁（边梁）是位于底架地板下左右两侧的纵向梁，是底架与侧墙连接成筒体的关键部件，它既是侧墙的主要部件，又是底架的主要部件，因此其重要性不言而喻。侧梁的断面结构见图 4.60，侧梁与侧墙和波纹地板的嵌合见图 4.61。

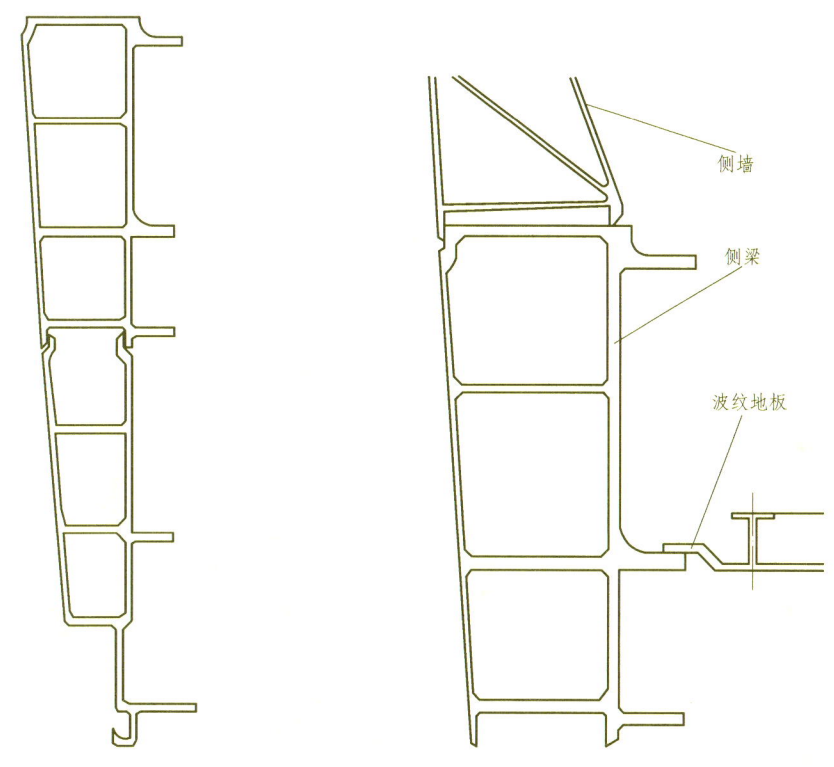

图 4.60　侧梁的断面结构　　　　图 4.61　侧梁与侧墙和波纹地板的嵌合

端梁由铝合金挤压型材和铝合金板焊接而成。横梁位于底架地板下方，是支承安装在地板下的设备和支承地板，连接左右两侧梁的横向联系梁。横梁采用铝合金挤压型材。横梁需要根据车下设备的布置情况进行断面和位置的调整。在质量大的设备安装处，还需对横梁进行加强。

底架波纹地板是由通长的挤压铝型材通过 MIG 自动焊焊接而成，为了增强地板的纵向强度，在纵向设置了加强筋结构。地板组焊后的简图如图 4.62 所示。

图 4.62　车体底架波纹地板简图

为适应司机室头部结构的安装，车头底架相对于车身底架，其侧梁（边梁）部分做了相应调整。

头车端部和车辆之间采用密接式车钩缓冲装置。

（2）侧墙。

CRH_2 车体侧墙采用大型中空挤压型材，不设车内侧立柱，结构断面如图 4.63 所示。

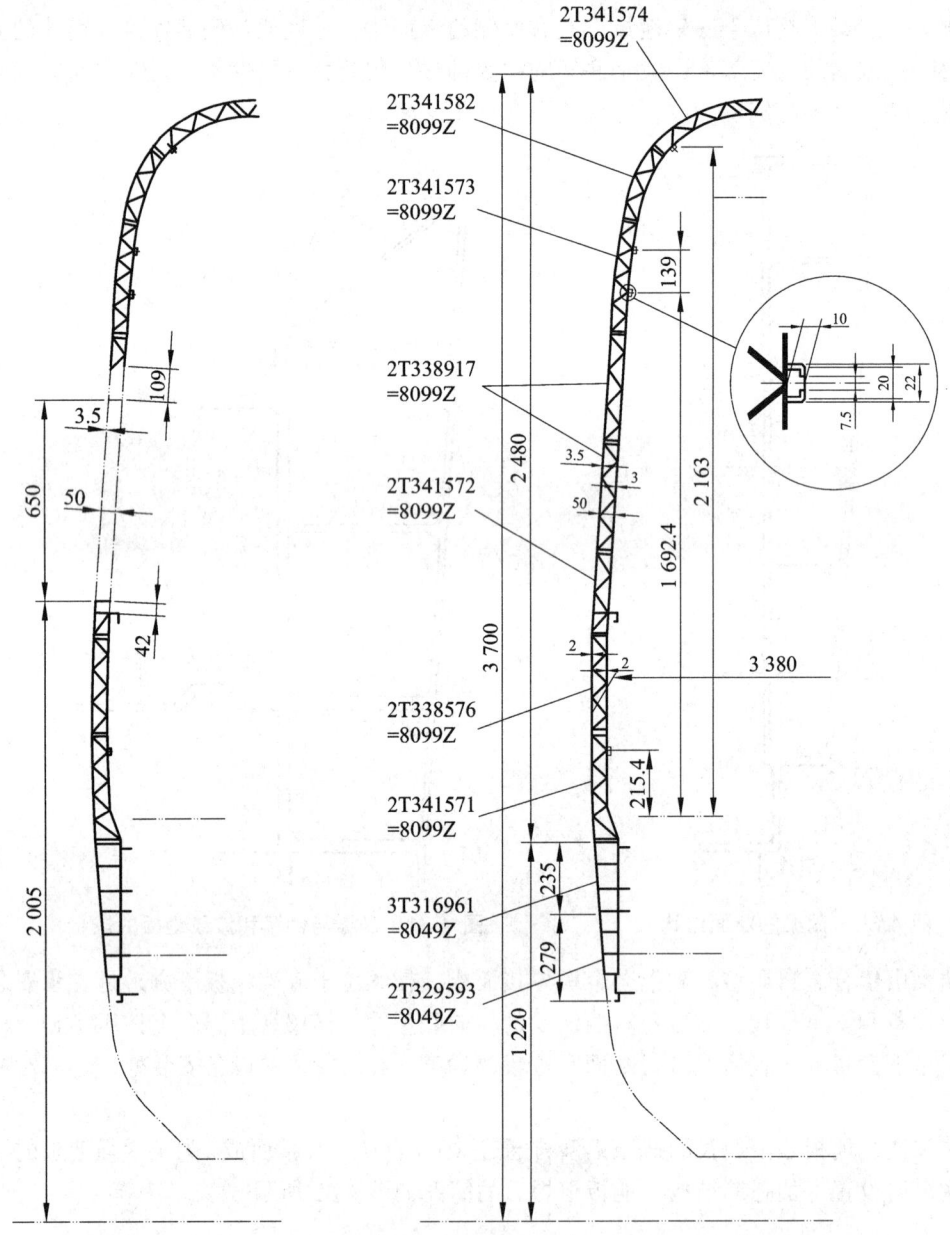

图 4.63 侧墙结构断面

头车与中间车侧墙结构相同但纵向长度不同。型材之间的焊接为在车体长度方向上连续焊接的方式,侧墙与车顶的联结采用车内侧、车外侧连续焊接,侧墙和底架边梁之间的联结采用车内侧点固焊接,车外侧连续气密焊接。

在行李架、侧顶板及侧墙板等安装位置,在挤压型材上设置了通长的 T 形槽,便于内装部件的安装。为了确保侧拉门的拉开空间,侧墙门口处设计成一个一体化带棱的箱形结构。侧墙下部设置断面变化的挤压型材,保证车下设备的安装和车下设备舱的连接要求,同时根据等强度设计理论,保证结构强度的可靠。

侧墙结构分侧门中间部分和门区部分。

侧门中间部分主要由侧板和腰板组成，窗口及其以下部分称为侧板，通长板有四块，其中窗口部分由窗上窗下通长板预先铣口与窗间板（小块）拼焊而成，两端通到门区部分。腰板由三块通长板组成，均通到外端与端墙搭接，通长板均为中空型材结构。窗口部分根据窗的安装结构关系焊接窗安装座。窗口部分结构简图如图 4.64 所示。

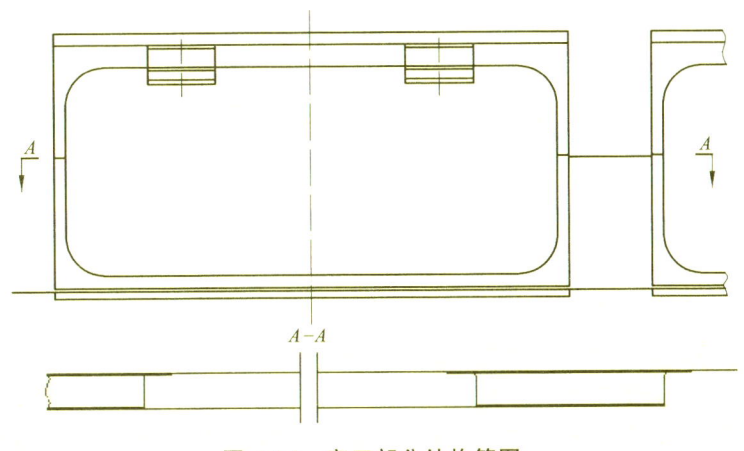

图 4.64　窗口部分结构简图

门区部分即侧门出入口部分，根据门口与外端距离的大小分成板梁式结构和板梁加中空型材两种形式。门区部分结构简图如图 4.65 所示。

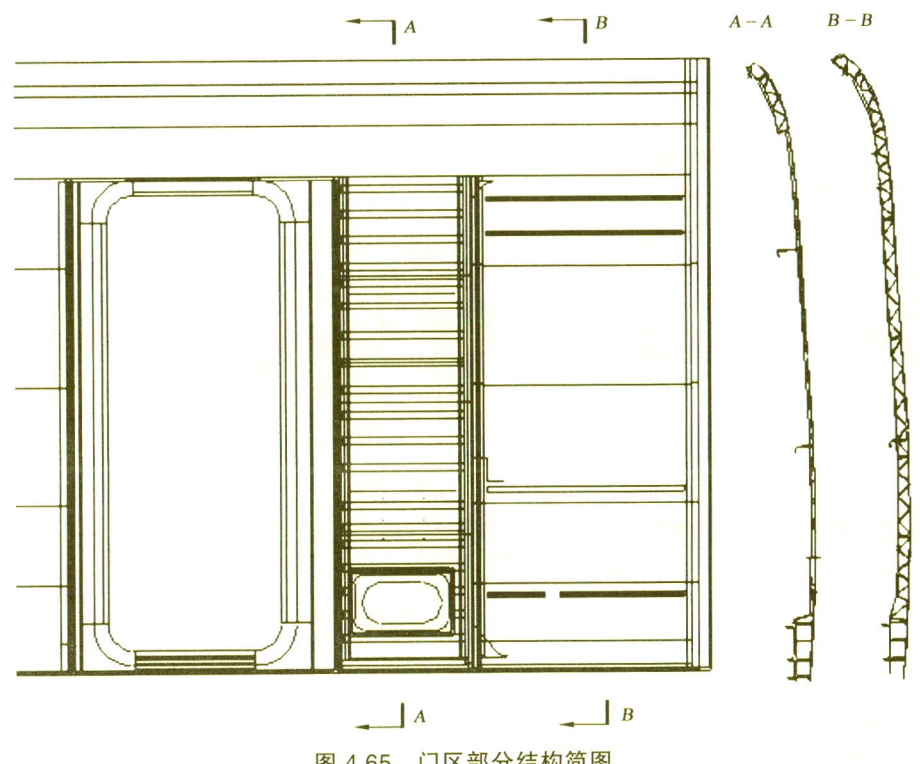

图 4.65　门区部分结构简图

（3）车顶。

车顶是车体上部结构，是受电弓、高压电缆等车顶设备的安装基础。CRH_2 车体车顶由大型中空挤压型材构成,结构断面如图 4.66 所示。头车和中间车车顶结构相同但纵向长度不同。车顶型材之间的焊接采用在车体长度方向连续焊接。车顶和侧墙的连接采用车内侧、车外侧连续焊接结构。

根据车型的不同,在车顶根据受电弓、车顶电缆等设备的安装位置焊接车顶焊接件,适应其安装。根据设备件的安装位置焊接车内骨架。另外,在车顶板内侧,铺设有隔音和隔热材料。

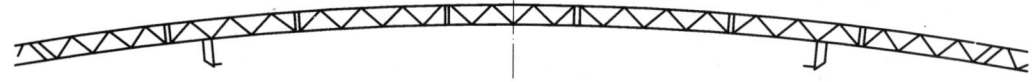

图 4.66 车顶结构断面

(4) 端墙。

头车车体一侧带有端墙,中间车两侧均带有端墙。

端墙根据车辆卫生间和洗脸间的布置主要分为两种结构形式,即分体式和整体式两种,见图 4.67。在端部设有卫生间和洗脸间的车辆,其端墙是分体式结构,外板上设有用于搬运卫生间玻璃钢模块的开口,搬运完后,用螺栓安装由铝板和铝型材骨架焊接而成的闭塞板,并填充密封材料保持气密性。端部未设卫生间和洗脸间的车辆,其端墙是整体式结构,为铝板和铝型材骨架构成的焊接结构。

分体式和整体式外端墙都在外端骨架上设置了适合风挡安装的结构,可以采用螺栓快速连接,使风挡的安装方便快捷,大大降低了施工时间及劳动强度。另外,端墙上还设有登车扶手。

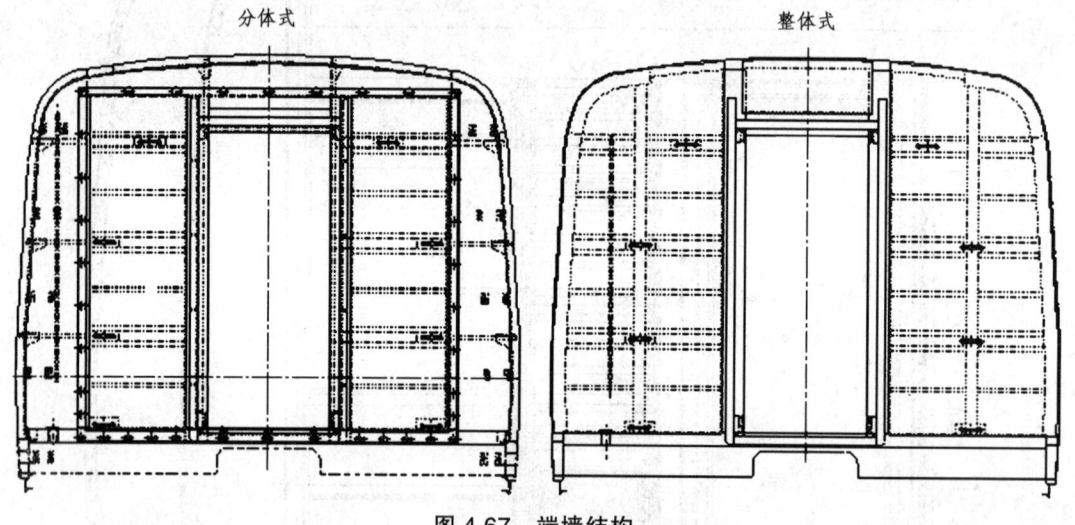

图 4.67 端墙结构

(5) 司机室头部结构。

CRH$_2$ 头车车体前端为司机室头部结构,它以骨架外壳结构为基础,如图 4.68 所示。头部结构按车头断面形状变化将纵骨架形成环状,与横向骨架叉接组焊,骨架外焊接铝制外板。对需要更高强度的部位,采取增加板厚、缩小骨架间距、增加加强材等措施。整个头部结构焊接严格要求气密性,结构上适应配线、配管及内装需要。

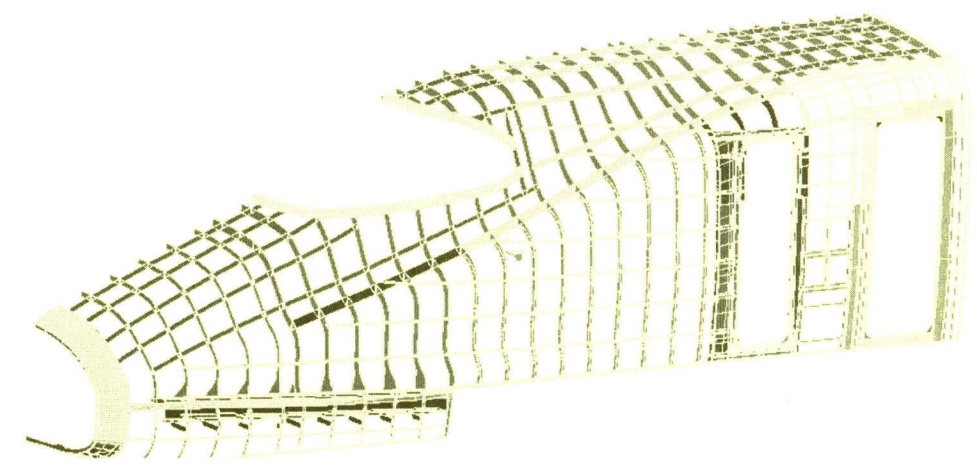

图 4.68　司机室头部结构骨架

（6）车下设备舱。

出于保护设备及改善列车空气动力学性能的考虑，CRH_2 设有车下设备舱。设备舱主要由侧盖板、盖板安装件和托座等组成，如图 4.69 所示。

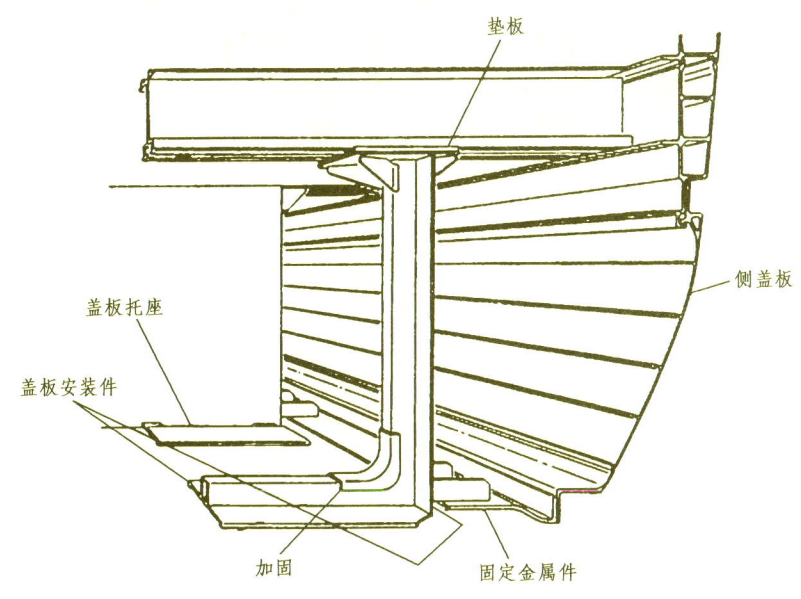

图 4.69　车底盖板构造图

侧罩由铝合金型材和板材等组装而成，通过螺栓联接到底架上。侧罩在车长方向分块组装，根据车下设备的需要，不同的部位设有通风口和检查门。

底部封板主要结构为波纹状，材料为不锈钢，封板的两侧为直接翻边，并用联接件固定，以增加两侧的强度和刚度。封板两端用螺栓与联接梁连接。

联接梁采用铝合金型材，横向联接梁通过过渡件与侧罩连接，垂向联接梁上部与底架横梁、下部与横向联接梁通过螺栓联接在一起。

（7）车下设备安装方式。

质量较大的设备安装采用底架横梁（带燕尾槽）下吊挂方式。为了使机器负重都在横梁中心线上并便于机器的检修,采用了特殊螺栓悬挂结构。特殊螺栓从底架横梁上的切口插入,通过定位垫板和沉头螺钉固定,安装方式如图 4.70 所示。

螺母采用防松动能力较强的双层锁紧螺母,利用上下螺母的偏心结构进行紧固。

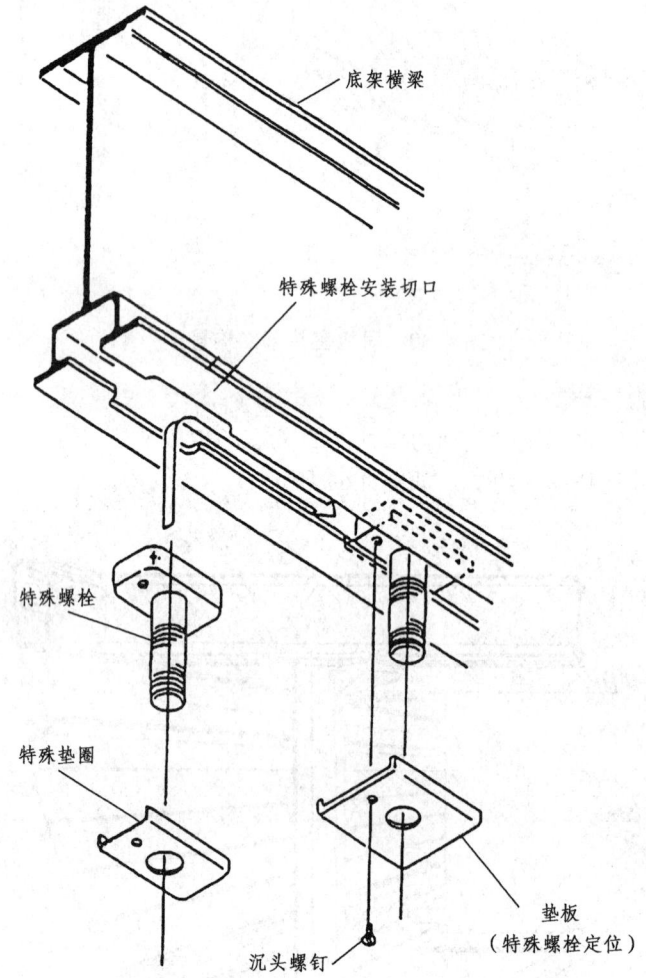

图 4.70 安装机器用特殊螺栓安装示意图

(8)前罩开闭装置。

CRH$_2$ 头车设有前罩开闭装置,如图 4.71 所示。该装置可通过自动控制实现开闭,在打开状态下可以露出车钩装置,完成车辆连挂。整个装置由玻璃钢前罩、前罩动作部分构成。玻璃钢前罩分左右,闭合后外形圆滑过渡。前罩动作部分采用气缸驱动,气缸分开闭气缸和锁紧气缸,开闭气缸完成前罩开闭动作,锁紧气缸完成对机构的锁固,维持开闭状态。

前罩的动作部分由主体框架、气缸、直线轴承、滑板、推拉杆、安装翼、锁紧装置等组成。主体框架在底架上用螺栓固定,在主体框架上安装有驱动机构。各关节通过销子结合在一起,气缸的伸缩动作转变为前罩在直线轴承上的开闭动作。开闭动作简叙为:气缸伸缩→滑板在直线轴承上运动→两推拉杆运动→两侧安装翼动作→前罩开闭。锁紧装置功能是在前罩全部关上或者全部打开的状态下锁紧滑板,使整个装置稳定。

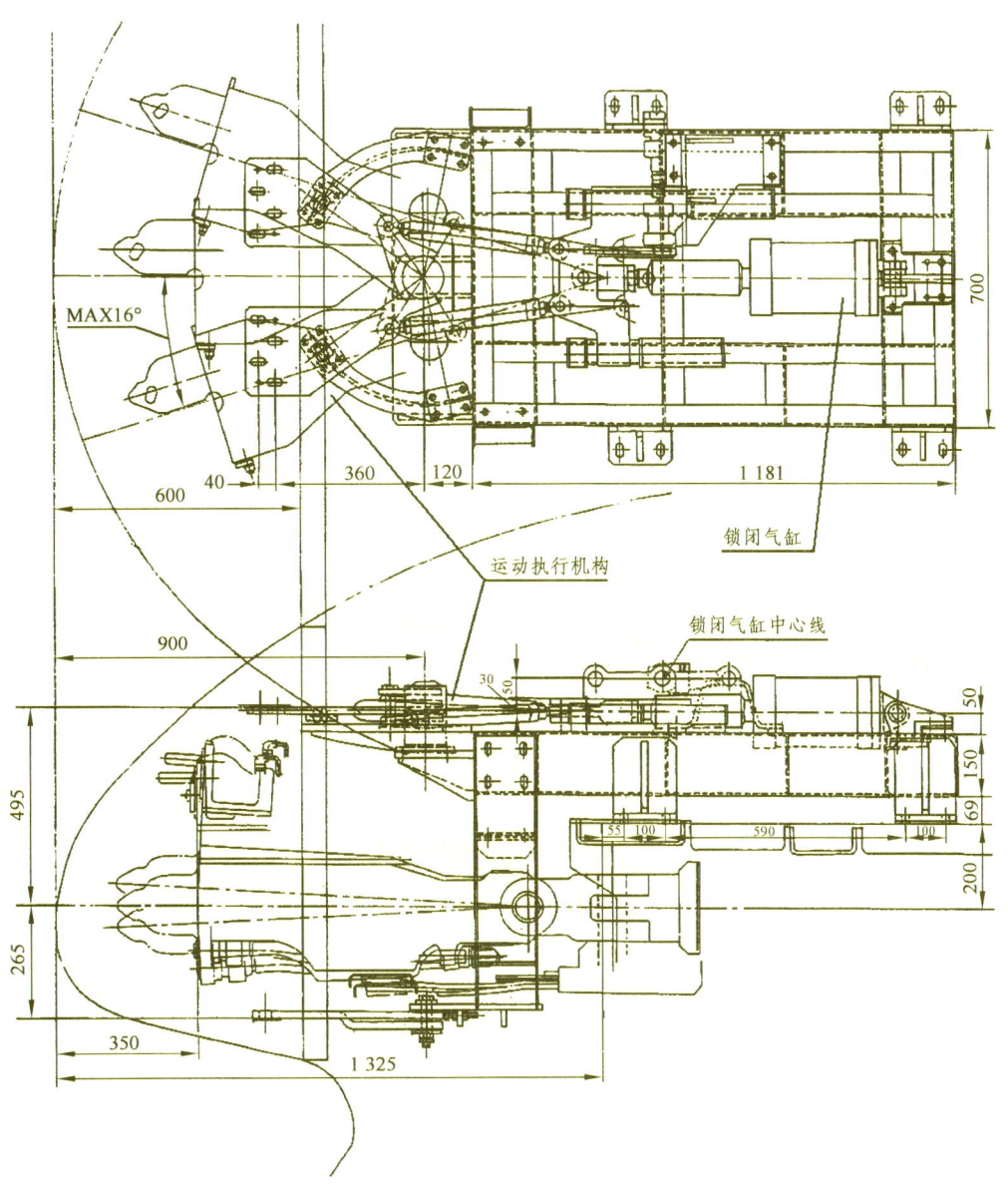

图 4.71 前罩开闭装置

（9）前头排障装置。

CRH$_2$ 在头车车体的前端设置结构坚固的排障装置，该装置能在排障时撞飞障碍物，绝不允许障碍物卷入转向架下。出于保护车体及人员安全的目的，即使造成装置损坏也要保证车体不受损或只轻微受损。

如图 4.72 所示，排障装置由排障板、橡胶排障装置、排障板盖板、缓冲板、缓冲板支撑、缓冲板安装座等部件组成。其中，抗冲击结构外板为钢板制成的排障板，在排障板前端下缘设排雪犁。排雪犁的下部装有辅助排障橡胶，起辅助清扫轨面的作用。缓冲板是铝板叠层结构，装在排雪犁的后方，可以通过自身的变形吸收冲击能量。

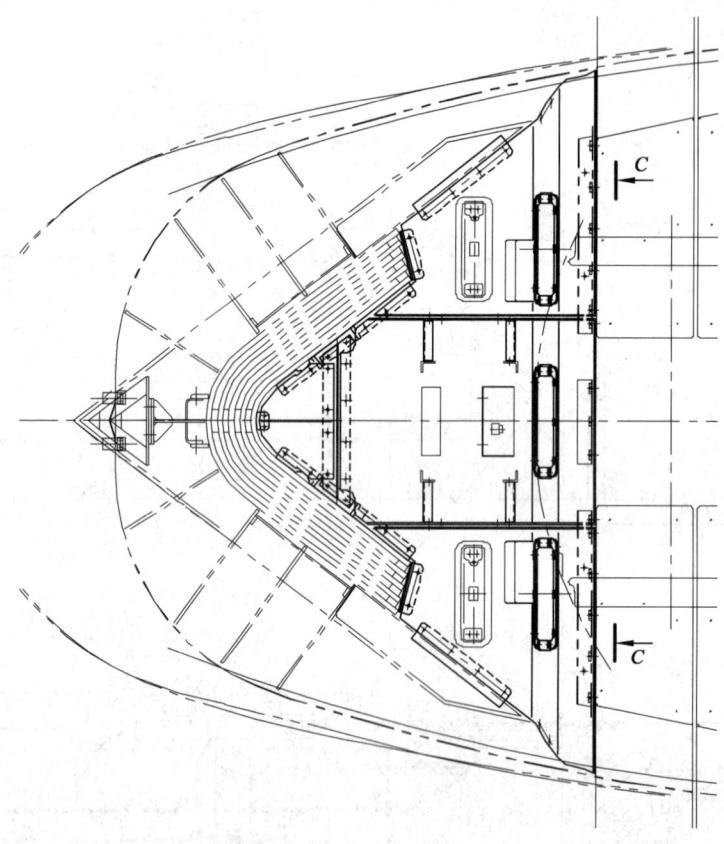

图 4.72 前头排障装置

① 缓冲装置。在轨距内由于和障碍物的冲撞、排除，为缓和车辆所承受的冲击力，在排障器后方有适当的间隙，并设有缓冲装置。

② 橡胶排障装置。橡胶排障装置设在排障器下方左右轨道位置，能排除运行中钢轨顶面上的小障碍物。

2. 空气动力学对车体结构的影响

为了降低高速动车组的空气阻力，节省能源，动车组头部设计应用了大量的空气动力学技术，采用流线型设计。随着动车组速度的不断提升及空气动力学性能研究进一步深入，头部的流线型也在不断改善。

头部结构形状对列车运行的空气阻力、气动噪声、列车交会压力波、隧道微气压效应及移动压力场等影响较大，是影响列车空气动力学性能的关键因素。

CRH_2 头部结构设计利用现代的流场计算 CFD 软件进行三维建模分析，并进行模型的风洞试验和三维隧道驶入分析。为使动车组有良好的空气动力学性能，主要为降低空气阻力及交会压力，如前所述，CRH_2 头车与尾车均采用双拱头型流线型头部形式（最大纵向轮廓线为外凸和内凹结合的双折流线形状，简称双拱）。经过理论分析和模型的相关试验，在交会压力波方面双拱头型列车气动性能较好，优于单拱头型，但气动阻力前者稍大于后者。CRH_2 头型较好地考虑了空气动力学影响因素，完全可以满足高速行驶的需要。

此外,高速动车组在考虑空气动力学影响的时候,还要考虑侧风和车下风阻的影响,因此,在设计车体断面时要考虑整个侧墙及车顶的光滑和圆弧过渡,在设计车体的下部设备舱的时候要考虑裙板的位置及圆弧过渡等。

CRH_2 动车组考虑了空气动力学的综合影响,各因素如表 4.14 所示。

表 4.14 铁道车辆空气动力学现象的影响因素

车辆相关空气动力学现象		影响因素
空气阻力		速度提升,节能
侧风的影响		强风时的安全性,强风时的运行限制
隧道	隧道、地下铁路内的压力、风速变动	舒适度(耳朵的不适感、风)
	作用于车辆的非恒定力	乘坐舒适度
	微气压波	环境问题
空气动力噪声		环境问题(噪声)

根据头型微气压波计算结果和既有车辆车体截面积的变化图,可以优化出一定速度级下车头形状的断面积变化率。此断面积变化率大方案被确定之后,又从保证司机室空间、乘务员的视觉识辨性、车头部装载机器的尺寸、工艺制造的适应性、司机室视野调查等方面进行研究,从而设计出车头外形的基本结构。最后经过风洞模型试验(见图 4.73),根据各种基本结构模型的试验结果(见图 4.74)确定最终车头形状和车下裙板等结构外形。经过以上设计、试验后,最终确定 CRH_2 的头型,如图 4.75 所示。

图 4.73 模拟车下气流的风洞试验情景

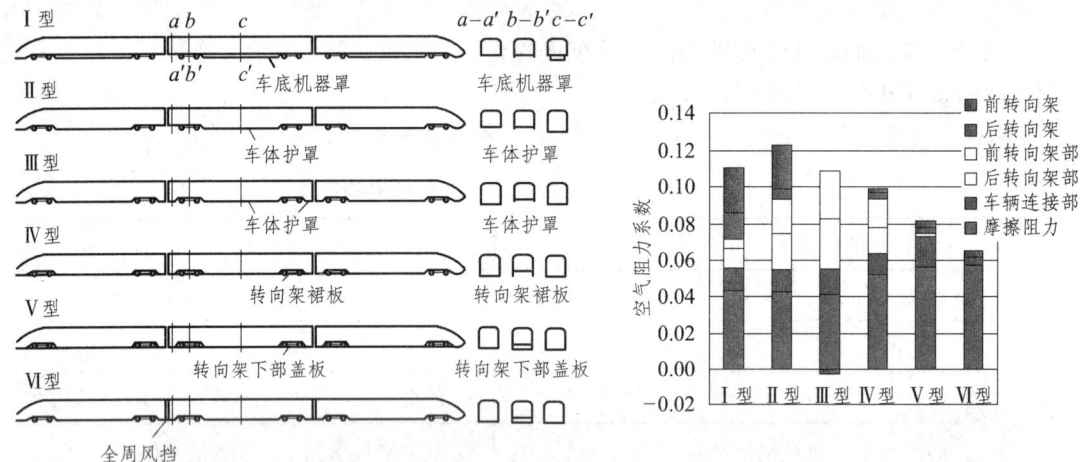

图 4.74 车下形状与中间车辆的空气阻力

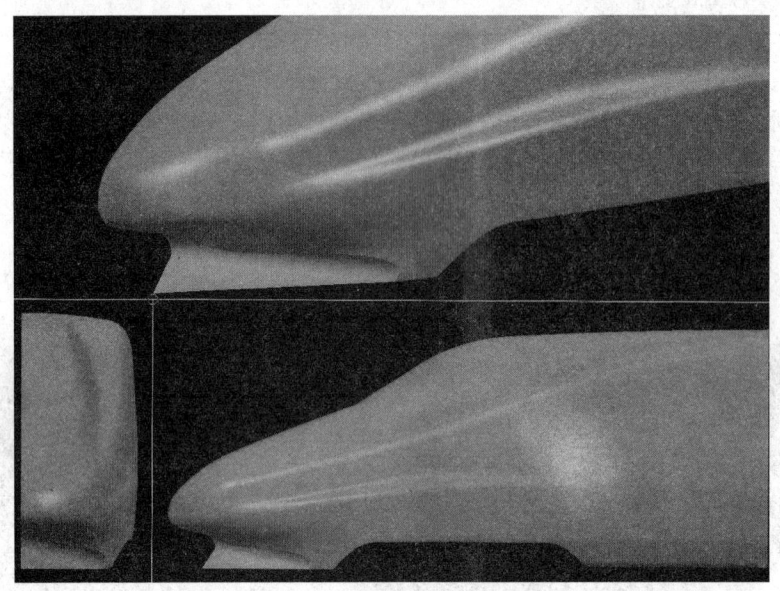

图 4.75 车头形状 3D 模型图

3. 车体气密性

1) 车体气密性要求

高速列车在通过隧道时,伴随着列车头部的冲入,在隧道内产生压缩波,并以音速向隧道出口方向传播并生成新的压缩波,一部分在隧道出口释放至外部大气中,形成微气压波造成周围房屋振动并产生"咚"的声音。另外,部分压缩波在出口处反射形成膨胀波返回隧道内。

车头部形成压缩波后产生膨胀波,并紧随着压缩波向隧道出口传播,在出口反射后再形成压缩波返回。如此,在隧道内高速运行的列车要交替受到正压力变动和负压力变动。并且,在对头车冲入隧道时,由对头车形成的压力变动的最大值与自身形成的压力变动最大值相重合,会形成相当大的压力变动最大值。结果,车体结构上要承担较大的交变压力载荷。同时,这种隧道内的压力变化会引起车内的压力变化，从而使乘客的耳朵产生耳鸣现象，严重时甚至会产生疼痛感。这样的压力变动与列车速度的平方成正比，因而高速车辆须保证良好的气密性，防止乘客出现耳鸣等不适现象。高速车辆的车体结构中，应该采取密封处理的部位必须使用全面连续气密焊接，能够承受由压力变动而形成的反复应力。压力变动的大小是由列车的速度、车辆的截面积、通过的隧道截面积等决定的。

CRH_2 车体结构是由具有气密载荷为 8 kPa 耐压性能的铝合金构造的。侧墙及车顶结构采用通长中空大型铝型材构成，外部采用气密焊接保证其气密性。另外，在部分中空铝型材的中空空腔内部贴有防振材料，以达到隔声减振的目的。实车试验表明 CRH_2 车体有良好的气密性。

2）车体气密性试验

车体气密性试验的目的是研究评价车体组焊完成后是否满足气密性要求。

列车在高速运行时，车体四周要不断承受正负气压。不同运行速度承受的气压值不同。CRH_2 要求运行速度为 200 km/h，通过理论计算此速度级运行的车体要承受 ±4 kPa 的压强，因此试验载荷规定为 4 kPa。通过试验发现漏气部位，采取加焊或涂抹密封胶等措施处理。

试验通过测量压力从 4 kPa 降至 1 kPa 所需时间 t（衡量标准值 $t \geq 100$ s），试验测得所需时间均大于 100 s，从而确认 CRH_2 车体均满足气密性要求。

4. 车体强度设计

1）车体强度设计依据

CRH_2 车体结构强度按照 JIS E 7105《铁道车辆车体结构的载荷试验方法》进行设计，同时考虑了我国车辆的实际运用情况。

车体强度设计依据参照表 4.10。

针对各载荷工况，车体以下部位存在较高应力：

（1）垂直载荷工况：集中在枕梁上部的侧窗开口角部。

（2）车端压缩载荷工况：在牵引梁车钩的安装部周围、牵引梁与枕梁的结合部位、端部底架与中央底架的结合部位。

（3）扭转载荷工况：在枕梁上部的侧窗开口角部。

（4）三点支持工况：在顶车位、顶车位上部的侧墙的下墙部及侧窗开口角部。

（5）气密载荷工况：在侧窗开口角部与窗间部位、侧墙的车檐部、侧墙的下墙与侧梁结合部、单壳车体结构的侧墙支柱上下端部。

以上都是结构上容易产生集中应力的部位，在强度设计时应特别注意。车体强度计算结果中应力超过标准值时，处理办法如下：

（1）增加板厚。

（2）增加加强材。通过重叠板或三角形的加强材来分散载荷。

（3）变更材质。使用更高强度的材质，但是，要注意高强度材质的加工性能。

（4）如该部位是焊接部位，变更焊接位置，使其成为母材部位。并且在探讨增加板厚、追加强化板时，为了能够有效地发挥其作用，应认真确认其载荷状态（载荷方向、载荷的种类是否为拉伸、压缩或弯曲等）。

此外，虽然在 JIS E 7105 中没有涉及，但通常应该注意以下几点：

(1)高速车辆行驶时,垂直载荷与气密载荷重叠。因此,必须达到"垂直载荷时的最大应力+气密载荷时的最大应力<材料的疲劳极限"。

(2)压缩应力不得超过结构的纵弯曲强度。纵弯曲强度不足的情况下,要调整该部位的板厚及周围骨架材料的间距。计算梁及板的强度时,参照适宜的设计规范。

(3)存在异常的集中载荷及偏心载荷时,要在规格书的规定或与客户协商的基础上,另外设定载荷条件。

(4)另外,有时也根据乘车舒适度的相关规定间接地决定车体的固有振动频率的评价值。

2)车体结构强度计算分析

车体结构的强度分为承受垂直载荷、车端压缩载荷等的静态强度以及承受垂向振动、气密交变载荷等的动态强度。只要没有特别要求,静强度计算以材料弹性极限为标准值,动态强度以材料的疲劳强度为标准值。在工程实际中,评估动态强度时的应力是加载交变载荷的最大应力。为此,动态强度也可以参照静态强度的评估方法,可以将负载了一定载荷时发生的应力与标准值相比较,由此来进行评估,即采用"动化静"的方法。因而,结构强度的计算方法仅适用于各种在材料弹性范围内的静载荷计算。

强度计算方法多种多样,近年来一般多采用有限元法(FEM)的计算机软件进行结构分析。采用 FEM 法的优势在于计算精度较高,并适合各种分析条件。目前常用的有限元分析(FEA)软件有:NASTRAN、ANSYS 等。

使用 FEA 进行车体结构的强度分析时,所使用的单元类型、单元大小、载荷条件与约束条件等需要非常注意,应根据车体结构位置、部件组成和承载情况具体分析。

为了减轻分析计算的工作量,可以适当选择其中几种车种,进行必要的强度验证。考虑到 CRH_2 各车种质量与原型车质量的差异,选择其中的 1 号车(T1c)、6 号车(M2)和 7 号车(M1s)等 3 个车种进行强度验证分析。

T1c 车体结构的有限元模型如图 4.76 所示。根据表 4.10 所示的 CRH_2 车体结构强度设计标准,在进行 FEA 分析时也主要考虑以下的分析工况。

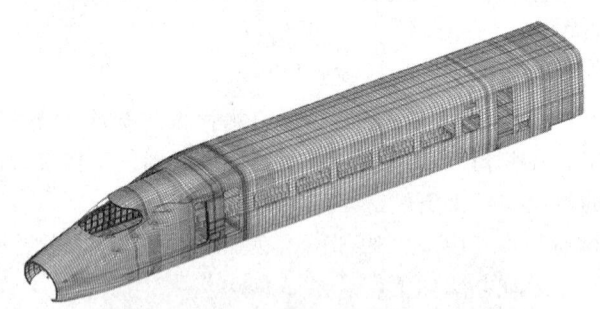

图 4.76 T1c 车体有限元分析模型

计算工况 1:垂向载荷,包括车体质量(包括设备集中载荷)和旅客质量,并考虑车辆运行过程中振动的影响,增加了 10% 的载荷裕量。旅客质量根据各车型上的定员,按每位旅客 80 kg 计算。设备集中载荷作用在横梁螺栓固定部位。车体质量(不包括设备集中载荷)和旅客质量均布在车体底架地板上。此时在 4 个二系悬挂支撑位置施加约束条件。

计算工况 2:车端压缩载荷,包括车体质量和 980 kN 的车端压缩载荷。车体质量均布在车体底架地板上,而车端压缩载荷作用在车体一端的牵引梁部位。此时在 4 个二系悬挂支撑位置施加约束条件，在非加载端的牵引梁部位施加约束条件。

计算工况 3：扭转载荷，考虑 39 kN·m 的扭转载荷。作用在车体一端的二系悬挂点上。此时在加载端的二系悬挂支撑点的中间位置和非加载端的二系悬挂支撑点位置施加约束条件。

计算工况 4：三点支撑，考虑垂向载荷为车体质量。此时任选车体 4 个二系悬挂支撑点中的三个点施加约束条件。

计算工况 5：气密载荷。考虑车体内外气压差为 8 kPa，此时在 4 个二系悬挂支撑位置施加约束条件。

计算工况 1 下的 T1c 车体结构 Von Mises 应力云图见图 4.77（其余计算工况的应力云图略）。

图 4.77　计算工况 1 下 T1c 车体结构 Von Mises 应力云图

通过分析计算，CRH$_2$ 车体结构满足强度要求。

3）车体静强度试验结果

车体结构载荷试验的目的是确认车体结构是否具有足够的强度及刚度。CRH$_2$ 车体结构强度试验参照 JIS E 7105《铁路车辆车体结构的载荷试验方法》执行。

试验时应力测点布置应着重注意在应力集中部位、设计改进部位和常规部位。即主要考察车体结构开口部位、车头安装部位、顶车部位以及通过有限元分析显示的高应力部位。

测量车体结构变形时，应着重注意侧梁中央的垂向挠度，这是分析车体结构等效垂向刚度的有效数值。同时，为了保证各侧开门、端开门和车窗等部件的稳定性，要测量在载荷作用下这些门窗相应结构开口处的断面变形。

以 T1c 车车体静强度试验结果为例进行说明。垂直载荷试验测得应力最大点在靠近 2 位端枕梁内侧左上角窗口部。这说明在垂直力的作用下，靠近枕梁附近的窗口角部容易产生应力集中，因而窗口部应该是车体结构设计重点考虑的部位。车端压缩载荷试验测得应力最大点在牵引梁截面变化部位且靠近车钩从板座附近。这说明车体纵向的载荷引起的最大应力部位在缓冲梁附近。牵引梁也是结构强度校核的重要部位。扭转载荷试验测得应力最大点在车体纵向中心附近的窗口角部。3 点支撑试验测得应力最大点也在枕梁内侧附近的窗角部。各种试验刚性也满足 JIS E 7105 要求。综上所述，试验是评价、检验、指导设计的重要依据，高速车项目更要重视试验，使试验结果更好地反馈到设计当中，让试验更贴近现实。

4.5.2 CRH$_1$动车组的车体结构

1. 承载结构特征

1）结构组成

（1）概述。

车体是容纳运输对象的地方，又是安装或连接其他四个组成部分（走行部、制动装置、车端连接装置和车辆内部设备）的基础。

CRH$_1$动车组有 4 种类型的车体，即 Mc，Tp，M，Tb 4 种类型车体，但一般为 1 种头（尾）车型和 1 种中间车型（按照车内布置和车顶的高压设备有 3 种变更）。CRH$_1$动车组车体承载结构设计制造为一个在整个长度上的开放的不锈钢筒状壳体（见图 4.78），可以适用于不同的内部装饰设计方案。与原型车 Regina 车相比车体更宽、更舒适一些，可实现 3+2 的座椅格局。

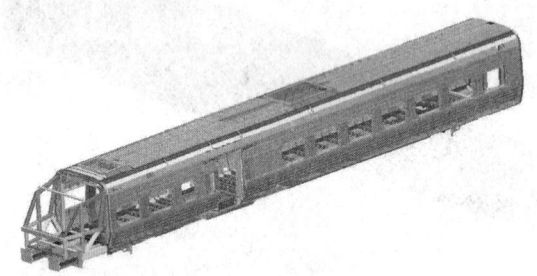

图 4.78　CRH$_1$动车组车体承载结构总图

CRH$_1$动车组车体承载结构主要由底架、侧墙、端墙、车顶、端部角架等组成（见图 4.79）。在列车两端，牵引车车体结构与拖车车体结构不同，不同之处在于前者要和司机室结构（牵引车体前部）相连接。

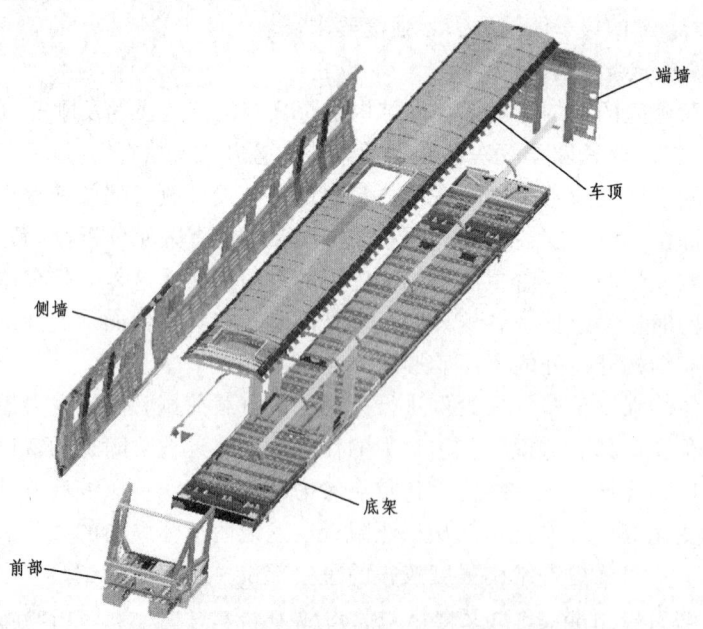

图 4.79　CRH$_1$动车组 Mc 牵引车车体承载结构部件分解示意图
（仅 Mc 牵引车前部为司机室承载结构，其余车体为端墙）

（2）组成部件分析。

① 底架：包括两个纵向的边梁及与其相连的横梁、缓冲梁（与车钩相连接）和枕梁，其下部适于安装底架设备，如图 4.80 所示。在车体枕梁之间的中间位置，底架和一些横向的 Z 形梁相连。波纹底板通过点焊焊接在横梁的下缘上。每个车体枕梁包括两个加固的表面以便和二系悬挂配合。二系悬挂安装在横向的箱形梁上，箱形梁上还装有不同的支座，以安装车体和转向架之间的连接和减振装置。车体枕梁主要由低合金高抗拉强度钢制成，再通过电弧焊焊接在底梁上。在车体的入口处可以安装一个活动踏板，活动踏板的支座置于底梁下面。使用标准梁以增加强度和刚度，使用焊接的横向减振器和碰撞停车连接替代螺栓连接。使用螺栓将垂向减振器和抗侧滚扭杆连接到支架上。

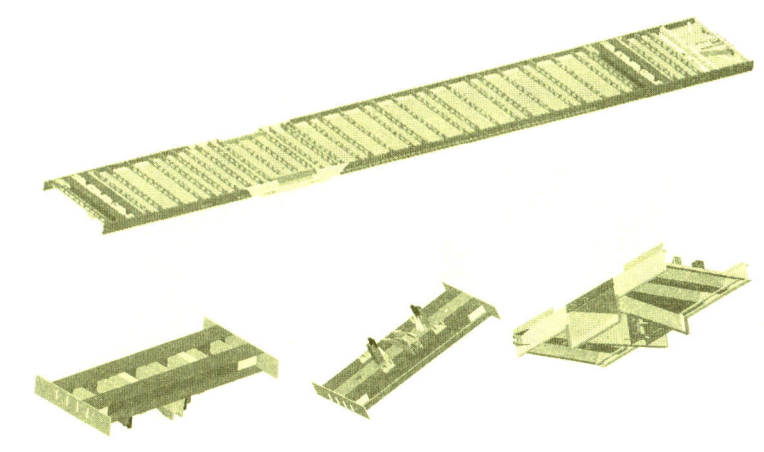

图 4.80　底架

② 侧墙：整个侧墙由不锈钢制成，由冷拉侧柱和滚压成型的纵向梁通过电焊形成框架，再通过点焊在外面包上平板，如图 4.81 所示。侧墙盖住底梁使外表面状态较好。侧墙上开有开口，用于固定车窗。车门柱、车门安装托架等也是侧墙的一部分。

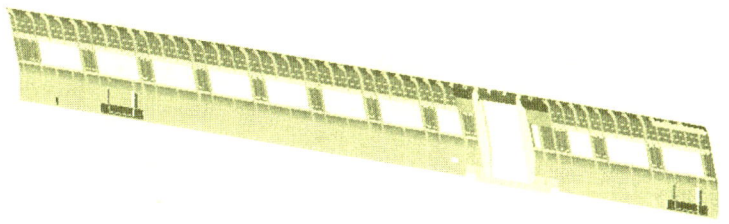

图 4.81　侧墙

③ 车顶：不锈钢车顶由纵向的支撑，外面盖上波纹覆板组成。Tp 型车上一端转向架部位的车顶上面部分有一个凹槽，用于安装高压设备和受电弓，如图 4.82 所示。所有车辆的车顶中央都有空调设备的部件。Mc 型车车顶一端的转向架的上面另有一个较小的位置，用于安装司机室用的紧凑型空调设备。车顶组装成一个单元，在安装了大型车内设备如地板后，再和其他构件焊在一起。车顶弯梁和侧立柱之间通过点焊连接，焊接通过一个纵向的槽完成，槽在随后被盖住。车顶接缝部分形成上侧梁，在结构上非常重要。为了提高外表面的状况，整个接缝藏在一个非结构性的盖板后面。

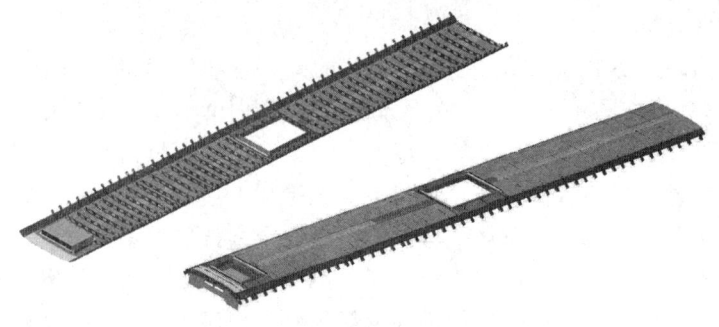

图 4.82 车顶

④ 端墙：由不锈钢制成，它由车内过道每侧都有的两个车端立柱、角柱、横梁、车顶弯梁和外部平面覆层组成，如图 4.83 所示。车端立柱焊接在缓冲梁上。车端立柱与底架连接牢固以防撞击变形。

图 4.83 端墙

⑤ 司机室结构：司机室承载结构采用低合金高强度钢制成，有足够的变形特性，形成一个能量吸收结构，如图 4.84 所示。司机室结构也包含同车体之间的螺栓连接，在正常的车体侧墙前面作为一个载荷分配部件。

2）主要技术参数

（1）主要外形尺寸：Mc 车厢长度为 26 033 mm；Tp, Tb 和 M 车厢长度为 25 910 mm，车体承载结构截面宽度为 3 331 mm，高度为 4 040 mm，内部地板高度为距轨面 1 250 mm，转向架中心间距离为 19 000 mm。

（2）质量：Mc 车厢 12.5 t；Tp, Tb 和 M 车厢 11.9 t。

3）材料与工艺特点

（1）材料。

图 4.84 司机室承载结构

① 车体承载结构采用的材料是奥氏体不锈钢 EN1.4301, 1.4307, 1.4318，含碳量小于 0.05%。

② 底架枕梁和 Mc 车的前部结构采用的材料则为低碳钢：低铝合金高强度钢（LAHT-Low Alloy High Tensile steel）。

（2）工艺特点。

整个车体承载结构首先按底架、侧墙、端墙、车顶、端部角架等部件（还包括以这些部件为依托安装的其他部件,如采暖、通风和空调设备等)分别在专门设计的安装台架(对部件的组装有严格的定位技术要求)上组装成一个个的单元,在安装了大型车内设备(如地板)后,再将这些组装成的单元构件焊在一起。其焊接的顺序是:以底架为基础,将侧墙、端墙和底架焊接到位,而后再将车顶弯梁和侧墙侧立柱之间通过点焊连接,车顶两侧与侧墙通过一个纵向的槽完成焊接,槽在随后被盖住。车顶与侧墙的接缝部分形成上侧梁,在结构上非常重要。为了提高外表面的状况,整个接缝藏在一个非结构性的盖板后面。

4)设计流程

(1)设计依据。

① 设计原则。CRH_1 动车组的车体设计,基本上要基于原型车 Regina 列车车体,设计改变尽可能小,以控制技术成本,但是要符合中国的机车车辆限界规定及以下的基本要求:地板距轨面的高度 1 250 mm;车钩高度 880 mm;采取司机室自动车钩自动前盖设计;车体乘客区域一侧一门,且采用单页门替代原车型的双页门;采暖通风空调系统采用分体式替代原车型的整体式,接口变化改为系统变化;卫生系统中的厕所采取蹲式和坐式相结合。

② 主要设计数据。

长度:Mc 车厢长度为 26 033 mm;Tp、Tb 和 M 车厢长度为 25 910 mm;

宽度:车体承载结构截面宽度为 3 331 mm;

高度:车体承载结构截面高度为 4 040 mm,内部地板高度为距轨面 1 250 mm;

转向架中心间距离:19 000 mm;

质量:Mc 车厢 12.5 t;Tp、Tb 和 M 车厢 11.9 t;

容量:按照 EN12663 装载;前端装置的碰撞吸收能力 2MJ。

(2)设计方法及过程控制。

CRH_1 动车组的车体进行设计的过程中,特别要注意车体的最大轮廓尺寸一定要控制在机车车辆限界的要求之内。同时,根据我国目前的多用途铁道线路的建筑构造特点,以 CRH_1 动车组在我国铁道线路上运行时可能要通过的最小曲线半径为准,进行"机车车体的曲线通过校检",并以校检结果来检查、调整电子计算机对车体承载结构进行的整体强度分析结论;直到机车车体的最大轮廓尺寸能够满足机车车辆限界的规定要求为止。

CRH_1 车车体相比原型车 Regina 车车体的主要改变:

① 墙面。修改截面,一侧一门,且采用单页门替代原车型的双页门,无低地板入口。

② 前端。新型车钩高度,新的鼻型外部设计,按照车钩高度修改的分离线结合处,采取 AGC 的碰撞减震器,按照自动车钩盖设计的新接口。

③ 底架。新型车体摇枕,修改了厕所接口,修改了脚踏接口。

④ 车顶。修改了 HVAC 接口和布置,修改了放置高压设备的车顶部分位置。

(3)设计评判。

① CRH_1 车的不锈钢车体外壳在设计及制造过程上体现了艺术与科技的融合。车体外壳的优化设计不仅实现了高速列车对车体外壳的要求,而且满足了世界市场对经济型产品的需求。车体外壳的设计符合碰撞安全性、乘坐舒适性、车辆自重以及经济型产品的要求。该产品采用单层外壳内部构架结构,高度自动化点焊处理。CRH_1 车在整个长度上,车体设计制造为开放的不锈钢筒状壳体,可以适用于不同的内部装饰设计方案。与原型车 Regina 车相比车体更宽、更舒适一些,可实现 3+2 经济运行的座椅格局。CRH_1 车的设计概念是以多节车编组、高速、高负

载、高自然频率的列车为基础的,因此,车体外壳充分符合车体整体强度和整体刚度的要求。

② 由于使用不锈钢材料,寿命周期成本低。

③ 防腐。

④ 防火性能好。

⑤ 不锈钢车体尽量使用自动化点焊组装,由于自动化点焊时采用低热感应和牢固的焊接固定设备相结合的方法,能够减小尺寸公差,取得更好的外部处理效果。使质量得到可靠保证。

⑥ 质量比铝制车体稍微重一些。

2. 车体横断面

CRH$_1$ 车车体横断面如图 4.85 所示,由图可以说明以下几点:

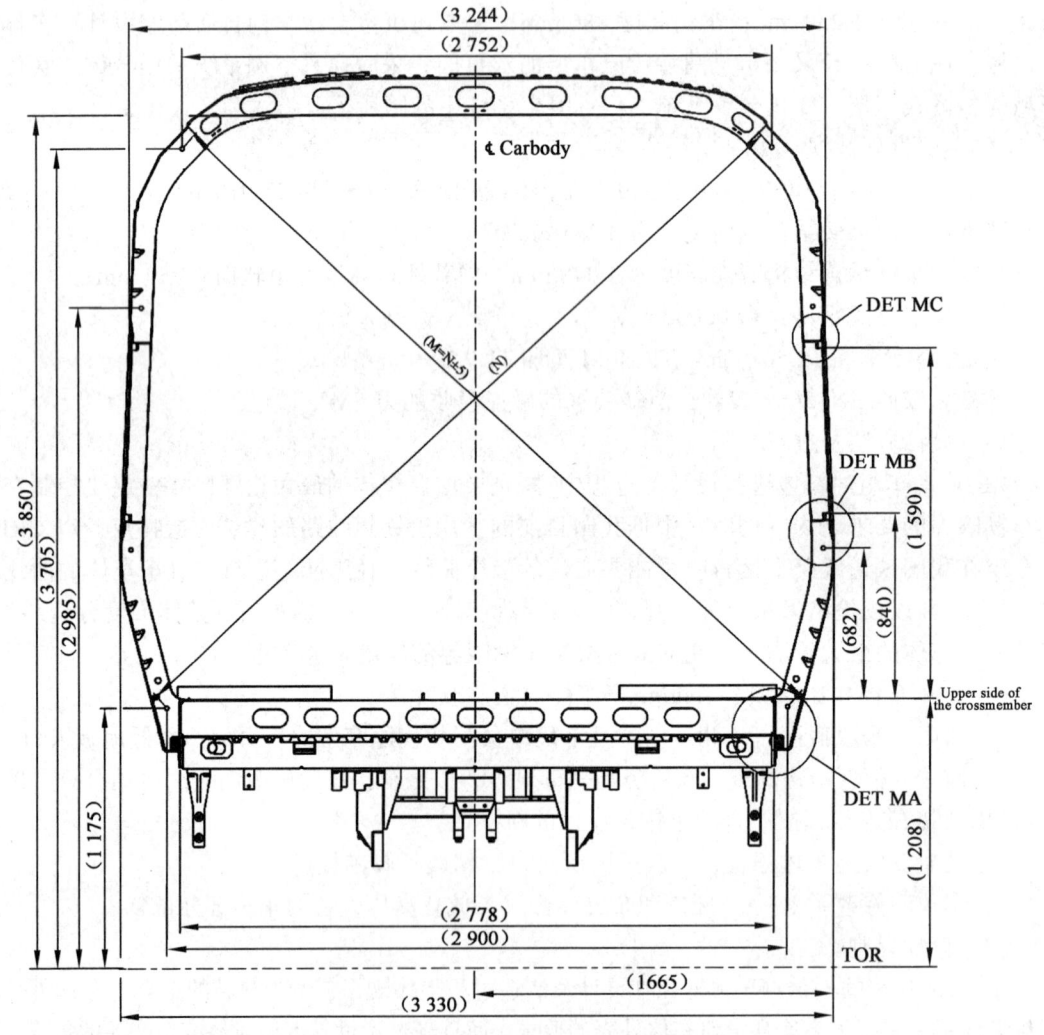

图 4.85　CRH$_1$ 车车体横断面图

(1) CRH$_1$ 车车体由底架、车顶、侧墙和端墙(图中没有表示)组成。

(2) CRH$_1$ 车车体在设计制造上的主要结点就处在底架、车顶、侧墙和端墙之间的焊接连接接缝处。

(3) CRH$_1$ 车车体横断面最大宽度尺寸是 3 330 mm。

(4) 底架横梁顶面(其上面将铺设地板)到轨面的距离是 1 208 mm。

(5) CRH$_1$ 车车体横断面对角线允许公差是 ±5 mm。

3. 强度及气密性要求

1) 车体强度

(1) 所遵循的相关标准。

① 设计方主要对 CRH$_1$ 车车体的底架结构进行了强度分析,分析中采用的是下列整体坐标体系,如图 4.86 所示。

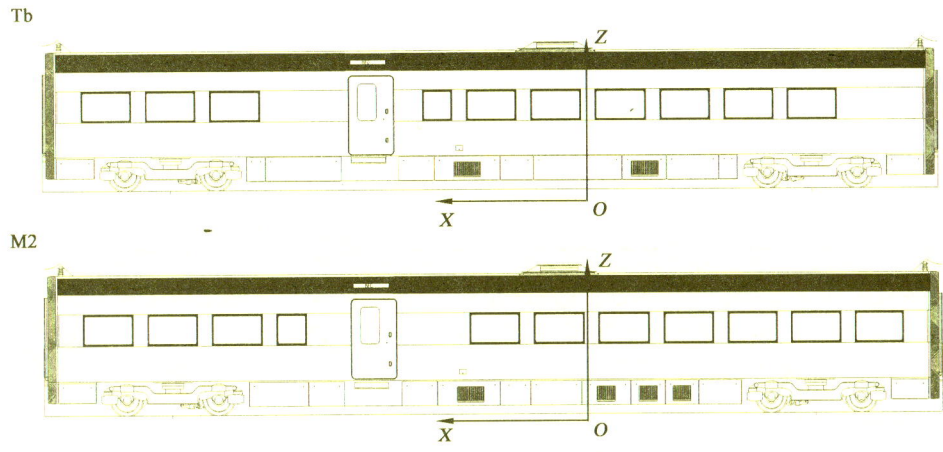

图 4.86 整体坐标体系的说明

② 为了便于分析 CRH$_1$ 车车体结构性,设计方将其结构转化成 FE-MODEL,计算方面采用了 MSC/Nastran 的计算机软件,采用的有限元编码是 MSC/Nastran。预/后处理方面采用了 MSC/Patran,几何图形采用的是 Pro/ENGINEER model。

(2) 计算及实验情况。

① 设计人员在计算过程中采用了所称的板单元壳体件概念。这些单元壳体元实际上没有几何厚度,但是每个板单元的厚度是作为其特性给予的,以便使有限元有正确的刚度。

② 在计算中有关的结构部件采用的是表 4.15 所列板厚参数。

表 4.15 板厚参数

序号	结构部件	t (mm)	f_y (MPa)
1	横梁	4	350
2	横梁端部	4	350
3	L-支架	10	350
4	边梁支架	8	350
5	Trafo 支架	10	350
6	污水箱托架	10	350
7	H-支架(法兰)	8	350
8	H-支架(板)	12	350
9	三脚架	6	350

③ FE 数学模型中的有关数据见表 4.16。

表 4.16　FE 数学模型中的有关数据

	Tb	M2
有限元数量	14 497	12 167
节点数量	14 661	12 287

④ 从 FE 分析输入的数据和结果按表 4.17 中的单位计算。

表 4.17　计算所用单位

名　称	单　位
长　度	mm
质　量	t
力	N
密　度	t/mm^3
杨氏模量	N/mm^2
应　力	$N/mm^2=MPa$

⑤ 设计人员对 CRH_1 车车体进行的结构强度分析只涉及底架钢结构中底架的支撑梁、支架和螺栓紧固件,而非部件本身,没有分析其他部件及其支架。但是,对底架钢结构的焊接部位进行了重点分析。

(3) 强度分析结论。

① 底架梁及其附件的强度较好并且符合设计要求。

② 最低自然频率从最低车体频率中很好地分离出来。

③ 在强度分析报告完成之后,全部车辆的 HVAC 单元有 2 处更改。HVAC 单元固定用的原 6 个托架改为 4 个大的托架。承担 HVAC 单元质量的梁和单元上的螺栓强度已经经过检查,符合要求。

2) 车体气密性

所遵循的相关标准及执行差异:

① CRH_1 动车组的车体气密性所遵循的相关标准主要有以下两点:

• 在 CRH_1 动车组高速通过隧道或者和其他列车会车时,车厢内产生的空气压力变化不影响乘客的舒适度;

• 在 CRH_1 动车组以每 200 km/h 的速度通过横截面积大于 80 m^2 的隧道时,车内的空气压力变化在 4 s 内不得超过 2 kPa。

② CRH_1 动车组的车体气密性所遵循的相关标准在具体执行中基本达到了,没有出现差异。

4. 车下设备舱

1) 概　述

CRH_1 动车组车下设备舱总的外形为一长长的六面体箱形结构,并按设备不同尺寸的安置要求,往往被分隔成为多个小型六面体箱形结构,布置位于车底两个转向架、底架与底架裙板骨架及裙板之间以及车体两端转向架外侧的底架与底架裙板骨架及裙板之间。车体两端转向架外侧（其纵向中间是车钩与车底架缓冲梁的连接安装位置）一般为两个更小型的六面体箱形结构式车下设备舱。见图 4.87 动车和拖车车下设备舱示意图。车下设备舱的主要功能就是根据车体总体设计要求，合理布置和安装主变压器箱、逆变器箱、蓄电池箱、蓄电池充电器箱、空调单元、制动单元或制动模块、主压缩机模块、110 V 和 400 V 分线箱、污物箱、过滤器箱、信号线槽、电力线槽、管路布置及下部脚蹬等设备。

车下设备舱、动车底架和拖车底架，其两端有和转向架连接的位置，在车底架的两端从转向架向车端的延伸部分还有被一分为二的小型车下设备舱、底架裙板骨架和裙板。

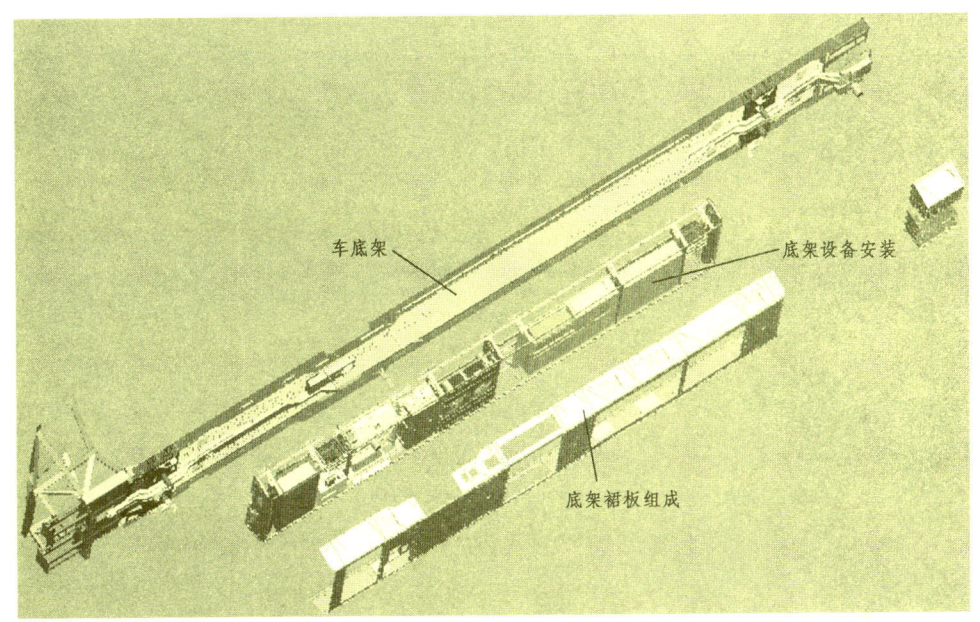

（a）动车

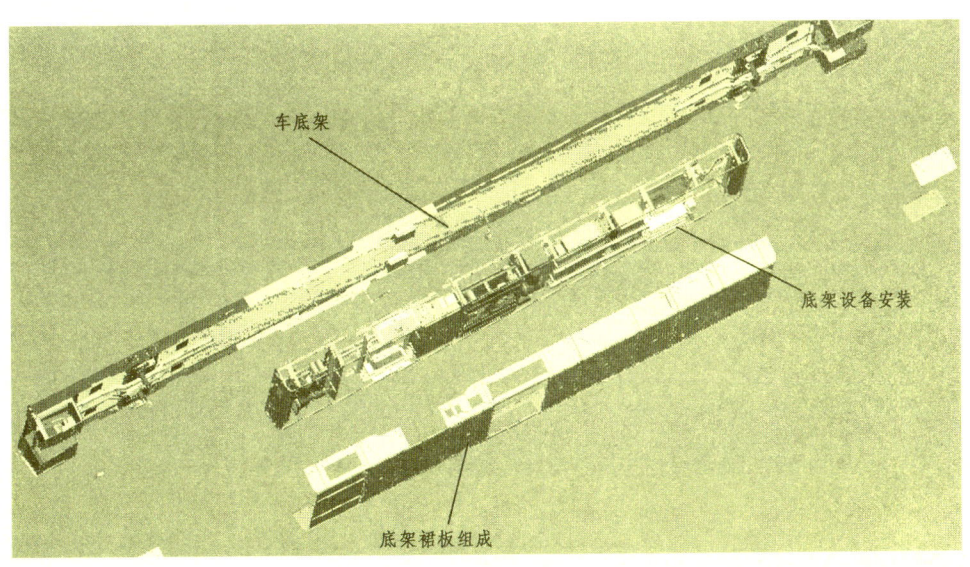

（b）拖车

图 4.87　动车和拖车

2）设备舱结构组成

（1）车下设备舱的组成。

车下设备舱组件主要有：主变压器箱、逆变器箱、蓄电池箱、蓄电池充电器箱、空调单元、制动单元或制动模块、主压缩机模块、110 V 和 400 V 分线箱、污物箱、过滤器箱、信号线槽、电力线槽、管路布置及下部脚蹬等。Mc 动车车下设备舱结构和 Tb 带弓拖车车下设备舱结构在设备舱组件的组成及其安装上有一些不同，详请见图 4.88 和图 4.89。

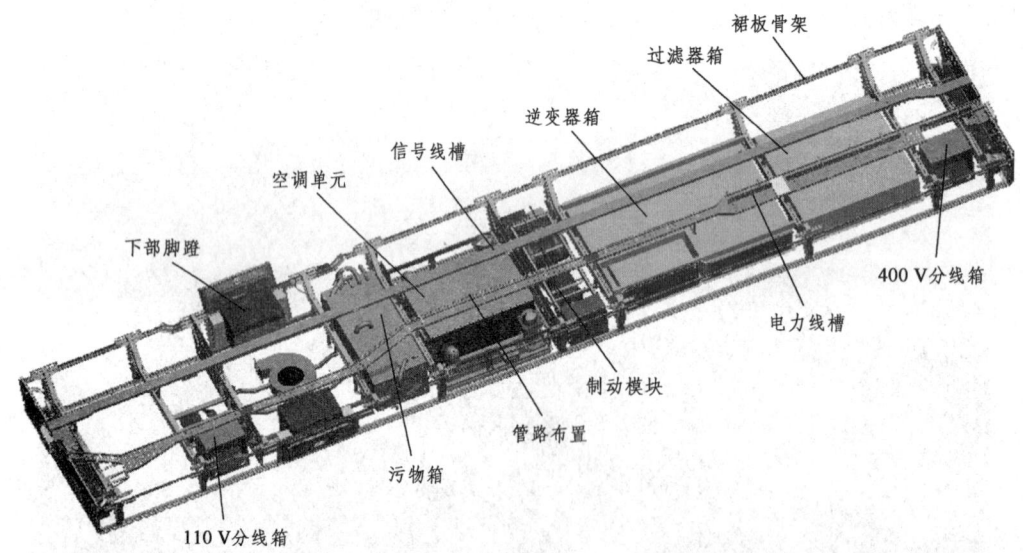

图 4.88　Mc 动车车下设备舱结构及其有关设备安装位置示意图

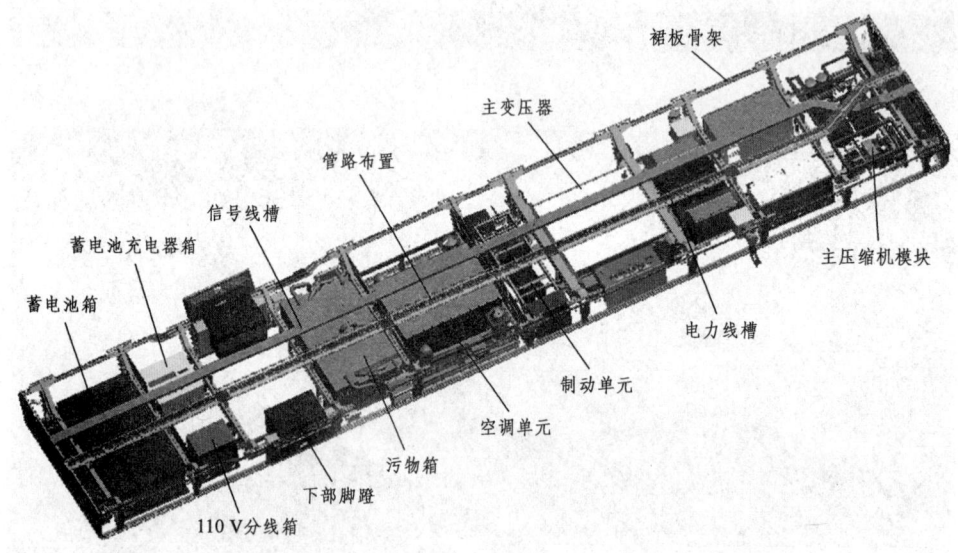

图 4.89　Tb 带弓拖车车下设备舱结构及其有关设备安装位置示意图

（2）车下设备舱与车体的连接方式。

设备舱组件之间及与组件和车体之间的连接，是采用设备组件专用的安装架梁（见图 4.88 和图 4.89 中的裙板骨架，组成裙板骨架的 U 形横梁即为安装架梁）通过螺栓与车体连接的方式，整个设备舱组件是通过裙板骨架的横梁及其他支架固定后再通过螺栓与车体连接，整体吊挂在车体底架上，和车体底架结合成为一个整体刚性结构，最后在其外部封盖上光滑的裙板（见图4.87），既可以对其起到基本的外观保护作用，又可以减小车体在运行过程中的空气阻力。

5. 头车前部结构

1）车头外形

CRH$_1$车头外形如图4.90所示。

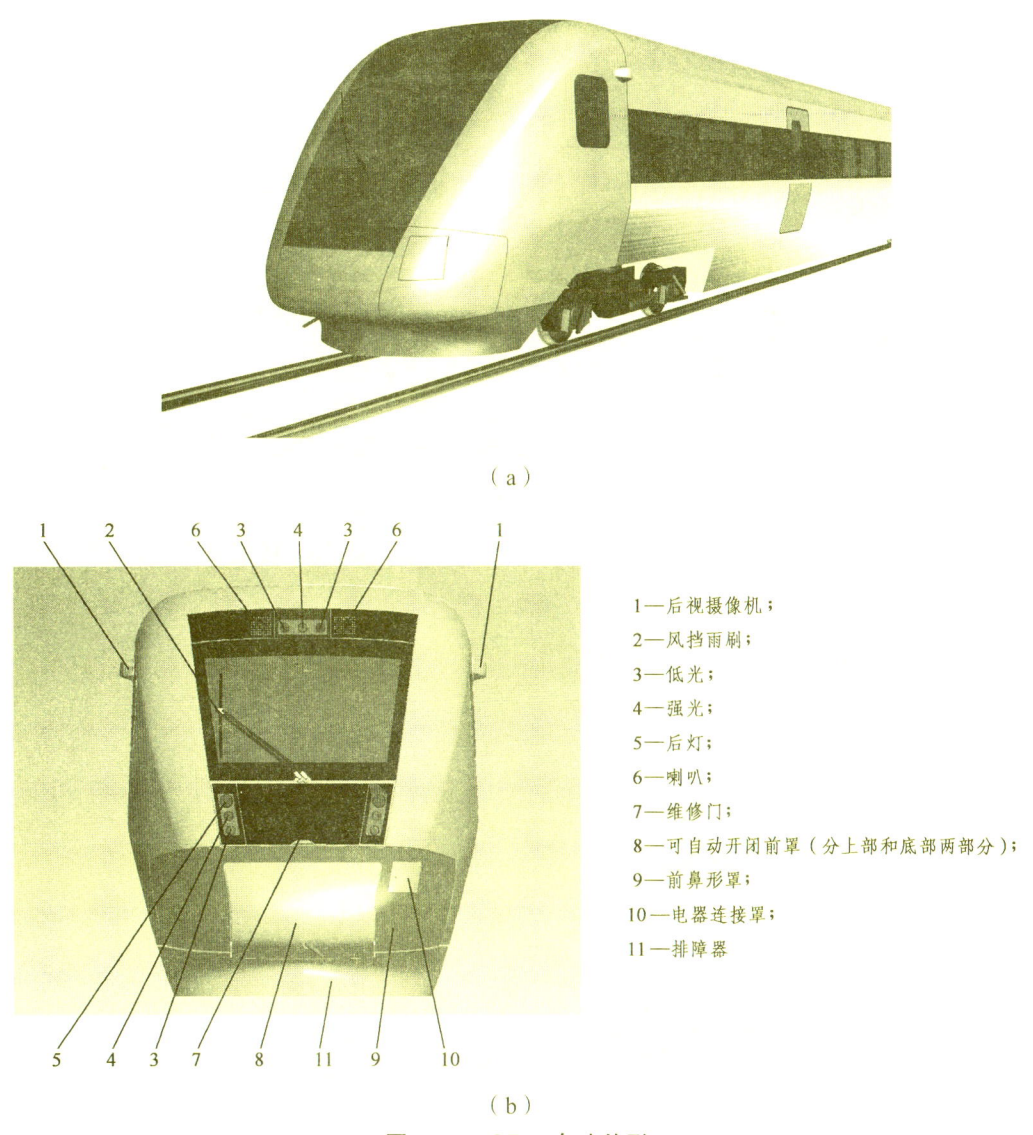

1—后视摄像机；
2—风挡雨刷；
3—低光；
4—强光；
5—后灯；
6—喇叭；
7—维修门；
8—可自动开闭前罩（分上部和底部两部分）；
9—前鼻形罩；
10—电器连接罩；
11—排障器

图4.90　CRH$_1$车头外形

由于高速列车运行过程中的主要阻力——空气阻力的大小与列车速度的平方成正比，所以CRH$_1$车头外形的导流罩和司机室玻璃钢罩部分表面采取了鼻形圆锥体流线型结构，以减小列车在高速行驶过程中的空气阻力。

2）前部结构

CRH$_1$车头前部结构主要包括导流结构、开闭机构、排障器。

（1）导流结构：由上（大）、下（小）两个导流罩组成（见图 4.91 和图 4.92），导流结构仅仅在需要 Mc 车与其他车辆连挂，开始"车钩程序"的时候才进行开闭操作。

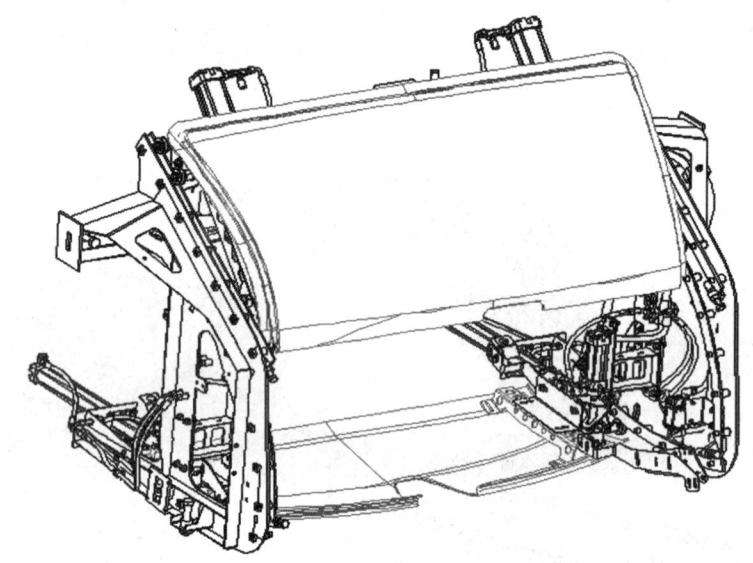

图 4.91　前部导流罩机构，导流罩在开位（灰色件）

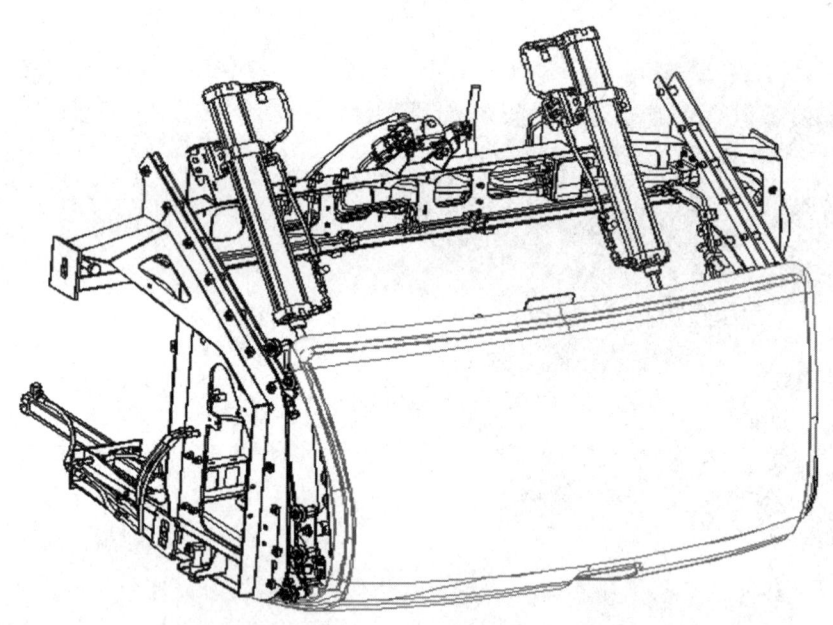

图 4.92　前部导流罩机构，导流罩在关位（灰色件）

（2）开闭机构：主要由打开和关闭两个前部导流罩的两个气缸-气动机构及滚柱和横向导轨等组成（见图 4.93）。导流罩的开闭由司机在司机室操纵有关机构进行。水平分开的导流罩可在车辆轮廓内移动。下（小）导流罩向后移动时，上（大）导流罩向上移动。

两个导流罩通过滚柱和横向导轨相结合引导其移动。每个连接处包括三个可调式滚柱以确保较小的导向间隙。两个导流罩座在其端部带有可调式止挡，这些止挡使精确水平调节导流罩成为可能。导流罩由双动气动缸从两侧激活，气缸的一次运作比要求的位移时间长，这样可以确保对着端部止挡实现导流罩的安全定位。气缸速率可通过调整阀单独调节。默认移动时间为每个导流罩 2 s。关闭和开启力要求的压缩空气压力为 6 bar，上导流罩的开启力为 3 400 N，关闭力为 3 800 N；下导流罩的开启力为 1 300 N，关闭力为 1 500 N。两个导流罩都在端部位置设有锁闭机构。下导流罩在端部位置的两侧带有锁闭气缸，上导流罩由中心弹簧承载的锁闭气缸保持开启。在下部位置由下导流罩的特殊螺柱进行锁闭，所有锁闭气缸都是通过整套弹簧锁闭到位的。即使出现能量（电/压缩空气）缺失的情况，导流罩也可以安全锁闭。

前部导流罩内部开闭控制机构组成见图 4.93。

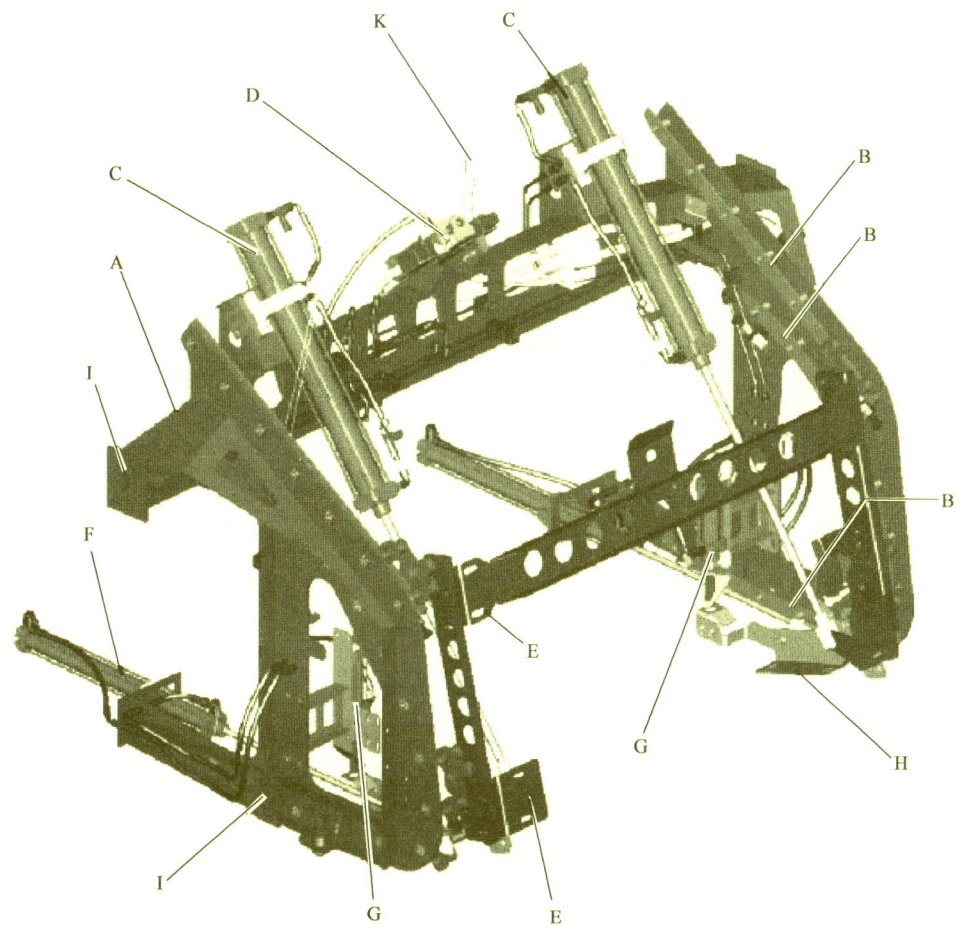

图 4.93 前部导流罩内部开闭控制机构组成图

A—支撑构架；B—导轨；C—上激活气缸；D—上闭锁气缸；E—上导流罩接口；F—下激活气缸；
G—下闭锁气缸；H—下导流罩接口；I—与车体连接接口；J—气动接口；K—至车体的主电缆

前部导流罩的技术规范：

① 整体外形尺寸：高度（不带玻璃钢罩）×宽度×长度（不带玻璃钢罩）
（1 310 ± 5）mm ×（2 095 ± 0.5）mm ×（1 517 ± 5）mm；

② 质量（不带玻璃钢罩）：约 170 kg；

③ 开启力（6 bar 时）：上导流罩 3 400 N，下导流罩 1 300 N；

④ 关闭力（6 bar 时）：上导流罩 3 800 N，下导流罩 1 500 N。

（3）排障器：排障器位于下导流罩与铁轨轨平面之间，结构形状如同一短围裙（见图

4.90 CRH$_1$ 车头外形）。排障器是由框架和前围板组成，框架是由钢板焊接而成并喷涂防锈漆，前围板由玻璃钢制成。排障器通过 8 个 M16×18 的螺钉和 2 个吊架与司机室支架连接。

排障器的强度能够承受外力和来自车辆及各种抛射物的动力，其构成材料能经受周围环境的侵蚀。其前部受到轻微损害时，不需从车体拆下即可进行修理。前部能够承受应力和变形，以及正常运营过程中遇到的小石头和小动物的冲击。冬季，排障器能够排除轨道上的积雪。当排障器外表面遭遇风雪、冰、垃圾等，必须能很好地保护内部设备；当两列车在隧道内以 250 km/h 的速度交汇或列车进入隧道时，排障器应能承受压力波。排障器的下部分在 1 m 范围内能承受 600 kN 的力，下部边缘能承受 300 kN 的力，距下部边缘 130 mm 处能承受 200 kN 的力，距下部边缘 260 mm 处能承受 100 kN 的力，和钢结构连接处能承受 1 200 kN 的力。排障器内部能承受 0.9 kg 的铝管以 360 km/h 的速度冲击而不断裂，受冲击区域损坏不能超过 250 mm。

CRH$_1$ 车头排障器结构见图 4.94。

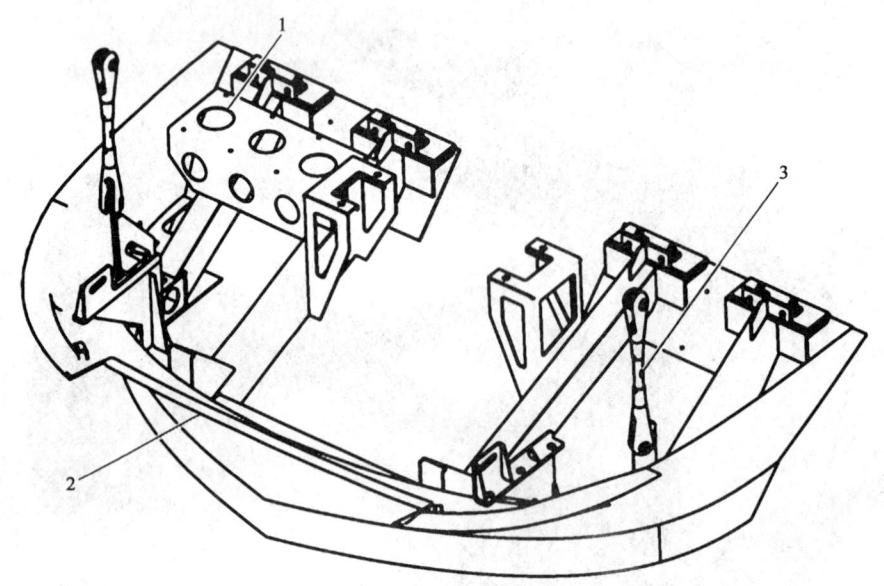

图 4.94　CRH$_1$ 车头排障器
1—排障器框架；2—排障器玻璃钢前围板；3—排障器吊架

4.5.3　CRH$_5$ 动车组的车体结构

1. 承载结构特征

1）结构组成

CRH$_5$ 动车组采用铝合金车体，由 12 种与车体等长的铝合金挤压型材纵向焊接而成一个整体承载筒形结构。所用的铝合金型材为 6000 系列轻型铝合金，符合 EN755-2 国际标准。车体结构的设计使用寿命为 30 年。

铝合金因强度高、耐腐蚀，加工性、表面处理性能好和易于回收等特点，在国内外各行业得到广泛应用。从 20 世纪 80 年代开始应用于高速动车组和铁路客车车体的批量制造，至今在国外，铝合金车体的铁路客车已是成熟技术，广泛应用在 200 km/h 以上速度的客车，如德国的 ICE 系列高速动车组车体、法国 ALSTOM 公司生产的双层 TGV 高速客车车体、意大利 Pendolino（ETR）系列摆式高速动车组车体、日本绝大部分新干线高速客车车体等。由于 CRH_5 动车组的原型即是 ETR 系列的 SM3 动车组，因而其铝合金车体保持了 ETR 系列动车组铝合金车体的基本结构。

CRH_5 动车组车体主要包括中间车和带司机室的头车两种车型，中间车是基础车，主要由底架、侧墙、车顶、外端墙、内端墙几大部件组成，如图 4.95、图 4.96 所示。头车由中间车演变而来，包括底架、侧墙、车顶、外端墙、内端墙、走廊墙和空气动力学端部结构几部分，如图 4.97、图 4.98 所示。

图 4.95　中间车铝合金车体结构

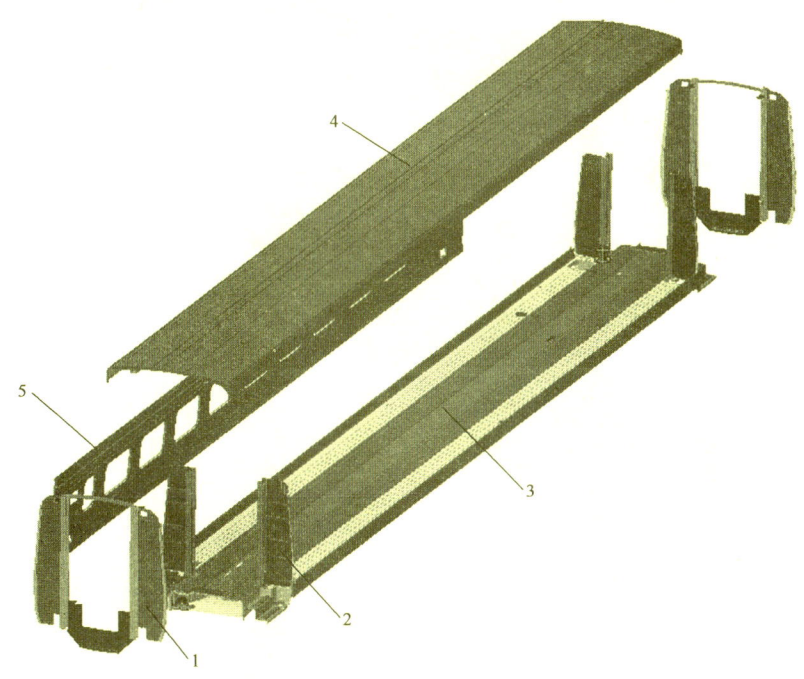

图 4.96　中间车车体结构分解图

1—外端墙；2—内端墙；3—底架；4—车顶；5—侧墙

图 4.97 头车铝合金车体结构

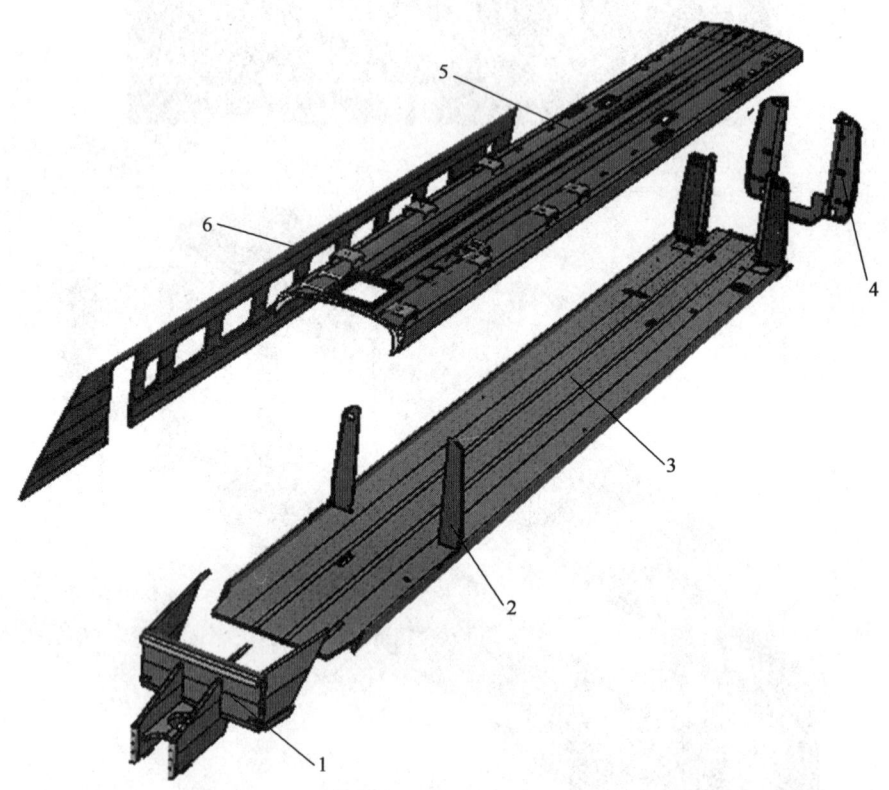

图 4.98 头车车体结构分解图

1—空气动力学铝结构；2—内端墙；3—底架；4—外端墙；5—车顶；6—侧墙

部分型材断面如图 4.99 所示。

图 4.99　铝型材断面图

（1）底架。

底架由焊接构架、端部缓冲梁总成、枕梁和刚性支座、脚蹬、底架焊接件等组成。其中底架焊接件主要包括牵引电机止挡、废排箱架、接地螺母等部件。

① 焊接构架。

为最大限度地减少构件的焊接，底架下部的型材设有"T形槽"以便安装底架设备。焊接构架断面见图 4.100。

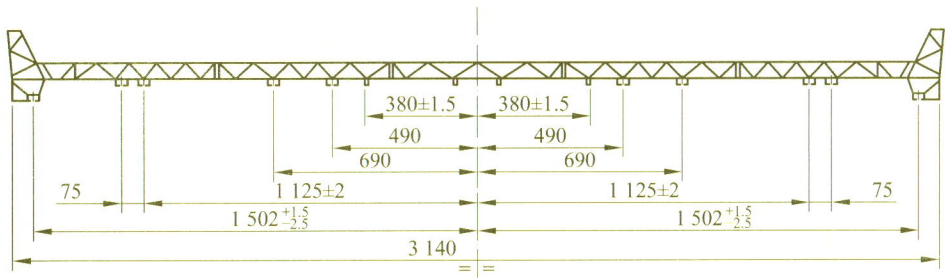

图 4.100　焊接构架

② 底架牵枕缓。

底架牵枕缓是车体很重要的承载部件，在材料上选用强度较高的 6082-T6 铝合金，具体结构见图 4.101。其中枕梁由焊在底架边梁上的 8 个枕梁座组成，枕梁座由型材机加工而成。转向架摇枕用螺栓固定于枕梁座底平面的螺套孔，使安装简单、方便，枕梁结构见图 4.102。

图 4.101　底架牵枕缓结构

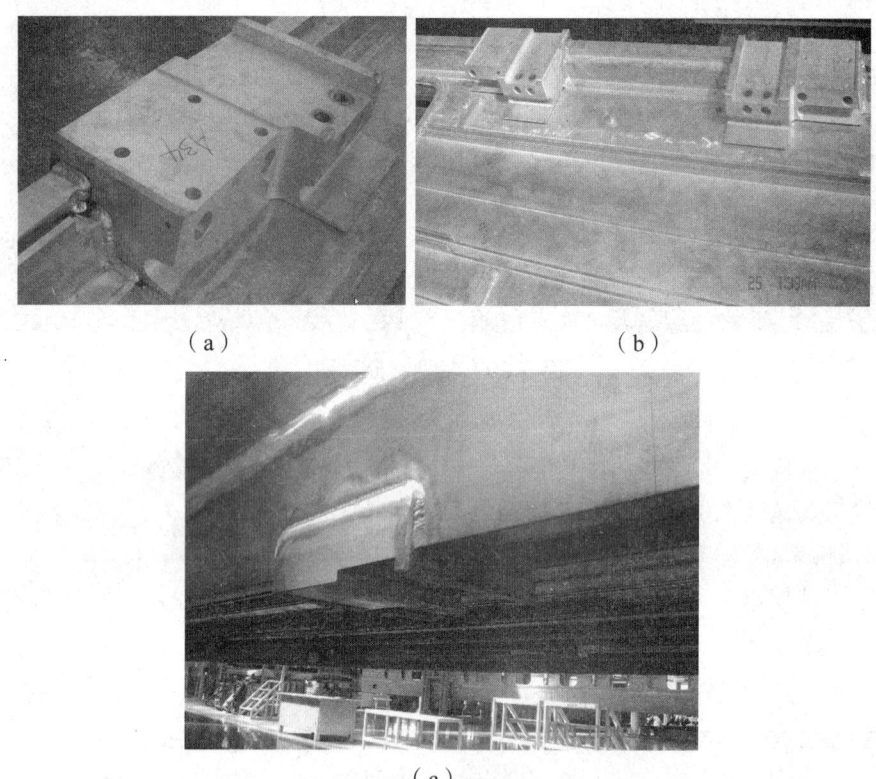

图 4.102 枕梁

该结构的主要优点是：底架地板不需切割，同时，作用力都施加在车体最强的部位——边梁上，不与地板发生联系，从而减少了对车内的影响。另外，车体底架上设有 8 个顶车位，枕外 4 个，枕内 4 个。

端部缓冲梁组成又分为中间车的端部缓冲梁组成、餐车的端部缓冲梁组成和头车的空气动力学端部结构三种。

中间车的端部缓冲梁由端梁、4 根牵引梁、围板、斜梁等组成，见图 4.103。牵引梁在转向架区域圆弧过渡，充分考虑了转向架的各种活动。该结构的特点是结构简单，4 根牵引梁分别焊在底架下的加强筋处，支撑梁的长度没有严格的限制，制造简便。

（a）

（b）

图 4.103 中间车的端部缓冲梁

头车的端部是由 9 种 25 块型材和 2 种铝板经机加工后焊接组成,它包括前端墙、侧板、盖板、牵引梁、横梁、排障器支座等部件,见图 4.104。材料除了前端墙和盖板为 6005A-T6 外,其余均为 6082-T6。

③ 脚蹬组成。

脚蹬由一种型材和钣金工艺加工而成,见图 4.105。

图 4.104 头车的端部　　　　　图 4.105 脚蹬组成

(2) 侧墙。

CRH$_5$ 车体的侧墙共有 4 种,它们分别是:头车侧墙、中间车侧墙、餐车侧墙和残疾人车侧墙。头车侧墙有 1 个司机室门和 1 个塞拉门,中间车侧墙有 2 个塞拉门,餐车侧墙有 1 个上货门和 1 个塞拉门,残疾人车侧墙仅比中间车侧墙少了 1 个窗口。头车侧墙焊接件有区间显示屏座、紧急制动装置座、压力传感器套管、门上部加强板等,中间车侧墙焊接件包括有区间显示屏座、紧急制动装置座。侧墙断面由纵向放置的 4 种挤压铝型材组成。型材材质 6005A-T6,厚度为 50 mm,蒙皮厚度为 2.5 mm,内筋厚度为 2.5 mm。为了解决焊接收缩问题,每块型材的公差为(-1,+3),侧墙组成后公差控制在(0,+6)。型材由上到下开有 3 排 T 形槽,用来安装防寒及内饰件。侧墙在 4 块型材组焊好后开窗口、司机室门口、塞拉门口、区间牌口、紧急装置座口。为得到最小应力,窗口外侧半径为 170 mm,内侧半径为 180 mm。钢车在窗口半径 120 ~ 140 mm 时应力最小。窗从车内安装,从车外拆卸,从而不影响内装。其中头车和餐车侧墙见图 4.106、图 4.107。

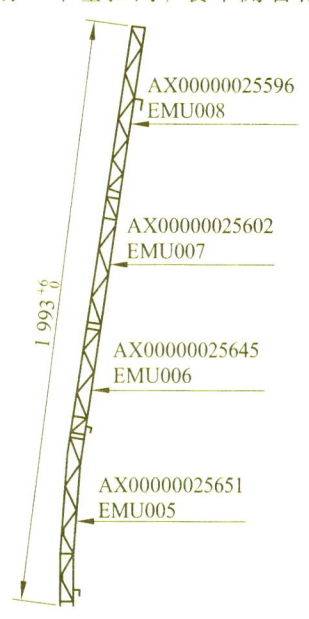

图 4.106 侧墙断面图

(3) 车顶。

车顶由端顶、车顶型材、盖板、车顶焊接件组成。CRH$_5$ 各车的车顶共分 6 种,Mh 车和 M2s 车相同,2 个头车的相同。除了头车车顶在车头端和中间车有明显区别外,中间车车顶的变化仅在于车顶焊接件的区别。

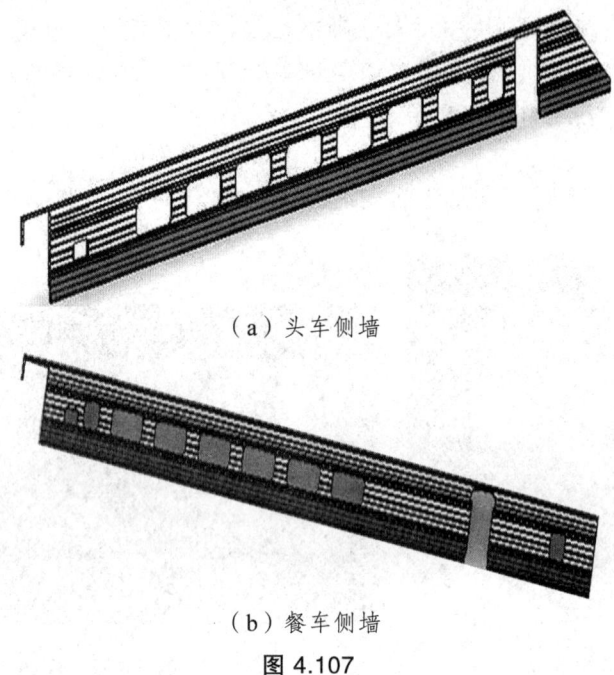

（a）头车侧墙

（b）餐车侧墙

图 4.107

车顶型材由纵向放置的 4 种共 7 块挤压型材对称排列、组焊而成。型材材质为 6005A-T6，厚度为 50 mm，蒙皮厚度为 3 mm，内筋厚度为 2.5 mm。每块型材的长度公差 ± 2.5 mm。车顶外部开了 4 排 T 形槽，内部开了 4 排滑槽，用于内装及设备的安装。车顶断面见图 4.108。

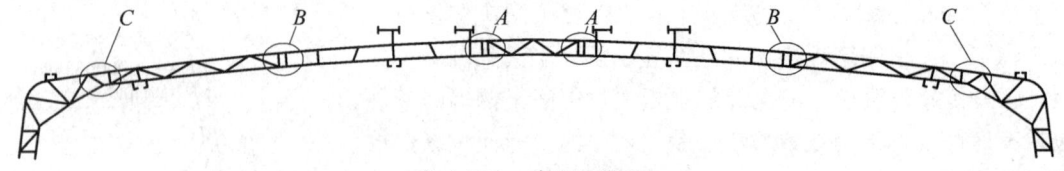

图 4.108　车顶断面图

头车的车顶焊接件有空调座、天线座、司机室空调座、司机室空调座消音器座、后排座、管座、设备支架、空调进风口、空调出风口等。材料包括铝板 6082-T6、铝板 5754-H22、型材 6005A-T6 三种，见图 4.109。

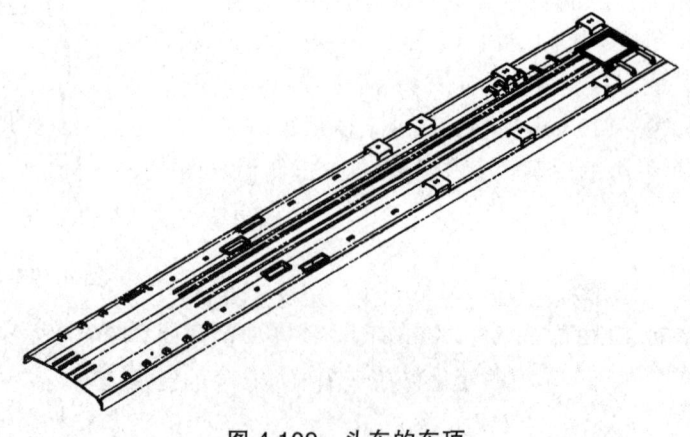

图 4.109　头车的车顶

餐车的车顶焊接件包括空调座、空调排水管、通风管座、通风管、导流罩座、主断路器座、天线座、受电弓座、接地连接块、空调进风口、空调出风口等部件，见图 4.110。材料有铝板 6082-T6、铝板 5754-H22、型材 6005A-T6 三种。

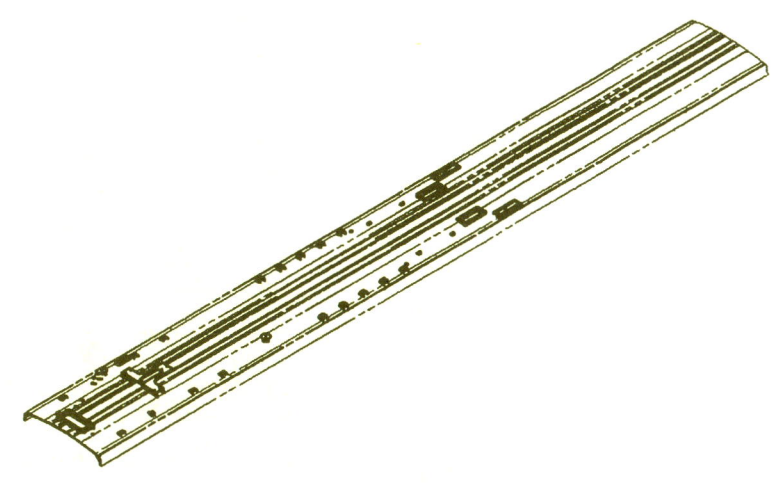

图 4.110　餐车的车顶

中间车的车顶焊接件有空调座、空调排水管、通风管座、通风管、接地连接块、设备支架、空调进风口、空调出风口等部件，见图 4.111。材料有铝板 6082-T6、铝板 5754-H22、型材 6005A-T6 三种。

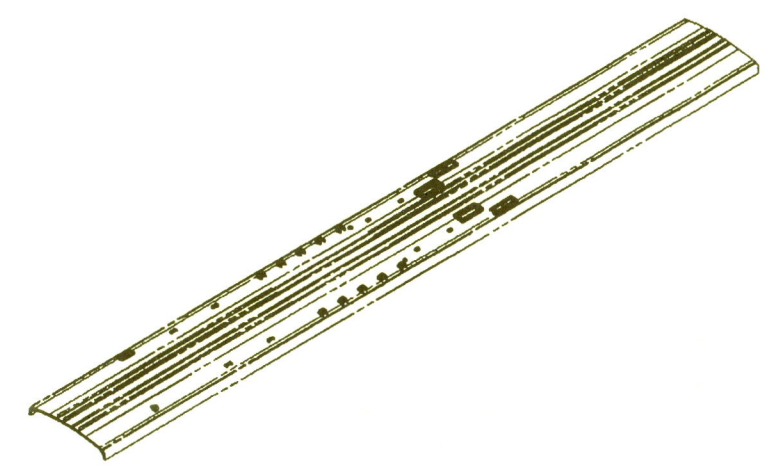

图 4.111　中间车的车顶

（4）内端墙。

为满足车体强度要求，车顶端部设加强结构，它由横梁、纵梁、盖板等构成，材料为 6082-T6。在横梁下焊接内端墙，增加整车刚度，见图 4.112。

（5）外端墙。

外端墙共有 2 种，有塞拉门端是一种外端墙，餐车没有塞拉门的一端是另一种外端墙。它们的区别是：

① 端角柱所用型材端面及材料不同，前者材质为 6082-T6，后者为 6005A-T6，这与装配结构及受力要求有关。

② 前者有端门连接件和筋板，后者没有。

（6）工艺特点。

整个铝合金车体首先按底架、侧墙、端墙、车顶、空气动力铝结构等部件分别在专用的工装（对部件的组装有严格的定位工艺要求）上组装成一个个的单元，每个部位分别进行机加工，然后将这些加工成型的部件单元构件焊在一起。其焊接的顺序是：以底架为基础，将侧墙、端墙与底架点焊在一起，然后将车顶与侧墙侧、端墙点焊连接，最后通过自动焊接机连续焊接各条长焊缝。

图 4.112　内端墙结构

2）主要技术参数

CRH$_5$ 动车组车体的主要技术参数如表 4.18 所示。

表 4.18　车体主要技术参数

车辆数量	8 辆（1 辆一等座车，1 辆带酒吧的二等座车，5 辆普通二等座车，1 辆带 1 个残疾人座位的二等座车）
最高速度（km/h）	200
车体结构	中空铝合金挤压型材焊接结构
两端头车车体长度（mm）	27 600
中间车车体长度（mm）	25 000
车辆宽度（mm）	3 200
车体高度（mm）	3 730
车辆高度（mm）	4 270
车辆定距（mm）	19 000

铝合金车体各车质量比较如表 4.19 所示。

表 4.19　铝合金车体质量

车型	Mc2	M2s	Tp	M2	T2	Tpb	Mh	Mc1
质量（kg）	8 095	8 500	8 457	8 500	8 443	8 396	8 491	8 095

3）材　料

（1）车体铝型材。

CRH$_5$ 动车组铝合金车体不同部位选用不同的铝合金牌号，全部车体共有 36 种型材，各部位型材分布见表 4.20。

表 4.20 车体材料表

序号	材 质	线密度（kg/m）	部 位
1	6005A-T6	13.988 7	底架
2	6005A-T6	16.43	
3	6005A-T6	19.53	
4	6005A-T6	18.84	
5	6005AT6	14.68	侧墙
6	6005AT6	12.64	
7	6005AT6	11.206 8	
8	6005AT6	14.706	
9	6005AT6	13.756	车顶
10	6005AT6	13.550	
11	6005AT6	14.528	
12	6005AT6	7.250	
13	6082 T6	16.045	外端墙
14	6082 T6	3.2	
15	6005AT6	1.284	
16	6005AT6	9.5	
17	6082 T6	8.707	
18	6106 T6	1.136	
19	6082-T6	19.764	头车底架前端组成
20	6005A-T6	1.787	
21	6082-T6	4.012	
22	6082-T6	11.419	
23	6005A-T6	0.71	
24	6082-T6	110.273	
25	6082-T6	2.103	
26	6082-T6	11.09	
27	6082-T6	37.8	
28	6082-T6	37.8	
29	6082-T6	18.076	
30	6082-T6	15.647	
31	6005A-T6	30.495 6	
32	6082-T6	98	车体-转向架连接
33	6082-T6	3.944	端梁
34	6082-T6	2.654	
35	6082-T6	7.752	
36	6005A-T6	2.33	
37	6082-T6	16.045	端梁与外端墙共用
38	6082-T6	3.2	
39	6005A-T6	11.784	
40	6005A-T6	9.6	
41	6082-T6	8.707	

(2) 相关材质化学成分及机械性能。

CRH_5 动车组型材所选用的材质为合金 6005A、合金 6082、合金 6106 三种，车体断面全是合金 6005A-T6，底架下部型材大部分是合金 6082-T6，仅端墙的一块型材用合金 6106，下面分别从化学成分及机械性能对各型材进行比较。

① 铝合金 6005A 型材。

铝合金 6005A 型材的化学成分遵循 EN 573 中关于合金 EN AW-6005A 的规定，其化学成分如表 4.21 所示。

表 4.21　铝合金 6005A 型材的化学成分

元素	Si	Fe	Cu	Mn	Mg	Cr	Zn	Ti	其他		Al
									各个	总计	
最小	0.50				0.40						其余
最大	0.90	0.35	0.30	0.50	0.7	0.30	0.20	0.10	0.05	0.15	

注：$Mn + Cr = 0.12 \sim 0.50$。

6005A 型材的机械性能遵循 EN 755-2 中关于合金 EN AW-6005A 的规定，具体规定如表 4.22 所示。

表 4.22　铝合金 6005A 型材的机械性能

产品类型	物理状态	厚度 "e" 尺寸 "D" (mm)	R_m (N/mm²) ≥	$R_{p0.2}$ (N/mm²) ≥	A (%) ≥	A_{50} (%) ≥
挤压棒材	T6	$D \leq 25$	270	225	10	8
		$25 < D \leq 50$	270	225	8	—
		$50 < D \leq 100$	260	215	8	—
挤压管材	T6	$e \leq 5$	270	225	8	6
		$5 < e \leq 10$	260	215	8	6
敞开挤压型材	T4 T6	$e \leq 25$	180	90	15	13
		$e \leq 5$	270	225	8	6
		$5 < e \leq 10$	260	215	8	6
		$10 < e \leq 25$	250	200	8	6
封闭挤压型材	T4 T6	$e \leq 10$	180	90	15	13
		$e \leq 5$	255	215	8	6
		$5 < e \leq 15$	250	200	8	6

② 铝合金 6082 型材。

铝合金 6082 型材的化学成分遵循 EN 573 中关于合金 EN AW-6082 的规定，其化学成分如表 4.23 所示。

表 4.23　铝合金 6082 型材的化学成分

元素	Si	Fe	Cu	Mn	Mg	Cr	Zn	Ti	其他		Al
									各个	总计	
最小	0.7			0.40	0.60						其余
最大	1.3	0.50	0.10	1.0	1.2	0.25	0.20	0.10	0.05	0.15	

6082 铝板的机械性能应遵循 EN 485-2 中关于合金 EN AW-6082 的规定。

6082 型材的机械性能则遵循 EN 755-2 中关于合金 EN AW-6082 的规定。具体规定如表 4.24 所示。

表 4.24 铝合金 6082 的机械性能

产品类型	物理状态	厚度"e"尺寸"D"(mm)	R_m(N/mm²) ≥	$R_{p0.2}$(N/mm²) ≥	A(%) ≥	A_{50}(%) ≥	90°下的弯曲半径	硬度(HBS)
挤压棒材	T4 T6	$D \leqslant 200$ $D \leqslant 20$ $20 < D \leqslant 150$ $150 < D \leqslant 200$ $200 < D \leqslant 250$	205 295 310 280 270	110 250 260 240 200	14 8 8 6 6	12 6 — — —	— — — — —	— — — — —
挤压管材	T4 T6	$e \leqslant 25$ $e \leqslant 5$ $5 < e \leqslant 25$	205 290 310	110 250 260	14 8 10	12 6 8	— — —	— — —
敞开挤压型材	T4 T6	$e \leqslant 25$ $e \leqslant 5$ $5 < e \leqslant 25$	205 290 310	110 250 260	14 8 10	12 6 8	— — —	— — —
封闭挤压型材	T4 T6	$e \leqslant 25$ $e \leqslant 5$ $5 < e \leqslant 15$	205 290 310	110 250 260	14 8 10	12 6 8	— — —	— — —
金属板	T6	$0.4 \leqslant e < 1.5$ $1.5 \leqslant e < 3.0$ $3.0 \leqslant e < 6.0$ $6.0 \leqslant e < 12.5$	310 310 310 300	260 260 260 255	— — — —	6 7 10 9	$2.5e$ $3.5e$ $4.5e$ $6.0e$	94 94 94 91

③ 铝合金 6106 型材。

合金 6106 的化学成分遵循 EN 573 中关于合金 EN AW-6106 的规定,其化学成分如表 4.25 所示。

表 4.25 铝合金 6106 型材的化学成分 %

元素	Si	Fe	Cu	Mn	Mg	Cr	Zn	Ti	其他 各个	其他 总计
最小	0.30			0.05	0.40					
最大	0.60	0.35	0.25	0.50	0.80	0.20	0.10		0.05	0.15

6106 型材的机械性能遵循 EN 755-2 中关于合金 EN AW-6106 的规定,具体规定如表 4.26 所示。

表 4.26 铝合金 6106 型材的机械性能

产品类型	物理状态	厚度"e"尺寸（mm）	R_m（N/mm²）$\geq$	$R_{p0.2}$（N/mm²）$\geq$	A（%）$\geq$	A_{50}（%）$\geq$
挤压型材	T6	$e \leq 10$	250	200	8	6

4）设计流程

铝合金车体设计流程如图 4.113 所示。

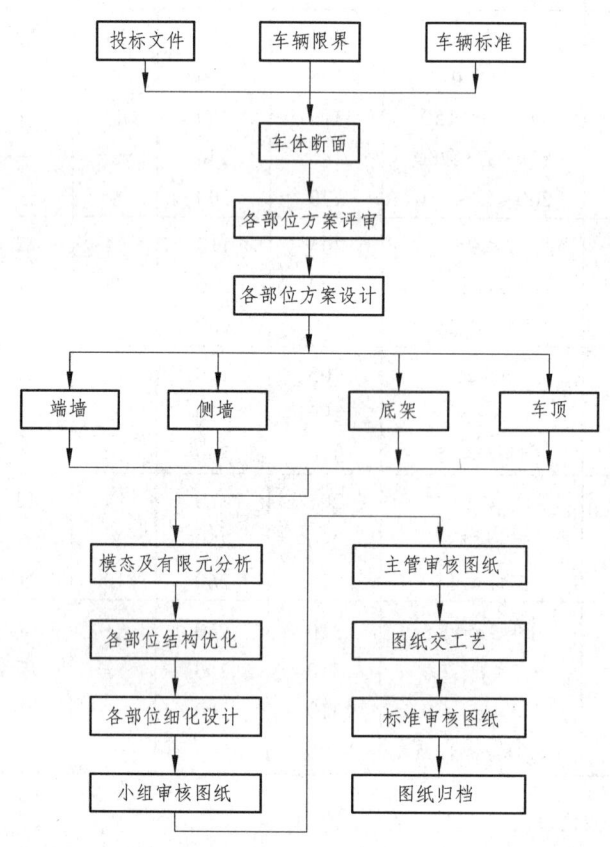

图 4.113 铝合金车体设计流程图

2. 车体横断面

（1）车体断面。

在满足限界的情况下，为了适合 200 km/h 及 200 km/h 以上的速度等级的车辆，确定车体横断面为鼓形结构。车体横断面如图 4.114 所示。

（2）主要结点。

车体底架、侧墙和车顶三大部件之间的连接形式为对接、坡口焊。车顶边梁与中间型材采用插接形式，可调量 20 mm，采用角焊缝。车顶中间型材相互间通过插口对接在一起。焊接收缩量由车顶边梁与中间型材间的调整量满足，侧墙型材相互间通过插口对接在一起，采用坡口焊。车体型材之间的具体连接形式见图 4.115～4.119。

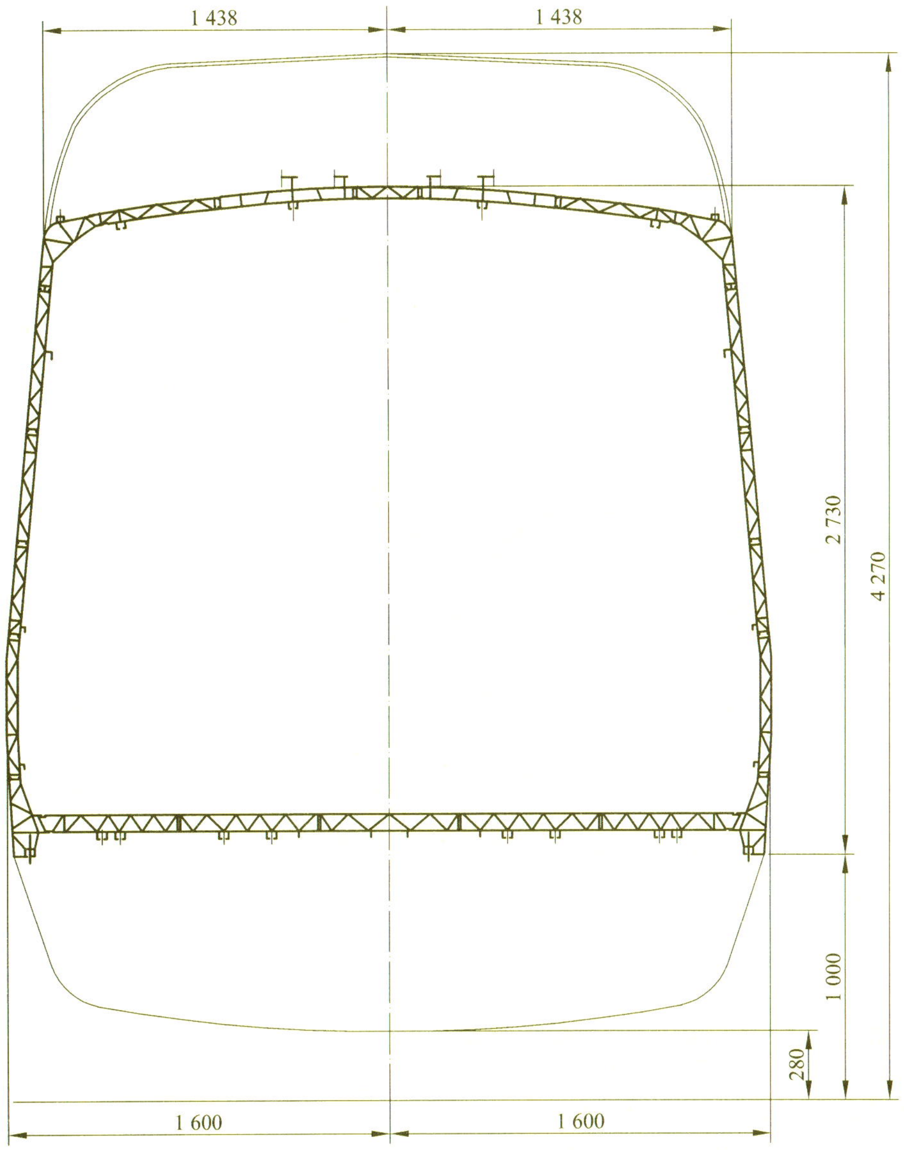

图 4.114 铝合金车体断面图

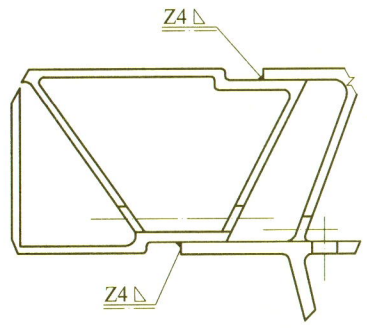

图 4.115 底架边梁和地板型材的连接方式

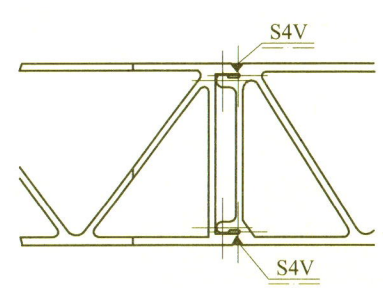

图 4.116 地板型材之间的连接方式

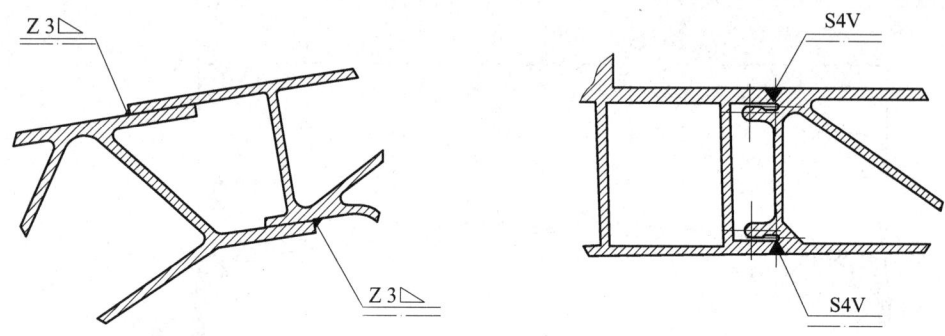

图 4.117　边梁与中间型材之间的连接方式　　图 4.118　车顶中间型材之间的连接方式

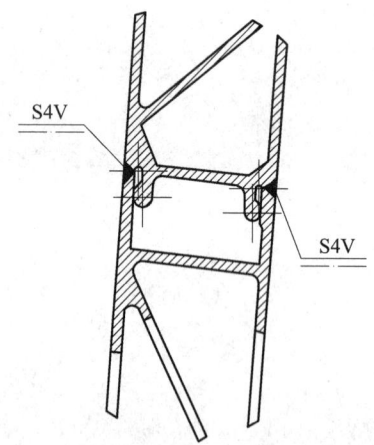

图 4.119　侧墙型材之间的连接方式

3. 强度及气密性要求

1）车体强度

（1）静强度分析。

车体结构按照 UIC566 与 EN12663 标准设计并能承受以下载荷：

① 单一载荷。

- 最大垂直载荷×(1＋30%)。
- 车体抬升（4 点抬升，包括车体全部设备及转向架）。

② 组合载荷。

- 车钩纵向 150 t 压缩载荷+最大垂向载荷。
- 车钩纵向 350 mm 高 40 t 压缩载荷+最大垂向载荷。
- 窗口水平面 30 t 压缩载荷+最大垂向载荷。
- 车顶水平面 30 t 压缩载荷+最大垂向载荷。
- 车钩纵向 100 t 拉伸载荷+最大垂向载荷。
- 空气动力载荷 6 000 Pa 压力+最大垂向载荷。
- 疲劳校核，垂向动载荷×(1＋20%)。

③ 其他组合载荷。

- 车钩纵向 150 t 压缩载荷+最大垂向载荷×(1＋30%)。

- 车钩纵向 350 mm 高 40 t 压缩载荷 + 最大垂向载荷 × (1 + 30%)。
- 窗口水平面 30 t 压缩载荷 + 最大垂向载荷 × (1 + 30%)。
- 车顶水平面 30 t 压缩载荷 + 最大垂向载荷 × (1 + 30%)。
- 车钩纵向 100 t 拉伸载荷 + 最大垂向载荷 × (1 + 30%)。
- 最大垂向载荷 × (1 + 30%) + 横向加速度 0.3 g。
- 车钩纵向 150 t 压缩载荷+最大垂向载荷 + 转向架及车体底架下悬挂设备 5 g。
- 疲劳校核，垂向动载荷 × (1 ± 20%) ± 2 500 Pa。
- 疲劳校核，垂向动载荷 × (1 ± 20%) ± 1.5 m/s^2 (横向加速度) ± 2.5 m/s^2 (纵向加速度)。

（2）静态试验。

根据 UIC566 与 EN12663 标准进行静态试验。

- 最大垂向载荷 × (1 + 30%)。
- 车钩纵向 150 t 压缩载荷+最大垂向载荷 × (1 + 30%)。
- 车钩纵向 100 t 拉伸载荷+最大垂向载荷 × (1 + 30%)。
- 车钩纵向 350 mm 高 40 t 压缩载荷+最大垂向载荷 × (1 + 30%)。
- 窗口水平面 30 t 压缩载荷+最大垂向载荷 × (1 + 30%)。
- 车顶水平面 30 t 压缩载荷+最大垂向载荷 × (1 + 30%)。
- 车体举升（4 点举升，包括车体全部设备及转向架）。
- 抗扭刚度试验。

静态试验的结果与整车静强度有限元分析的结果能很好地吻合。

在头车上测得的 CRH$_5$ 装配完的整车的频率为 10.2 ~ 11.3 Hz。

2）车体气密性

在关闭车门、窗及空调设备的情况下，车内外压力差由 4 000 Pa 降至 1 000 Pa 的时间大于 40 s。

4. 导流罩

1）概　述

导流罩是安装在车体外部的骨架和罩板的总称。具有导流和防护、检修车外设备三大基本功能。是高速列车最明显的标志性部件之一。

CRH$_5$ 型动车组导流罩主要由车下设备舱和车顶导流罩两部分组成，见图 4.120。设计速度等级 250 km/h，运用区域海拔高度 0 ~ 1 500 m，运行温度在 – 20 ~ + 40°C 之间。结构强度执行欧洲标准 EN12663，防火防烟性能满足法国标准 NF F16—101 的要求，防水防尘执行国际电工标准 CEI IEC1133，防护等级必须达到 IP56。油漆执行法国标准 NF F01—281。

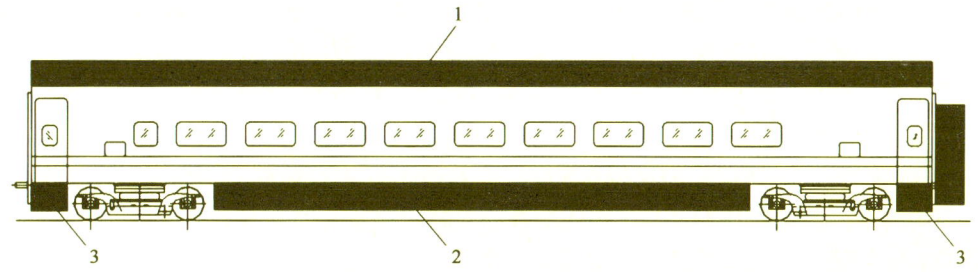

图 4.120　导流罩组成图

1—车顶导流罩；2—底架车下设备舱；3—通过台车下设备舱

高速列车在线路上高速运行，会产生空气压力波，存在石头、冰块或其他物体意外碰撞的可能性。为确保列车运行安全，导流罩要满足以下空气动力工况和耐冲击试验。

（1）空气动力学工况。

① 静态压力负载，在表面内外有 ±3 000 Pa 的压力差。

② 疲劳压力负载，在表面内外有 1 000 Pa 的压力差。

③ 进入/离开隧道时和错车时的瞬时压力 ±5 000 Pa，还有 1 500 Pa/s 的变化率。

（2）耐冲击试验。

① 从正常方向高 3 m 处向表面掉落一个 0.227 kg 重的钢球，没有永久变形或剥离。

② 使用 0.5 kg 重的水泥球以 200 km/h 的速度在垂直于表面的方向上进行冲击试验，罩板上没有穿孔。

2）车下设备舱

（1）概述。

每节车转向架之间的所有下部装置从侧面和底面都由车下设备舱包裹。车下设备舱是安装在车体下部的骨架和罩板的总称，CRH$_5$ 型动车组车下设备舱具有导流和防护、检修车下设备、散热等功能。CRH$_5$ 型动车组车下设备主要包括蓄电池箱、蓄电池充电机箱、牵引电机、牵引和辅助变流器、主变压器、制动装置、过渡钩箱、空气弹簧的辅助气室、控制箱、酒吧车冷藏柜压缩机、400 VAC 连接器箱、净水箱、污物箱、风源装置等部件，见图 4.121。CRH$_5$ 型动车组车下设备舱可以有效地保护车下设备，设备舱在必要处设置有可开启裙板，通过开启该检查门可以方便地检查、检修以上车下设备。车下设备舱两侧安装有通风格栅，以调节车下设备舱的温度。侧面裙板通常由轻型合金制成，底面裙板由 GRP 制成。

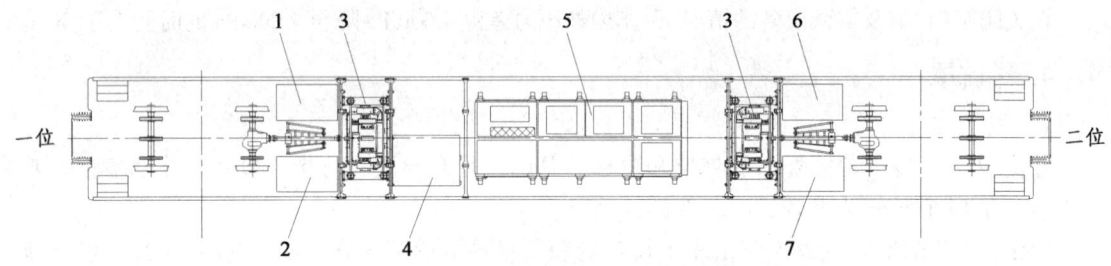

图 4.121　M2s 车下设备舱内部主要设备示意图

1—电池充电机；2—蓄电池；3—牵引电机；4—制动单元；5—牵引/辅助变流器；6—污水箱；7—净水箱

（2）设备舱结构组成。

① 车下设备舱的基本组成。车下设备舱以转向架为界分为底架设备舱和通过台下部设备舱两大区域。底架设备舱罩基本结构由支撑骨架和导流罩板组成，分为铸铝横梁、端部裙板、侧部裙板、底部裙板四大模块，见图 4.122。通过台下部设备舱由焊接铝框架、防寒层、侧部检查门、底板四部分组成，见图 4.123、图 4.124。

② 设备舱的安装结构。CRH$_5$ 型动车组的支撑骨架采用铸铝横梁结构，通过螺栓与车体底架下方的滑槽内的固定块相连接。导流罩板通过螺栓与支撑骨架相连接，为保证密封性能，侧部裙板、底部裙板与支撑骨架连接处采用橡胶条密封，端部裙板与支撑骨架连接处采用涂 SIKA 胶密封，各接点参照图 4.125 ~ 4.128。通过台下部设备舱各接点图见图 4.129 ~ 4.131。

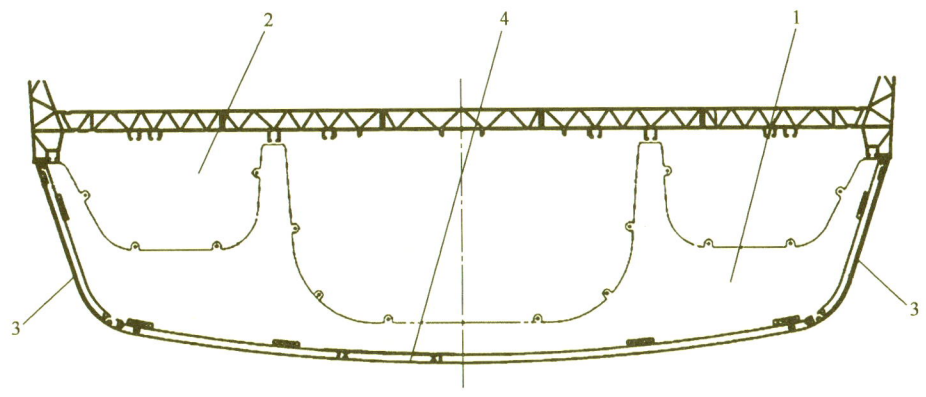

图 4.122 底架设备舱组成

1—铸铝横梁；2—端部裙板；3—侧部裙板；4—底部裙板

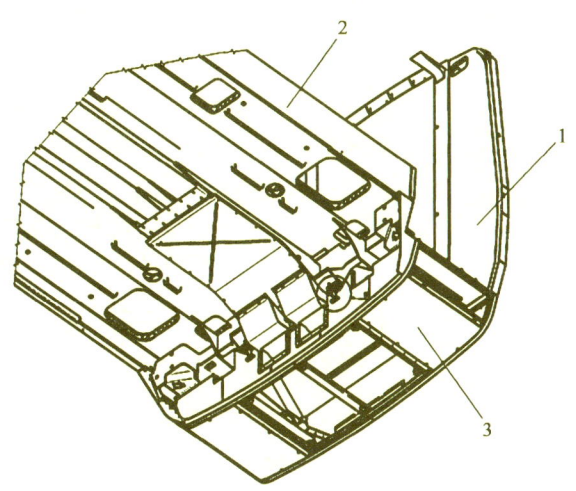

图 4.123 通过台下部设备舱示意图

1—端墙；2—底架；3—通过台下部设备舱

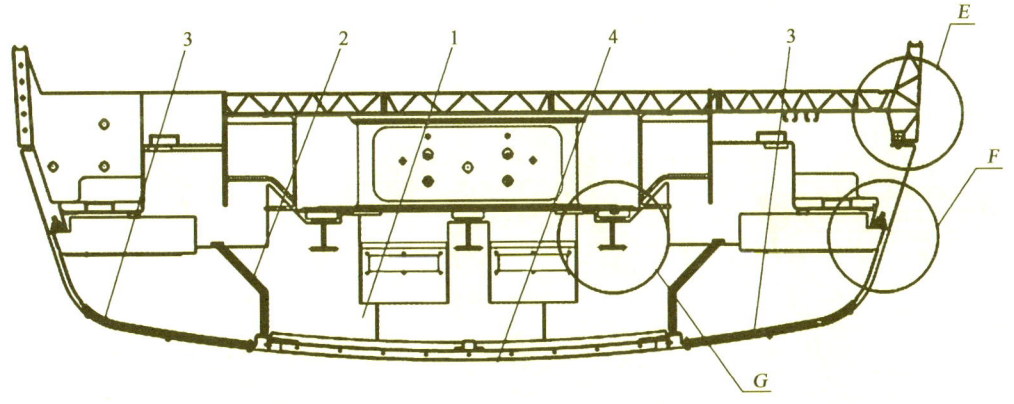

图 4.124 通过台下部设备舱安装组成图

1—焊接铝框架；2—防寒层；3—侧部检查门；4—底板

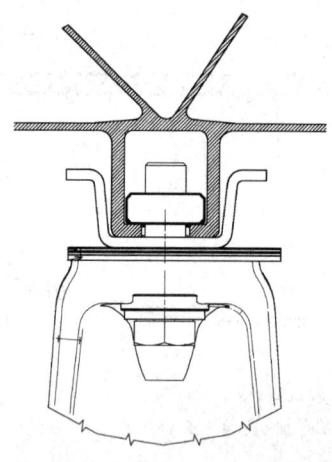
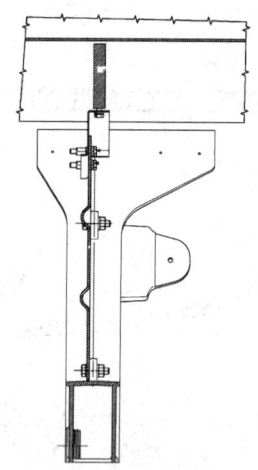

图 4.125 铸铝横梁接口图　　　图 4.126 端部裙板接口图

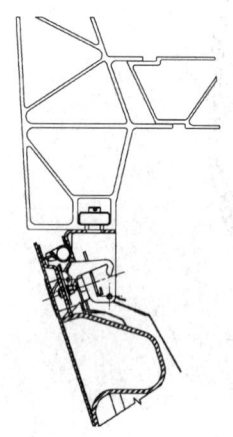
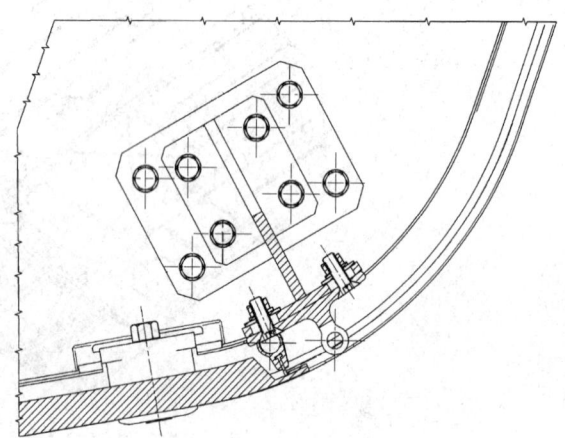

图 4.127 侧部裙板接口图　　　图 4.128 底部裙板接口图

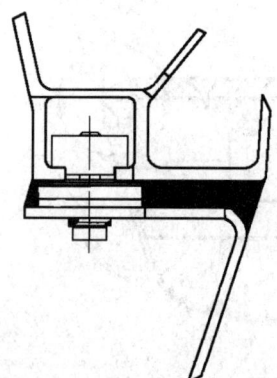
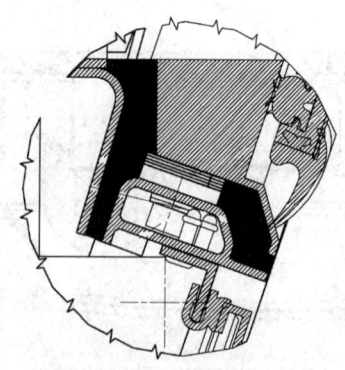
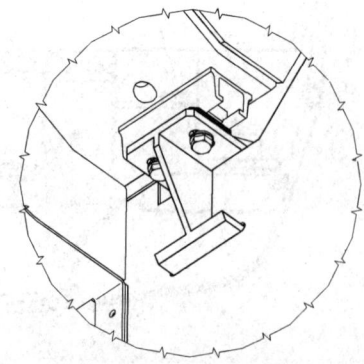

图 4.129 通过台下部设备舱接口图 E　　图 4.130 通过台下部设备舱接口图 F　　图 4.131 通过台下部设备舱接口图 G

3）车顶导流罩结构组成

（1）概述。

车辆的车顶部分由配套设计的车顶导流罩覆盖，以符合空气动力学特性。CRH$_5$型动车组车上设备主要有空调机组、风道、制动变阻器、天线装置、接地装置、电压互感器、电流互感器、主断路器、避雷器、受电弓等部件。车顶导流罩可以有效地保护这些车上设备，同时通过开启设备舱上安装的检查门可以方便地检查、检修以上车上设备。另外，车顶导流罩的空调机组处的导流罩板两侧安装通风格栅，保证空调机组的新风供应。

（2）导流罩结构组成。

① 车顶导流罩基本组成。车顶导流罩由安装骨架和导流罩板两部分组成，见图4.132。

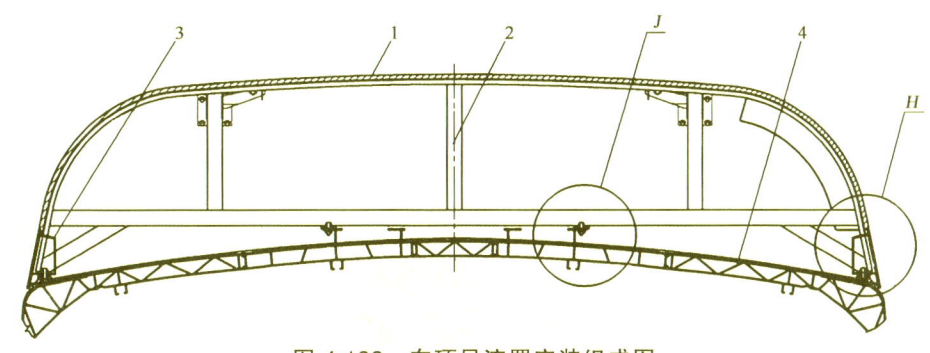

图 4.132 车顶导流罩安装组成图
1—罩板；2—安装支架；3—安装盒；4—车顶

② 车顶导流罩安装结构。CRH$_5$型动车组车顶导流罩的支撑骨架采用铝型材、铝板焊接框架结构，通过螺栓与车顶上方的滑槽内的固定块相连接。导流罩板下部安装铝制连接盒，通过螺栓与车顶上方的滑槽内的固定块相连接，各接点连接形式见图4.133、图4.134。为保证密封性能，车顶导流罩板与支撑骨架连接处采用橡胶条密封。

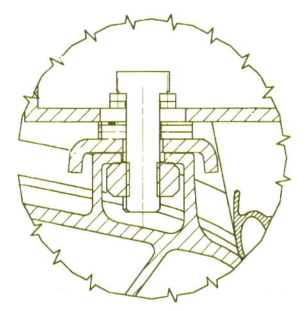 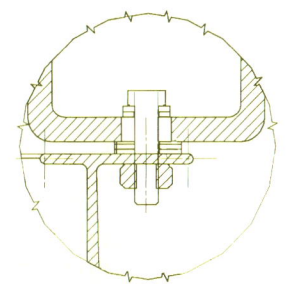

图 4.133 车顶导流罩安装接口图 H　　　图 4.134 车顶导流罩安装接口图 J

5. 头车前部结构

1）车头外形

空气动力学车头安装在每列动车组的头车和尾车上。空气动力学车头基本上由车体的筒形金属结构延伸组成，在车体的侧部和顶部、司机室的前部有接口，车头的外形是由空气动力学决定的。空气动力学车头项目参考最大600 kg目标质量（不包括挡风玻璃及侧窗玻璃），空气动力学车头安装时间为78 h，空气动力学车头结构及效果图见图4.135～4.138。

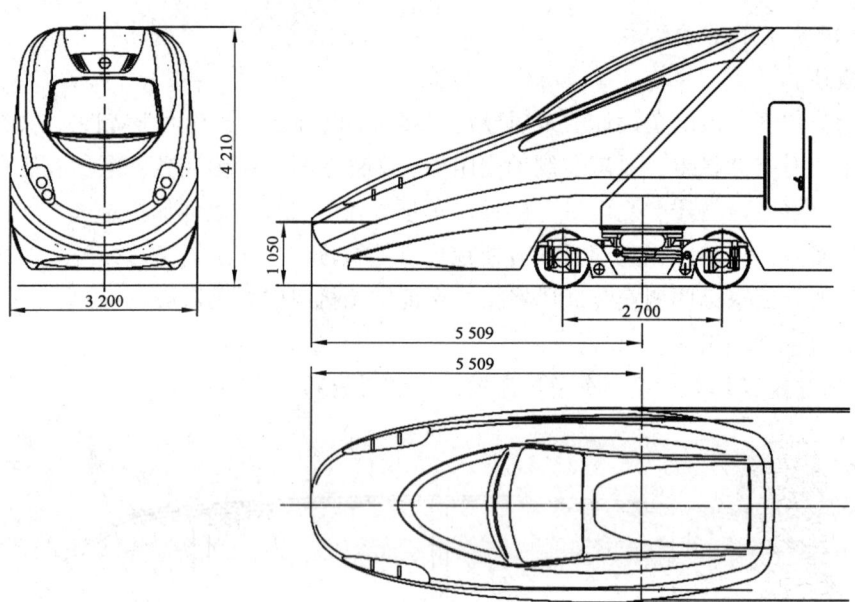

图 4.135 空气动力学车头

图 4.136 空气动力学车头效果图

图 4.137 CRH₅ 空气动力学车头外形

1—风笛；2—挡风玻璃；3—司机室侧窗；4—司机室外壳和前部外壳；5—信号灯；
6—导流罩和底架防雪保护；7—自动车钩门

2）前部结构

空气动力学车头包括司机室外壳、前部外壳、下部导流罩、自动车钩门、底架防雪保护装置等部分，见图 4.138。

（1）司机室外形。

司机室外壳材质为复合材料，见图 4.139，由最小厚度为 40 mm 的三明治聚酯层组成（其中有 30 mm 夹层泡沫），挡风玻璃周边外壳的厚度为 100 mm，以承担空气动力造成的冲击。其上安装有挡风玻璃和侧窗玻璃（左、右），上部安装有远光灯，另外还安装有挡风玻璃刮雨器及后视镜。挡风玻璃是由带有塑料多层材料的多层鼓形玻璃制成（NF F15—818 中的类型3），玻璃的设计标称厚度要确保挡风玻璃部件的外表面与司机室外壳的外表面对齐。挡风玻璃是电加热的，以便于在冬天除去外部表面的霜，可以通过外层玻璃内表面直接镀金属来获得这个功能。司机室侧窗包括两个窗玻璃，窗玻璃通过一个框架连接，使远离车头的那块玻璃可以打开，利用机械折页装置该窗玻璃可以向里开。司机室侧窗必须足够大，可以作为紧急出口使用。为此，整个车窗设计成可以很迅速容易地移动和推出，能够提供一个人可以通过的开口。司机室外壳与车体钢结构间用胶（SIKAFLEX-264VP）粘接，两侧与钢结构各有 4 个机械固定点，前部与钢结构有 2 个机械固定点，司机室外壳上预埋内装安装件和防寒材固定钉，见图 4.140。

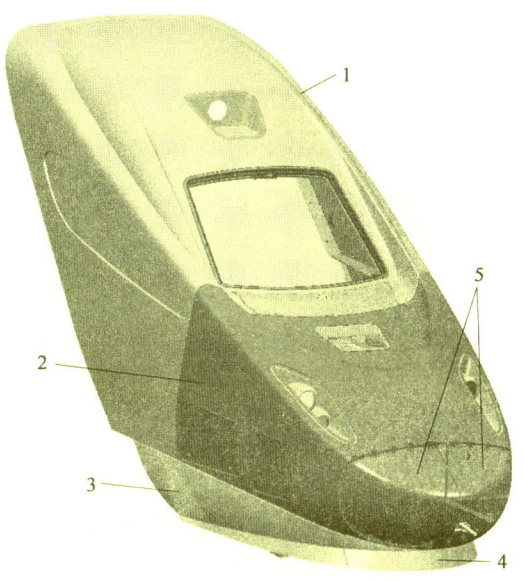

图 4.138　空气动力学车头

1—司机室外壳；2—前部外壳；3—侧面下部导流罩；
4—中央下部导流罩；5—自动车钩门

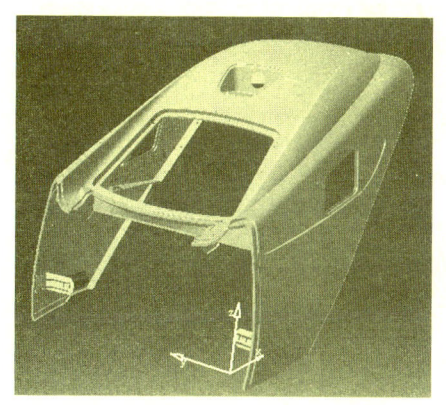

图 4.139　司机室外壳　　　图 4.140　司机室外壳与车体钢结构机械固定点

（2）前部外壳。

前部外壳材质为复合材料，见图 4.141，其上安装有两个标志灯和一个高低音风笛。用固定在车体钢结构上的钢构架作为其支撑，与司机室外壳用预埋螺母连接。每侧有两个检查门，可以对安装在内部的气动设备、开闭机构控制箱进行检查，检查门采用气弹簧、三角锁，向上开启。

（a）

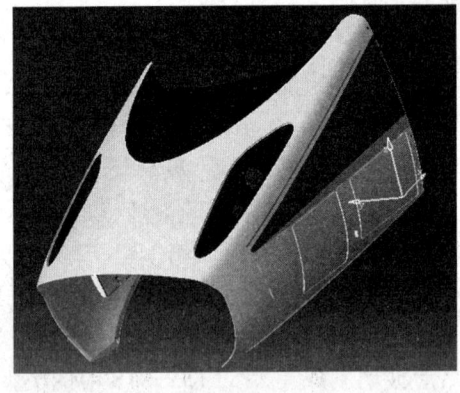
（b）

图 4.141　前部外壳

（3）下部导流罩。

下部导流罩使车头下部气流偏转，使之具有更好的空气动力学性能。下部导流罩为玻璃钢材质，通过支架固定在车体钢结构上。下部导流罩分为中央导流罩、左侧部导流罩、右侧部导流罩，其中中央导流罩安装在排障器上，它与前部外壳、侧导流罩没有机械连接，这样可以保证在与异物发生碰撞时可以及时更换，不会伤及其他部件。下部导流罩能够承受 30 kN 均布载荷而不发生永久变形。

（4）自动车钩门。

自动车钩门材质为复合材料，包括左、右两个单独件。两个车钩门通过支架固定在开闭机构上，可以实现车钩门的自动开关，以便于对车钩进行解钩和连挂以及对车钩使用和维修过程中进行的必要的移动，见图 4.142。

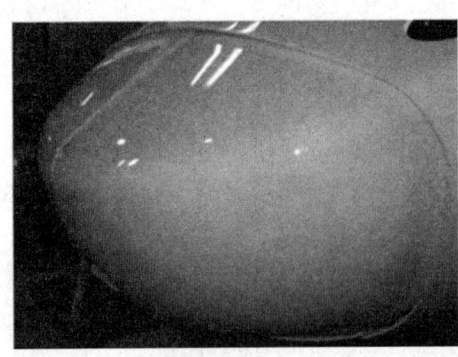

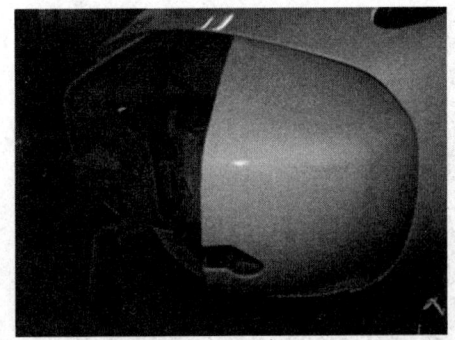

图 4.142　自动车钩门

（5）底架防雪保护装置。

底架防雪保护装置由一个或两个单独件组成，其材质为厚度为 3 mm 的铝板，位于转向架和司机室下的区域，它确保司机室底架的紧固以防止雪和冰的累积。底架防雪保护装置与下部导流罩用螺栓连接，并与前部外壳框架固定，采用角铝端焊加强。

（6）开闭机构。

开闭机构采用电控气动，头盖的开和关是自动的并与车钩操作进行联锁。如果因为出现故障或失去动力（风力）而不可能进行动力操作，可以使用内部或外部动力，手工使用控制动力顺序的阀或直接手工操作该机构来进行开关。前开闭机构和自动车钩的横截面如图 4.143 所示，其中开闭机构安装在开闭构架上。

① 结构组成。开闭机构及其主要零部件如图 4.144 所示。

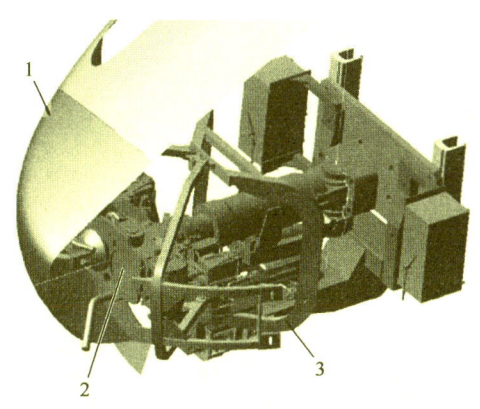
图 4.143　列车前开盖闭合时的等视轴图
1—开盖；2—车钩；3—开闭机构

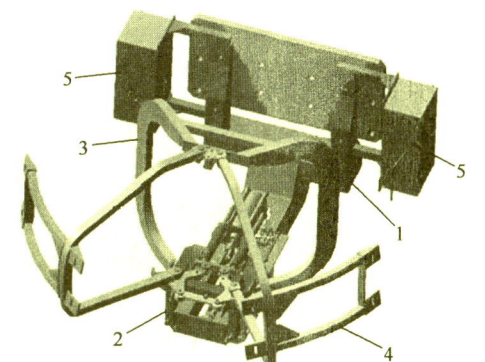
图 4.144　位于闭合位的开闭机构
1—支承梁；2—滑动架；3—舱盖构架；
4—舱盖构架臂；5—舱盖控制单元

- 支承梁。支承梁是开闭机构与列车的机械接口，是机构的主要结构。滑动架平移的轨道横木安装在支承梁上。垫板用于在安装时纠正对齐。
- 滑动架。滑动架用于平移开闭和开闭构架。滑动架上的导向轮在支承梁横木上滚动。2 个用于平移的气动气缸控制滑动架。
- 开闭构架。开闭构架安在滑动架上，且可沿着滑动架移动。开闭臂安装在开闭构架的枢纽上，使开闭可以旋转。
- 开闭臂。每个开闭通过 4 个附着点安装在一个开闭臂上。对于开闭和列车前段，为了使左、右两个开闭之间和开闭与列车前端之间能够正确安装，从 3 个方向调整开闭。
- 锁闭装置。机构安装锁闭装置是为了确保开闭在全部打开和闭合时的安全。锁闭装置可从列车两端人工控制。开闭控制单元旁边的杠杆通过配线与闭锁机构相连。通过操作杠杆打开闭锁装置，然后人工打开开闭。
- 开闭控制单元。从列车两侧都易到达开闭控制单元，且其接近车鼻区域。每个单元都为机构提供了不同的人工操作模式。这些控制单元都有可移动的盖子，以便进入内部，每个控制单元有 3 个按钮，用来人工控制气动气缸和外气的气动连接。左边的控制单元带有自动程序气动控制阀和电气控制阀、系统气压调节器和隔离电源。右侧控制单元带有继电器，用于控制自动程序。
- 气动系统。机构上安装了气动系统，用于控制移动前开闭的气缸。气阀用于开闭按 3 个步骤移动的顺序控制。3 个气动气缸用于旋转和平移开闭。气缸在行程末端带有增湿气，在排气口安有调整节流器，用于速度控制。
- 电气系统。继电器控制机构的自动程序。继电器控制电磁阀（用于控制打开/闭合程序时气流的方向），报警装置（发声的）和开关（检验终止位置和闭锁装置的状态）。

② 操作过程。

打开过程：

- 开闭通过闭锁机构，位于闭合位置，见图 4.145。
- 解锁气缸和气动气缸受压。
- 滑动架收回，开闭向后移动，以便在开闭旋转之前，使开闭和列车前端脱离连接，见图 4.146。

图 4.145　开闭机构位于闭合位置　　图 4.146　开闭与列车前端脱离连接

- 开闭旋转，进入列车前端内部，见图 4.147。
- 当旋转结束后，滑动架再次收回，将开闭放置在打开位置，以免在车钩连接时与车钩发生干涉，见图 4.148。

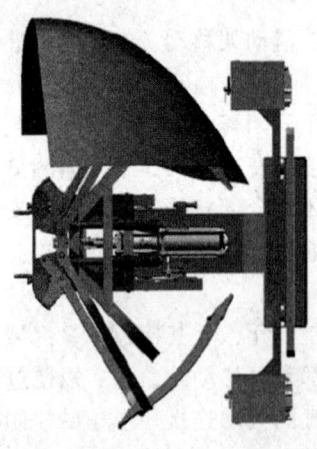

图 4.147　开闭进入列车前端内部，且位于旋转后的位置　　图 4.148　开闭机构位于打开位置

- 开闭机构的闭锁装置锁定，打开程序结束。

闭合过程：

- 开闭通过闭锁装置，位于打开位置，见图 4.148。
- 解锁气缸和气动气缸受压。
- 滑动架在开闭旋转前，向前移动，见图 4.147。

- 开闭旋转，2个开闭之间密封好，见图4.146。
- 当旋转完毕后，滑动架向前移动，将开闭放置到闭合位置，同时开闭与车体前端密封好，见图4.145。
- 开闭机构的闭锁装置锁定，闭合程序结束。

（7）排障器。

排障器由排障装置支撑（左、右）和排障装置组成，见图4.149。排障器由Q345钢板制成，通过螺栓与车体结构连接，见图4.150。车体连接部的材质为6082-T6，可以实现对司机室底架区域的保护。排障器上下可调40 mm，以保证由于轮缘磨耗时可以对排障器进行高度调整。排障器还作为前部外壳支架和导流罩的支撑。

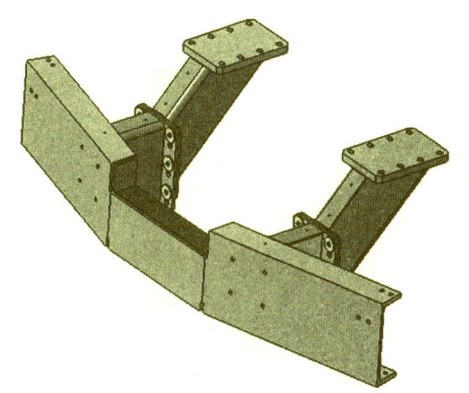

图4.149 排障器

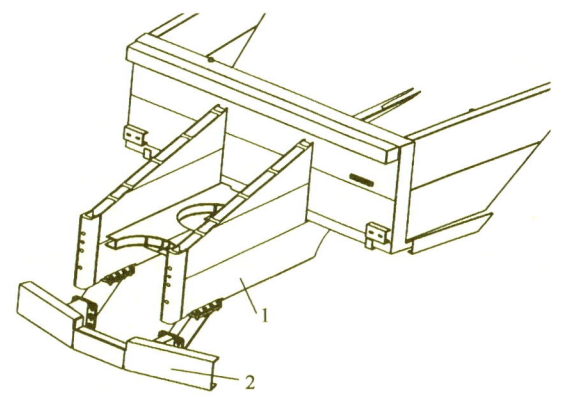

图4.150 排障器与车体的连接

1—车体钢结构；2—排障器

第 5 章　动车组车端连接装置

5.1　车端连接装置的作用、组成及分类

5.1.1　车端连接装置的作用

车端连接装置是指连接两车辆间或连接两车列间的所有机械、空气和电气装置，主要包括车钩、缓冲器、内外风挡、车体间减振器和电气连接器等。

传统列车的车端连接装置通常称牵引缓冲装置，由车钩和缓冲器两部分组成。它具有连接、牵引、缓冲、灵活转动和容易摘挂等五个方面的作用，即：

（1）将彼此独立的车辆连接成车列，并使之彼此保持一定的距离——连接作用。

（2）在运行过程中它必须传递牵引力、制动力或冲击力——牵引作用。

（3）缓和及衰减列车运行过程中或在调车时由于牵引力的变化和制动力前后不一致而引起的冲击和振动——缓冲作用。

（4）保证所连接的相邻车辆间能够灵活地相互转动——灵活转动作用。

（5）在需要的时候又可以在机车和车辆、车辆和车辆之间实现摘挂分开——容易摘挂。

而高速动车组的车端连接装置除了具有上述机械连接功能以外，还必须具有车厢间的密封功能，以及传递压缩空气、电气信号和控制信号等功能。通常情况下，动车组的电气与风管连接器与车钩组成一整体部件，它提供动车组车辆间中低压电气与压缩空气的通路。风挡提供两车辆间人员流动的安全通道。

车端连接装置为车辆组成部件中一个必不可少的重要装置，从某种意义上来说，正是车端连接装置的存在才将列车中各个车厢（车辆）连接组成了真正意义上的列车。而车端连接装置的性能将直接影响动车组（列车）的运行品质。

尽管各种动车组车端连接装置的作用几乎完全相同，但每种动车组所采用的具体形式则不尽相同。我国引进并合作生产的 CRH_1、CRH_2 和 CRH_5 动车组所采用的车端连接装置就各具特色，我们将在这一章中进行详细叙述。

5.1.2　车端连接装置的组成

主要包括车钩、缓冲器、内外风挡、车体间减振器、空气管路连接器和电气连接器等。

车钩（亦称牵引连挂装置）——用来保证动车和车辆彼此连接，传递拉伸/压缩力（牵引力/制动力），并且保证相邻车辆灵活转动。

缓冲装置——用来传递和缓冲压缩力，并且使车辆彼此之间保持一定的距离。

内风挡——风挡是客车之间的柔性运动部件，可在车与车之间实现相对运动并给旅客提供安全舒适的通道，保证整个列车具有良好的伸缩性、气密性和水密性。

外风挡——外风挡是为了降低和隔离车外的噪声而设置的防护装置，同时具有在停车时防止乘客掉下和运行时抑制车体振动的功能。

车体间减振器——主要作用是抑制车辆间的相互摇动，提高乘客的乘坐舒适度。

空气管路连接器——传递制动线路压力和主风缸压力的压缩空气，以及车钩解钩压缩空气。

电气连接器——传递各种中低压电流、各种控制信号和网络通信信号等。

5.1.3 车端连接装置的分类

按照牵引连挂装置的连接方式，车钩可分为自动车钩和非自动车钩。自动车钩不需要人工参与就能实现连接，而非自动车钩则需要人工完成车辆之间的连接。

自动车钩又可分为两种基本类型：非刚性车钩和刚性车钩。

我国铁路一般客、货车均采用非刚性的自动车钩，对于高速列车和城市轨道交通车辆则应采用刚性车钩，一般端部采用密接式自动车钩，而中间车辆之间采用棒式车钩（或称连接棒）。

缓冲器的种类很多，一般情况下可分为弹簧式缓冲器、摩擦式缓冲器、橡胶缓冲器、摩擦橡胶式缓冲器、黏弹性橡胶泥缓冲器、液压缓冲器及空气缓冲器等。目前，在传统铁路机车车辆上使用最广泛的为摩擦式缓冲器和摩擦橡胶式缓冲器。但在高速动车组上越来越多地采用橡胶缓冲器和黏弹性橡胶泥缓冲器。

5.2 我国传统铁路机车车辆用车钩缓冲器

5.2.1 车钩缓冲装置的结构组成

我国铁路一般机车、车辆（客、货车）的车端连接装置主要是指车钩缓冲装置，而车钩缓冲装置由车钩、缓冲器、钩尾框、从板等零部件组成。图5.1所示是车钩缓冲装置的一种典型结构形式。在钩尾框内依次安装有前从板、缓冲器和后从板（有时不需要后从板），借助钩尾销把车钩和钩尾框连成一个整体，从而使车辆具有连挂、牵引和缓冲三种功能。

在车钩缓冲装置中，车钩的作用是用来实现机车和车辆或车辆与车辆之间的连挂和传递牵引力及冲击力，并使车辆之间保持一定距离。缓冲器是用来缓和列车运行及调车作业时车辆间产生的冲撞，吸收冲击动能，减小车辆相互冲击时所产生的动力作用。从板和钩尾框则起着传递纵向力（牵引力、制动力或冲击力）的作用。

而车钩均采用非刚性自动车钩，其结构如图5.2所示。

传统的自动车钩结构由钩头、钩舌、钩身（钩尾）、钩锁铁、钩舌销、钩舌推铁、下锁销和下锁销杆等组成。

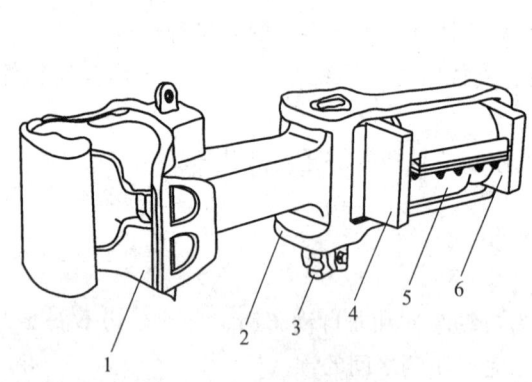

图 5.1 车钩缓冲装置

1—车钩；2—钩尾框；3—钩尾销；4—前从板；
5—缓冲器；6—后从板

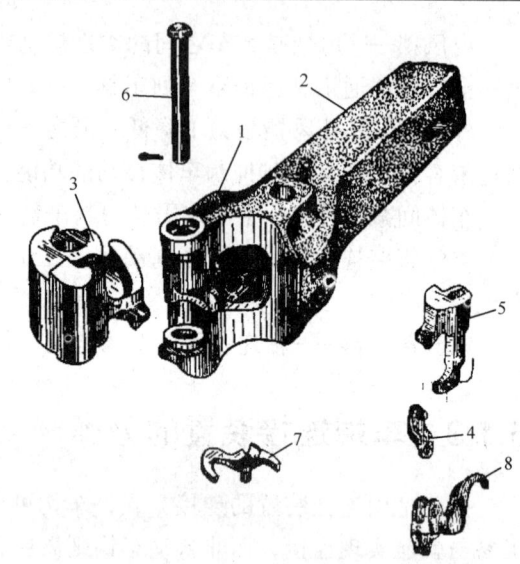

图 5.2 下提式三号自动车钩

1—钩头；2—钩尾；3—钩舌；4—下锁销；5—钩锁铁；
6—钩舌销；7—钩舌推铁；8—下锁销杆

而车钩和缓冲器通常是组装成一个整体安装于车底架两端的牵引梁内，其前、后从板及缓冲器卡装在牵引梁的前、后从板座之间，下部靠钩尾框托板及钩体托梁（货车）或复原装置（客车）托住。车钩和缓冲器组装在一起的结构如图 5.3 所示。

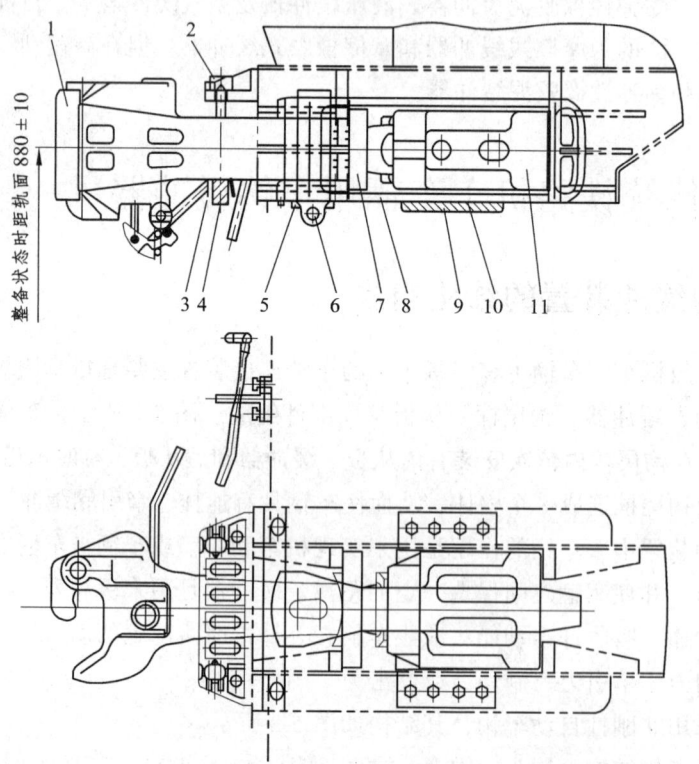

图 5.3 牵引缓冲装置

1—车钩（下作用）；2—吊杆；3—磨耗板；4—均衡梁；5—钩尾销；6—钩尾销栓；
7—前从板；8—钩尾框；9—尾框托板；10—尾框磨耗板；11—缓冲器

5.2.2 车钩作用力的传递过程

车钩缓冲装置在车上的安装位置及车钩的受力状态如图 5.4 所示，其中车钩作用力的传递过程如下：

- 当车辆受拉时，作用力的传递过程为：

车钩→钩尾框→后从板→缓冲器→前从板→前从板座→牵引梁；

- 当车辆受压（冲击）时，作用力的传递过程为：

车钩→前从板→缓冲器→后从板→后从板座→牵引梁。

由此可见，车钩缓冲装置无论是承受牵引力，还是冲击力，都要经过缓冲器将力传递给牵引梁，这样就有可能使车辆间的纵向冲击振动得到缓和和消减，从而改善运行条件，保护机车车辆和货物不受损坏。

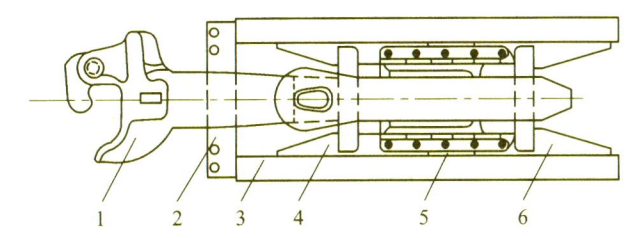

（a）在车上的安装位置

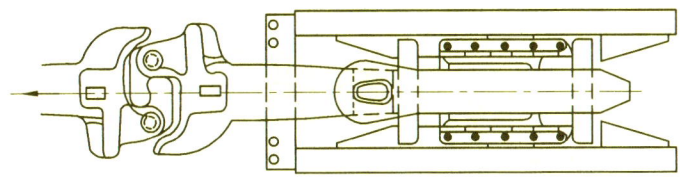

（b）牵拉状态

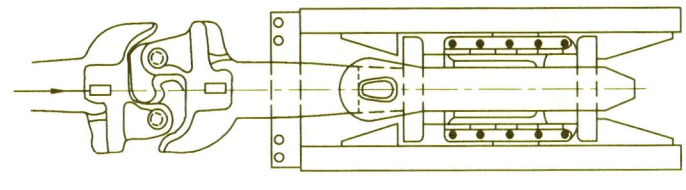

（c）压缩状态

图 5.4 车钩缓冲装置在车上的安装位置及受力状态

1—车钩缓冲装置；2—冲击座或复原装置；3—中梁（牵引梁）；
4—前从板座；5—钩尾框托板；6—后从板座

5.2.3 车钩的三态作用

所谓车钩的三态实际上是指车钩工作时的三种位置，即：闭锁位、开锁位和全开位，详见图 5.5、图 5.6 和图 5.7。

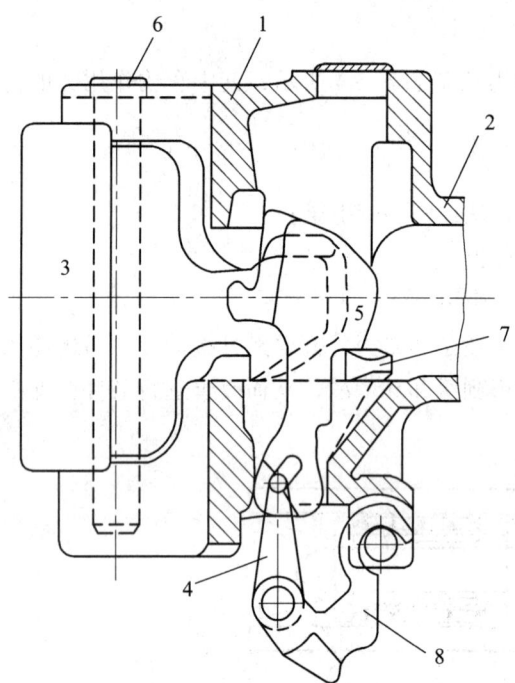

图 5.5 闭锁位置（图中图注同图 5.2）

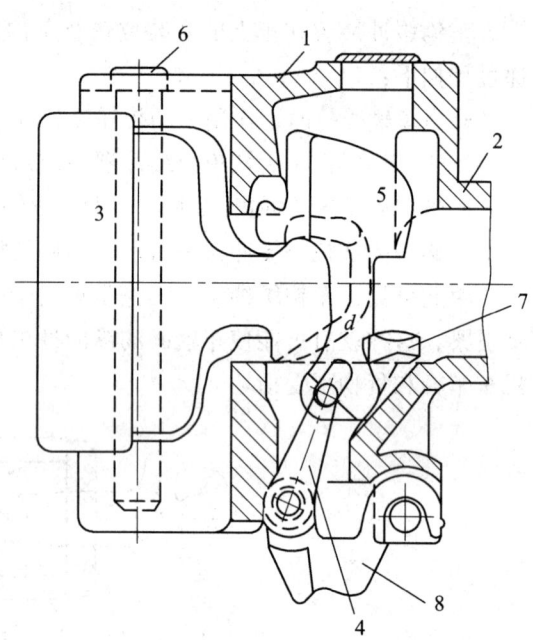

图 5.6 开锁位置（图中图注同图 5.2）

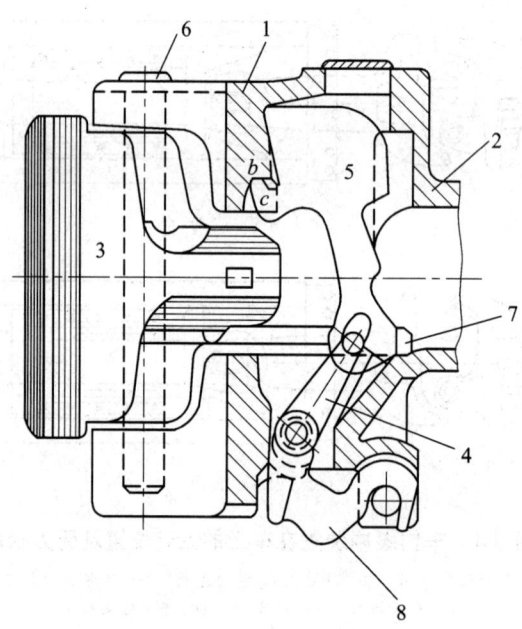

图 5.7 全开位置（图中图注同图 5.2）

1. 闭锁位置

所谓闭锁位是指机车车辆处于正常工作时的车钩连挂位。车辆连挂后，两个车钩必须处于闭锁位置才能传递牵引力。这时，钩锁铁底部坐在钩头内表面上，钩锁铁的右侧被钩头的内壁所阻挡，而其左侧又挡住了钩舌尾部，使钩舌在钩头内不能绕钩舌销转动。此为闭锁位置。

为了防止在闭锁位置时钩锁铁因车辆振动而自动跳起造成脱钩，在钩锁铁上面的后部开有倾斜的凹槽，锁提销下端（下作用式为锁推销的上端）有十字销居于凹槽中。这时，由于锁提销（或锁推销）的自重使其下端（或锁推销上端）有一个凹部正好处在钩头内壁对应的挡棱的下方，此时锁提销（或锁推销）及钩锁铁虽受震动也不能跳起，故不会造成脱钩。此种作用称为车钩的防跳作用。

2. 开锁位置

所谓开锁位置就是指机车车辆准备分开时的车钩位置。两个连挂着的车辆欲分开时，必须有一个车钩处于开锁位置。

扳动钩提杆，使锁提销上提（或锁推销推起），此时锁提销下端（或锁推销上端）的销耳沿钩锁铁斜槽滑到槽顶，从而使锁提销下端（或锁推销上端）的凹部摆脱车钩内壁挡棱的阻挡，带动钩锁铁一起上升，到一定的高度后（此时放下钩提销），由于钩锁铁前部偏重，致使钩锁铁的下角处的缺口坐落在钩头内壁对应的挡棱上，锁提销也落到一定的位置。这时即使放下钩提杆，钩锁铁也不会落下。这样，钩锁铁下部的坐锁面与钩舌尾部的上面几乎处在一个平面内，钩锁铁不再阻碍钩舌的转动。如果这时钩舌受到牵引力就能绕钩舌销转动，此时即为开锁位置。

3. 全开位置

所谓全开位置就是指机车车辆准备连挂时的车钩位置。在车辆彼此连挂前，必须有一个车钩处于全开位置，才能达到自动连挂的目的。

当车钩达到开锁位置后，继续用力提起钩提杆，使钩提杆继续往上提升（或锁推销推起），同时带动钩锁铁一起上升，这时钩锁铁推动钩舌推铁，使钩舌推铁绕着其背面（与钩体内壁接触处为支点）而转动，同时钩舌推铁的下角推动钩舌尾部的背面，使钩舌绕钩舌销转开成全开状态。此时放下钩提杆，钩锁铁则坐落在钩舌尾部末梢的上面，即成全开位置。

当两车连挂时，由于钩舌尾部与坐落于其上的钩锁铁接触部分是一圆弧，当钩舌向闭锁位旋转时，使钩锁铁前部往上抬起，钩锁铁下角的缺口即可摆脱钩头内挡棱而垂直落下，恢复成闭锁位置。故此时只需两车相互碰撞就能实现自动连挂。

5.2.4 缓冲装置（器）结构

1. 缓冲器的工作原理

借助于压缩弹性元件来缓和冲击作用力，同时在弹性元件变形过程中利用摩擦和阻尼来吸收冲击能量。

2. 缓冲器的类型

缓冲器的类型包括：弹簧式缓冲器、摩擦式缓冲器、橡胶缓冲器、摩擦橡胶式缓冲器、黏弹性橡胶泥缓冲器、液压缓冲器及空气缓冲器等。

目前使用最广泛的为摩擦式缓冲器和摩擦橡胶式缓冲器。图 5.8 所示的是一种弹簧摩擦式缓冲器，型号为 MT-3，其容量为 45 kJ，一般用于通用货车。

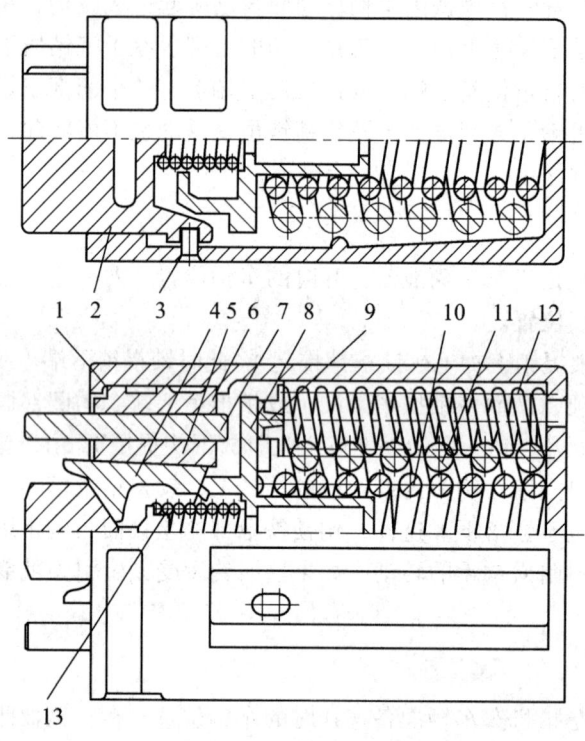

图 5.8　MT-3 型缓冲器
1—箱体；2—中心楔块；3—缩短销；4—楔块；5—固定斜板；6—外固定板；7—动板；8—中心弹簧座；9—角弹簧座；10—内圈弹簧；11—外圈弹簧；12—角弹簧；13—复原弹簧

3. 缓冲器的性能参数

缓冲器的性能直接影响列车的牵引总重、运行速度、车辆的总重、编组作业效率和列车运行平稳性等涉及铁路运输效能的主要技术经济指标。

决定缓冲器特性的主要参数是：缓冲器的行程、最大作用力、容量及能量吸收率等。

（1）行程：缓冲器受力后产生的最大变形称为行程。此时弹性元件处于全压缩状态，如果再加大外力，变形量也不会再增加。

（2）最大作用力：缓冲器产生最大变形时所对应的作用外力。

（3）容量：缓冲器在全压缩过程中，作用力在其行程上所做的功的总和称为容量。它是衡量缓冲器能量大小的主要指标，如果容量太小，则当冲击力较大时就会使缓冲器全压缩而导致车辆刚性冲击。

（4）初压力：缓冲器的静预压力。初压力的大小将影响列车的起动加速度。

（5）能量吸收率：缓冲器在全压缩过程中，有一部分能量被阻尼所消耗，其所消耗部分的能量与缓冲器容量之比称为能量吸收率。能量吸收率越大，表明缓冲器吸收冲击能量的能力越大，反冲作用就越小，否则，缓冲器必须往复工作几次才能将冲击能量消耗尽，这将导致车钩、车底架过早疲劳损伤，并且加剧列车纵向冲动。一般要求缓冲器能量吸收率不低于70%。

5.3 引进动车组使用的典型车端连接装置

5.3.1 CRH$_2$动车组车端连接装置

1. 车端连接系统组成

CRH$_2$的车钩装置采用机械、气路和电路三者均能同时实现连接的柴田式密接车钩。

这种车钩属于刚性自动车钩，它要求在两车钩连接后，其间没有上下和左右的相对移动，而且纵向间隙也限制在很小的范围内（1~2 mm）。这对提高列车运行平稳性、降低车钩零部件的磨耗和噪声均有重要意义。

CRH$_2$动车组车端连接装置主要包括：

（1）车钩缓冲装置——密接式车钩及缓冲装置。

（2）风挡——橡胶密封风挡。

（3）空气、电气连接设备，包括：① 控制电路连接；② 主电路及辅助电路连接；③ 直流母线连接；④ 总风管连接。

CRH$_2$动车组的车钩装置包括端部车钩装置和中间车钩装置。由于端部车钩装置和中间车钩装置的运用工况存在不同，因此两车钩的结构与性能也有一定的区别，即端部采用全自动车钩，而中间采用半自动车钩。

CRH$_2$动车组车钩装置具有如下特点：

（1）动车组两端设全自动车钩。

（2）车辆间由半自动车钩连接。

（3）缓冲器为复式 W 型橡胶缓冲器，位于车钩后端，但端部和中间缓冲器的吸振性能不同。

（4）车钩及缓冲器可以在不架起车体的情况下拆装和检修。

2. 自动车钩缓冲装置

1）自动车钩结构及作用原理

CRH$_2$动车组端部采用柴田式全自动密接车钩，该密接式车钩上带有气路自动连接装置，钩体上还安装有电气连接器，车钩连接好后可以实现机械、气路和电路三者同时连接，具体结构如图 5.9 所示。

端部电气连接器位于端部车钩的上方，型号为 KE204A，其主要作用是在两个短编组连挂成一个长编组时起传递编组间控制信号的作用。

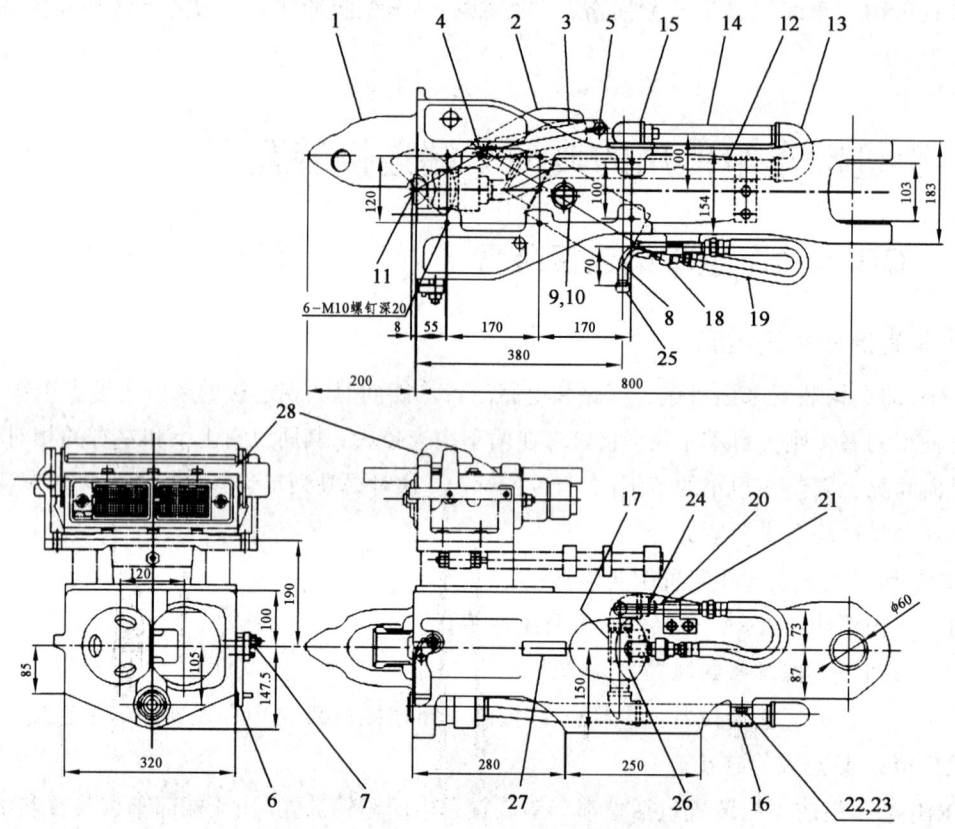

图 5.9 带电气连接器的端部车钩结构

1—车钩体；2—手动解钩杆；3—锁弹簧；4—锁弹簧安装销（前）；5—锁弹簧安装销（后）；
6—连接锁钥匙；7—连接锁钥匙安装螺钉；8—释放气缸；9—螺栓（上部用）；
10—螺栓（下部用）；11—空气连接装置；12—空气主管（前）；13—回流弯管；
14—空气主管（后）；15—弯头；16—管座；17—管座；18—管接头；
19—空气软管；20—空气管；21—管座；22—螺栓；23—弹簧垫；
24—气管插头；25—气管盖；26—空气主管；
27—铭牌；28—端部电气连接器

（1）自动车钩结构。

端部车钩（动车组两端部车钩）与中间车钩都带有气路自动连接装置，可在车钩进行机械连接的同时直接实现车辆之间的气路连接。其中端部密接式车钩带有自动摘钩风缸，可以实现自动摘钩与连挂，因此称为全自动车钩。该密接式车钩上带有气路自动连接装置，钩体上还安装有电气连接器，车钩连接好后整列车的气路连接和电路连接也就同时完成。

该车钩的抗拉强度可以达到 160 t，而运用中通过计算 CRH_2 动车组最大拉力不会超过 40 t，故足以满足动车组运营的要求。其钩体的铸造工艺与机加工工艺相对比较简单，此种结构形式的车钩在日本高速动车组车辆上得到广泛地采用。

端部密接式自动车钩的结构示意图见图 5.10。

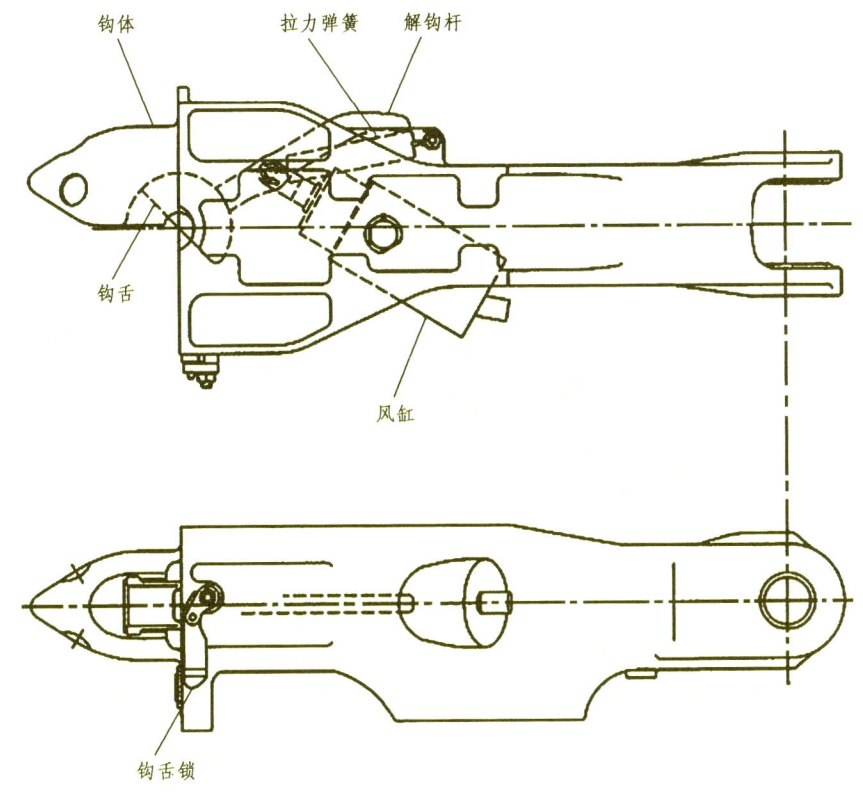

图 5.10 端部密接式自动车钩结构示意

（2）自动车钩装置工作原理。

柴田式自动密接车钩的工作过程主要分连挂和解钩两种。当两车需要连挂时，两车钩以规定的速度相互接近，某车钩钩舌与对应车钩的钩头相接触，并在该钩头斜端面的压迫下逆时针转动，逐渐进入钩舌腔内，直至完全进入，而与此同时弹簧拉动解钩杆并带动钩舌顺时针转动，待转动停止后，半圆形钩舌和钩舌腔相互嵌套，完成连挂。而当需要解钩时，通过向解钩风缸充入压缩空气，解钩风缸的活塞在压缩空气的作用下，克服弹簧作用力，推动解钩杆，并带动半圆形钩舌转动直到它处于解钩位置为止，此时原来连挂在一起的车钩将处于待解钩状态。自动车钩的连挂和解钩状态见图 5.11。

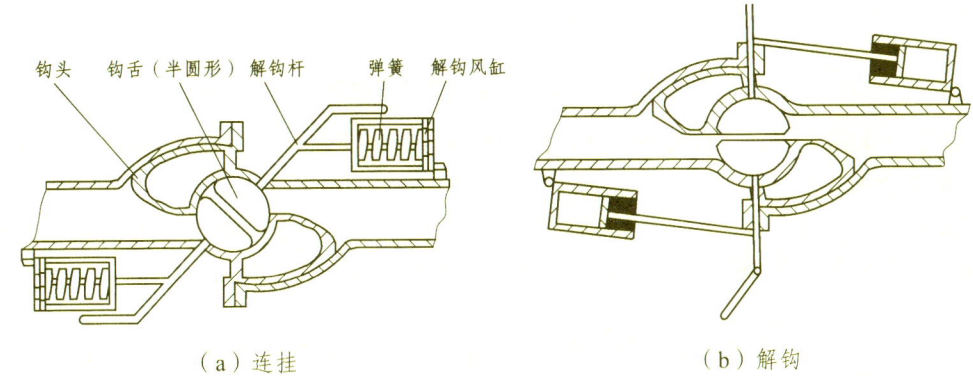

图 5.11 自动车钩的连挂和解钩状态

CRH$_2$动车组所采用的柴田式密接车钩的具体工作过程(即作用原理)包括:连挂准备、连挂过程和解钩过程等三个方面。下面详细叙述这三个过程:

① 连挂准备。自动车钩连挂前的准备状态如图 5.12 所示,此时,解钩杆、钩舌和弹簧均处于自然状态。

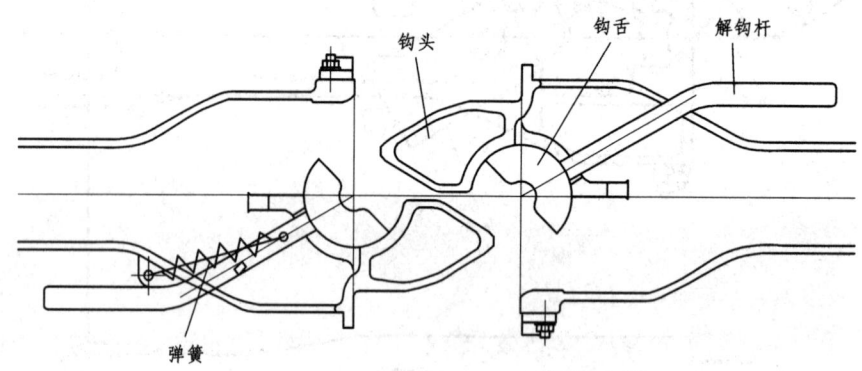

图 5.12 密接式车钩连挂前状态

② 连挂过程。当需要连挂时,对应的两车辆相互靠近,或其中的某一车辆向另一车辆移动靠近,在车钩的钩头斜端面与另一车钩的钩舌接触的同时,推压钩舌使其逆时针方向转动,此时车钩的状态如图 5.13 所示。

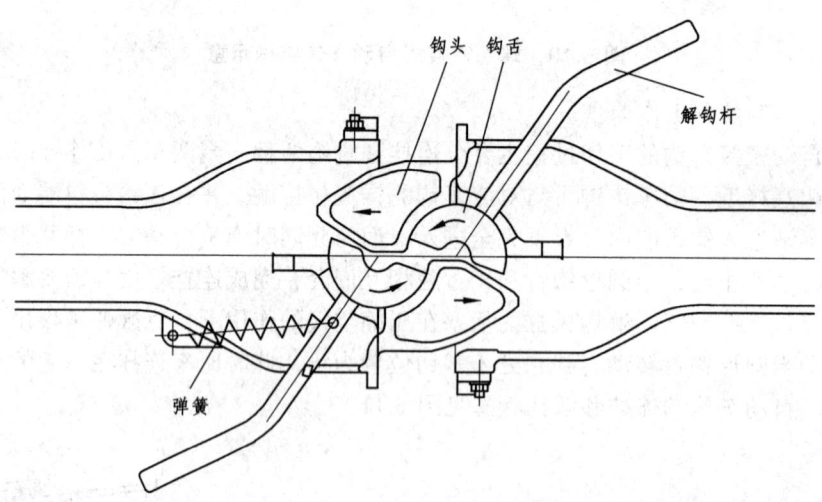

图 5.13 密接式车钩连挂中状态

车辆进一步移动,直至钩头完全进入钩舌腔内,此时两车钩的相对运动停止,车钩的状态如图 5.14 所示。

钩头完全进入钩舌腔内的同时,弹簧拉动解钩杆并带动钩舌顺时针转动,待转动停止后,球形钩舌和钩舌腔相互嵌套,完成连挂。此时两车钩的状态如图 5.15 所示,并具有如下特点:

- 车钩连挂密接后,解钩杆在复位弹簧拉力作用下自动回到连挂位置;
- 半圆形钩舌与钩舌腔相互嵌套,两车钩完全密接。

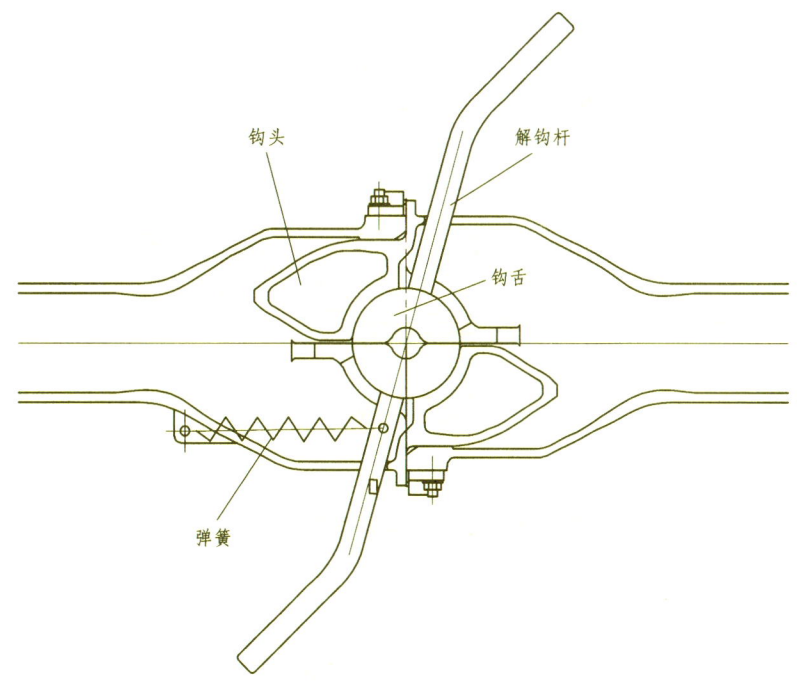

图 5.14 密接式车钩连挂后状态

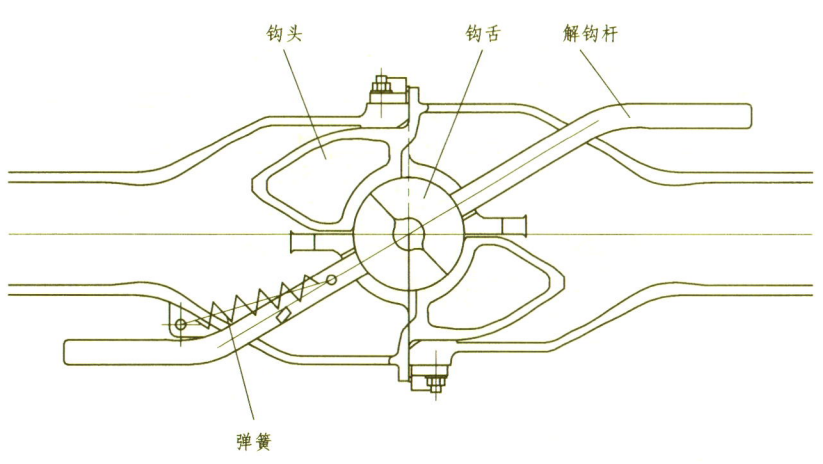

图 5.15 密接式车钩锁闭后状态

③ 解钩过程。当需要摘挂时,必须先按如下步骤进行操作:
• 钩舌锁放在解钩位;
• 按图 5.16 所示箭头方向拉解钩杆(通过向解钩风缸充气由风缸推动,当然也可手拉,但采用手动拉解钩杆的车钩属于半自动车钩),使车钩处于解钩前的准备状态。

继续拉动解钩杆,直到限位,此时钩舌锁会自然地挂在对方解钩杆的凸台上,解钩杆被固定,呈解钩状态。此时两车钩的状态如图 5.17 所示。

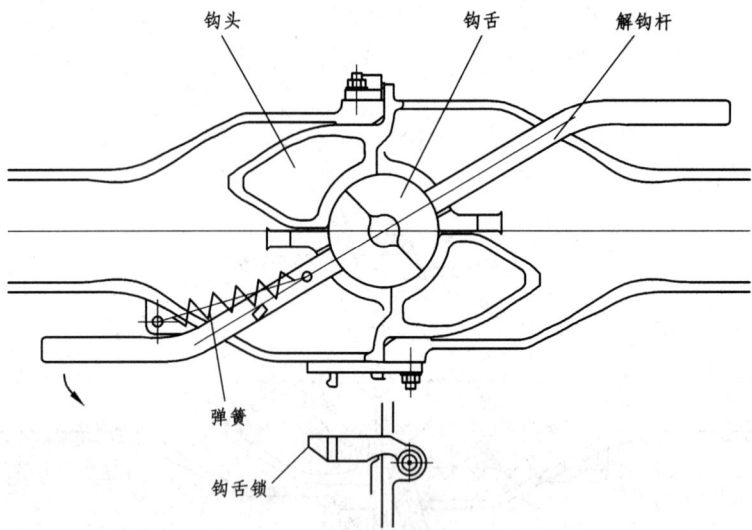

图 5.16 密接式车钩解钩前状态

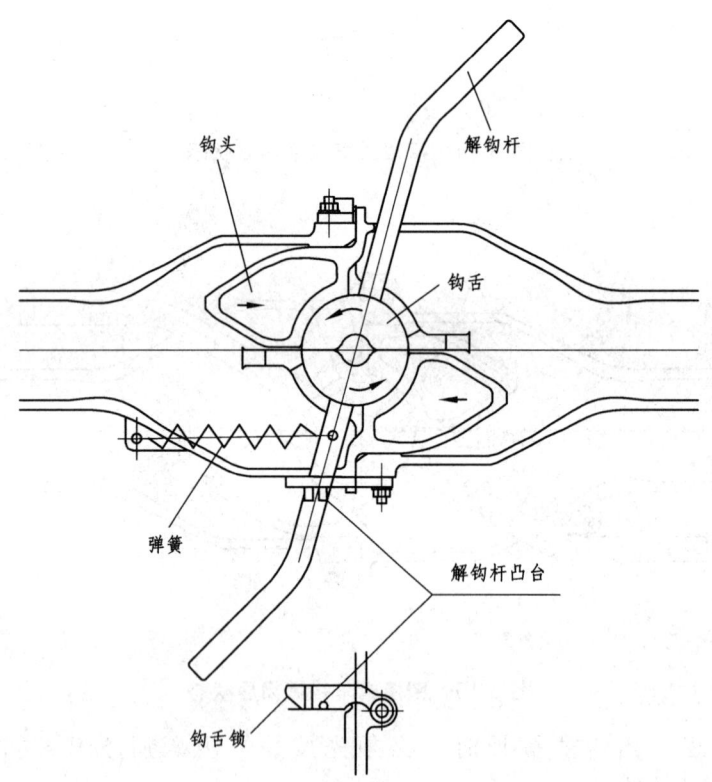

图 5.17 密接式车钩解钩状态

进一步按如下步骤进行操作：
- 让车辆后退，逐步释放车钩；
- 通过车辆的后退，钩舌锁从对方的解钩杆上自然分离；
- 车辆不断后退直到车钩完全脱开。

该解钩过程中两车钩的状态如图 5.18 所示。

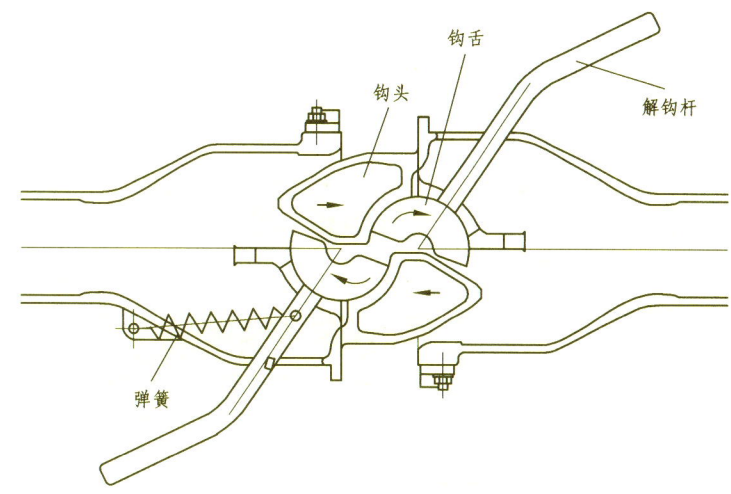

图 5.18 密接式车钩解钩过程

在车钩分离的过程中，拉力弹簧、解钩杆和钩舌会作如下运动：
- 解钩开始后，通过拉力弹簧的动作，拉动解钩杆自然向连挂准备位置运动；
- 解钩杆的运动同时带动了钩舌向顺时针方向回转，直至回到其自然连挂准备位置，解钩过程完成。

最后，两车钩完全分离。解钩后两车钩的状态如图 5.19 所示。

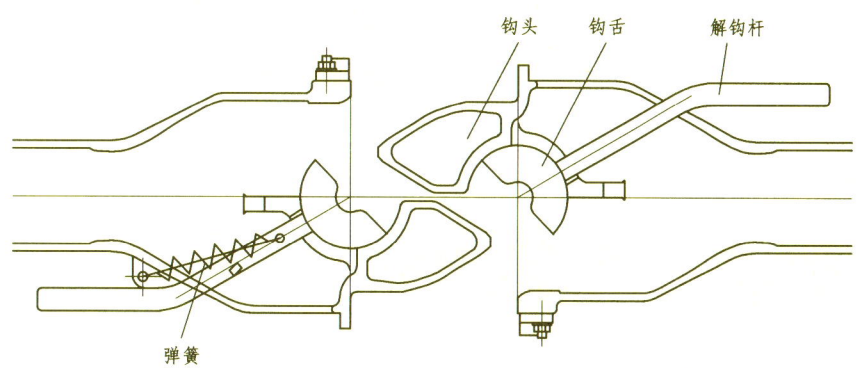

图 5.19 密接式车钩解钩后状态

2）车钩主要技术参数

CRH_2 动车组车钩主要技术参数见表 5.1。

表 5.1 车钩主要技术参数

项　　目	参　　数
车钩整体强度，拉伸/压缩	1 600 kN/3 100 kN
安装高度	1000^{+15}_{-10} mm
车钩组装后最大水平摆角	±16°
车钩组装后最大垂直摆角	±4°
连挂速度范围	0.5～1.5 km/h

3）缓冲装置

CRH$_2$动车组采用W型橡胶缓冲器，通过橡胶之间的压缩来实现能量的吸收，采用此类型的缓冲器制造简单，安装方便，其端部缓冲器的安装位置如图5.20所示。

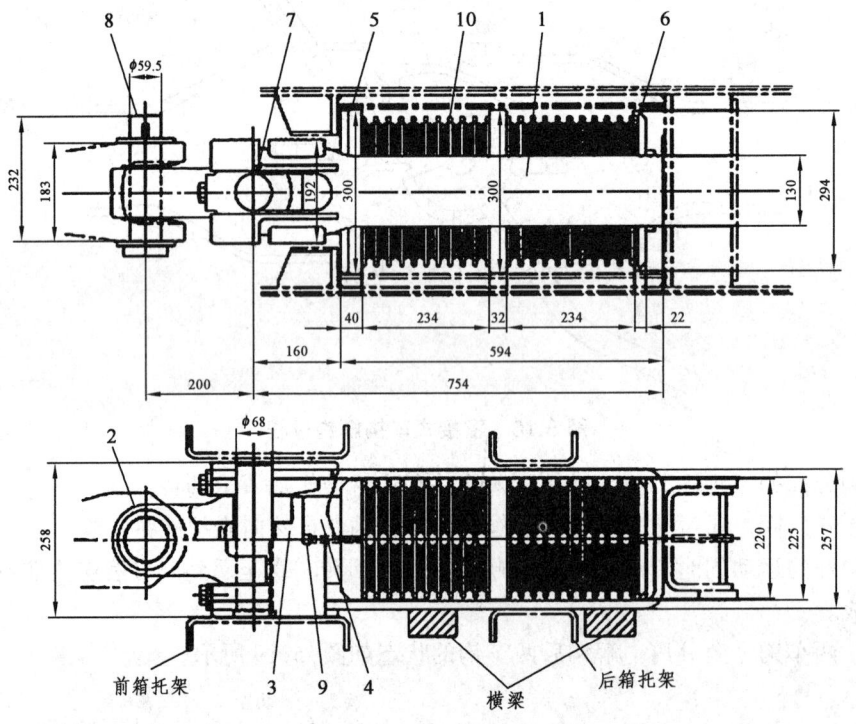

图5.20 端部缓冲器安装位置

CRH$_2$动车组端部装用双向W型橡胶缓冲器，该缓冲器型号为RD19改良型，其结构如图5.21所示。

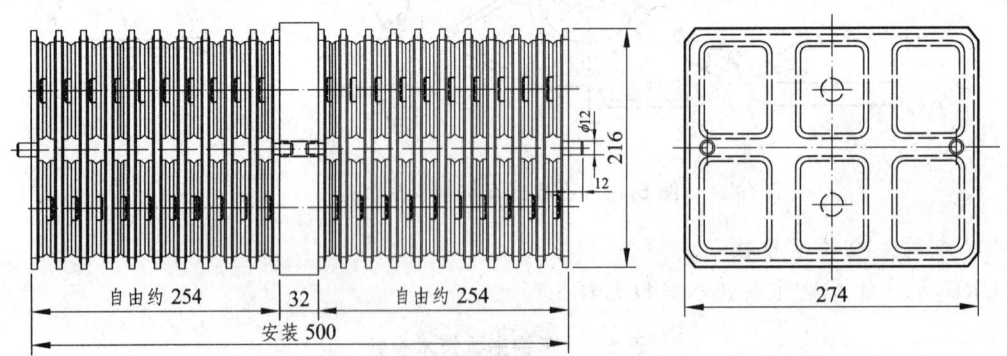

图5.21 端部双向W型橡胶缓冲器结构

双向W型橡胶缓冲器的主要结构特点是使用两组缓冲器，它们靠一定的初压力（通常为20~60 kN）组装在为缓冲器留出的空间内，靠钩尾框的中央立壁对两个缓冲器施加作用力。车钩牵引时，压缩左边的缓冲器，右边的缓冲器随着胀开（因有初压缩量），并随时占满因压缩左边缓冲器出现的空间。车钩压缩时原理相同。这样，无论是牵引还是压缩，缓冲装置中的从板均不离开从板座。并且因钩尾框不受力时，其中央立壁处于两组缓冲器的压缩平衡状态中，只要稍有牵引力或压缩力，钩尾框便开始了对其中一个缓冲器的压缩，故既避免了从板与从板座间因出现间隙而发生冲击，又消除了缓冲盲区，大大提高了车辆的乘坐舒适性。

端部缓冲装置特性曲线见图5.22。

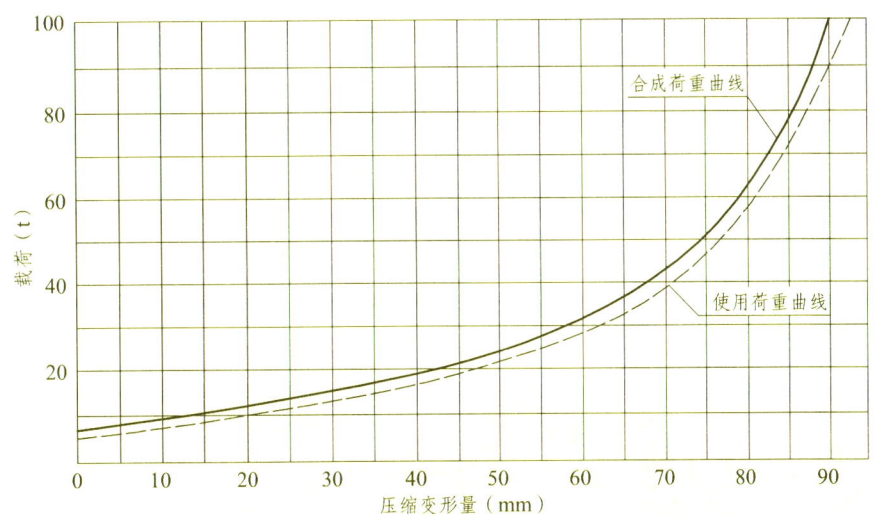

图 5.22　端部缓冲器特性曲线

双向 W 型橡胶缓冲器基本技术参数及性能参数见表5.2。

表 5.2　橡胶缓冲器性能参数

项　目	端部缓冲器		中间缓冲器	
	拉　伸	压　缩	拉　伸	压　缩
最大载荷（kN）	980		785	980
能量吸收（kJ）	23.5		6.0	9.8
行程（mm）	90		27.4	41.1

4）自动车钩的控制

自动车钩的控制实际上就是指车组解编与连挂过程的控制，也就是如何对解编与连挂装置进行控制和操作。

（1）概　要。

CRH_2 动车组设计成可以两编组连挂运行，只需一组驾驶人员操纵，可从车上操纵两编组的解编与连挂，T1c车及T2c车的车头部装有解编与连挂装置。

① 解编与连挂装置的构成。解编与连挂装置由以下装置构成：

- 前端罩盖开闭装置。前端罩盖由 FRP 制成，分为左右两部分，依靠1个气缸的动作开闭。前端罩盖在「开」及「闭」的位置由锁销固定。锁销依靠气缸动作。
- 密接式车钩。为了车辆的连接及接通空气回路，带空气管座的密接式车钩内置有解编时拉动密连锁扣的解钩风缸。
- 电气连接器。此为连接电路装置，安装在密接式车钩上，在车钩对接的同时连接。

当车辆连接时,防尘罩自动抬起,连接面由密封垫构成完全防水形,当车辆解编电气连接器分离时,防尘罩自动复位,保护连接面。

• 空气管开关。该装置用于在动车组解编与连挂的一系列操作中,自动进行车辆连挂后的 MR 空气回路接通动作以及车辆解编前的 MR 空气回路切断动作。

该装置同时具有在动车组解编时,切断 MR 空气管后再向密接式车钩的滞后式解钩风缸送气的机能。

• 连挂切换器。连挂切换器是通过气缸的动作,将连接导线切换到「解编」、「连挂」位置的装置。

• 表示灯、开关及控制盘(连挂控制开关及控制盘的位置见图 5.23)。

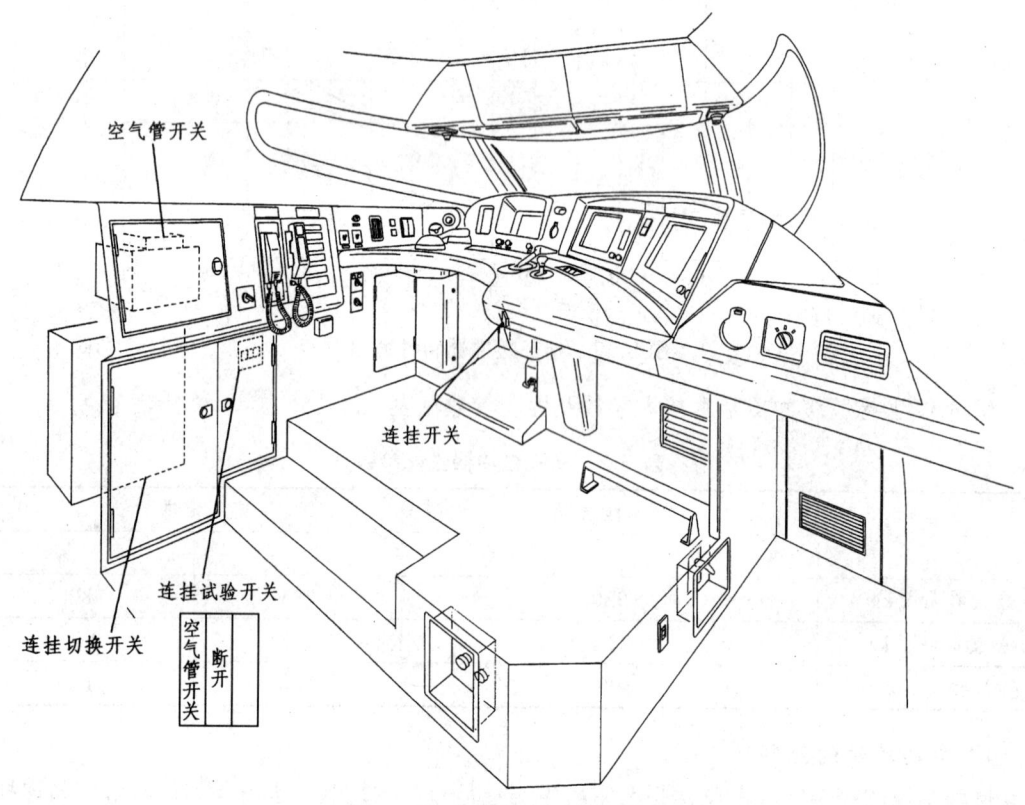

图 5.23　连挂控制开关位置图

开关类包括:连挂准备开关——设置在驾驶席桌下。按下该开关,可将解编与连挂装置的各相关设备切换至连挂状态。解编与连挂试验开关盘——设置在驾驶席左侧的检修门内,装有「空气管关闭」、「开放」用开关。

解编与连挂控制盘。解编与连挂的控制,采用序列发生器的无接点回路(一部分为有接点)。

② 控制对象。

控制对象包括以下 6 个部分:

• 前端罩盖的开关。

• 前端罩盖的解锁,开锁。

- 连挂切换器的切换。
- 空气管开关的开关。
- 输入解编指令。
- 输出解编准备完了。

（2）解编连挂操作。

解编连挂的方法有车上遥控自动操作和紧急情况下的单独手动操作两种。

① 连挂动作（遥控自动）。

- 1号车（T1c）。

按下「连挂准备」开关，连挂动作开始。

解除前端罩盖的锁定、打开前端罩盖。

打开的前端罩盖探测到「开位置」后，锁定罩盖、接通距离传感器的电源。

前端罩盖打开的动作结束时，「干线连挂」开关会闪烁，在车辆停止的状态下按下此开关，此时生成连挂模式，同时监视器上显示连挂准备完成。

监视器上显示到连挂车辆的距离。

密接式车钩连上、检测到密连锁扣「归复」位置时，空气管开关变为「开位置」。

同时，电气连接器紧密连接、回路得电，连挂切换器变为「连挂位置」。

以上动作结束后，连挂动作完成。

- 8号车（T2c）。

按下「连挂准备」开关，连挂动作开始。

解除前端罩盖的锁定、打开前端罩盖。

打开的前端罩盖探测到「开位置」后、锁定罩盖。

监视器上显示连挂准备完成。

检测到电气连接器的连接，并检测到连挂对象车的连挂切换器的「连挂位置」后，使空气管开关打到「开位置」。

空气管开关的「开位置」得到确认后，连挂切换器变为「连挂位置」。

以上动作结束后，连挂完成。

② 解编动作（遥控自动）。

- 1号车（T1c）。

按下「解编」开关，连挂切换器变为「解编位置」、空气管开关变为「关位置」。同时会向连挂车辆输出解编指令。

车辆相互之间完成准备后，缓解快速制动就能够起动车辆了。

车辆行驶速度达到 5 km/h 时，前端罩盖自动关闭并被锁定，解编操作结束。

- 8号车（T2c）。

依据从连挂编组发出的解编指令，连挂切换器变为「解编」位置。

根据连挂切换器的动作，空气管开关变为「关位置」，解编准备完成。

连挂编组分离。

解除前端罩盖锁定，前端罩盖关上，一直到「关闭位置」。

锁定前端罩盖，解编操作结束。

③ 单独手动操作 1。

为了紧急情况下解编连挂机器的操作和单独动作试验的实施，也能通过解编连挂控制盘内的开关实施单独动作操作。能够单独动作的项目如下：
- 前端罩盖的锁定解除。
- 前端罩盖的开、关。
- 空气管的开、关。

进行单独手动操作时，要将解编连挂控制盘内的程序电源断路器（MXRN2）打到 OFF 位置。
打开前端罩盖的操作顺序：
将程序电源断路器（MXRN2）打到 OFF 位置。
将「锁定解除」开关打到「强制接通」，将「前端罩盖开」开关也打到「强制接通」。
前端罩盖打开后，将「罩盖开」开关打到「定位」、将「锁定解除」开关也打到「定位」。
关闭前端罩盖的操作顺序：
将程序电源断路器（MXRN2）打到 OFF 位置。
将「锁定解除」开关打到「强制接通」，将「前端罩盖闭」开关也打到「强制接通」。
前端罩盖关闭后，将「罩盖闭」开关打到「定位」、将「锁定解除」开关也打到「定位」。
注：不能将「空气管开」开关和「空气管闭」开关都打到「强制接通」状态。
④ 单独手动操作 2。
前端罩盖也能够通过车头罩内配置的配管单元箱内的阀门操作来开闭。
打开前端罩盖的操作：
- 打开「罩盖锁定」阀门。
- 关闭「罩盖闭」阀门。
- 打开「罩盖开」阀门。
- 确认罩盖完全打开。
- 关闭「罩盖锁定」阀门。

关闭前端罩盖的操作：
- 打开「罩盖锁定」阀门。
- 关闭「罩盖开」阀门。
- 打开「罩盖闭」阀门。
- 确认罩盖完全关闭。
- 关闭「罩盖锁定」阀门。

3. 半自动车钩及缓冲器

1）半自动车钩结构及作用原理

CRH$_2$动车组各车辆之间采用的车钩为手动摘钩形式，只有通过人工的方式才能实现摘钩，因此称为半自动车钩。

带中间电气连接器的中间车钩缓冲器结构如图 5.24 所示，半自动车钩的结构示意图如图 5.25 所示。与图 5.9 和图 5.10 所示的端部自动车钩相比较，半自动车钩只是没有解钩风缸，其他方面与自动车钩几乎完全相同。其作用原理也与端部自动车钩基本相同，只是解钩时需要手动拉动解钩杆使其转到解钩位置。因此，半自动车钩的作用原理或工作过程可参见"自动车钩装置工作原理"部分。

第 5 章 动车组车端连接装置

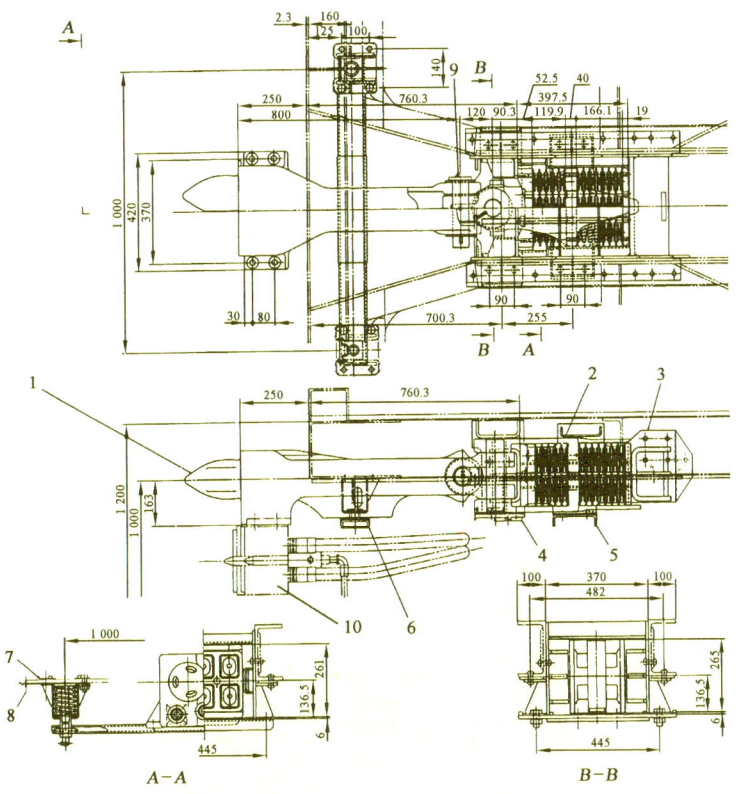

图 5.24 带中间电气连接器的中间车钩缓冲器结构

1—钩头；2—缓冲装置；3—钩尾框；4—下框架（前）；5—上框架（后）；6—钩体托架装置；
7—止动圈；8—挡板；9—横销；10—中间电气连接器

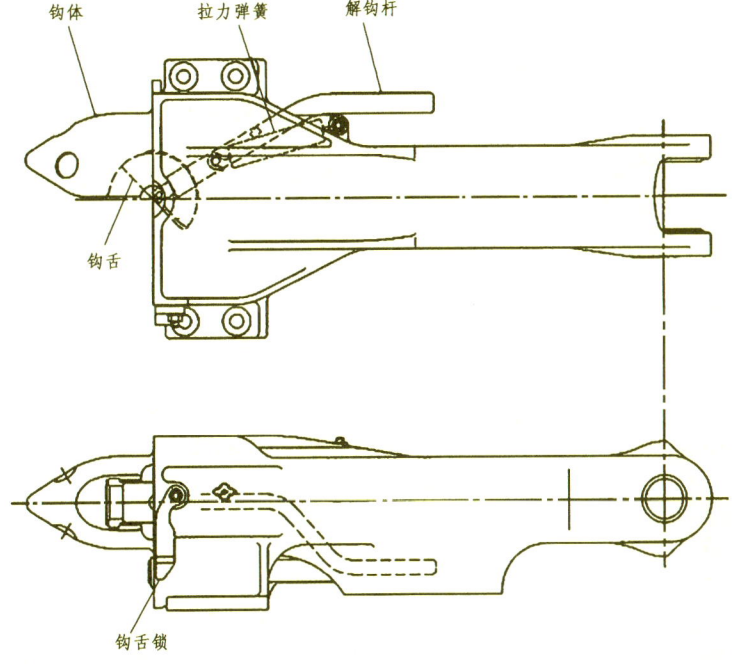

图 5.25 半自动车钩结构示意

2）半自动车钩主要技术参数

半自动车钩主要技术参数与端部自动车钩完全相同，参见表 5.1。

3）中间缓冲装置

半自动车钩所连接的中间缓冲装置同样采用双向 W 型橡胶缓冲器，该缓冲器型号为 RD011A 型，具体结构如图 5.26 所示。

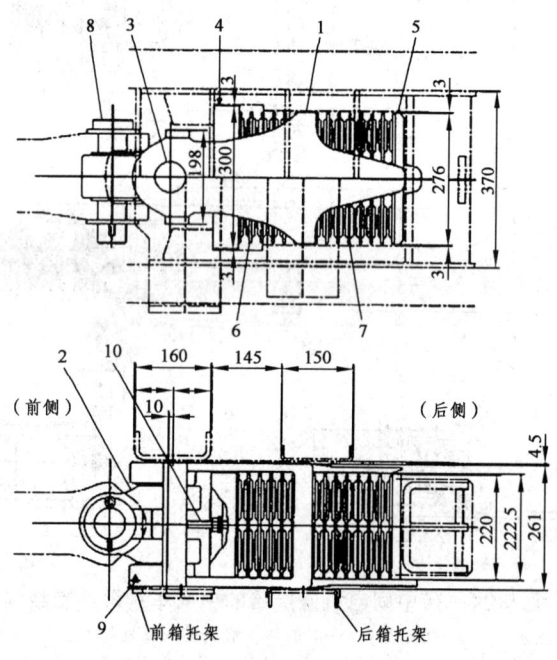

图 5.26 中间缓冲器

与端部缓冲器相比，尽管工作原理相同，但两者所采用的橡胶块数量明显不同，因此两者的性能参数也有较大区别，参见表 5.2。同时中间缓冲器前后橡胶块数量也不相等，这就使得其拉伸和压缩性能出现差异，见图 5.27 RD011A 型橡胶缓冲器吸能曲线。

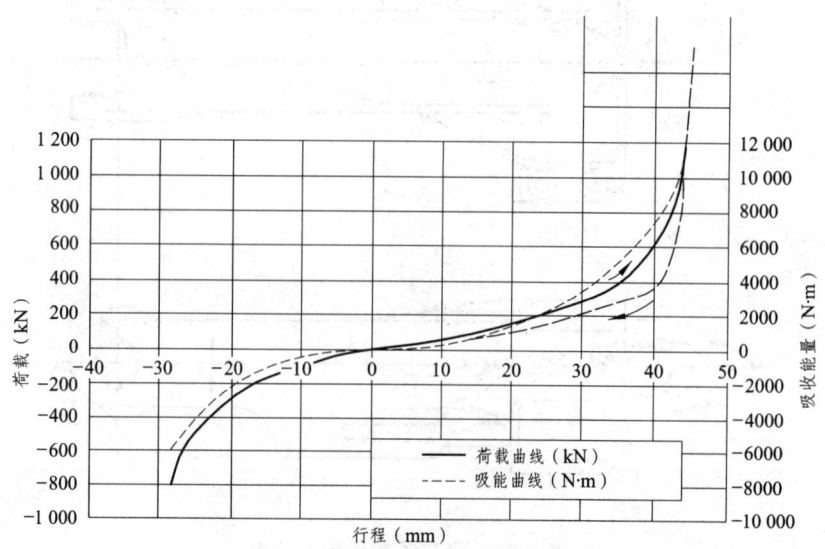

图 5.27 RD011A 型橡胶缓冲器吸能曲线

该中间缓冲器的容量为：拉伸是 784 kN，压缩为 980 kN，其基本技术参数及性能参数参见表 5.2。

4. 过渡车钩

1）结构及作用原理

为便于动车组救援和回送，专门配有救援和回送过渡车钩。

过渡车钩是在救援和回送时与装有 15 号车钩的机车进行连接的部件。结构上要求过渡车钩的一侧能连接到 CRH$_2$ 车钩上，另一侧能与救援机车车钩（即 15 号车钩）连接。过渡车钩必须满足如下条件：

（1）每列动车组上配有两套救援用过渡车钩，可满足牵引 16 辆编组的列车以 120 km/h 速度运行的要求。

（2）过渡车钩放置在车辆两端头车的前罩室内，其质量为 63 kg，在搬运及安装作业时，最好使用升降叉车或其他工具等，以确保安全。

救援及回送过渡车钩具体结构见图 5.28。

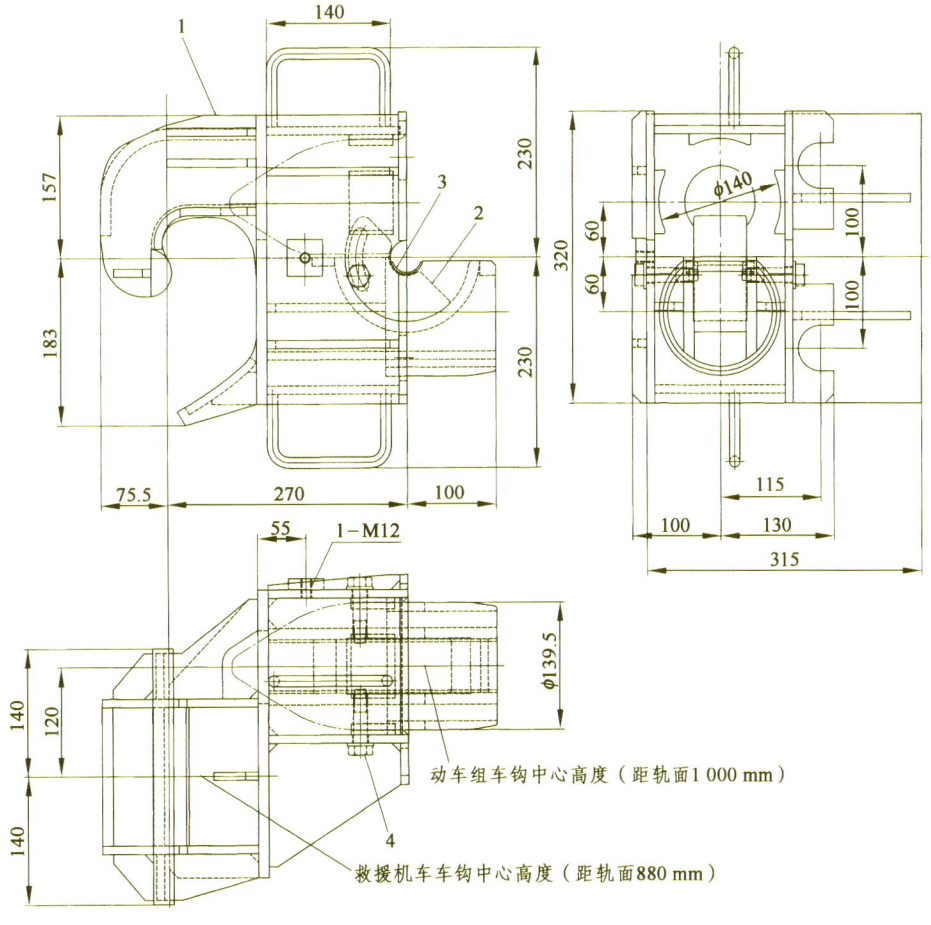

图 5.28 过渡车钩结构

1—车钩体；2—钩舌；3—挡板；4—固定螺栓

2）过渡车钩主要技术参数

此过渡车钩为钢板焊接结构，强度必须满足如下要求：

（1）拉伸时，永久变形达到 1 mm 时的负载在 392 kN（40 t）以上。

（2）拉伸断裂负载在 392 kN（40 t）以上。

过渡车钩各部分构造材质见表 5.3。

表 5.3 过渡车钩构造材质

符 号	名 称	材 质	个数/台
1	车钩体	SS400	1
2	钩舌	SS330	1
3	挡板	SPHC	2
4	固定螺栓	SS400	2

过渡车钩的规格如下：

（1）最高使用速度：120 km/h。

（2）最大连接车辆数：16 辆。

（3）车钩质量：63 kg。

3）过渡车钩的使用

当动车组出现故障需要救援或回送时，由于动车组端部车钩中心高度（距轨面 1 000 mm）与救援机车车钩中心的高度（距轨面 880 mm）存在差别，再加上两种车钩的外形也不相同，无法直接相连，因此必须使用过渡车钩将动车组与救援机车连接起来，其连接过程如图 5.29 所示。

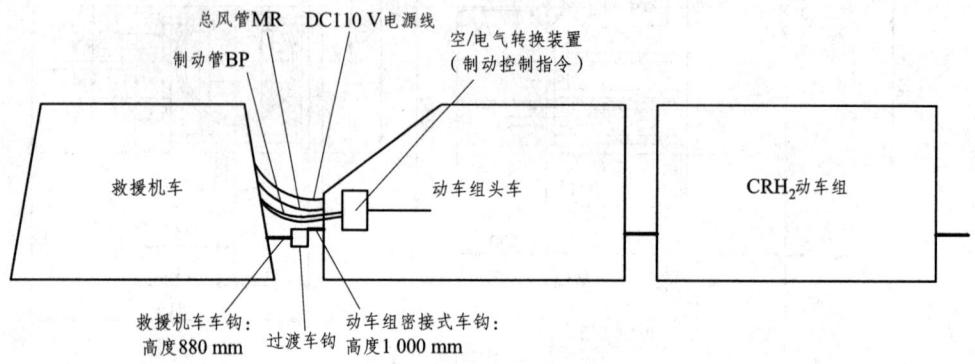

图 5.29 机车救援连挂示意图

过渡车钩由于是临时性设备，在结构上属于轻量化设计，因此其结构强度只有 400 kN。在使用中要注意以下几个方面：

（1）制动系统：CRH$_2$ 动车组为全电气指令式制动方式。作为基本条件，机车牵引运行时也需要启用制动系统，因此必须确保有 DC 100 V 电源。DC 100 V 可以由列车搭载的蓄电池供电。

（2）总风管压力：将机车与总风管 MR 软管连接，供应 600 kPa 的总风管压力。

（3）制动控制：将机车与制动管 BP 软管手动连接，用头车的空/电气转换装置使制动管压力转换为电气指令，让空气制动作用。

（4）其他处理：解除空气弹簧压力，防止由于车辆前后压缩力导致上浮变形。

（5）行车速度：30 km/h 以下（救援速度）。

5. 风挡

1) 结构及作用原理

CRH$_2$动车组对风挡的要求：

- 风挡的空气阻力应尽量小，要做到车辆连接处的平整光滑，以减少列车高速运行时的空气阻力。
- 要有良好的气密性，以保证车内的舒适性。
- 要有足够的强度。为适应压力波的急剧变化，除保证气密性要求外，还要满足气动载荷下的强度要求。
- 风挡的隔音性能要好，保证车内的舒适性。
- 为了防火，风挡所用非金属材料阻燃性要好，在紧急情况下风挡还要便于分解。

CRH$_2$动车组两车辆间设有压缩式外风挡、气密式内风挡和防雪风挡。压缩式外风挡起到隔音和降噪的作用；气密式内风挡主要靠螺栓及橡胶密封件形成气密结构，保证动车组内部的气压波动在标准值以内；防雪风挡则是为了防止积雪对车辆运行的影响而设置的。

压缩式外风挡、气密式内风挡和防雪风挡等均安装在车体车厢的外端墙上，详见图 5.30。

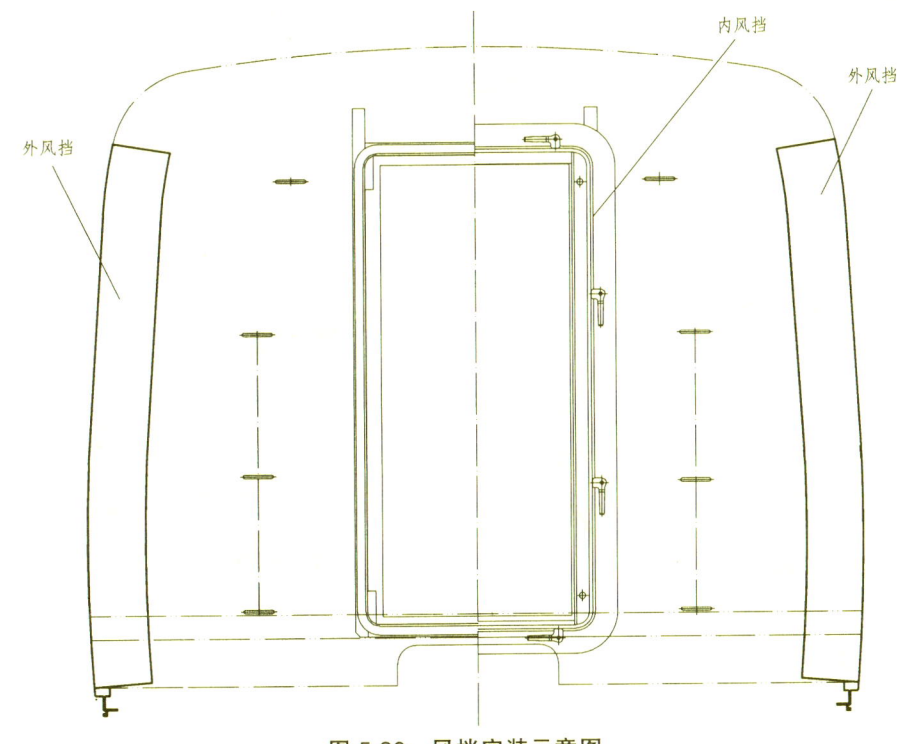

图 5.30 风挡安装示意图

（1）压缩式外风挡。

压缩式外风挡是为了降低和隔离车外的噪声而设置的防护装置。同时具有在停车时防止乘客掉下和运行时抑制车体振动的功能。

压缩式外风挡与通常的车端缓冲器（衰减系数 50 kN/（m·s）左右）具有同等的减振性能，同时还使车体间的车辆连接部位尽量平滑化，能够使列车运行时的空气阻力适当降低。

CRH$_2$动车组采用的压缩式外风挡结构详见图 5.31。

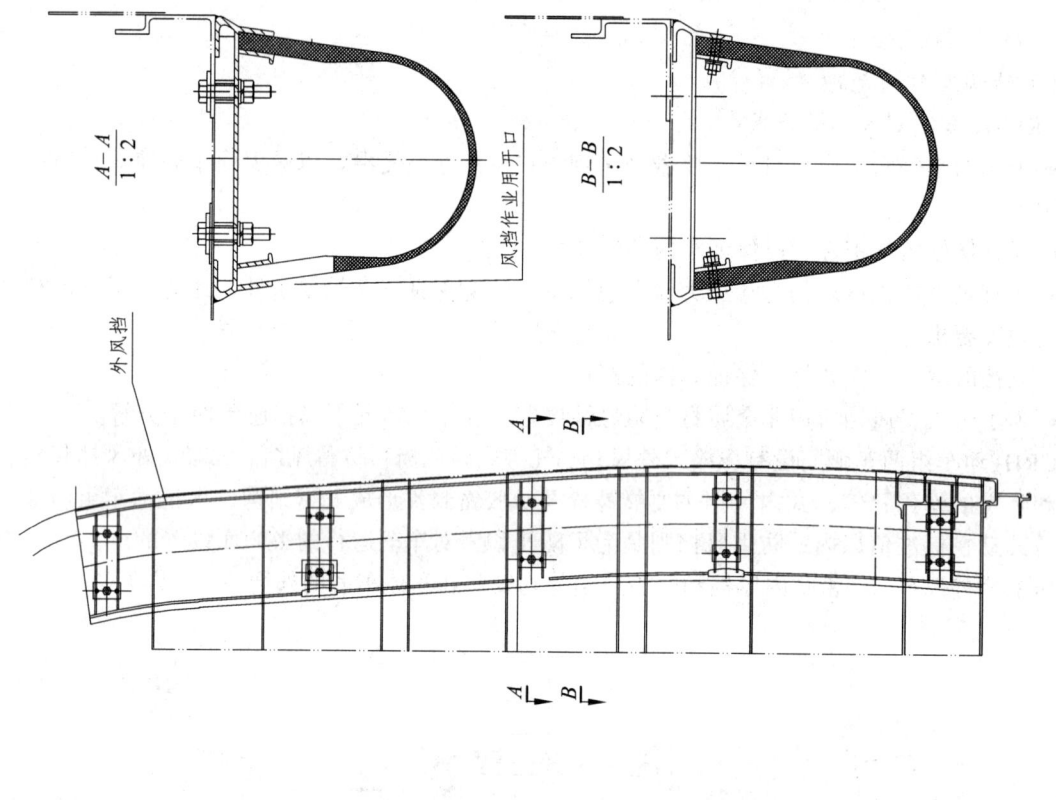
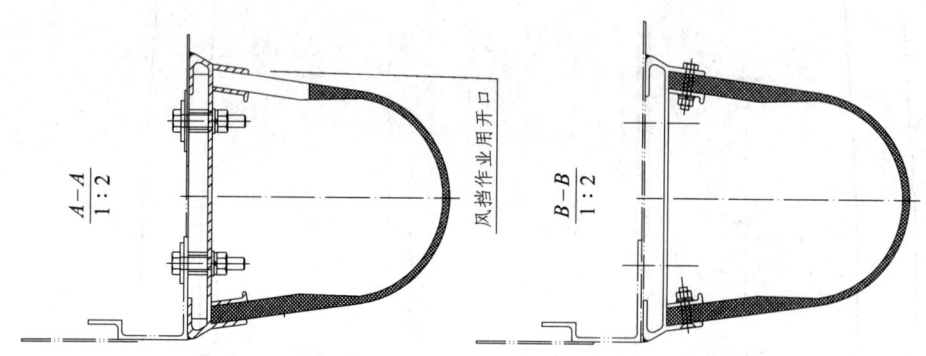
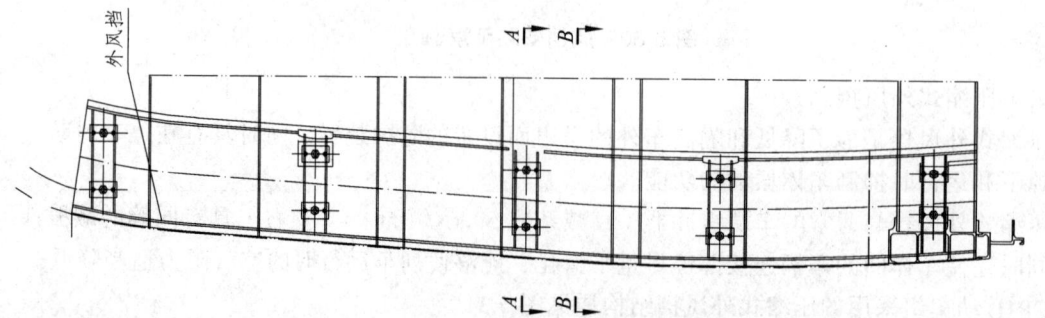

图 5.31 左侧和右侧外风挡结构

（2）气密式内风挡。

CRH$_2$动车组在车辆间的连接部位设有气密式的内风挡。气密式内风挡采用全波纹气密橡胶，由金属框、安装框（金属）、全波纹橡胶密封件和外罩等组成，具有良好的伸缩性、气密性和水密性，见图5.32。

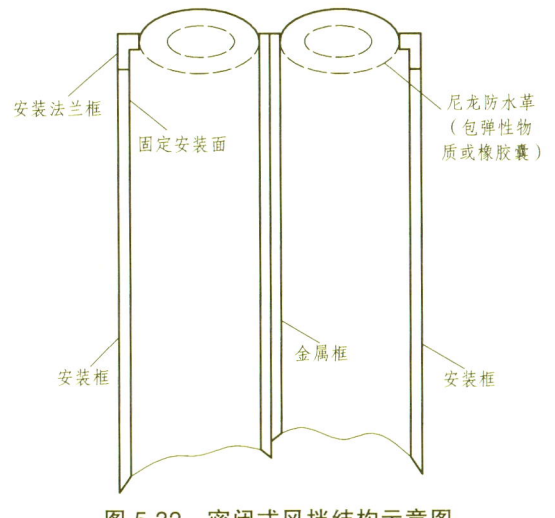

图5.32　密闭式风挡结构示意图

全波纹橡胶密封件一端与安装框压缘处连接，另一端与金属框压缘处连接，安装框安装在车体端墙的支座上。金属框的一侧设有暗销，另一侧设有暗孔，两车连挂时，保证金属框对中，金属框两侧有连接螺栓施加密封。内风挡外形和详细结构见图5.33、图5.34。

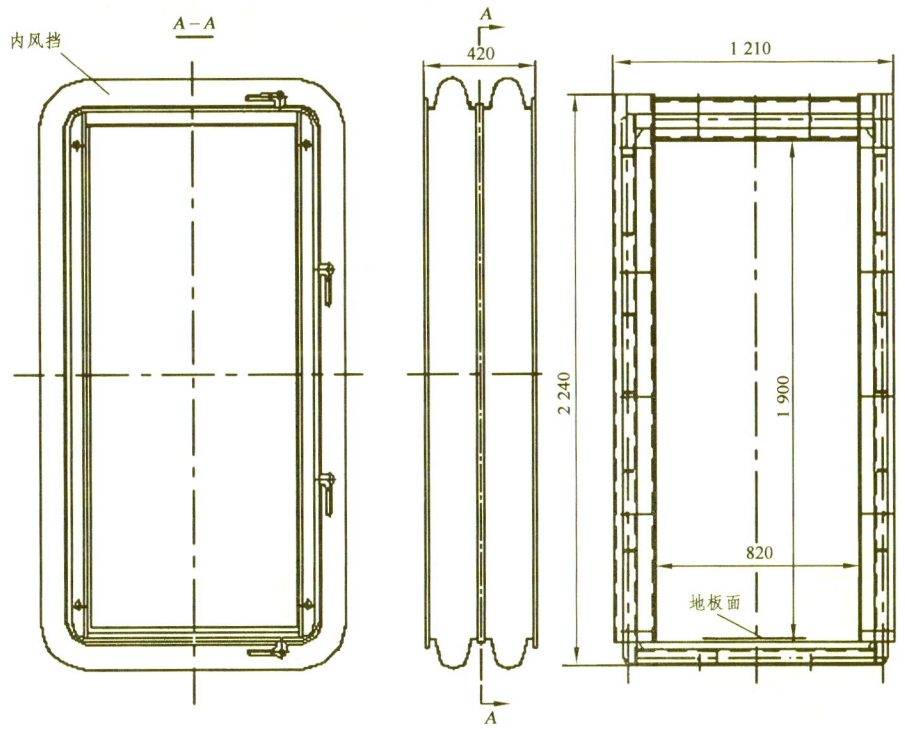

图5.33　气密式内风挡外形

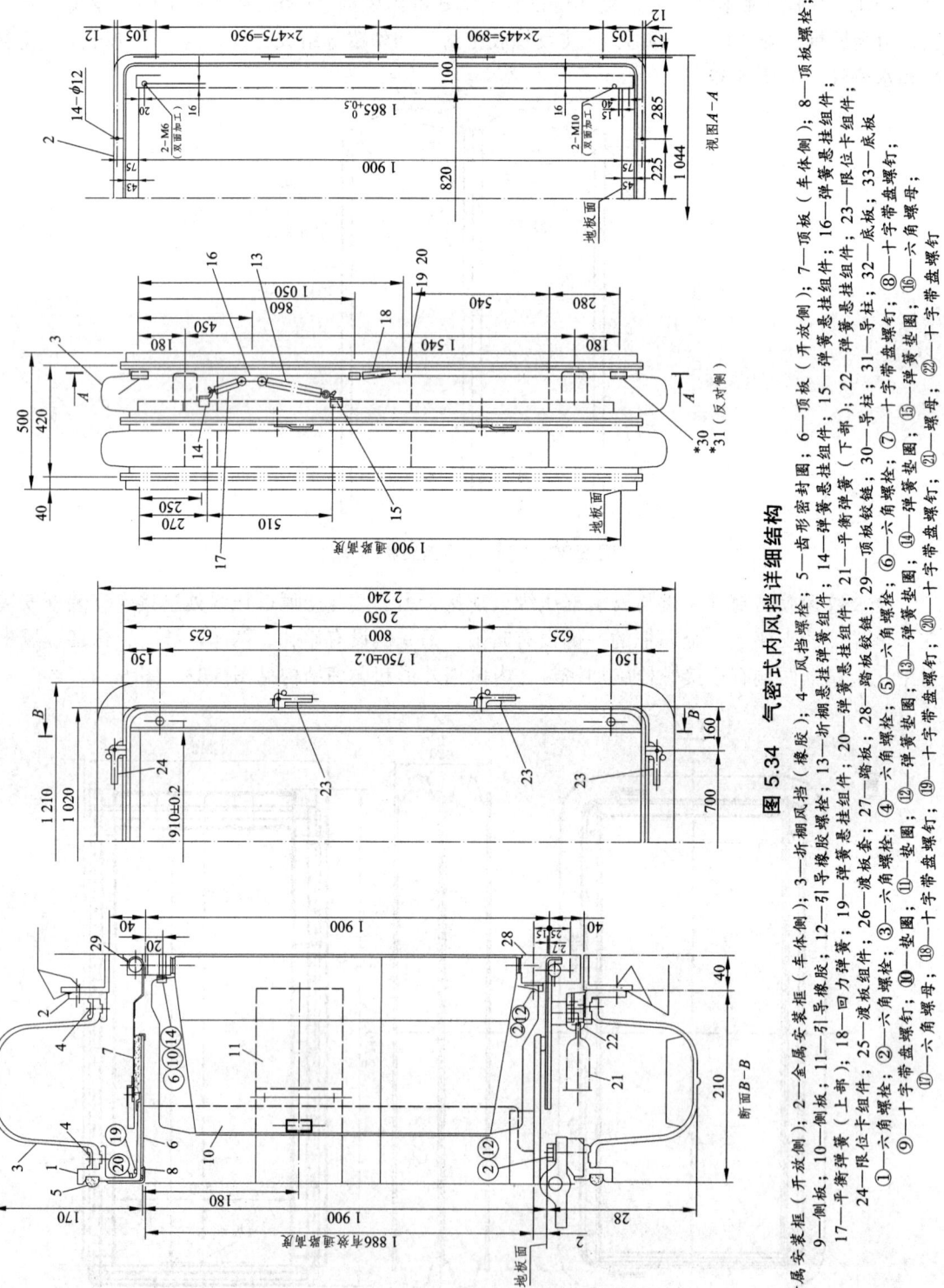

图 5.34 气密式内风挡详细结构

1—全属安装框（开放侧）；2—全属安装框（车体侧）；3—折棚风挡（橡胶）；4—风挡螺栓；5—齿形密封圈；6—顶板（开放侧）；7—顶板（车体侧）；8—顶板螺栓；9—侧板；10—侧板；11—引导橡胶；12—引导橡胶螺栓；13—折棚悬挂弹簧组件；14—弹簧悬挂组件；15—弹簧悬挂组件（下部）；16—弹簧悬挂组件；17—平衡弹簧（上部）；18—回力弹簧；19—平衡弹簧；20—弹簧悬挂组件；21—平衡弹簧；22—导柱；23—限位卡组件；24—限位卡组件；25—波纹板；26—踏板组件；27—踏板；28—踏板螺栓；29—顶板螺栓；30—导柱；31—十字盘螺钉；32—底板；33—底板；
①—六角螺栓；②—六角螺钉；③—六角螺栓；④—垫圈；⑤—弹簧垫圈；⑥—六角螺钉；⑦—十字盘螺钉；⑧—十字盘螺母；⑨—十字盘螺钉；⑩—十字盘螺母；⑪—垫圈；⑫—垫圈；⑬—弹簧垫圈；⑭—垫圈；⑮—螺母；⑯—六角螺钉；⑰—六角螺母；⑱—十字带盘螺钉；⑲—十字带盘螺母；⑳—十字带盘螺钉；㉑—螺母；㉒—十字带盘螺母；

在内风挡内部的通道上，为在列车行驶时不妨碍乘客通行，设有扶手及可动式渡板。考虑到可动式渡板对通道通行有妨碍，在上部设有搭板。

为防止可动式侧板装饰层的损伤，特地变更侧面板的长度和侧面板的导向橡胶的长度，同时为防止侧面板的导轮偏磨损，采取了由圆筒状变为块状的对策。对于导轮用的擦板，考虑到导向橡胶的更换，导向橡胶的压件采用分体式的。

另外，为了提高导轮用的耐磨耗层的持久性，采用 SUS 制的擦板。

（3）防雪风挡。

在大雪天气，轨道上的积雪会被列车卷起黏附在内外风挡下方，当附着的大块积雪在振动及风力的作用下掉落时则会激起碎石和冰块飞溅，为此，在车钩的下部设置了外形较为光滑、不易附着冰雪的防雪风挡，以防运行时因为落雪而引起的碎石等异物的飞溅。

为了防止风挡前端部下垂而设置了下侧的风挡压板，同时为了防止因黏雪而损伤，尽量将其做短，使其不至于发生下垂。另外，对于下侧风挡压板安装螺栓的固定方法，为了防止雪害损伤，从下侧插入螺栓，而上侧用特殊的螺母进行固定。为防止松动，继续采用特殊的螺母来进行固定。

CRH$_2$ 动车组各车辆间采用的防雪风挡结构见图 5.35。

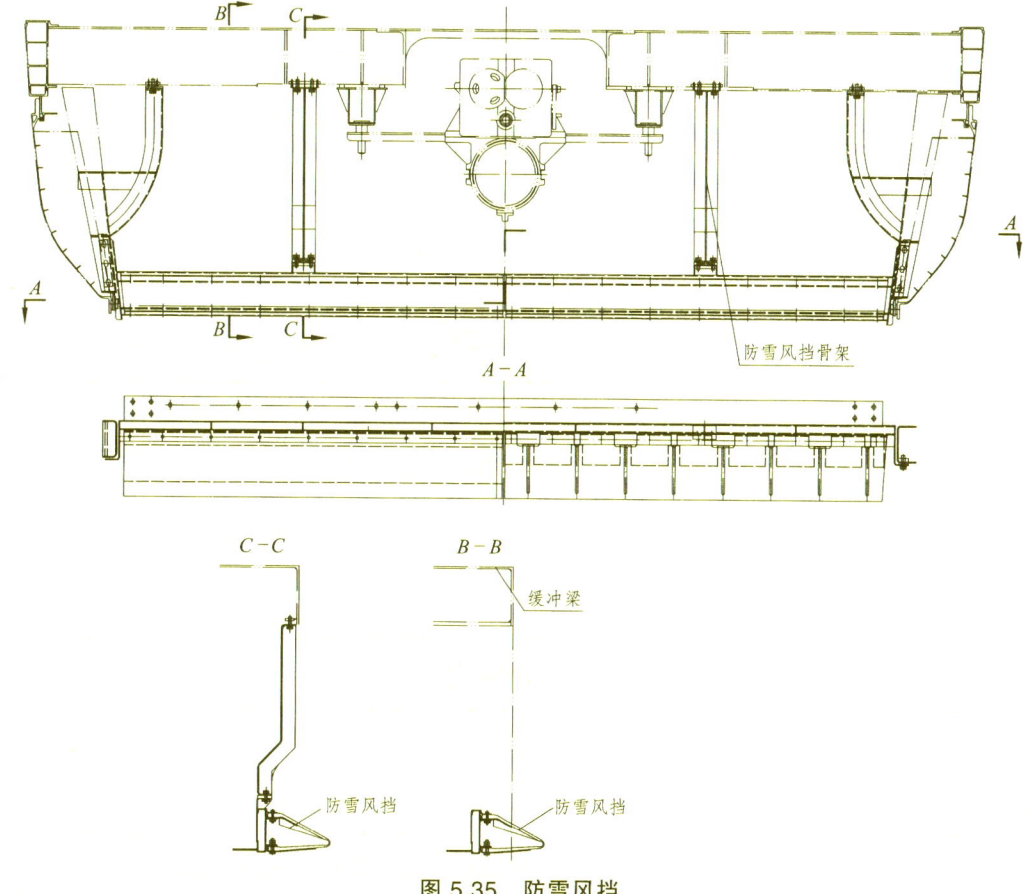

图 5.35　防雪风挡

2）风挡的主要技术参数

CRH$_2$ 动车组两车厢间采用的气密式内风挡的主要技术参数如下：

风挡内部（即内走廊净空），高 1 935 mm（地板面以上为 1 900 mm），宽 820 mm。

风挡外部最大安装尺寸，高 2 240 mm，宽 1 210 mm，长 500 mm（两车厢间名义安装间距 420 mm）。

6. 电气连接

1）车顶高压连接器

在 2~6 号车车顶安装了电缆连接器，通过此类连接器接通整列车的网侧电路。

2 号车车顶安装电缆连接器，二位端的电缆连接器通过高压过桥线与 3 号车相连。

4 号车车顶连接器相对较多，包括 T 型电缆连接器、电缆连接器和倾斜型电缆连接器。受电弓将接触网的电能引到 T 型电缆连接器，再贯穿到整车的特高电缆中，通过二位端的倾斜型电缆连接器与 5 号车相连，通过一位端的电缆连接器与 3 号车相连。

5 号车一位端安装倾斜型电缆连接器，二位端安装电缆连接器。

6 号车与 4 号车的车顶布置类似。因为本车不与 7 号车车顶设备相连，所以与 4 号车相比减少了二位端的倾斜型电缆连接器。由于需向安装在本车的牵引变压器供电，需与 5 号车高压电缆相连，所以车顶一位端安装 L 型电缆连接器和三分路电缆连接器。

具体的车顶设备布置见图 5.36、图 5.37。

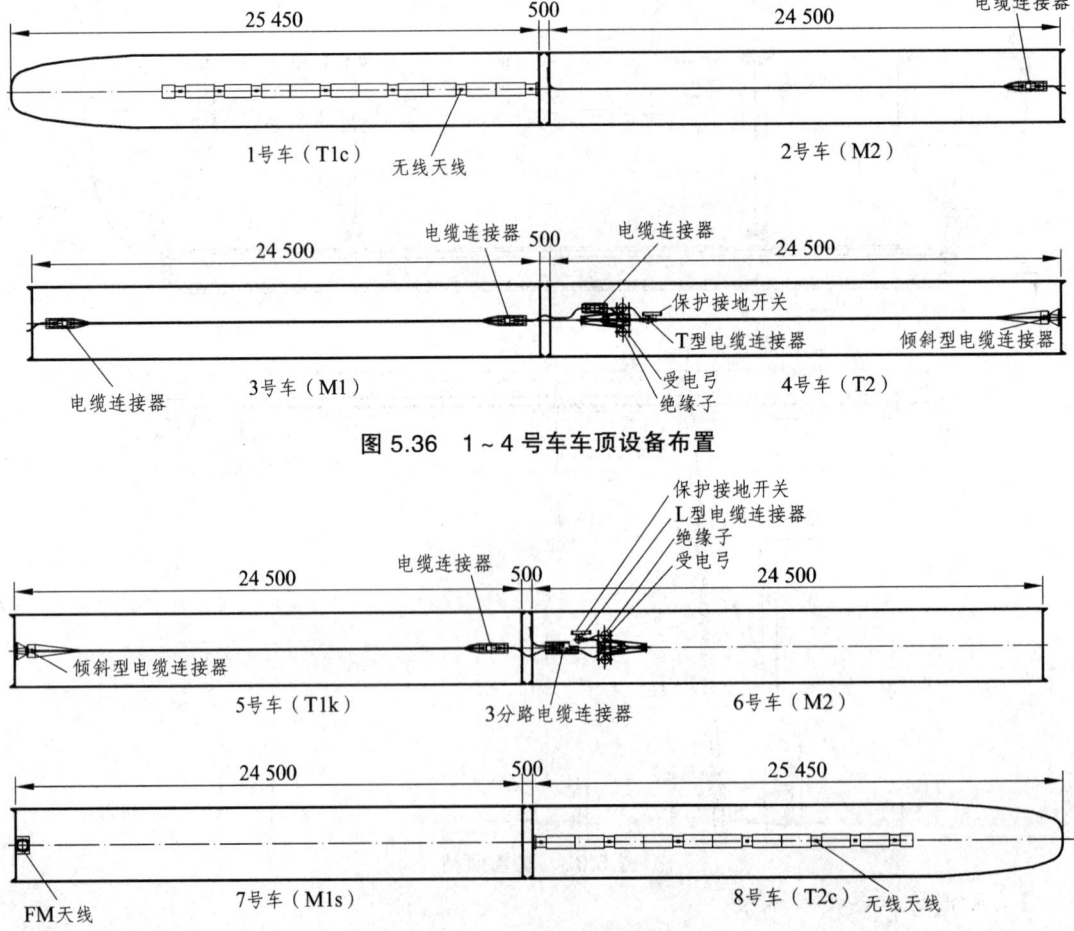

图 5.36　1~4 号车车顶设备布置

图 5.37　5~8 号车车顶设备布置

2）端部电气连接器

（1）结构。

端部电气连接器安装在端部密接式车钩上部（具体位置参见图 5.1）。两列车未连挂时，连接器与车钩处于固定状态；当两列车实施连挂时，端部电气连接器支撑杆脱卸，在不固定于端部密接式车钩的状态下进行连接。连接后，可适应车钩的移动。端部电气连接器的推出机构和支撑机构是一体化的，其结构简单。电气连接器结构参见图 5.38，而其支撑装置具体结构参见图 5.39。

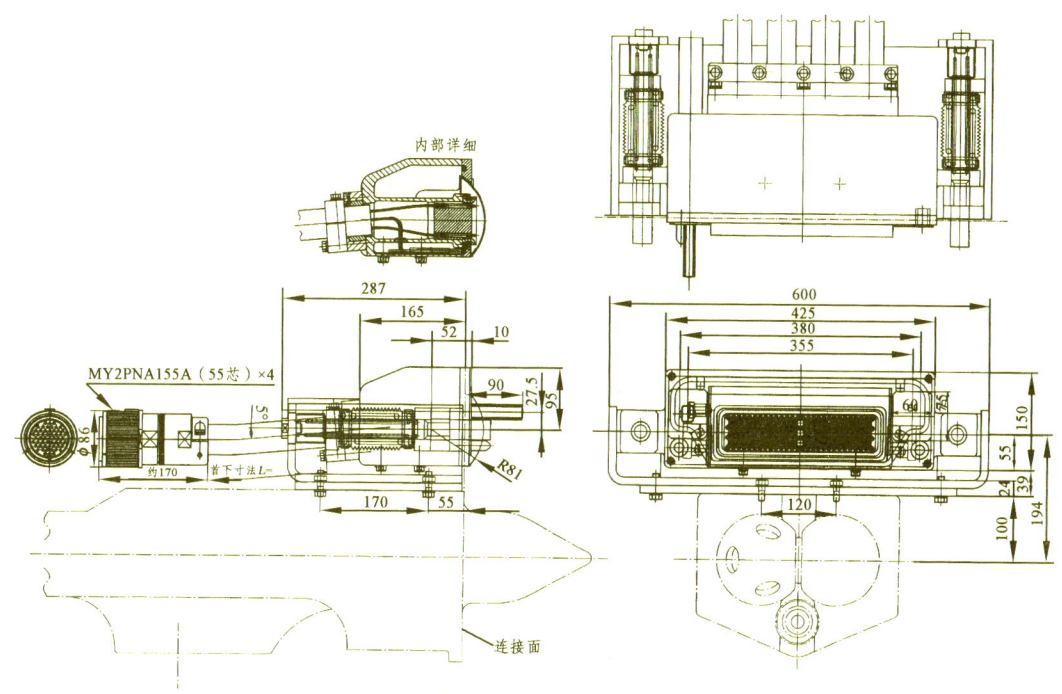

图 5.38 端部电气连接器结构

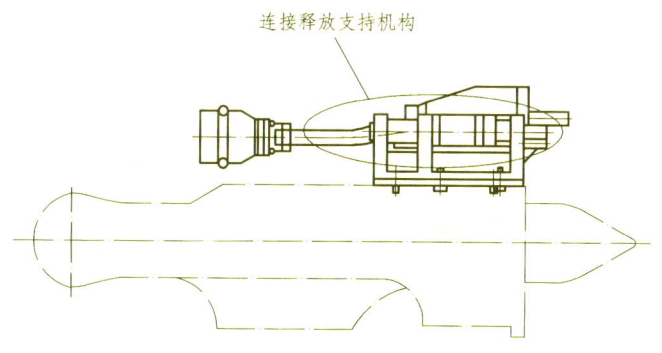

图 5.39 电气连接器支撑装置

端部电气连接器在连接时为防水结构，分开时为防尘结构，其前面的罩盖会自动保护连接面。另外，利用行驶时的风力，由结露防止管来防止连接管内部的结露，同时连接面部位内置的加热器也将防止结露。结露防止管的具体位置见图 5.40。

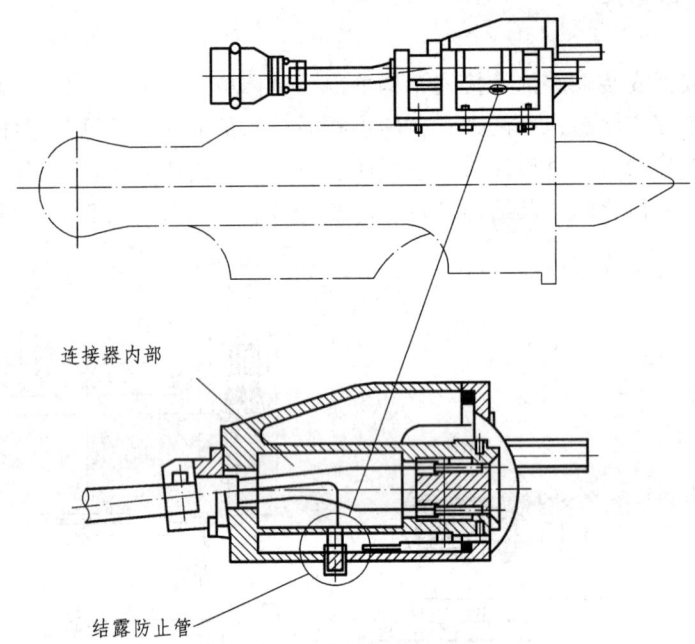

图 5.40 结露防止管

端部电气连接器内设电气接触头，分凹面触头和凸面触头。因允许相互的接触头之间有一定的偏差，所以须有支撑装置，但其结构则较简单。接触头插拔 1.5 万次后其接触电阻保持在 5 mΩ 以下（接触头单体）。可动凹凸接触头结构如图 5.41 所示。

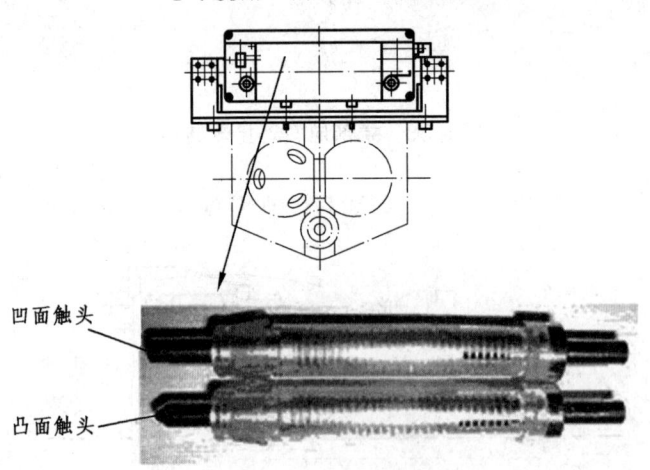

图 5.41 可动凹凸接触头

（2）主要技术参数。

该端部电气连接器型号为 KE204A，采用 190 芯带内置加热器的结构，其主要技术参数和规格见表 5.4。

表5.4 端部电气连接器主要技术参数和规格

项 目		可靠性试验项目	规 格	备 注
构成	接头管脚数		190芯	
	接头插拔力		最小管脚0.83 N（85g）以上（拔力）	
	额定电压		AC 100 V/DC 100 V	
	额定电流		23 A，但圆形接线端子为13 A。或电气连接器全部通过电流为额定电流×芯数×20%	JIS E4202 9.2
	加热器		盖开闭部分（2处）：AC 100 V，30 W	
			防水密封部分：AC 100 V，40 W	
机械性能评价	壳体材料	安装部位强度测定	铝合金	JIS H5202
	振动	振动共振	1～5 Hz 复振幅10 mm 5～30 Hz 加速度复振幅 9.8 m/s²	共振试验 JIS E4031 2类
		振动耐久	复振幅3.5 mm 加速度复振幅 14 m/s²	振动耐久试验 JIS E4031 2类
	冲击	冲击	4次/min 加速度 29 m/s²	JIS E4032 1类及A类
	耐久性	连接速度耐久试验（反复动作）	2 km/h 机械强度2万次	2 km/h 8 000次（每日1次 365×20年） JIS E5004.11.2
电气性能评价	绝缘阻抗	绝缘电阻测定	以1 000 V时为20 MΩ以上	JIS C 5402 5.2
	耐压	耐电压试验	AC 1 200 V 50 Hz 1 min	JIS C 5402 5.1.3 方法A,B,C中的任一个
	接触阻抗	接触电阻试验	5 mΩ以下（接触头单体）	JIS C 5402 5.3及5.4
	温度上升	静止时通电温度上升	通电流时，在60℃以下（饱和状态）	JIS E 4202 9.2
		加振时通电温升试验	通电流时，在60℃以下（饱和状态）加速度复振幅 14 m/s²	振动耐久试验 JIS E 4031 2类 JIS E 4202 9.2
环境评价	耐水性	耐水试验	密封安全级 IP67	JIS E 4034 4类
	耐久性	温度周期试验	－25～＋40℃	

（3）连接时的动作过程。

端部电气连接器的连接过程按如下六步进行：

① 当连接面间的距离为200 mm时，机械连接器的突起部（密接式车钩钩头）开始被引至另一方机械连接器的孔（密接式车钩钩头腔）。

② 当连接面间的距离为 100 mm 时,接触杆与垫板接触,盖板开始向上翻开。
③ 当连接面间的距离为 80 mm 时,支撑杆相互接触。
④ 当连接面间的距离为 50 mm 时,支撑杆从电气连接器脱卸,相对于机械连接器,电气连接器为不固定状态,电气连接器的引导轴开始被引向另一方的电气连接器的导座。
⑤ 当连接面间的距离为 20 mm 时,垫板相互接触,电气连接器连接结束后,连接面间的距离为 0 时,各自后退 10 mm。
⑥ 行驶时,相对于机械连接器(密接式车钩),电气连接器为可摇动的机构(摇动范围:上下左右各 5 mm、前后 10 mm)。

其中第①、②和③步见图 5.42,而第④、⑤步见图 5.43,第⑥步见图 5.44。

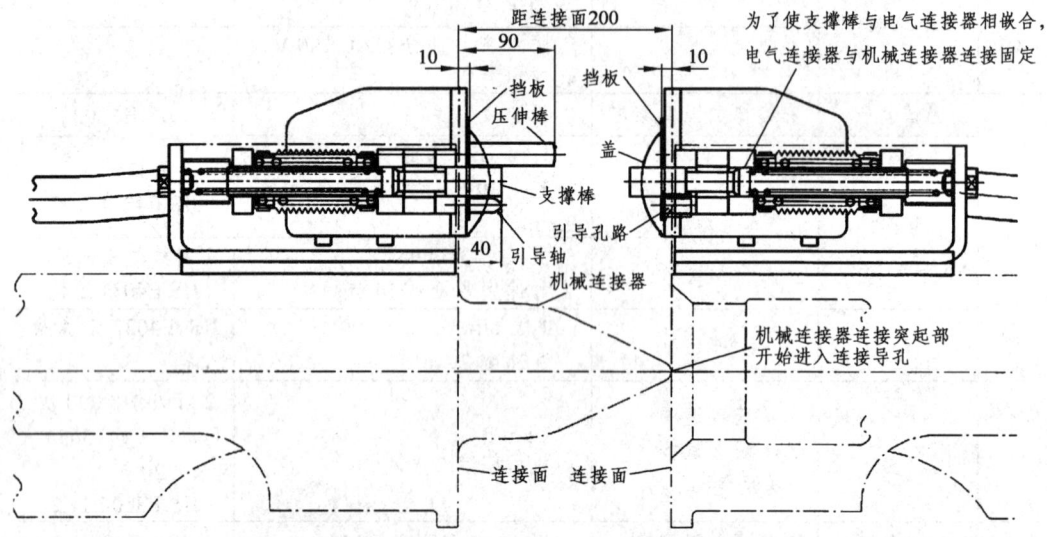

图 5.42 端部电气连接器动作(1)——第①、②和③步

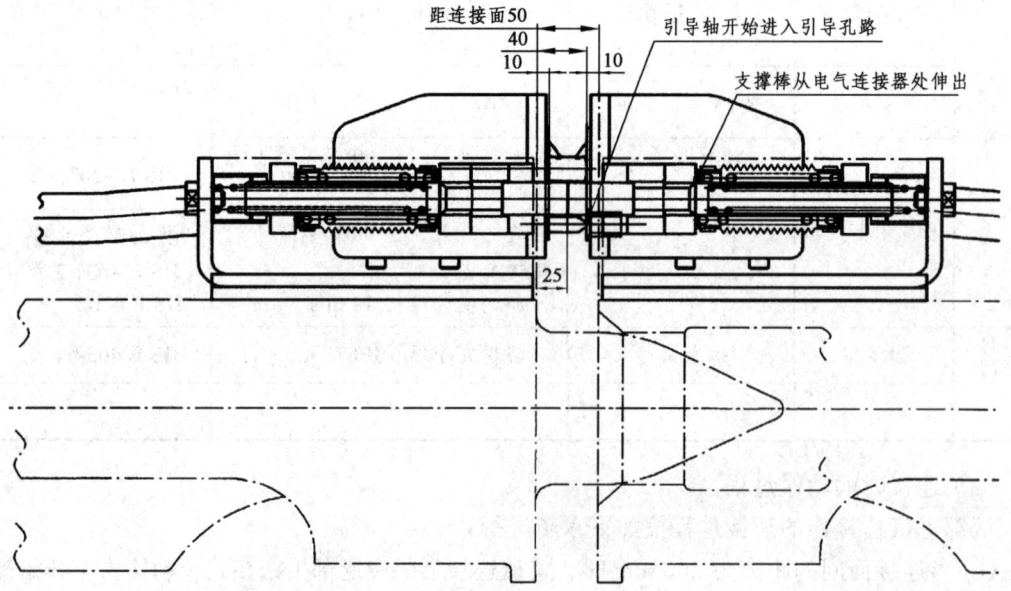

图 5.43 端部电气连接器动作(2)——第④和⑤步

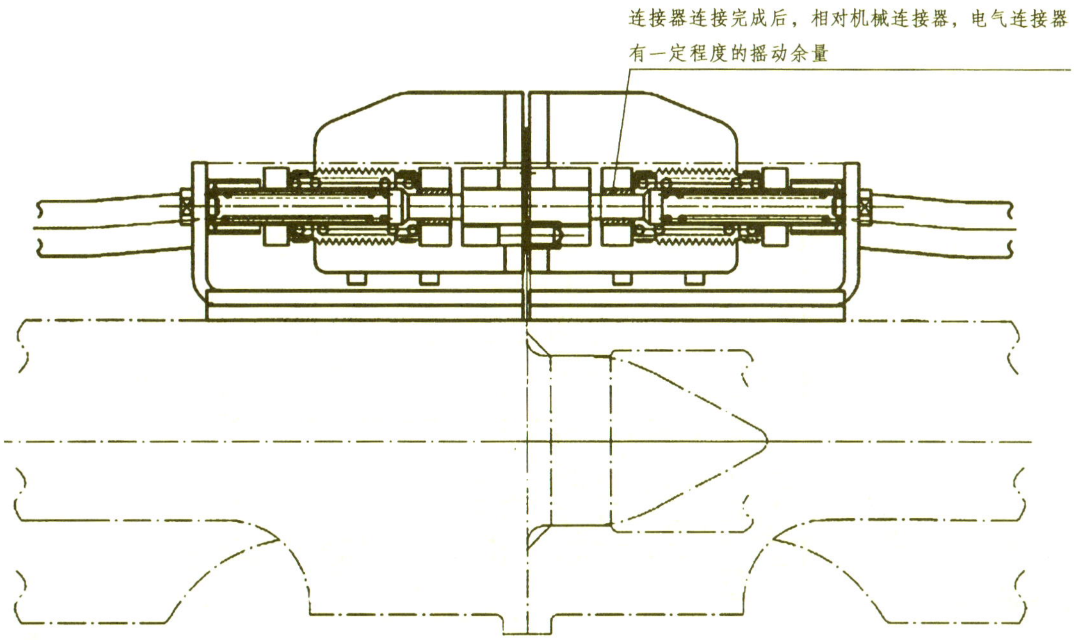

图 5.44 端部电气连接器动作（3）——第⑥步

（4）操作时的注意事项。

① 为进行点检而打开电气连接器单体罩盖（Cap）时，须用撑杆撑住，用附属的锁销插入撑杆前端 45 mm 处的销孔后则形成开放状态，此时的锁销须使用附属在收放锁销位置的锁销，注意不要让链子卷入。

② 接触头（Socket Contact）不可使用规定以外的东西。

③ 电气连接器内部有浸水痕迹的场合，须在清扫后进行绝缘测试，若规格不良时则须进行拆卸修理。

④ 因罩盖（Cap）开闭用凸轮、撑杆等滑动部位容易附着尘埃，故须进行清扫。

⑤ 须注意电气连接器头端的防水罩盖的尘埃、损伤、老化并定期进行点检和调换。

⑥ 本体两侧的筒式加热器损伤时要更换。

3）中间电气连接

中间车辆间的电气连接包括单芯电器连接器和车钩电器连接器两种。

其中，2、3 号车间和 6、7 号车间有主电路配线用单芯连接器（增加电气参数）；2、3、4 号车间和 6、7 号车间有接地配线用单芯连接器（增加电气参数）；各车间有辅助电路配线和直流母线用单芯连接器；各车车钩下设有车钩电器连接器，用于控制电缆和光缆的连接；各车间有互联网通信电缆用连接器。

中间电气连接示意图见图 5.45，车端配线示意图参见图 5.46。

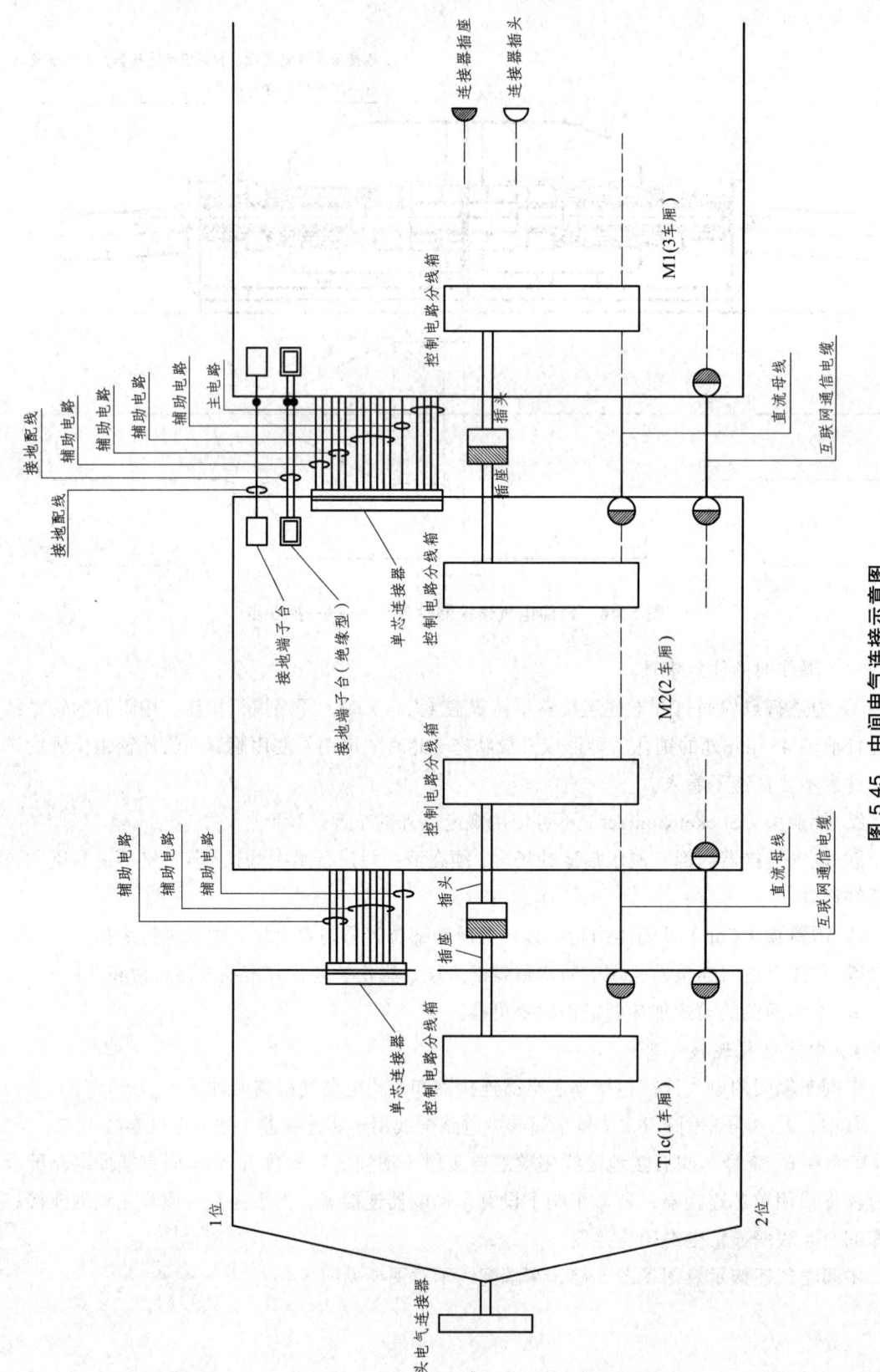

图 5.45 中间电气连接示意图

第 5 章 动车组车端连接装置

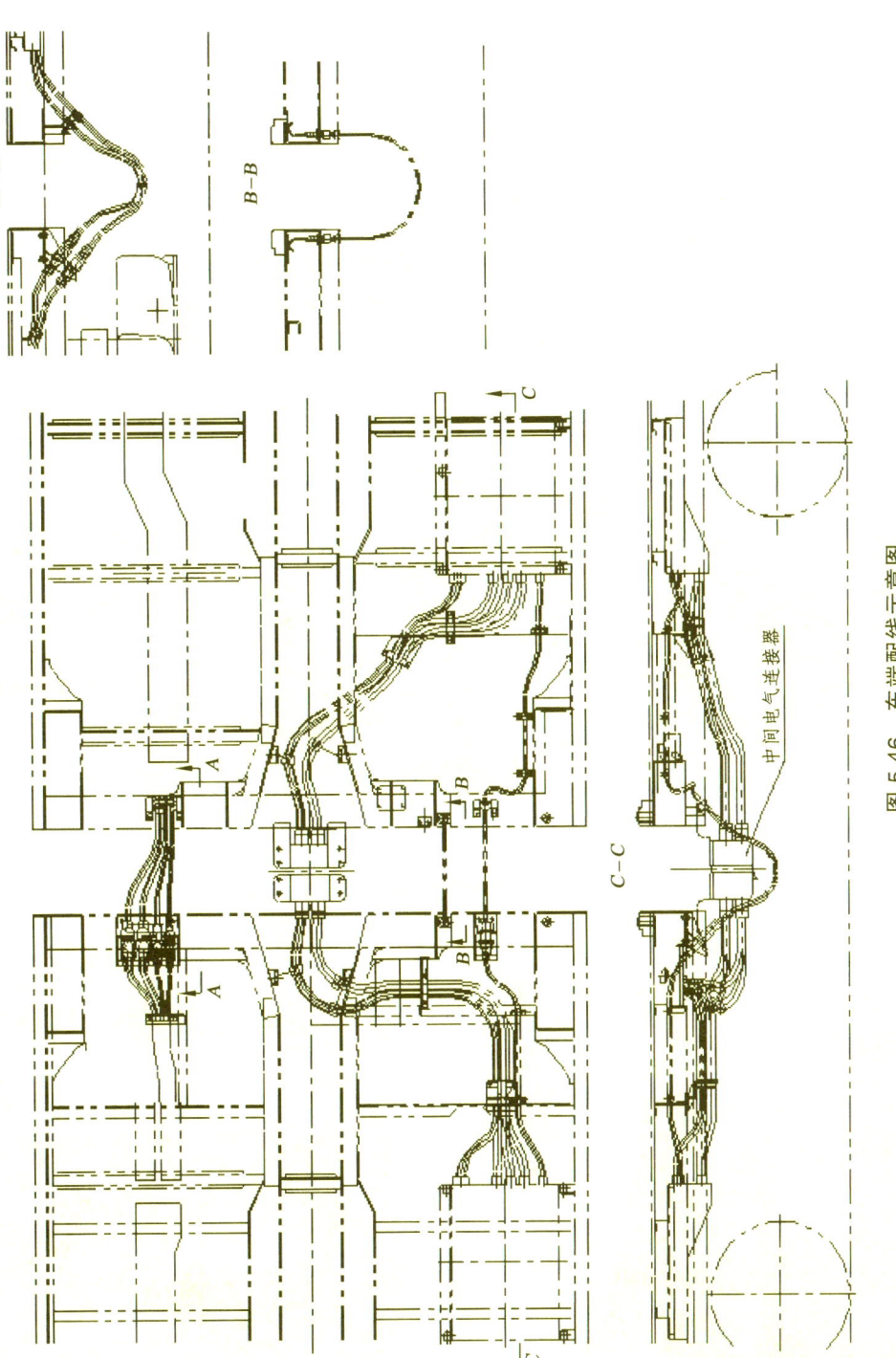

图 5.46 车端配线示意图

中间车钩电气连接器的型号为 KE1C，其主要参数见表 5.5，其结构见图 5.47。

表 5.5 中间电气连接器的主要参数

项 目		参 数
接头管脚	总数	175 芯
	100 A 用	6 芯
	50 A 用	4 芯
	5 A 用	153 芯
	光纤信号用	12 芯
绝缘阻抗		100 MΩ 以上（DC 500 V）
耐电压		AC 1 500 Vr.m.s 1 分间
接触损失		连接器光纤接头侧：3.0 dB（MAX）/接头（$\lambda = 1.3\ \mu m$）
		单芯光纤接头侧：1.0 dB（MAX）/接头（$\lambda = 1.3\ \mu m$）

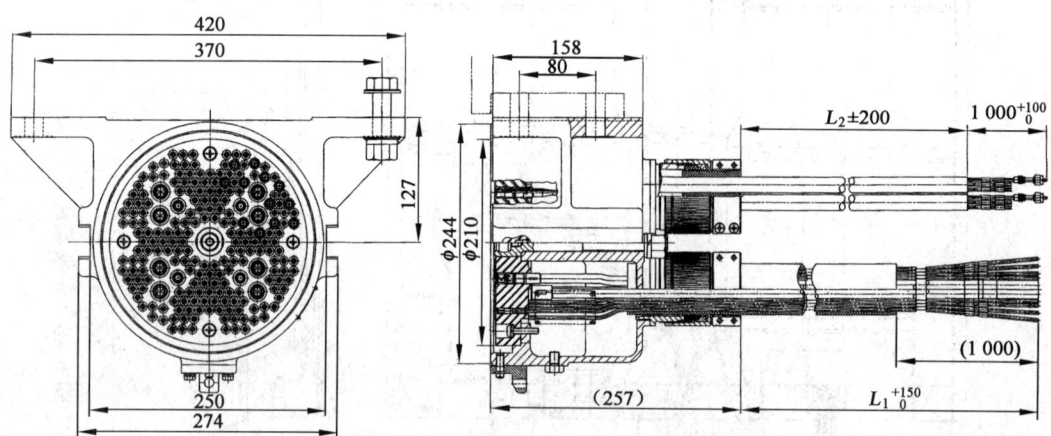

图 5.47 中间车钩电气连接器

中间单芯连接器见图 5.48、图 5.49。

图 5.48 中间单芯连接器（1）

图 5.49 中间单芯连接器（2）

7. 车端阻尼装置

CRH$_2$ 动车组各车辆间预留了车体间减振器的安装座。该减振器的主要作用是抑制车辆间的相互摇动，提高乘客的乘坐舒适度。但由于 CRH$_2$ 动车组运行最高速度为 200 km/h，因此没有必要安装车端阻尼装置，而仅在车端预留了该减振器的安装座。

这里将 E2-1000 系动车组采用的车体间减振器的安装位置列于图 5.50 中，仅供参考。

图 5.50　E2-1000 系动车组采用的车体间减振器的安装位置

5.3.2　CRH$_1$ 动车组车端连接装置

1. 车端连接系统的组成

CRH$_1$ 动车组的车端连接系统由机械连接、电气连接和压缩空气连接三个部分组成。机械连接包括车钩连接及其缓冲装置、气密式内风挡和外风挡；电气连接包括高、中、低压供电连接，控制和通信连接；压缩空气连接则包括以传递制动线路压力和主风缸压力的压缩空气连接器及车钩解钩压缩空气管路连接。车端连接系统组成部分结构外形见图 5.51、图 5.52、图 5.53。

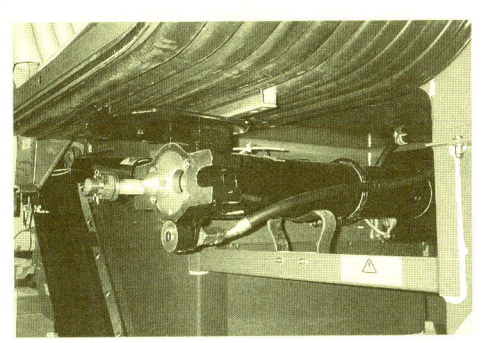

图 5.51　车端连接系统的组成（机械连接的车钩、风挡，压缩空气连接）

图 5.52　车端连接系统的组成（电气连接 1）

图 5.53　车端连接系统的组成（电气连接 2）

以上电气连接中的接线盒窗口位置请参见第 4 章有关 CRH$_1$ 动车组的车体结构端墙结构图。在 CRH$_1$ 动车组的车端连接系统上的机械连接组成部分之一是由 Voith 公司提供的

SCHARFENBERG®（简称沙库）车钩系统。

列车车钩的用途是将列车组内各节车辆以及列车组与列车组连接起来。除了机械连接器外，车钩也包含压缩空气连接器以传递制动管路压力和主风缸管压力，同时还有电气连接器（主要用于传送辅助电源并进行数据通信）。CRH_1动车组装有三类不同的车钩（见图5.54）。

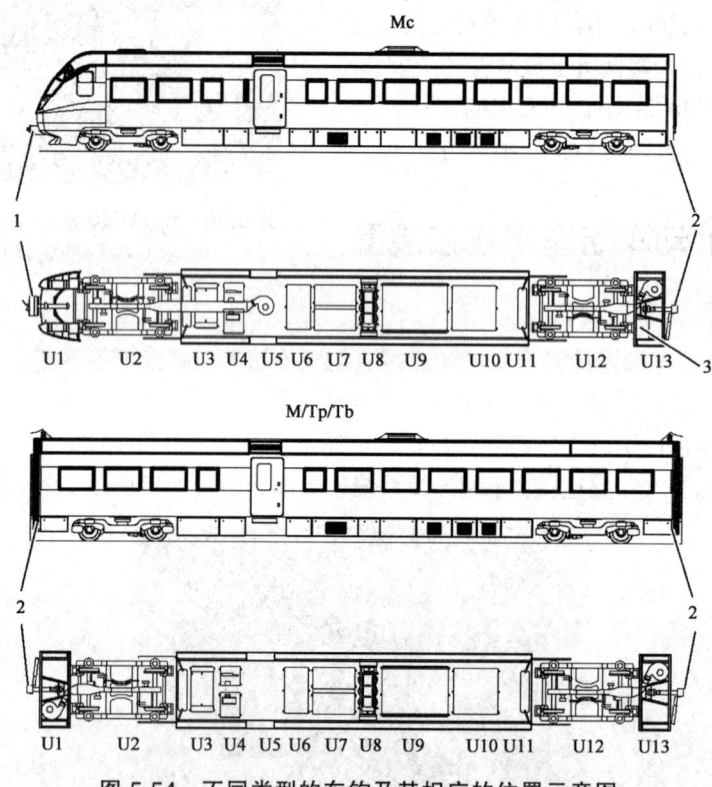

图5.54 不同类型的车钩及其相应的位置示意图
1—自动车钩；2—半永久性车钩；3—过渡车钩（处于存放备用位置）

1）自动车钩

置于CRH_1动车组牵引车Mc车的A端，用于连接其他的列车组，不用时，它们置于前导流罩板的后面。需要与其他列车组连接时，在连接之前，先要打开前导流罩板，让车钩伸出。列车组的连挂和解钩都可由司机室控制自动实现。

2）半永久性车钩

置于Mc车的B端和所有其他车辆的两端，用于列车组内各车辆间的机械连接以及电力和空气连接，只能在车间里通过拆卸进行解钩。所以，又称半永久车钩。

3）过渡车钩（又称紧急车钩）

只有在CRH_1动车组需要紧急救援回送时，用于与我国标准自动车钩的车辆相配接。它置于一个底架隔间内存放备用，使用时，再取出手工安装。

2. 自动车钩

1）自动车钩的结构及作用原理

（1）结构组成。

如图5.55所示是自动车钩的结构及作用原理。自动车钩是一列多编组车组中各编组之间

第 5 章 动车组车端连接装置

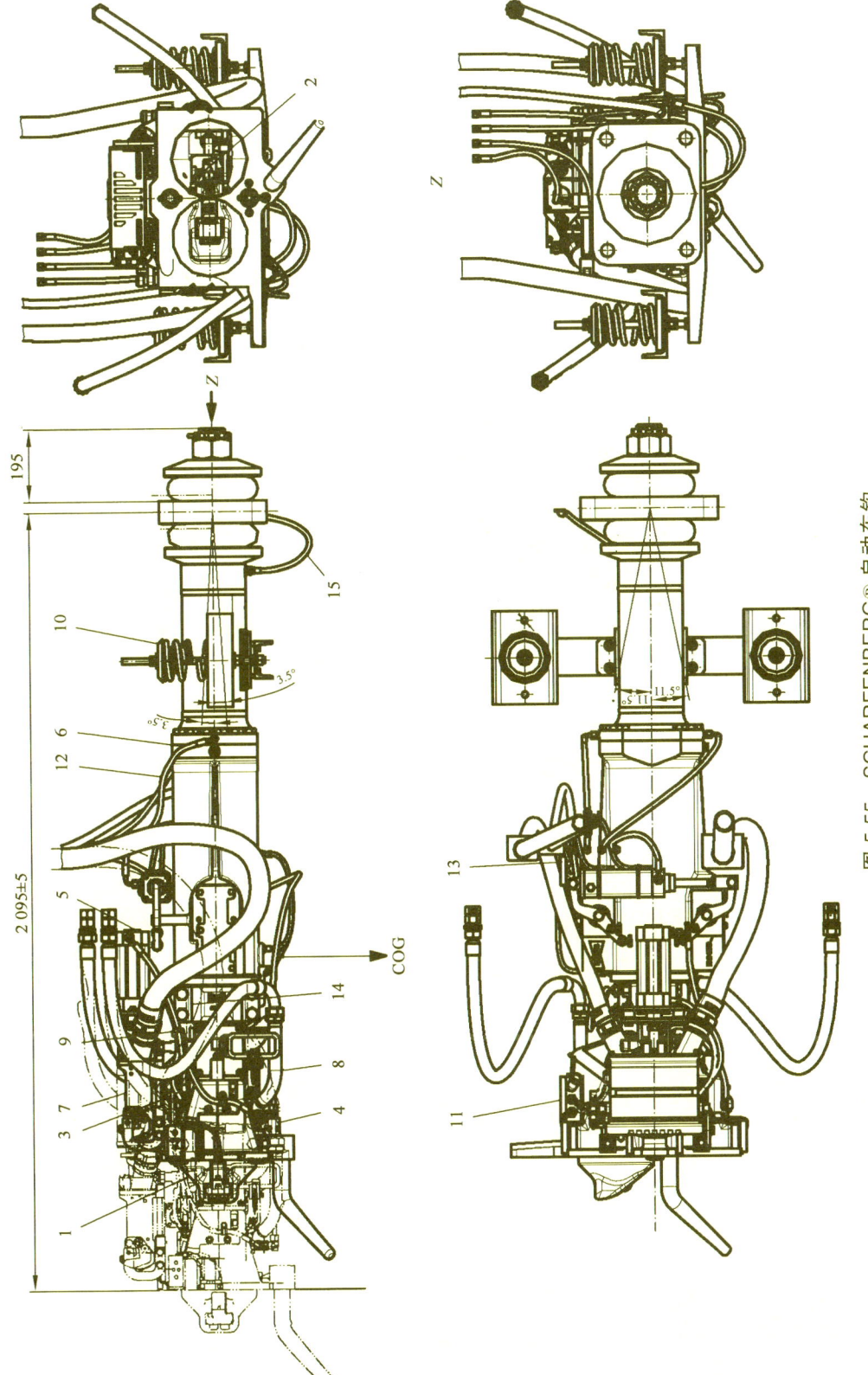

图 5.55 SCHARFENBERG® 自动车钩

1—车钩头；2—解钩风缸；3—空气管路连接；4—空气管路连接；5—电气端头操作齿轮；6—车钩身；7—电气端头；8—空气管路连接；9—空气管路连接；10—支撑；11—电气部件；12—空气管路部件；13—电气部件；14—连接卡环；15—连接电缆

的机械连接装置。多重连挂和解钩是通过司机操作台面板上的按钮来进行的。车钩中还包含压缩空气连接部分，用于传送制动管路压力和主风缸管空气管路压力，另外还有传输数据通信的电气连接部分。电气连接钩头是活动的，在多重连挂和解钩时可以前后推动。在冬季（小于 5℃），将车钩加热，防止冻结和结冰。当一列车组朝着另一列车组低速（小于 5 km/h）驱动并且两车的自动车钩相配时，将可以自动进行多重连挂。

自动车钩（见图 5.55）主要包括以下部件：车钩头，车钩钩身，空气管路，解钩风缸，缓冲装置等。

自动车钩的机械钩头详细结构见图 5.56、图 5.57。钩头内部除了有凸锥 a、凹锥 b 和连合面 c 三部分外，还包括：钩连杆 1、钩舌定位杆（棘爪）2、连杆销 3、钩舌（钩爪盘）4、中心轴销 5、拉簧 6、弹性支座 7、解锁导杆 8 和钩头壳 9。

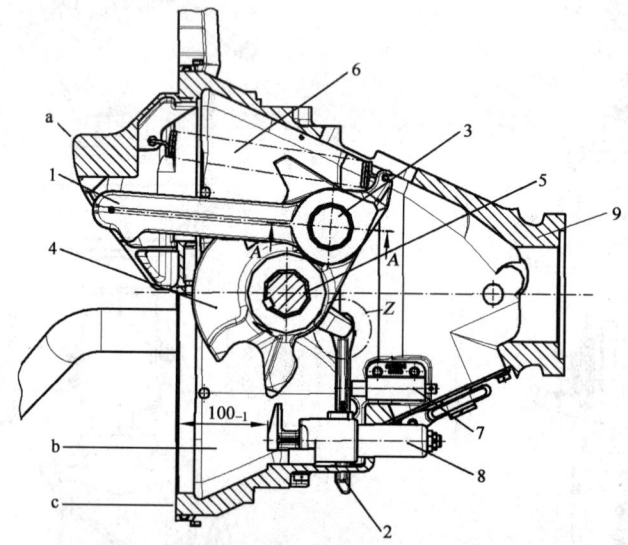

图 5.56　SCHARFENBERG® 自动车钩的机械钩头

a—凸锥；b—凹锥；c—车钩连合面；1—钩连杆；2—钩舌定位杆（棘爪）；3—连杆销；4—钩舌（钩爪盘）；
5—中心轴销；6—拉簧；7—弹性支座；8—解锁导杆；9—钩头壳体

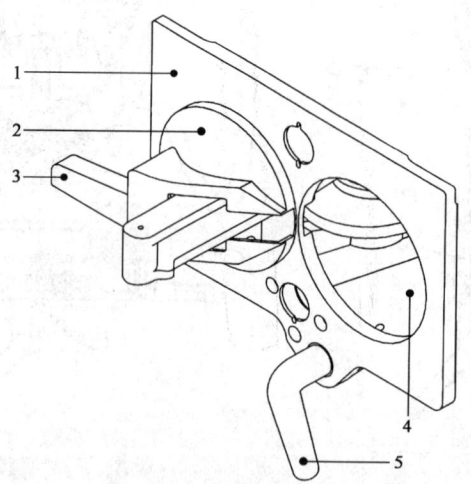

图 5.57　车钩头形状

1—前连合面；2—凸锥；3—导向面；4—凹锥；5—导向角臂（杆）

SCHARFENBERG® 自动车钩安装在每列车的两个端部，能实现两个短编组的自动连挂。当需要连接两个短编组成为一个长编组的时候，只需要把其中的一个编组开到第二个编组连挂的位置，不需要手动协助连挂。即使在角度未对准的情况下，自动车钩也能通过每个车钩连接面上的凸锥和凹锥及其向外伸出的导向角臂（见图 5.57）将车钩对齐，经过横向和垂向的调整实现自动连挂。该车钩能保证连挂的列车适应穿过垂向和横向的曲线的运动，以及列车的旋转运动。除了机械连挂外，也能实现电动和气动连接。

图 5.58 描述了车钩头的连挂范围。自动接合连挂可以在阴影所示范围内完成。这个连挂范围图示适用于直轨上的连挂。在曲线轨道上连挂时，连挂范围将减小。安装在车钩头接面上的导向角臂（杆）增加了车钩的连挂范围。

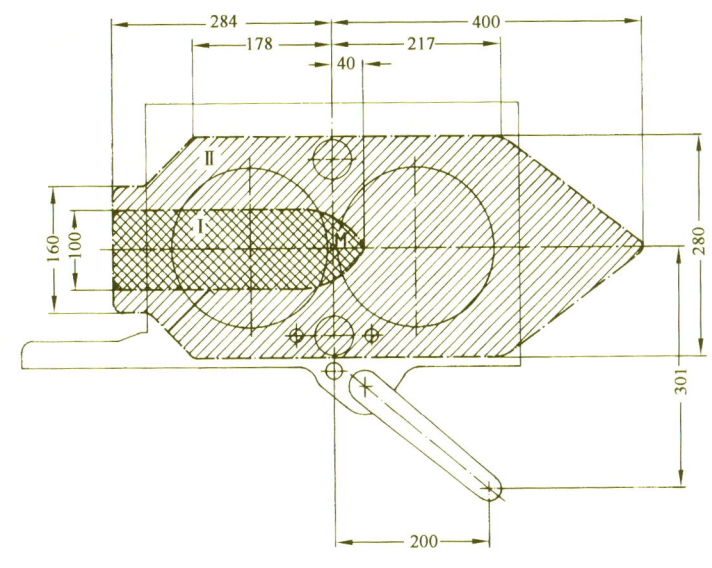

图 5.58 车钩头连挂范围

机械钩头和钩舌（钩爪盘）可以确保实现两节车厢的机械连挂。其连挂结构的特点就是在连挂结合面上带有一个凸锥 a 和一个凹锥 b，可以允许车钩在一个比较大的横向和垂向范围内自动对中。这个接合对中范围通过一个导框和一个安装在车钩连接面一侧的伸展器来控制延伸。

机械钩头的连合面带有一个宽平边可以吸收缓冲载荷。牵引载荷通过钩舌（钩爪盘）4、钩连杆 1、中心轴销 5、拉簧 6、弹性支座 7、带有解锁导杆 8 的钩舌定位杆（棘爪）2 进行传递。通过机械钩头和车钩钩身传递拉伸和压缩载荷，并将经过车钩钩身端部的中空橡胶环的缓冲吸收能力定为限定载荷。任何超出缓冲装置的吸收能力的载荷均被传递到车体底架上。

（2）作用原理。沙库自动车钩的工作原理离不开如下 3 个操作位（或状态）：

① 待连挂状态。如图 5.59 所示，在这个操作位置上，钩连杆缩回到靠近凸锥边缘的位置，由一个钩舌定位杆（棘爪）固定。钩舌（钩爪盘）

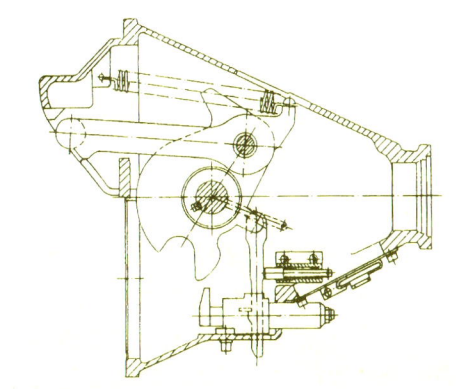

图 5.59 车钩钩舌（钩爪盘）的待连挂状态

被弹簧拉紧。钩舌定位杆（棘爪）突出车钩头一侧并且卡在解锁导杆上。

② 连接状态。如图5.60所示，当车钩面向配合车钩接近时，凸锥把解锁导杆内的压缩弹簧向后压并与从挡块上松开的钩舌定位杆（棘爪）密贴。这个动作，使得钩舌（钩爪盘）通过拉簧转向连挂位置直到钩连杆咬合到钩舌（钩爪盘）上（而钩舌被压在钩头内的一个止挡上），连挂之后，钩舌（钩爪盘）与两个钩连杆形成一个平行四边形机构以确保力的平衡，不可能发生意外解锁。钩舌（钩爪盘）只受到均匀作用在两个钩连杆上的拉伸载荷。

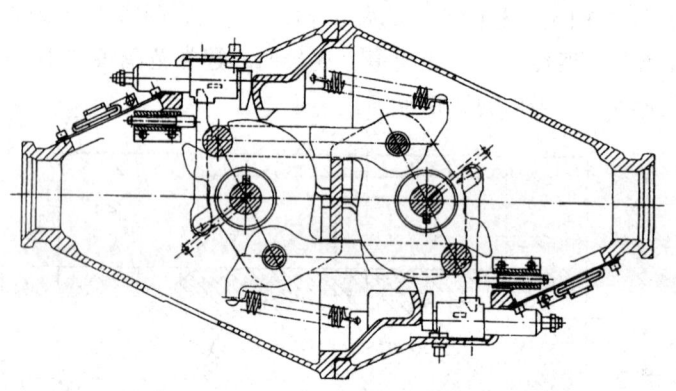

图5.60　车钩钩舌（钩爪盘）的连挂状态

③ 解钩状态。如图5.61所示，解钩时，作用于钩舌（钩爪盘）的拉簧被转动直到钩连杆从钩舌（钩爪盘）上脱开。当钩舌定位杆（棘爪）与解锁导杆咬合时，钩舌（钩爪盘）的位置就固定住了。随着两车移离，作用在解锁导杆上的弹簧和挡块向前移动并松开钩舌定位杆（棘爪）。钩舌（钩爪盘）被拉簧牵引转动直到钩舌定位杆（棘爪）卡到解锁导杆挡块上。钩舌（钩爪盘）重新处于待连接状态。

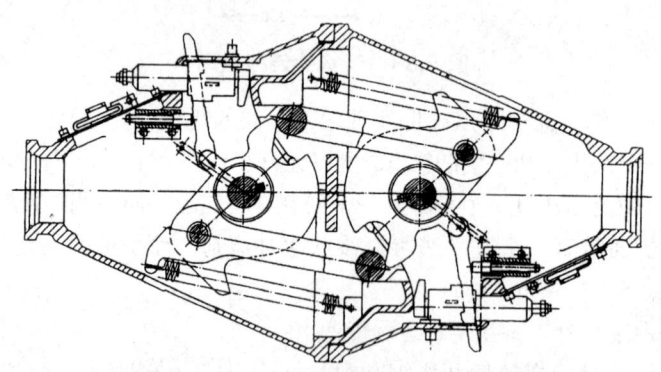

图5.61　车钩钩舌（钩爪盘）的解钩状态

解钩装置通过解钩风缸（见图5.55中的解钩风缸2）使钩舌（钩爪盘）松开（见图5.61）。解钩操作可以通过司机室远程控制完成。司机在司机室按下控制按钮，车钩头内解钩风缸充满压缩空气，推动活塞杆向前移动，转动钩舌（钩爪盘），钩连杆松开。解除连挂也可以在轨道旁直接在车钩上进行人工操作，使用一把艾伦钥匙来旋转钩舌（钩爪盘），将车钩进行机械松开。只有在紧急救援情况下，才进行轨道侧处的手动解钩。车辆在接触连挂分开后，自动伸缩控制装置可以使车钩收回到车体头罩内。车钩回到初始状态，准备进行下一次连挂。

（3）主要技术参数。沙库自动车钩的主要技术参数见表5.6。

表 5.6　自动车钩主要技术参数

项目		参数
压缩强度	屈服强度	1 500 kN
拉伸强度	屈服强度	1 000 kN
车钩长度	从表面到枢轴	[2 095（1 795）±5] mm
伸缩	行程	350 mm
橡胶垫缓冲装置	行程 在阻尼器上	约 45 mm
	行程 在缓冲器上	约 45 mm
车钩允许的最大摆动角度	水平方向	±12°
	垂直方向	±4°
电动车钩		2×26 个触点
车钩头加热器	加热器电气参数	110 V，80 W
连挂的最小速度要求		0.6 km/h
同一列车的最大连挂速度		5.0 km/h
质量（不包括电缆）		约 480 kg

2）缓冲装置

自动车钩上的缓冲装置由中空橡胶弹簧阻尼器和套筒橡胶垫缓冲器组成，位于车钩钩身与车底架缓冲梁相连接处。

缓冲装置的工作原理是将车辆连挂（因为此时车辆有一定的连挂速度）或列车运行过程中产生的纵向冲击和振动力，通过压缩缓冲装置中的橡胶垫阻尼器和缓冲器等部件来吸收冲击能量，从而减缓冲击和振动，保护车辆不受损坏，提高列车运行的平稳性。

缓冲装置的性能主要表现在阻尼器和缓冲器的行程、最大作用力、容量和能量吸收率，等等（参见表 5.6 自动车钩主要技术参数）。行程是指阻尼器和缓冲器受力后产生的最大变形量；最大作用力是阻尼器和缓冲器在变形量最大时所受的外力；容量是阻尼器和缓冲器在被压缩的过程中，外力所做的功；能量吸收率是阻尼器和缓冲器吸收冲击能量的能力，要求不低于 70%。阻尼器和缓冲器能有效地发挥减振的功能。

3）自动车钩的控制

自动车钩的自动连挂或者解除连挂既可以通过司机在司机室进行遥控操作，也可以在轨道旁边进行手动操作。司机通过启动司机室操纵台上的电动和气动部件控制按钮，进行自动车钩的自动连挂或者解除连挂操作过程。

（1）车钩控制机构主要由以下部件组成：

车钩前罩板（分上下两块，参见第 4 章图 4.120、图 4.121）开闭控制装置、电气端头操作控制机构、车钩钩身的伸展和收回控制装置和解钩控制装置。

（2）司机室操纵台上的自动车钩状态自动控制指示信号：

车钩状态指示信号（"机械连挂状态"），车钩钩身状态位置指示信号（"展开状态"，"收回状态"，"锁闭状态"，"解锁状态"）以及车钩前罩板的位置和状态指示信号（"开放状态"，"关闭状态"，"锁闭状态"）等。

（3）自动车钩的几种不同的控制状态及其指示信号：

① 待连挂状态。此时制动管路由一个中心轴销控制的阀门关闭，主风缸管路由一个阀门推杆关闭，解钩管路为非压力管路；电气端头气缸前端充压，使电气端头保持在收回位置，车钩钩身缩回；信号 S4 "车钩缩回亮起"；前罩板关闭：信号 S5 "上前罩板关闭"，S7 "下前罩板关闭"，S10 "上前罩板锁闭" 和 S9 "下前罩板锁闭" 亮起。

② 开启前罩板进行连挂过程状态。前罩板开闭控制装置气动阀门 V5 和 V8 解锁，信号"下前罩板锁闭"和"上前罩板锁闭"消失；接着气动阀门 V6B 和 V7B 启动，打开上下前罩板，信号 S8 "下前罩板打开"和 S6 "上前罩板打开"亮起；气动阀门 V3 启动将连接卡环解锁；气动阀门 V2 启动伸出车钩，开始进入连挂程序。

连挂过程中，空气管路接头的接口件压在一起，主风缸管路阀门推杆被对面的阀门推杆推开；钩舌（钩爪盘）转向连挂位置（参见图 5.55 中 2、连接状态图 5.60），中心轴销凸轮启动两个阀门，制动管阀门打开，控制电气端头的阀门旋转；电气端头操纵齿轮气缸前部解压，后部加压，电气端头向前移动；当电气端头向前移动时，保护盖被打开；电气端头连接后，电气端头内的一个桥接电路马上给出一个"电动连挂完成"信号；中心轴销上的凸轮启动开关 S14，启动位于车钩凹锥侧的加热器，给出"机械连挂完成"信号。

③ 连挂状态。空气管路连接完成，主风缸管路阀门打开；电气端头控制机构的气缸受压，电气端头保持在前进位置，保证接触常压，解钩管路没有加压。

④ 自动解钩状态。启动一方连挂车辆上的解钩阀门，给解钩管路加压，也就给两个相连车钩的解钩气缸（Z3）加了压；解钩气缸活塞推动中心轴销上的凸轮，将钩舌（钩爪盘）转向解钩位置；旋转中心轴销旋转启动 5/2 向阀门，对电气端头控制机构的气缸（Z4）进行控制；气缸前部加压，后部解压，电气端头缩回，电气端头封盖被关闭；制动管阀门关闭，车钩自动解钩。

⑤ 车钩钩身缩回状态。启动阀门 V3 对气缸进行操作，将展开的车钩钩身的锁闭装置进行解锁；启动阀门 V1，缩回车钩，车钩缩回时，一个内置的锁闭机构把车钩钩身锁闭在车钩缩回位置上。

⑥ 关闭前罩板状态。车钩解钩缩回之后，前罩板就可以关闭了。启动阀门 V7A 和 V6A，分别关闭上下前罩板。前罩板关闭时，前罩板锁闭执行机构的气缸 Z3 和 Z7 将前罩板锁闭。

⑦ 车钩断开状态。在车钩断开的情况下，制动管路阀门保持开放状态。制动管路排出气体，启动紧急制动。

⑧ 电气端头的自动断开状态。如果因为操作需要电路必须断开，则可以断开电气端头的控制机构。关闭球形阀，关闭电气端头的控制机构。通过关闭球形阀，通往电气端头控制机构气缸后部的管路被断开，气缸无法加压。这样电气端头就保持在现有的位置上。

3. 半永久性车钩

1）半永久性车钩结构及作用原理

Scharfenberg 半永久性车钩的设计目的是为了确保列车车辆在行驶过程中始终连挂为一个车组，而只在紧急情况下或者需要在车间进行维修时才进行解钩。车钩采用易分离式连接卡环连接，确保连挂牢固可靠无间隙。车钩可使车辆通过垂向和横向轨道曲线并满足车辆做旋转运动。车钩缓冲装置能确保有效的缓冲冲击功能。当车钩连挂时，空气管路连接自动完成。半永久性车钩只能手动完成车钩解钩。车钩钩身设有能量吸收装置，当超出规定的冲击载荷（如：在严重冲击或碰撞情况下）时它可以起到吸收能量的作用。这一装置包括一个预加载变形伸缩管和一个推杆。推杆压入至伸缩管并将其扩张，将冲击能量转换成形变能量。另外，还安装了一套中空橡胶弹簧，可用于轻型能量吸收。

Scharfenberg 半永久性车钩包括以下部件：总风缸管路 MRP 空气管路连接装置、车钩钩身、附件、支架、连接套筒、接地电缆、横向减振器（液压缓冲器），该半永久性车钩实际上属于棒式车钩，其结构见图 5.62。

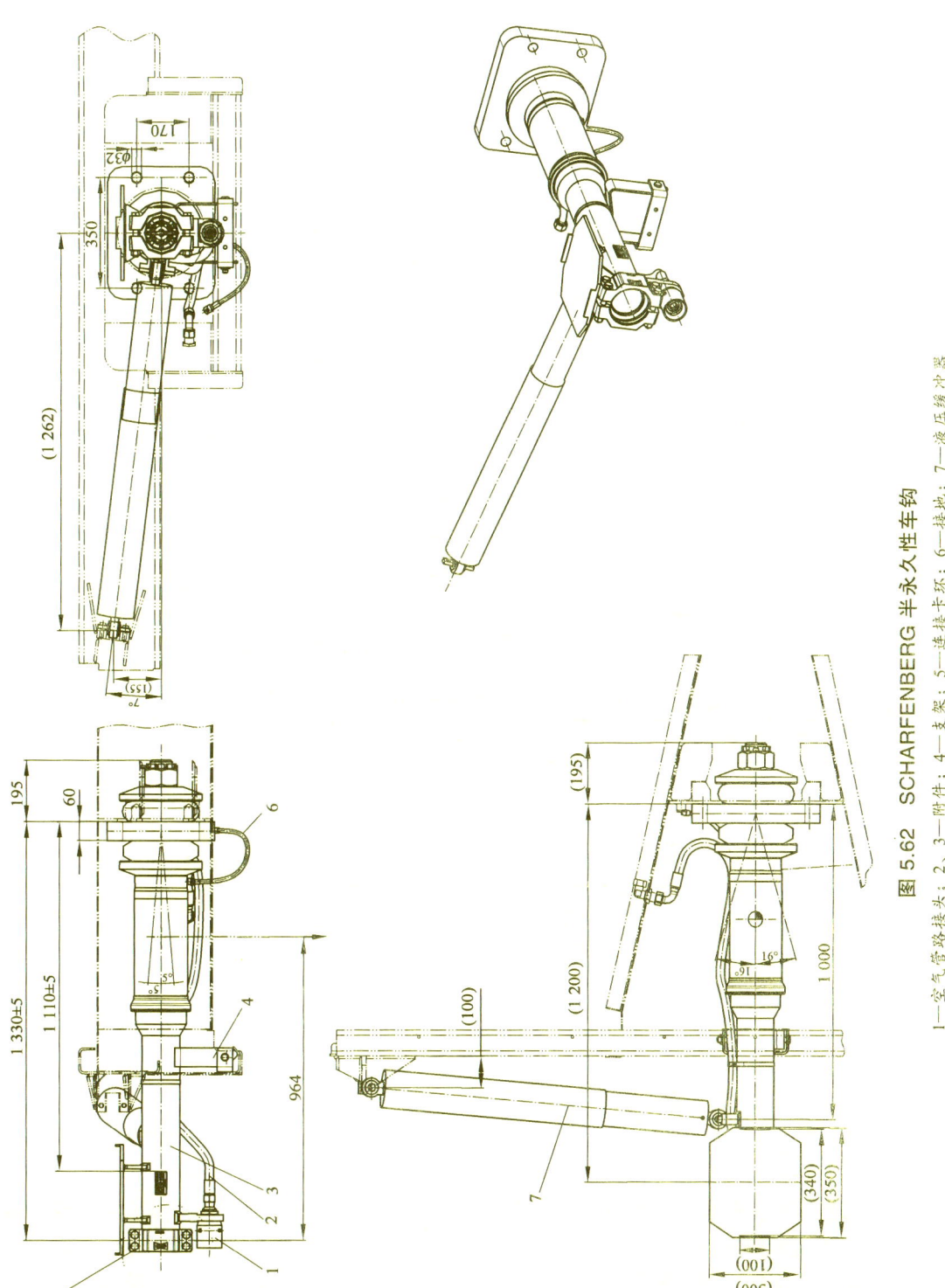

图 5.62 SCHARFENBERG 半永久性车钩

1—空气管路接头；2、3—附件；4—支架；5—连接卡环；6—接地；7—液压缓冲器

半永久性车钩由两个相同的部分构成，安装在 CRH$_1$ 动车组 8 辆编组的中间车端连接处之间，共 7 组。其特点如下：

带有 MRP 及软管有空气管路连接；车钩的中间部分有超负载保护装置（变形管）；带橡胶垫单元的缓冲牵引装置、内风挡支撑板和手动连挂支承。

2）半永久性车钩主要技术参数

沙库半永久性车钩由长度不同的两部分组成，一部分的长度为 1 300 mm（其上面带有风挡支承座），另一部分的长度为 1 180 mm，这两部分的技术数据分别列于表 5.7 和表 5.8 中。

表 5.7 长度为 1 300 mm 部分的主要技术参数

压缩强度	屈服强度		1 500 kN
拉伸强度	屈服强度		1 000 kN
车钩长度	从表面到枢轴		（1 300 ± 5）mm
振动吸收装置	冲撞负载	在阻尼器上	1 500 kN
	行程	在阻尼器上	350 mm
橡胶垫缓冲装置	行程	在阻尼器上	约 45 mm
	行程	在缓冲器上	约 45 mm
车钩的最大摆动	水平方向		±15°
	垂直方向		±8°
质量（包括横向减振器）			约 251 kg

表 5.8 长度为 1 180 mm 部分的主要技术参数

压缩强度	屈服强度		1 500 kN
拉伸强度	屈服强度		1 000 kN
车钩长度	从表面到枢轴		（1 180 ± 5）mm
振动吸收装置	冲撞负载	在阻尼器上	1 500 kN
	行程	在阻尼器上	约 350 mm
橡胶垫缓冲装置	行程	在阻尼器上	约 45 mm
	行程	在缓冲器上	约 45 mm
车钩的最大摆动	水平方向		±15°
	垂直方向		±8°
质量（包括横向减振器）			约 199 kg

3）缓冲装置

半永久性车钩上的缓冲装置包括中空橡胶弹簧阻尼器和钩身与中空橡胶弹簧阻尼器之间的一段预加载变形伸缩管及推杆，见图 5.63。中空橡胶弹簧阻尼器可用于轻型能量吸收；变形管则能在列车遭遇严重的纵向碰撞时，推杆压入至伸缩管并将其通过变形来吸收碰撞时产生的部分冲击能量，有效地缓冲冲击动力，保护列车及司乘人员的生命安全。每个车钩能吸收 525 kJ，每列车约吸收 7 MJ。

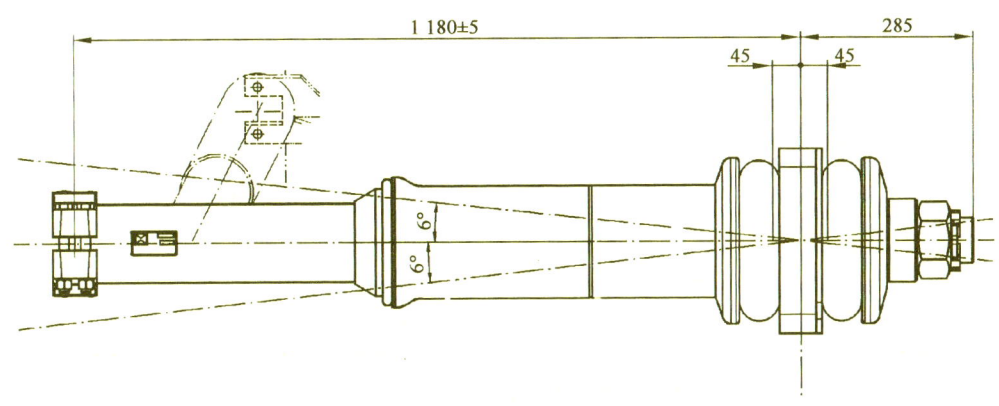

图 5.63　半永久性车钩缓冲装置结构示意图

4. 过渡车钩

1）结构及作用原理

（1）过渡车钩的结构。

过渡车钩（也称救援过渡车钩）包括一个车钩头、钩舌（钩爪盘）和一个能与自动车钩连挂的 AAR 连接器件（配适器），如果发生驱动故障或其他事故，可以通过配适器连接 EMU 和机车，并实施牵引。过渡车钩的结构见图 5.64。

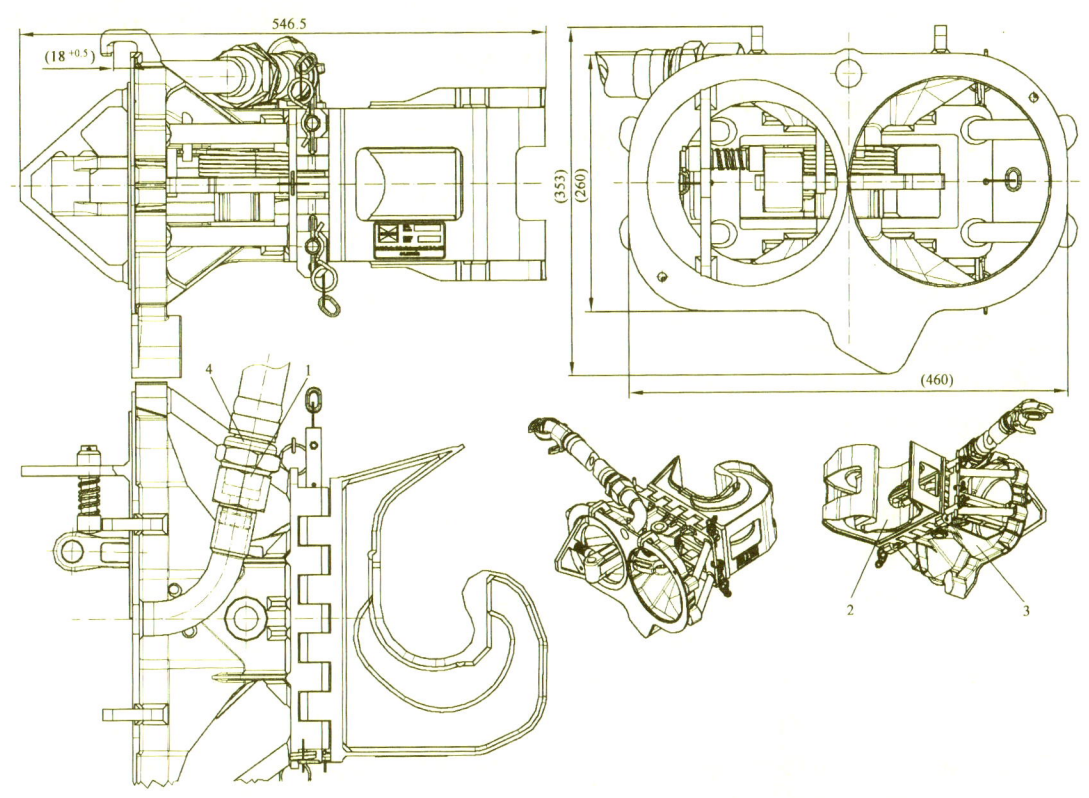

图 5.64　过渡车钩

1—异径管；2—车钩头；3—自动车钩 AAR 的接头（配适器）；4—制动管路

（2）作用原理。

车钩面带有一条宽平边以通过车钩头和 AAR 钩将压缩和拉伸载荷传输至车体底架中。拉伸载荷通过钩舌（钩爪盘）（钩板、连挂链和中心枢轴）进行传输。连挂时，钩舌（钩爪盘）通过扭矩弹簧转向"连挂"位置。解编时，扭矩弹簧也得到释放。连挂后，钩舌（钩爪盘）形成一个平行四边形以确保力平衡。不可能出现意外解锁。一般磨耗不会影响钩舌（钩爪盘）的安全性。

2）过渡车钩主要技术参数

过渡车钩主要技术参数见表 5.9。

表 5.9 过渡车钩主要技术参数

压缩强度	屈服强度	450 kN
拉伸强度	屈服强度	450 kN
车钩长度	从表面到枢轴	（547±5）mm
车钩质量（包括空气软管）		约 46.5 kg
与机车连挂的最大速度		2.0 km/h

3）缓冲装置

过渡车钩本身没有缓冲装置，但是，它一旦和自动车钩连为一体后，自动车钩上的缓冲装置就是其缓冲装置了。

4）过渡车钩的使用

当 CRH_1 动车组发生驱动故障或其他事故需要紧急救援，而又没有其他 CRH_1 动车组牵引车（其车钩类型一样）能与其连挂，只能采用其他牵引车（其车钩类型不一样）的时候，才使用过渡车钩，又称紧急车钩。过渡车钩平时是置于 CRH_1 动车组牵引车与其他车厢连接一端的底架隔间内存放备用，使用时，再取出手工安装。通过能与自动车钩连挂的 AAR 连接器件（配适器），将过渡车钩与需要紧急救援的 CRH_1 动车组的自动车钩连挂，然后就可以将需要紧急救援的 CRH_1 动车组和其他牵引车（其车钩类型不一样）进行连挂了。

5. 风 挡

1）结构及作用原理

风挡处于车辆两端的连接部位，是列车的软连接部分，它使车辆之间可以相对运动，并使乘客可以安全舒适地在车辆之间自由走动。风挡还可保护乘客和内装及部分车端连接装置，不受水、雪和风的损害。风挡一般设计为最少维护型。CRH_1 动车组上的风挡设置有气密式内风挡和外风挡两部分。

（1）内风挡结构分析。

图 5.65 为 CRH_1 动车组上完整的气密式内风挡照片。气密式内风挡的结构主要包括支撑梁、横梁、折棚、安装框、内外支撑框、活动踏板和固定踏板等。图 5.66 和图 5.67 分别显示了气密式内风挡部件的结构组成。

折棚由两个安装框，内外中间框和护边组成。折棚是由柔软的材料制成。内外棚布用铝型材压褶在一起。框架使折棚具有刚性，折棚材料使风挡具有韧性。在棚布端部，棚布和安装框及中间框相连。折棚底部带有排水孔。安装框是由焊接的铝型材组成的，它们将折棚固定到车端上。橡胶垫用来密封安装框和车端。在车端安装/拆卸风挡时，内折棚棚布可从安装框中分开。

（a）

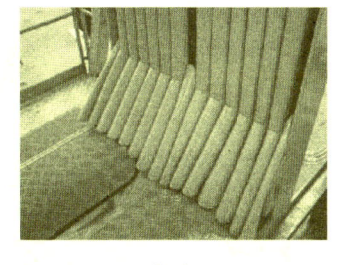
（b）

图 5.65　CRH₁ 动车组上的气密式风挡照片

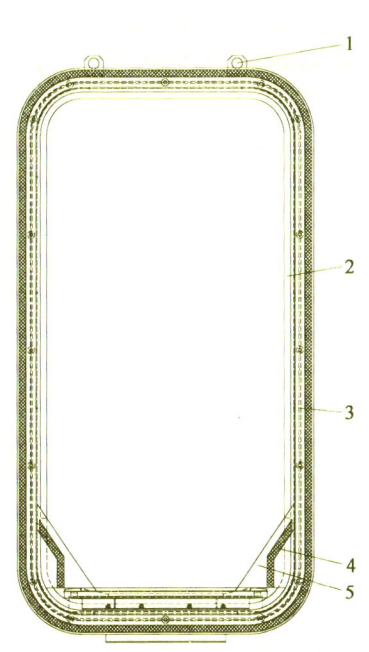

图 5.66　气密式内风挡前视图

1—吊眼；2—褶皱式折棚；3—安装框架；
4—尼龙搭扣；5—边角部保护裙

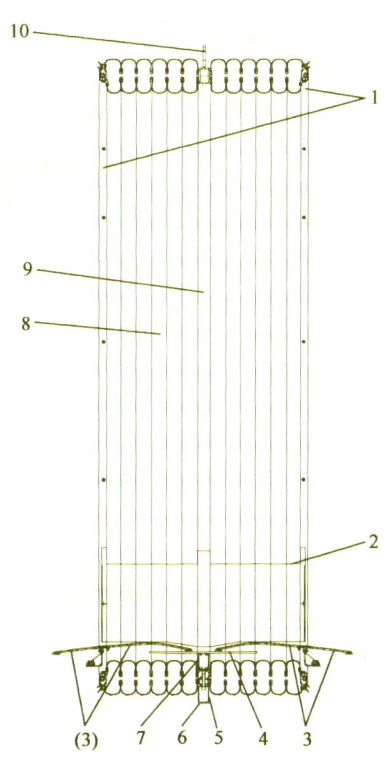

图 5.67　气密式内风挡剖视图

1—安装框架；2—边角部保护裙；3—活动踏板；
4—固定踏板；5—支撑梁；6—磨耗板；7—横梁；
8—褶皱式折棚；9—中间框架；10—吊眼

外中间框和安装框一样是由焊接的铝型材组成的，底部有一个支撑梁靠在车钩上面的磨耗板上。外中间框固定外折棚棚布并将其分为两个部分。中间框的顶部有吊眼。

内中间框和外中间框一样是由焊接的铝型材组成的。它帮助固定内折棚棚布并将其分为两个部分。中间框带有固定踏板来支撑活动踏板。固定踏板通过一个承载构件由螺钉固定在内中间框上。

活动踏板用螺钉固定在车端上。两块踏板都是折页式的并可折叠以便清洗和拆装螺钉。内风挡踏板的具体结构见图 5.68、图 5.69。

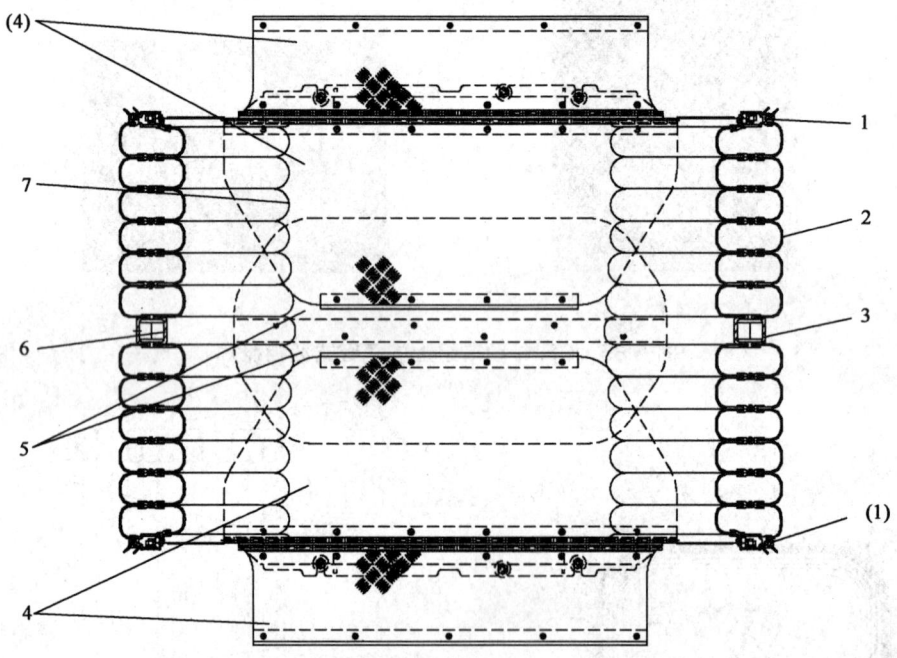

图 5.68　气密式内风挡踏板（上剖视图）

1—安装框；2—褶皱式折棚；3—外中间框；4—活动踏板；
5—固定踏板；6—内中间框；7—边角部保护裙

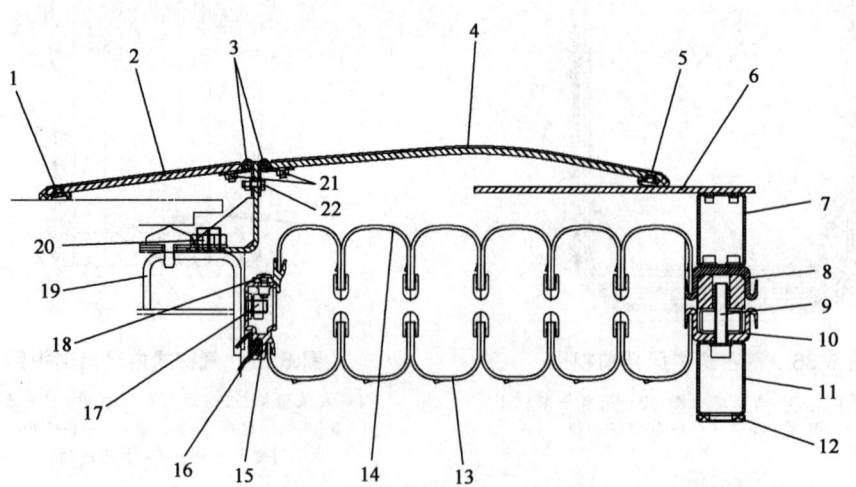

图 5.69　气密式内风挡踏板（侧剖视图）

1—磨耗垫；2—活动踏板；3—踏板铰接链；4—长活动踏板；5—活动踏板磨耗垫；6—固定踏板；7—横梁；8—内中心梁；
9—Allen 螺栓；10—外中心梁；11—支撑梁；12—中心梁磨耗垫；13—外部褶皱式折棚；
14—内部褶皱式折棚；15—安装梁架；16—橡胶垫；17—螺母、平垫圈和弹簧垫圈；
18—内部折棚安装螺栓；19—车厢车端架；20—螺母、平垫圈和弹簧垫圈；
21—Allen 螺栓和螺母；22—螺栓和螺母

横梁是用螺钉固定在中间框下剖视的上部。支撑梁固定在中间框下剖视的下面并带有磨耗板。磨耗板靠在车钩上。

气密式内风挡通过在其两端的安装支架用螺栓固定在车厢车端梁架上（参见图5.69），不允许游动。安装支架上的橡胶垫一是加强密封作用、二是遮风挡雨。如果风挡有进水的迹象，要更换橡胶垫。

（2）外风挡。

外风挡（如图5.70所示）是由螺钉连到车体端部侧墙和车顶的橡胶型材组成。

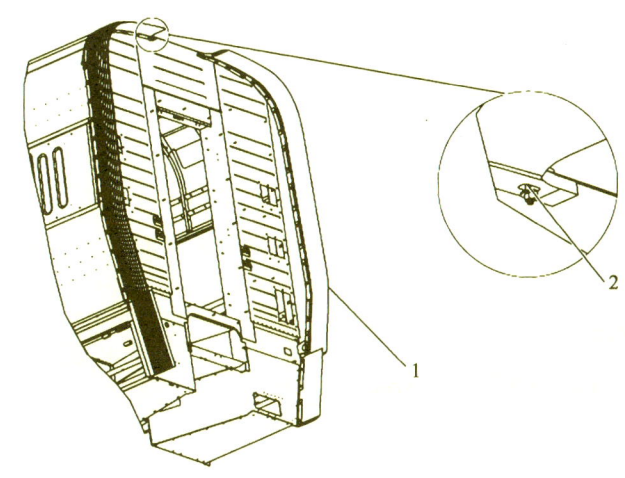

图5.70 外风挡

1—外风挡；2—六角螺母，平垫圈

当两车端部之间的间隙和角度变化时，两个对应的橡胶型材彼此滑动。橡胶型材由挤压EPDM橡胶组成，它们安装在车体端部，夹在车体外边缘和一些安装条之间。安装条为不锈钢材质，由螺栓、平垫圈、螺母固定到车体上。

2）内风挡的主要技术参数

（1）内风挡的设计技术规格。

① 内风挡的总设计技术寿命：25年；

② 褶皱式折棚材料的总设计技术寿命：10~15年；

③ 内风挡的基本尺寸：

- 内风挡的外部长度：794 mm；
- 内风挡的外部高度：大约2 305 mm（不包括磨耗衬垫和吊眼的高度）；
- 内风挡的外部宽度：大约1 250 mm；
- 内风挡内部过道的高度：最小1 970 mm；
- 内风挡内部过道的宽度：最小900 mm；
- 半永久性车钩上支撑面的高度：1 072 mm；

④ 内风挡单元的目标质量：最大210 kg。

⑤ 静止状态下的K值（隔热）（$v=0$）$< 3.5 \text{ W}/(\text{m}^2 \cdot \text{K})$。

⑥ 内风挡隔音指标：$R_w = 38 \text{ dB}$。

⑦ 按 2 人计算，下列工作的时间需求为：
- 更换一个完整的内风挡单元（不包括调车时间）：最多 2 h；
- 安装一个完整的内风挡单元（不包括调车时间）：最多 1 h；
- 从一个车端拆卸内风挡：最多 30 min；
- 重新连车时，再次安装内风挡的时间：最多 30 min。

⑧ 在分别施加下述的冲击载荷情况时，内风挡单元应保持所有的功能，不允许出现永久变形

x 向（列车的纵向方向）： $\pm 3g$；
y-向（列车的横向方向）： $\pm 1g$；
z-向（列车的垂直方向）： $\pm 2g$。

⑨ 内风挡应能承受如下的外部压力负荷：
- ± 2 kPa，列车以 200 km/h 的速度穿过隧道的典型值；
- ± 4 kPa，当 2 辆车以 200 km/h 的速度穿过同一隧道时，压力脉冲的典型持续时间为 0.01 s。

（2）内风挡的材料。
① 折棚棚布——Hübner EF5 纺织品。
② 安装框——铝。
③ 内中间框——铝。
④ 外中间框——铝。
⑤ 活动踏板——氧化铝。
⑥ 固定踏板——不锈钢。

（3）内风挡的颜色。
① 折棚棚布（Hübner EF5）：灰色和黑色。
② 外部折棚的颜色：黑色。
③ 内部折棚的颜色：灰色。
④ 框架表面的颜色：深灰色。

6. 电气连接

车端电气连接包括高、中、低压供电连接，控制和通信连接，等电位保护接地连接。按位置又分为：两车之间电气连接和两动车组之间电气连接。

1）两车之间电气连接

两车之间电气连接包括高、中、低压供电连接，等电位保护接地连接以及控制与通信连接。图 5.71 为 CRH$_1$ 动车组上的供电连接总框架示意图。如图所示，25 kV-AC 高压电由 Tp1 车或者 Tp2 车上的受电弓进入主变压器及变流器，经变压后输出 400 V-AC 中压电；然后经 400 V-AC 母线电缆连接输送到各个车厢车端的 400 V-AC 电气柜 K1 或 J4（见图 5.72）；最后经过整流器整流变为 110 V-DC 低压电，通过 110 V-DC 低压电母线电缆连接输送到各个车厢车端的 110 V-DC 低压电气柜 K2 或者 J3。

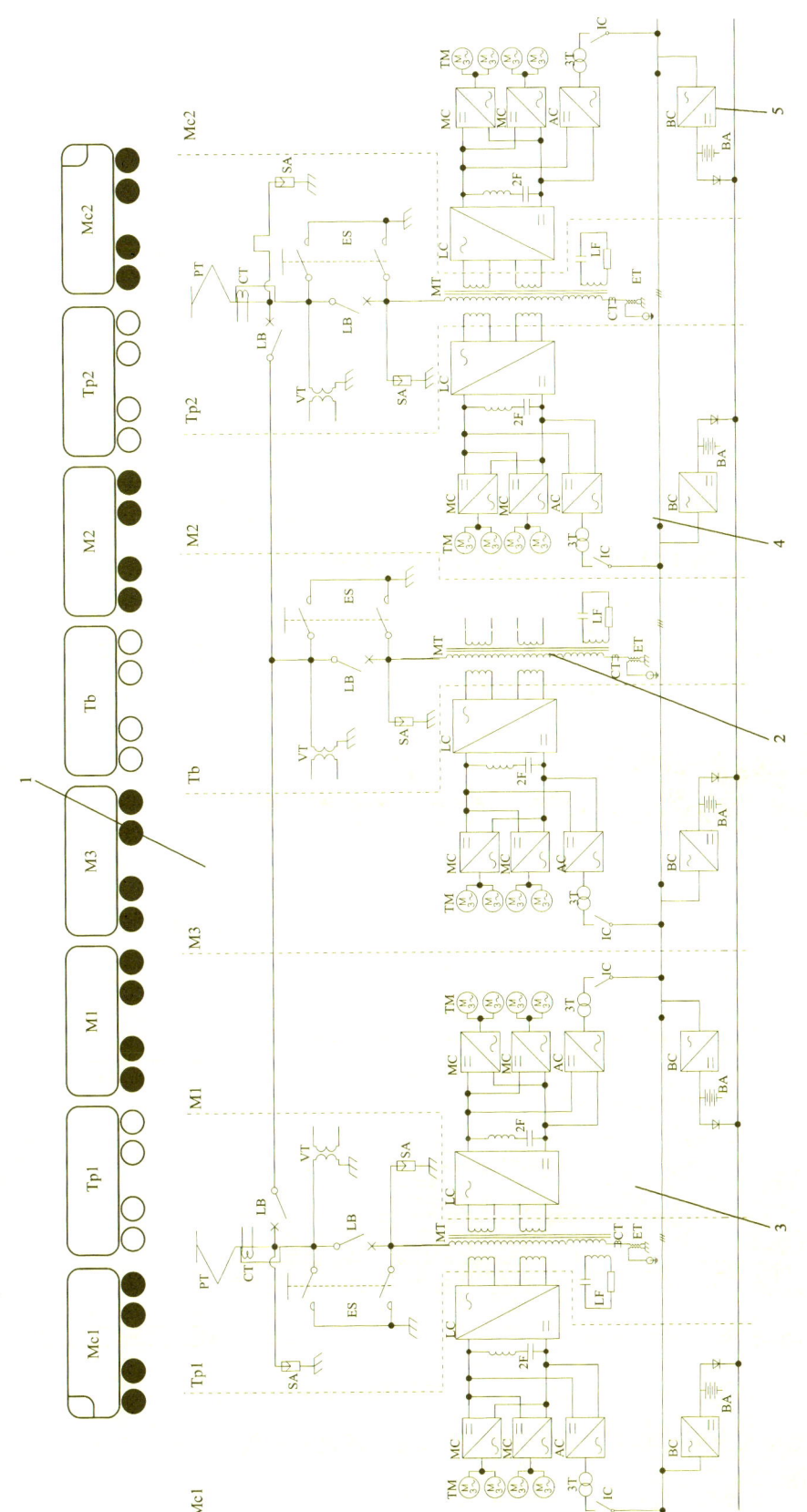

图 5.71 CRH₁ 动车组上的供电连接总框架示意图

1—25 kV-AC 高压电母线；2—主变压器（共 3 个）；3—400 V-AC 中压电母线；4—整流器（共 5 个）；5—110 V-DC 低压电母线

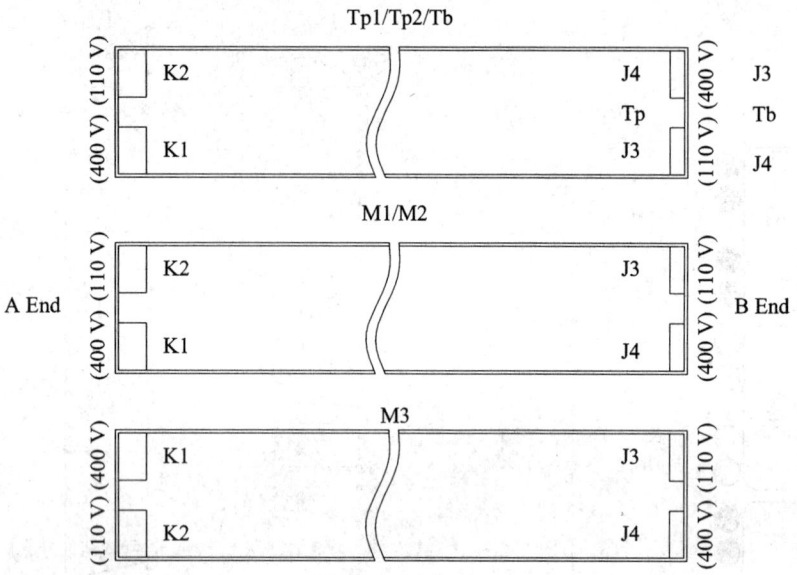

图 5.72　CRH₁ 动车组各个车厢的车端电气柜位置示意图

（1）高压供电连接。

如图 5.73 所示，在 CRH₁ 动车组上的 Mc1 车和 Tp1 车、Mc2 车和 Tp2 车、M2 车和 Tb 车之间设置有 25 kV-AC 的高压电缆连接装置。

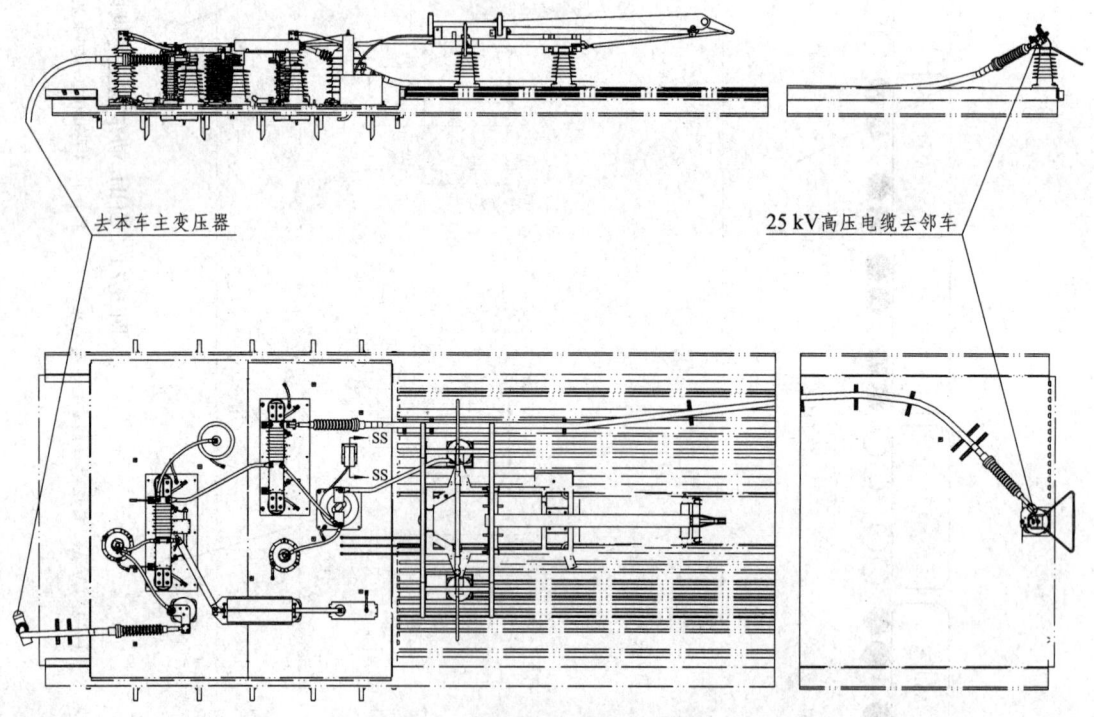

图 5.73　车顶高压电缆连接

各动车组单元内部拖车主变压器箱和动车变流器箱之间连接有 8 根 185 mm² 交流高压供电电缆，见图 5.74。

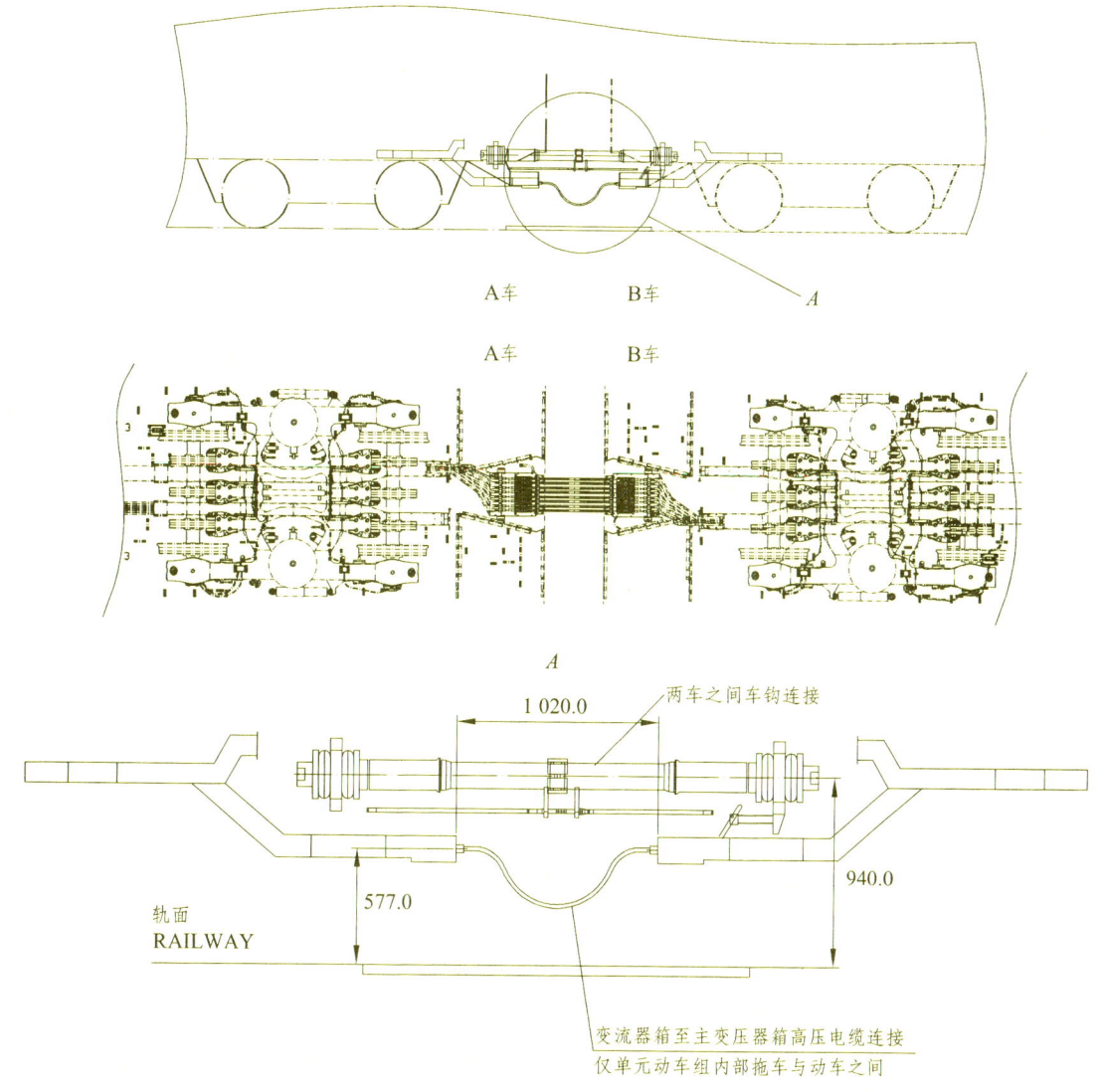

图 5.74 车端高压电缆连接

（2）中压供电连接。

如图 5.75 所示，25 kV-AC 的高压电经过主变压器及变流器降为 400 V-AC，再通过车端电缆连接装置输送到各个车厢。所以，在 CRH_1 动车组各车辆之间设置有 400 V-AC 的中压主电路电气设备的电缆连接装置。通过车端的连接窗口采用的电缆密封接头将各车辆之间设置的 400 V-AC 的中压电缆连接起来。

（3）低压供电连接。

如图 5.75 所示，400 V-AC 的中压电通过整流器变为 110 V-DC 低压电。所以，在 CRH_1 动车组各车辆之间设置有 110 V-DC 低压供电母线的电缆连接装置，也是通过车端的连接窗口采用的电缆密封接头将各车辆之间设置的 110 V-DC 低压电电缆连接起来。

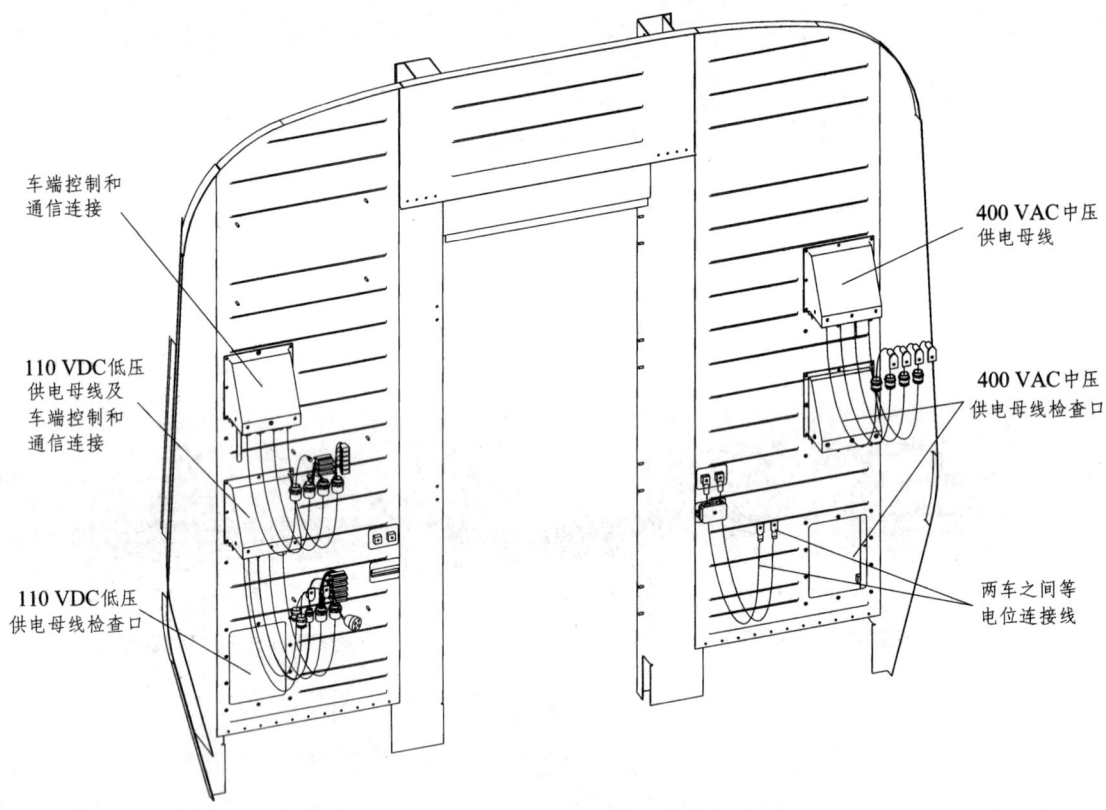

图 5.75　端部电器连接

（4）控制与通信连接。

如图 5.75 所示，在 CRH_1 动车组各车辆之间设置有电气控制信号电缆与通信电缆连接装置，通过车端的连接窗口采用 D-sub9，wago 笼式连接器以及同轴电缆线连接器，将列车各个车厢之间的电气控制信号电缆与通信电缆线连接起来，控制和通信车间连挂线外套保护用尼龙软管。

（5）等电位保护接地连接。

两车之间各连接有两根 185 mm^2 电缆，从而实现整列车近似等电位。

2）两动车组之间电气连接

CRH_1 动车组车头上的电气连接是采用车钩电气端头将两列动车组的电气配线连接起来，属于控制和通信连接。车钩电气端头及其接触方式有以下特点：

（1）电缆和电气接点：连接电缆采用低烟无卤电缆。电缆引线通过插针连接到电气端头上，可从车钩前部更换电气端头。

（2）通风和排水：电气端头封罩配有排水塞，可以排放冷凝水。塞口也用于封罩的通风。

（3）电气接点保护：车钩配有一个保护盖，保护盖在电气端头前后移动的时候自动开合。当车钩处于连挂状态时，电气端头紧密压缩，以确保恒定的接触压力，一个附着在绝缘块四周的橡胶框使电气端头连挂时处于密封状态，可以防止水或者灰尘进入，保护电气接点不受外部环境的影响。

（4）对中：电气端头封罩配有对中元件，连挂时可以帮助电气端头对中。

（5）接地电缆：为直径 50 mm^2 的线束，接地电缆将车钩钩身和车体相连。

7. 压缩空气连接

CRH₁ 动车组各车辆之间的压缩空气连接包括列车制动空气管连接、主风缸管空气管路连接和车钩解钩空气管路连接，参见图 5.52 车端连接系统的组成（机械连接的车钩、风挡，压缩空气连接）。

1）列车制动空气管的连接

制动空所管是通过制动管的空气管路进行连接的。制动管（BP）的空气管路连接设置在车钩连接面上并安装在罩壳内。接头的接口件（包括插口和垫片，见图 5.76）突出车钩连接面约 8 mm，在连挂时被压到配合车钩的接口件上，保证了结合面的气密性。一个止挡弹簧可防止接口件掉落。空气管路接头配有一个由钩舌（钩爪盘）控制的阀门。阀门保证制动管在连挂和解钩时的自动开关。在车钩断开的情况下，制动管路保持打开状态，启动自动停车动作。

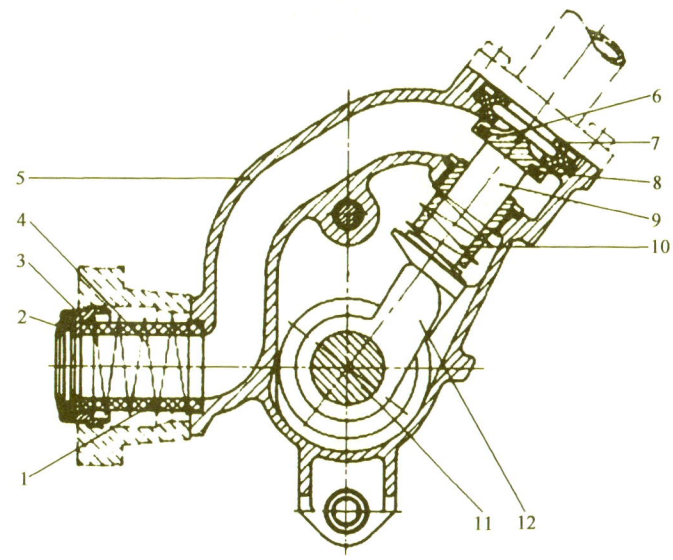

（a）车钩待连挂状态

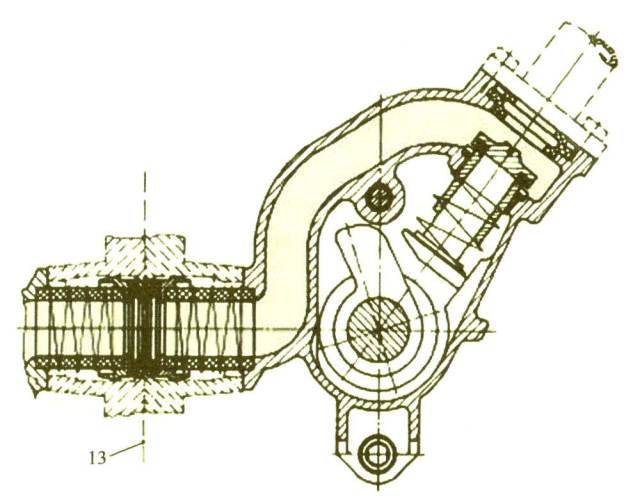

（b）车钩连挂状态

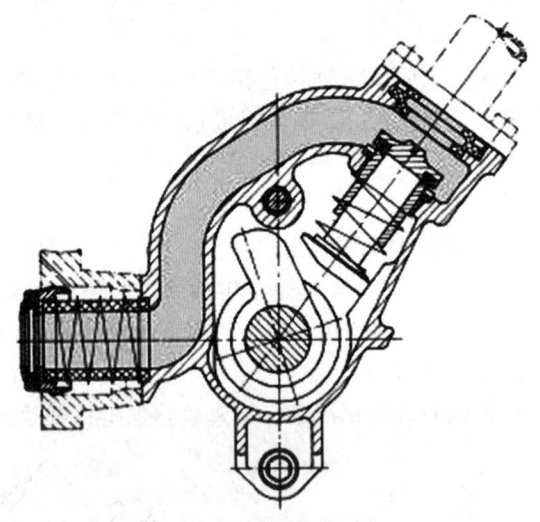

(c) 车钩断开状态

图 5.76 制动管路的空气管路连接

1—内衬管；2—接口密封件；3—止挡；4—止挡弹簧；5—制动空气管道；6—阀门；7—密封件；
8—阀门锁卡；9—阀门连接杆；10—压缩弹簧；11—钩舌中心轴销；12—钩舌（钩爪盘）；
13—连挂状态时制动管路的空气管路的密封结合面

2）主风缸管空气管路连接

如图 5.77 所示，主风缸管路和解钩管路的空气管路连接设置在车钩连接面并安装在一个腔室内。接头的接口件突出车钩连接面约 8 mm，在连挂时被压到配合车钩的接口件上，保证了气密性。一个止挡弹簧防止接口件掉落。主风缸管的空气管路连接配有一个压力阀确保车钩解钩时主风缸管 MP 管处于关闭状态。连挂时，配合车钩的簧压阀门推杆保证主风缸管 MP 管路处于开放状态。

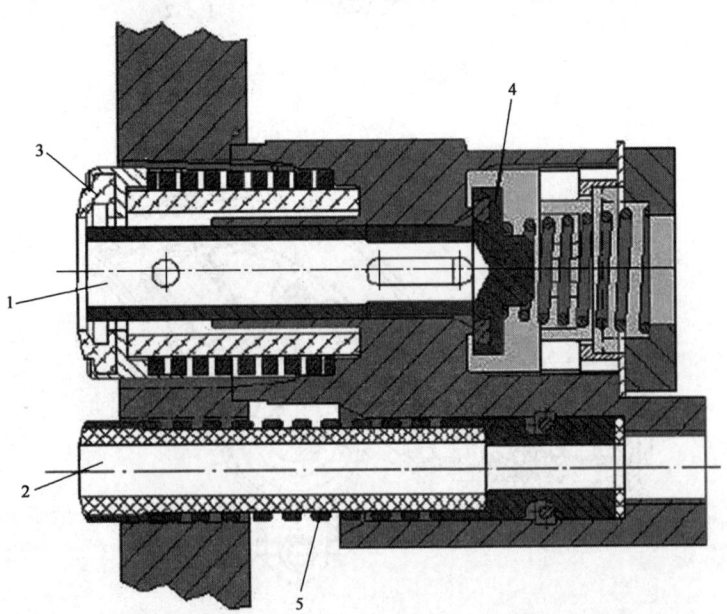

图 5.77 主风缸管路 MRP 和解钩空气管路 UP 的连接

1—空气管路连接；2—解钩管；3—接口密封件；4—阀门推杆；5—压缩弹簧

3）解钩空气管路连接

解钩空气管路是通过一个铜管连接到对应的空气管路上。空气管路通过旋转螺栓和管接头连到空气管路接头和机械钩头上。解钩管的空气管路连接只有在解钩时才导入空气，所以不需要压力阀门，但是包括一个压缩弹簧。

5.3.3 CRH$_5$动车组车端连接装置

1. 车端连接系统的组成

车端连接系统通常包括车钩缓冲装置、电气与风管连接器、风挡等部件。车钩缓冲装置安装于车辆底架上，该装置传递列车运行过程中的牵引力及制动力，缓和制动过程中的纵向冲动。电气与风管连接器通常与车钩组合成一复合部件，构成了整个动车组中低压电气系统的通路及全车空气系统的通路。

风挡装置装设于车辆端墙外侧，由柔性材料及渡板组成密闭通道供乘客及乘务人员通行。

2. 自动车钩缓冲装置

1）自动车钩结构及作用原理

CRH$_5$动车组自动车钩缓冲装置采用的是瑞典丹纳公司10号车钩系统，该型车钩是丹纳公司为高速动车组开发的自动车钩，它具有自动及手动连挂功能、自动及手动分解功能，自动工况下，可仅由司机一人操作就可进行摘挂作业。该型自动车钩缓冲装置的外形见图5.78。

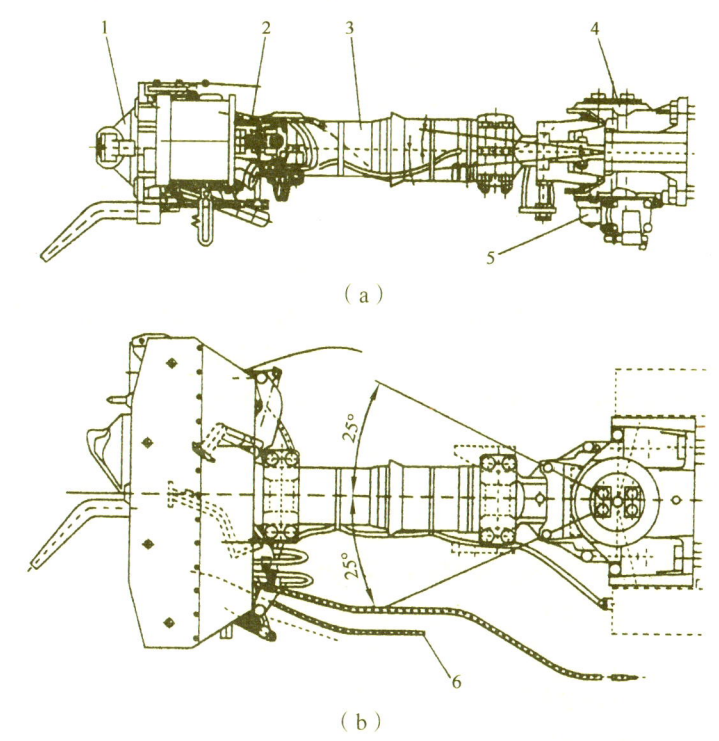

图 5.78 丹纳自动密接式车钩缓冲装置

1—钩头；2—电力连接器及风管连接器；3—车钩钩体与缓冲器；
4—尾部缓冲器；5—中心调整装置；6—加热器电源线

(1) 丹纳自动密接式车钩缓冲装置的组成。

丹纳自动密接式车钩缓冲装置（见图5.78）主要由钩头、钩体、电力连接器、风管连接器、尾部橡胶弹性轴承（缓冲器）、中心调整装置、钩头电加热装置等部件组成。

钩头机械连接部分如图5.79（a）所示，它由壳体1、钩舌2、中心轴3、钩锁连杆4、钩锁弹簧5、钩舌定位杆6、弹簧7、定位杆顶块8及弹簧9、解钩风缸10等组成。壳体的前部，一半为凸锥体，一半为凹锥孔，两钩连挂时相邻车钩的凸锥体和凹锥孔互相插入；钩舌固定在中心轴上，钩舌绕中心轴转动时可带动钩锁连杆动作；钩舌呈不规则几何形状，设有供连接时定位和供解钩时解钩风缸活塞杆作用的凸舌，以及钩锁连杆的定位槽、钩嘴等，是车钩实现动作的关键零件；钩锁连杆在钩锁弹簧拉力作用下使车钩连接可靠；钩舌定位杆上设有两个定位凸缘，使钩舌定位在待挂或解钩状态；定位杆顶块可以在连挂时顶动钩舌定位杆实现两钩的闭锁。

（2）三态作用原理。

丹纳自动密接式车钩有待挂、闭锁和解钩三种状态，其作用原理如图5.79所示。

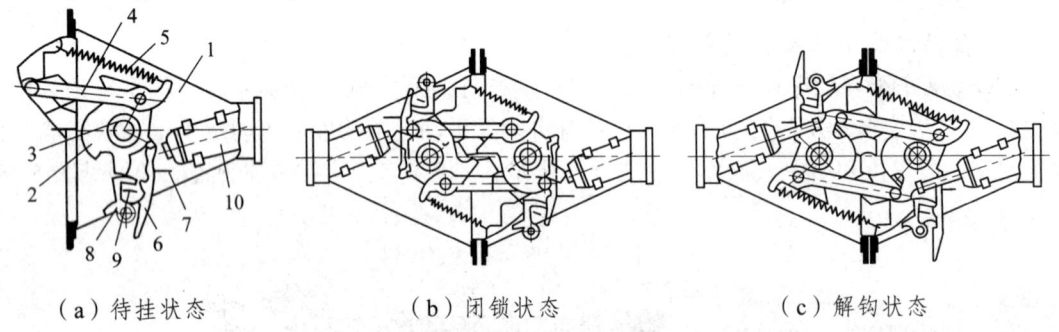

（a）待挂状态　　　　（b）闭锁状态　　　　（c）解钩状态

图5.79　丹纳自动密接式车钩缓冲装置连挂原理

1—壳体；2—钩舌；3—中心轴；4—钩锁连杆；5—钩锁弹簧；6—钩舌定位杆；7—钩舌定位杆弹簧；
8—定位杆顶块；9—定位杆顶块弹簧；10—解钩风缸

① 待挂状态：为车钩连接前的准备状态。此时钩舌定位杆被固定在待挂位置，钩锁弹簧处于最大拉伸状态，钩锁连杆退缩至钩头锥体内，钩舌上的钩嘴对着钩头正前方。

② 闭锁状态：相邻两钩的凸锥体伸入对方的凹锥孔并推动定位杆顶块，定位杆顶块摆动迫使钩舌定位杆离开待挂位置，这时钩锁弹簧的回复力使钩舌作逆时针转动，并带动钩锁连杆伸进相邻车钩钩舌的钩嘴，完成两钩的连接闭锁。这时两钩的钩锁连杆和钩舌形成平行四边形连杆机构，当车钩受牵拉时，拉力由两钩的钩锁连杆均匀分担，使钩舌始终处于锁紧状态，当车钩受冲击时，压力通过两车钩壳体凸缘传递。

③ 解钩状态：司机操纵按钮，控制电磁阀使解钩风缸充气，风缸活塞杆推动钩舌顺时针转动，使两钩的钩锁连接杆脱开对方钩舌的钩嘴，同时使钩锁连杆克服钩锁弹簧的拉力缩入钩头锥体内，这时定位杆顶块控制钩舌定位杆使钩舌处于解钩状态。两钩分离后，解钩风缸排气，定位杆顶块由于弹簧作用复位，钩舌回至待挂位，车钩又恢复到待挂状态。

2）自动车钩主要技术参数

丹纳自动车钩主要技术参数见表5.10。

表 5.10　丹纳车钩主要技术参数

传递最大拉伸载荷（kN）	1 000
传递最大压缩载荷（kN）	1 500
金属环簧缓冲器容量（kJ）	10
金属环簧初压力（kN）	85
金属环簧阻抗力（kN）	600
金属环簧缓冲器行程（mm）	30
橡胶弹性轴承行程（mm）	±5
气液缓冲器行程（mm）	200
气液缓冲器阻抗力（kN）	1 000
气液缓冲器容量（kJ）	136
能量吸收率（%）	>87%
最大水平转角（°）	±25
最大垂向转角（°）	±6
连挂间隙（mm）	≤0.5
最大连挂速度（km/h）	≤5
最小连挂曲线半径（m）	≤300
车钩安装高度（mm）	1 050
车钩配合前表面与车钩销之间的距离（mm）	1 530
车钩销到连接法兰的距离（mm）	140
手动解钩力（N）	≤150
整体质量（kg）	430

3）缓冲装置

丹纳自动车钩内装设有三种类型缓冲器，分别为气-液缓冲器、金属环簧缓冲器、球形橡胶弹性轴承。自动车钩缓冲器组成结构及气-液缓冲器结构分别见图 5.80、5.81。

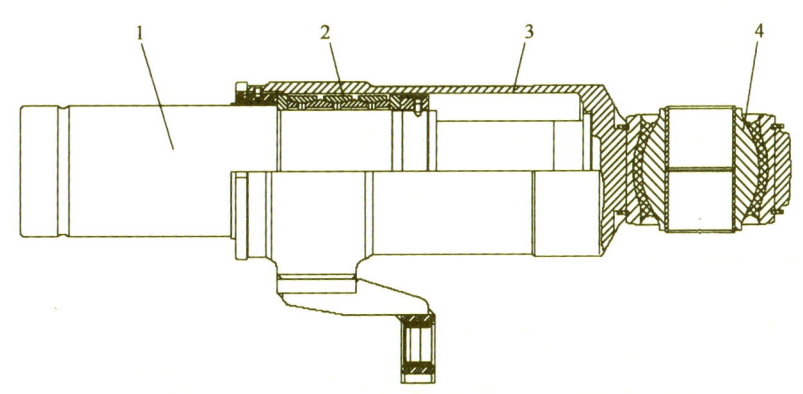

图 5.80　丹纳自动车钩缓冲器组成结构图

1—气-液缓冲器；2—环簧缓冲器；3—缓冲器缸体；4—球形弹性橡胶轴承

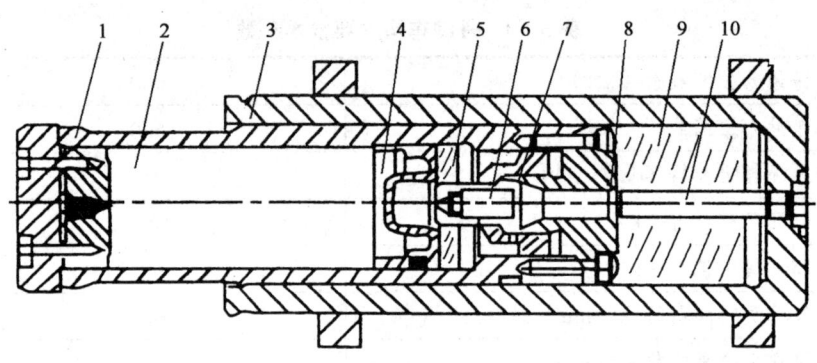

图 5.81　气-液缓冲器结构原理图

1—柱塞；2—气腔；3—缸体；4—浮动活塞；5—油腔2；6—单向锥阀；
7—锥阀节流孔；8—节流阻尼环；9—油腔1；10—节流阻尼棒

（1）气-液缓冲器结构。

气-液缓冲器主要由柱塞、缸体、浮动活塞、单向锥阀、节流阻尼环、节流阻尼棒等部分组成。

气-液缓冲器内部形成两个油腔和一个气腔。浮动活塞将柱塞内腔分隔出油腔和气腔两个腔室。柱塞底座与缸体之间的间隔为另一油室。油腔内充有液压油，气腔充有氮气。

（2）作用原理。

在油腔1和油腔2中注满了液压油，在气腔中充有一定初始压强的氮气。液压油与氮气之间通过浮动活塞隔离。当相邻车辆间发生碰撞时，柱塞即被推入油腔1中，油腔1中的液压油通过节流阻尼环与节流阻尼棒形成的环缝及单向锥阀与柱塞端部形成的锥阀节流孔，流到油腔2中，使得油腔2的油量增大，从而使浮动活塞向左移动，气腔中的氮气被压缩。在冲击过程中，绝大部分动能转变为热能，并由缸体逸散到大气中，只有少量能量转化为油液的液压能，因而气-液缓冲器的能量吸收率比较大。当车辆间的冲击减缓或消失时，被压缩的氮气通过活塞给油腔2的液压油施以压力，并使液压油通过柱塞端部的单向阀流回到油腔1中，柱塞又回到原位。其中，单向锥阀可相对柱塞端部轴向移动，但只在缓冲器被压缩加载时才打开。当缓冲器卸载时，单向锥阀在油腔2的液压油作用下压紧在柱塞端部的阀座上，锥阀节流孔被封闭。因此，油腔2的液压油只能通过柱塞端部的单向阀流回到油腔1，完成缓冲器的卸载。

4）车钩电气连接器

在动车组多编组连挂运行时，第一编组驾驶舱的控制信息需要实时地传输到第二编组的各个控制单元中去，两编组间控制信息的传递通路即为车钩电气连接器。电气连接器安装于全自动车钩的两侧，通过气动操作完成电气连接器的连接。电气连接器箱共 2×98 个销/套筒镀金触头。触头等级见表5.11。

表 5.11　触头等级表

触头直径（mm）	触头类型	表面处理	独立于电压的最小电压（mA）	独立于电压的最大电压（A）	直流110 V阻性负载条件下的最大电流（A）	直流110 V感性负载条件下的最大电流（A）
4	销	镀金	10	50	3	1.5
4	套筒	镀金	10	50	3	1.5

电气连接器配有一个气缸（操作装置，如图 5.82 所示），与连接电气连接器的悬挂机构连接，伸出时推出电气连接器，缩回时解开电气连接器。气路设计为机械连接后电气连接器伸出，机械解钩前电气连接器缩回的形式。这样降低了电气连接器受损的危险。

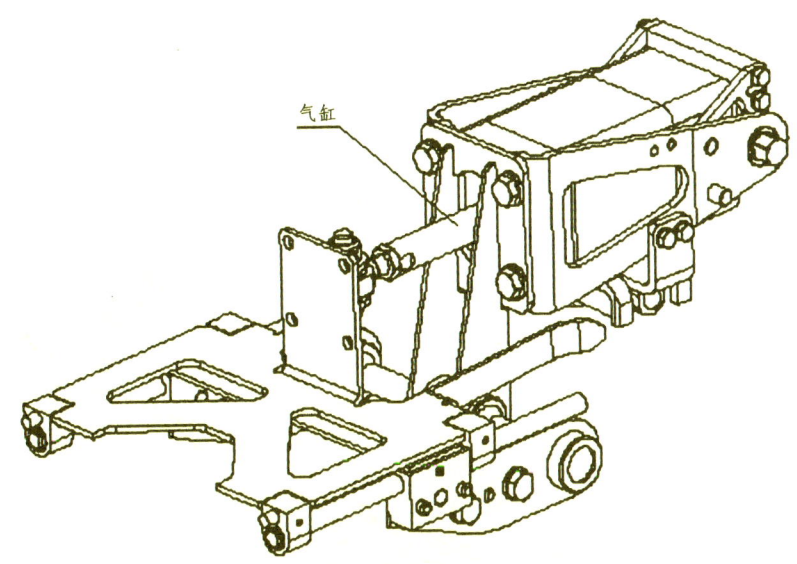

图 5.82　电气连接器动作机构

5）全自动车钩控制

在列车控制系统的调度下，两头车钩头内的压缩空气管路阀门、电力连接器的罩盖等部件按预定次序或条件顺序打开。全自动车钩控制原理见图 5.83。

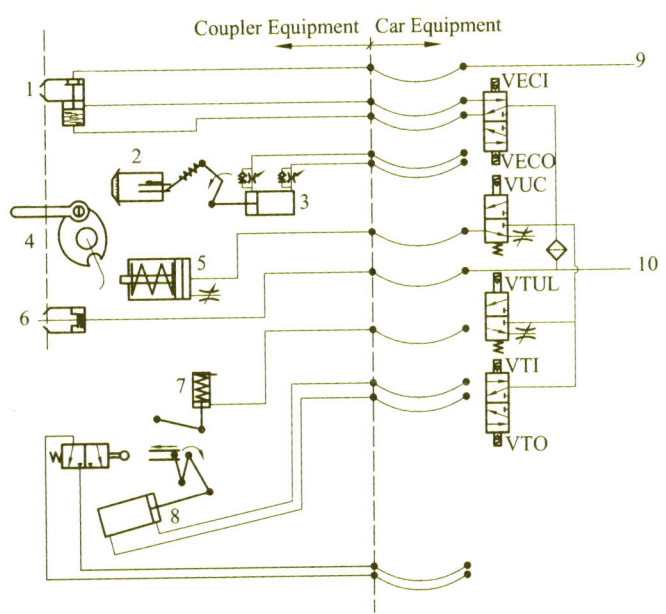

图 5.83　全自动车钩控制原理示意图

1—制动管控制阀；2—电气连接器；3—电气连接器进退风缸；4—机械钩头；5—解钩风缸；
6—列车主管控制阀；7—头罩锁定控制线；8—头罩伸缩控制缸；
9—制动管控制阀控制线；10—列车主管控制阀控制线

3. 中间车钩

1）中间车钩结构及作用原理

CRH$_5$型动车组除在两头车外侧装设自动车钩外，其余车厢连接处均使用2个中间车钩连接，其中1个中间车钩带有缓冲器。相比于自动车钩，中间车钩连接时需要人工使用工具对其锁定装置进行操作才能完成连接及分解，且不提供电气、压缩空气自动连接功能，这些功能需由另外部件来完成。中间车钩组成见图5.84。

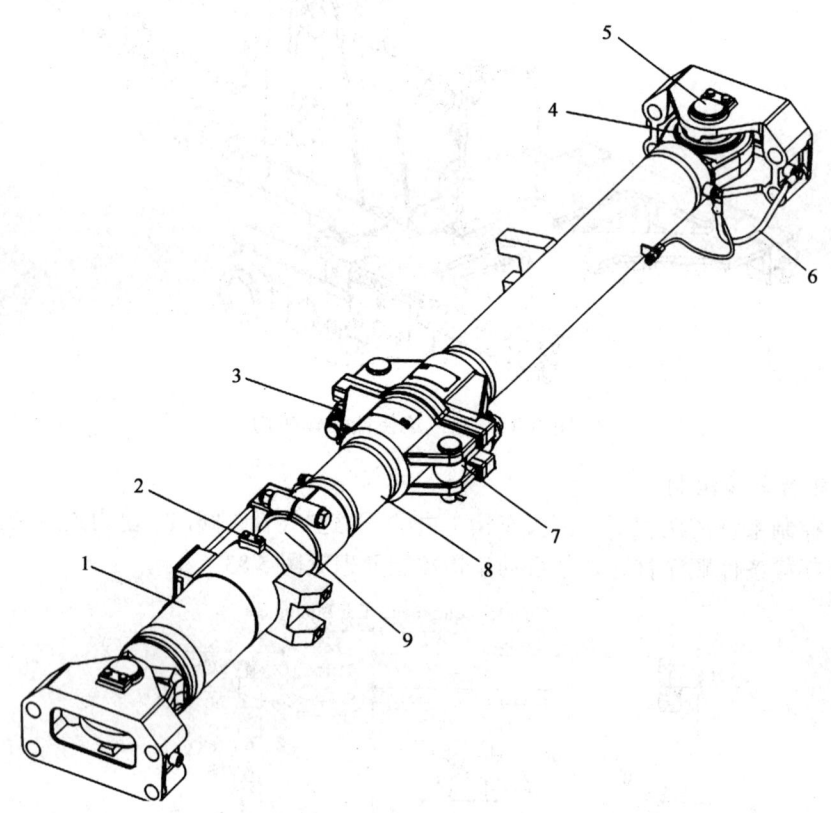

图 5.84 中间车钩结构示意图

1—缓冲器壳体；2—锁固螺栓；3—连接螺母；4—回转机构；5—钩尾销；
6—接地电缆；7—连接螺栓；8—钩体；9—气液缓冲器

2）中间车钩的连挂与分解

中间车钩是用于动车组组内车辆间的连挂，除车辆维修及钩体维修外，正常使用时基本没有分解与连挂的作业。中间车钩在钩头两侧设有一对螺栓式套筒紧固件，该紧固件一端用销轴固定在车钩连接面上，可绕该固定面旋转，紧固件另一端装有螺栓。头部结构见图5.85。

连挂时，将紧固螺母旋松至最大位置并将其旋至不妨碍钩头连挂的位置，车辆推进至两钩头连接面的距离小于15 mm时，再将螺栓旋至扣死位置并用扳手紧固。紧固力矩应达到600 N·m。

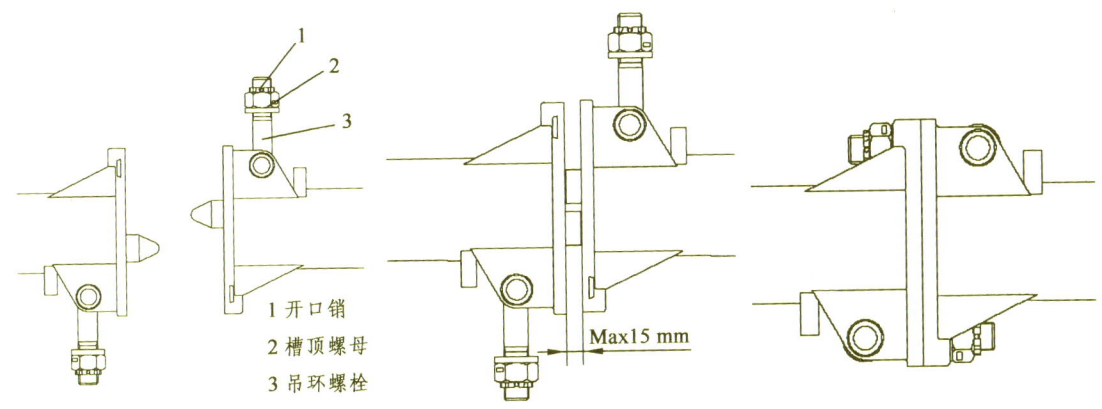

图 5.85 中间车钩连挂示意图

3) 缓冲装置

半永久车钩采用 OLEO 公司的气液缓冲器和环弹簧作为能量吸收介质,结构如图 5.86 所示。

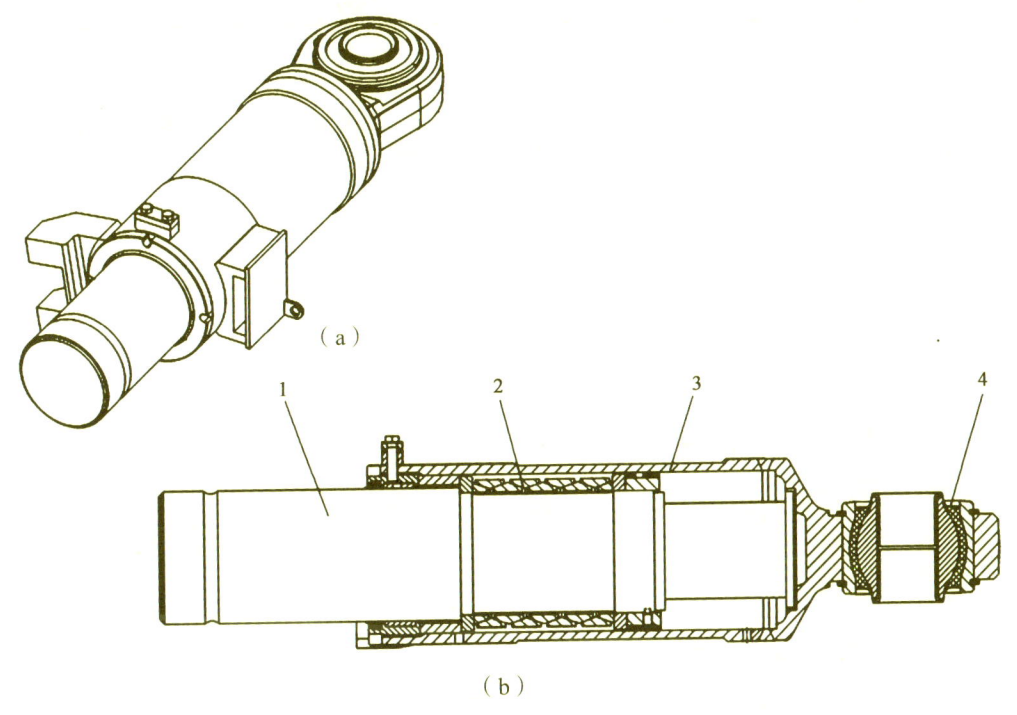

图 5.86 中间车钩缓冲器结构图

1—气液缓冲器;2—环弹簧;3—缓冲器壳体;4—弹性橡胶轴承

该缓冲器以大容量的气液缓冲器吸收压缩方向的冲击载荷,以环弹簧吸收拉伸方向的冲击载荷。比较适合在连挂或事故冲击等工况的冲击载荷作用下对车体提供保护。

4) 中间车钩主要技术参数

丹纳中间车钩缓冲装置主要技术参数见表 5.12。

表 5.12 丹纳中间车钩缓冲装置主要技术参数

参数	值
传递最大拉伸载荷（kN）	800
传递最大压缩载荷（kN）	700
环簧缓冲器容量（kJ）	2.5
环簧缓冲器初压力（kN）	60
环簧缓冲器阻抗力（kN）	800
气-液缓冲器容量（kJ）	75
气-液缓冲器初压力（kN）	50
气-液缓冲器阻抗力（kN）	250
能量吸收率（%）	≥87
允许最大垂向不对中连挂范围（mm）	175
最大水平转角（°）	±25
最大垂向转角（°）	±6
最大连挂速度（km/h）	≤5
最小连挂曲线半径（m）	≤300
车钩安装高度（mm）	1 050
整体质量（kg）	144/109（带缓冲器/不带缓冲器）

4. 双层折棚式风挡

风挡是客车之间的柔性运动部件，可在车与车之间实现相对运动并提供给旅客安全舒适的通道。CRH$_5$ 型动车组的风挡采用的是双层折棚风挡，双层折棚式风挡具有良好的伸缩性、气密性和水密性。

1）双层折棚式风挡结构

双层折棚式风挡主要由双层式折棚、渡板、踏板以及左右磨耗板几个部分组成。结构示意图见图 5.87。

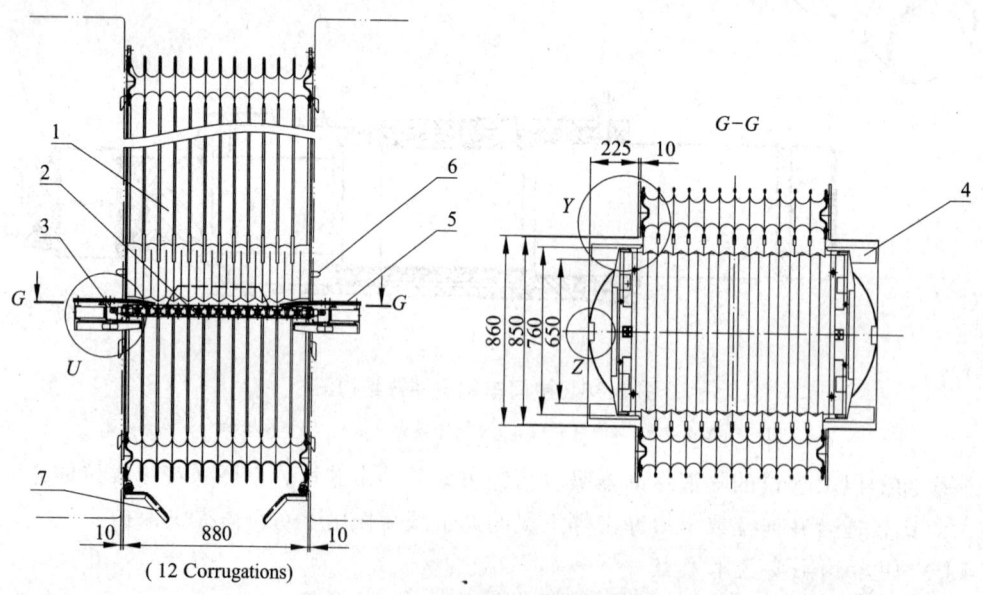

图 5.87 双层折棚式风挡结构图

1—双层折棚风挡；2—渡板；3—托架；4—渡板支架；5—踏板；6—定位孔组件；7—导轨

双层折棚由内外两层折棚、连接框和地板覆盖或称下裙边组成。渡板装置主要由渡板和滑动托架组成。

内外折棚由 Hubner 棚布和轻合金框架构成。用 Hubner 制造的棚布用缝合方法形成一体并通过铝型材框架形成波形。框架保证了弹性 Hubner 棚布构成的折棚具有波形形状。两层折棚与连接框连成一体。

下裙边与内外折棚类似，是内部用铝型材构架外部用弹性棚布的结构。下部遮挡与内折棚、连接框连接一体。

连接框是由铝型材焊接而成，表面喷涂。连接框包含了风挡连接到车体上的锁紧装置。每个锁紧装置包含了锁杆，锁杆上的锁钩能够锁到车端的锁孔里。连接框含有一套对中装置（定位座）。当风挡连接时，首先要将连接框上的定位杆沿着车端面移动。连接框上的定位座和车体上的定位孔保证了风挡的准确安装。

渡板是由带有两个边梁的可伸缩框架构成，伸缩框里含有踏板及滑动组件，在每个车端都有一个滑动托架。渡板在任一端滑动托架处都可以分开。滑动支架放置于磨耗板上并可以滑动。滑轮装有螺栓，避免了滑动支架脱离。在渡板的另一侧，每个框架上都装有橡胶挡。橡胶挡的作用是防止轮椅等东西滑到渡板外侧并卡在那里。渡板的设计考虑了三个方向的运动。滑动支架上的薄片弹簧具有一定张力，使渡板回到自由位置。渡板在运行中保证了旅客的安全通行。所有列车的相对运动都被渡板吸收，不会出现空隙和间断。

踏板由一块上踏板、一个铰链和四块前踏板组成。每一块前踏板都连接在铰链上并放置在渡板上。踏板通过上踏板连接在车端。前踏板之间以及前踏板与车体间可实现相对运动，这样足以承受受力不均及扭转运动带来的影响。维修时前踏板可以翻转。

磨耗板由不锈钢焊接而成。两块磨耗板都用螺钉分别固定在车端端墙。磨耗板的表面为滑涂层。磨耗板的作用是导向和承接渡板。

2）双层折棚式风挡参数

双层折棚式风挡参数见表 5.13。

表 5.13 风挡技术参数表

质量/kg	306
行人通道横截面尺寸（宽×高）(mm)	2 050×860
隔声量（dB）	42
传热系数 K [W/(m^2·K)]	15
技术寿命周期（a）	30
寿命周期内使用率（d）	≥340

5. 车端电力连接

1）概　述

由于动车组是集机械、电气、计算机控制技术于一体的现代运输工具，同时基于动力分散式的布置方式，各级控制单元、执行单元间将会有大量的信息相互传输，因此在各个相对独立的车厢间必须建立高压、中压、低压及控制信息电气线路连接通路。车端电力连接装置是两车间电力连接的纽带。具体连接端子位置布置见图 5.88。

2）高压供电连接

高压供电连接是连接 Tp 和 Tpb 车的主变压器到各动车牵引辅助变流器的交流单相 1 770 V 电源，与中压供电连接同在一侧。车端高压供电连接为过桥线直接用螺母紧固在高中压接线板上，如需解编，则需打开外端墙盖板上的检查门，然后松开紧固螺栓，将过桥线拆下。

3）中压供电连接

中压供电连接是连接各辅助变流器或中压箱分别到各车的中压负载的交流三相 380 V 的供电电源，与高压供电连接同在一侧。车端中压供电连接为过桥线直接用螺母紧固在高中压接线板上，如需解编，则需打开外端墙盖板上的检查门，然后松开紧固螺栓，将过桥线拆下。

4）低压供电连接

低压供电连接是连接各车充电机至各车低压负载的直流 24 V 供电电源，与控制和通信连接同在一侧。车端低压供电连接为过桥线直接用螺母紧固在低压接线板

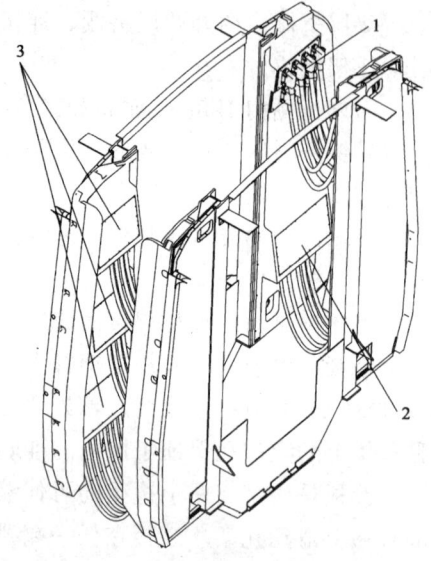

图 5.88 电气连接端子布置图
1—控制与通信连接；2—低压供电连接；
3—高中压供电连接

上，如需解编，则需打开外端墙盖板上的检查门，然后松开紧固螺栓，将过桥线拆下。

5）控制与通信连接

控制与通信连接的作用是连接列车通信和控制总线、制动控制线。与低压供电连接同在一侧，位于其上方。通信连接是由 3 个圆形连接器构成，其中 2 个 MVB 连接器，1 个 CAN 总线连接器。控制连接是由四个相同的方形连接器构成，制动控制连接是由 1 个方形连接器构成。

6. 压缩空气连接

压缩空气是动车组制动系统的动力源之一，它的有无将直接关系到列车运行的安全问题。CRH_5 动车组有两类压缩空气连接，一种为两组间头车压缩空气连接，另一种为组内两车辆间压缩空气连接。自动车钩风管位置示意图见图 5.89。

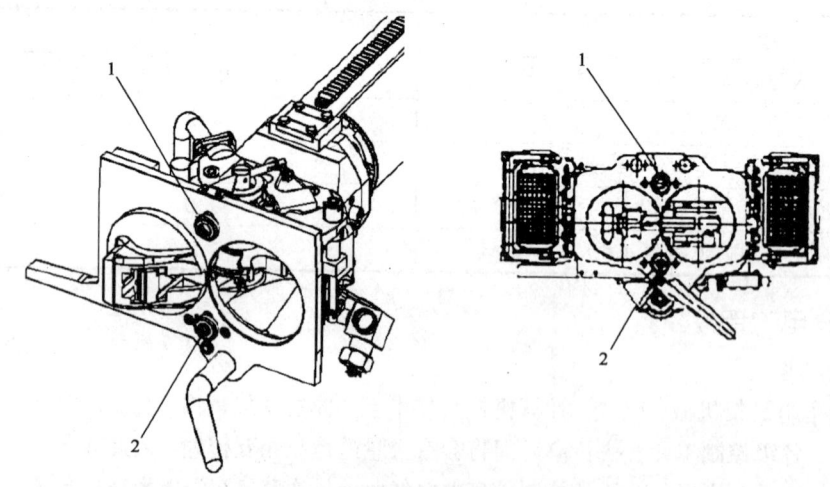

图 5.89 自动车钩风管位置示意图
1—制动管接口；2—列车管接口

压缩空气管路在机械钩头连接完成的同时也连接完毕,在控制系统的控制下,压缩空气管路电磁阀打开,将两动车组的空气管路连通,完成压缩空气连接功能。列车管开闭机构结构及原理分别见图 5.90、5.91,制动管开闭机构结构及原理分别见图 5.92、5.93。

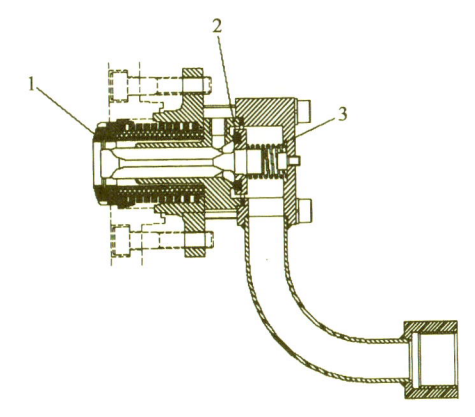

图 5.90 列车管开闭机构结构图
1—密封件;2—阀片;3—弹簧

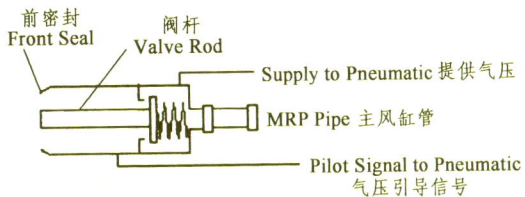

图 5.91 列车管开闭机构原理图

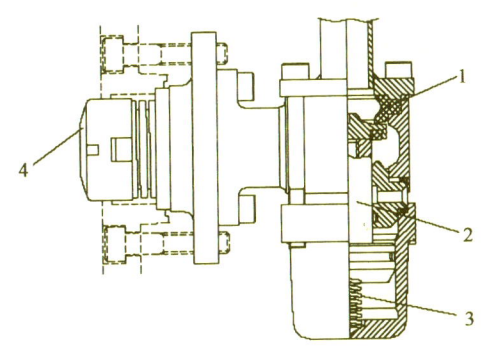

图 5.92 制动管开闭机构结构图
1—密封件;2—活塞;3—弹簧;4—密封件

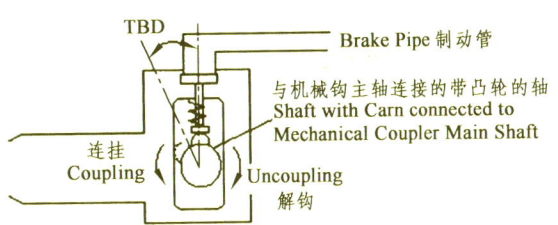

图 5.93 制动管开闭机构原理图

参 考 文 献

[1] 钱立新. 世界高速铁路技术[M]. 北京：中国铁道出版社，2003.
[2] 铁道科学研究院高速铁路技术研究总体组. 高速铁路技术[M]. 北京：中国铁道出版社，2005.
[3] 严隽耄. 车辆工程[M]. 北京：中国铁道出版社，1999.
[4] 孙竹生，鲍维千. 内燃机车总体及走行部[M]. 北京：中国铁道出版社，1995.
[5] 王伯铭. 城市轨道交通车辆工程[M]. 成都：西南交通大学出版社，2007.
[6] 日本新干线高速动车组有关技术资料.
[7] 法国高速动车组有关技术资料.
[8] 德国高速动车组有关技术资料.
[9] 加拿大庞巴迪（BOMBARDIER）公司有关动车组技术资料.
[10] 日本川崎重工株式会社（KAWASAKI）有关动车组技术资料.
[11] 法国阿尔斯通（ALSTOM）公司有关动车组技术资料.
[12] 中国铁路 CRH_1、CRH_2、CRH_3 和 CRH_5 动车组技术资料.